KB069213

자연환경 그리고
新羅의 발생과 붕괴

The Natural Environment Influenced on The Rise and The Collapse of Silla

황상일 지음

자연환경 그리고 新羅의 발생과 붕괴

The Natural Environment Influenced on The Rise and The Collapse of Silla

엮은이 | 황상일

펴낸이 | 최병식

펴낸날 | 2024년 1월 29일

펴낸곳 | 주류성출판사

주소 | 서울특별시 서초구 강남대로 435(서초동 1305-5) 주류성빌딩 15층 주류성문화재단

전화 | 02-3481-1024(대표전화)   팩스 | 02-3482-0656

홈페이지 | www.juluesung.co.kr

값 32,000원

잘못된 책은 교환해 드립니다.

ISBN 978-89-6246-522-8 93910

이 저서는 2018년 대한민국 교육부와 한국연구재단의 지원을 받아 수행된 연구임(NRF-2018S1A6A4A01038516)

This work was supported by the Ministry of Education of the Republic of Korea and the National Research Foundation of Korea(NRF-2018S1A6A4A01038516)

자연환경 그리고
新羅의 발생과 붕괴

The Natural Environment Influenced on The Rise and The Collapse of Silla

황상일 지음

주류성

목차

서문

우리나라 사람들에게 경주는 과거로 들어가는 관문이며 거기에는 어린 시절 수학여행의 추억이 남아있다. 이 도시는 온전히 고대사의 공간이며 돌 하나 흙 한줌에도 천수백 년 전 인간의 시간이 녹아 있다. 그러나 지형학을 전공하며 해면변동에 온 신경을 집중하던 시기 필자에게 경주는 그다지 의미있는 지역이 아니었다.

필자가 경주에 관심을 가지게 된 것은 독일 프라이부룩(Freiburg) 대학에서 학위과정을 마치고 돌아온 1994년 초여름이었다. 이해 봄과 여름은 대단히 덥고 가물어서 영남지방 저수지 대부분이 말라버렸는데, 일본 교토(京都)대학 오카다(岡田) 교수가 주도하는 연구 그룹이 경주 말방리의 바닥을 드러낸 저수지 북쪽 벽면에서 활단층 조사를 진행하였다. 이들은 이미 항공사진을 판독하고 지형도를 분석하는 등 모든 예비조사를 마치고 노두조사를 위한 적기, 즉 저수지가 바닥을 드러내는 때를 기다렸던 것으로 짐작되었다. 왜냐하면 이들은 김해공항에서 곧바로 말라버린 저수지로 왔기 때문이다. 나는 그들이 조사하는 과정을 가까이서 볼 기회를 가졌다.

이듬해 이들이 언양 부근 고속국도 공사장에서 굴삭기로 양산단층선을 횡단하는 트렌치를 만들고 활단층을 확인하는 현장도 참관할 수 있는 행운을 얻었다. 이 경험은 필자를 활단층(active fault) 연구로 이끌었으며, 외동읍 말방리 남쪽에서부터 불국사를 포함하여 마동과 하동 일대의 활단층 노두를 집중적으로 조사하였다. 이곳에는 숲으로 피복된 폭이 좁은 구릉지들이 있는데, 이것은 두꺼운 자갈로 이루어진 선상지 고위면이었다. 여기에서 여러 개의 활단층 노두를 발견하고 단층선을 추적하여 불국사 및 주변 지역 활단층과 지반운동에 대한 논문을 발표하였으며, 이 자료를 바탕으로 불국사 건축을 대표하는 전면석축이 미학적 목적 외에 지진과 관계있는 건축구조일 것이라는 가설을 세울 수 있었다. 이 가설에 대한 논문은 불국사 주변에 대한 노두 조사와 불국사 건축에 대한 자료 수집 등으로 오랜 시간이 지난 후에 발표하였다.

그리고 경남 사천선상지를 연구한 경희대 지리학과 윤순옥 교수와 함께 항공사진과 지형도 판독을 통해 1995년 언양 가천리와 방기리 지역을 시작으로 경주 및 울산 지역 선상지 지형면을 분류하였고, 이 자료와 야외조사 내용을 바탕으로 경주와 울산 지역의 단층운동과 관련된 선상지 지형발달에 대한 일련의 논문*들을 발표하였다. 경주 지역 선상지 연구에서 가장 어려운 점은 이 도시가 문화재보호구역이므로 땅을 파서 노두를 관찰할 수 없다는 것이다. 다행히 1990년대 중반부터 고고학 발굴에서 자연과학 분석에 대한 요구가 커지고 있었으므로 발굴 현장에서 굴착한 트렌치를 이용하여 퇴적상을 관찰하고 토론할 기회가 있었다. 필자가 연구하고 고민해 온 내용들 가운데 고고학 연구자들이 필요로 하는 정보가 있었으며 그들의 요구가 무엇인지 알 수 있었다.

경주 지역 고고학 및 고대사 연구에 있어서 가장 설명하기 어려운 주제는 선사 및 고대 인간활동의 중심지였던 왕경 지역에서 통일신라시대 이후의 문화층이 광범위하게 확인되는데 반하여 삼국시대 초기, 삼한시대, 초기철기시대, 청동기시대의 문화층은 그렇지 못한 것이다. 이러한 의문에 대한 대답으로 고대사학과 고고학에서 나온 가설 가운데 하나가 왕경에는 고대 초기까지 습지가 넓게 분포하였고 북천 홍수에 의한 재해로 인간이 거주하기 어려운 공간이었다는 것이다. 그리고 습지 개간과 방수림 및 제방 등을 이용하여 문제를 해결한 이후 비로소 왕경에 사람들이 본격적으로 거주하기 시작하여 신라의 핵심 지역이 되었으므로, 대체로 6세기 이후 문화층이 왕경 지역에서 광범위하게 확인된다는 것이다. 이 가설의 검증과 더불어 고대 전성기의 용수공급 문제, 발천의 발원지와 유로,

---

* 선상지 연구는 한국 지형학계의 오래되고 뜨거운 쟁점이다. 한반도에 선상지가 존재하는가 하는 근본적인 질문에서 시작된 논쟁은 아직도 진행 중이며, 일부 연구자들이 만든 중고등학교 교과서나 지리부도 그리고 지형학 논저에는 오로지 강원도 추가령구조곡의 석왕사선상지만 소개하고 있다. 그러나 단층선의 밀도가 높은 한반도 남동부 지역은 선상지가 형성되기 좋은 조건들을 갖추고 있으며, 여기에 제4기 기후 및 식생 변화가 더해 선상지 지형면이 넓게 분포한다. 그러므로 경주를 중심으로 한 한반도 남동부 지역은 선상지에 관심이 많은 필자에게는 의미가 큰 지역이다.

적석목곽분의 조성에 관한 논쟁은 실질적으로 지형학 및 수문학 연구의 주제였다.

지형학 연구자로서 필자는 이러한 문제들과 함께 더 근본적인 문제들 즉, 영남지방에서 국가가 발생하는 과정, 사로국이 영남지방의 패자가 되는 힘의 원천이 무엇인가하는 의문을 지리적 공간이 갖는 입지 특성으로 설명할 수 있는지 고민하였다. 다시 말하면 '왜 경주가 고대의 중심이 되었는가'에 대하여 자연환경의 관점에서 대답할 수 있는 내용을 찾아보아야겠다고 생각하였다. 다만 이런 주제까지 자연환경으로 설명하는 것이 환경결정론 관점으로 비난받을 수 있다는 우려도 있으나 이전에 아무도 논의한 적이 없으므로 검토할 가치가 있다고 생각하였다.

이미 연구의 중심축이 고대사와 고고학 쪽으로 상당히 많이 들어온 시점에서 재레드 다이아몬드(Jared Diamond)의 저작들과 도널드 휴즈(Donald Hughes)의 저서는 지형학 연구 내용을 고고학 및 고대사와 연계하여 해석하면 인간의 삶을 다른 관점에서 해석할 수 있다는 확신을 갖게 하였다. 순수자연과학인 지형학을 인문학인 고고학, 고대사학과 융합하면 지형학의 연구 영역을 확장할 수 있을뿐 아니라 다른 차원에서 학문에 기여할 수 있을 것으로 생각되었다. 그러나 고고학 및 고대사 연구는 지형학을 전공하는 필자에게는 극복하기 어려운 장벽 너머에 있는 영역이었다. 이들 분야에는 엄청난 연구성과들이 축적되어 있는데, 발굴 현장이나 학술 토론장에서 연구 내용을 보고 들으면서 공부를 시작하였고 다행히 전문연구자들과 개인적으로 토론할 기회도 얻었다. 이런 과정을 통해 지형학 연구 내용을 고고학과 고대사학 연구성과와 관련지어 해석할 수 있게 되었고, 고대 왕경 지역 홍수 가능성, 사로국 성립에 미친 자연환경의 영향, 적석목곽분 조성에 미친 지형의 영향, 삼국사기 기록을 기초로 하여 자연재해 및 식생파괴와 통일신라의 붕괴 등의 논문을 발표할 수 있었다.

그리고 이제 지형학을 전공하는 필자는 자연환경(natural environment)을 기반으로 융합적 관점에서 '왜 하필 경주인가'라는 질문에 답하고자 한다. 결론을 미리 말하자면, 고대 경주 지역의 융성은 단층선 및 선상지 그리고 금호강의 태백산맥 절단이 준 선물이었다. 덧붙여 통일신라의 멸망을 굳이 '붕괴(collapse)'로 규정하고, 자연환경이 여기에 미친 영향에 대해서도 소개하고 싶다. 이것도 미리 결론을 말하면 통일신라는 식생파괴를 통해 에너지를 공급하는 삶의 양식, 기후 변화 그리고 이와 같은 상황에 대처하는 지배층의 태도로 인하여 붕괴되었다고 생각한다.

필자는 이 책을 통해 경주에 관심을 가지고 있는 전문연구자부터 시민들까지 기존 고대사 및 고고학 연구들과 다른 관점에서 고대 인간들의 삶을 살펴보게 되기를 기대한다. 2,100년 전부터 1,100년 전까지 1,000년 동안 세계적 도시에서 번영을 누리고 살았던 사람들이 지역의 자연환경을 어떻게 이해하고 이용하였으며, 어떻게 자연재해의 위험을 극복하였고, 자연환경에 대한 지식 부족으로 어떤 재해를 불러왔는지에 대해 이야기하고 토론하는 시간이 되면 좋겠다. 그리고 자연환경 변화에 덧붙여 '한계생산성 감소'라는 경제학 개념으로 신라의 붕괴 과정을 되돌아보면서 지구상에 현존하는 제국들이 앞으로 어떤 과정을 거쳐 붕괴될 것인지 예측하는 기회를 가져보는 것도 흥미로울 것으로 생각한다.

한계생산성(한계수익)과 복잡성에 대한 글은 원래의 저술 계획에 포함되지 않았다. 그러나 여러 학기 경북대 교양과목을 강의하면서 국가와 문명뿐 아니라 인간의 삶이 붕괴되는 과정에도 적용해 볼 만한 의미있는 개념이라고 학생들에게 강조한 바 있어서 추가로 원고를 정리하였다. 조지프 테인터(Joseph Tainter)의 논리 정연한 기술을 많이 인용하여 통일신라 붕괴에 적용해 보려고 노력하였으나 자료 해석 능력의 부족으로 미진한 감이 있다. 다만 통일신라 붕괴를 해석하는데 학계에서는 처음으로 그의 개념을 적용하였는데, 나중에 다른 연구자가 이 내용을 바탕으로 더 훌륭한 연구성과를 내는 디딤돌이 되면 좋겠다.

자연환경이 통일신라 붕괴에 영향을 미치는 과정은 재레드 다이아몬드(Jared Diamond)의 '문명의 붕괴(Collapse)', 도널드 휴즈(Donald Hughes)의 '고대문명의 환경사'에서 영감을 많이 받았다. 이들의 저작도 선사 및 역사시대 인간활동에 미친 자연환경의 영향을 논의하였는데, 이와 같은 접근이 과거에는 환경결정론적인 접근으로 오해받은 적도 있었으나, 현재는 전 세계적으로 주목을 받고 있다. 이에 필자는 화분분석 결과와 같은 실증적인 자료와 고대사 문헌에서 추출한 구체적인 기록을 기반으로 인간활동에 미친 자연환경 변화의 영향을 논의한다면 충분히 지지를 얻을 것으로 생각하였다. 지표면의 토양과 고대사 문헌에 화석처럼 갇혀 있던 '자연환경 변화'를 추출하고 이것들이 고대 동안 인간들에게 어떻게 작용하였는가를 논의하였으나, 책을 만들어가는 과정에서 현재 진행되거나 장래에 나타날 지구환경 변화가 미래 세대에게 가할 충격들도 생각해보았다.

정치적으로 결정되고 있는 환경문제들에 대한 해법들, 모든 사람들이 다 알고 있으나 아무도 소리내어 이야기하지 않는 환경물질 소비, 전 세계적인 인구증가가 초래할 위험에 대한 토의의 부재, 환경문제 해결을 위해 존재하지만 오히려 걸림돌이 되는 국제기구 및 정부기관들, 환경에 부담이 되는 에너지를 가장 많이 소비하지만 오히려 논의에 주도권을 갖는 강대국들과 기득권층들, 인구증가와 에너지 소비증가와의 관계에 대한 토론 부재 등 환경문제 해결을 어렵게 하는 수많은 요소들을 현재 우리는 목격하고 있다. 이런 것들보다 문제 해결을 더 어렵게 하는 것은 환경문제 해법들이 현재 지구상에 살고 있는 우리들을 실제로 불편하게 하며, 따라서 대부분의 사람들은 미래의 환경문제를 해결하기 위하여 현재의 불편한 삶을 감내하며 살겠다고 생각하지 않는다는 것이다.

자연환경에 대한 이와 같은 생각은 그린란드 바이킹의 종말, 이스터섬의 문명 붕괴뿐 아니라 통일신라 붕괴에 직면했던 사람들이 자연환경에 대하여 가졌던 자세와도 맥락이 닿아있다. 고생대 말 이후 2억 5천만 년 동안 최소한 다섯 번의 대멸종이 있었지만 현재에 이르렀듯이 지구환경은 파멸되거나 끝나지 않는다. 다만 새로운 환경에 적응하면서 천이를 이어갈 뿐이다. 문명과 국가가 멸망하거나 붕괴하면 새로운 것들이 생겨나듯이, 지구생태계는 끊임없이 지속되고 다만 현생인류가 멸종하거나 돌연변이하여 새로운 종이 생겨날 것이다.

거의 30년에 걸친 경주 연구를 마무리하면서 많은 분들의 도움이 있었다. 특히 고고학 식견이 부족한 필자를 발굴 현장으로 이끌고 기본부터 가르쳐 준 우리문화재연구원 곽종철 원장님과 경남대 고고학과 고(故) 이상길 교수님께 감사드린다. 경주 왕경은 문화재 보호지역이므로 허가 없이는 보링(boring)이나 노두 조사가 불가능하여 자료 획득에 곤란을 겪을 수도 있었으나 고고학 발굴 현장에서 훌륭한 트렌치를 만들어 조사와 시료 채취가 가능하도록 배려해 준 많은 젊은 고고학자들에게 사의를 표한다. 아울러 필자는 고대국가와 현재 북한의 국가체제와 국가경영 방식이 유사하다고 생각하고, 통일신라 지배계급이 왕경과 지방을 관리하는 관점 그리고 왕경과 지방 주민들에게 부여하는 권리와 의무의 차이를 구체적으로 상상하기 위하여 북한이탈주민 유튜브 채널을 경청하여 구체적인 인사이트(insight)를 얻었다.

이 연구는 삼국사기를 비롯한 한국, 중국 및 일본의 고대사 문헌을 뼈대로 현지조사에서 얻은 자료들을 기반으로 작성하였으나, 대부분 필자가 기존에 발표한 논문으로 재구성하였으므로 중복된 문장도 있는 듯하여 미리 사과드린다. 논문 준비와 투고 그리고 본서의 집필과 교정 과정에 경희대학교 윤순옥 교수는 언제나 함께 하였으므로 공동저자가 되어야 마땅하지만, 한국연구재단의 규정이 허락하지 않아 필자 단독으로 할 수 밖에 없어서 대단히 미안하다. 우연하게 중요한 답사를 함께 하여 맺은 좋은 인연으로 이 책의 출판을 기꺼이 맡아주신 주류성 최병식 사장님께 감사드린다.

무슨 일을 하는지 제대로 된 설명도 없이 언제나 돌과 흙을 가져다 나르는 자식을 믿어주시고 마음 깊은 응원을 해주신 부모님(고 황영찬·고 박순희)과 주말과 휴일이면 어김없이 어디론가 떠나가는 부모를 두고 스스로 모든 일들을 해결하며 멋진 어른으로 성장한 사랑하는 딸 황하엽에게 고마운 마음과 함께 이 책을 바친다.

표 목록

그림 목록

I. 서론

1. 왜 지형학자가 경주의 고대사를 말하는가?

세계사를 통해 한 국가의 수도로서 1,000년 동안 기능한 도시는 로마와 경주이다. 로마는 한 해에 수 천만 명의 관광객들이 고대 제국이 남긴 유산을 보고 느끼기 위해 찾는 도시로서 명성을 유지할뿐 아니라 수많은 연구자들이 논문과 저서를 통해 다양한 시선에서 로마의 역사와 로마인의 삶을 복원하고 있다. 역사학자뿐 아니라 경제학, 환경학 등 여러 분야에서도 연구성과를 내고 있다. 한편 경주에 자리잡고 있었던 고대국가 신라의 흥망성쇠에 대해서도 지난 백여 년 동안 고대사학과 고고학 분야에서 문헌과 목간 및 금석문 자료와 고고학 발굴 결과를 토대로 대단히 많은 성과를 축적하였다. 이들 분야는 연구 자료가 문자기록과 고고학 발굴 결과이다. 그러나 고대사에 대한 기록은 대단히 소략하고, 고고학 발굴은 부분적으로 이루어졌으며, 확인되는 자료도 석재와 금속과 같은 특정의 것이 대부분이어서 1,000여 년의 고대를 복원하는 데는 한계가 있다.

따라서 경주 지역의 고대국가 흥망성쇠에 대해서는 여전히 논의하여야 할 부분이 많이 남아있다. 특히 인문학적 시선이 아니라 지형학자의 관점에서 지도와 자연과학 분석 자료를 바탕으로 그들의 삶을 들여다보면 지금까지 논의된 것과 다른 이야기를 할 수 있을 것으로 생각하였다. 이와 같은 생각은 도날드 휴즈(J. Donald Hughes), 재레드 다이아몬드(Jared Diamond), 조지프 테인터(Joseph A. Tainter) 그리고 시오노 나나미(Shiono, Nanami)의 저작들을 읽으며 단단하게 굳어졌다.

인간은 지표면에서 삶을 영위하므로 자연환경의 영향을 받게 된다. 특히 과학지식이 부족하고 기술수준이 매우 낮았던 선사 및 고대에는 자연환경의 영향이 현저하게 컸다. 당시 사람들은 기술과 장비가 없었으므로 자연환경을 이용하고 순응하면서 살았다. 사람들은 자연환경에 대하여 많은 정보를 축적하고 있었고 자연환경의 특성을 경험적으로 잘 알고 있었으므로 자연환경을 이용하고 또 이것의 위험을 회피하는 기술 수준은 현대인들보다 더 높았을 것이다. 고대 인간의 삶은 문헌에 기록으로 남아 있으나 인간들의 모든 행위를 기록할 수는 없다. 그러므로 그 시기 인간의 삶을 제대로 복원하려면, 기록되지 않았지만 인간들의 행동에 영향을 주었던 다양한 요소를 찾아내고, 이것들이 어떻게 인간들의 삶에 영향을 미쳤는가에 대해 논의하여야 한다.

특히 필자는 사람들의 사고와 행동에 영향을 미치지만 문헌에 거의 기록되지 않고, 토양속에 물질로서 보존된 경주 지역의 지형, 기후, 토양, 수문과 같은 자연지리적 요인에 주목하였다. 지형학자는 다양한 규모의 자연지리적 특성을 연구하는데, 그 내용은 대부분 순수과학의 범주에 머물고 있어 인간의 삶과 결부하여 해석하는 경우는 드물다. 그러나 학제간의 연구에 대한 인식이 높아지면서 순수 자연과학에 머물던 지형학의 연구내용이 선사 및 고대 인간생활을 복원하는데 의미있는 역할을 할 기회가 생겼다. 즉, 학제간 융합적 연구는 다양한 자연현상의 영향을 받으며 살았던 인간의 흔적에 대한 정보를 토양층의 물리적, 화학적, 미화석 분석을 통해 획득함으로서 인간의 삶을 구체적이고 다양한 관점에서 해석하는데 도움을 준다. 동일한 토양층에서 고고학자들은 인간의 흔적을 찾고 지형학자들은 자연현상의 증거를 수집하여 과거 인간의 삶을 입체적으로 복원하는 것이다. 그리고 지형학자는 지표면에 배열된 산지, 평야, 하천, 분지, 해양 등 지형 요소들의 공간분포를 통하여 교통로, 취락, 도시, 경작지, 군사 전략적 요소 등을 추출하고 인간활동을 복원하여 문헌기록 등을 보다 정확하게 해석하는데 기여할 수 있다.

필자는 1990년대 초반부터 고고학 및 고대사학 연구자들과 공유한 토양층에서 자연환경에 대한 정보를 추출하여 이것을 가장 아래에 놓고, 그 위에 고고학 발굴성과를 중첩하고, 그리고 가장 위에는 또 고대사 문헌정보를 덮어서 자연환경과 인간의 상호관계를 해석하는 작업을 진행해 왔다. 이제 지형학자의 관점에서 경주와 주변 지역에 살았던 고대 인간의 삶을 한반도 남부의 자연환경 변화와 관련지어, 고대사학자와 고고학자들과는 다른 시선에서 고대 경주지역에서 국가가 발생하여 진화하고 붕괴되는 과정에 자연환경이 어떻게 영향을 미쳤는가에 대해 논의하고자 한다.

2. 저술의 배경 및 목적

한반도 남동부에 위치한 경주는 한국 고대사에서 독특한 지위를 차지하고 있다. 고대 초 경주 지역의 위상은 당시 영남지방 상황에서 살펴볼 수 있다. 농경이 본격적으로 시작된 청동기시대 초기에 영남지방 인구는 신석기시대에 비해 한 단계 더 증가하였고, 청동기시대 말 에는 주거지 밀도에 차이가 있을지라도 근대 이전 행정기관이 입지한 읍, 면에는 주거지가 자리했다고 보아도 크게 무리가 없다. 초기철기시대에는 청동기시대 말에 취락이 입지하였 던 곳은 상대적으로 규모가 큰 취락과 많은 인구가 거주하였으며, 다양한 중심지 기능을 가 지고 인접한 소규모 취락을 주변 지역으로 포섭하였다. 이들 가운데 일부는 초기국가의 면모 를 갖추었다.

이와 같은 추정을 어느 정도 뒷받침하는 내용이 삼국사기 지리지에 기록되어 있다. 가장 오래된 영남지방 중심지에 대한 기록인 삼국사기 지리지에는 통일신라시대 상주, 양주, 강주 의 군현 위치와 관계를 기술하고 있다. 이 자료에 의하면 당시 영남지방의 중심지들은 19세 기 말의 중심지와 상당히 유사하다(그림 1).

영남지방의 경우 소국 성립 이전에도 재해의 가능성이 낮고 경작지와 거주지를 얻을 수 있는 분지, 자연제방, 선상지, 하안단구, 해안단구, 곡저평야 등에 인구가 거주하였다. 이런 지역에는 구석기시대를 비롯하여 신석기시대 유구가 발견되는 경우도 있으나, 대체로 청동 기, 초기철기시대 유구가 확인되며 특히 청동기시대 유구는 높은 밀도로 분포한다. 한반도에 서는 철기유입과 이미 정착되어 있던 청동기문화와의 분화가 쉽지 않다는 전제 하에 BC 300 년부터 기원 전후까지를 초기철기시대[1]로 구분한다. 초기철기시대 후반부에 해당하는 BC

---

1) 초기철기시대는 I식세형동검, 정문경식세문경으로 대표되는 1기(BC 300~BC 100)와 II식세형동검, 거여구의 부장, 세문경의 소멸, 철기생산의 본격화 시기인 2기(BC 100~기원 전후)로 세분된다(한국고고학사전, 2001). 삼국지 진한 전에 기록된 "古之亡人 避秦役 來適韓國 馬韓割其東界餘之" 기사는 중국에서 진(秦, BC 221~BC 206년) 시기 부 세와 부역의 경제적 부담과 폭정을 이겨내지 못한 주민들이 마한으로 망명하였음을 알려주며, 이것은 BC 3세기 경 한반도 남부에 韓國과 馬韓이 존재하고 있었음을 의미한다(송화섭, 1997, 57쪽). 당시 한족(韓族)사회의 중심인 마한 은 철기문화의 보급으로 변진한 세력이 강성해지는 BC 1세기 경부터 변진한에 대한 우월권을 상실하면서 삼한으로

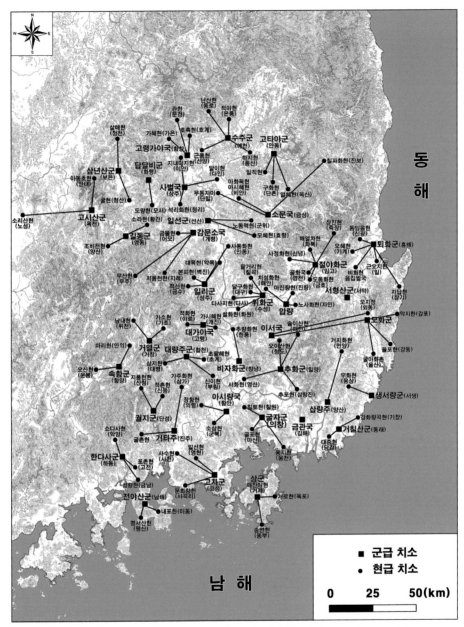

그림 1. 「삼국사기」 「지리지」에 기록된 통일신라 상주, 양주, 강주에 속한 군현의 위치와 관계(권용휘, 2022)
(선으로 연결된 군현은 해당 군급 치소가 현급 치소를 관할하는 관계, 지명이 바뀐 곳은 괄호에 현재 지명 표기)

100년 경 한반도 남부 영남지방에서는 철기 생산이 시작되며 철기시대로 진입한다. 이즈음 영남지방에는 진한과 변한에 각각 12개의 소국이 존재했다. 진한 12국 가운데 사로국은 고대 국가 신라로 발전하였고 변한은 가야연맹의 모태이다. AD 1세기에는 한반도 남부에 이미 가야가 연맹으로 존재하고 있었으므로 마한, 진한, 변한의 삼한시대로 구분하지만, AD 300년 이후는 가야연맹을 제외하고 신라, 백제, 고구려가 정립된 시기로 보고 삼국시대로 명명하고 있어서 흥미롭다. AD 300년 경 가야연맹 상권이 사로국에 의해 상당히 많이 축소되었으나 낙동강 하류부와 서부 경남에 넓은 영역을 차지하고 있었으므로 사국시대라고 불러야 하지 않을까 생각한다.

이 책에서는, 사로국에서 시작하여 신라, 통일신라로 이어지는 국가의 흥망성쇠를 경제적, 정치적 변화와 더불어 자연환경이라는 관점에서 살펴보았다. 이것은 인간의 모든 것을 자연환경이 결정한다는 환경결정론의 주장이 아니다. 인간과 자연환경은 상호작용을 하며 영향을 주고받는 관계라는 것이다. 선사 및 고대에는 과학지식이 부족하고 기술수준이 낮았지만 사람들은 지혜롭게 자연환경을 이용하여 자신들의 삶을 영위하였으며, 한편으로는 그들의 행위가 자연환경에 변화를 초래하여 큰 위험에 빠지기도 하였다. 이런 현상을 사로국, 신라 그리고 통일신라의 역사에서 찾아보고 어떤 결과로 귀결되었는지 논의하였다. 이 책의 저술 목적은 다음과 같다.

첫째, 사로국의 발생과 성립 그리고 붕괴에 대한 새로운 관점을 제시하는 것이다. 어린아이들이 어떻게 해서 자신이 생겨났는지 알고 싶은 것처럼, 사로국 발생에 대하여 선사시대와 역사시대 전환기에 해당하는 초기철기시대 동아시아 정치상황을 통해 살펴보았다. 그리고 수명을 다한 인간이 노쇠하여 죽듯이 통일신라가 붕괴한 전후 사정을 왕조의 시각이 아니라 기후변화와 환경변화의 영향을 직접적으로 받는 농민 계층 상황에 중심을 주고 검토하였다.

둘째, 사로제국의 발전에 바탕이 되는 입지특성에 대하여 자연환경을 기반으로 논의하였다. 사로국은 강한 국력을 바탕으로 현재 경북지방을 정복하여 규모는 작지만 제국의 위용을

정리되었으며, 변진한 24국과 마한 50여 국은 삼한 정립 훨씬 이전부터 소국사회로 발달하였다(송화섭, 1997, 58쪽).

보였고, 이어서 가야연맹을 정복하여 영남을 통합하였다. 그러한 국력의 원천을 영남지방의 기반암 분포, 단층선 분포, 선상지 분포, 태백산맥 분포, 달천철광과 긴 해안선 등 자연환경에 바탕을 둔 입지의 특색에서 검토하였다.

셋째, 영남지방의 패권을 두고 가야연맹과 사로국 및 신라가 벌이는 군사 및 외교적 경쟁의 실체를 정치적인 것뿐 아니라 경제적인 관점에서 논의하였다. 영남 내륙지방의 상권을 두고 중앙집권적 체제의 사로국과 신라는 정복 전쟁을 벌였으나, 상업적 이익을 매개로 수평적 관계였던 가야연맹은 낙동강과 지류의 수운교통로를 통해 경쟁력 높은 운송비로 상권을 관리하였다.

넷째, 고대 왕경에 대한 학술적 논쟁에서 지형학과 관계있는 왕경의 홍수 가능성 문제와 발천의 발원지 문제 등을 지형학 연구성과를 바탕으로 논의하였다. 이 논쟁은 앞으로도 계속 이어질 가능성도 있으나 필자들의 논문 발표 이후 많은 젊은 고고학자들에 의해 균형잡힌 주장들이 나오고 있어서 귀추가 주목된다. 그리고 지금까지 전혀 논의된 바 없는 경주선상지에 퇴적된 뢰스(Löß, loess)층이 고대사 연구에서 가지는 의미를 검토하였다.

필자가 사로국 성립부터 통일신라 붕괴에 이르기까지 역사 전개를 논의하는데 있어서 다음과 같은 다섯 가지 측면에서 기존 연구와 관점이 다르다.

첫째, 사로국이 성립된 BC 1세기 중엽에는 철기가 보급되고 농업기술도 발전하면서 농업생산의 증대와 더불어 인구가 증가하였다. 당시 영남지방의 중심은 경주였으며 경주 자체가 사로국이란 소국이었다. 경주에 자리 잡은 사로국은 국가의 형태를 갖추면서, AD 1~3세기에 걸쳐 주변의 소국들을 빠르게 정복하여 영토를 확장하였다. 비슷한 규모의 소국들이 난립한 환경에서 다른 소국과 달리 사로국이 경쟁에서 우월한 위치를 차지한 것은 경주 자체가 가진 자연환경 측면에서 입지적 장점이 발현되었기 때문인 것으로 판단하였다.

경주의 사로국이 주변의 다른 경쟁자들을 제압하고 영토를 넓혀 신라로 성장한 요인에 대해서는 역사고고학 및 고대사 분야에서 주로 연구가 이루어졌다. 이희준(2007), 이성주(1998), 이형우(2000) 등 연구자들은 이와 같은 발전을 정치적, 외교적, 군사적 측면에서 분석하고 있으며, 입지 특성과의 관계에서 검토한 연구자는 없었다. 특히 사로국이 영남지방의 중앙부와 북부를 정복하고 나아가 가야연맹을 멸망시키며 영남 지역 전체를 장악하는 데 있어서, 경주가 가진 입지적 특성에 대하여 체계적으로 논의한 바가 없다.

둘째, 사로국 및 신라가 가야연맹을 지속적으로 압박하여 가는 과정을 경제전쟁의 관점에서 보았다. 중앙집권적 체제인 사로국 및 신라는 상업적 이익에 기반한 수평적 관계였던 가야연맹이 장악한 영남내륙의 상권을 낙동강 수운교역망을 단절하여 축소시키면서 마침내 가야연맹을 멸망시킨다. 이 두 체제 간에는 주요 교역품이 겹치며 육상교역망과 수상 및 해상교역망의 운송비 차이 등이 개입되어 영남내륙 상권을 나누어 공존할 수 없는 상황이었다. 더욱이 영남 지역에 직접적인 이해관계가 걸린 신라와 가야연맹뿐 아니라 간접적으로 관계되는 백제, 왜 및 고구려가 가세한 복잡한 국제관계가 형성되었으므로 국가의 생존을 건 경쟁을 하지 않을 수 없었다.

셋째, 경주분지에서는 통일신라시대 문화층이 가장 광범위하게 남아있다. 신석기시대, 청동기시대, 초기철기시대, 사로국시대, 신라 초기의 문화층이 확인된 구역 수는 상대적으로 훨씬 적고 분포 범위는 좁다. 이러한 현상이 발생한 원인에 대하여 고대사학 및 고고학계 일부에서는 다음과 같은 가설에 기반을 두고 설명하고 있다. 즉, AD 5세기 경까지 왕경 지역에는 잦은 홍수로 재해가 발생하였으며 인간이 활동하기에 부적합한 습지가 광범위하게 분포하였다는 것이다. 그 근거로 삼국사기 홍수기록, 고조선 유이민 최초 거주 지역에 대한 기록, 황룡사지 창건기록 등을 제시한다.

필자는 왕경 지역에서 선사시대와 삼한시대, 삼국시대 초기의 문화층이 결여된 것을 인간에 의한 뢰스(Löß, loess)층 침식의 결과로 해석하였다. 즉, MIS 3 말기~MIS 2에 걸쳐 뢰스가 퇴적되었고 뢰스층 표층에서 선사시대 이래 농경, 취락 및 도시 조성 등 인간활동이 이루어졌으며, 이후 도시재개발과 적석목곽분 조성 등으로 뢰스층이 심각하게 침식되거나 재퇴적되었다. 이에 따라 뢰스층에 포함되었던 문화층들이 제거되거나 혹은 얇게 남아 있는 경우도 있고, 재이동 되어온 물질들이 추가로 쌓여서 문화층의 분포가 공간적으로 불균등한 현상이 나타난 것으로 판단하였다.

넷째, 고대사와 고고학 분야에서 고대국가의 중심지로서 경주를 이해하는 데 몇 가지 쟁점들이 있는데, 지형학과 관계되는 것은 고대 동안 왕경의 홍수 가능성과 적석목곽분의 형성에 대한 논의이다.

삼국사기의 홍수기록을 해석하는데 있어서 왕경의 지형이 범람원인지 또는 선상지인지에 대한 논쟁이다. 경주는 BC 1세기 경부터 한반도 남동부에서 고대국가의 중심지였다. 자연환경의 영향을 크게 받은 시기의 인간생활을 이해하기 위해서는 당시의 환경을 정확하게 파악해야 한다. 이 도시의 선사 및 고대 자연환경은 신라사 복원의 기본 자료가 된다. 고고학자, 고대사학자 그리고 일부 역사지리학자들은 역사시대와 현재의 경주 지역 하천 범람기록을 통하여 왕경 지역을 선상지가 아니라 범람원으로 생각하고 신라시대 인간활동을 논의하였다.

즉, 북천이 홀로세(Holocene)에도 자주 범람하여 황룡사, 안압지, 월성 북쪽으로 이어지는 경로로 흘렀으므로, 북천 변에 제방을 축조하고 숲을 조성하여 범람을 막고 습지를 본격적으로 개발한 결과 비로소 왕경 지역에 취락이 입지하고 본격적으로 도시가 발전하였다는 것이다. 이와 같은 논의는 신라시대 왕경 지역을 실질적으로는 범람원으로 인식하고 논리를 전개한 것으로 고고학계와 고대사학계 일부에서는 이런 내용을 사실로 받아들이고 있다. 그러나 이런 주장들은 지형학적 조사에 기반을 두고 지형발달을 검토한 것이 아니라, 문헌기록을 참고하여 유추하였으므로 연구자에 따라 다양한 견해가 나올 수 있어 경주 지역 선사 및 고대의 인간생활을 논의하는데 혼란을 초래하고 있다. 따라서 경주의 지형을 분류하고 형성과정을 정확하게 파악하는 것은 이 지역 인간활동의 전체적인 양상을 이해하고 한국 고대사의 주요 쟁점에 대한 실마리를 푸는데 의미있는 자료가 될 것으로 생각한다.

경주 시내로 접근하다 보면 멀리서도 확인되는 거대한 고분인 적석목곽분은 고대도시 경주의 경관을 형성하는 핵심 요소이다. 적석목곽분의 원형에 대하여 고고학자 및 고대사학자들은 현재까지 다양한 논의를 진행하였다. 그 기원과 관련하여 고구려 '적석총'의 영향을 받은 것으로 보는 견해(강인구, 1981)와 AD 400년 고구려군의 남정을 계기로 만들어지기 시작한 것으로 보는 견해(최종규, 1983; 신경철, 1985), 몽골과 중앙아시아의 적석목곽분 전통을 계승한 것으로 파악하는 주장(최병현, 1992), 이전에 경주에 있었던 수혈식 목곽묘와 고구려의 적석이 결합되었다는 주장(김용성, 2009) 등이 있다.

그리고 이 묘제의 전파 경로, 조성 시기, 무덤 조성의 동기에 대해서도 몇 가지 추정과 가설이 제시되었으나 여전히 논의가 진행되고 있다. 적석목곽분은 한반도에서는 거의 경주에 국한되어 분포하고, 매우 유사한 형식인 중앙아시아의 쿠르간(Kurgan)과는 조성된 시간 간격이 200년 이상이다. 그리고 중앙아시아의 동단에 해당하는 몽골과 경주 사이 지역에서 적석목곽분과 동일한 양식의 묘제를 확인할 수 없다. 경주의 적석목곽분 형성에 어떠한 외부 문화의 영향이 없었다고 단정하기는 어려우나 구체적으로 어느 지역으로부터 영향을 받아 이 묘제가 채택되었는가에 대하여 분명한 증거를 제시하는 데는 한계가 있다. 공간적으로 멀리 떨어져 있는 지역의 영향을 받았을 경우 전파된 경로를 따라 적석목곽분들이 분포하여야 하는데 현재까지 제시된 자료로는 그러한 판단을 내리기에 무리가 있다.

경주 지역에 이와 같은 형식의 묘제가 나타난 계기를 우선 적석목곽분이 조영되기 전후 경주 지역의 지형적, 수문적 특징에서 찾아보고자 하는 시도가 있었다(황상일·윤순옥, 2014). 경주 지역에 적석목곽분이 조성되기 이전부터 있었던 토광목곽묘의 특징과 적석목곽묘의 특징인 지상식 매장 방법에 착안하여, 지하수위와 부장품의 규모 등을 기초로 왕경의 지형 특성 및 적석목곽분 조성 사이의 관계를 논의하였다.

다섯째, 신라의 멸망이 가지는 특수성에 대한 논의가 거의 없다는 것이다. 대부분 문헌에 기록된 내용으로 정치적, 경제적, 사회적인 원인을 찾고 있으나 이 원인들을 태동시킨 보다 근원적인 요인에 대해서는 논의하지 않았으며 특히 자연환경이 미친 영향에 대한 검토가 이루어지지 않았다. 또한 멸망의 독특한 형태에 대해서도 차별성을 충분하게 설명하지 않는다.

한국 고대 삼국시대에 고구려와 백제는 한반도 남동부에서 꾸준하게 힘을 축적해 온 신라와 당시 동아시아 강대국이었던 당나라와의 공동 전략에 의한 전쟁을 통해 급속하게 멸망하였다. 이와는 대조적으로 통일신라는 후삼국 가운데 견훤의 공격 등 외부 세력의 침입도 있었으나, 마치 인간이 태어나 천수를 다하고 노년에 죽음을 맞이하듯이, 어느 시기에 급격하게 쇠퇴하여 국왕이 스스로 국가를 고려에 넘겼다. 이런 관점에서 본다면 신라의 멸망은 세계적으로 유래를 찾아보기 어려울 정도로 전형적인 붕괴라고 할 수 있다.

역사학계에서 제시하는 통일신라의 멸망 원인은 세계사에 등장하여 멸망한 국가 거의 대부분의 사례에서 찾아볼 수 있으며, 정치, 경제, 사회, 문화적인 관점에서 논의된 것들이다. 그리고 각 요인들은 인간활동과 관계되고 각각 역사적 증거와 자료를 갖추고 있어서 나름대로 근거가 있지만, 이와 같은 정치적, 사회적, 경제적 모순이 발생한 근본적인 원인에 대한 논의는 추상적인 설명에 그친다. 이것은 문헌이나 고고학적 자료에 의거하여 연구하는 역사학자와 역사고고학자들이 문자로 기록되지 않은 자료를 수집하고 분석하여 통일신라 붕괴의 근원적인 요인을 논의하는데 한계가 있기 때문이다.

따라서 기존 연구에서 제기된 통일신라 멸망의 원인들이 일어난 근본적인 요인은 자연환경에 있을 것이라는 가설을 세우고, 삼국통일 이후 자연재해와 인간에 의한 자연환경 변화를 검토하였다. 그리고 한계생산성 체감 법칙이 어떻게 작용하였는가에 대해서도 논의하였다.

Ⅱ. 영남 지역 고대국가의 성립

1. 고대국가 성립에 대한 이론적 접근

1) 고대국가의 개념

'국가'에 대한 정의는 다양하다. 카네이로(Carneiro, 1981)는 '국가는 그 영역 안에 많은 지역사회를 망라하고 있는 자치적인 정치 단위이며 전쟁을 수행하거나 토목공사를 위한 인원을 징발하며 조세를 징수하고 법을 제정하고 시행할 수 있는 힘을 가진 중앙집권화된 정부를 가지고 있다.'라고 하였다(강봉원, 1999).

하스(Haas, 1982)는 '국가는 중앙집권화되고 전문화된 정부 제도가 있는 사회' 혹은 '지배 실체가 기본적 자원의 생산과 획득에 통제를 가하고, 그럼으로써 나머지 백성들에게 필연적으로 강압적인 힘을 행사하는 계층화된 사회'라고 정의하고 있다(김권구, 1999).

김정배(1986)는 현대 인류학자 및 고고학자들이 공통적으로 들고 있는 국가의 특성을 다음과 같이 요약하였다. 첫째, 해당사회가 서로 차별적인 사회적 계층들로 나누어져야 하고, 둘째, 정치 조직의 영역 위에 기초를 두어야 하며, 셋째, 엘리트 집단에 속하는 개인이 사회적 권력을 독점하며, 넷째, 정치적 사무는 관료에 의하여 집행되어야 한다는 네 가지를 요약하여 소개하였다(김권구, 1999).

세르비스(Service, 1962)에 의하면 국가는 일반적으로 모든 기층 단계의 수준에 대한 특수한 통제 형식, 즉 무력을 합법적으로 사용할 수 있는 일련의 사람들에 의하여 조직된 상비군이 지속적으로 무력과 위협을 가하는 존재라고 보았다(강봉원, 1999).

프리드(Fried, 1967)는 '국가는 복합적인 단체로 보아야 하며, 복합적인 단체를 수단으로 한 사회의 힘은 혈연을 초월하여 이루어진다'고 주장하면서 정치권력의 형성에 있어서 혈연관계와의 결별을 중요시하였다(강봉원, 1999).

프래머리(Flamery, 1972)는 국가를 아주 강력하고 대체로 고도로 중앙집권화되어 있으며, 단순사회의 속성인 혈연과는 유대 관계가 없는 전문적인 통치 계층을 가지고 있는 정부 형태로 보았으며, 주거 형태가 종종 혈연이나 제휴 관계보다는 직업적인 전문성을 바탕으로 한 양상을 가지며 내부적으로 고도로 서열화 및 극도로 다양화되었고, 무력의 독점을 유지하도록 노력하며 진정한 법이 있는 것으로 특정했다(강봉원, 1999).

삼한시대 '國'을 현대 정치학에서 정의하는 국가의 개념에 넣으면 '국가'라고 보는데 한계가 있다는 주장(윤내현, 1985)이 있으나, 철기가 보급되면서 영남 지역에서 국가가 성립된 것으로 보는 의견도 있다(이기백, 1990). 아울러 신진화론의 입장에서 국가사회가 형성되기 바로 전에 존재했던 사회 형태는 족장사회(chiefdom)이다. 족장사회가 어느 정도 발달하면 국가사회에 가까워지므로 이를 준국가 또는 성읍국가로 지칭해도 무방하다고 생각하는 견해(이기동, 1989)도 있다(최몽룡·최성락, 1999). 최몽룡(1990)은 고인돌사회 또는 청동기사회를 족장사회로 정의하는 반면에 이종욱(1982)은 신라의 육촌사회가 족장사회라고 주장한다(최정필, 1999). 한반도 남부에서 국가 단계와 그 이전 단계 사회의 출현 시기에 대한 의견차는 상당히 크다.

고대사회의 사회발전 단계를 논의하는데 있어서 '국가'라는 단계를 어떤 기준으로 설정할 것인가에 대해서는 수많은 논쟁이 있다. 현대에도 '도시국가'가 있으며 엄청난 면적과 인구를 가진 국가도 있다. 도시화가 고도로 진전된 국가가 있으며, 인도양과 태평양과 같은 대양의 산호초에 형성되어 도시화가 지체된 소규모 국가도 있다. 그리고 그린란드와 같이 외부에 의존적인 경제를 영위하는 국가도 있다.

한편 정치지리학적으로 국가(state)를 구성하는 요소는 집행 권능의 근원인 주권, 국가의 기능이 미치는 영토, 정치적 요소인 정부, 실효적 혜택을 받는 국민이다(김순규, 1988). 근대국가를 정의하는 가장 기본적인 요소는 국민, 영토, 통치권(통치조직; 주권)이지만, 이 기준으로 본다면, 그리스의 도시국가는 영토 개념이 희박했고 서양의 봉건국가는 지방분권이어서 통치조직이 산만하고 왕권이 미약한 상태였지만, 그렇다고 그들이 국가가 아니라고 하지 않듯이 국민 결합 관계의 완급, 영토의 크기와 명확성, 통치권의 강약은 어느 정도 차이가 있어도 국가라 할 수 있으며, 따라서 일정한 영역 안에 주민 전체에 의해 그 통치권이 인정되고 군주가 출현함으로서 초기국가의 형성을 가늠하는 기준을 삼을 수 있다는 견해(이기백, 1985)는 타당성이 있다고 본다(김권구, 1999).

우리나라 최초의 고대국가를 고조선으로 본다면, 고조선의 위치 등은 논쟁의 여지가 있으나 고조선은 청동기시대에 성립되었다.[2] 고조선 가운데 BC 194년부터 BC 108년까지 존속했던 소위 위만조선은 장거리무역을 통해 경제적 부를 축적하였으며, 인구의 급격한 증가와 이로 인한 내부적 갈등은 철제무기를 사용하는 막강한 군사력으로 인근 부족을 정복하여 영토를 확장하였고, 철제 농기구를 이용한 잉여생산물을 축적한 국가였다(최몽룡, 1999). 이전의 '기자조선'도 국가의 특성을 갖추고 있었을 것이다. 이 두 고조선의 가장 큰 특징은 '일정한 영역 안에 주민 전체에 의해 그 통치권이 인정되고 군주가 존재하였다'는 것이다.

고조선을 논외로 하더라도 현재보다 2,200년 전부터 있었던 마한, 진한, 변한과 이들을 구성하였던 70여개 '國'을 어떻게 규정할 것인가 하는 문제도 여전히 어려운 과제이다. 마한, 진한, 변한의 '國'들은 거의 같은 시기에 동시에 발생하는 것이 아니라, 마한의 '國'은 BC 3세기경, 진한의 '國'은 2,100년 BP 경, 변한의 '國'은 진한보다 거의 100년 늦은 시기에 성립된다. 삼한시대 한반도 남부에 있었던 70여개의 國을 정치학적 관점에서는 국가 이전의 형태인 족장사회(chiefdom)로 보고 있으나, 필자는 70여개의 國을 당시 사람들이 모든 경험과 지혜를 끌어모아 만든 당시의 '국가' 모습으로 볼 것을 제의한다.

철기시대에 이르면 농업생산력이 향상되어 잉여생산물이 더 많아지고 인구가 증가하며, 1차산업 종사자 외에 제철산업 종사자, 옥 수공업자, 토기제작자, 제염업자를 비롯한 다양한 수공업 종사자와 같은 2차산업 인구와 군인, 정치인, 상인, 제사장 등 3차산업 인구가 생기고, 도시의 규모도 대읍은 인구수가 1~2만 명에 달하므로 도시가 형성된다.

한반도 남부 지역에 실질적으로 여전히 청동기시대라고 할 수 있는 BC 3세기 경 '韓國'과 마한이 존재하였음을 확인할 수 있는 내용은 삼국지 오환선비동이전 진한전의 "古之亡人

---

2) 고조선이 성립할 때 그 장소에는 도시가 형성되었을 것이다. 비트포겔의 '관개 이론'에 의하면, 생업이 농업인 청동기시대에는 연강수량이 1,000mm 이상이고, 인구가 분산되어 분포한다면 도시가 형성되기 어렵다. 이런 가설을 어느 정도 수용한다면, 고조선 발생지는 한반도보다 상대적으로 강수량이 적은 지역일 가능성이 대단히 높다. 이런 지역은 물을 구하기 용이한 곳에 인구가 집중되므로 도시가 형성될 수 있다.

避秦役 來適韓國 馬韓割其東界與之"기사이다. 이 기사는 진나라시대(BC 221~BC 207년)에 있었던 일을 기록한 것이다. 여기서 한국(韓國)의 한은 BC 195년에 있었던 준왕의 남래(南來)를 기록한 후한서 한전의 기사(記事)에서 추정이 가능하다. 마한의 왕이 한왕(韓王)이고, 한과 마한은 동일 집단이라는 사실을 알 수 있다. 그리고 삼국사기 신라본기 혁거세거서간 38년(BC 20년) 기사에서 '예전에 중국인들이 진의 난리를 괴로워하여 동쪽으로 이주하여 온 자들이 많았는데, 마한 동쪽에 자리잡고 진한(辰韓)과 뒤섞여 살았다'는 것은 마한과 진한이라는 정치체가 BC 3세기 후반 진나라 때도 이미 존재하였음을 의미한다. 다만 이 시기의 마한과 진한을 국가로 볼 수 있는가 하는 질문을 할 수 있다. 이때는 아직 고조선 유이민들이 한반도 남부 지역으로 들어오기 이전이다.

고조선 유이민들이 한반도 남부로 들어오면서 철기가 보급되었고, 더욱이 이들은 고조선에 있을 때 국가라는 조직에서 정치적, 경제적, 사회적 경험을 하였으므로 새로 정착한 지역에 국가를 만들어서 권력을 갖고자 하는 것은 자연스러운 행위라고 생각한다. 따라서 청동기시대 말기를 지나고 농경을 시작한 지 700년 내지 800년이 경과한 초기철기시대가 되면 사회 구성원들 사이에 그리고 지역들 간에 경제적인 격차가 발생하고 심각한 사회적 불평등이 발생하였을 것이다. 또한 한반도 남부에 전체적으로 인구가 증가하였으며, 특정 공간에는 인구밀도가 높아서 인구수로만 본다면 도시가 형성되었을 것이다. 현재도 규모가 작은 군 소재지는 인구가 수천 명이지만 도시의 면모를 하고 있다. 농업혁명이 일어나면서 도시혁명이 진행되어 국가가 발생한 건조기후 지역과는 달리 한반도는 강수량이 상대적으로 많고 강수의 공간분포가 등질적이므로 농업혁명과 함께 도시혁명이 일어나기 어렵지만, 전체적으로 인구가 증가한 BC 1세기에는 소국이 입지한 곳에 도시가 성립되었다고 볼 수 있다. 그러므로 이런 지역은 청동기시대 말기를 지나 초기철기시대로 진입하면서 도시적인 모습을 만들어가기 시작했으며 철기가 보급된 시기에는 국가가 성립되었다고 본다.

따라서 삼국지 오환선비동이전 진한전과 삼국사기 신라본기 혁거세거서간 38년(BC 20년) 기사에 기록된 BC 3세기 말에 존재했던 마한과 진한은 국가발생의 맹아로 볼 수 있으나 국가로 보기에는 한계가 있었던 정치체로 생각된다.

2) 고대국가 형성에 대한 이론[3]

고대국가 형성에 대한 이론은 국가 형성과정에 있어서 주요 변수가 무엇인가에 따라 다양한 관점이 제시된다. 각 이론들은 어떤 상황과 과정 속에서 무슨 이유로 국가가 출현하게 되었는가에 논의가 집중되고 있다. 국가 형성에 영향을 미치는 주요 변수는 관개, 전쟁, 인구 압력, 한정 이론(circumscription theory), 교역 및 경제적 요인, 갈등 등의 요인이 있고, 국가와 계층(stratification)의 출현 관계, 사회 발전 단계, 권력 및 국가 권력의 기반(경제적, 이념적, 물질적 요소) 등의 측면이 함께 논의된다.

다음에 제시하는 일곱 가지 관점도 국가 형성과정을 설명하는데 장점과 단점을 가지고 있고 특정 지역과 시대의 맥락에서 상대적으로 설득력이 달라진다. 아울러 어느 한 요인이 주도적 역할을 할 수도 있지만 복합적인 동인이 작용한다.

'관개 이론'은 칼 비트포겔(Karl A. Wittfogel)의 「동양적 전제군주론(Oriental Despotism, 1957)」에서 힙시서말(Hypthithermal)[4] 이후 북회귀선 부근 중위도 고압대의 기후가 건조해지면서 사람들이 대하천 주변으로 밀려나고, 대하천을 수원으로 관개농업을 하게 되며, 관개수로 조성을 비롯한 대규모 토목공사를 위해 막대한 노동력을 동원할 수 있는 기구인 정치조직이 생겨나고 전제군주가 이 정치조직을 통해 하천을 따라 형성된 도시들을 수운교통로를 이용하여 지배하면서 고대문명이 발생한다는 가설이다. 즉, 세계 4대문명 발생지의 입지와 기후변화를 통해 도시의 발생과 함께 농업을 생업으로 하는 사람들이 전제군주를 필요로 하면서 국가가 성립되고 문명이 발생한다는 것이다. 이 주장은 일반화에 한계가 있으나 국가의

---

3) 김권구, 1999, 고고학과 이론(최몽룡·최성락 편저, 한국 고대국가 형성론, 서울대 출판부)의 '국가형성과정에 대한 주요 이론 및 평가'에 필자의 의견을 보충하여 작성하였다.

4) 홀로세 중기의 기후최적기, 8,000년 BP부터 5,000년 BP 사이의 기간으로 climatic optimum이라고도 한다.

발생이 농경의 시작 및 도시화와 관계가 있다는 점에서 상당한 지지를 받고 있다.

'전쟁 이론'은 집단과 집단 사이 또는 종족과 종족 사이의 갈등이 무력 충돌로 표출되고, 각 집단들은 전쟁을 위한 조직을 구성하고 지도자를 중심으로 위계 관계를 구성하며, 전쟁에서 이기기 위한 무기체계와 행정조직을 구비하고, 전쟁 이후 전리품 분배와 거주지 방호를 위한 노동력 동원 등에 협조하면서 국가가 형성된다는 가설이다. 전쟁을 하게 되는 요인은 인구 압력 등에서 오는 스트레스를 줄이기 위한 영역의 확장, 전쟁 포로 등을 통해 노동력을 얻기 위한 경우, 교역 등에서 오는 갈등, 교통로 확보를 위한 동기 등 다양하다.

'인구 압력'은 사회발전과 국가형성에 있어서 대단히 중요한 요인으로 거론된다. 인간은 자신의 공간에 대한 배타적인 지배권을 가지고자 한다. 인간이나 동물은 자신의 영역을 침범하는 타자에 대해 심각한 적의와 무력을 행사하면서 영역을 지킨다. 특히 농업을 생업으로 하는 농경사회에서는 인구 압력이 개인과 개인, 종족과 종족, 집단과 집단 사이의 갈등을 증폭시킬 가능성을 높인다. 특히 인구가 증가하면 인구 부양력에 문제가 발생할 수 있으며, 가뭄과 같은 자연재해가 발생하는 시기에는 곡물공급이 부족해지므로 무력을 이용한 식량 약탈의 동기가 발생한다. 그리고 인구가 증가하면 도시화가 진행되어 도시가 발생한다. 고든 차일드(V. Gorden Child)는 BC 3,000년 무렵 도시혁명이 일어나 촌락이 도시규모로 발전하고 1차산업 외에 2차산업과 3차산업과 같은 다양한 직업과 계급이 분화하여 농업 및 제조업과 교역에 기초한 경제시스템이 발생하였으며 이런 산업이 부가가치를 창출하면서 부가 축적되었다고 보았다. 그러므로 도시혁명은 국가형성의 동인이 되므로 인구증가는 국가형성의 한 요인이 될 수 있다는 것이다.[5]

'한정 이론'은 생업경제가 농업인 지역이 지형적인 요인에 의해 한정된 경작지를 확장하기 어려운 경우 인구가 증가하여 인구 압력이 발생하면 무력으로 영역을 확장하기 위하여 전쟁을 하게 된다는 것이다. 이것은 자연스럽게 '전쟁 이론'과 연결되는 가설이다.

'교역 이론'은 사람들의 생활에 필요한 자원을 획득하기 위한 교역을 효율적으로 수행하

5) 고든 차일드(김성태·이경미 역), 2013, 고든 차일드의 신석기혁명과 도시혁명, 주류성.

기 위하여 국가가 등장한다는 가설이다. 옥과 같은 위세품(prestige goods), 소금과 같이 지역에 편중되어 있으나 생존에 반드시 필요한 물품 등의 생산, 분배, 소비 체계의 성립을 농업 외에 수공업과 서비스업과 같은 다양한 직업과 교역에 기초한 경제시스템을 창출하고, 특정 촌락의 도시화를 촉진하며, 계급과 직업의 분화와 부의 불평등을 야기하므로, 이와 같은 산업들을 행정적으로 관리하고 통제할 수 있는 정치조직의 요구가 발생할 수 있다.

'갈등 이론'은 집단 사이의 갈등이나 집단 내의 갈등이 국가형성 과정에서 결정적인 역할을 한다는 관점의 이론이다.

3) 국력의 개념

국력(national power)은 국가의 힘 또는 국가의 권력으로 해석할 수 있다. 국제정치학에서 힘의 개념을 중심으로 국제정치를 이해하고 설명한 대표적인 학자는 모겐소(Hans J. Morgenthau)이다. 그는 권력이란 타인의 심성과 행위에 대한 통제를 의미하는 것으로, 이것을 곧 정치의 보편적인 특성이라고 보았다. 그래서 그는 국제정치도 모든 다른 정치와 같이 권력을 위한 투쟁이라고 규정하고 국제정치의 궁극적 목표가 무엇이든 간에 권력이 항상 그 일차적 목표라고 주장하였다. 또한 국제정치 체계에서 작용하는 조직화된 힘은 언제나 국가의 외교정책을 뒷받침하기 위해 행사되며, 국가체제를 구성하는 행위자(국가)들은 권력의 관점에서 권력유지형(to keep power), 권력증강형(to increase power), 권력시위형(to demonstrate power)으로 구분된다고 보았다.

그러나 이는 경험적 안목에서 볼 때, 지나치게 단순하므로 월퍼스(Arnold Wolfers)는 이를 보완하여 국제정치 행위자(국가)들의 외교정책 목표를 중심으로 자기확장형(self-extention), 자기보존형(self-preservation), 자기극복형(self-abnegation)으로 분류하였다. 이렇게 볼 때, 국제정치에서 권력은 국제정치 행위자(또는 국가)가 보유한 능력으로서 자기보존, 자기확장, 자기극복의 정책을 개별적 또는 복합적으로 추구하는데 필요하다. 즉 힘은 안보, 번영, 평화 및 기타의 국가정책 목표를 추구하는데 필요한 능력인 것이다.

국가의 힘을 구성하는 요소는 연구자에 따라 공통적인 것도 있지만, 강조하는 것들에 따라 차이가 있다. 표 1은 연구자들이 제시한 요소들을 구영록의 분류[6]에 따라 김순규(1988)가 정리한 것이다.

이 표에 제시된 국력 구성요소 대부분은 양적 요소이고 질적 요소는 몇몇 연구자만 제시하고 있다. 김순규(1988)는 여기에 제시된 국력 구성요소를 양적 요소와 질적 요소로 나누고 거기에 잠재적(latent)인 것과 실제적(actual)인 것을 포함하여 검토하였다.

표 1. 국력의 구성요소(김순규, 1988)

Raymond Aron	Cecil V. Crabb, Jr	Frederick H. Hartmann	W. W. Kulski	Charles O. Lerche, Jr.; Abdul A. Said	Hans J. Morgenthau	A.F.K. Organski	Norman D. Palmer; Howard C. Perkins	John G. Stoessinger	U.S. Army War College	Vernon Van Dyke
공간	지리	지리적 요소	규모·위치·지형	지리적 위치	지리	지리	지리	지리	지리적 요인	지리적 기반
가능한 자원	경제적 자원	경제적 요소	경제적 자원과 원료	천연자원	자연자원	자원	자연자원	자연자원	경제적 요소	경제체제
	기술적 자원		기술적 자원	교육 및 기술의 수준		경제발전	기술	경제 및 공업의 발전		과학적 및 발전의 잠재력
	군사력	군사적 요소	잠재적 군사력	군사력	군비				군사적 요인	무장
인구	인구	인구적 요소	인구의 성격	인구 및 인력	인구	인구	인구	인구		인구적 기반
집단의 행동능력	국민성	역사적·심리적·사회적 요소			국민성			국민성	사회적 요인	
				국민사기	국민사기	국민사기	사기	국민사기		
		경제적·행정적 요소	자도자와 엘리트의 질	정치·경제·사회적 구조	정치의 질	정치발전	리더쉽	정부 및 국가 지도자	정치적 요인	정부의 조직과 행정
	이데올로기						이데올로기	이데올로기		사상
			공업력	공업 및 농업의 생산력	공업력					생산능력
				국제전략적 위치						전략적 위치
					외교의 질					
			육·해·공 수송능력							수송 및 커뮤니케이션
										정보

표 2. 국력 형성 요소의 구분(김순규, 1988)

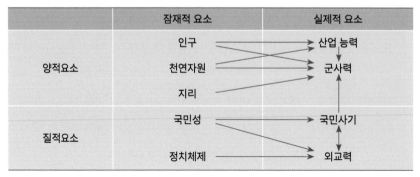

	잠재적 요소	실제적 요소
양적요소	인구 천연자원 지리	산업 능력 군사력
질적요소	국민성 정치체제	국민사기 외교력

　국력은 한 국가가 다른 국가의 행동에 영향을 주거나 타국의 행동을 지배 내지 결정할 수 있는 능력으로서 국가 사이의 정치적 관계를 통제하는 힘이다. 국제정치 속에서 각국의 국력에 대한 명확한 평가를 할 수 있어야 상황에 맞는 대처 방안을 찾을 수 있다. 일반적으로 국력의 평가에 관한 모델 가운데 가장 대표적인 것 가운데 하나는 모겐소의 이론이다. 모겐소는 지리, 자연자원(식량, 원료), 공업력, 군비(기술, 지도력, 군사력의 양과 질), 인구(분포와 추세), 국민성, 국민 사기, 정부의 질, 외교의 질을 국력의 구성 요소로 제시하였다. 그는 힘이라는 핵심 개념을 중심으로 각국 간의 관계를 권력의 상호작용으로 파악하는 이론 모델을 제시하였으나, 다분히 이론에 치우쳐 국력 평가를 위한 상수와 변수의 계량화 지침이나 방법을 제시하지 못하였다.

　한편 클라인(Ray S. Cline)은 '세계 권력추이와 1980년대 미국 외교전략(World Power Trends and U.S. Foreign policy for the 1980s, 1980)'에서 국가권력 측정공식을 제시하였다. 클라인은 국력을 전략적, 군사적, 경제적 및 정치적 힘의 혼합으로 보고, 국력은 부분적으로 그 국가의 군사력과 군사조직에 의해 결정되나 또한 영토의 규모와 지리적 위치, 인구, 천연자원, 경제구조, 기술수준, 재정력, 인종, 사회적 결합력, 정치과정과 정책 결정의 안정, 국민정신으로

---

6) 구영록, 1977, 인간과 전쟁: 국제정치이론의 체계, 법문사.

표방되는 보이지 않는 국민자산 등에 의해 더 많이 좌우된다고 하였다.[7]

　이러한 바탕 위에 클라인은 세계 각국의 국력을 평가하기 위하여 자신만의 공식을 고안하였다. 단어와 문장을 간단한 기호 또는 지수 체계로 대체하였으나 국력에 관한 많은 변수들을 완전히 계량화하는 것은 불가능하였다. 따라서 그의 이러한 공식은 결코 세계 각국의 국력 측정을 완전하게 설명할 수 없지만, 국력 평가를 위한 상수와 변수의 계량화 지침이나 방법을 제시한 점에서 주목을 받았다.

$$Pp = (C+E+M) \times (S+W)$$

Pp= 지각된 힘(perceived power),

　C= 결정적으로 중요한 자료로서 인구와 영토(critical mass: population+territory)

　　인구(50), 영토(50)

　E= 경제력(economic capability)

　　GNP(100), 에너지(20), 주요비연료광물(20), 산업력(20), 식량(20), 무역(20)

　M= 군사력(military capability)

　　전략핵군사력(100), 재래식군사력(100)

　S= 전략목표(strategic purpose)(1)

　W= 국가 목적을 추구하는 국민 의지(will to pursue national strstegy)(1)

　　국민통합 정도(34%), 국가지도력의 강도(33%), 전략과 국익과의 부합성 정도(33%)

　현대 국제정치학에서 논의되고 있는 국력의 개념은 대부분 상수와 변수들이 양적으로 측정될 수 있고 질적인 요소들도 어느 정도 평가가 가능하다. 이와는 대조적으로 고대에는 각 국가의 인구수, 국토면적, GNP, 군사력, 무역에 대한 자료가 거의 없으며, 전략목표 그리고

---

7) Cline, Ray S., 1980, World Power Trends and U.S. Foreign policy for the 1980s, Bouder, Colorado: Westview Press (김순규, 신국제정치론, 박영사 129~130쪽, 재인용).

국가목적을 추구하는 국민의지에 대해서는 자료가 전무하므로 클라인의 공식을 적용하기 어렵다. 다만 클라인의 공식을 구성하는 요소들 가운데 고대국가의 중심지 입지 특성을 통해 개략적인 인구수와 인간활동이 가능한 공간의 규모, 그리고 인간의 활동에 필수적인 물품과 이에 관계되는 광물자원의 분포는 파악할 수 있다. 그리고 이들 요소를 통해 산업생산력, 농업생산력 그리고 국민총생산(GNP)을 추정할 수 있다고 생각한다.

한 국가의 국력은 이것을 구성하는 제 요소들이 종합적으로 작용하여 형성되지만, 가장 단순하게 평가하는 경우에는 불완전하지만 국민총생산(GNP)을 지표로 삼는다. 국민총생산은 인구, 자원 그리고 경제발전 정도의 함수이며, 경제발전은 인구의 질, 교육 정도, 사기(士氣) 등의 함수이다. 푹스(Fucks, 1965)는 인구와 총생산으로 국력을 다음과 같이 정리하였다.

$$M=P^3\sqrt{B}\,(M: 국력, P: 총생산, B: 인구)$$

여기에 군사력은 포함되어 있지 않다. 현대의 국제정치학자들 가운데에도 군사력을 국력의 구성요소로 포함시키지 않는 경우가 있다(표 1). 군사력은 인구, 천연자원, 지리와 같은 잠재적인 힘 또는 능력을 통해 간접적으로 평가할 수 있다고 보는 것이다(표 2). 그러므로 푹스의 공식은 계량화할 수 있는 자료가 부족한 고대국가의 국력을 평가하는데 유용하다고 생각된다.

2. 영남 지역의 고대국가 형성 과정

1) 영남 지역 청동기시대 전개

3,000년 BP(BC 1,000년)[8]부터 영남지방에서는 청동기시대가 시작되었다. 이전 시기인 신석기시대 사람들은 수렵, 어로, 채취를 생업으로 살았으나 청동기시대에는 본격적으로 농경이 시작되었다. 청동기시대라고 하지만 영남 지역 사람들은 청동기를 제작하는 기술을 가지지 못하였으며, 심지어 청동기가 외부로부터 이 지역으로 유입되지도 않았으므로 당시 사람들은 이것을 본 적도 없었다. 청동기가 없는 가운데 한반도 남부지방 청동기시대를 특징짓는 것은 무문토기와 지석묘이다.

이들은 돌, 나무 또는 골각기로 된 농기구를 사용하여 농사를 지었으며 주로 밭농사를 하였다. 벼를 재배하기 위하여 논을 만들었으나 논바닥 수평잡기가 어렵고 물대는 기술 등에 어려움이 있었으므로 논의 규모는 매우 작았다.[9]

그리고 밭은 석기로 땅을 갈아엎어야 했으므로, 자갈이 적고 모래가 알맞게 포함되어 있는 부드러운 토양으로 된 자연제방과 같은 곳을 선호하였을 것이다. 아울러 홍수의 위험이 없고 용수공급이 유리한 곡저평야도 논과 밭으로 선택되었을 것으로 생각된다. 농민들은 경작지에 의존적이므로 정착하여 취락을 이루었으며, 수확한 곡물을 무문토기에 담아 보관하였다.

청동기시대가 진행되면서 농업기술과 농기구 제작기술이 발전하였으며, 잉여농산물이 축적됨에 따라 인구가 증가하고 취락의 규모도 커졌을 것이다. 교역이 활발하지 않았던 시기

---

8) BP는 before present를 축약한 것이다. 청동기시대 시작 연대는 4,000년 BP(BC 2,000년)부터 3,000년 BP(BC 1,000년)까지 다양한 주장이 있다. 한반도 남부지방에서는 아마도 후자에 가까우며 탄소연대측정의 원래 연대값과 나무나이테로 보정한 값 가운데 원래연대값으로 산정한다면 시작연대는 대략 3,000년 BP이다. 필자는 선사 및 고대 환경복원 연구와 홀로세(Holocene) 해면변동곡선 복원 연구에서 보정하지 않은 원래연대값을 사용한다.

9) 울산 옥현 구역에서 고고학 발굴로 확인된 논은 낮은 둑으로 구획된 불규칙한 형태를 하고 있는데, 단위 논 면적은 1~2m²를 넘지 않았다.

이므로 사람들은 경작지 근처에 주거지를 조성하였으나, 기후와 용수 구득 가능성을 크게 고려하였을 것이다. 청동기시대 기후는 현재와 유사하였으므로 이들은 한랭하고 건조한 겨울 동안 체온을 유지하는데 유리한 건축과 입지를 선정하였다.

청동기시대에는 공동체의 유력한 사람이 죽으면 지석묘를 만들었다. 지석묘의 규모는 다양하지만 대부분 많은 노동력이 동원되어야 조성할 수 있다. 이러한 토목사업이 절대 권력을 가진 사람에 의해 강제로 노동력을 동원하여 이루어진 것인지 또는 공동체가 유력한 지도자를 중심으로 공동의 노동을 통해 만든 것인지를 파악하는 것은 청동기시대 공동체의 성격을 결정하는데 중요한 기준이 된다. 아울러 이 시기에는 공동체 사이 갈등이 전쟁을 통해 해결되기도 하였는데, 전쟁에 대비하여 취락 둘레에 환호를 조성하기도 하였다. 전쟁의 진행이나 대규모 노동력 동원이 족장(clan chif)에 의해 수행되었다고 보는 견해도 있으나, 아직 국가라고 할 수 있는 조직 단계까지 도달한 것은 아니라는 것이 대체적인 생각이다.[10]

청동기사회는 혈연에 기반한 평등사회로 공동체의 지도자는 족장인데, 유력자가 죽으면 공동체가 공동으로 쓰는 묘역에 피장자 개인이 아니라 집단 차원의 상징물이나 특수계층의 소유물로 볼 수 있는 마제석검을 부장하였다(이수홍, 2020, 김해박물관).

영남지방에서 지석묘는 밀도의 차이는 있지만 거의 전 지역에 골고루 분포하고 있으며, 경주 지역에도 마찬가지이다. 고대 동안 경주에 도시화가 진행되면서 몇몇 지석묘는 파괴되어 사라졌을 가능성이 크지만, 금호강 유역이나 다른 지역에 비해 규모가 더 크거나 밀도가 높지는 않았을 것이다. 경주 지역 청동기시대 인구수 및 취락수에 대해서는 알 수 없으나, 다른 지역에 비해 훨씬 더 규모가 컸다는 고고학적 증거는 없다. 다만 청동기시대 초기 유적이 금호강 유역과 더불어 경주와 울산 지역에 주로 분포하는 것으로 볼 때, 이들 지역의 인구 및 취락 수가 영남 지역에서 가장 많았던 것으로 생각된다. 다시 말하면 청동기시대 경주 지역 인구밀도가 영남지방의 다른 지역에 비해 그리 높지 않더라도 경작할 수 있는 공간이 상대적

---

10) 우리나라 최대 지석묘인 창원 덕천리 지석묘는 국가 단계 사회에서 조성할 수 있다는 의견도 있다. 이 유적의 중심연대는 BC 4세기 경으로 보고 있다.

으로 넓어서 인구수가 많고 취락의 규모는 컸을 것으로 생각된다.

취락들이 경주선상지와 경주 주변의 선상지 및 곡저평야에 광범위하게 분포하였다면 경주 지역의 인구수는 영남지방에서 금호강 유역과 더불어 가장 많았을 것이다. 이 시기 영남지방에서는 지역들 사이에 교역량이 많지 않고, 시장이 형성되지 않은 자급적 경제 체제였을 가능성이 높다. 대부분의 물품을 거의 자급자족하였으며, 교역의 가능성이 있는 물품은 옥이나 흑요석 정도로 추정된다. 그리고 교역의 물품으로 소금을 거래하였을 가능성은 낮다. 한반도 선사시대에 제염에 대한 문헌기록이나 고고학적 증거는 아직 확인되지 않았다. 수렵과 채집생활을 하던 신석기시대 사람들은 짐승의 고기나 내장 등에서 염분을 섭취하므로 소금에 대한 생리적 필요성을 느끼지 못했을 가능성이 있다. 청동기시대에 들어와 농경이 생업이 되고 동물성 단백질을 충분하게 섭취하지 못하면서 사람들은 최소요구량에 미치지 못하는 염분만 취하였을 것이며, 해안에서 멀리 떨어진 내륙에서는 식물을 태워서 나온 재에 물을 부어서 받은 물에서 염분을 얻었을 것으로 생각된다.

청동기시대 전기 동안 영남 지역에는 한정된 범위에 취락이 분포하였는데, 가장 밀도가 높은 곳은 울산 지역이며, 그 다음은 경주 지역 그리고 대구를 중심으로 하는 금호강 유역이다(박성희, 2015). 청동기문화를 가진 사람들이 영남 지역으로 유입하여 취락을 형성하였는데, 이들은 북쪽에서부터 소백산맥을 넘어 와서 경북 북부지방에는 거의 머물지 않고 금호강 유역으로 들어와서 정착하기 시작하였고, 영천에서 아화고개를 지나 건천 지역과 경주 지역 그리고 울산 지역에 자리 잡았다. 이들이 통과한 함창, 안계분지, 의성 금성 등 경작이 가능하고 공간적으로도 넓은 지역이 있었음에도 거의 정착하지 않았다.

이러한 현상은 이들이 출발할 때 영남 북부분지와 영남 중앙분지의 차이에 대하여 알고 있었으며, 이미 목적지가 결정되어 있었을 가능성이 높다. 양 지역은 물리적, 화학적 성질이 동일한 뢰스(loess)로 피복되어 있었으므로 석기나 목기로 기경을 하는데 지역에 따른 차이가 있었을 가능성은 거의 없었다. 다만 북부분지에 비해 경작지 면적이 영남 중앙분지와 경주, 울산 지역이 더 넓었으며 기온은 확연히 더 높았다. 겨울의 한랭한 환경에 적절한 가옥과 의

복을 갖추지 못하고, 더욱이 곡물 및 지방과 단백질 섭취가 충분하지 못한 청동기시대에 기온이 높은 지역에서 생활하는 것은 체온을 유지하여 생존하는데 유리하다.

다만 청동기시대 후기가 되면 인구는 영남 지역 전체로 확산된다. 이것은 영남 지역 자체의 인구증가뿐 아니라 북방으로부터 지속적으로 인구가 유입되면서 나타난 현상으로 볼 수 있다. 그럼에도 불구하고 청동기시대 후기에도 동해안에서 영남내륙으로 소금을 가져와 교역을 하였을 가능성은 낮다. 다만 해안에서 해조류를 태운다든지 파식대와 같은 암반 위에서 자연적으로 결정이 된 소금을 채취하였으며, 이것을 단거리 교역으로 물물교환하였을 가능성은 있다. 그리고 청동기시대가 진행되면서 영남지방에 인구가 증가하고 외부 세계에 대한 정보량이 많아지면서 옥을 비롯한 교역 물품의 종류와 양이 증가하였고, 지역 사이에 이동하는 인구가 늘어나면서 자급자족적 경제에 변화가 나타났을 것으로 생각된다.

이와 같이 추정하는 근거는 다음과 같다. 신석기시대에도 한반도 남부지방 사람들은 백두산이나 일본에서 육상교통로와 바다를 통해 흑요석 등을 원거리 교역으로 획득하였는데, 흑요석에 대한 수요는 청동기시대에도 있었을 것이다. 이와 같은 교역이나 교류에서 물품만 거래하는 것이 아니라 정보도 교류되므로, 영남지방 사람들은 만주나 한반도 북부 그리고 일본에서 일어나는 일들을 어느 정도는 알았을 것이다.

청동기시대가 진행되면서 직업의 분화가 있었으며, 옥(玉)을 가공하여 장신구를 만드는 직업이 대표적이다. 농경이 발전하면서 경작지 규모가 커졌으며, 돌로 농기구를 만드는 직업도 등장하였을 가능성이 있다. 아울러 전쟁에 필요한 석재 무기는 전문가들이 제작하였을 것이다.

청동기시대 후기 동안 경주 주변 지역에는 유력한 지배자가 정치조직을 결성한 공동체가 없었던 것으로 보인다. 이 지역에는 오히려 단층선을 따라 선적으로 분포하는 선상지의 선단부에 취락이 조성되었을 가능성이 커서, 대규모 취락이 아니라 선적인 형태로 길게 이어져 분포하였을 것이다. 건천 지역에도 거의 같은 양상이었을 것이다. 현재 경주시 지역의 경주 선상지에서는 주로 북천, 남천, 형산강에서 용수를 얻을 수 있는 구역과 용천과 용천천에 의존하여 취락이 입지하였으며, 나머지 구역은 농경지로 이용하면서 상당히 많은 사람들이 왕경 지역에 거주하였을 것으로 생각된다.

2) 영남 지역 초기철기시대 상황

한반도의 청동기시대에는 동일한 청동기문화 단계의 세력집단들이라고 해도 경작지 면적, 토지 생산력, 청동기 기술의 습득 여부와 청동기 보급 수준 등에 따라 지역적으로 공동체의 성장 상태도 각기 달랐을 것이다. 국력은 생산력과 인구의 함수로 볼 수 있는데, 청동기시대에는 경작지 면적과 토지 생산력에 의해 결정된다.

청동기시대에 한반도 북부지방 사람들은 청동기를 제작하고 사용하였으나 남부지방에서는 청동기가 없었다. 영남지방에 청동기가 나타나는 것은 2,300년 BP 이후이며, 이 시기부터 기원 전후한 시기(2,000년 BP 경)까지를 한국 고고학계에서는 초기철기시대[11]라고 명명하고 있다. 남부지방에서는 이 시기가 시작될 즈음 철기가 제작되지 않았을 뿐 아니라 소개되지도 않았다. 철기는 초기철기시대가 개시된 지 100년 정도 경과한 후에 충남과 전라도지방에 먼저 나타났으며,[12] 영남지방에는 거의 200년이 지난 BC 2세기 말에[13] 비로소 유입되었다. 초기철기시대에 들어와 만주에서 철기문화 환경에서 살았던 고조선 유이민 집단들이 한반도 남부로 이주해 오면서 새로운 문화의 파도가 밀려오고 짧은 기간에 문화적, 경제적, 정치적으로 큰 변화가 일어났다. 경주 지역은 이 격변의 시기에 기회를 잡게 된다.

한반도 청동기 보급에 있어서 한국형 세형동검문화는 북서지방에 먼저 유입되었고 남쪽으로 확산되었다. 세형동검유물군의 출현 시기는 한반도 북서지방의 경우 BC 4세기 말부터

---

11) 한국고고학사전(2001, 172쪽)에서는 철기가 본격적으로 사용되는 단계를 기준으로 한다면, BC 300년 경에 철기가 나타나는 한반도 북부지방의 경우 이 시기 구분이 어느 정도 적용될 수 있으나, 남부지방에서는 철기의 등장이 BC 2세기 경 이후이므로 이 개념을 적용하기 힘들다고 설명하고 있다.

12) BC 195년 고조선 준왕이 해상으로 충남 및 전라도 지역으로 들어온 시기를 의미한다.

13) BC 108년 한 무제에 의해 고조선이 멸망하여 유이민들이 영남 지역으로 들어온 시기를 의미한다.

BC 3세기 초 사이이며 이 유물군은 청천강 이남에 한정되어 분포한다. 세형동검유물군의 이와 같은 공간적 분포와 출현 시기에 대하여 윤무병(1992)은 연나라 진개의 연장성(燕長城) 구축 즉, 연의 요동 지역 진출을 통해 논증하려고 시도하였다.

한반도 북부지방에서 충남과 전라도 지역으로 청동기가 유입된 계기를 BC 280년~BC 270년 연나라 장군 진개가 만주 지역에 있었던 고조선을 공격하여 고조선을 동쪽으로 밀어낸 사건과 연관시켜 설명하는 문화전파론적 주장이 대세를 이루고 있다. 이때 진개는 고조선의 서쪽 국경을 동쪽으로 2,000리 밀어내고 만번한에 이르러 국경으로 삼았다는 것이다. 이 사건으로 밀려난 국경의 위치를 정약용은 현재 압록강, 이병도(1985)는 평북 박천, 송호정 (2003)은 한반도 서북지방이라고 추정한다.

그러나 박진욱(1987, 1988)과 박순발(1995)은 윤무병의 논증은 재론의 여지가 있으며, 요하 이동(以東)의 길림과 한반도 남부까지의 청동유물복합체의 변화 시점이나 분포 범위에 대한 설명으로는 부적절하다고 주장한다(이성주, 2007). 한편, 남부지방에서 이 유물이 먼저 유입된 곳은 충남과 전라도 지역이다. 그리고 세형동검과 이와 관련된 유물복합체가 가장 오랫동안 남아있었던 지역은 영남지방인데, 그 가운데에도 김해 지역에 가장 늦게까지 남았다. BC 3~ BC 2세기 이전에 충청과 전라도 지역에서는 청동기가 제작되어 사용되었으나(이현혜, 1997), 영남지방에서는 자체적으로 청동기를 제작한 증거는 아직 찾지 못하였다.

진개에 의해 고조선이 동쪽으로 2,000리(약 800km) 밀려났다는 주장에 대한 설득력 있는 반론이 있다. 이종서(2014)는 이 사건이 기록된 가장 오래된 문헌인 「위략」의 해당 기사에서 진위를 검토하였다. 그는 다음 두 가지를 통해 이 기록의 신뢰성에 대하여 의문을 제기하였다.

첫째, 「위략」은 사건이 있었던 때로부터 550년 후인 서진 무제 태강연간(AD 280~AD 289 년)에 어환(魚豢)이 저술하였으나, 이보다 먼저 한 무제 태초 연간(BC 104~BC 101년)에 사마천이 저술한 「사기」에는 '진개'와 '2,000리'라는 단어가 나타나지 않는다. 둘째, 「위략」의 고조선 침략 기사는 「위략」 원본이 현재는 전해지지 않은 상태에서 AD 429년 유송(劉宋)의 문제(AD

407~AD 453년)가 배송지(372~451년)에게 「삼국지」[14]에 주석을 달게 하였으므로 배송지가 「위략」으로부터 인용한 기록이 주석의 형태로 존재할 뿐이다.

이종서(2014)는 사건이 발생한 지 무려 720여 년이 지난 후 불현듯 인용되어 추가로 기록되었으며, 더욱이 이 대단한 사건이 전국시대 유향(BC 77~BC 6년)이 저술한 「전국책」에 전혀 기록되어 있지 않다는 점에서 기록 자체의 신빙성이 낮다고 판단하였다.

아울러 중국에서 철기가 나타난 것은 춘추전국시대의 BC 600년 무렵이고 본격적으로 보급되는 것은 진대(BC 221~BC 206년) 이후이다. BC 3세기 초 고조선 지역에서는 비파형동검문화가 지배적이었으므로, 만약 진개에 의해 고조선이 한반도 북서지방으로 밀려났다면 이 지역으로 유입된 것은 비파형동검이어야 한다.

그러나 이성주(2007)는 역사적 사건에 의한 영역의 변동이 특정한 유물분포의 변화를 가져왔다고 볼 수는 있겠지만 유물의 형태를 변화시킨 계기가 되었다고 보기는 힘들다[15]고 생각하고, 흔히 전국계 유물이라는 새로운 물질문화 요소는 타날문토기와 철제 농공구류 및 철제 무기류로 대표되는데, 연(진개)의 요동 진출과 함께 이들 물질문화의 분포가 확장되었음을 확인하는 일은 어렵지 않지만, 이 지역에서 새로운 물질문화(전국계유물)가 재지적인 물질문화(세형동검)를 완전히 대체하였다거나 바로 재지적인 물질문화를 변형시켰다는 증거를 찾기는 어렵다고 보았다. 이를테면 재지적인 정치체의 족장묘에 매납되는 세형동검이라는 것은 분포 범위가 요하 이동으로 축소되기는 하였으나 요동 지역에서 지역적 전통을 유지하면서 일정 기간 존속하였던 것으로 보인다는 것이다(이성주, 2007).

이와 같은 관점에서 보면, 한반도 세형동검문화는 BC 280년~BC 270년에 있었다고 전해진 불확실한 사건에 의해 만주 지역에서 한반도 북서 지역으로 쫓겨온 비파형동검을 가진 고

---

14) 「삼국지」는 서진의 진수(AD 233~297년)가 편찬하였다. 현재는 원본이 없다.

15) 단순하게 생각하면, 비파형동검문화를 가진 고조선이 2,000리 밀려나서 한반도 북서부에 왔다면 세형동검문화는 사라지거나 위축되고 비파형동검문화가 주도적으로 되어야 한다고 생각할 수 있다. 그러나 이성주(2007)는 이전부터 있었던 세형동검문화가 장군 진개가 BC 280년~BC 270년 고조선을 공격하여 고조선을 동쪽으로 밀어낸 사건 이후에도 한반도 북서부에 유지되었다고 하더라도 이 현상은 충분히 설명이 가능한 것으로 생각하였다.

조선 사람들이 이 지역의 청동기들을 변형시켜 세형동검문화가 발생한 것이 아니라, 세형동검문화는 만주 지역 비파형동검문화의 영향을 받아 한반도 북서 지역에서 BC 4세기 말부터 BC 3세기 초 사이[16)]에 형성된 재지적인 청동기문화로 보아야 한다.

한반도 남부에서는 충남과 전라 지역이 BC 3세기 중엽부터 청동기를 사용하고 BC 2세기 이전 청동기를 제작한 중심지였다. BC 2세기 경 충남과 전라도 지역의 단위 집단들 가운데 한(漢)[17)]과 직접적인 통교를 희망하고 있었던 집단들은 단순히 청동기 사용 단계의 수준을 넘어 청동기 제작 능력을 가졌으므로 상당히 강력한 지배권력이 성립되어 있었던 사회로 보아야 할 것이다(이현혜, 1997).

영남 지역 BC 5~BC 4세기 이전에는 청동기 유물이 거의 없었으나, BC 3세기 후반~BC 2세기에 걸쳐 세문경, 동모, 동과, 청동방울과 같은 청동기류의 제작과 보급이 남한 각지로 확대됨에 따라[18)] 이전 단계에 비해 상대적으로 많은 청동기가 영남지방으로 유입되었으며, 영남 지역에도 비록 유물군은 한두 점의 청동기만으로 구성된 빈약한 것이지만, 대부분 고조선 지역과 충남과 전라도 지역으로부터 교역에 의해 영남지방으로 유입된 것으로 볼 수 있다(이현혜, 1997). 따라서 영남지방에서는 BC 3세기 경에 청동기를 다량 소유할 수 있는 확대된 지배권력의 성장이나 지배자의 대두를 광범위한 사회 현상으로 간주하기 어렵다(이현혜, 1997).

소수의 청동기를 교역에 의하여 소유하고 있었던 BC 2세기 경 영남 지역의 대부분 단위 집단들의 지배 형태나 범위는 충남과 전라도 지방의 청동기 제작 집단과는 다소 다른 각도에서 이해되어야 한다(이현혜, 1997). 이현혜(1997)는 전국계(戰國系) 철기[19)]를 가지고 있으면서 청동기를 제작한 충남과 전라도 집단은 확실하게 권력을 가지고 정치적 우위를 점유하며 국

---

16) BC 3세기 초 한반도 남부에서는 충남과 전라도에 마한, 목지국 등 국가가 성립되었다.

17) 한(漢)은 BC 222년에 건국하였다. 한의 철기는 이후 충남과 전라도가 아니라 위만조선이 멸망하면서 영남지방의 금호강 유역으로 바로 유입되었다.

18) 영남지방 청동기는 외부에서 유입된 것이며, 이 지역에서 청동기가 제작되었다는 증거는 아직 없다.

19) 기자조선의 마지막 왕인 준왕 일행이 가지고 온 것이다.

가[20]를 구성할 수 있는 수준에 도달하였으나, 이와는 대조적으로 영남지방과 같이 교역으로 획득한 청동기를 소유하는 경우에는 국가를 조직할 수 있는 수준까지 도달하지 못하였다고 주장한다.[21] 그러나 송화섭(1997)은 이 시기 영남지방에도 진한과 변한의 소국들이 생겨났다고 보고 있다. 그러나 필자는 상술한 바와 같이 아마도 BC 3세기 영남지방에는 아직 소국들이 성립되지 않았을 것으로 본다.

이 당시 동아시아에서 발생한 가장 큰 정치적 사건은 기자조선의 마지막 왕인 준왕이 위만에 의해 BC 195년 한반도 남부로 쫓겨온 것이다. 아마도 준왕은 일군의 무리를 이끌고 배를 타고 서해안을 따라 충청도 해안에 도착하였으며, 충남과 전라북도 일대에 자리잡고 이미 존재하던 마한을 공격하여 깨트리고 국가를 만들어서[22] 한왕(韓王)이 되었을 것이다.

준왕이 충남과 전라도로 들어오면서 한반도 남부에 최초로 철기(戰國系 鐵器)가 유입되었고(박순발, 1995)), 이의 영향으로 세형동검유물군에 변화를 가져왔으며, 정치적으로 한반도 남부의 지배집단 교체를 가져왔다는 주장(김정배, 1985)과 더 구체적으로 마한이 성립된 것으로 보는 주장(천관우, 1989)도 있다(이성주, 2007).

한편 준왕의 남주(南走)와 같은 역사적 사실 자체를 문화변동의 계기로 보는 것을 자제하고, 이 사건으로 유입된 집단의 규모 자체를 크게 평가하지 않으면서(이현혜, 1997) 지속적인 주민의 유입이나 자체 발전을 통해 한(韓) 사회의 성장을 이해할 필요가 있다는 지적에 의미를 두는 견해(이성주, 2007)도 있다.

기자조선에서 위만조선으로 지배층이 바뀌어 준왕은 수천 명을 데리고 배를 타고 충청도 지역에 도착하여 마한을 공격하고 한왕(韓王)이 되면서, 한반도 남부에 정치적인 충격을 주어

---

20) 이 국가는 마한을 멸하고 준왕이 건국한 국가이다.

21) 국가를 조직하는 능력을 청동기를 제작하는 집단과 청동기를 구입하여 소유하는 집단의 차이로 보는 견해에는 동의하기 어렵다. 국가가 발생하는 계기는 잉여농산물, 도시의 형성, 불평등심화, 1차산업 종사자 외 수공업과 서비스업 종사자의 증가 등과 관계가 더 깊은 것으로 생각된다.

22) 삼국유사 1 기이 1 마한조와 삼국지 위서 오환선비동이전에는 마한을 세웠거나 또는 스스로 왕이라 칭하였다고 기록하고 있으나, 후한서와 통전에는 마한을 공격하여 깨트리고 한왕(韓王)이 된 것으로 기술하고 있다. 초기철기시대 충남과 전라도 지역의 상황으로 볼 때, 후자가 더 유력한 것으로 판단된다.

사회변동을 촉발시킨 것이 분명하다. 다만 이 사건 이전의 전국(戰國)시대, 진(秦)나라 시기에도 지속적으로 북쪽에서부터 유입되는 이주민[23]들이 가져오는 정치적, 사회적, 문화적으로 더 높은 단계에 이른 선진사회에 대한 정보와 그들이 소지하고 온 청동기와 철기들이 충남과 전라도 지역에 사는 사람들에게 영향을 주었으나 이들이 선주민을 제압하고 정치적 변화를 이끈 것은 아니었다.

한편 BC 4세기 이래 중국 북부 및 만주 지역에서 남쪽으로 이동하는 이주민들 가운데 청동기를 만드는 장인들이 한반도 청천강 이남[24] 여러 지역에 자리 잡았으며, 이들은 이미 이전부터 이 지역에서 청동기를 제작하고 있던 이들에게 영향을 미쳐서 세형동검 문화를 창출하였던 것이다. 그러나 이들은 백 수십 년이 지난 BC 2세기 초에도 영남지방에 이르지 못하여 영남지방에는 여전히 충남과 전라도 지역에서 제작된 청동기가 유입되었고, 양 지역 사이에는 청동기를 거래하는 교역망이 형성되었을 것이다.

BC 3세기 중엽부터 한반도 남부에 청동기가 유입되기 시작한 이래, BC 2세기 이전 단계에서는 충남과 전라도 지역에 청동기가 집중적으로 분포하던 것과 대조적으로 BC 2세기 말 이후에는 한반도에서 확인된 청동기 상당 부분이 영남 지역에서 발견되고 있다. 이것은 영남 지역에서 출토된 청동기의 절대 다수가 BC 2세기 말 이후에 유입된 것이며, 이전 단계에 해당하는 청동기는 그 수가 미미하다는 뜻이다.

BC 2세기 말 이후에 조영된 대구, 영천과 경주 지역 무덤에서는 청동제 거여구(車輿具)와 마구류가 함께 출토되며, 특히 철부, 철검, 철도, 철겸과 같은 철제무기와 이기류(利器類) 등 한계철기(漢系鐵器)가 공반되는데, 철기의 비중이 커지고 주로 의식용구인 청동기는 감소하는 경향을 보인다. 한식계청동기유물(漢式系靑銅器遺物)과 한계철기(漢系鐵器)가 집중 출토되는 지

---

23) 이에 앞서 중국사람들이 진란(秦亂)에 시달려 동쪽으로 오는 자가 많아서 대개 마한 동쪽에 처하여 진한(辰韓)과 섞여 살더니 이에 이르러 점점 성하게 되었다(삼국사기 권1 신라본기 혁거세왕 38년).
옛날에 도망한 사람들이 진(秦)나라의 부역을 피하여 韓國으로 오니 마한에서는 그 동쪽 경계에 땅을 떼어서 주었다(삼국지 30 위지동이전 한조).

24) 세형동검은 한반도 북서부 청천강 이남에만 분포한다.

역은 한반도 북서부와 영남지방이며, 이와 같은 변화가 시작된 시기는 위만조선이 한 무제에 의해 멸망하고 한군현이 설치된 때(BC 108년)와 거의 일치한다. 따라서 대부분의 연구자들은 한 무제에 의해 BC 108년 위만조선이 멸망하고 그곳에 한군현이 설치됨에 따라 고조선 유이민들이 한군현을 벗어나 영남지방으로 이주하여 정착하였고, 이들 지역을 중심으로 새로운 정치권력을 형성하였으며 이에 따라 새로운 지배집단이 생겨난 것으로 해석한다. 즉 한계(漢系)철기를 가진 집단들이 영남지방에 들어와 새로운 지배집단이 되어 정치권력으로 성장한 것으로 보는 것이다.

고조선 유이민들은 먼저 대구와 영천을 중심으로 금호강 유역에 자리 잡았으며, 거의 같은 시기에 경주 지역으로 유입하였다. 다시 말하면 한식계(漢式系)철기를 공반하는 토광묘 계열의 주민과 문화가 대구, 영천, 경주 지역으로 집중 유입되었음을 의미한다. 그리고 이들은 청동기를 소유하며 지석묘를 축조하던 기존의 단위집단들을 통합하는 발전된 정치권력이 되었다.[25)]

BC 2세기 말에 영남 지역으로 들어온 고조선 유이민들이 어떤 이유로 영남 북부분지보다 영남 중앙분지의 금호강 유역과 경주에 주로 자리잡았는가 하는 의문이 생긴다. 아마도 이들은 인구밀도가 상대적으로 높은 지역을 찾아서 정착했을 것이다. 이들이 들어왔을 때 이미 정착하여 살고 있던 선주민들은 석기와 목기로 농경을 하고 청동기를 소유할 정도로 부를 축적한 유력자를 중심으로 정치적인 조직을 가지고 있었으나 철기를 소유한 유이민들에게 위협적이지는 않았을 것이다. 고조선 유이민들은 선주민들을 하부구조로 하여 자신들 방식으로 사회를 조직하고, 이들로부터 세금과 부역 등의 형태로 에너지를 공급받는 체제를 구상하였을 것이다. 이러한 목표에 도달하기 위해서는 하부구조를 형성할 주민들 수는 많을수록 좋다.

BC 2세기 말 영남 중앙분지의 금호강 유역과 경주에 자리잡은 고조선 유이민들이 가진

---

25) 이러한 지배계급의 교체는 BC 195년 준왕이 마한에 들어와 기존 지배세력을 무너뜨리고 한왕(韓王)이 된 것과 같은 패턴이다.

철기와 제철 기술은 엄청난 사회변화를 유발하였으며 이들은 영남 중앙분지의 많은 인구를 통제하는 새로운 지배권력이 되었다. 이러한 상황은 영남 북부분지에 영향을 미쳤으며 특히 고조선 유이민들이 이동하는 경로에 위치한 영남의 북서부 함창, 상주, 의성, 김천 개령 지역에도 금호강 유역과 거의 동시에 철기제작 기술을 가진 고조선 유이민들이 규모는 상대적으로 작지만 공동체의 지배권력이 되었을 것이다.

BC 1세기 경 김해 지역의 세력 집단들에게 철기보급 상태는 미미하여 금호강 유역과 경주의 수준에 훨씬 미치지 못하였다. 이 시기 경남 남해안과 낙동강 하류부에는 고조선 유이민들이 유입되지 않아 철기문화의 직접적인 영향이 미치지 못하였으며, 청동기문화 단계 이래 자리잡은 선주세력집단들이 청동기를 보유한 채 점차 지배권력을 강화하면서 독자적인 세력으로 존립하고 있었다(이현혜, 1997).

BC 1세기 말 이후 김해 지역의 소집단들도 상당한 변화를 경험하였는데, 기원 전후한 시기에 조성된 낙동강 최하류부 우안의 다호리와 김해 지역의 무덤에 매납된 유물들은 원거리 교역으로 획득한 유물들의 조합을 보여주고 있다. AD 1세기 경 김해 지역의 지배권력은 이전 단계보다 훨씬 더 강화된 새로운 권력이었던 것으로 볼 수 있다. 이들은 왜와도 교역을 하였다.

BC 2세기 말 이래 고조선 유이민과 한계철기가 영남 지역에 들어오면서 시작된 사회변화가 김해 지역을 비롯한 낙동강 최하류부에 직접 영향을 미친 증거는 없다. 다만 한계철기가 이 지역에 유입된 것은 고고학적 연구 결과에 의하면 금호강 유역과 경주에 철기가 유입된 지 거의 100년이나 경과한 기원 전후였던 것으로 추정된다. 이와 같은 시간 격차는 세형동검유물군의 청동기를 보유한 김해 지역의 선주민들이 새로운 기술과 물질문화에 대한 거부감을 갖지 않았다고 전제한다면 100km 정도 거리를 극복하는데 지나치게 오래 걸린 것으로 생각된다. 신석기시대와 청동기시대에도 낙동강 수상교통로를 이용하여 영남내륙과 낙동강 하류부로 끊임없이 교류하였으며 교역도 이루어졌다. 한편 금호강 유역에서 큰 사회변동이 진행되고 있음에도 불구하고 낙동강 하류부에 그 영향이 미치지 못한 것을 어떻게 보아야 할

지 의문이다.

다만 영남 남부 태백산맥에 의해 금호강 유역과 분리된 낙동강 하류부와 서부 경남 및 남해안 지역에서는 한 단계 늦은 기원 전후한 시기에 고조선 유이민이 육상으로 남하한 것이 아니라, 만주 지역과 한반도 북부에서부터 해상으로 호남 해안을 거쳐 낙동강 하구부에 도착한 후 낙동강 수운교통로로 들어온 철기문화의 영향을 받았다. 가장 대표적인 곳이 창원 다호리이다.

기원 전후한 시기 낙동강 하류부에서 다호리가 문화적으로 가장 앞서 갈 수 있었던 요인은 당시의 자연환경에서 찾을 수 있다. 이 시기 정선(汀線, 해안선)이 현재 밀양강이 낙동강에 합류하는 구역 부근에 있었고, 현재 대산평야에는 현재 낙동강 본류 우안을 따라 형성된 연안사주가 크게 성장하여 내만에 가까운 석호환경이 만들어져 좋은 항구가 조성될 수 있었기 때문이다. 당시의 다호리는 김해와 가장 가까운 항구로서 낙동강 수운의 출발지였다. 그림 2와 3을 통해 2,000년 BP 경 다호리의 수문환경을 알 수 있다.[26]

이렇게 볼 때, 영남 지역에서 철기의 유입과 제철기술 습득의 시기는 지역에 따라 달랐다. 국가를 형성한 정치권력이 철기문화를 배경으로 출현했다고 보는 연구자(이현혜, 1997)는 마한, 진한, 변한의 국가 출현시기가 다르다고 생각하는데 반하여, 대부분의 연구자들은 삼국지 위지동이전에 기록된 한반도 남부 74개 소국이 청동기를 기반으로 한 초기철기시대에 해당하는 BC 3세기 경부터 출현하기 시작한 것으로 판단하고 있다.

---

26) 2,400년 BP 경 해안선은 현재 대산평야와 하남평야의 동쪽 가장자리 정도에 위치하였으며, 고대산만은 연안사주가 크게 성장하여 석호 환경이 되었다(그림 2). 고대산만에서 수심은 여전히 어느 정도 깊게 유지되었다. 2,300년 BP 경 평균고조위 해면은 해발고도 2m 정도였으므로, 현재 월잠리 동쪽의 시추지점 DH 13지점의 수심은 3.5m 정도였으며, DH 8에서는 수심이 1m 정도였다. 다호리 지역에는 매적이 진행되고 있었으나 해안선의 위치는 크게 변하지 않았다. 1,800년 BP 경 해안선은 삼랑진 부근에 있었을 것으로 판단되며, 낙동강의 하구부에 해당하는 고대산만은 낙동강의 본류에 의해 형성된 자연제방에 의해 하천과 분리되어 석호가 되었다(그림 3). 바다와 연결하는 유입구(inlet)는 어느 정도 폭을 가졌으며 우암리와 본산리 사이에 있었다. 낙동강 유역분지에 강수량이 많아지는 시기에는 낙동강이 범람하면서 운반해온 모래를 퇴적하여 자연제방의 규모가 커지기 시작하였다. 이와 같은 퇴적환경 변화에도 불구하고 낙동강 본류로부터 떨어진 DH 13지점은 여전히 수심이 3m 정도였으며, DH 8지점도 1m 정도의 수심을 유지하고 있었다. 다호리 지역에 규모가 큰 선박이 정박하는 것은 어려우나, 부근까지 상당히 큰 선박이 접근할 수 있으며, 소규모 선박을 이용하여 물자를 다호리 지역까지 운반하는 것은 가능하였다.

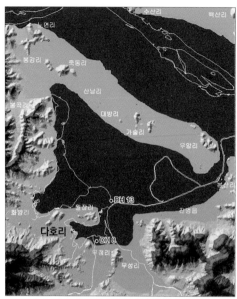

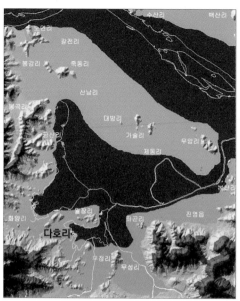

그림 2. 2,400년 BP 경 다호리 지역 지형 경관　　　그림 3. 1,800년 BP 경 다호리 지역 지형 경관

　　필자는 초기철기시대에 들어와 마한, 진한, 변한의 소국이 출현하였으나, 시간 차이를 두고 성립되었다고 생각한다. 이와 같이 초기철기시대에 들어와 한반도 남부에서는 정치적, 경제적, 사회적으로 많은 변화가 발생한다.

　　700여 년간 지속되어 온 청동기시대 말기와 초기철기시대 초기의 차이는 무엇이었을까. 어떤 차이가 소국을 만드는 계기가 되었을까. 초기철기시대 초기 영남 지역에는 청동기를 제작하지도 않았다. 그리고 청동기로는 농기구를 만들 수 없으므로 청동기를 소유하여도 농경에 영향을 미치지 못한다. 아마 농경을 시작한 지 많은 시간이 경과하면서 농경 기술이 진보하고 농업 생산량은 증대되었을 것이다. 그리고 농기구를 만드는 재료는 나무나 돌로 크게 변하지 않았지만 재료 선정 기술이나 제작 기술이 진보하였을 것이다. 이것은 인구부양력을 높이고 이에 따라 인구가 증가하였음이 틀림없다.

　　한반도는 기후와 지형의 특성으로 인하여 경작지가 제공되는 공간에서 취락들이 군집하여 집촌을 형성한다. 이것은 용수 공급, 한랭한 겨울 계절풍, 체온 유지에 부담이 되는 겨울 기온, 집중호우 시 범람의 위험, 긴 장마 기간의 높은 습도 등의 조건을 고려할 때 거주지를 만들기에 좋은 공간은 한정되어 있기 때문이다. 특히 혹독한 겨울을 기준으로 하면 더욱 그러하다. 그러므로 이런 집촌 가운데 주요 도로의 결절점에 입지한 촌락은 전체 인구가 증가함에 따라 인구증가에 가속도가 붙는다. 그리고 여전히 초기 단계이지만 농기구 제작, 옥 가공, 무기 제작, 토기 제작 등 수공업을 전문으로 하는 장인들도 생겨났을 것이다.

사회 규모가 커지고 외부로부터 문화 충격이 지속되면 능력에 따라 경제적 부의 차이가 발생하면서 사회적 불평등이 발생하고 더 나아가 사회적 계층이 생겼을 것이다. 다만 이와 같은 현상이 언제 나타났는지 특정하는 것은 어렵다. 그럼에도 불구하고 초기철기시대에 인구 규모가 큰 지역에서는 이런 사회현상이 매우 분명하게 진행되었을 것으로 본다. 그 근거 가운데 하나는 묘제이다. 초기철기시대에는 유력한 지도자 1인을 위한 것으로 판단되는 거대한 지석묘가 단독으로 조성되는데 불평등사회의 지배자 무덤일 가능성이 크다. 이와 같은 현상은 혈연사회를 벗어나 새로운 형태의 지배자가 등장하였음을 시사한다.

초기철기시대에 들어와 발생한 이와 같은 사회변동이 직접적으로 국가라는 정치조직을 만든 것은 아닐지라도, 혈연사회를 벗어나 이전과 다른 사회가 필요하다는 흐름을 만든 것으로 볼 수 있다. 즉 인구가 밀집하고 2차산업 종사자가 있어서 중심지 기능을 가진 도시적인 취락에 차별적인 사회적 계층이 발생하였으나, 엘리트 집단은 여전히 혈연사회의 범주에 머물러 있었고, 사회의 권력을 독점한 수준에 도달하지 못하였으며, 정치조직의 기초 위에 전문적인 관료들에 의해 공동체 내의 사무들이 진행된 것은 아니었던 것으로 생각된다.

이런 사회적 환경에서 고조선 유이민이 들어와 새로운 엘리트 집단이 되고 지역의 선주민들은 유이민 엘리트 집단의 하부조직이 되면서 자연스럽게 기존의 혈연사회가 붕괴되었다. 고조선 유이민들은 이미 국가조직들이 병립하는 환경에서 정치, 군사, 외교적인 사무들을 경험하였으므로 자신들이 권력을 독점하여 행사할 수 있는 정치조직 및 이러한 체제를 작동시키는 관료조직도 만들게 된 것이다.

3) 고대국가 성립 시기 한반도 남부 지역의 상황

BC 3세기부터 한반도에 있었던 마한을 비롯한 국(國)들의 실체는 문헌에서 확인할 수 있으나, 관련된 고고학 발굴자료를 획득하지 못하여 아직 확인되지 않은 것이 대부분이다. 따라서 '마한'이라는 국가명이 나오는 문헌의 기사를 통해 그 존재를 검토하였다.

한족(漢族)들이 대규모로 '조선', '마한', '한국'으로 처음 이주한 시기는 BC 3세기 말이다. '진한(辰韓)'은 마한의 동쪽에 위치하고 있다. 진한의 노인들이 대대로 전하여 말하기를 "우리는 진(秦)에서 망명한 사람들로서 고역을 피하여 한국에 오자 마한이 그들의 동쪽 경계 지역을 분할하여 우리에게 주었다"고 하였으며, 그곳에는 성책이 있다. 그들이 쓰는 말은 마한과 같지 않고 진어(秦語)와 흡사하기 때문에, 혹 진한(秦韓)이라고도 부른다'(後漢書 85 東夷列傳 75 韓; 三國志 30 魏書 30 烏丸鮮卑東夷傳 辰韓)라는 기사에서 '한국'과 '마한'이 나온다. 그리고 BC 209년에는 대규모 인구이동이 있었는데, 그 내용은 '진승 등이 봉기하여 온 천하가 진을 배반하니 연, 제, 조의 백성 수만 명이 동쪽으로 가서 조선으로 피난하였다'(三國志 30 魏書 30 烏丸鮮卑東夷傳 濊)이다. 이 기사의 조선은 고조선을 의미한다고 본다. 이 사건이 일어난 것은 기자조선의 준왕이 서해안의 충남과 전라도 지역으로 오기 14년 전이다.

이런 기사들은 BC 3C 말에 이미 진(秦)나라 사람들이 영남지방으로 유입되었음을 시사한다. 그럼에도 불구하고 BC 2세기에 영남지방의 정치적, 경제적 수준이 충남과 전라도 지역에 비해 낮았다는 것은 유이민들의 숫자가 그리 많지 않았고, 유이민의 구성원에 청동기와 철기를 제작하는 기술자가 포함되어 있지 않았음을 의미한다.

BC 3세기 말부터 BC 2세기 초 한반도 남부지방에 이미 왕이 존재하였음을 알려주는 기록이 있다. 사기 조선전에는 기자조선 마지막 왕이었던 준왕이 위만에 쫓겨 측근 신하를 거느리고 바다를 통해 한지(韓地)에 와서 마한을 공격하여 깨뜨리고 한왕(韓王)이 되는데, 이 사건이 일어난 시기는 BC 195년이며, 여기에 기록된 한지(韓地)는 대체로 충남과 전라도 지역이다.

준왕의 남주(南走)는 한반도 남부 지역에 큰 사회적 변동을 일으켰다고 대부분의 연구자들이 지적하고 있다. 충남과 전라도 지역에서 세형동검유물군이 준왕 일행이 오기 전에 어떤 발전 과정을 거쳤는가에 대해 확인도 되지 않은 상태에서 갑자기 일괄유물군[27]으로 나타난 것은 문화변동의 지역적 전개 과정으로 설명하기 어려우므로, 소규모민족이주가설의 동원이 필요하다고 보고 그러한 종족 이주를 유발한 역사적 계기를 찾는 것은 자연스럽게 여겨지는 것이다(이성주, 2007, 171쪽). 준왕과 그 측근들은 전국계 철기와 청동기문화를 가지고 이 지역으로 들어왔다고 판단된다. 물론 충남과 전라도 지방은 이전에도 이미 세형동검문화를 발전시키고 있었던 한반도 북서지방과 미약한 교역관계 내지 교류는 있었을 것으로 생각되지만 문화적으로 충격을 줄 정도는 아니었을 것이다. 더욱이 한반도 북서지방과 영남지방과의 교류는 더욱 약했던 것으로 생각된다.

준왕이 충남과 전라도 지역 국가의 왕이 되었다면, 이전 기자조선을 통치하던 방식을 거의 그대로 적용하였다고 보는 것이 합리적이다. 그러면 BC 2세기에 충남과 전라도에서 한자를 사용하여 문서를 작성했을 가능성이 있다.

BC 2세기에는 철기를 보유하며 청동기를 제작하는 기술을 가지고 문자를 사용한 충남과 전라도 지역은 무문토기와 지석묘 문화수준의 영남지방보다 더 선진 지역이었으므로 이 지역의 청동기가 영남 지역으로 공급되었다. 이것이 사여인지 교역인지 기록이 없으나 교역일 가능성이 더 높다. 영남지방의 부유한 유력자들이 자신의 사회적 지위를 드러내기 위해 마한 지역의 청동 제품을 구입하였을 것이다.

이렇게 볼 때, BC 2세기 영남지방은 청동기를 충남과 전라도에서 교역으로 소량 구입하여 위세품 내지 권위의 상징으로 사용하며, 무문토기를 이용하고 지석묘를 만들고 농사를 짓고 살았던 후진 지역이었고, 한반도 서해안 지역은 철기와 청동기를 제작하고 국가체계를 이루며 문자를 사용하는 선진 지역이었다. 영남지방의 중심지들은 인구가 밀집하여 도시적인

---

27) 유물군 자체의 다양성이 크게 증가하는 것으로 전국계 철제 무기 공구류와의 접촉에서 동모, 동과, 동사 등이 나타나고 조문경이 정문경으로 변화되며 기존 의기가 동령구로 바뀐다(이성주, 2007, 172쪽).

경관을 하고 있었으며 차별적인 사회계층이 발생하였으나 여전히 사회 전체적인 구성은 혈연사회를 벗어나지 못하여 아직 국가라고 하기 어려운 단계였다.

BC 108년 고조선이 멸망하면서 이주해 온 유이민들이 가져온 한계철기가 금호강 유역과 경주에 들어왔으나, 낙동강 하류부 즉, 김해, 창원, 함안를 비롯한 경남 지역으로는 전파되지 않았다. 영남지방에서 철기는 대부분 무덤에 매납된 형태로 발굴되는데, 무덤의 입지에 따라 산화되어 분해되어 버리므로 유물 자체는 남아있지 않은 경우도 있으나 토양에서 흔적은 남아있다. 이와 같이 고고학 발굴에서 확인할 수 있음에도 불구하고 아직까지 이것조차 보고되지 않았으므로 BC 1세기 후기까지도 한계철기가 낙동강 최하류부 지역에 들어오지 않았던 것으로 보고있다.

한편 주로 의례용으로 사용된 청동기와는 달리, 철제 농공구는 생산성을 높이고 철제 무기는 전투에서 석재 무기에 비해 대단히 위력적이다. 그러므로 무덤에 매납하지 않고 가능하면 실생활에 사용하였을 가능성이 높다. 철기는 녹여서 다른 도구로 만들기 용이하므로 부장하지 않고 실생활에 사용하는 것이 유리하다. 철기를 가진 기술자들이 한반도에서 철기를 제작하는 것은 원료의 공급이나 공정의 난이도 측면에서 청동기보다 효율적이었다. 철기의 이러한 특징으로 미루어 볼 때, BC 1세기 금호강 유역과 경주 지역은 낙동강 하류부보다 더 선진 지역이었다.

한편 기자조선의 마지막 왕이었던 준왕이 충남과 전라도에서 한왕이 된 BC 195년 이후 거의 100년 동안 영남지방은 이 지역으로부터 선진 문물을 교역을 통해 획득하였다. 이 시기에 조성된 영남지방 무덤에서 청동기는 확인되었으나 철기가 발견되지 않았기 때문에 교역 품목에 철기는 없었던 것으로 해석되고 있다. 그러나 기자조선에서 선진문화를 경험한 충남과 전라도 지역 지배층들이 왜 철기를 영남지방에 교역품으로 가져오지 않았는지 의문이 남는다.

기자조선의 인구와 생산력, 군사력에 대해서는 다음과 같은 기사를 통해 그 수준을 추정할 수 있다. 기자조선은 서쪽으로 연과 국경을 마주 하였으며 남쪽으로는 요동과 접하고 있었다(BC 334년, 전국책 29, 연책 1; 사기 69 소진열전 9). 그리고 BC 323년에 옛 기자의 후예인 조선후는 주(西周, BC 367~BC 256년)가 쇠약해지자 연(의 37대 국군인 희퇴(姬俀, BC 332~BC 321년)가)이 스스로를 높여 왕이라 칭하고 동쪽으로 침략하려는 것을 보고 조선후도 스스로 왕호를 칭하고 군사를 일으켜 연을 공격하여 주 왕실을 받들려 하였는데 그의 대부 예가 간언하므로 그만둔 일도 있었다(삼국지 30 위서 30 오환선비동이전 한 배송지 주(위략)).

이 기사는 BC 4세기 후반 기자조선의 수준이 전국시대(BC 403~BC 221년) 연나라와 거의 같았음을 시사한다. 당시 연나라는 갑옷 두른 보병이 수십만 명이고 전차가 700대, 군마는 6,000필, 군량은 10년을 지탱할 만한 군사력을 가졌으므로(BC 334년, 전국책 29, 연책 1; 사기 69 소진열전 9), 기자조선의 인구와 철기의 수준 그리고 농업생산력 등을 가늠할 수 있다.

전국시대 이후 고조선은 진나라(BC 221~BC 206년)와 국경을 접하였고, 준왕이 남쪽으로 쫓겨간 뒤 BC 195년 성립된 위만조선은 BC 202년 유방이 건국한 한나라(前漢)와 국경을 접하고 있었으므로, 중원을 통일한 진과 한의 군사적 압박으로부터 생존하기 위해서는 한반도 남부 지역보다 훨씬 더 높은 수준의 국가체계를 갖추었을 것이다. 또한 문자를 사용하여 국가를 통치하였으며 철기를 제작하는 기술을 가지고 진과 한나라와 병존하면서 BC 108년 한 무제에 멸망될 때까지 거의 100년 동안 국가를 유지하였다.

그런데 고조선이 멸망하고 한나라 군현으로 개편되면서 고조선 주민들의 사회적 지위는 낮아지고 차별을 받았으므로 고조선 지역에서 대거 이탈하여 영남지방으로 이동하였다. 이 시기 유이민의 수는 준왕의 남주(南走) 시기에 이주한 숫자보다 훨씬 더 많았다. 그런데 이들은 고국을 떠나기 전 동아시아의 가장 강대국인 한(漢)나라와 이웃하고 있었다. 원래 국경을 나누고 있는 국가들은 항상 긴장 상태에 있으므로 두 국가 사이에는 갈등이 생기기 마련이다. 그러므로 유이민들은 거의 한나라 수준에 버금가는 산업생산력과 경제력을 갖춘 국가에서 살았으며, 강력한 군사력으로 전쟁을 해 본 경험이 있었다. 이런 환경에서 살던 고조선 유이민들은 국가 멸망 이후 대부분 금호강 유역과 경주에 정착하였고 자신들의 기술로 철기를 만들었다.

청동기시대에 본격적으로 시작된 농경은 초기철기시대 동안 북쪽으로부터 파도처럼 밀려오는 문화 충격을 받으면서 자체적으로 발전하게 되는 계기가 만들어졌다. 이런 발전은 비스듬한 각도로 우상향하는 직선이 아니라, 새로운 문화가 유입될 때마다 계단과 같은 형태로 도약하면서 우상향으로 발전한 것으로 생각된다. 특히 철기의 유입이 유발하는 사회변동의 크기는 청동기의 경우와 비교할 수 없을 만큼 컸을 것이다. 한반도 남부에서 초기철기시대에 유입된 청동기는 농기구로 사용될 수 없으므로 생산력에 미치는 영향력이 약하다. 그러나 초기철기시대 사람들이 가진 농경기술 수준이 이전의 청동기시대보다 더 높았을 가능성도 있으므로 사회변동과 인구증가의 동인이 될 수 있다. 따라서 인구수도 사회발전의 형태와 유사한 방향으로 계단상으로 증가하였을 것이다.

이런 관점에서 볼 때, 초기철기시대 한반도에서는 북서지방이 가장 먼저 국가를 형성할 수 있는 기반이 조성되었으며, 이후 BC 3세기 후반에서 BC 2세기 초반에 걸쳐 충남과 전라도에 고대국가가 나타났다. 그리고 BC 2세기 후반에서 BC 1세기 초반에 영남지방 금호강 유역의 대구, 경산, 영천과 경주에서 정치적으로 이전보다 진전된 고대국가에 가까운 공동체가 발생하였으며, 이 시기 북쪽에서 유이민이 이동하는 경로에 있던 함창, 상주, 안계, 의성, 선산, 김천 개령 등에도 금호강 유역과 같은 수준의 공동체가 태동하였을 것으로 추정된다. 이것이 진한 12국이다.

고조선 멸망으로 영남지방에 유입된 위만조선 유이민은 BC 109년 4월부터 BC 108년 여름까지 한 무제의 5만 군대와 전쟁을 하였으나[28] 패하여 쫓겨온 사람들이다. 이들이 가진 정

---

28) 고조선과 한의 갈등은 진번과 진국이 고조선 왕 우거의 방해로 천자를 만나지 못하였고 고조선이 한의 수많은 백성을 꾀여 들였던 BC 110년부터 시작된다. 이듬해 4월 고조선 왕 우거가 요동도위를 공격하여 죽이니 한 무제는 천하의 사형수들을 모아 공격한다. 이 해 가을 누선장군 양복은 제(齊) 병사 7,000여 명을 이끌고 배를 발해로 띄우고 먼저 왕검에 도착한다. 좌장군 순체는 군사 5만으로 요동을 나와 고조선을 공격하였다. BC 108년 여름 조선상(朝鮮相)과 이계상 삼이 사람을 시켜 우거왕을 죽이고 한에 항복하였으나 왕검성이 항복하지 않았는데 이 해 여름 고조선 지도부의 내분으로 한에 항복하면서 일 년 이상 한의 공격을 견뎠던 고조선은 마침내 멸망한다. 고조선과 한의 전쟁에서 한의 장수들은 군사적 공격으로 고조선을 공략하지 못하였으며, 한 무제는 이에 대한 문책으로 좌장군 순체와 제남태수 공손수를 주살하였고, 주살함이 마땅한 누선장군을 속전하여 서인으로 삼는다. 이러한 사실을 통해 고조선 우거왕과 군대의 수준을 가늠할 수 있으며, 나아가 고조선의 국력이 상당히 강하였음을 알 수 있다.

치, 경제, 군사 및 농업을 비롯한 각 분야의 지식량과 수준은 당시 영남지방에 살던 사람들의 그것보다 훨씬 더 높았으며, 그들이 가진 기술도 다양한 분야를 망라하였다고 보아야 할 것이다. 고대사 문헌에 의하면 BC 108년부터 수년 동안 영남지방에는 거대한 변화의 물결이 고조선 지역으로부터 밀려왔다.

고조선 유이민들이 유입되기 전 영남 지역에서 농경으로 생계를 유지하던 선주민들은 대단히 드물게 청동기를 경험하였다. 그러므로 철기를 제작할 수 있는 유이민들이 이 지역에 유입한 것은 짧은 기간에 선주민들에게 큰 충격을 주었을 것이다. 청동기는 교역으로 선주민의 유력자들이 소유하였으나, 철기의 경우 기술을 가진 고조선 유이민들이 금호강 유역과 경주를 비롯한 현재 경북 지역으로 들어와서 정착하면서 제작하기 시작하였으며 이것을 화폐처럼 사용하였다. 이와 같은 문화적 그리고 경제적 수준의 차이는 자연스럽게 고조선 유이민과 선주민들 사이에 사회적 계층을 나누었을 것이다. 그리고 이 두 계층의 생업도 구분되었는데, 선주민들은 대부분 1차산업에 종사하였으며, 유이민들은 2차 및 3차산업을 차지하였을 것으로 생각된다. 그리고 사회적 불평등이 심화되기 시작하였다.[29]

이와 같은 현상은 고조선 유이민들이 정착한 영남지방의 금호강 유역 이북에서도 거의 동시에 발생하였을 것이다. 이 시기 유이민들이 정착한 모든 지역에서 철기를 제작하였는지는 확인되지 않지만, 울산과 같이 노천 철광산이 있는 곳을 포함하여 많은 지역에서 사철(沙鐵, 砂鐵)을 채취하였고, 해안에서는 해안단구 자갈층에 협재되어 있는 철반(iron pan)(황상일·윤순옥, 1996)을 이용하여 철기를 만들었을 것이다. 그리고 각 지역에서는 인구수를 늘리기 위해 철제 농기구를 사용하여 농업 생산량을 늘리는 방안을 강구하였으며, 그밖의 각 소국들은 교역을 통해 이익을 얻으려고 했을 것이다.

이와 같은 노력은 청동기시대부터 한반도의 공동체들 사이에 수많은 전쟁이 있었던 사실로 미루어 보면, 인구수가 크게 증가한 초기철기시대에는 소국들 사이의 경쟁이 더욱 심화되었던 것으로 볼 수 있다. 더욱이 유이민들은 고조선이 멸망할 때까지 한나라와 주변의 유목

---

29) 국가 형성에 가장 큰 동인들 가운데 하나는 사회불평등이다.

민 등 다른 종족들과 수많은 전쟁 경험이 있었으며, 어떤 산업이 부가가치가 높고 어떤 산업이 군사력을 강하게 하고, 생산력을 가장 많이 높일 수 있는지도 잘 알고 있었을 것이다.

영남지방 금호강 이북에서 국가를 형성하는 기운이 크게 일어나고 있을 때, 낙동강 하류부를 비롯한 서부 경남 지역에는 외부로부터의 문화 충격이 미약하여 여전히 철기의 영향을 거의 받지 못한 상태로 있었다. 이 지역은 아직 금호강 유역과 경주의 정치적 공동체보다 더 낮은 단계의 정치체 수준에 있었을 것으로 추정된다. 그러나 이들 공동체들은 남해안의 해운교통로와 낙동강 수운교통로를 통해 영남내륙과 해안 지역 사이에서 교역을 하면서 통합된 교역망을 형성하였을 것이다. 국가체제가 없어도 이익을 얻을 수 있는 교역은 활발하게 이루어진다.

한편 경주에서 울산(불국사)단층선을 통해 울산 지역으로 철기가 유입된 것처럼 경산과 영천을 통해 청도에도 이 영향이 미쳐 낙동강 하류부보다 조금 더 일찍 철기가 유입되었을 가능성이 있다.

4) 경주 지역의 고대국가 성립

수렵채집을 생업으로 하는 구석기시대와 신석기시대를 거쳐 청동기시대에는 경주에 사는 사람들 대부분이 밭농사를 하며 살았다. 농업을 하면서 사람들은 토지에 구속되며 이동이 제한된다. 즉, 지역 공동체의 보수성이 강고해지는 것이다. 농민들은 토지의 양과 질에 의해 곡물생산에 차이가 발생하는 것을 알고 있으므로 그들이 점유하는 토지에 대한 소유욕이 크며, 낯선 외부인들에 의해 자신들의 농사에 피해가 발생하는 것을 극도로 꺼린다. 그러므로 초기 농업 공동체는 이와 같은 스트레스를 경감하기 위하여 같은 혈족들의 집단으로 구성되었을 것으로 추정된다. 이런 공동체는 외부인들에게 배타적인 성향이 강한 것이 특징이다.

청동기시대가 진행되면서 경주를 중심으로 단층선을 따라 형성된 선상지들은 경작지와 주거지로 전환되었을 것이다. 그리고 배후산지에서는 난방과 취사에 필요한 땔나무와 건축에 필요한 목재를 얻었을 수 있었으며, 산지의 소규모 하곡에 형성된 곡저평야도 경작지로 활용되었다.

청동기시대에는 수렵채집을 생업으로 하던 시기에 비해 이동으로 인한 스트레스가 감소하고 농경으로 얻는 곡물량은 수렵채집으로 획득할 수 있는 식량의 양보다 훨씬 많았으며 무엇보다 곡물은 저장성이 높으므로 겨울철 생존에 유리하다.

청동기시대가 시작되면서 경주 지역의 인구수는 신석기시대에 비해 한 단계 더 증가하였을 것이다. 그러나 전염병과 질병, 혹독한 겨울철 기후, 부족한 식량과 단백질 등으로 평균수명이 짧았으므로 어느 정도 인구가 증가한 이후에 인구증가 속도는 대단히 느렸을 것으로 생각된다. 따라서 수렵채집 시기에 비해 어느 정도 인구가 늘어난 이후 인구의 자연 증가는 그리 높지 않았을 가능성이 크다.

3,000년 BP부터 2,300년 BP까지 지속된 청동기시대 동안 농경 도구의 개선은 거의 없었으며 기상도 농경에 특별히 유리한 것은 아니었다. 다만 오랫동안 농경을 경험하면서 사람들은 생산량을 높이는 방법을 지속적으로 찾아냈다고 보는 것이 합리적이다. 그리고 이 지역에 분포하는 잠재적인 경작지 면적이 넓어서 다른 지역에서 경주 지역으로 이주하여 오는 사람들이 끊이지 않았을 것이다. 그러므로 청동기시대 말에는 뢰스로 피복된 경주선상지가 대부분 농민들의 주거지와 경작지로 개발되었고, 하천과 용천 및 용천천 부근에는 주거지가 밀집하였으므로 상당히 많은 사람들이 경주선상지에 거주하였을 것이다.

청동기시대가 진행되면서 공동체 내에는 부의 축적을 통해 유력한 사람들이 나타나게 되었고 상대적으로 빈곤한 계층도 발생하게 되었을 것이다. 다만 이 시기에는 혈연 공동체였으므로 노예가 되는 경우는 없었을 것이다. 사회적 불평등이 있었으나 사회가 미분화된 혈연사회이므로 경제력에서 차이가 그리 크지 않았다고 생각된다.

초기철기시대에 들어와서도 경주 지역 사람들의 삶은 청동기시대와 별반 다르지 않았으며 청동기시대 말기와 삶의 양식이나 인구수에서 큰 차이가 없었다. 다만 초기철기시대가 개시된 지 100여 년이 지난 BC 3세기 말과 BC 2세기 초 경주 지역에 영향을 미치는 주민이동이 두 차례 발생한다.

첫째는 BC 3세기 말에 진나라 사람들이 고된 부역을 피해 영남지방까지 흘러 들어왔으나(三國志 30 魏書 30 烏丸鮮卑東夷傳 辰韓), 이들에 의해 영남지방에서 청동기와 철기가 제작되었다는 증거는 없다. 오히려 충남과 전라도 지역에 비해 문화수준이 낮았다는 것은 유이민들의 숫자가 그리 많지 않았거나 청동기와 철기를 제작하는 기술자가 포함되지 않았을 가능성이 있다. 그러나 당시 진나라의 수준을 고려하면 그들이 농업생산에 유용한 철기를 가지고 오지 않은 것은 의문이다.

두 번째는 BC 195년 기자조선의 마지막 왕이었던 준왕이 해로를 통해 충남과 전라도에 들어와 한왕(韓王)이 된 이후 이 지역의 청동기들이 영남지방에 드물게 교역품으로 들어온 것이다. 이 시기 교역으로 영남지방에 들어온 청동 제품의 수량은 많지 않은데 그래도 경주 지역이 영남 지역에서 가장 많았다. 이것은 경주 지역이 상대적으로 부유하였고 곡물생산으로 부를 축적한 계층이 영남의 다른 지역보다 더 많았음을 의미한다. 그럼에도 불구하고 경주 지역 사람들은 여전히 철기에 대해 모르고 있었다.

BC 2세기에도 영남 지역은 충남과 전라도 지역과 교역하였지만, 영남지방 무덤에서 철기가 발견되지 않았기 때문에 교역 품목에 철기가 없었던 것으로 해석되고 있다. 이와 달리 무덤의 부장품에서 청동기가 확인되었다. 따라서 충남과 전라도 지역 사람들이 철기를 영남지방에 교역품으로 가져오지 않은 이유가 무엇인지 의문이 남는다.

BC 2세기 말 경주 지역에는 이전과 확연히 다른 상황이 전개된다. BC 108년 한 무제에 의해 멸망한 고조선의 유이민들이 영남지방으로 유입한 것이다. 이들은 왜 다른 지역이 아닌 영남지방으로 향했을까. 충남과 전라도 지역에는 이미 왕이 존재하고 성립된 지 거의 100년이 된 어느 정도 수준이 있는 국가가 있었으므로, 거기에서 주도권을 잡으려면 기득권 세력과 갈등관계가 조성된다. 이들은 조직적인 체계를 갖추지 못한 채 쫓겨서 남쪽으로 왔으므로, 정치적 공동체가 있더라도 국가와 같은 수준의 조직이 아니고 기득권의 힘이 상대적으로 약하고, 정치적, 경제적, 사회적 수준이 낮은 지역으로 들어가는 것이 유리하다고 판단하였을 것이다.

이와 같은 판단은 어떤 정보를 통해 가능하였을까. BC 3세기 말 진나라의 가혹한 정치를 피해서 영남지방으로 들어온 사람들뿐 아니라 BC 195년 충남과 전라도로 들어온 고조선 유이민 가운데 영남지방과 교역을 위해 내왕한 사람을 통해 영남지방에 대한 정보가 고조선으로 전달되는 기회가 늘어났을 것이다. 그러므로 고조선 유이민들은 영남지방에서 겨울철 기온이 상대적으로 높고 경작지 면적이 넓어서 인구가 많은 금호강 유역과 경주분지를 목표로 이동하였을 것이다. 이 지역은 청동기시대에도 북방에서 온 사람들의 밀도가 가장 높았다.

그러나 낙동강 하류부를 포함하는 경남 지역으로는 고조선 유이민들이 들어가지 않았다. 이것은 이 지역이 경작지 면적이 좁고 인구가 상대적으로 적었기 때문으로 생각된다. BC 2세기 경 현재 낙동강 하류부에는 거의 삼랑진 부근까지 해안선이 전진해 있었으며 감조구간은 남지까지 도달하여 낙동강 하류부 양안에 넓은 호소와 습지가 분포하였다. 지류인 밀양강, 남강, 황강, 회천의 하류부에도 광범위한 소택지가 분포하여 현재 낙동강 하류부 충적평야가 당시에는 거의 전부 경작할 수 없는 소택지와 호소였다.

경주 지역에 들어온 많은 유이민들은 아직 혈연사회의 범주에 있어서 강력한 지배계급이 존재하지 않으며 문자 생활이 정착되지 않았고 행정 및 군사조직이 거의 없는 낮은 수준의 정치적 공동체를 목격하였을 것이다. 고조선 유이민들이 경주 지역에서 선주민들을 만났을 때 처음에는 선주민과의 마찰을 피하기 위해 노력하였을 것이다. 따라서 그들은 선주민들이 이미 경작지와 주거지를 조성하여 자리잡은 경주선상지(그림 31)에 들어가지 않고 선주민들이 점유하지 않은 주변 산지의 곡저평야(山谷之間)에 터전을 마련하였다.[30]

---

30) 일찍이 조선의 유이민들이 이곳에 와서 산곡간에 헤어져 여섯 촌락을 이루었다(삼국사기 신라본기 제1). 사로국을 건국할 때 주도세력은 6부의 유력자들이다. 이 6부는 6촌에서 계승된 것으로 보는데, 그 위치에 대해서는 많은 연구자들이 비교적 상세하게 논의하고 있으나 여전히 다양한 견해가 있다. 6촌을 구성한 사람들은 고조선의 유이민들이며 이들은 달천철광과 같은 특수한 자원과 인접한 지역에도 자리잡았지만, 선주민들이 이미 정착하고 있는 왕경 지역을 피하여 거주지를 찾았을 가능성이 높다. 후술하겠지만 농경이 시작된 청동기시대에 왕경의 지표면은 두께 50cm 정도의 뢰스로 피복되어 있었으므로 농경에 대단히 적합하였으며, 고조선 유이민이 경주에 도착하였을 때 선주민들은 이미 900년 정도 경주선상지에 정착하여 농경을 해오고 있었다. 유이민들이 처음 정착한 6촌은 대부분은 왕경 지역을 피하여 경주선상지와 인접한 하곡에 입지하였을 것이다.

국가 체제를 경험하여 정치적 감각을 가지고 있었던 유이민들은 경주 지역에 정착한 이후 국가를 만들기 위한 준비를 시작하였을 것이다. 그리고 선주민들이 차지한 경주선상지를 장악하고 경제적인 부를 축적하기 위한 계획도 마련하였다고 볼 수 있다. 경제적 뒷받침이 없는 정치권력이 할 수 있는 일은 많지 않다. 이들은 농경보다는 부가가치가 더 높은 2차와 3차산업에 관심을 가졌으며, 가장 부가가치가 높은 산업이 무엇인지 검토하고 이와 같은 목표에 도달하기 위하여 경주와 주변 지역의 자연환경을 조사하였을 것이다.

한반도에서 고고학적으로 구분하는 초기철기시대는 2,300년 BP 경부터 기원 전후까지 지속되는 것으로 보지만, 경주 지역에서는 위만조선이 멸망하면서 이동해온 유이민들이 선주민들이 입지하지 않은 산지의 곡저평야(山谷之間)에 정착하기 시작한 BC 108년부터 실질적으로 철기시대에 들어간다.

제철산업에 있어서 경주 지역의 입지는 대단히 유리하다. 영남지방으로 들어온 유이민 집단의 제철 기술자들은 처음에는 원료를 하천퇴적물에서 찾았으므로 사철을 채취하였을 것이다. 사철은 화강암 풍화토에서 상대적으로 함량이 높은데 경주 지역에는 화강암이 넓게 분포한다. 그리고 이들은 주변 지역에서 철 함량이 높은 철광석 산지를 찾기 위해 많은 노력을 기울였을 것이다. 왜냐하면 당시 제철산업은 현대의 반도체와 같은 하이테크 산업으로 부가가치가 대단히 높았기 때문이다. 그들은 아마 그리 오래지 않아 울산 농소의 달천철광을 발견하였을 것으로 생각된다. 왜냐하면 이 철광은 노천광으로 지표면에 철광석이 드러나 있으며, 강우에 의해 철 성분이 산화되어 암석 표면이 검붉은 색으로 코팅되기 때문에 제철에 대한 지식이나 기술이 있으면 비교적 쉽게 발견할 수 있기 때문이다.

BC 2세기 말 이후 경주 지역의 철기는 대부분 무덤의 부장품에서 확인되는데, 이 시기에 제작된 철기가 출토되는 무덤은 주로 울산과 경주 사이의 단층선곡에 분포하는 것으로 볼 때, 고조선계 유이민들이 경주 지역에 들어와 가장 먼저 철광석 산지를 찾기 위해 노력하였으며, 곧 울산 농소의 달천철광을 발견하였던 것으로 추정된다.

고조선 유이민들이 경주 지역에 들어온 지 39년이 지난 BC 69년 3월 초하룻날 6부의 조상들이 각각 자제들을 데리고 함께 알천(북천) 언덕 위에 모여서 덕이 있는 사람을 찾아내어 그를 임금으로 섬기며 도읍을 정해 나라를 창건하고자 한다는 의견을 낸다(三國遺事 1 紀異 2 新羅始祖 赫居世王). 거의 한 세대 동안 그들은 국가를 만들기 위하여 준비한 것이다.

그리고 BC 57년 4월 13세의 박혁거세 거서간이 왕위에 오르고 국호를 서나벌(徐那伐)이라 했다(三國史記 1 新羅本紀 1). 한편 다른 자료에는 국호를 서야벌(徐耶伐)이라고 하였는데 혹은 사라(斯羅) 혹은 사로(斯盧) 혹은 신라(新羅)라고 하였다(三國史記 34 雜志 3 地理 1). BC 69년 국가 창건의 의견을 낸 6부의 핵심들은 고조선 유이민들과 그들의 후손이었으며, BC 108년 이주를 시작한 이래 상당한 기간에 걸쳐 많은 고조선계 사람들이 경주 지역으로 이주하여 정착하였다. 그들은 제철산업과 같은 첨단(하이테크) 산업을 통해 경제적인 주도권을 장악하였고, 철제 무기 등으로 무장한 사적군대를 통해 경주 지역의 선주민들과 차별되는 지위를 확고하게 차지하였으므로 이와 같은 결정을 할 수 있었을 것이다. 제철산업 외에 이들이 고안해 낸 산업은 제염일 가능성이 매우 높다. 고조선 유이민 후손들은 국가 권력을 차지하고 경제적 이권을 독점하여 부를 축적하면서 왕경 지역을 점차 자신들의 영역으로 만들어갔을 것이다. 즉 고조선 유이민들은 선주민들의 주거 공간과 농경지를 다양한 수단을 통해 점유하면서 도시 공간을 서서히 변모시켜 나갔다고 생각된다.

III. 한반도 남동부 지형 개관

1. 영남 지역의 지형

1) 산지와 구릉지

(1) 산지

한반도 남동부의 영남지방은 북쪽과 서쪽에 위치하는 소백산맥을 경계로 중부 및 호남지방과 분리된다. 태백산-소백산-속리산-황학산-덕유산-지리산으로 이어지는 주능선을 따라 산지의 폭은 25~100km에 이르고, 특히 김천-추풍령-황간-영동-옥천-대전을 연결하는 이남 지역에는 소위 무주, 진안 그리고 장수 일대에 산지가 분포하여 소백산맥의 폭이 대단히 넓다.

속리산과 황학산 사이에서 소백산맥 산지 폭은 여전히 넓지만, 해발고도 500m 이상 산지는 폭이 좁고 대부분 해발고도 500m 이하이다. 보은군 남부 지역 산지는 해발고도 500m 이하가 대부분이며, 300m 이하의 구릉지도 다소 넓게 분포한다. 옥천군도 대부분 해발고도 500m 이하이며 사면경사가 완만한 저산성 산지가 상당히 넓게 나타난다. 영동군 북부도 옥천군과 유사한 경관을 하고 있다. 소백산맥을 경계로 이들 지역과 맞닿아 있는 상주시 남서부와 김천시 북서 지역은 분수계인 소백산맥 동사면에 해당하므로 사면경사가 상대적으로 급하다. 속리산(해발고도 1,058m)과 황학산(해발고도 1,111m) 사이에는 상대적으로 기복이 작은 교통로가 동-서 방향으로 연결된다. 북쪽은 청원-보은(삼년산성)-상주로 이어지고 남쪽은 대전-옥천(관산성)-영동-황간-추풍령-김천을 연결한다. 이 두 교통로는 금강 중류부와 낙동강 중류부를 가장 단거리로 연결한다.

소백산맥 구간 가운데 영남지방 북서쪽 모퉁이에 위치하는 충주-문경 지역에는 하늘재가 통과하는 구간에 안부가 형성되어 있다. 하늘재는 선사시대부터 교통로로서 고대에는 계립령으로 불리었다. 청동기시대 북쪽에서 남쪽으로 이동하여 영남지방으로 이주하여 온 사람들도 이 고개를 통해 남쪽으로 이동하였다. 현재는 45번 국도가 괴산과 문경을 연결하는

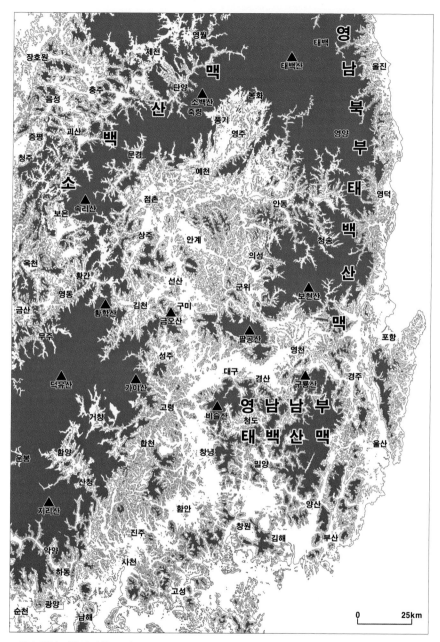

그림 4. 영남 지역의 지형 개관(어두운 부분은 해발고도 500m 이상)

이화령을 통과하지만, 이 고개는 종단경사가 급하고 충주로 가려면 괴산을 거쳐 약간 우회하므로 고대에는 사용하지 않았을 것이다. 소백산맥의 가장 남쪽 지리산과 덕유산 사이에 형성된 안부는 남원-운봉-함양으로 연결된다. 이 경로는 팔량치(함양읍~남원시 동면 인월리, 해발고도 513m)를 통과한다.

태백산맥은 영남지방의 동쪽에 치우쳐 남북 방향으로 분포한다. 이 산맥은 해발고도가 높은 산지의 폭이 넓어서 영남내륙과 동해안 지방을 분리한다. 그럼에도 불구하고 봉우리들 사이에 형성된 안부를 이용하여 교통로가 조성되어 있다. 평지에서 교통로는 자연적인 장애물이 없는 경우 최단거리 경로를 취하지만, 산지에서는 능선 가운데 해발고도가 낮은 안부에 형성된 고개를 통과하는 노선이 선택된다. 고개는 도로와 철도 등 현대적인 교통로가 만들어지기 이전에는 유용한 교통로였다. 선사 및 고대에도 소규모 인원이나 적은 양의 물자이동에는 기복이 크더라도 가장 짧은 거리로 왕래하였을 가능성이 있다. 이와 같은 교통로는 대규모 이동이나 대량의 물자 교류에는 한계가 있겠지만 소규모 이동이나 거래에는 중요한 역할을 하였다. 대동여지도에 표시된 고개 중 현재에는 전혀 이용하지 않는 것도 있지만, 대동여지도가 편찬된 18세기에는 고개를 지나가는 노선을 통해 많은 인원과 물자가 통과하였을 것이다.

경북 지역 동해안 지방에서 태백산맥을 넘어 내륙을 연결되는 통로로서 울진-옥방-현동-봉화-영주, 평해-온정-수비-영양-진보-안동, 영해-창수-영양-진보-안동, 강구-영덕-황장재-진보-안동, 청하-상옥-부남-청송-안동, 청하-신광-안강-고경-영천, 포항-안강-고경-영천, 경주-건천-아화고개-영천, 언양-산내-밀양-청도-창녕, 낙동강을 거슬러 삼랑진-창녕-고령으로 이르는 대략 10개 정도가 이용되었을 것으로 생각된다. 이들 중 경주-건천-아화고개-영천 노선, 강구-영덕-황장재-진보 노선, 낙동강을 거슬러 삼랑진-창녕-고령의 세 개를 제외한 나머지는 모두 험준한 산악지대를 통과하여 내륙에 도달하며, 언양-산내-밀양-청도-창녕 노선을 제외하면 영남 북부분지의 영주와 안동을 연결하고 있다. 특히 안동-의성 금성-현서 사촌-영천-고경-안강-경주로 연결되는 통로는 산지가 높고, 곡이 좁아 거의 드물게 이용되었던 것으로 생각된다. 대신 영천은 팔공산지 북쪽으로 영천-신령-효령-장천-해평-낙동, 영천-신령-의흥-금성-안계-함창, 영천-신령-의흥-금성-의성-안동-영주-단양으로 연결되는 교통의 요충지로 대단히 중요한 위치에 있었다.

영남지방에서 태백산맥을 통과하는 육상교통로 가운데 활용 빈도가 높고 많은 물품을 운반할 수 있는 교통로는 황장재와 아화고개 노선이다. 영덕군 지품과 청송군 진보 사이의 태백산맥 안부가 황장재이다. 그리고 영남 중앙분지를 이루는 금호강 유역분지의 상류부에 해당하는 영천과 경주 지역에는 산지의 해발고도가 크게 낮아지며 산지의 폭도 좁아져 두 개의 안부가 분포한다. 금호강 상류부의 영천 고경과 경주 안강 사이의 시티재(시령현, 여현, 해발고도 195m)와 영천 북안과 경주 건천을 연결하는 아화고개(해발고도 120m)이다. 이 가운데 시티재의 경우 안강 쪽에서 고개로 올라가는 종단경사가 상당히 급하여 선사, 고대에는 거의 사용되지 않았을 것으로 생각되며, 이와는 대조적으로 단층선이 통과하는 아화고개는 종단경사가 대단히 완만하여 통행에 부담이 거의 없을 정도이므로 선사시대부터 교통로로 활용되었다.

태백산맥은 산지의 해발고도가 낮고 산지의 폭이 좁은 영천과 경주 지역을 경계로 영남 북부 태백산맥과 영남 남부 태백산맥으로 나누어진다(그림 4). 영남 북부 태백산맥은 봉화, 울진, 영양, 청송, 영천, 포항, 대구시로 연결되는데, 안동, 의성, 군위의 동쪽에서부터 산지가 나타나며 산지의 폭은 30km 내외를 유지한다. 영남 남부 태백산맥은 대구시, 경산시, 경주시, 청도, 창녕, 밀양, 울산시, 양산에 걸쳐 동-서 폭 70~50km, 남북 길이 70~50km의 마름모 형태를 취한다.

영남분지의 내륙부는 보현산-팔공산-금오산-가야산-비슬산-구룡산을 연결하는 산지에 의해 둘러싸인 금호강 유역과 성주 지역을 포함하는 중앙분지를 경계로 북부분지와 남부분지로 분리된다(그림 4). 영남 북부분지는 동쪽으로 영주, 안동, 의성, 군위군이, 서쪽은 예천, 문경, 상주, 남쪽은 구미, 김천이 포함된다. 영남 남부 분지는 영남남부 태백산맥과 소백산맥 그리고 남해안과 평행하여 분포하는 산맥으로 둘러싸인 구릉지와 충적평야를 포함하는데 형태가 북부분지와 중앙분지에 비해 분지의 특색이 약하다.

영남분지의 서쪽과 북쪽 분수계를 이루는 소백산맥은 선캄브리아기 화강편마암이 주를 이루고, 동쪽 분수계인 태백산맥은 경상누층군의 최하부에 해당하는 유천층군이다. 한편 구릉지와 저산성산지로 이루어진 영남분지저의 기반암은 주로 풍화와 침식에 대한 저항력이 약한 중생대 퇴적암이다. 분지의 중앙은 남류하는 낙동강에 의해 형성된 충적평야가 전개된다.

특히 낙동강의 지류인 금호강(琴湖江) 유역분지의 분지저는 구릉지, 선상지, 충적평야, 페디먼트 등의 지형면이 분포한다. 영남 북부분지를 분리하는 북쪽 분수계는 금오산, 유학산, 팔공산, 화산과 보현산으로 연결되는 산지인데, 이 산지들에 의해 금호강 유역의 기후는 북부분지와 차이를 보인다. 특히 겨울철에는 체감온도에서 차이가 크다.

중앙분지의 대부분을 차지하는 금호강 유역은 영남 지역의 고대사를 이해하는데 중요한 의미를 가진다. 금호강의 상류부는 두부침식으로 태백산맥의 주능선을 단절하여 해발고도가 낮고 종단경사가 대단히 완만한 안부를 형성한다. 이 안부의 동쪽은 건천선상지를 형성하는 서북서−동남동 주향의 단층선과 연결된다. 이 안부가 아화고개이다(그림 34).

금호강 유역분지의 지형 특성은 기반암 분포에 기인한다. 즉, 북쪽 분수계를 이루는 팔공산과 화산은 중생대 백악기에 관입한 화강암이 높은 산체를 형성하였으며, 화강암 산체 가장자리에는 열접촉 변성작용을 받아 형성된 호온펠스가 높은 산지를 유지하는데 기여하였다. 그리고 보현산은 유천층군의 화산암으로 이루어져 있다. 남쪽 분수계를 이루는 구룡산과 비슬산은 유천층군의 안산암을 주로 하는 화산암이므로 침식과 풍화에 대한 저항력이 강하여 해발고도가 높은 산지를 이루고 있다. 이와는 대조적으로 금호강 유역분지는 중생대 경상누층군의 퇴적암인데, 이 암석은 풍화와 침식에 대한 저항력이 상대적으로 약하여 영남지방에서 해발고도가 낮고 사면경사가 완만한 구릉지 경관을 이룬다. 태백산맥의 보현산에서 발원하여 동에서 서로 흐르는 금호강과 지류들은 신생대 제3기 마이오세(2,300~530만 년 BP) 말부터 지반이 융기함에 따라 하방 침식을 하여 유역분지의 해발고도를 낮추었다.[31]

그림 5. 영남지방 북부와 중부의 지형 개관

한편 경주의 서쪽에는 북북동–남남서 주향의 단층선곡이 분포하고, 울산과의 사이에는
북북서–남남동 주향의 울산단층선이 통과한다. 경주를 둘러싼 산지들이 이들 단층선에 의해

분리되므로 경주는 형태적으로 불완전한 분지이다. 경주 동쪽의 불국사산맥은 해안과 다소 평행하게 북—남 방향으로 분포하여 경주분지를 동해안과 분리하고 해안에서 들어오는 외부 세력을 방어하는 기능이 있다.

(2) 구릉지[32]

영남지방의 구릉지는 선캄브리아기 변성암으로 되어 있는 소백산맥과 중생대 화성암으로 된 태백산맥 사이에 분포하는 쥬라기 화강암과 중생대 퇴적암 지역에 분포한다. 이 지역에는 구릉지와 저산성 산지가 함께 나타나는데, 영주, 봉화, 풍기, 안동, 예천, 점촌, 안계, 선산, 구미, 김천, 성주, 영천, 경산, 대구, 창녕 등 낙동강 상류와 중류부 양안의 지역에 주로 나타난다.

현재 영남지방에서 구릉지는 해발고도가 낮고 사면경사가 완만하지만 능선부를 경작지

---

31) 한반도 현재 산맥과 분지 분포 등 지체구조를 형성한 지반융기는 시작 시기에 대한 주장이 다양한데, '신생대 제3기 중기'(立岩 嚴, 1979; 권혁재, 2004) 또는 '신생대 중기 마이오세(2,300만~530만 년 BP)'로 보는 주장 '신생대 마이오세 중기'라는 견해, '마이오세 말'에 서북서—동남동 방향의 인장응력영역이 동—서 방향의 축을 갖는 압축응력영역으로 전환되면서 융기와 역단층이 발생하는 것으로 보는 주장(기원서·도성재, 1995)이 있다. 필자는 가장 마지막 주장을 채택하였다.

32) 구릉지(hills)는 여러 개 구릉(hill)을 포함하는 하나의 지형단위이다(김창환, 1992). 구릉지를 정의하는 데는 해발고도, 지역적 기복량(local relative relief), 사면 경사 등을 계량적으로 표현하여야 한다. 미국지질연구소(USGS)에 의하면 일반적으로 구릉(hill)은 해발고도 300m 이하에 국한하여 사용하는 것이 바람직하며 구릉지는 주변보다 높으며 뚜렷한 정상부를 가지는 지형이라고 정의하였다. 일본에서 발행된 '地形學辭典'에서는 구릉지를 저산성산지와 동일시하고, 기복량이 500m 이하인 소기복산지를 말하지만 기복의 수치가 반드시 엄밀한 것은 아니라고 하였으며, '日本の山地形成論(藤田和夫, 1983)'에서는 주위 산지와 뚜렷한 단차가 있는 해발고도 200~300m 지역을 구릉지라고 하였다(김창환, 1992). 우리나라에서는 김창환(1992)이 구릉지는 평지의 주위와 산지의 전면에 위치하며 평지와 산지의 점이적 지형이라고 설명하고, 구릉지의 기복량은 150m 이하이며 구릉지 내에 있는 구릉에는 작은 곡들이 많이 형성되었으며 복잡한 사면집합체로서 대체로 봉고동일성을 보이는 것으로 규정하였다. 필자는 구릉지에 대한 이와 같은 여러 국가와 연구자들의 정의를 참고하여 다음과 같이 구릉지 구분을 위한 계량적 범위를 제시하였다. 구릉지는 정상부 해발고도는 300m 이하이고, 지역적 기복량(local relative relief)은 30~150m, 사면 경사는 주위의 산지보다 완만하며 구릉들의 정상부가 봉고동일한 특징을 가진 지역이다. 즉 해발고도 1,000m에 이르는 대관령 부근의 기복량이 작고 사면경사가 완만한 고위평탄면 지역을 구릉지로 구분할 수 없으며, 해발고도가 300m 내외의 저산성산지 지역에서 깊은 하곡으로 지역적 기복량이 크고 사면경사가 급하다면 이 지역은 구릉지보다 저산성산지로 구분하는 것이 합리적이다. 그러므로 저산성산지와 구릉지는 해발고도의 측면에서는 겹칠 수 있다고 생각한다. 다만 분수계를 이루는 산지의 해발고도가 300m가 넘더라도 분수계를 이루는 산지 전면에 분포하는 기복량이 작고 사면경사가 완만한 지역은 구릉지로 구분할 수 있다.

로 활용하는 면적이 넓지 않고, 경작지는 주로 곡저에 조성된 곡저평야를 이용하고 있다. 영남분지는 강수량이 충분하지 못하여 용수공급의 문제가 있으므로 곡두부에 인공저수지가 없다면 곡저평야를 논으로 활용하는 것은 극히 제한적이다. 이와 같은 현상은 현재 구릉지 사면에 토양층이 대단히 얇아서 유기물층이 발달하기 어렵기 때문이기도 하다. 즉 강수가 있어도 토양층에 침투(infiltration)되지 않고 대부분 지표류(overland flow)로서 하천으로 흘러가므로 토양의 수분 수지가 열악하여 농경에 불리하다.

수렵, 어로와 채취를 생업으로 하였던 신석기시대 동안 유기물층이 지표면을 두껍게 덮고 있었다. 3,000년 전 청동기시대가 시작될 즈음에도 구릉지의 사면과 곡저평야의 상황은 신석기시대와 유사했을 것이다. 이런 환경에서는 곡저평야뿐 아니라 사면경사가 완만한 구릉지 사면도 수분 공급 문제만 해결할 수 있다면 경작이 가능하다. 다만 영남지방은 강수량이 충분하지 못하여 구릉지 사면의 농업생산력이 상당히 낮았으므로 청동기시대 동안 경작지로 활용되지 않았을 것이다.

2) 분지

영남분지의 중앙부를 남북 방향으로 관통하는 낙동강의 현재 범람원 규모는 고대에 비해 크게 넓어졌다. 이와 같은 변화는 낙동강과 지류가 상류부에서부터 운반해온 사력들을 유로 양안에 쌓으므로 시간이 경과할수록 범람원이 넓어지는 것이다. 현재는 낙동강 본류와 지류의 양안에 대규모 인공제방을 조성하여 범람원을 경작지로 활용하지만, 고대에는 해마다 발생하는 범람으로 토지이용이 불가능하였다.

산지가 많은 지역에서 사람들은 자연재해의 위험이 적은 경사가 완만하거나 거의 없는 지역을 활동공간으로 선호한다. 산지가 넓게 분포하는 영남 지역에서 분지는 이런 조건을 충족하는 지형이다. 분지는 평야나 평지가 산지로 둘러싸인 지형이다. 성인적으로는 단층선이 통과하거나 교차하는 경우 및 단층운동 등 지각운동의 영향을 받은 경우에 형성되는 구조분

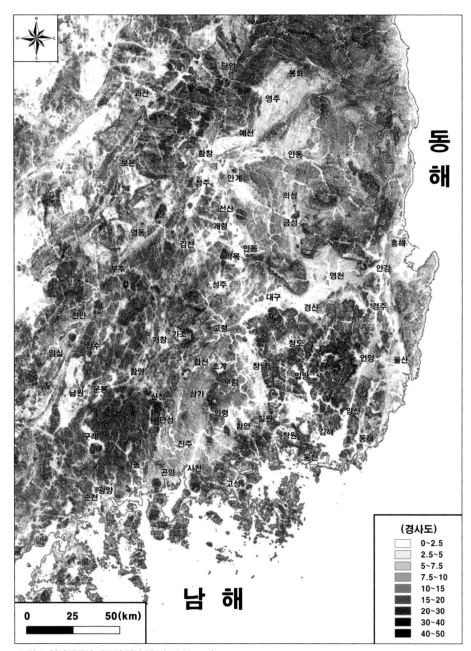

그림 6. 영남지방의 지표면 경사 분포(권용휘, 2022)

자연환경 그리고 신라(新羅)의 발생과 붕괴

지와 풍화와 침식에 대한 저항력이 약한 암석이 차별적인 심층풍화와 침식을 받아 만들어진 침식분지로 구분되는데, 이 두가지 요소가 결합되는 경우도 있다. 영남지방에는 소백산맥과 태백산맥을 비롯하여 산지의 면적이 넓은데, 다양한 기반암과 서로 교차하는 여러 주향의 단층선이 분포하므로 분지 발달이 상대적으로 양호하다.

영남지방에 분포하는 침식분지는 풍화와 침식에 대한 저항력이 약한 화강암이나 퇴적암이 안산암을 주로 하는 유천층군의 화산암이나 변성암과 같이 풍화와 침식에 강한 암석으로 둘러싸인 경우가 많다. 대구분지는 유천층군의 화산암과 관입한지 오래되지 않은 화강암 산지가 각각 남쪽과 북쪽 분수계를 이루고 있으며 이들 사이에는 퇴적암으로 된 분지저가 위치하므로 동–서 방향으로 다소 열려 있다.

그림 6은 영남 지역의 분지를 확인하기 위하여 사면 경사의 공간 분포를 나타낸 것이다. 분지저의 사면 경사는 10° 이하로서 경사가 없거나 대단히 완만하다. 산지로 둘러싸인 분지가 있는가 하면 둘 또는 서너 방향으로 단층선이 통과하거나 분수계가 해발고도가 낮은 구릉지로 이루어져 다소 열린 분지도 있다. 그리고 경주분지와 같이 단층선이 교차하는 경우에는 여러 방향으로 열린 분지도 있다. 영남 북부 지역은 봉화·영주 및 안계가 분지이며, 중부 지역은 성주, 대구, 영천, 경주, 청도, 신광, 안강, 남부 지역은 고령, 함양, 거창, 가조, 초계, 창원 등이 분지이다.

농경을 생업으로 하기 시작한 시기부터 분지는 인간생활 공간으로 활용되었다. 분지저를 구성하는 선상지, 구릉지, 페디먼트(pediment)와 같은 지형면은 경작지로 쓸 수 있으며, 분지를 통과하는 하천이나 분지를 둘러싼 분수계에서 발원하는 소하천이 공급하는 용수를 이용할 수 있다. 그리고 대부분의 분지는 북쪽의 산지가 차가운 겨울 계절풍을 막아주어 배산임수의 환경이 조성되므로 좋은 주거지를 제공한다.

3) 하천

영남지방에서 동해안과 평행하게 남북 방향으로 분포하는 태백산맥에서 발원하여 동류하여 동해로 유입하는 하천들의 유역분지를 제외하면 영남내륙 대부분은 낙동강 유역분지에 해당한다. 즉, 영남분지의 분수계인 태백산맥과 소백산맥에서 발원하는 하천들은 대부분 낙동강으로 유입한다. 영남지방의 고대 인간생활에 영향을 미친 하천은 낙동강과 그 지류이며, 동해로 유입하는 하천들 가운데에는 형산강과 태화강을 들 수 있다.

낙동강과 지류 유로의 공간분포와 수운 가능성은 가야연맹의 정치적 특수성과 신라와 가야의 국제관계를 이해하는데 기본적인 요소이다. 영남지방에는 산지가 차지하는 공간이 넓고, 퇴적암으로 이루어진 지역에는 구릉지가 하천의 양안까지 임박하여 분포하므로 현재 낙동강 본류뿐 아니라 지류에도 충적평야가 넓지 않다. 고대에는 낙동강의 범람으로 퇴적된 충적토의 양이 현재에 비해 적었으므로 충적평야의 면적은 현재보다 훨씬 좁았다.

한편 계절풍의 영향을 받는 대륙의 중위도 동안에 위치한 한반도 남동부 영남지방은 장마기간이나 태풍이 내습하는 여름철에는 집중호우로 홍수가 발생할 가능성이 대단히 높다. 낙동강에 홍수가 발생하면 범람원은 침수되는데, 특히 하상경사가 극히 완만한 낙동강 하류부에서는 본류의 수위가 지류의 수위보다 높아진다. 따라서 낙동강으로부터 지류하천 방향으로 역류하는 흐름이 발생하여 지류하천의 범람 강도를 높인다. 대규모 노동력을 동원하여 인공제방을 축조하기 이전에는 낙동강의 자연제방 일부만 인간활동 공간으로 활용되었고, 빈번하게 재해에 노출되는 낙동강 본류와 지류의 범람원은 경작지로 활용되기 어려웠다.

낙동강 유역분지에 인구밀도가 높아져 식생파괴가 본격적으로 진행되기 전에는 본류와 지류하천이 운반해온 퇴적물량이 적었으므로 하상이 충분히 매적되지 않아 현재보다 수심이 더 깊고 하폭은 더 넓었다. 식생파괴가 거의 없었던 신석기시대에는 하천의 하중(load)이 거의 없었고, 농경이 본격적으로 시작되었으나 분수계인 소백산맥과 태백산맥의 식생이 잘 보전된 청동기시대에도 신석기시대와 유사하였을 것이다. 초기철기시대와 삼국시대에는 하천

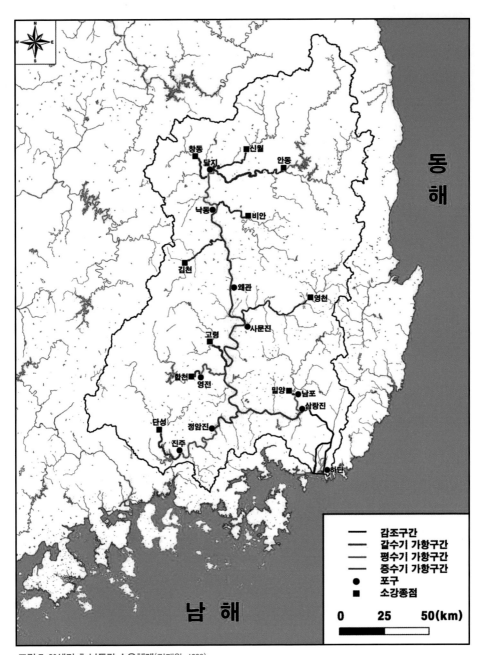

동해

남해

그림 7. 20세기 초 낙동강 수운체계(김재완, 1999)

의 하중이 어느 정도 공급되기 시작하였으나 하상이 매적되는 속도는 빠르지 않았으며, 통일신라시대에도 낙동강의 수심이 깊었으므로 갈수기에도 수운이 가능한 범위가 조선시대보다 하천들이 상류부 방향으로 더 멀리까지 도달하였다.

그림 7은 김재완(1999)이 정리한 20세기 초 낙동강 수운체계를 나타낸 것이다. 20세기 초 낙동강에서는 갈수기에도 하구부에서 상주 낙동까지 선박이 운항할 수 있었다. 상주 낙동부터 문경 점촌(달지)까지는 평수기에 그리고 안동까지는 증수기에 선박이 운항하였다. 밀양강에서는 삼랑진부터 남포까지는 평수기, 남포에서 밀양까지는 증수기에 선박 운항이 가능하였다. 남강에서는 함안부터 정암진까지는 갈수기, 정암진에서 진주까지는 평수기, 진주와 단성 사이는 증수기에 선박이 운항하였다. 황강은 옥전에서 영전까지는 평수기, 영전부터 합천까지는 증수기에 선박운행이 가능하였다. 그리고 회천, 금호강, 감천, 위천, 영강, 내성천에서는 증수기에만 고령, 영천, 김천, 비안, 창동, 신월(현재 예천군 보문)까지 선박이 운항하였다.

현재 낙동강에서 선박이 항행할 수 있는 구간은 하구부에서 삼랑진까지이며 나머지 대부분 구간은 수심이 얕아 선박 운항이 불가능하다. 이것은 지난 100년 동안 낙동강과 지류들에 의해 운반되어온 하중(퇴적물)이 하상에 퇴적되었기 때문이다. 고대 동안 낙동강과 지류들의 수운 가능성은 지금부터 2,000년 전부터 1,000년 전까지의 낙동강과 지류들의 수심을 검토하여야 한다. 고대에는 전체적으로 수심이 20세기 초 보다도 훨씬 더 깊었으며 연중 운항이 가능한 구간은 상류 쪽으로 더 전진하였다.

한편, 태백산맥에서 발원하여 동해안으로 유입하는 남대천, 왕피천, 병곡천, 형산강, 태화강은 하류부에 해안충적평야가 다소 넓게 분포하지만, 발원지의 해발고노가 높아서 하상경사가 급하고 유로가 상대적으로 짧아서 범람원 규모는 작은 편이다. 다만 하천 양안에 하안단구가 연속하여 분포한다. 이 하천들은 현재 선박의 운행이 어렵지만 고대에는 수심이 훨씬 더 깊었으므로 상류 쪽으로 보다 긴 구간에 걸쳐 선박이 연중 운항할 수 있었을 것이다.

낙동강과 동해로 유입하는 하천들은 제4기 후기 해면변동의 영향을 받았다. 최종 빙기 동안 낮은 해면에 대응하여 해안선은 바다 방향으로 물러났는데(해퇴), 해면이 현재보다 약

140m 아래에 있었던 최종 빙기 최성기(LGM, Last Glacial Maximum) 낙동강 하구부의 해안선은 거의 대마도 부근까지 후퇴하였다. 그리고 침식기준면인 해면의 해발고도가 낮아지면서 낙동강 하류부의 침식이 부활하였으므로, 하방침식과 함께 두부침식을 하여 낙동강 하류부에는 깊은 하곡[33]이 형성되었다. LGM 이후 해면은 급격하게 상승하여 7,000년 BP[34] 경에는 거의 현재 수준까지 도달하였으며(그림 8), 이때 해안선은 내륙 쪽으로 가장 멀리까지 전진하였는데, 현재 금호강이 낙동강에 합류하는 부근까지 이른 것으로 생각된다. 이 시기를 홀로세 해진극상기라고 하며 이즈음 우리나라에 신석기시대가 시작되었다. 이때 해안선은 상류 쪽으로 가장 멀리까지 전진하였고(해진), 현재 하천 하류부는 최종 빙기에 형성되었던 침식곡이 빠르게 높아진 해면으로 인해 익곡(溺谷)되어 내만환경이 되었다.

대략 7,000년 BP 이후 해면은 안정되었다. 이에 따라 유역분지 내 본류와 지류들이 운반하여 온 퇴적물들로 낙동강과 지류들의 하상이 메워지기 시작하였다. 매적되는 속도는 하천들이 운반한 물질들의 양에 영향을 받았다. 이때부터 낙동강이 바다와 만나는 하구부는 하천이 운반한 퇴적물로 메워지면서 해안선은 바다 쪽으로 물러나기(해퇴) 시작하였다. 아울러 강수가 집중하는 시기에는 낙동강 본류와 지류의 양안에 하천이 범람하여 충적평야도 형성되기 시작하였다.

홀로세 해진극상기 이후 약 5,000년이 지난 기원 전후한 시기에 해안선은 삼랑진 부근에 있었던 것으로 파악된다.[35] 한편 동해로 유입하는 형산강과 태화강 그리고 동천의 하류부에서도 해안선은 현재보다 내륙 방향으로 전진하여 있었다. 이 시기 낙동강을 비롯한 형산강, 태화강 그리고 동천도 전체 유로에서 수심은 현재보다 더 깊었으며 하폭은 더 넓었다.

---

33) 지형학에서는 이런 하곡을 침식곡이라고 한다.

34) 나무나이테로 보정하지 않은 연대이다. 이것을 보정하면 대략 8,000년 전에 해당한다. 우리나라 선사시대를 구분함에 있어서 절대연대측정값은 보정하지 않은 값과 보정한 값을 구분하지 않으면 혼선이 발생할 수 있다. 고고학에서는 대체로 보정한 연대값을 사용하며 최근에는 지형학 분야에서도 사용 빈도가 높아지고 있다.

35) 낙동강 하구부의 조차가 1.2m인데, 이것을 고려하면 기원 전후한 시기 낙동강 하류부 감조구간은 남지 정도에 이르렀던 것으로 추정된다.

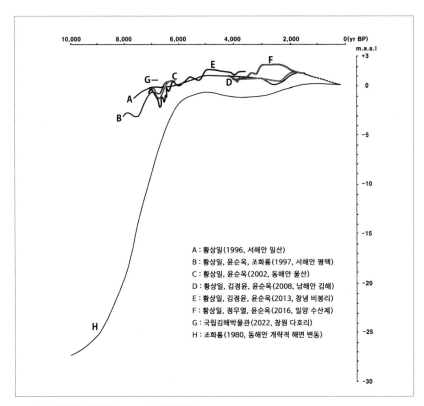

그림 8. 한반도 홀로세(Holocene) 해면 변동

4) 해안

영남지방의 동부와 남부의 가장자리는 해안선이다. 한반도 남동부의 해안지형 특성은 고대 경주 지역에 있었던 국가의 입지를 설명하는데 의미있는 요소이다. 대부분의 해안지형은 파랑의 지형형성작용으로 만들어지는데 지형발달이 대단히 역동적이다. 실제로 해안지형 형성에는 파랑 외에 홀로세를 포함한 제4기 해면변동, 하천이 운반해온 퇴적물의 종류와 양 등이 영향을 미친다.

2,300년 전부터 기원 전후까지의 초기철기시대에는 영남지방 동해안의 지형 경관이 현재

와 달랐다. 현재 형산강 하류부의 포항평야는 당시에 충적평야가 거의 없는 내만이었으며, 해안선은 포항시 안강 부근에 있었을 것이다. 그리고 초기철기시대 태화강 하류부에서도 해안선은 현재보다 더 내륙 쪽 어딘가에 있었으므로 현재 울산충적평야 대부분은 내만의 습지 환경이었고, 넓은 습지는 갈대로 피복되었을 것이다.

대종천을 비롯하여 동해로 유입하는 소규모 하천의 하류부도 해안선은 내륙으로 전진하였으며 현재의 하구부는 내만환경이었을 것이다. 대종천은 형산강이나 태화강보다 유로가 짧고 유역분지 규모도 작으며 하상경사가 급하기 때문에 자갈을 해안까지 운반하여 자갈해안을 형성하였다.

한편 역동적으로 변하는 해안지형과 대조적으로 해안단구는 최종 빙기 이후 변화가 거의 없는 지형이다. 한반도 중부와 남부지방에는 융기축에 해당하는 태백산맥이 동해안에 치우쳐 위치하여 경동(傾動)지형을 형성하므로 해안충적평야가 매우 협소하지만, 해면보다 높은 해발고도에 수(數) 단(段)의 해안단구가 분포한다. 인구밀도가 낮았던 청동기시대, 철기시대에는 해발고도가 낮은 해안단구 지형면이 경작지나 주거지로 활용되었으나 인구밀도가 증가하면서 점차 해발고도가 높은 해안단구 지형면까지 활용하였을 것이다.

구룡포와 울산 사이에서 해안단구는 해발고도 246m까지 분포하는데, 20세기 중반에는 해발고도 200m 이상인 해안단구도 경작지로 이용하였다. 특히 해발고도 25m 이하인 저위면은 동해안의 대부분 해안에서 확인되는데, 형성된 지 오래되지 않아 매우 평탄하고 해안과 비고차도 작아서 오래전부터 경작지, 주거지, 교통로 등으로 활용되었다. 저위면 가운데 가장 낮은 고도에 분포하는 해안단구는 해발고도 10m 내외인데 보존상태가 대단히 양호하며 해안선을 따라 매우 연속적으로 분포하므로 집약적으로 토지를 이용하였을 것이다.

동해안에는 산지가 해안까지 임박하여 분포하는 구간이 많다. 이런 해안에서는 사면경사가 급한 산지가 해안으로 돌출하여 헤드랜드를 형성되고, 헤드랜드의 해면 부근에는 파식작용으로 파식대가 분포하며 수직의 해식애가 험준한 지형을 이루고 있다. 해식애와 해안단구는 교통로 통제 등이 수월하므로 군사적으로 유용한데, 이런 장소는 지역 사이의 경계 기능도 하였으므로 '지경'이라고 지명을 붙이는 경우가 있다. 아울러 산지가 해안에 인접하므로 해안에 사는 사람들은 산지에서 다양하고 풍부한 임산자원을 얻을 수 있다.

이 시기 영남지방 남해안의 해안선은 현재보다 훨씬 굴곡이 심하였으며 해안의 수심이 더 깊었고 현재와 같이 다도해 경관을 하고 있었으므로 연안에는 파랑에너지가 작았다. 아울러 조차가 1m 이상이므로 내만으로 된 해안에는 조간대가 형성되어 갈대로 피복된 해안도 있었을 것이다. 갈대는 해마다 새롭게 자라므로 가을에 베어내어 지붕을 이는 재료와 연료 등으로 활용하였을 것이다.

2. 경주 일대 지형

1) 단층선

　한반도 남동부 지역은 선적구조(lineament)의 연장성이 탁월한 다양한 주향의 단층선들이 다수 확인되며 단층선이 높은 밀도로 분포하여 우리나라에서 지반안정성이 가장 낮다. 그림 9에서 가장 서쪽에 있는 밀양단층부터 동쪽으로 모량단층, 이현단층, 양산단층, 부산단층이 각각 북북동−남남서 방향으로 부채살을 약간 펼친 것 같은 형태로 분포하며, 이들과는 방향이 다른 북북서−남남동 방향의 울산(불국사)단층이 울산과 경주를 연결한다. 이 지역에는 이 단층선들 외에도 연속성이 낮은 많은 단층선들이 있다.

　양산단층선은 다테이와 이와오(立岩 巖, 1929)가 김해평야, 양산, 언양, 경주, 안강, 신광을 지나 영덕군 북단 영해에 이르고 동해 해저로 연장되었을 것으로 주장한 이래 1970년 대에는 이 단층의 변위에 대한 논쟁이 있었다. 우병영(1982)은 지형학적 연구[36]를 통해 이 단층선이 변위된 시기에 대한 증거는 제시하지 못하였으나 약 25km 우횡변위(right lateral slip fault)하였음을 밝혔다. 오카다 등(岡田篤正 等, 1994)은 언양 부근의 트렌치 조사를 통해 단층면을 확인하였으며 수직 변위에 대한 자료와 활단층으로 볼 수 있는 지형적 증거를 기초로 이 활단층의 평균 상하변위속도를 0.02~0.03mm/yr.이라고 주장하였다.

　울산단층선은 동해 쪽에서 오는 횡압력에 의해서 동쪽 지괴가 서쪽 지괴 위로 밀고 올라가는 역단층이다(岡田篤正 等, 1998). 울산단층선 동쪽지괴는 평면적으로 양산단층선의 동쪽에 있는 지괴와 같이 남쪽으로 밀려가는 우횡변위운동을 하였다. 울산단층선은 경주분지와 울산만 사이를 연결하며 단층선곡의 폭은 양산단층의 것보다 더 넓다.

　1994년까지 한반도의 지반에 대하여 대부분의 지형학과 지질학 연구자들이 안정지괴로

---

36) 양산단층선의 동쪽 지괴와 서쪽 지괴의 기반암 분포를 대비할 때 단층선을 경계로 부조화됨을 확인하고, 동쪽 지괴를 25km 북북동 방향으로 이동할 경우 기반암 분포가 조화로운 것을 밝혔다.

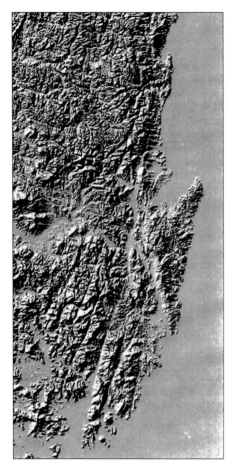
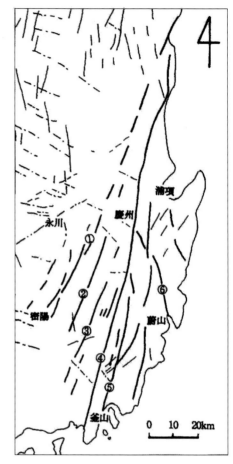

그림 9. 한반도 남동부 활단층 분포(조화룡, 1997)
① 밀양단층선, ② 모량단층선, ③ 이현단층선, ④ 양산단층선, ⑤ 부산단층선, ⑥ 울산단층선

인식하고 있었고, 한반도 남동부 일대의 단층들이 활단층일 가능성을 낮게 보고 있었다. 그
러나 한국과 일본의 지형학자와 지질학자들은 1994년 울산 언양 지역에서 양산단층선, 그리
고 1998년 경주 말방리와 1999년 경주 갈곡리에서 울산(불국사)단층선의 트렌치 조사를 통해
제4기 후기에 형성된 선상지가 단층운동을 받아 변위된 지형면 노두에서 활단층을 확인하였
다.[37] 이후 한국 지형학자와 지질학자들에 의해 활단층 연구가 진행되었으며, 필자는 불국사

지역(황상일, 1998; 尹順玉·黃相一, 1999)과 동해안의 양남 지역 해안(황상일 등, 2012)에서 동쪽 지괴가 서쪽 지괴 위를 타고 상승하는 역단층의 활단층 노두를 보고하였다.

단층선은 단층운동에 의해 기반암이 물리적으로 전단되어 생긴 단층면이 지표면과 만나는 선이다. 단층면은 운동하는 방향이 서로 상대적인 두 지괴 사이에 형성되는데, 각 지괴의 단층면 사이에는 단층파쇄대(fault-fracture zone) 또는 파쇄대(fractured zone; crushed zone; shatter zone)가 형성된다. 파쇄대는 엄청난 힘에 의해 암석이 파쇄되어 생긴 다양한 크기의 각력과 점토로 채워진다. 파쇄대를 충진한 물질이 세립 암설인 경우 이것을 단층 가우지(fault gouge)라고 하며, 파쇄대 양쪽의 단층면에 접하는 부분은 일반적으로 점토이므로 단층점토(fault clay)라고 한다. 파쇄대는 토양화하였으므로 침식에 대한 저항력이 상대적으로 약하다. 그러므로 단층선을 따라서는 파쇄대의 차별침식에 의해 직선상의 단층선곡(fault-line vally)과 단층선애(fault-line scarp)와 같은 선적구조(lineament)가 형성된다.

한반도 남동부에서 이와 같은 선적구조의 연속성이 양호하며 특히 양산단층선과 울산(불국사)단층선에서는 단층선곡의 곡저 폭이 넓고, 곡중 분수계의 기복도 크지 않으므로 인간활동의 공간으로 폭넓게 활용되고 있다. 즉, 곡저에는 경작지와 취락이 입지하고 있을뿐 아니라 철도, 고속국도, 도로와 같은 시설도 조성되어 있다.

한편 지진은 단층운동으로 발생한다. 단층 가운데 제4기에 운동한 적이 있으며 장래에 재활성의 가능성이 있는 단층이 활단층(active fault)이다. 활단층은 이 단층의 단층면에 규모가 큰 지진이 발생하면 단층면이 변위되어 가장 윗부분이 공기 중에 노출될 수 있다. 이런 단층을 지표 지진단층(surface earthquake fault)이라고 한다. 양산단층과 울산(불국사)단층은 활단층이므로 여기에 속한다. 그러므로 이 두 단층이 만나는 경주는 우리나라에서 지반안정성이 가장 낮다고 볼 수 있다.

---

37) 오카다(岡田篤正)를 중심으로 하는 한국과 일본의 연구팀들이 1993년 이미 일본에서 양산단층이 활단층임을 학술대회에서 소개하였으며, 이 논문은 1994년에 학술잡지에 발표되었다. 이것은 한반도 중부 이남 지역에서 최초로 활단층 노두를 확인한 것이다. 그 이후 한반도 남동부 지역에서는 현재까지 활단층 노두에 대한 조사가 진행되고 있다.

특히 경주에서는 북북동–남남서 방향의 양산단층선과 북북서–남남동 방향의 울산단층선이 교차하고, 건천을 통과하는 북서–남동 방향의 단층선도 경주의 바로 남쪽으로 통과하여 네 개 방향으로 열려 있다(그림 9). 특히 건천을 통과하는 단층선은 경상누층군의 퇴적암으로 이루어진 금호강 유역과 해발고도가 대단히 낮은 아화고개를 통해 연결된다.

2) 하천

경주 지역에서 가장 규모가 큰 하천은 형산강이다. 그림 10은 형산강 유역분지의 지형 개관과 하계망을 나타낸 것이다. 형산강의 분수계를 이루는 산지들의 해발고도는 기반암의 특성과 관계있다. 북서쪽의 비학산, 침곡산, 운주산과 남서쪽의 사료산, 단석산, 백운산, 아미산과 남쪽의 치술령은 침식에 대한 저항력이 강한 안산암을 주로 하는 유천층군으로 이루어져 해발고도 600~800m에 이르는 높은 산지로 되어 있으며, 이와는 대조적으로 북동쪽 분수계는 신생대 제3기층으로 된 용산과 도음산으로 연결되는 해발고도가 낮고 사면경사가 대단히 완만한 구릉지이다. 남동쪽 분수계인 조항산과 토함산의 기반암은 불국사화강암이다.

형산강은 지류 가운데 대천, 남천, 북천을 경주시 부근에서 합류한 후 양산단층선을 따라 북류하여, 안강 부근에서 칠평천과 기계천을 만나 동류하고 두 개의 협착부를 통과하여 영일만으로 들어간다. 즉, 경주시보다 하류 지역은 범람원 폭이 1.5~2km인데 비해 안강 이동 5km 지점인 낙산과 송고개 사이에서는 남북 양측으로 산지가 인접하여 하곡 폭이 70m 정도이다. 그리고 낙산 동쪽 4km 지점인 형산과 제산 사이의 동방 부근도 하곡 폭이 100m 정도인 협착부를 이루고 있다. 유역분지에 강수량이 많아지면 이들 협착부로 인하여 유역분지에서 집적된 하천수가 원만하게 하류부로 배출되지 못하고 안강평야에 범람하여 상당한 시간 동안 높은 수위를 유지하게 된다. 조차가 25cm에 불과하지만 영일만의 만조 영향을 받게 되면 안강 지역의 홍수 피해는 더 커진다.

형산강 지류들 가운데 경주 부근을 흐르는 것은 남천과 북천이다. 불국사화강암으로 이

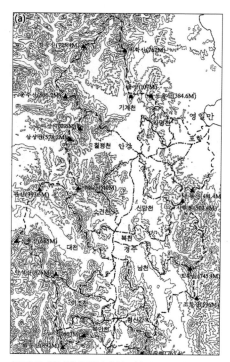 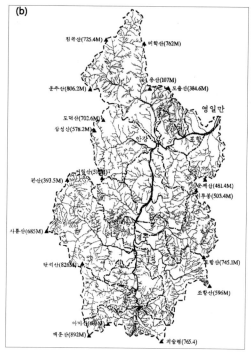

그림 10. 형산강 유역분지 분포(a)와 하계망(b)

루어진 토함산과 조항산이 분수계를 이루는 남천은 유역분지 상류부의 산지 사면경사가 대단히 급하여 전면에 선상지를 형성하였고, 하류부의 하상물질들은 대부분 소력(granule)급 자갈과 모래이다. 북천은 유역분지의 기반암이 화강암 외에도 하양층군 퇴적암, 화산암 등이 분포하므로 경주선상지를 형성한 북천의 하상은 거력(boulder)급 자갈을 비롯한 다양한 입경의 자갈로 이루어진다.

현재 형산강이 동해로 유입하는 하류부에는 비교적 넓은 충적평야가 형성되어 있다. 이 충적평야에는 현재 포항시의 시가지가 입지하고 있으나, 최종 빙기 이후 시간의 경과에 따라 역동적으로 변화하여 현재에 이르렀다. 특히 이 저술에서 논의하는 고대에는 형산강의 하구부 위치, 하폭, 수심 등이 현재와 달랐다.

현재에 비해 기온이 매우 낮았던 최종 빙기에는 해면의 해발고도가 현재보다 크게 낮았으므로 형산강이 바다 쪽으로 연장되었고, 이 하천이 바다로 유입하는 하구부는 현재보다 훨씬 더 바다 쪽으로 물러나 있었다. 이때 현재 포항시가지가 입지한 포항 충적평야는 없었다. 현재 포항시 지역 해안평야 충적층 아래에 있는 기반암은 신생대 제3계 혈암이며, 기반암의 해발고도가 가장 높은 곳이 −35m보다 아래에 있어서 최종 빙기에 형산강 하류부에는 상당히 깊은 침식곡이 형성되었다. 형산강의 중류부에 해당하는 경주 부근에서는 최종 빙기 침식곡 하상의 해발고도를 알 수 없으나, 북천과 형산강이 합류하는 곳(해발고도 25m)의 형산강 하상에는 두께 35m 자갈층이 퇴적되어 있으므로, 최종 빙기의 낮은 해수면에 대응하여 형산강은 다른 하천에 비해 훨씬 쉽게 두부침식을 하여 침식곡이 상류 쪽으로 연장되어 있었을 가능성이 있다.

이 침식곡이 경주 부근까지 도달하였는가에 대해서는 명확한 자료가 없어서 논의에 한계가 있으나, 하상이 자갈로 되어 있다면 가능성이 있다. 홀로세 해진극상기에는 이 침식곡을 따라 바닷물이 내륙 쪽으로 가장 멀리까지 침입하였는데, 경주 부근에 해안선이 도달했을 가능성은 낮지만 안강보다 상류부에 도달하였으며, 따라서 경주 부근에서 형산강 수심이 현재보다 더 깊었던 것은 분명하다.

해진극상기 이후 형산강은 유역분지에서 공급된 퇴적물에 의해 하상이 매적되면서 해안선은 바다 쪽으로 후퇴하고 하천 양안에 범람원을 형성하였다. 하상의 매적속도는 유역분지의 식생 환경에 의해 결정된다. 그리고 이것에 가장 크게 영향을 미치는 것이 인간활동이다. 즉, 농경이 시작되기 이전 수렵, 어로 및 채취를 생업으로 살았던 신석기시대에 인간들은 자연환경을 훼손하지 않고 보전하였다. 이 시기 지표면은 식생으로 피복되었으며 산지에서 하천으로 퇴적물이 거의 공급되지 않았다. 그리고 하천 하상의 매적속도는 대단히 느렸다. 이와는 대조적으로 생업이 농경으로 바뀌면서 농경지를 만들거나, 인구가 증가하면서 주거지의 규모가 커지면서 벌채가 이루어졌으므로 매적속도가 빨라졌다.

경주 지역에서 선사 및 고대 형산강 하상의 해발고도를 파악한 연구는 없으나 경주시 용장동의 청동기시대 유구가 현재 형산강의 수면보다 더 낮은 해발고도에서 확인된다. 따라서 당시의 형산강 하상고도가 현재보다 현저하게 낮았고, 고대에는 이보다 약간 더 높았으나 현재보다는 낮았으며 수심도 현재보다 더 깊었다고 볼 수 있다. 고대에 형산강을 통해 수운이 가능하였는가에 대한 기록은 없으나, 고대 초기에는 선박 운항이 가능했을 것이다. 그러나 인간활동이 본격적으로 행해져 심각한 식생파괴가 일어났으며, 이로 인해 토양침식이 발생하면서 형산강 하상고도가 빠르게 높아졌으므로, 통일신라 후기에는 경주보다 하류부는 규모가 작은 선박만 수운이 가능하였을 것이다.

경주선상지를 형성한 북천은 자연상태에서 하류부 하폭이 500m 내지 800m에 이른다. 고대 문헌기록과 퇴적상을 검토한 지형학 연구 결과(황상일, 2007)에 의하면 이 하천이 고대에는 범람하지 않았다. 현재 북천의 하상은 왕경구역 선상지 지형면과 비고차가 그리 크지 않으나, 고대 및 그 이전에는 비고차가 더 컸을 것이다. 이것은 북천의 하상 변화가 본류인 형산강의 하상 변화에 영향을 받기 때문이다. 토함산에서 발원하여 경주 왕경 지역 남쪽 가장자리를 따라 흘러 형산강에 합류하는 남천은 유량이 많지 않은데다가 하상이 모래로 되어 있다. 따라서 경주선상지에 홍수를 일으킬 수 없는 하천이므로 경주에 사는 사람들에게 위협적이지 않은데 다만 형산강과 만나는 하류부에는 범람원이 넓게 형성되었다.

울산 지역을 흐르는 태화강도 형산강과 마찬가지로 최종 빙기 이후 기후변화로 인하여 해면변동의 영향을 받았다. 그 결과 태화강 하류부에서는 해안선의 위치 변화와 하폭 및 수심의 변화가 있었다. 해면이 현재보다 140m 정도 하강했던 최종 빙기 최성기에 해안선은 훨씬 더 바다 쪽으로 후퇴하였으며(해퇴), 태화강 하류부와 동천 하류부에는 침식기준면 하강으로 인해 침식작용이 부활하며 깊은 침식곡이 형성되었다. 이후 급격한 기온 상승과 함께 해면은 상승하고 해안선은 침식곡을 거슬러 내륙으로 깊숙하게 전진하였다. 홀로세 해진극상기에 태화강 하류부에서는 해안선이 현재 울산시 굴화리와 입암리 사이까지 전진하였고(해진), 현재 울산시 지역에는 염수가 침입하여 내만환경을 이루었다. 동천 하류부에서도 마찬가지로 해진이 있었으며 내만이 형성되었다. 고대 동안 항구로 기능할 수 있을 만큼 충분한 수심을 유지했던 동천 하류부에는 경주의 외항이 입지하였을 것으로 추정된다.

3) 해안

산지가 해안까지 임박하여 분포하는 동해안에는 넓은 구간이 암석해안이고 해안충적평야는 울산, 포항, 영해 등에 국지적으로 분포한다. 이와는 대조적으로 해안단구는 비교적 연속적으로 형성되어 있다.

고대에는 울산, 포항과 영해 지역에서 태화강, 형산강, 송천을 따라 해안선이 현재보다 상류 쪽으로 전진하여 있었으므로, 울산, 포항과 영해 지역은 거의 내만환경에 가까워 충적평야의 규모는 대단히 작았다. 그러므로 고대에는 동해안의 충적평야가 경작지로서 거의 이용되지 못하였으나, 해안단구는 거주지와 경작지로 활용될 수 있었다.

자급자족 경제사회였던 소국 시기에도 일부 생산품은 교역에 의존할 수밖에 없었다. 임산물이나 농산물, 토기, 의류와 같이 영남지방의 거의 모든 지역에서 골고루 생산되는 물품은 부가가치가 낮아서 교역의 대상이 될 수 없으나, 생산지가 한정된 철제품이나 금세공품, 소금, 어물과 같은 것은 교역의 대상이 된다.

현재까지 동해안에서 소금을 만든 유구나 유물이 고고학적으로 확인된 바 없다. 그러나 동해안에서 고대부터 소금이 생산되었을 가능성은 대단히 높다. BC 1세기 경부터 낙동강 좌안 영남지방의 주민들은 대체로 동해안에서 생산된 소금을 통해 염분을 섭취하였을 것이다. 고대에는 소금을 염전에서 천일염으로 생산하지 않고, 다양한 방법으로 간수를 만들고 이것을 소형 토기에 넣어 가열하는 자염법으로 소금을 생산하였다. 이때 사용된 토기가 일본에서는 고고학 발굴을 통해 확인되었으나, 한반도에서는 아직까지 보고되지 않았다.

이와 같은 방식에는 막대한 연료와 토기가 필요하지만, 간석지가 거의 없는 동해안에서도 소금을 생산할 수 있으며, 천일제염보다 생산량은 적지만 연중 생산이 가능하다. 근대까지 우리나라에서는 소금의 부가가치가 워낙 커서 국가가 전매하여 생산과 가격을 조절하였다. 아마 고대 초기에도 소금은 생산량이 제한적이고 운송비가 높아서 대단히 고가였을 것으로 생각된다. 자염법에 의한 소금생산은 많은 연료를 요구하는데, 규모가 큰 하천의 하구부에 넓게 분포하는 습지의 갈대와 주변 산지의 신탄을 연료로 사용하였다. 울산 태화강, 포항 형산강, 울진 왕피천, 평해 남대천, 영해 송천, 강구 오십천 등지에서는 주변에서 연료를 구할 수 있으므로 비교적 낮은 비용으로 소금을 생산했을 것이다.

4) 선상지

한반도 남동부는 우리나라에서 선상지 밀도가 가장 높은 지역이다. 이곳의 선상지는 대체로 단층선과 관련되어 형성되었다. 선상지는 단독으로도 분포하지만 단층선을 따라 횡으로 연결되어 합류선상지(confluent alluvial fan)를 만든다(그림 11).

북북동-남남서 주향의 양산단층선을 따라 신광, 안강, 경주, 언양 일대에는 남-북 방향으로 열린 분지들이 형성되어 있으며, 분지저는 대부분 선상지 지형면으로 되어 있다. 신광 분지에서는 양산단층선 서쪽의 비학산지에서 발원한 하천들이 분지저에 선상지를 형성하고, 분지 동쪽의 산지 사이로 유출되기 전 하나의 유로로 합류하여 흥해읍을 통해 동해로 유입한다. 그림 11에는 선상지 연구가 이루어지지 않은 안강, 기계 지역의 선상지 지형면 분포에 대한 구체적인 자료가 누락되어 있다. 안강분지에서는 동북동-서남서 방향의 도덕산지에서 발원한 하천들이 선상지를 형성하였다. 언양 지역은 양산단층선 서쪽의 신불산(해발고도 1,159m)과 영축산(해발고도 1,081m)으로 연결되는 높은 산지에서 발원한 하천들이 형성한 합류선상지가 분포한다.

양산단층선과 교차하는 단층선이 통과하는 기계에도 합류선상지가 분포한다. 기계 지역[38]은 단층선 남쪽에서 북서-남동 방향으로 분포하는 산지에서 발원한 하천들이 합류선상지를 형성하였는데 지형면 분포 양상은 건천 지역과 유사하다. 이들 선상지에서는 지형면의 남서쪽이 높고 북동쪽이 낮아서 하천은 북쪽으로 치우쳐 흐른다. 양산단층선과 교차하는 울

---

38) 경주 및 주변 지역 선상지 분포(그림 11)에는 기계 지역의 선상지 지형면 분포가 기재되어 있지 않은데, 이것은 이 지역에서 선상지 연구가 이루어지지 않았기 때문이다.

산단층선은 단층선곡이 넓고 서북서-남남동 방향으로 크게 열려 있으며 불국사산맥 서사면의 사면경사가 대단히 급하여 불국사 지역부터 울산까지 합류선상지가 횡으로 연결되어 있다.

양산단층선과 울산단층선이 교차하는 경주 지역에는 선상지가 형성될 수 있는 유리한 지형 조건을 갖추고 있다. 단층선 전면에 넓은 평지가 있어서 단일 규모로는 우리나라에서 가장 큰 경주선상지가 분포한다. 경주분지를 서류하면서 관통하는 북천(알천)의 유역분지가 비교적 넓다. 배후산지인 불국사산맥이 동해 쪽에서부터 압축하는 힘에 의해 융기하여 서사면의 사면경사가 대단히 급하므로 북천은 자갈과 모래와 같은 조립질 퇴적물을 상당히 많이 운반한다. 경주선상지 형성 매카니즘(mechanism)은 불국사산맥 서쪽 산록에 분포하는 합류선상지와 같다.

경주와 주변 지역의 선상지 지형면은 지반의 지속적 융기에 의해 형성 시기와 분포 고도를 달리하는 고위면, 중위면, 저위면으로 구분된다. 이와 같이 형성 시기가 다른 지형

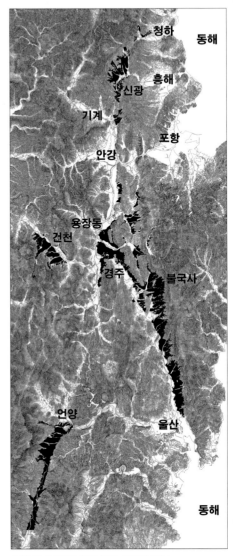

그림 11. 경주 및 주변 지역 선상지 분포

면들로 구성된 선상지를 합성선상지(composite alluvial fan)라고 한다. 한반도 남동부 지역의 선상지들은 대부분 합성선상지이다.

경주선상지를 형성한 북천 유역분지는 기반암이 화강암 외에 다양한 암석으로 되어 있으므로 북천은 거력(boulder)급을 포함한 다양한 입경의 자갈을 운반하여 선상지를 형성하였지만, 남천의 유역분지인 불국사산맥의 경주시 지역은 화강암으로 되어 있어서 선상지를 구성하는 자갈이 심하게 풍화되어 거의 토양화되었다.

자갈이 많이 포함된 선상지 지형면을 경작하기 위해서는 자갈을 제거하여야 한다. 다만 퇴적층이 최종 빙기와 그 이전 빙기에 퇴적되었으므로 토양이 대단히 치밀하여, 철제로 된 기구를 사용하여야 자갈을 제거하고 기경을 할 수 있다. 농부들이 선상지에서 골라낸 자갈은 경작지들 사이의 경계를 설정하는데 사용하므로 선상지에서는 자갈로 축대를 만들거나 경계 담을 쌓아 독특한 경관을 만든다. 자갈을 제거한 선앙부 토양은 세력(granule)이 포함된 모래이므로 통기성과 투수성이 양호하고, 선단부는 세력이 포함된 다양한 입경의 모래로 구성되어 있다.

한편 선상지의 선정, 선단, 선측부에서는 용수를 구할 수 있으므로 주거지로 활용된다. 특히 합류선상지에서는 용천이 분포하는 선단부를 따라서 주거지가 연속적으로 입지한다. 경주와 울산 사이에는 동쪽의 불국사산맥에서 발원한 소하천들이 형성한 합류선상지가 단층선곡을 흐르는 남천과 동천을 서쪽으로 밀어내었으며, 선단부를 따라 주거지가 입지하였고, 이 취락들을 이어주는 도로가 울산과 경주 사이에 선적으로 조성되었다. 그러므로 경주와 울산 사이는 곡중분수계의 해발고도가 낮아 기복이 거의 없으므로 도로를 이용하여 적은 에너지로 빠르게 이동할 수 있었다. 따라서 주변부의 농경지에서 중심지인 왕경으로 곡물을 운송하는 경우에도 효율적이었을 것이다.

선상지 수문환경은 퇴적층의 두께에 의해 달라진다. 선정부와 선측부에는 하도에 유수가 있고 선단부에는 지하수가 빠져나오는 용천에서 용수를 구할 수 있다. 선앙부는 자갈과 모래와 같은 조립질이 두껍게 퇴적되어 있으므로, 배수가 양호하고 강수는 대부분 복류하여 지하수로 흐른다. 그러므로 논을 만들기에는 부적합하여 주로 밭으로 이용되었다.

3. 경주선상지 지형 특성

　지형학의 초기 연구자들(朴魯植, 1959; 권혁재, 1994)은 불국사와 울산만 사이 지형면을 개략적으로 조사하여 선상지 내지 합류선상지로 보고한 바 있으며, 1994년 이래 지질학자와 지형학자들에 의해 이 지역의 활단층과 선상지에 관한 연구가 집중적으로 이루어졌다. 1994년 이후 양산단층선과 불국사단층선에 대한 연구(岡田 等, 1994, 1998, 1999; 尹順玉, 黃相一, 1999)가 진행되면서 단층운동과 함께 선상지 지형발달(黃相一, 1998; 黃相一, 尹順玉, 2001)이 논의되었다. 이들 연구에서는 신생대 제4기 기후변화, 지반융기 그리고 이 지역의 기반암 특색이 선상지 지형발달에 기여한 부분이 검토되었다.

　이 절(節)에서는 항공사진과 지형도 판독으로 지형면을 일차적으로 분류한 후, 현지조사에서 각 지형면의 퇴적물 특징과 지형면들 간의 상호관계를 통하여 지형분류도를 수정하고 보완하여, 보문 및 천북 지역을 포함하여 경주시 일대의 선상지 분포와 지형발달을 논의하였다. 완성된 지형분류도를 기초로 선상지의 공간분포와 특징을 밝히고, 유역분지 기반암의 분포, 유역분지 사면경사, 지질구조선의 분포 등이 선상지 지형발달과 어떤 관계가 있는지를 파악하였다. 특히 경주선상지의 퇴적층 단면도와 보링(boring) 주상도를 분석하여 퇴적상과 퇴적환경 변화를 조사하여 선상지 지형면 특징을 밝히고 지형형성과정을 복원하였다. 또한, 표층부 퇴적상과 1925년대 토지이용을 통하여 경주선상지의 지형 특성을 검토하였다.

　중생대 백악기에 관입한 불국사화강암으로 이루어진 토함산과 남산(또는 금오산, 해발고도 468m) 지역은 상대적으로 해발고도가 높은 산지의 경관을 보이지만, 신생대 제3기 퇴적암이 광범위하게 나타나는 천북면 일대는 대체로 해발고도 200m 이하의 낮은 구릉성 산지로 이루어져 있다. 한편 제3기 퇴적암보다 동쪽에 분포하는 중생대 백악기의 화강반암 및 산성화산암은 풍화와 침식에 대한 저항력이 상대적으로 강하여 해발고도 400∼600m의 산지를 이룬다(그림 12, 그림 13).

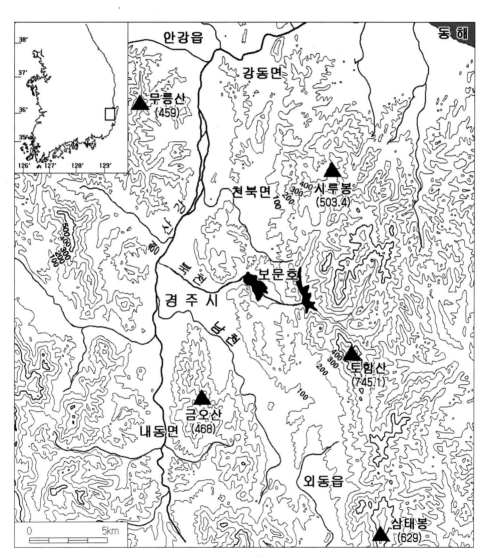

그림 12. 경주 및 천북 지역 지형 개관

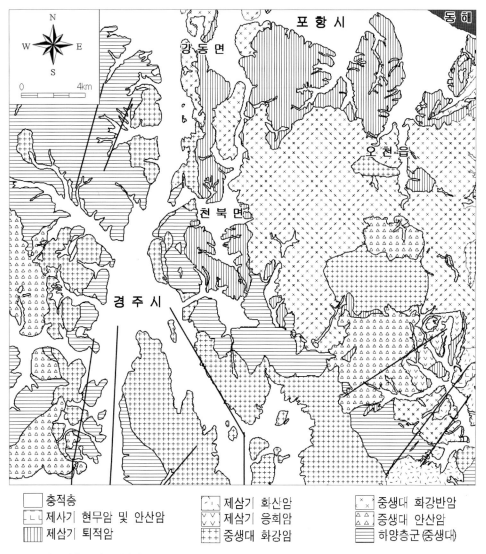

동해

포항시

강동면

오천읍

천북면

경주시

	충적층
	제사기 현무암 및 안산암
	제삼기 퇴적암

	제삼기 화산암
	제삼기 응회암
	중생대 화강암

	중생대 화강반암
	중생대 안산암
	하양층군(중생대)

그림 13. 경주 및 천북 지역 기반암 분포

1) 선상지 지형면 분류 및 분포

지형면[39]을 분류하는 기준에는 불국사에서 울산만 사이에서 이루어진 선상지 지형 연구(황상일, 1998; 황상일·윤순옥, 2001) 결과를 참고하여 지형면들 사이의 상호관계, 지형면의 평면적 특징, 노두조사에서 확인한 퇴적물 특징 등이 적용되었다. 각 지형면들은 하상과 비고차가 달라서 지형면들 사이에도 비고차가 있는데, 이와 같은 특성은 지형면 구분과 형성시기를 추정하는데 가장 중요한 기준이 된다. 지형면의 평면적 특징은 지형면의 형태, 공간분포의 특징 그리고 개석 정도로 파악할 수 있다. 분황사 동쪽 왕경 발굴 유물전시관 발굴지의 노두 i(위치는 그림 14, 퇴적상은 그림 16)에서 확인된 퇴적물은 매트릭스의 토양색과 치밀한 정도, 그리고 자갈의 풍화도를 기준으로 홀로세 퇴적층과 플라이스토세 최종 빙기 퇴적물로 구분되었다. 그러나 트렌치에서 직접 확인된 퇴적층은 노두 i에 불과하고 나머지는 지질회사에서 아파트 공사 및 교량 공사를 위해 시추한 보링조사 보고서 자료(그림 15)에서 획득하였다. 그림 14는 경주 및 천북 지역의 선상지 지형면 분류도인데, 지형면은 크게 고위면, 중위면, 저위면으로 세분된다.

선상지 분포의 평면적 특징은 북천이 형성한 경주 및 보문 지역과 신당천 유역의 천북 지역으로 나누어 기술하였다.

(1) 경주 및 보문 지역

북천의 중류부인 보문 지역과 하류부인 경주에는 선상지 지형면이 형성되어 있고, 이 두 지역 사이에는 상대적으로 좁은 협곡이 나타난다. 추령에서 발원하여 서북서류하는 북천 상

---

39) 지형면(geomorphic surface)은 유수, 중력, 바람, 파랑, 빙하와 같은 에너지를 가진 다양한 기구(geomorphologic agent)에 의해 거의 같은 시기에 동일한 지형형성작용(process)을 받아 만들어진 기복이 작은 지표면을 지칭하는 용어이다. 일반적으로 오래 전에 형성된 지형면은 새롭게 만들어진 것보다 개석이 진행되었으므로 면의 보존 상태가 불량하다. 지형면은 형성된 이후 지반운동으로 변위되는 경우가 많다. 그러므로 변위된 정도, 보존 정도 등을 통해 상대적인 지형면 형성시기의 판단이 가능하다.

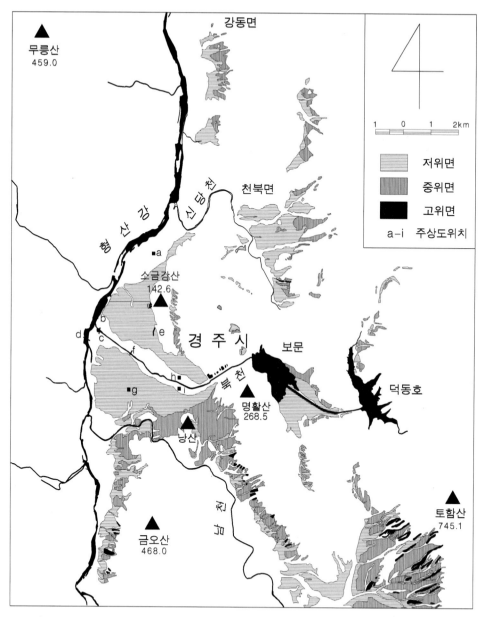

그림 14. 경주 및 천북 지역 선상지 지형면 분류
(a–h 지점의 주상도는 그림 15, 노두 i의 퇴적상은 그림 16에 제시하였음)

류부와 경주시 암곡동에서 발원하여 남남서류하는 덕동천이 만나는 현재 덕동호 수몰지에서는 하안단구와 선상지가 분포한다. 지형면들 중 일부는 호수 아래에 수몰되어 있어서 부분적으로 확인된다. 중류부의 보문 지역에서도 단층선곡을 따라 북서류하는 소하천의 하곡은 폭 1km 정도로 넓어지며 규모가 큰 선상지 내지 선상지성 하안단구가 형성되었으나 상당 부분은 보문호에 의해 수몰되어 있다. 그리고 북천의 하류부에는 단일 규모로는 한반도에서 최대급에 속하는 경주선상지가 나타난다.

고위면은 중류부와 하류부 사이의 협곡에서 하안단구 형태로 확인된다. 지형면의 규모는 중위면과 저위면에 비해 매우 작다. 금오산(남산)의 서사면에도 구릉지 형태를 하고 있는 길고 폭이 좁은 선상지 고위면이 확인된다. 이 지형면은 현재 삼림으로 피복되어 있다. 중위면의 분포 면적은 상대적으로 넓은 편이나, 저위면에 비해 상당히 작다. 특히 보문선상지와 경주선상지는 대부분 저위면으로 되어 있다. 중류부에서 중위면은 하안단구의 형태로 단편적으로 확인되고, 하류부에서는 안압지 남쪽과 현재 국립박물관이 있는 인왕동 일대와 명활산과 낭산 사이의 보문동에서 다소 넓게 분포한다. 인왕동 일대 중위면과 황룡사 일대 저위면 사이에는 사면경사가 완만한 단구애가 인정되는데, 비고차는 2m 정도로 작지만 두 지형면 사이의 경계를 설정할 수 있다. 중위면의 남쪽 말단부와 남천의 범람원 사이에는 경사가 급한 애면이 형성되어 있다. 이 중위면의 서쪽은 남천을 경계로 하며 길이 200m 정도인 두 개의 개석곡이 발달하고 있다. 명활산 서쪽 사면에는 최종 빙기 퇴적물들이 중위면을 개석하고 퇴적된 것이 아니라 저위면 위를 피복하고 있는 것으로 추정된다. 중위면을 형성한 하천은 현재 선정부에 유로를 만들었으나 선앙부에서는 선상지 아래로 복류하므로 유로가 분명하지 못하다. 이 지형면은 북천이 형성한 저위면과 경계를 이룬다. 금오산 서쪽의 산록부 중위면들의 가장자리에는 개석곡이 발달되어 있으나 저위면과 뚜렷이 경계 지워진다. 현재 경주시는 대부분 저위면으로 되어 있다.

경주와 울산 사이의 불국사산맥 전면에 분포하는 선상지는 단층선을 연하여 형성되어 있으므로 합류선상지의 형태를 취하지만 경주선상지는 전형적인 부채꼴로 독립적으로 분포한다. 선단부에는 지형면에 비해 규모가 작은 개석곡들이 발달하는데 하곡은 깊지 않다.

(2) 천북 지역

이곳의 기반암은 중생대 백악기 산성화산암과 아직 완전히 고결되지 않아 침식에 대한 저항력이 대단히 약한 제3기 퇴적암이다. 선상지는 산성화산암의 배후산지에서 발원하는 하천들이 저지를 이루는 제3기 퇴적암 지역으로 나오면서 형성되었다. 배후산지의 사면경사는 대단히 급하다.

천북 지역의 선상지는 동쪽의 분수계에서 발원하는 하천들에 의해 남-북 방향을 따라 횡적으로 연결된 합류선상지를 이루고 있다. 노두나 보링자료를 얻지 못하여 퇴적상을 파악하지 못하였다. 지형면은 경주, 보문 지역과 마찬가지로 고위면, 중위면 및 저위면으로 나누어진다. 고위면은 지형면의 폭이 좁고 능선의 형태를 취하며 매우 제한적으로 나타난다. 이에 비해 중위면은 하곡이 산지를 빠져나오는 곳에 다소 넓게 형성되어 있으며 개석곡이 발달한다. 그리고 저위면은 규모가 큰 지형면을 이루고 있으며 선단부에는 얕은 개석곡이 나타난다. 이 지역에서 가장 큰 저위면의 선앙에는 중위면이 분리되어 분포한다.

2) 경주선상지 퇴적상

그림 15는 경주선상지에서 교량공사와 건물공사를 위하여 이루어진 지질조사보고서에서 얻은 시추자료를 정리한 것이다(경주시, 1987, 1990, 1999, 2002; 건교부·부산지방국토관리청, 1998; 성건축, 1996; 우방주택, 1996). 보링지점 a, b, d는 현재 형산강 범람원, c는 북천의 최하류에 위치하고 있으나 경주선상지의 선단부에 해당하며, 그리고 e, f, g, h의 위치는 이 선상지의 선앙부이다.

북천이 형산강과 만나는 곳에서는 세 지점에서 퇴적층이 확인되었다. a 지점은 경주선상지 북쪽의 현재 형산강 범람원에 해당하지만, 하부 역층은 빙기에 퇴적되어 두께가 25m 이

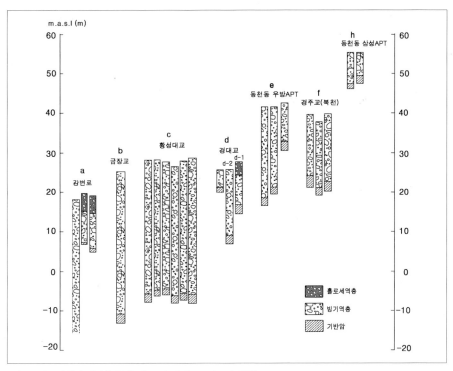

그림 15. 경주선상지 퇴적층 주상도(a-h의 위치는 그림 14에 있음)

상이며 홀로세 역층과 달리 다소 고결되었으며 홀로세 범람 퇴적물이 그 위에 얇게 덮혀 과거에는 선상지였음을 알 수 있다. 즉 지표면(해발고도 18.2m) 32m 아래에도 여전히 역층이며 그 하한은 확인되지 않아 기반암의 심도는 해발고도 −14m 보다 아래에 위치한다. 보링지점 b(해발고도 25.4m)는 해발고도 −10.6m에서 셰일층이 나타나고 그 위에 36m 정도의 역층이 퇴적되었다. 보링지점 c는 북천 최하류부에 해당하며 해발고도 28m 내외이다. 기반암은 암회색의 절리가 심한 퇴적암으로, 해발고도 −6∼−4.5m에 위치하므로 선상지 역층의 두께는 32∼34m이다. 보링지점 d(해발고도 27.9m)에서는 형산강을 횡단하여 시추가 이루어졌다. d−2에서는 선상지 퇴적물이 가장 두꺼워 16.7m에 달하는데, 이 지점의 역층 하부 기반암 표고는 9.3m이다. d−2보다 동쪽 경주선상지 말단부 d−1에서는 기반암 표고 17.0m 위에 두께 6.9m

의 빙기 역층이 퇴적되었고, 표층은 두께 4m 정도의 홀로세 역층이다. 한편 경주에서 북쪽으로 약 10km 떨어진 안강읍 남동쪽의 형산강 부근(해발고도 9m)에서는 역층의 두께가 47.5m에 달한다.

보링 주상도에서 기반암의 심도를 검토하면, 안강 부근에서는 해발고도 −38.5m에 있으며, 경주시 황성동 서쪽 형산강(보링지점 b)에서는 해발고도 −11.6m, 이 보다 약 500m 상류쪽의 북천 최하류부(보링지점 c)에서는 −5~−6m에서 나타난다. 자갈층의 두께는 안강 부근에서는 47m, 황성동 부근에서는 36m, 북천 최하류부에서는 32~34m이다. 선상지 역층 아래에 있는 기반암의 기복은 북천과 형산강이 만나는 합류점에서는 현재 지형과 다른 형태를 보이고 있다. 즉, 형산강을 연하여 약 1km 떨어져 있는 b와 d지점 사이에서 기반암의 고도차는 20m 정도이며 보다 하류 쪽에 위치한 b가 더 낮다. 이에 비해 북천의 c지점 기반암 고도는 형산강의 b지점보다 불과 4m 정도 높다.

경주선상지 선단부의 두께 30m 내외의 선상지 역층 전체가 최종 빙기 동안 퇴적된 것인지에 대해서는 논의의 여지가 있다. 만약 전체 역층이 최종 빙기 동안 퇴적된 것이라면, 최종 빙기 최성기에 안강 부근의 하상고도는 −38.5m, 경주 부근에서는 −10m 정도이다. 그리고 형산강의 현재 하구부 부근에서는 충적평야 아래 기반암이 해발고도 약 −35m보다 더 아래에 있으므로(조화룡, 1987), 최종 빙기 형산강의 하상경사가 대단히 완만하였던 것 같다.

그러나 경주선상지 선단부의 두께 30m 내외의 선상지 역층(보링지점 a, b, c)의 경우 상부는 최종 빙기 퇴적층이지만 하부는 이전 빙기에 퇴적되었을 것이다. 경주 부근에서 최종 빙기 형산강 하상고도가 어느 정도였는가에 대해서는 보링 주상도에 대한 보다 세밀한 분석이 이루어지지 않으면 논의하기 어렵다. 다만 선상지 퇴적층이 두꺼운 것은 이 지형면이 분포하는 경주분지가 양산단층선과 불국사단층선이 교차하는 곳에 위치하는 것과 관계된다. 즉, 이 두 단층선을 경계로 단층선 동쪽지괴는 융기하고 서쪽지괴는 상대적으로 침강하므로, 경주분지도 근본적으로 침강하는 지역이다. 그러므로 경주선상지 기반암 위에 있는 상당한 두께의 하부 역층은 현재 표층의 홀로세 역층 아래에서 확인되는 적황색의 치밀한 최종 빙기 역층보다 이전 빙기에 퇴적되었을 가능성이 높다.

　보링지점 e, f는 선앙 부근의 퇴적상을 나타낸 것이다. 경주교 확장공사에서 확인된 주상도 f에 의하면, 기반암은 해발고도 21.5m에서 나타나고 사질 역층의 두께는 15.5~17m에 이른다. 이 역층은 황갈색을 띠며 거력(boulder)이 포함된 자갈층으로 경주선상지 전체에 분포하는 최종 빙기 선상지 퇴적층으로 생각된다. 북천 남쪽 월성로 부근의 g 지점은 기반암이 지표면 부근까지 나타난다. 이곳의 기반암은 불국사화강암인데 풍화층의 두께가 6~7m에 달하고 심층풍화되어 있다. 가장 북쪽의 동천동 우방아파트 부근(e 지점)에는 기반암 위에 두께 20~23m의 황갈색 사질 역층이 퇴적되어 있다. 그리고 이 역층은 산지 쪽으로 갈수록 그 두께가 얇아진다. 보링지점 h는 경주선상지 선정에 인접하여 있고, 분황사의 북천 북쪽 대안에 있는 삼성아파트에서 얻은 주상도이다. 이 지점에서 역층의 두께는 상대적으로 얇아 6~8m이다. 퇴적층 두께의 공간 분포를 통해 볼 때, 선앙부의 역층은 북천 북쪽이 두껍고 북천에서 남쪽은 상대적으로 얇다. 이와 같은 퇴적층의 특징은 왕경의 입지를 논의하는데 의미있는 정보를 제공한다. 즉 왕경 지역은 북천 북쪽보다 자갈층이 얇고 기반암 풍화층이 두꺼워 갈수기에도 지하수가 크게 하강하지 않으므로 우물 깊이가 깊지 않고 풍화층이 필터 역할을 하므로 좋은 수질을 유지할 수 있다.

　경주선상지의 퇴적상으로 볼 때, 빙기 동안 북천은 북쪽의 소금강산 쪽으로 치우쳐 흘러 형산강에 합류하였을 것이다. 이것은 형산강이 북류하는 현상과도 관계될 것이다. 반월성 부근에서는 자료가 없으므로 퇴적상에 대한 논의가 어렵지만 퇴적층은 두껍지 않을 것으로 추정된다.

　그림 16은 분황사 동쪽의 경주시 구황동 왕경 발굴 유물전시관 발굴지(그림 17의 c)에서 확인된 퇴적층 노두 i(그림 14)의 단면도이다. 이 노두는 북천 하상 방향과 직교하는 남북 방향의 퇴적상을 보여준다. 퇴적층은 크게 세 개의 층준으로 구분할 수 있는데, 하부 역층과 상부의 홀로세 역층 그리고 이들 사이에 협재되어 있는 실트질 세립모래(silty fine sand)층이다.

　하부 역층의 매트릭스는 오랫동안 공기 중에 노출되면서 산화작용을 받아 토색이 황등색

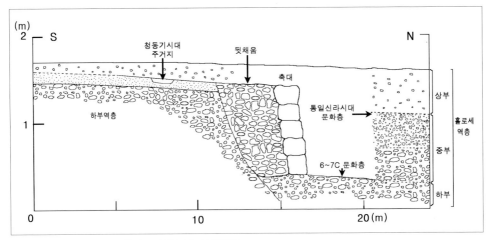

그림 16. 분황사 동쪽 북천 하도 남쪽 노두 i의 퇴적상

(7.5YR 7/8)이었다. 이 층준에는 거력(boulder)급 자갈이 많이 포함되어 있으나 주로 대력(cobble)급 원력과 아원력으로 구성되며, 매트릭스는 중력(pebble)과 세력(granule)급 자갈을 포함하는 모래로 대단히 치밀하다. 하부 역층 보다 상부에는 실트질 세립·모래층이 얇게 퇴적되어 있다. 이 층준의 표층에서 청동기시대 수혈주거지 유구가 확인되었다. 이 청동기시대 유구에서 남동쪽으로 70m 떨어진 곳에 지석묘 1기가 있다. 이 실트질 세립 모래층은 연대측정 자료가 없으므로 퇴적시기를 특정할 수 없으나 홀로세에 하천이 운반하여 퇴적된 것은 아니다. 실트질 세립 모래층을 구성하는 실트와 세립 모래는 경주 지역 홀로세 환경에서는 생성될 수 없는 물질이다. 이 정도의 미립질 퇴적층은 최종 빙기 동안 바람에 의해 운반되어온 뢰스로 분류할 수 있다. 왕경구역에서 뢰스는 황룡사지 남쪽 가장자리에서도 확인되며 월성 해자의 인공석축보다 북쪽에도 퇴적되어 있다.

상부의 홀로세 역층은 하부층, 중부층 그리고 상부층으로 세분된다. 하부층은 중력(pebble) 및 대력(cobble)급 원력과 아원력이 주를 이루며 매트릭스는 소력(granule)급 자갈과 모래이다. 이 퇴적층은 북천의 유수에 의해 퇴적된 것이다. 이 층준의 상부에는 6~7세기의 문화층이 나타난다. 중부층은 두께 80~100cm이며 cobble과 pebble급 원력 내지 아원력이 주를 이루며 매트릭스는 granule급 자갈과 모래이다. 이 층준의 가장 상부는 통일신라시대 문화층이다. 상부층인 표층은 유기질이 많이 포함되어 암회색을 띠고 있으며, pebble급의 원력과 아원력 그리고 토기편과 기와편도 다수 포함하는 세사(fine sand)층이다. 이 층준은 북천에 가까운 북쪽에는 두께가 50cm에 달하지만 남쪽으로 가면 15cm 정도로 얇아진다. 상부층은 두 개의 층준으로 세분되는데, 하부는 고려시대 그리고 상부는 조선시대 동안 북천이 범람하여 형성되었다.

홀로세 역층의 상부층과 대비되는 퇴적층은 이 지점보다 남쪽으로 360m 떨어진 황룡사지 동쪽의 왕경발굴지에서 확인된다(그림 17). 이 구역에서는 신라시대 주거지와 도로 유구가 선상지 저위면인 황갈색 하부 역층의 표층부에 조성되어 있고, 홀로세 역층의 상부층인 암회색의 중력(pebble)급 원력과 아원력이 포함된 세사층이 이 유구를 피복하고 있다. 이 세사층 하부에는 고려시대 토기편과 기와편이 포함되어 있고 상부에는 조선시대 유물이 섞여있다. 이 층준의 두께는 60~70cm이며 고려시대와 조선시대 층준은 각각 30cm 내외이다.

이렇게 볼 때 분황사와 황룡사지 일대 표층을 이루는 중력급 자갈을 포함하는 암회색의 세사층은 통일신라시대까지는 존재하지 않았고, 고려시대와 조선시대에 북천이 범람하면서 퇴적된 것이다. 분황사가 창건된 AD 7세기 중엽에는 선상지 저위면을 형성한 황갈색 하부 역층 또는 이 층준 위에 퇴적된 실트와 세립모래로 이루어진 뢰스층이 왕경 지역의 표층부를 이루었다.

그림 16에서 홀로세 역층의 6~7세기 문화층과 통일신라시대 문화층은 북천의 하상에서 벗어나지 않았다. 이것은 홀로세에 들어와 고대까지 북천 수위가 높아도 유수는 하도를 벗어나지 않았음을 의미한다. 다만 시간이 경과하면서 홍수위의 해발고도가 빠른 속도로 높아졌는데 이와 같은 현상은 역사시대에 북천 하상이 빠르게 퇴적물로 매적된 데 기인한다. 즉, 농업을 생업으로 하면서 북천 유역분지에 식생이 파괴되고 토양침식으로 퇴적물 공급이 많아지면서 매적이 시작되었으며 인구가 많아진 역사시대에 북천 하상의 매적 속도가 빠르게 증가하였다. 그리고 고려시대가 되면 인구가 오히려 감소하였으나 집중호우시에 북천 수위가

상승하면 유수는 하도를 벗어나 왕경구역에 범람하였으며 중력(pebble)급 이하 세립 자갈이 포함된 세사층이 퇴적되었다. 이 퇴적층을 형성한 홍수는 황룡사 남쪽을 거쳐 발천의 유로를 따라 흐르다가 월성 서쪽에서 남류하여 남천으로 유입하였다. 고려시대에 이 범람으로부터 주민들을 보호하기 위하여 현재 대릉원의 동쪽에서 북동 방향으로 북천 가장자리까지 인공제방 구조물을 조성하였는데 이것이 남고루(그림 45)이다. 조선시대에도 범람은 계속되었으나 근대에 들어와 범람은 더 이상 발생하지 않았다. 1925년 을축년 대홍수 때에 북천의 유수는 하도 내를 가득 채우며 흘렀고(그림 46), 1959년 9월 사라호 태풍이 내습하여 엄청난 호우가 내렸음에도 불구하고 북천의 유수는 범람하지 않았다. 고려시대부터 인구 감소로 인하여 북천 유역분지 식생이 상대적으로 회복되면서 북천 하상 퇴적물이 제거되어 조선시대 어느 시점부터 하상의 해발고도가 낮아졌을 것이며 이에 따라 범람이 일어나지 않았던 것으로 볼 수 있다.

3) 경주선상지 지형발달

경주 지역의 선상지는 한반도 다른 지역과 마찬가지로 시기를 달리하여 형성된 지형면들로 이루어진 합성선상지로서 우리나라에서 단일 선상지 가운데 규모가 가장 크다. 경주시 남남서쪽의 화강암으로 된 금오산 서록에는 양산단층선을 따라 합류선상지가 분포하며, 경주시 북쪽의 형산강 우안의 천북면 모서동, 오야동, 모아동에서도 합류선상지가 나타난다. 아울러 경주시 동쪽 소금강산 동쪽의 용강동−북군동을 연결하는 남−북 방향의 단층선에서도 규모가 작은 합류선상지들이 남−북 방향으로 분포한다.

선상지 공간분포에서 가장 특징적인 것은 모든 지형면의 선정이 동쪽 산지의 하곡 곡구부에 있다는 것이다. 이것은 선상지를 구성하는 퇴적물들이 동쪽에 있는 산지로부터 공급되었음을 의미하며, 이와 같은 특징은 불국사−울산만 사이에 분포하는 선상지에서의 경우와 같다.

경주 지역의 선상지 공간분포에 가장 크게 영향을 미친 것은 동해 쪽에서 작용하는 압축력에 의한 단층운동일 것이다. 즉, 단층선을 경계로 동쪽 지괴를 융기시키면서 역단층운동을 하므로 동쪽 지괴의 산지 서쪽사면은 경사가 급하게 되어 많은 퇴적물들이 공급되었다. 따라서 이 지역의 선상지는 산지의 서사면 산록에 형성되어 있고 동사면에는 거의 분포하지 않는다.

경주 지역의 단위 선상지 지형면 규모는 불국사-울산만 지역에 비해 크다. 남한 최대 규모인 경주선상지는 양산단층선과 남-북 방향 및 북서-남동 방향의 단층이 통과하면서 선상지가 형성될 수 있는 퇴적장을 넓혔다.

한반도 남동부 선상지 형성에 기여한 요소들 가운데 가장 중요한 것은 한반도 플라이스토세의 기후변화, 단층운동, 선상지를 형성하는 하천 유역분지를 이루는 산지 및 산지사면의 특색과 유역분지 기반암의 특성으로 요약된다(황상일·윤순옥, 2001).

경주 북천 지역의 선상지 지형발달에도 이와 같은 요소들이 영향을 미친 것으로 판단된다. 한반도 제4기 최종 빙기 이후 기후변화는 윤순옥·조화룡(1996)에 의해 경북 영양 지역 최종 빙기의 기온과 식생에 대하여 보고된 바 있으며, 최근에는 윤순옥(2022)에 의해 한반도를 포함한 동아시아 최종 빙기 최성기의 자연환경과 기후분포가 논의되었다. 중위도에 위치하는 우리나라에서 확인되는 여러 단(段)의 선상지는 빙기에 형성된 것이다. 이 지형면들을 이루는 퇴적물은 빙기에 기온이 하강하여 동결·융해가 반복되는 기간이 길어지고 산지 식생피복이 빈약하여 풍화작용이 활발하게 되면서 유역분지로부터 많은 암설이 하천으로 공급되었다. 드물게 발생하는 집중호우 시에는 유수에 의해 과중한 하천퇴적물이 산지사면에서 하상으로 공급되고 이어서 산지 전면의 평지까지 운반되어 졌다.

한편 최종 빙기 동안 북천은 명활산 북쪽의 협곡을 빠져나와 경주분지에서 유로를 변경하면서 사력을 퇴적시켜 경주선상지를 형성하였으나(그림 27, 그림 28), 이후 홀로세에 이르러 기후가 따뜻해지면서 북천은 더 이상 퇴적물을 공급하지 못하므로 지형면을 높이지 못하였다. 홀로세에는 기온이 높아져 동결·융해가 반복되는 기간이 짧아지고 강도가 현저하게 약하여 유역분지 전체에 식생피복이 양호하였으며(그림 30) 기계적 풍화작용이 거의 이루어지지 못하면서 암설생산이 중단되었다. 이 시기에는 기계적 풍화작용이 집중되는 산지의 능선 뿐 아니라 산지의 사면에도 잘 발달된 목본의 뿌리가 토양침식을 저지하여 표층에 두껍고 치밀한 Ao층을 조성하여 하곡으로 공급되는 암설이 크게 감소되었다. 홀로세에는 빙기에 비해 강수량이 많아서 북천의 유량이 증가하였으나, 하중이 적으므로 하천은 그의 에너지를 대부분 침식작용에 소모하여 하상을 현재보다 더 깊게 하각했을 것이다. 따라서 현재 경주선상지에서는 북천의 하도가 매우 넓게 나타나는데, 이것은 경주선상지 저위면 형성 이후 북천이 선상지 지형면을 개석하여 하폭이 대단히 넓은 단일 유로를 만들었기 때문이다(그림 14). 북천 하류부에서 하폭은 500 내지 800m에 이르는데, 이러한 규모는 중류부와 하류부 사이의 협곡을 빠져나온 유수의 수위를 크게 낮출 수 있었으므로, 홀로세 전기에 인간의 영향이 거의 없었던 시기에는 북천이 범람할 가능성이 없었다.

선상지 공간분포 양상과 천북 지역에서 보고된 활단층 연구 결과(岡田 等, 1999)로 볼 때, 이 지역은 불국사–울산만 지역과 같은 형태의 지반운동 즉, 동해 쪽에서 서쪽으로 미는 압축력에 의한 역단층 작용의 영향을 받았다.

경주 지역의 선상지들도 불국사단층선 및 양산단층선 일대의 선상지와 마찬가지로 형성 시기를 달리하는 고위면, 중위면, 저위면으로 구분되었다. 이렇게 하상비고가 서로 다른 세 개의 선상지 지형면으로 구분되는 것은 빙기와 간빙기의 반복과 더불어 지반의 지속적 융기에 기인한다. 황상일 등(2003)과 윤순옥 등(2003)의 해안단구 연구 결과에 의하면, 우리나라 동해안은 70만년 이래 약 0.23mm/y.의 속도로 지반이 융기하였다. 이것을 경주, 천북 지역에 적용하는 데는 무리가 있을 수 있으나 선상지 지형면이 단구화된 것은 지반 융기와 관련되어 있다. 연구 지역에 인접한 불국사–울산만과 양산단층선 지역의 고위면, 중위면, 저위면 사이의 관계, 각 지형면들의 하상비고, 지형면들의 규모 등과 비교하면, 고위면의 형성 시기는 중위면 형성기인 Late Riss 빙기(20~14만년 BP, MIS 6)보다 한 단계 앞선 한랭기인 Drenthe 아빙기(30~25만년 BP, MIS 8)로 추정된다. 이 시기는 북미의 Early Illinoian 빙기에 해당하고, 북 알프스 지역(Northern Alps)의 Early Riss 빙기에 대비된다. 저위면은 최종 빙기에 퇴적되었다.

4. 왕경 지역 뢰스(Löß, loess)의 특성과 고대 인간생활에 미친 영향

현재 경주시가지가 자리잡고 있는 경주선상지에서 북천 남쪽은 고대 사람들의 삶에 가장 중요한 공간인 왕경 지역이었다. 현재 고고학 발굴에서 확인되는 왕경 지역 문화층은 대부분 AD 6세기 이후의 삼국시대 후기와 통일신라시대에 해당하며, 선상지 저위면의 자갈층 또는 자갈층 상부에 퇴적된 뢰스층에 이들 문화층이 남아있다. 반면, 선사시대와 삼한시대 그리고 AD 5세기까지의 삼국시대 전기 문화층은 왕경 지역에서 매우 드물게 확인된다. 이런 연유로 왕경 지역에서 사람들이 취락을 조성하고 도시를 만들어 살기 시작한 시기에 대하여 다양한 견해가 제시되었으며 현재도 논쟁이 지속되고 있다. 김재홍(2001), 이기봉(2002), 박홍국(2003), 강봉원(2005)은 왕경 지역이 개발되기 전에는 홍수로 인한 범람으로 자연재해에 노출되었으며, 이와 같은 불리한 환경을 인공제방이나 방수림으로 극복한 이후 비로소 거주지가 입지하고 인간활동이 이루어진 것으로 추정하였다.

그러면 사로국 시기를 비롯한 삼국시대 초기의 문화층은 어디에 있는가 하는 의문이 남는다. 대부분의 연구자들은 아마도 이 시기에는 경주 지역 산곡에 위치한 6촌과 이것을 계승한 6부에서 인간활동이 주로 이루어진 것으로 추정한다. 실제로 6촌과 6부에 대한 논의는 신라 연구에서 가장 중요한 주제들 가운데 하나인데, 비록 이 주제가 문헌기록을 기반으로 위치와 성격에 대하여 논의하더라도 문헌에 기록된 지명을 통해 6촌의 위치를 특정하는 데는 한계가 있다. 그리고 왕경 지역이 AD 5세기까지 북천의 범람으로 홍수 피해를 입었고, 사람들이 북천 좌안에 인공제방과 방수림을 만들면서 AD 6세기 경이 되어야 비로소 거주지를 만들어 도시를 조성하였다면, 5세기까지 국가 규모의 인구가 어딘가에 거주하였으므로 사로국 및 초기 신라의 중심지가 고고학 발굴을 통해 왕경 지역을 제외한 경주 주변 어딘가에서 확인되어야 할 것이다. 그리고 VI. 1.에서 논의하겠지만 문헌자료와 지형분석 결과로 볼 때 5세기까지 왕경이 범람에 노출되고 습지가 넓게 분포하였다는 주장은 인정하기 어렵다.

삼한시대와 삼국시대 인간활동은 왕경 지역 선상지 자갈층이 아니라 자갈층 위에 퇴적되어 있었던 뢰스층에서 이루어졌으며, 따라서 이들이 남긴 문화층도 뢰스층에 있었던 것으로 생각한다. 지금까지 왕경 지역에서 선상지 자갈층 위에 퇴적된 뢰스층에 대한 연구는 윤순옥(2022)에 의해 이루어진 것이 유일하고, 고고학 발굴에서 유구와 관련하여 뢰스층의 존재를 논의한 사례도 없었다. 현재 왕경 지역에는 두께에 차이가 있더라도 뢰스층이 남아있는데 일부 구역에는 거의 없을 수도 있다. 이와는 대조적으로 용천천과 같이 주변에 비해 상대적으로 해발고도가 낮은 곳이라면 원래의 뢰스층 위에 주변으로부터 재이동되어 온 뢰스물질이 쌓였으므로 미립 퇴적층이 상당히 두꺼울 것이다.

한편, 경주선상지의 고고학 발굴에서 선사 및 고대 문화층을 얹고 있는 소위 '생토층'이 지형 분류에서 선상지인지 범람원인지에 대한 논쟁[40]은 현재도 계속되고 있다. 선상지와 범람원은 형성 시기에서 크게 차이가 나는데, 선상지는 제4기 빙기에 퇴적되어 가장 젊은 시기가 최종 빙기(8~1만년 BP)이지만, 범람원은 홀로세(1만년 BP~현재)에 형성되었다. 따라서 왕경의 기저를 이루고 있는 선상지 저위면과 그 위에 퇴적된 뢰스층이 언제 형성되었는지를 확인한다면 이 논쟁을 해결하는 단서가 되므로 경주 지역 고대 인간생활을 복원하는데 의미가 크다. 그러나 선상지 자갈층에서 절대연대값을 얻는 것은 거의 불가능하다. 탄소연대측정을 위한 유기물 시료 획득도 어렵고, 유기질이 없는 경우 일반적으로 행해지는 OSL 연대측정도 자갈층에서는 거의 불가능하다. 그러므로 간접적인 방법으로 퇴적된 시기를 알아야 하는데, 뢰스 퇴적층을 활용하여 절대연대값을 얻는 것이 현재로는 거의 유일한 방법이다.

뢰스(Löß, loess)는 기원지로 알려져 있는 중국 황토고원에 주로 분포하는 부슬부슬한 누런 흙의 퇴적체를 이르는 용어로서 황토(黃土, Huangtu, yellow earth)라고 불린다. 우리나라에서 뢰스와 유사하게 사용되는 용어는 황토(黃土), 적색토 그리고 황사(黃砂)가 있으나 정확한 의미는 서로 다르다. 류 등(Liu et al., 1985)과 리히트호펜(Richthofen, F. von, 1877) 등은 뢰스를 '바람에 의해 운반되고 이차적으로 교란되지 않았으며 부슬부슬하고 층리를 형성하지 않는 알칼리성 다공질의 황색 또는 회황색 실트질 토양 퇴적층'으로 정의하고 있다. 세계적인 뢰스

---

40) 이 주제는 VI. 1. '왕경 홍수 가능성'에서 상세하게 논의하였다.

연구성과를 발표하여 학문적으로 뢰스 분야를 확장하는데 기여한 페치(Pécsi, 1990)에 의하면, 전형적인 뢰스는 대부분 조립 실트로서 층리를 이루지 않고 다공질이며 침투성이 있고 토양층 단면의 경사가 급한데도 안정성을 유지하며, 또한 물에 의해 쉽게 침식되고 엷은 노란색을 띠는데, 단순히 바람에 의해 운반, 퇴적된 것이 아니며 퇴적지의 특정한 환경에서 일정 시간 받는 속성작용을 통해 형성된다고 하였다(윤순옥, 2022).

최근 윤순옥(2022)은 한반도 남부 지역의 뢰스에 대하여 중요한 성과들을 보고하였다. 이 연구 결과에 의하면 한반도에서 뢰스는 빙기에 주로 퇴적되었는데, 빙기 동안 동아시아의 30~43°N 내륙 지역은 기후가 한랭하고 건조해져 식생 피복이 거의 없는 온대사막기후(BWk)였으므로(그림 25) 뢰스고원과 그 서쪽의 건조기후 지역으로부터 풍성먼지 공급량이 크게 증가하였고, 온대스텝기후(BSk)였던 우리나라는 풍성먼지를 포획하기에 유리하여 뢰스층이 2~6m로 비교적 두껍게 퇴적되었다(그림 29). 한반도에 퇴적된 풍성먼지는 세립 실트가 주성분이므로 유수에 의해 토양침식을 받기 쉬워 경사가 완만한 선상지 지형면이나 평탄한 단구면과 같은 곳에 원형이 잘 보전되어 있다.

경주시 구황동 320-1번지 황룡사지 남쪽 가장자리 황룡 단면(GJHR)(그림 17의 A)과 분황사 동쪽에서 진행된 왕경 발굴 유물전시관 발굴지(그림 17의 C)에서 확인된 노두에서 생토층이라 부르는 하부 역층의 상부에 뢰스층이 협재된 것이 확인된다. 풍성퇴적층인 뢰스는 평탄한 곳에서는 균일한 두께로 퇴적된다. 그런데 황룡 단면(GJHR)(그림 17의 A)과 왕경 발굴 유물전시관 발굴지의 노두(그림 17의 C)에서 뢰스층은 두께 차이가 상당히 크고 이 두 지점 사이에 위치한 왕경발굴지(그림 17의 B)에는 뢰스층이 거의 없다.

이 절(節)에서는 왕경 지역 뢰스층이 생토인 선상지 저위면 자갈층 위에 퇴적되어 있으므로, 뢰스층의 형성 시기를 기초로 선상지 저위면 퇴적 시기를 파악하였다. 뢰스가 퇴적되기 시작한 MIS 3 말기 이후 즉, 후기구석기부터 왕경 지역에는 사람들이 뢰스층에서 활동하였으므로 각 시기 문화층은 이 지역의 뢰스층에 남아있을 것으로 추정된다. 현재 남아있는 뢰스층의 공간분포는 왕경 지역 선사 및 고대 인간활동과 관련이 있을 것이라는 사실에 기초하

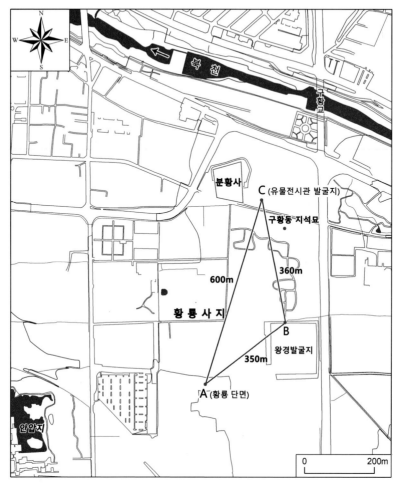

그림 17. 경주 왕경 지역 뢰스층 조사 지점

여 왕경 지역 분황사와 황룡사 지역의 뢰스층 시계열 변화를 검토하여 인간활동에 의한 뢰스층의 토양침식과 재퇴적 환경에 대하여 논의하였다.

그리고 향후 경주 지역 고고학 발굴에서는 뢰스층을 염두에 두고 토양층 해석이 이루어져야 할 것이다. 이런 관점에서 왕경의 황룡 단면 뢰스에 대한 설명은 다소 복잡하지만 가능한 범위에서 상세하게 기술하였다.

1) 황룡사 남쪽 가장자리 황룡 단면의 뢰스[41]

(1) 황룡 단면GJHR 퇴적상

황룡사지 남쪽 가장자리인 경상북도 경주시 구황동 320-1번지에 위치하는 뢰스층 노두인 황룡 단면(GJHR)은 선상지 저위면 자갈층 위에 퇴적되어 있다(그림 17의 A, 그림 18). 진흥왕 13년(AD 553년) 이 구역에 황룡사를 짓기 시작하면서 가장 먼저 한 일은 대략 동서 350m, 남북 350m인 정방형 부지를 평탄하게 만들기 위하여 주변에서 엄청난 양의 뢰스를 채취하여 성토한 것이다. 해발고도가 상대적으로 낮은 서쪽과 남쪽의 성토층이 두꺼워 서쪽 축대는 높이가 1~2m, 남쪽 가장자리도 원래 지표면보다 1~2m 높아졌다. 이때 선상지 저위면 자갈층 위에는 뢰스층이 거의 온전히 남아있었으며,

그림 18. 황룡사지 남쪽 A 지점 황룡 단면(GJHR) 퇴적상(윤순옥, 2022)

553년 이후 인위적으로 성토한 토양층 아래에 보존될 수 있었다.[42]

---

41) 이 내용은 윤순옥(2022)의 '한국의 뢰스 지형학' 336~359쪽을 요약, 정리하였고, 일부 자료는 수정하고 보완한 것이다.

42) 왕경 지역에서 뢰스층 노두가 완전하게 보존되어 있는 경우는 거의 드물다. 고대 동안 인간활동으로 상당히 많이 제거되었으며, 월성 해자 북쪽 가장자리와 같이 상대적으로 해발고도가 낮은 장소에는 뢰스가 재이동되면서 다른 토양과 섞여 두꺼운 층준을 형성하는 경우가 있다.

황룡 단면의 전체 두께는 116cm로, 깊이 0~24cm 층준은 밝은 황갈색(10YR 6/6)을 띠는데 토층 가운데 수많은 갈색의 반점이 전체 토색에 크게 영향을 미친 것으로 보인다. 깊이 10~18cm 층준에 최대 직경 10cm 내외의 대력(cobble)급 자갈이 발견되는 등 하부에 놓인 층준에 비해 자갈이 많이 포함되어 있다. 이 층준은 사로국시대를 포함하는 삼국시대 초기 문화층으로 추정되며 인간활동이 이루어지면서 형성되었다. 깊이 24~40cm 층준은 이보다 하부의 층준과는 토색에서 뚜렷이 구분되지만 퇴적상에 큰 차이는 없으며, 토색은 밝은 청회색(5PB 7/1)으로 환원작용을 받았다. 이 층준의 상부에 해당하는 깊이 30cm 층준은 약 2,000년 BP(GJHR30)에 퇴적되었다. 깊이 40~50cm 층준의 토색은 하부 층준과 상부에 놓인 층준 사이의 점이층으로서 황회색(2.5Y 5/1)을 띤다. 시료 채취 당시 하부 층준의 경우 물에 잠겨 있었으나 이 층준은 대기 중에 노출되어 있어, 수분 함량의 차이로 인해 토색이 달리 보일 가능성도 있다. 이 층준 가장 하부의 퇴적 시기는 약 8,500년 BP(GJHR50)이다.

깊이 50~116cm 층준은 황갈색(10YR 5/6)을 띤다. 토양 조성은 전체적으로 실트(silt)나 점토(clay)와 같은 세립 입자가 주를 이루지만, 모래(sand) 함량이 7~20%로 전북 완주, 경남 거창, 충북 진천에 비해 많은 편이며 울산 언양, 강원 강릉 뢰스층과는 유사하다. 하부로 갈수록 조립질 모래의 입경이 커지고 비율도 증가하며, 드물게 최대 직경 1.5cm 내외의 중력(pebble)급 자갈도 포함되어 있다. 밝은 회백색(2.5Y 7/1)의 반점이 마치 토양쐐기(soil crack)와 같은 형태로 세로로 길게 분포하고 있다. 깊이 116cm 이하에는 선상지 저위면 자갈층이 나타난다.

(2) OSL 연대 측정

표 3에 황룡 단면의 OSL 연대 측정 결과를 정리하였다. 가장 하부에 위치한 GJHR100은 MIS[43] 3 후기에 해당하는 27,500±1,900년 BP의 연대값을 보인다. GJHR100보다 30cm 상부

---

43) MIS는 marine oxygen isotope stage의 약자이다. MIS 1은 홀로세, MIS 2는 최종 빙기 최성기를 포함하여 24,000~12,000년 BP, MIS 3은 59,000~24,000년 BP, MIS 4는 80,000~59,000년 BP로 구분하는데, 이 연대값은 ^{14}C 연대를 나무 나이테로 환산한 보정연대이다. 보정하지 않은 경우 최종 빙기(MIS 2~4)는 70,000~10,000년 BP이다.

에 위치한 GJHR70은 MIS 2와 MIS 1의 경계에 해당하는 11,800±600년 BP에 퇴적되었다. 깊이 50cm 및 깊이 30cm에서 채취한 시료인 GJHR50 및 GJHR30은 연대값이 각각 8,500±500년 BP 및 2,000±200년 BP였다. 이는 모두 홀로세인 MIS 1에 해당하고, 특히 가장 상부에 위치한 GJHR30은 삼한시대에 해당한다. 따라서 황룡 단면은 MIS 3 말기~1시기에 퇴적되었다. OSL로 측정하여 얻은 이 정도의 연대값들은 신뢰도가 상당히 높은 편이다.[44]

이 연대값으로 뢰스의 퇴적 속도를 계산하면, MIS 3 말기~2시기에는 1.90cm/ka이고, MIS 2에서 MIS 1로 전환되던 홀로세 초기의 퇴적속도는 대단히 높다(그림 24). MIS 1시기에 들어와 자연환경에 대한 인간의 영향이 거의 없었던 신석기시대에는 퇴적속도가 매우 느렸으나, 농경이 본격적으로 시작된 청동기시대부터 주변에서 재이동되어 온 뢰스가 퇴적되어 짧은 기간에 수 십cm가 퇴적되었다. 한반도에서 뢰스는 빙기와 간빙기에 따른 동아시아 기후와 식생 변화 그리고 풍계의 변화로 인하여 빙기에 주로 퇴적되고 간빙기에는 퇴적속도가 크게 감소한다(윤순옥, 2022). 이와 같은 관점에서 볼 때, MIS 3 말기~2시기에는 자연상태에서 뢰스가 퇴적되었으나, MIS 1시기에는 인간의 영향에 의해 뢰스의 퇴적속도가 달랐으며 대부분이 중국의 황토고원에서부터 장거리를 이동하여 운반되어 온 것이 아니라 가까운 주변으로부터 재이동되어 퇴적되었다. 그러므로 황룡 단면 뢰스층 하부에 위치한 선상지 저위면을 형성한 자갈층은 최종 빙기 중 MIS 4와 MIS 3 동안에 퇴적되었음을 알 수 있다.

한편 제4기 플라이스토세(Pleistocene)와 홀로세(Holocene)의 경계인 약 10,000년 BP는 황룡 단면 뢰스층의 형성 과정을 파악하는데 의미가 있다. 이 시기는 최종 빙기가 끝나는 마지막 한랭기인 영거드라이아스(Younger Dryas)로 기후변화의 진폭(Fluctuation) 즉, 기온과 강수량의 변화가 대단히 컸다. 그러므로 퇴적층이 반복하여 침식으로 제거되고 이것들이 다른 장

---

44) 탄소연대측정을 할 수 없는 시료의 경우 가장 광범위하게 사용하는 연대측정 방법은 OSL(optically stimulated luminescence)인데 10만 년 BP보다 더 오래된 시료의 측정값에서는 신뢰도가 낮다. OSL 연대측정법은 대상 시료가 석영과 장석 등의 무기결정인데, 이것들은 토양을 구성하는 주광물이므로 시료의 제한이 없다. 석영을 이용한 연대측정에서 석영의 고고선량(paleodose)은 일반적으로 200Gy 부근에서 포화되므로 약 6만 년 BP보다 오래된 OSL 연대값의 신뢰도에 대해서는 재검토가 필요하다(김명진, 2020)는 견해도 있다.

소에 누적적으로 퇴적된다. 경북 영양읍 반변천 구하도 YY2 지점의 토탄층에서 영거드라이아스(Younger Dryas)기는 20cm의 모래층으로 퇴적되어 있다(윤순옥·조화룡, 1996). GJHR50과 GJHR70의 연대값을 내삽하면 10,000년 BP 경에 퇴적된 층준은 지표면 아래 57.5cm에 해당한다.

표 3. 황룡 단면의 OSL 연대 측정 결과(윤순옥, 2022)

시료명	연간선량 (Gy/ka)	수분 함량(%)	등가선량(Gy)	표본 수(n/N)	OSL 연대 (ka)	MIS
GJHR30	2.89±0.08 (2.81±0.08)	19.8 (22.6)	5.7±0.5	16/16	2.0±0.2 (2.0±0.2)	1
GJHR50	2.87±0.08 (2.87±0.08)	27.4 (27.5)	24.5±1.3	16/16	8.5±0.5 (8.5±0.5)	1
GJHR70	3.07±0.09 (3.07±0.09)	23.2 (23.2)	36.2±1.7	16/16	11.8±0.6 (11.8±0.6)	1/2
GJHR100	3.26±0.09 (3.26±0.09)	25.6 (25.6)	90.0±5.6	15/16	27.5±1.9 (27.5±1.9)	3

* 괄호 안의 숫자는 물로 포화되었을 때의 값을 의미함.

(3) 대자율[45] 및 입도분석

그림 19는 황룡 단면의 대자율, 평균입경, 중앙값과 Y값을 정리한 것이다. 대자율은 4.19~734×10^{-5} SI unit 범위에 있으며, 깊이 50~60cm 층준이 가장 낮았고 가장 하부에 위치한 깊이 116cm 층준이 가장 높았다(그림 19-A). 황룡 단면의 가장 상부에 해당하는 깊이 0cm에서의 대자율은 276×10^{-5} SI unit이고, 깊이에 따라 크게 감소하여 깊이 4cm에서는 34.9×10^{-5} SI unit이다. 이후 깊이 50~60cm까지 대자율은 깊이에 따라 약간의 미변동과 함께 점점 감소하는 경향이지만, 깊이 50~60cm보다 하부에 있는 층준에서는 약간의 미변동과 더불어, 깊이에 따라 점점 증가하는 경향을 보인다. 매우 높은 대자율을 보이는 최상부와 최하부

---

45) 물질이 자화될 수 있는 정도를 나타내는 기준을 대자율이라고 하며, 이것은 입도분석과 더불어 뢰스의 층준을 구분하는데 거의 결정적인 도구가 되는 동시에 고기후 변화를 지시하는 고기후 대리자이기도 하다.

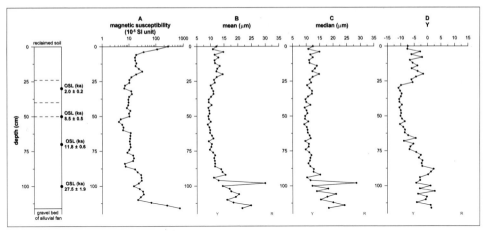

그림 19. 황룡 단면(GJHR section)의 대자율 변화(A), 평균 입경(B), 중앙값(C) 그리고 Y값(D)(윤순옥, 2022)

를 제외하면, 황룡 단면의 대자율은 4~70×10^{-5} SI unit의 범위에 있다. 이 단면의 최하부에 서 대자율이 크게 증가하는 것은 하부에 놓인 선상지 자갈층과의 혼합에 의한 것으로 판단 되며, 황룡 단면 최상부에서 대자율 값이 높은 것 역시 매립층의 영향에 기인한 것으로 생각 된다.

중국 뢰스고원에 분포하고 있는 뢰스-고토양 연속층의 경우, 풍화작용의 강도로 인해 대 자율은 빙기나 아빙기에 대비되는 뢰스 층준에서는 낮게, 그리고 간빙기나 아간빙기에 대비 되는 고토양 층준에서는 높게 나타난다(Liu, 1985; An et al., 1991). 그러나 황룡 단면에서 홀로세 에 해당하는 깊이 30~50cm 층준보다 MIS 3 말기~2 시기에 형성된 깊이 70~100cm 층준의 대자율이 더 높다. 황룡 단면의 이와 같은 대자율 변화는 풍화작용의 강도보다는 풍화작용을 받은 기간 또는 이미 풍화된 물질과의 혼합에 의한 영향이 더 크기 때문인 것으로 추정된다.

황룡 단면의 평균입경(그림 19-B)은 깊이 0~24cm에서 10~15μm 범위에서 미변동하는 양 상을 보이고 있으며, 이후에는 깊이에 따라 약간씩 감소하여 깊이 56cm에서 가장 세립이다. 이후 평균입경은 깊이에 따라 약간씩 증가하여, 깊이 98cm 층준에서 평균 입경이 최대가 된 이후 다시 크게 감소한다. 깊이 100cm보다 하부에서는 깊이에 따라 다시 증가하는 양상을 보인다. 황룡 단면의 입경 중앙값(그림 19-C)은 9.24~28.5μm로 평균입경과 유사한 경향을 보이며 변화한다. 황룡 단면의 평균입경과 입경 중앙값의 크기는 울산 언양 단면의 값과 유사하다.

황룡 단면의 Y값[46]은 -10.9~2.7의 범위에 있다(그림 19-D). 깊이 0cm부터 24~26cm까지는 -7.5~0의 범위에서 미변동하며, 미변동 양상은 평균입경이나 입경 중앙값과 유사하지만, 이후 크게 감소하여 대략 깊이 50cm까지 큰 변화를 나타내지 않거나 매우 약하게 증가하는 경향을 보이고 있다. 이보다 하부에 있는 층준에서 Y값은 크게 증가하여 깊이 88cm에서 약 2.3에 도달하며, 이보다 하부에 있는 층준에서는 -5.0~5.0 범위 안에서 변동하고 있다.

Y값은 다양한 퇴적 환경을 구분하기 위해 사용되어 왔으며, Y값이 작을수록 입도의 세립화를 의미하므로 Y값의 차이는 상이한 퇴적환경을 지시한다. Y값이 약 -2.7보다 작으면 풍성 퇴적층으로 간주되며, 호소 퇴적층의 경우 920~1,287 그리고 하천 퇴적층의 Y값은 -0.5~3.2이다(Lu et al., 2001; Liu et al., 2014). 중국 뢰스고원에서 뢰스-고토양 연속층의 Y값은 -7.9~0.1이다(Zhang et al., 2005). 우리나라에서 확인된 뢰스층의 Y값은 전북 완주 봉동 단면에서 -13.39~-7.99, 충북 진천 지역은 -8 이하, 강원도 고성 지역은 -13.8~-9.5, 강릉 지역은 -10 이하, 경남 거창 지역은 -14.4~-7.3이다.

국내 뢰스-고토양 연속층의 Y값에 기초하였을 때, 조사 단면은 크게 3개의 층준 즉, 깊이 0~27cm, 27~67cm 그리고 깊이 67cm 이하의 층준으로 구분할 수 있다. 깊이 0~27cm 층준의 Y값은 -7.5~-1.5이므로 국내 뢰스-고토양 연속층보다 크고 중국 뢰스고원과 유사하며, 최하부의 깊이 67cm 이하 층준의 Y값은 -5~-2.7이므로 풍성 퇴적층 외에 다른 기구가 개입한 퇴적물도 포함되었을 가능성이 있다. 이와는 대조적으로 그 사이에 위치한 깊이 27~67cm 층준은 국내 뢰스-고토양 연속층과 대체로 유사한 범위에 있다.

그림 20은 황룡 단면의 모래, 조립 실트, 세립 실트 및 점토의 함량 변화이다. 모래 함량은

---

46) Y값은 퇴적환경을 알고 있는 퇴적물의 입도분석을 통해 얻은 평균입경, 분급, 왜도, 첨도를 지수로 하여 도출된 경험적인 수식으로 다양한 퇴적환경을 구분하는데 활용된다.

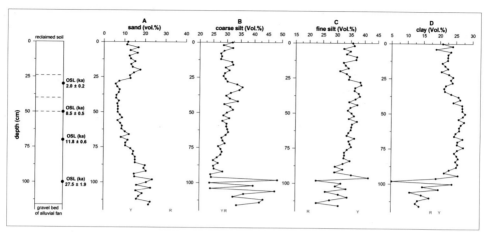

그림 20. 황룡 단면(GJHR section)의 모래(A), 조립 실트(B), 세립 실트(C) 및 점토(D) 함량 변화(윤순옥, 2022)

5.76~23.71% 구간에서 변화한다. 이 단면은 깊이 0~27cm에서는 모래 함량이 10~20%이지만, 이후 대략 깊이 67cm까지 10% 미만, 이보다 하부에서는 깊이에 따라 증가하고, 대략 깊이 80cm 이하 층준에서는 20% 내외를 유지하면서 미변동한다. 모래 함량 변화 곡선은 평균 입경, Y값, 분급, 왜도, 첨도 변화와 가장 유사한 형태를 보인다. 이것은 장거리 운반으로 이동한 뢰스에 경주선상지 지표 퇴적물, 왕경을 둘러싸고 흐르는 북천, 남천, 형산강의 범람 퇴적물, 고려시대 이후 왕경 범람원으로부터 단거리 운반으로 공급된 모래의 함량이 황룡 단면의 입도 변수에 큰 영향을 미친 것으로 볼 수 있다.

조립 실트 함량은 23.78~48.54%의 범위에 분포한다(그림 20-B). 깊이 27cm까지는 30% 내외를 유지하고, 이보다 하부 층준에서는 전체적으로 깊이에 따라 조립 실트의 함량이 감소하여 깊이 95cm에서 최소가 된다. 그러나 깊이 95cm에서 조립 실트 함량은 크게 증가하여 조사 단면에서 최대값에 도달한다. 깊이 98cm 이하의 층준에서는 시료 사이에 편차가 매우 크고 깊이에 따라 감소하는 경향이다.

세립 실트(그림 20-C)는 대략 깊이 27cm까지는 약간의 미변동과 더불어 35% 내외를 유지하지만, 깊이 30~92cm에서는 깊이에 따라 세립 실트의 함량이 점점 감소한다. 이후 크게 증가하여 깊이 96cm에서 약 41.55%로 최대 함량에 도달하고, 깊이에 따라 점점 감소하는 경향을 보인다.

황룡 단면의 점토 함량(그림 20-D)은 5.18~27.83% 범위에서 변화하는데 깊이 0cm부터 27cm까지 20~25%를 유지하지만, 이후 약간 증가하여 대략 깊이 90cm까지는 25~30%이다. 90cm 이하의 층준에서 점토 함량은 크게 감소하여 깊이 98cm에서 최소치에 이르며, 다시 증가하다가 깊이에 따라 감소하는 경향을 보이고 있다.

(4) 주원소분석

그림 21은 한국 뢰스, 중국 뢰스고원, UCC 및 PAAS와 더불어 황룡 단면, 화강암과 퇴적암과 같은 기반암 시료의 주원소 조성을 A-CN-K 다이어그램에 나타낸 것이다. 중국 뢰스

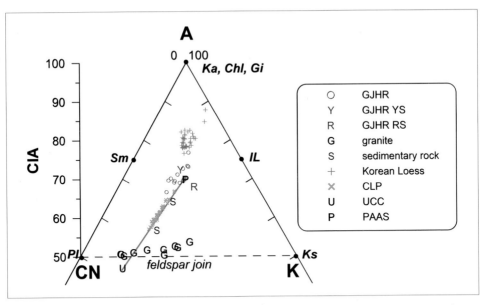

그림 21. 황룡 단면, 한국 뢰스(윤순옥 외, 2011; 황상일 외, 2011), 중국 뢰스(CLP)(Gallet et al., 1996; Jahn et al., 2001), UCC 와 PAAS(Upper Continental Crust and Post-Archean Australia Shale; Taylor and McLennan, 1985)의 A-CN-K 다이어그램. Sm=smectite; Pl=plagioclase; IL=illite; Ks=K-feldspar; Ka=kaolinite; Gi=gibbsite; Chl=chlorite; A=Al₂O₃; CN=CaO*+Na₂O; K=K₂O(윤순옥, 2022). 회색선은 풍화 경향을 의미함.

고원은 UCC와 PAAS를 연결한 풍화 경향(weathering trend)을 따라 선형으로 분포하고 있으며 그 끝에 A축 쪽으로 약간 치우쳐 한국 뢰스가 위치한다. 황룡 단면에서 채취한 뢰스 시료(GJHR)는 중국 뢰스고원과 한국 뢰스 사이에 자리잡고 있다. 이는 황룡 단면과 한국 뢰스 및 중국 뢰스고원이 서로 동일한 물질로 이루어졌고 공통의 기원지를 공유하고 있음을 의미한다.

다만 한국 뢰스에 비해 황룡 단면이 약간 덜 풍화된 양상을 나타낸다. 즉, 중국 뢰스고원의 풍화지수 CIA는 55~70이며, 한국 뢰스는 75 이상이지만, 황룡 단면의 CIA는 65~75이다. 또한 중국 뢰스고원의 경우, UCC(U)와 PAAS(P)를 연결한 풍화 경향을 따라서 분포하지만, 황룡 단면 및 한국 뢰스는 이러한 풍화 경향으로부터 약간 벗어난 구역에 분포하고 있다. 이것은 중국 뢰스고원은 전형적인 안정된 상태의 풍화(steady state weathering) 환경이지만, 한국 뢰스는 불안정한 상태의 풍화(non-steady state weathering) 환경임을 지시한다(Nesbitt et al., 1997). 따라서 황룡 단면은 다른 한국 뢰스에 비해 약한 풍화작용을 경험하였으나 풍화 환경은 서로 유사하였던 것이다.

화강암(G)은 상당히 다양한 원소 조성을 보이고 있으며, 퇴적암(S)은 UCC 및 PAAS를 연결한 풍화 경향과 상당히 인접해 분포하고 있다. 또한 일부 화강암 시료 및 퇴적암 시료가 UCC 및 PAAS를 연결한 풍화 경향, 즉, 중국 뢰스고원, 황룡 단면 및 한국 뢰스로 연결되는 풍화 경향을 따라 분포하고 있다. 따라서 황룡 단면이 한국 뢰스에 비해 덜 풍화된 양상을 보이는 현상, 즉, 한국 뢰스의 CIA에 비해 황룡 단면의 CIA가 낮은 것은 이 단면이 한국 뢰스에 비해 약한 풍화작용을 경험하였기 때문일 수도 있지만, 다른 한편으로는 비슷한 강도의 풍화작용을 경험하였으나 기반암 풍화산물이 혼입되면서 다른 한국 뢰스에 비해 일종의 Ca 또는 Na-교대작용(Ca or Na-metasomatism; Fedo et al., 1995; Cullers and Podkovyrov, 2000), 다시 말해 Ca나 Na 함량이 높은 물질과 혼합되면서 Ca 또는 Na가 첨가되어 약한 풍화작용을 경험한 것처럼 보일 가능성도 있다.

(5) 희토류[47] 원소 분석

황룡 단면과 GJHR YS 및 GJHR RS의 희토류 원소 함량을 Leedey 운석으로 표준화하여 그림 22에 나타내었으며, 비교를 위해 화강암 및 퇴적암과 같은 기반암의 평균 희토류 원소 함량도 표준화하여 함께 제시하였다. 황룡 단면의 경희토류(Light REE, LREE)는 중희토류(Heavy REE, HREE)에 비해 부화되어 있으나((La/Eu)$_N$=5.69~6.70), 한국의 다른 뢰스에 비해 그 정도가 상당히 낮다. 중희토류는 편평한 분포를 보이고 있으나((Tb/Lu)$_N$=1.06~1.58), 한국의 다

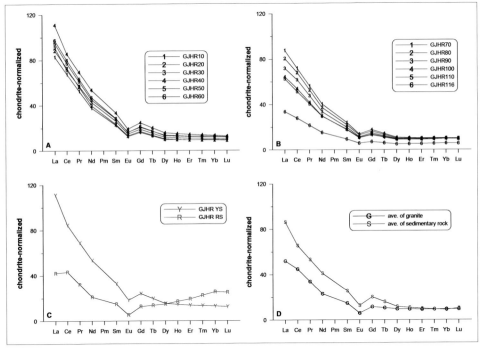

그림 22. Chondrite(Masuda et al., 1973; Masuda, 1975)로 표준화된 황룡 단면(A, B), GJHR YS와 GJHR RS(C) 및 주변 기반암(D; 이준동, 황병훈, 1999; Lee and Lee, 2003)의 희토류 함량(윤순옥, 2022). 기반암의 함량은 평균치임.

---

47) 희토류 원소(rare earth element, REE)는 일반적으로 원자번호 57번 란타넘(La)부터 71번인 루테튬(Lu)까지의 원소를 지칭하며 스칸듐(Sc), 이트륨(Y) 등을 포함시키기도 한다. 희토류 원소는 풍화작용이나 속성작용 등의 변화에 의해서도 그 함량이 크게 변하지 않으며, 암석이 심하게 풍화를 받아 토양이 된 후에도 희토류 원소의 분포가 변하지 않는다. 따라서 희토류 원소는 퇴적층의 기원암 또는 기원지를 추정하는데 사용된다. 왕경 지역 희토류 원소 분석 결과는 윤순옥(2022)에 상세하게 논의되어 있다.

른 뢰스에 비해 더 평평하며, 중간 정도 음의 Eu 이상(Eu anomaly; Eu/Eu*=0.65~0.71)을 나타낸다. 다만 최하부 층준의 경우 모든 희토류 원소가 다른 층준에 비해 결핍되어 있으며, Eu 이상(Eu/Eu*=0.71)도 다른 층준에 비해 그리 현저하지 않다. 또한 깊이 40cm 층준에서는 경희토류가 다른 시료에 비해 부화되어 있다. 황룡 단면의 시료는 특히 경희토류에서 함량 차이가 있으며, 또한 상부에 위치한 층준에 비해 하부 층준의 희토류 원소가 결핍되어 있는 것으로 나타났다(그림 22-A, B).

화강암 및 퇴적암과 같은 기반암의 경우(그림 22-D), 평균적으로 경희토류의 부화((La/Eu)N =6.80~8.57), 중희토류의 편평한 분포((Tb/Lu)N=1.10~1.54)로 특징지을 수 있다. 화강암과 퇴적암은 평균적으로 각각 약 0.46, 0.55의 Eu 이상을 보이고, 퇴적암이 화강암에 비해 경희토류의 부화가 특징적이다.

이상의 황룡 단면, GJHR YS 및 GJHR RS의 원소 조성을 정리해 보면, 조사 단면에서 깊이 30~60cm에 위치한 층준은 그 상부와 하부에 위치한 층준과는 원소 조성에 있어 차이를 보이고 있으며, 또한 깊이 116cm에 위치한 시료도 황룡 단면의 다른 층준과 차이가 있다. 깊이 30~60cm 층준들의 원소 조성은 다른 층준들과 기원지가 다르다는 것을 의미하는 것으로도 볼 수 있지만, 한편으로는 기원지가 서로 다른 물질이 혼합되어 이 층준을 형성하였을 가능성도 있다. 최하부 층준의 경우, 선상지 자갈층에서 유래한 물질과의 혼합으로 인해 황룡 단면과 차이를 나타내는 것으로 생각된다.

(6) 황룡 단면 뢰스-고토양 연속층의 특성

황룡 단면과 GJHR YS 및 GJHR RS의 기원지 확인에 유용한 주요 미량 원소 및 희토류 원소의 비율을 그림 23에 나타내었으며, 비교를 위해 화강암 및 퇴적암과 같은 기반암, 한국 뢰스, 중국 뢰스고원의 미량 원소 및 희토류 원소 비율도 함께 제시하였다. 화강암 및 중국 뢰스고원의 경우, Sc 및 Cr의 함량이 보고되지 않았으므로 일부 그림에서는 제외되었다.

황룡 단면은 층준 간에 미량 원소와 희토류 원소 비율이 상당히 유사하며, 화강암 및 퇴적암과 같은 기반암과는 차이가 분명하다. 또한 황룡 단면의 이들 원소 비율은 한국 뢰스 및 중국 뢰스고원과 상당히 유사하다. 예를 들어, 황룡 단면의 Eu 이상은 0.65~0.71이며, (La/Yb)$_N$은 5.70~9.31의 범위에 있다(그림 23-A). 중국 뢰스고원의 Eu 이상 및 (La/Yb)$_N$의 범위는 각각 0.61~0.67, 4.93~10.42이며, 한국 뢰스의 경우 각각의 범위는 0.62~0.68 및 10.72~18.85이다. 따라서 Eu 이상은 일부 층준이 차이를 보이지만, 중국 뢰스고원과 한국 뢰스보다 약간 크고 한국 뢰스와 더 많이 겹친다. (La/Yb)$_N$은 중국 뢰스고원의 범위에 포함되고 한국 뢰스보다는 약간 작다.

한편, 황룡 단면의 ΣREE 범위는 64.98~207.71ppm이며, ΣLREE/ΣHREE는 9.39~13.26이다(그림 23-D). 중국 뢰스고원과 한국 뢰스의 ΣREE는 각각 87.85~222.41ppm, 143.37~245.55ppm이며, ΣLREE/ΣHREE는 각각 8.20~15.19, 12.91~26.87이다. 따라서 황룡 단면의 ΣREE는 중국 뢰스고원의 범위에 포함되며 한국 뢰스보다는 작다. ΣLREE/ΣHREE 역시 황룡 단면은 중국 뢰스고원의 범위에 포함되며, 한국 뢰스보다는 작은 것을 확인할 수 있다.

기원지, 특히 규장질(felsic) 및 고철질(mafic) 기원지를 구분하는데 유용한 Th/Sc와 Th/Yb의 경우(Taylor and McLennan, 1985; Condie and Wronkiewicz, 1990; 그림 23-F), 황룡 단면의 Th/Sc와 Th/Yb 값은 각각 1.01~1.22, 3.63~5.00이며, 한국 뢰스의 경우, 각각 1.10~1.76, 6.51~11.86의 범위에 있다. 중국 뢰스고원의 Sc 함량은 보고되지 않았으며, Th/Yb 값은 2.61~5.45이다. 한편 중국 뢰스고원과 매우 유사한 원소 조성을 보이는 UCC와 PAAS의 Th/Sc 값은 각각 약 0.97, 0.91이며, Th/Yb 값은 각각 약 4.86, 5.21이다. 따라서 황룡 단면의 Th/Sc 및 Th/Yb는 한국 뢰스보다 약간 작지만 대체로 유사하며, Th/Yb의 경우 중국 뢰스고원의 범위에 포함된다. 그리고 UCC와 PAAS의 Th/Sc 및 Th/Yb와도 대체로 유사하다.

한편 화강암의 Th/Sc와 Th/Yb 값은 각각 0.96~14.17(평균 약 4.58), 2.55~76.00(평균 약 14.26)이며, 퇴적암은 각각 0.71~0.78(평균 약 0.75), 4.82~5.09(평균 약 4.95)이다. 그러므로 황룡 단면은 화강암보다 Th/Sc 및 Th/Yb 값이 작으며, 퇴적암과는 Th/Yb 값은 유사하지만 Th/Sc 값은 황룡 단면이 약간 크다.

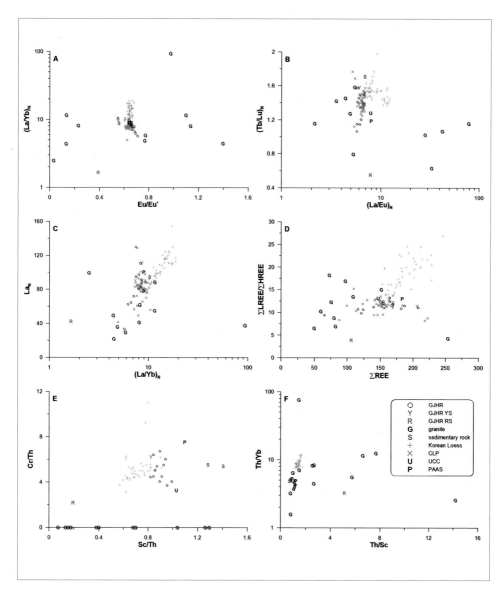

그림 23. 황룡 단면, GJHR YS, GJHR RS, 주변 기반암(이준동, 황병훈, 1999; Lee and Lee, 2003), **한국 뢰스**(윤순옥 외, 2011; 황상일 외, 2011), **중국 뢰스고원**(Gallet et al., 1996; Jahn et al., 2001), UCC, PAAS(Upper Continental Crust and Post-Archean Australia Shale; Taylor and McLennan, 1985)**의 희토류 원소**(A, B, C, D)**와 미량 원소**(E, F) **비율**(윤순옥, 2022)

황룡 단면이 한국 뢰스 및 중국 뢰스고원과 원소 조성이 유사하므로 이들 지역에서 보고된 뢰스 퇴적층과 공통의 기원지를 공유하고 있음을 알 수 있다. 또한 기반암과도 차이를 나타내고 있으므로, 황룡 단면이 장거리 운반에 의해 형성된 뢰스 퇴적층임을 알 수 있다.

그러나 황룡 단면의 원소 조성을 자세히 살펴보면, 일부 층준의 경우 약간 다른 원소 조성을 보인다. 다시 말해, 중국 뢰스고원 및 한국 뢰스와 유사한 원소 조성을 보이는 층준과 달리 일부 층준은 기반암, 특히 일부 화강암 시료를 향해 분산된 형태의 분포를 보이고 있다. 예를 들어, $(La/Yb)_N$과 La_N에서 깊이 10~80cm 층준의 $(La/Yb)_N$은 7.45~9.31 범위에 있고, La_N은 80.75~110.90의 범위에 분포하는데 반해, 깊이 90~116cm 층준에서는 각각 5.70~7.06, 33.73~72.05의 범위에 있어서 차이가 있다(그림23-C). 그림 23의 모든 그림에서 깊이 90~116cm 층준은 그 상부에 위치한 층준과 원소 조성에 차이를 보이고 있다. 이것은 황룡 단면 하부에 놓인 선상지 퇴적층에서 유래한 물질과의 혼합에 의한 결과, 선상지 퇴적층이 형성된 이후 뢰스 물질이 퇴적되기 시작하여 두 물질이 혼합되면서 하부 층준의 원소 조성이 상부 층준과 차이를 나타낸 것으로 생각된다.

황룡 단면의 입도 조성은 대략 깊이 27cm 및 67cm를 기준으로 서로 다른 입도 특성을 보이는 3개의 층준으로 구분되며, 깊이 67cm 이하 층준의 경우, 깊이 80~90cm를 기준으로 입도 특성이 다른 두 개의 층준으로 세분된다. 이러한 황룡 단면의 구분은 원소 조성을 통한 구분과는 차이가 있다. 가장 상부에 위치한 깊이 0~27cm 층준의 경우, 그 하부 층준과 입도 조성에서는 차이를 보이고 있지만, 원소 조성에서는 큰 차이를 확인하기 어렵다. 따라서 깊이 0~27cm 층준의 경우 그 하부의 깊이 27~67cm 그리고 깊이 67cm부터 깊이 80~90cm까지의 층준과 동일한 물질로 이루어져 있지만, 퇴적 이후 다른 작용의 영향을 받으면서 입도 조성이 약간 변화된 것으로 판단되며, 황룡 단면 상부에 위치한 매립층의 형성과 같은 인위적인 교란의 영향을 받았을 가능성이 가장 높다.

한국 뢰스 퇴적층은 희토류 원소 가운데 경희토류, 특히 La의 부화가 특징적인데, 황룡 단면은 La의 부화 정도가 한국의 다른 지역 뢰스층에 비해 작다(그림 23-B). 그리고 황룡 단면의 원소 조성 중 한 가지 특이한 점은 이것이 한국 뢰스 및 중국 뢰스고원과 유사하지만, 한국 뢰스보다는 중국 뢰스고원에 더 가깝다는 점이다. 황룡 단면의 La_N은 한국 뢰스(+)보다 중국 뢰스고원(×)의 구역에 분포하며(그림 23-C) 황룡 단면 경희토류($\Sigma LREE$)도 역시 중국 뢰스고원 구역에 있으며 한국 뢰스 구역과는 분명하게 구분된다(그림 23-D).

또한 국내에서 보고된 뢰스 퇴적층 가운데 지구화학적으로 근거리에서 혼합된 물질이 확인되지 않은 해미 및 거창 지역의 뢰스 퇴적층은 모래 함량이 대부분 5% 이하이며(Hwang et al., 2011; Yoon et al., 2011), 근거리에서 운반, 퇴적된 물질을 포함하고 있는 강릉 지역 뢰스 퇴적층의 경우 모래 함량이 2~11%이다(Park et al., 2014a). 전술하였듯이, 황룡 단면의 모래 함량은 5.76~23.71% 범위에 있으며, 깊이 27~67cm 층준은 모래 함량이 5~9%이지만, 이보다 상부의 깊이 0~27cm 층준과 깊이 67cm부터 깊이 80~90cm까지 사이에 위치한 층준은 모래 함량이 10~15%이고, 깊이 80~90cm 이하의 층준에서는 15% 이상을 차지하고 있다. 따라서 황룡 단면은 국내에서 보고된 뢰스 퇴적층보다 전체적으로 모래를 약간 더 포함하고 있는데, 이러한 크기의 입자는 바람에 의한 장거리 운반보다는 근거리에서 주로 도약운동에 의해 운반된다(Pye, 1987; Tsoar and Pye, 1987; Qin et al., 2005).

황룡 단면은 입도분석 전처리 과정에서 염산을 사용하였기 때문에 망간 결핵으로 인해 모래 함량이 증가한 것으로는 보이지 않는다. 이는 결국 조사 단면이 근거리에서 운반된 모래를 일정량 포함하고 있으며, 그 비율은 국내 다른 지역의 뢰스 퇴적층보다 높다는 것을 의미한다. 또한 일부 화강암 및 퇴적암 시료는 한국 뢰스보다 경희토류의 부화가 약한데, 이것은 물질과의 혼합에 의해 국내에서 보고된 뢰스 퇴적층보다 경희토류의 부화가 약하게 나타나기 때문이다.

(7) 황룡 단면 뢰스 퇴적속도

황룡 단면의 OSL 연대값 및 입도조성과 미량원소 조성으로 뢰스층을 구분하면, 깊이 67~116cm 하부층준과 깊이 0~67cm 상부층준으로 구분된다. 상부층준은 지표면 아래

27cm를 경계로 세분되는데, 깊이 0~27cm 층준은 27~67cm 층준과 입도조성에서는 차이를 보이고 있지만 원소조성에서는 큰 차이가 없다. 깊이 27~67cm 층준은 깊이 67~116cm 하부 층준과 비교하면 입도조성과 지구화학적 특징 특히 희토류 함량 조성에서 다소 차이가 있다.

따라서 황룡 단면 뢰스층은 바람에 의해 중국 뢰스고원으로부터 장거리를 이동하여 운반된 뢰스 입자가 퇴적된 깊이 67~116cm 층준, 주변으로부터 바람이나 유수에 의해 재이동되어 형성된 27~67cm 층준과 0~27cm 층준으로 나누어진다. 그런데 27~67cm 층준은 기후변

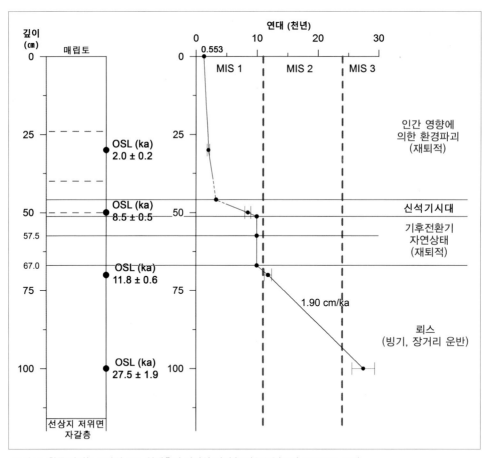

그림 24. 황룡 단면(GJHR)의 OSL 연대측정 결과와 퇴적속도(윤순옥(2022) 자료 일부 수정)

화의 진폭이 대단히 컸던 영거드라이어스 기후변동기에 해당하는 지표면 아래 57.5cm 층준을 중심으로 짧은 기간에 십 수 cm가 퇴적되었다. 그리고 신석기시대에는 식생피복이 양호하여 뢰스가 거의 퇴적되지 않았고 청동기시대부터 농경이 본격적으로 시작되어 뢰스층의 토양침식이 심해졌다. 이들은 황룡사지 남쪽 가장자리와 같이 상대적으로 해발고도가 낮은 구역에 재퇴적되었다.

OSL 연대값, 입도조성 및 미량원소 조성 그리고 퇴적속도를 기초로 각 층준의 퇴적 속도를 계산하면, MIS 3 말기~2시기에는 퇴적속도가 1.90cm/ka이고, MIS 2에서 MIS 1로 전환되던 홀로세 초기에는 매우 짧은 기간에 십 수 cm가 퇴적되었다. 그리고 기온이 상승하고 강수량이 증가하면서 편서풍에 의해 한반도에 도달한 뢰스입자들은 지표면에 퇴적되지 못하고 대부분 제거되었으므로 기후최적기(Climatic Optimum)가 시작된 8,000년 BP 이후 청동기시대가 시작된 3,000년 BP까지 뢰스는 거의 퇴적되지 못하였다. 그러나 농경이 본격적으로 시작되고 인구가 급격하게 증가한 청동기시대에는 식생이 제거되어 사라지는 공간이 급격하게 확대되면서 토양침식이 빠르게 발생하였다.

한반도에서 뢰스는 빙기와 간빙기에 따른 동아시아 기후와 식생 변화 그리고 풍계의 변화로 인하여 빙기에 주로 퇴적되고 간빙기에는 퇴적속도가 크게 감소한다(윤순옥, 2022). 이와 같은 관점에서 볼 때, 황룡 단면에서 MIS 3 말기~2시기보다 MIS 1시기에 퇴적속도가 크게 높아진 것은 이 층준의 뢰스입자가 중국의 황토고원에서부터 원거리를 이동하여 운반되어 온 것이 아니라, 가까운 주변으로부터 재이동되어 퇴적되었기 때문이다. 따라서 황룡 단면 뢰스층보다 하부에 있는 선상지 저위면 자갈층은 최종 빙기 중 MIS 4와 MIS 3 동안에 형성된 것이다.

(8) 황룡 단면 뢰스층의 형성 과정

윤순옥(2022)은 뢰스 연구를 통하여 6~7만 년 동안 지속된 최종 빙기 가운데 특히 최종 빙기 최성기(LGM)의 동아시아 기후 및 식생 환경을 논의하였다. 그 결론은 다음과 같다.

최종 빙기 최성기(LGM)의 동아시아 기온은 현재보다 거의 10℃ 정도 낮았으며, 이에 따라 기후대도 현재보다 위도 10° 남쪽으로 이동하였고, 한반도는 초본과 키가 작은 관목들이 자라는 온대스텝기후(BSk) 지역이었다(그림 25). 이 시기 동북아시아에서 북위 30~43°에 위치하는 타클라마칸 사막, 차이담 분지, 고비사막, 황토고원 그리고 건륙화된 황해는 건조기후(B) 지역이므로 상층의 제트기류와 하층의 편서풍에 의해 세사(fine sand)와 실트(silt) 등이 지표면으로부터 날아올라 동쪽으로 이동하였고, 이들 가운데 20㎛ 이하의 미립물질 입자는 난류에 의해 상공을 따라 장거리 이동을 하였다(Sun and Liu, 2000). 이런 세립의 풍성물질들은 온대스텝기후(BSk)의 초원경관이었던 건륙화된 황해와 한반도를 비롯하여, 냉온대 습윤대륙성기후(Dwa) 지역이었던 일본, 북서태평양 심지어 하와이까지 운반되어 퇴적되었다.

황룡 단면에서 확인된 뢰스층은 절대연대값으로 볼 때 경주선상지 형성(그림 27, 그림 28) 이후 MIS 3 말기부터 MIS 2에 걸쳐 퇴적되었다(그림 24). 입도분석 자료(그림 20)에 의하면, 황룡 단면 뢰스층은 중국 뢰스고원 및 한국의 다른 지역 뢰스와 거의 동일한 물질로 이루어져 있으나, 근거리에서 바람에 의해 운반된 조립물질인 모래가 상대적으로 많이 포함되어 있다. 특히 깊이 80~90cm 이하의 가장 하부 층준에서 확인된 모래 퇴적물은 선상지 자갈층과 주변 하천의 하상퇴적물이 바람에 의해 근거리에서 운반되어 혼합되었다고 생각된다.

황룡 단면은 한국 뢰스 및 중국 뢰스고원과 원소 조성이 유사하므로 이들 지역에서 보고된 뢰스 퇴적층과 기원지를 공유하고 있다. 그러나 황룡 단면의 원소 조성을 자세히 살펴보면 일부 층준의 경우 약간 다른 원소 조성을 하고 있다. 깊이 27~67cm 층준은 입도 조성, 지구화학적 특징 특히 희토류 함량 조성에서 특이하다. 이 층준은 홀로세 동안 형성된 뢰스이며, 퇴적 속도는 상대적으로 매우 빠르다. 황룡 단면은 홀로세 층준 두께가 67cm로서 기존에 보고된 한국 뢰스 가운데 홀로세 층준이 가장 두껍다. 이것은 중국 뢰스고원에서 원거리 이동으로 운반되어 쌓인 것이 아니라 근거리에서 재이동되었기 때문이다(그림 26-A).

한편, 깊이 27cm보다 상부의 뢰스층은 깊이 27~67cm 홀로세 뢰스와는 달리 MIS 3 말기 ~2시기 뢰스와 입도 조성과 원소 조성이 유사하다. 이렇게 볼 때, 상부 27cm 두께의 뢰스층

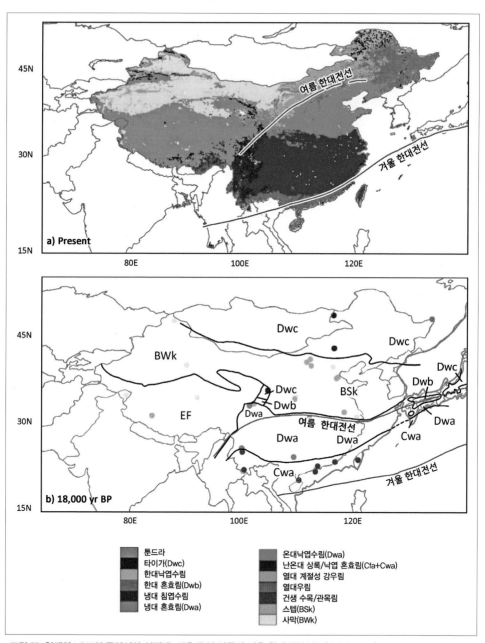

그림 25. 현재와 LGM의 동아시아 식생대, 기후대 및 여름과 겨울 한대전선 분포(윤순옥, 2022)

은 MIS 3 말기~2시기에 경주분지에 퇴적된 뢰스가 재이동하여 형성되었을 가능성이 있다. 주변의 선상지 자갈층 위에 쌓인 뢰스층으로부터 수 백년 동안 재이동된 퇴적층으로 보아야 한다. 또 다른 가능성은 이 층준의 모래 함량이 깊이 27~67cm 층준보다 높은 것은 아마도 왕경 지역의 식생 파괴와 관련될 것이다. 황룡 단면이 위치한 왕경 지역은 선사시대 이래 인간 활동이 활발하였으므로, 상부 27cm 뢰스는 상당히 단기간에 형성되었으며 역사시대 인간활동이 진행되고 있던 환경에서 퇴적된 것으로 볼 수 있다.

깊이 27~67cm의 홀로세 뢰스층의 경우, 뢰스가 퇴적될 때 주변 지역으로부터 단거리 이동한 모래와 같은 조립질이 훨씬 적게 공급되었는데, 이것은 기온이 상승하고 강수량이 증가하면서 식생피복이 양호하였기 때문이다. 이와는 대조적으로 MIS 3 말기~2시기에는 경주분지내 식생이 대단히 불량하였을 것이다(그림 29). 따라서 선상지 퇴적층과 남천 및 형산강의 하상이 공기 중에 노출되면서 바람에 의해 상대적으로 조립질인 모래가 운반되기 쉬운 환경이었으므로, 뢰스에 조립물질이 상대적으로 많이 혼입되어 평균입경이 높아졌다. 깊이 67~116cm 층준에서도 깊이 80~90cm보다 아래에는 모래가 거의 20% 포함되어 있다. 주변 선상지 퇴적층과 하상으로부터 모래 공급이 없는 경우라면 층후가 더 얇았을 것이다. 이런 상황을 고려하면 최종 빙기가 끝났을 때 경주 지역에는 지표면에 뢰스가 50cm 가량 퇴적되어 있었던 것으로 추정된다(그림 29).

2) 분황사 동쪽 경주시 구황동 왕경 발굴 유물전시관 발굴지의 뢰스

그림 16은 분황사 동쪽 왕경 발굴 유물전시관 발굴지(그림 14의 i, 그림 17의 C 지점)의 토양층 단면도이다. 단면도 남쪽 구역에서 하부역층보다 상부에 퇴적된 청동기시대 수혈주거지 유구가 조성된 실트질 세사(silty fine sand)층의 두께는 20cm 정도이다. 그런데 이 층준은 청동기시대와 초기철기시대 이후 인간활동에 의해 상당한 두께의 세사질 실트층이 인위적으로 제거되었을 가능성이 높다(그림 26-C). 왜냐하면 청동기시대 주거지로 사용된 수혈의 깊이는

일반적으로 20cm 보다 더 깊기 때문이다.

경주선상지를 형성한 북천은 유로길이 21km로 비교적 짧은 하천이지만 하류부 하상은 거력(boulder)급을 포함한 조립질 자갈로 이루어져 있다. 그러므로 북천의 범람 퇴적물도 대부분 거력급을 포함한 조립질 자갈이며, 메트릭스는 세력(granule)급 자갈과 모래이다. 그런데 선상지 저위면 자갈층 상부에 협재되어 있는 세사질 실트층에는 자갈이 포함되어 있지 않으므로 이 층준을 형성한 기구(agent)는 북천의 유수가 아니다. 왕경 지역에서 이와 같은 미립물질을 퇴적시킬 수 있는 기구는 바람이 유일하다.

이 층준의 토양 조성(soil structure)은 약간의 실트(silt)와 상대적으로 많은 세사(fine sand)로 되어 있는데, 후자는 근거리 이동으로 운반되었으며 전자는 장거리 이동하여 온 것으로 볼 수 있다. 즉 세사는 선상지 지형면, 남천과 형산강의 하상 그리고 화강암으로 된 토함산을 포함한 불국사산맥과 남산의 산지 및 산록부의 토양층에서 기원하였을 것이다.

유물전시관 발굴지(그림 17의 C 지점)의 청동기시대 수혈주거지 유구가 조성된 실트질 세사층은 남쪽으로 600m 정도 떨어진 황룡 단면(그림 17의 A 지점)의 뢰스층과 동일한 과정을 거쳐 형성되었다. 다만 황룡 단면에서 뢰스층 두께는 116cm이지만 이 지점에는 20cm 정도만 남아 있다. 이와 같은 뢰스층 두께의 차이는 퇴적 장소의 지형적 차이와 인간의 영향에 기인한다.

현재 두 지점은 동일한 선상지 저위면이지만 해발고도가 다르다. 저위면은 동일한 시기에 형성된 지형면이지만 북천 하도에서 멀어질수록 해발고도가 낮아진다(그림 52). 분황사 동쪽 C 지점은 북천 하도가 크게 곡류하여 형성된 공격면에 인접해 있지만, 황룡 단면은 하도에서 600m 정도 떨어져 있어서 저위면 자갈층 표면의 해발고도는 C 지점에 비해 1.5m 정도 낮다. 그러므로 분황사 동쪽 C 지점의 뢰스층은 퇴적된 이후 인간에 의해 식생이 제거되면서 상당한 양이 침식되었으며,[48] 이와 대조적으로 황룡 단면 A 지점에서는 근거리를 재이동한

---

48) 뢰스를 구성하는 실트질 입자는 퇴적된 지 오래되지 않은 경우 공극이 많아 부슬부슬하며, 동일한 입자로 된 동일한 체적의 범람원 퇴적물질보다 가볍다. 따라서 침식에 대한 저항력이 낮아 식생이 제거되면 토양침식에 취약하다.

물질들이 원래 뢰스층 위에 퇴적되었던 것이다. 또한 분황사 동쪽 C 지점에 청동기시대 수혈주거지뿐 아니라 지석묘 1기가 남아있는 것으로 볼 때, 이 구역은 선사시대부터 인간활동이 이루어졌으므로 청동기시대 이래 뢰스층은 지속적으로 침식되어 제거되었다(그림 26-C). 이와 달리 황룡 단면(A 지점)의 뢰스층은 황룡사를 조성하기 위하여 매립이 이루어진 AD 533년 이후 자연 상태에서 보전될 수 있었다(그림 26-A).

인접한 두 지점의 뢰스층 퇴적상을 비교하면, 분황사 동쪽 C 지점의 선상지 저위면 위의 뢰스층은 황룡 단면의 하부 층준과 마찬가지로 MIS 3 말기에 퇴적된 것으로 추정된다.

3) 왕경 지역 뢰스층의 고대사학 및 고고학적 함의

황룡사지 남쪽 가장자리 황룡 단면(그림 17의 A 지점) 뢰스층의 물리적, 화학적 특성으로 볼 때, 뢰스층 전체 두께는 116cm이지만 재이동된 층준을 제외하면 MIS 3 말기~2시기에는 50cm 정도 퇴적되었고(그림 29), 청동기시대 이후에 45cm 정도 그리고 이 두 시기 사이의 영거드라이어스 기후변동기에는 짧은 기간에 근거리에서 이동하여 와서 17cm 정도 쌓였을 것으로 추정된다(그림 24).

생업이 수렵, 채취와 어로였던 신석기시대에는 숲이 잘 보전되었으므로 경주선상지 저위면 자갈층 위에는 두께 50cm 내외의 뢰스층이 전면적으로 쌓여 있었고, 왕경 지역을 비롯한 경주 지역은 식생으로 가득 차 있었다(그림 30).

청동기시대에 들어와 농경이 본격적으로 시작되어 숲이 파괴되면서 뢰스층의 침식이 시작되었다. 이 시기부터 경주선상지의 뢰스층에는 다양한 변화가 일어났으며, 시간이 지남에 따라 모든 곳에서 뢰스층 침식이 진행된 것이 아니었다. 지표면의 해발고도가 주변에 비해 상대적으로 높은 곳은 빠르게 삭박되어 낮아지고, 해발고도가 낮은 곳은 주변에서부터 침식되어 재이동된 뢰스가 퇴적되어 미립물질의 층후가 더 두꺼워졌다. 실트질 뢰스로 이루어진 지표면은 인간활동에 유리하였으므로 아마도 청동기시대 말 내지 초기철기시대 초에는 왕경

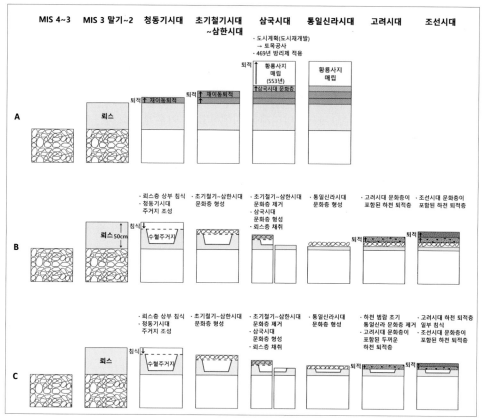

그림 26. 왕경 A, B, C 지점 뢰스층의 시계열별 퇴적상 변화
A: 황룡 단면(황룡사지 남쪽), B: 왕경발굴지(황룡사지 동쪽), C: 왕경 발굴 유물전시관 발굴지(분황사 동쪽)

지역 대부분이 주거지와 경작지로 변모하였을 것이다(그림 31).

특히 BC 2세기 말 이후 인구는 자연 증가와 더불어 고조선 유이민의 유입으로 크게 증가하였으며, BC 1세기 중엽 사로국이 건국된 이후에는 주변 지역에서 수도로 인구의 사회적 이동이 활발하였으므로 도시화가 진행되었을 것이다. 왕경의 인구증가와 도시화 속도는 사로제국의 영역이 확장되고 이어서 신라제국이 영남지방의 상권을 장악해나가면서 상당히 빠르게 진행되었다.[49] 특히 AD 400년 금관가야를 거의 빈사 상태에 빠뜨리고 낙동강 수운을 마비시켜 영남내륙 상권의 대부분을 차지한 이후에는 가야연맹에서 왕경으로 인구의 사회적 이동이 있었을 것[50]으로 생각된다.

이런 과정에 왕경은 도시계획 없이 무분별하게 팽창하여 도시환경이 크게 나빠졌으므로 도시를 재개발하지 않으면 안 될 지경에 이르렀다(그림 32). 수 년 또는 그 이상 기간에 걸쳐 도시 재개발을 마치고 AD 469년 방리제를 시행하였다. 이후에도 도시는 계속 팽창하여 7세기 중엽 삼국을 통일한 이후 경주는 다시 사회적 인구 유입으로 동아시아에서 가장 규모가 큰 도시들 가운데 하나가 되었다. 이와 같은 과정에서 경주선상지에 분포하였던 뢰스층은 많은 구역에서 인간의 영향으로 얇아지거나 일부 구역에서는 대부분 제거되어 버렸다.[51] 특히 왕경 지역에 수백 기의 적석목곽분이 조영되면서 봉토를 만들기 위하여 왕경 지역의 뢰스층은 대부분 교란되고 제거되었다. 다만 황룡사지 남쪽과 서쪽의 발천(拔川)을 따라 연결되는 상대적으로 해발고도가 낮은 곳에는 뢰스층 위에 재이동된 2차 뢰스가 추가로 퇴적되어 미립질 토양층이 더 두꺼워졌다.

황룡사 동쪽 왕경발굴지에는 뢰스층이 매우 얇게 남아있거나 거의 존재하지 않는다. 즉, 선상지 저위면 자갈층 바로 위에 통일신라시대 문화층이 형성되어 있다(그림 26–B). 그 위에 고려시대와 조선시대 문화층이 순서대로 퇴적되어 있다. 이 두 시기의 문화층에도 부서진 기와, 토기, 중력(pebble)급 자갈 사이를 메우고 있는 매트릭스는 세립질 모래와 실트가 주를 이룬다. 매트릭스를 이루고 있는 이 세립물질들은 경주선상지 위를 피복하고 있던 뢰스에서 기

---

49) 사로국이 주변 국가를 정복하여 제국화되어가는 과정과 신라가 영남지방에서 가야연맹을 축소시켜 상권을 장악하는 과정에서 국력을 신장하기 위한 가장 수월한 방법으로 인구를 늘렸을 것이다. 인력이 유일한 에너지인 고대 사회에서 인구는 농업 노동력, 제염과 제철 등 수공업 노동력과 군사적으로 병력이 되고 조세의 세원이 되므로 적극적으로 경주 지역으로 인구 유입을 장려하였을 것이다. 인구의 자연증가는 한계가 있었으므로 사회적 증가를 제고하기 위하여 다양한 노력을 기울였을 것으로 본다.

50) AD 400년 종발성이 함락되고 금관가야가 거의 괴멸되었다. 많은 사람들이 대가야와 왜로 이주하였으며, 경주로 간 사람들도 있었을 것이다.

51) 철근콘크리이트 건물에 비해 건물의 수명이 짧은 목조 건물로 된 왕경에서 수 백년 동안 재건축을 여러 차례 하였을 것이다. 국력이 점점 신장되었으므로 건물의 규모가 점점 커졌고 이에 따라 단단한 기초공사를 위하여 토양을 파내고 선상지 저위면 자갈층 위에 기초를 하였고, 도로 등 다른 토목 공사도 이와 같은 방식을 채택하여 뢰스층을 삭평해 나갔을 것으로 생각된다.

원한 것이다. 선상지 자갈층 위에 퇴적된 뢰스는 AD 5세기까지 진행된 적석목곽분 조성, 도시재개발, 사찰 건축, 주거지 건축, 도로건설 등과 같은 인간활동으로 대부분 제거되었다. 그리고 통일신라시대 동안 사람들이 거주하였고 고려시대에 북천이 범람하면서 지표면에 있던 뢰스가 재이동하여 부서진 기와, 토기와 뒤섞였던 것이다. 조선시대에도 동일한 과정을 반복하면서 조선시대 문화층을 형성하였다. 이 두 시기 층준에는 원력과 아원력의 중력(pebble)급 자갈이 포함되어 있는 것으로 볼 때 당시에는 북천이 범람하였음을 알 수 있다. 고려시대와 조선시대의 범람은 유수에너지가 낮은 환경이었으므로 뢰스물질을 포함하는 자갈들이 유수에 의해 재운반되어 두께 60cm 정도 퇴적된 것이다.

한편 왕경 내에는 황룡사지 남쪽 가장자리 외에 뢰스가 자연 상태에서 퇴적된 원형을 보존하고 있는 구역도 있다. 왕경을 비롯한 경주선상지에서 이루어진 발굴에서 조사한 토양층 단면도에는 이 지역에서 소위 '생토'[52]로 표현되는 선상지 자갈층보다 상부에 사질 점토, 점토, 뻘층, 점질토 등으로 표현된 층준이 상당히 많은 곳에서 확인된다. 물론 이런 층준 없이 생토 위에 사질토, 교란층, 복토층으로만 된 지점도 있다. 입자의 크기로 토양 조성을 기술하면, 발굴보고서의 '점토(clay)'는 '점토질 실트(clayey silt)'로 기재되어야 하고 '사질 점토(sandy clay)'는 '세사질 실트(fine sandy silt)'로 표현하여야 정확하다. 실제로 '사질 점토'라는 토양은 성립되기 어렵다. 왜냐하면 입경으로 구분하면 모래와 점토 사이에 실트가 있는데, 실트가 없이 모래와 점토로 구성된 뢰스의 토양 조성은 있을 수 없기 때문이다. 실트는 자연상태에서 유속이 없는 환경이 30분 이상 지속되어야 퇴적되기 시작한다. 점토는 clay를 번역한 용어인데, 유속이 없는 상태가 2시간 이상 유지되어야 점토가 가라앉기 시작하므로, 선상지 지형면에서 자갈이 풍화되어 생성되는 것 외에 유수에 의해 퇴적된 토양층에 실트가 포함될 가능성이 거의 없고 점토가 포함될 가능성은 없다. '뻘층'은 실트질을 주로 하며 세사(fine sand)가 포함된 간석지 토양을 다르게 표현하는 용어이므로 경주선상지에는 적확하게 사용된 용

---

52) 생토는 인간의 영향이 있기 전 자연상태에서 형성된 토양을 의미한다. 이 토양층에는 유물이나 유구가 없을 것으로 추정한다.

어는 아니지만 토성(soil texture)을 표현한 것으로 이해할 수 있다. '점질토'는 점성이 큰 실트에 세사가 포함된 토양이다.

이렇게 볼 때, 왕경 지역에는 선상지 자갈층보다 상부에 세사질 실트(fine sandy silt)로 된 뢰스층이나 이 토양이 재이동되어 퇴적된 세사질 실트층이 상당히 넓게 분포하고 있을 것으로 판단된다. 전자를 운반한 기구는 바람이고 세사질 실트는 바람과 유수였다. 향후 경주 지역 고고학 발굴에서 선상지 자갈층 위에 실트가 대부분을 차지하는 미립질 퇴적층에 대하여 이와 같은 형성 메카니즘을 바탕에 두고 문화층을 해석하여야 할 것이다.

왕경 지역에서는 청동기시대, 초기철기시대, 그리고 사로국 시기의 문화층이 대단히 희소하고 신라시대 초기 문화층도 드물게 보고된다. 이와는 대조적으로 삼국시대 후기와 통일신라시대 문화층이 광범위하게 확인되는 현상에 대하여 고대사학계나 고고학계에서는 왕경 지역이 AD 5세기까지 북천의 빈번한 범람으로 재해가 발생하고 습지들이 넓게 분포하여 인간이 거주하기에 적합하지 않았기 때문에 문화층 자체가 결여된 것으로 보는 견해가 대세이다. 따라서 북천 홍수를 막기 위하여 방수림을 조성하고 인공제방을 쌓는 등 치수사업을 하고 습지를 개발하면서 AD 6세기 경부터 왕경에 사람들이 거주하고 도시가 형성되었다고 주장한다. 그 근거는 첫째, 삼국사기에 홍수로 인해 발생한 재해 기록이 있다는 것이며, 둘째, 황룡사 사찰 건립 기록에서 넓은 습지가 있었다는 것을 제시한다. 후술하겠지만 삼국사기 홍수기록은 왕경 범람으로 인한 재해를 기록한 것이 아니며, 경주선상지 지형 특성으로 볼 때, 왕경에 소규모 습지는 있었을 수 있으나, 규모가 큰 습지가 있었을 가능성은 없으며 또한 광범위하게 습지가 형성될 수도 없었다.

오히려 삼한시대와 신라시대 초기 인간활동은 뢰스층에서 이루어졌으며, 이후 인구가 증가하고 도시화가 진행되면서 인간활동이 이루어졌던 뢰스층이 대부분 교란되거나 제거되었으며, 이에 따라 당시의 문화층도 함께 제거되거나 훼손되어 현재는 원형을 확인하기 어려운 상태가 되었다고 보아야 할 것이다.

다시 말하면 선상지 자갈층 위에는 주변의 선상지 지형면, 남천과 형산강 하상에서 바람에 의해 근거리를 이동해 온 세사와 황토고원으로부터 장거리 이동으로 운반된 풍성의 실트질 입자가 50cm 내외의 뢰스층을 형성하였다(그림 29). 신석기시대 사람들은 이러한 토양 위에 조성된 숲에서 식생을 이용하여 살았을 것이다. 울창한 숲의 뿌리와 토양층 상부에 덮힌 유기물층(Ao)이 뢰스층을 보호하였으므로 토양침식은 없었으며, 황사 등으로 운반되어 온 표층의 실트는 식생과 강수에 의해 하천으로 운반되거나 제거되기도 하였을 것이다(그림 30). 청동기시대에 들어와 사람들은 농경을 위한 경작지 조성을 하면서 벌채를 시작하였고, 뢰스층이 공기 중에 드러나면서 토양침식이 시작되었다.

청동기시대 전기 및 중기의 인구는 신석기시대에 비해 증가하였으나 심각한 식생파괴를 유발할 정도는 아니었다. 그러나 거의 700년 동안 지속된 청동기시대 후기에는 인구증가와 경작지 확대로 식생파괴가 광범위하게 진행되었다. 이 시기 경주 지역에서도 본격적인 식생파괴가 시작되었다. 사람들의 거주 공간도 빠르게 확대되고 식량 수요가 늘면서 곡물 생산을 위한 경작지 면적도 급격하게 증가하였다.

초기철기시대에 들어와서도 이와 같은 추세가 유지되었으나, 특히 철기가 생산되기 시작한 BC 2세기 말부터 농업생산성이 비약적으로 증대된다. 즉, 철제 농기구가 보급되면서 경작지 조성에 에너지가 적게 들었으므로 경작지는 크게 확대되었으며 경주선상지의 식생은 거의 대부분 제거되었을 것이다(그림 31).

이후에도 경주 지역으로 인구 유입은 계속되었으며, 경주선상지를 비롯한 주변 지역의 숲과 식생은 주거지와 경작지 확대 그리고 난방과 취사를 비롯한 다양한 목적의 에너지 공급을 위해 꾸준히 제거되었다. 이에 따라 지표면의 뢰스층은 지속적으로 침식되면서 이전 시기의 문화층들이 파괴되거나 제거되었으며 거기에 또 다른 인간활동이 이루어졌다(그림 32).

왕경 지역 지표면에서 일어난 가장 광범위한 변형은 두 번에 걸쳐 있었다. 첫째는 적석목곽분의 봉토를 공급하기 위하여 지표면의 뢰스층을 제거한 것이다. 두번째 변형은 AD 465년에 실시된 방리제를 위한 수 년 동안의 도시재개발 사업에 의해 발생하였다. 적석보다 봉토의 체적이 훨씬 큰 거대한 적석목곽분을 200년 이상 조영하였으므로 경주선상지 지표면을 피복하고 있던 뢰스층은 제거되었고, 이로 인해 뢰스층에 남아있던 AD 5세기 이전 선사 및 고대 문화층은 대규모로 제거되거나 교란되었다. 도시재개발 사업은 기존의 불규칙하고 자연발생적인 도시의 가로망을 전면적으로 철거하고 바둑판 모양의 가로망을 만들었다. 도시재개발 사업으로 이전에 있었던 많은 인간활동 흔적들은 변형되거나 제거되었을 가능성이 크다.

왕경 지역의 뢰스층은 최종 빙기에 형성된 선상지 저위면과 MIS 6시기에 퇴적된 선상지 중위면 위에 퇴적되었다. 만약 선상지 자갈층 위에 뢰스층이 없다면, 선상지 자갈층 상부의 문화층 층서는 아래로부터 구석기시대, 신석기시대, 청동기시대, 초기철기시대, 삼한시대, 삼국시대, 통일신라시대의 순서로 있어야 한다.

실제 왕경 지역 발굴에서 이와 같은 문화층의 층서가 확인된 사례는 거의 없다. 다만 분황사 동쪽 왕경 발굴 유물전시관 발굴지에서는 통일신라시대 문화층이 6~7세기 문화층 상부에서 확인된다(그림 16). 이 구역은 원래 북천의 하상이었으므로 시간의 경과에 따라 누층적으로 형성된 층서를 확인할 수 있다.

왕경 지역에서는 통일신라시대 유구가 가장 넓게 확인되며, 고고학 발굴에서도 이 문화층을 가장 중요한 층준으로 간주한다. 그러므로 통일신라시대보다 더 이전 시기인 삼국시대, 삼한시대, 초기철기시대, 청동기시대, 신석기시대 문화층이 왕경 대부분 구역에서 통일신라시대 문화층보다 하부에서 확인되어야 한다. 그런데 실제로는 그렇지 못하다.

한반도와 거의 같은 위도의 타클라마칸 사막, 차이담 분지, 고비사막, 황토고원 그리고 건륙화된 황해에서부터 바람에 의해 장거리 이동으로 운반되어 광역적으로 퇴적된 뢰스층이 왕경 지역에서 확인되었으므로 왕경 지역의 생토에 해당하는 선상지 자갈층 위에 뢰스가 퇴적되어 있다는 전제가 성립된다. 그리고 상술한 바와 같이 황룡사지 동쪽 왕경발굴지에서는 선상지 자갈층 위에 최종 빙기 후기에 퇴적된 두께 50cm 내외의 뢰스층이 있었다. 구석기시대부터 삼국시대까지 사람들은 뢰스층 위에서 활동하였으며, 이런 활동이 지속되는 동안 자연적인 침식이나 인위적인 삭평 등으로 인하여 삼국시대 후기 즈음에는 이 구역에서 왕경의

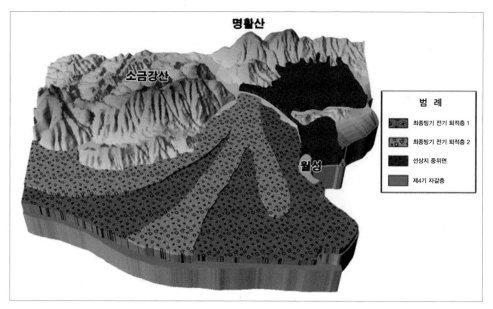

그림 27. 최종 빙기 MIS 4시기 경주선상지 지형면 형성

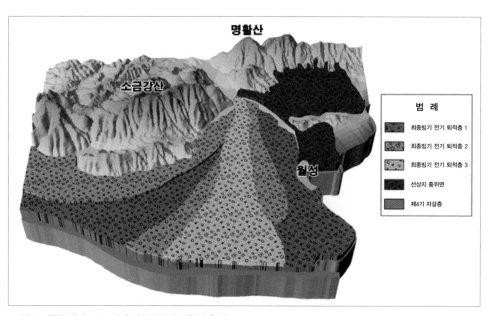

그림 28. 최종 빙기 MIS 3시기 경주선상지 지형면 형성

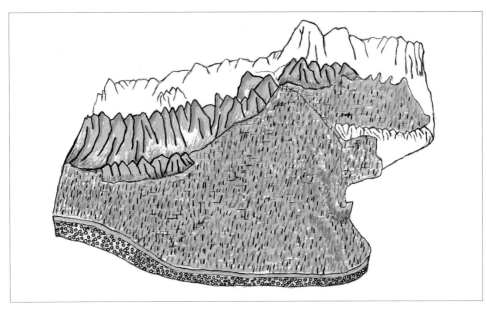

그림 29. 최종 빙기 MIS 2시기 뢰스층이 형성되고 있는 경주 지역 초원의 여름철 경관

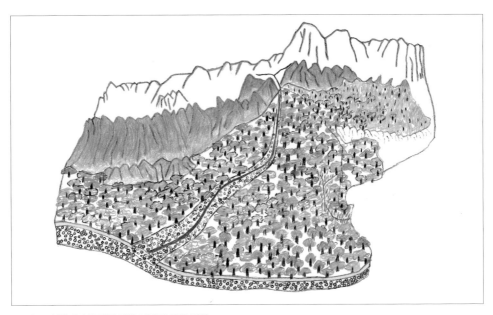

그림 30. 신석기시대 경주 지역 식생 및 지형 경관

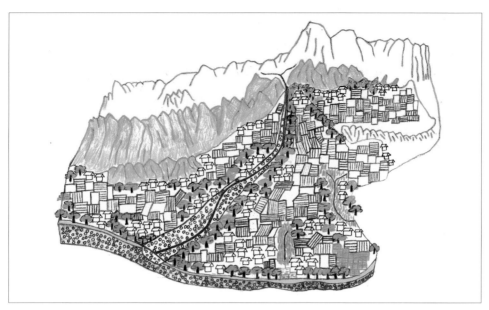

그림 31. BC 2세기 말 고조선 유이민이 본 경주 지역 토지 경관

그림 32. 왕경 도시재개발 사업 이전 AD 5세기 중엽 경주 지역 도시 경관

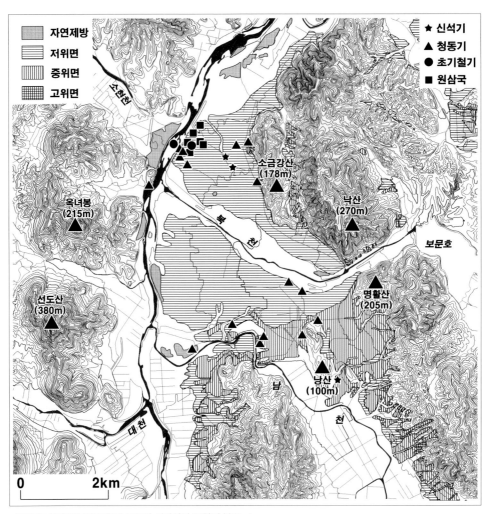

에 범례:
- 자연제방
- 저위면
- 중위면
- 고위면

- ★ 신석기
- ▲ 청동기
- ● 초기철기
- ■ 원삼국

소금강산
(178m)

옥녀봉
(215m)

낙산
(270m)

보문호

선도산
(380m)

명활산
(205m)

낭산
(100m)

소환천

북천

남천

대천

0   2km

그림 33. 경주선상지 지형면 분포와 선사시대 문화재 분포

뢰스층이 대부분 제거되었다. 그럼에도 불구하고 왕경 지역에는 황룡사지 남쪽 가장자리 외에도 자연상태에서 퇴적된 뢰스층이 보존되어 있는 구역도 있을 것이다. 이러한 뢰스층이 발견된다면 통일신라시대 이전의 인간생활에 대한 자료를 획득할 수 있을 것으로 생각된다.

한편 신석기시대의 유구는 북천 북쪽의 선단부 두 지점에서 확인된다. 청동기시대 유구는 북천의 남쪽과 북쪽 여러 지점에서 확인되었는데, 주로 선상지 지형면 가장자리에 분포한다. 분황사 부근, 월성 해자 발굴지, 경주 박물관에서는 청동기시대 유구가 확인되며, 초기철기시대와 원삼국시대(삼한시대) 유구는 북천 북쪽의 황성동에서 집중적으로 나타난다. 이곳에서 청동기시대 유구도 함께 발견되었다. 북천 남쪽 왕경 지역에서 청동기시대 유구는 선상지의 가장자리에서 확인된다(그림 33).

4) AD 6세기 신라 사회 변화와 뢰스층

왕경에 사람들이 살기 시작한 시기는 6세기이므로 이 지역에 삼국시대 후기 문화층부터 어느 정도 보편적으로 확인된다는 가설이 소위 통설로서 고고학계과 고대사학계에 광범위하게 받아들여져 왔다. 이 주장은 5세기까지 왕경에는 습지가 넓게 분포하였으며 북천의 홍수로 인한 재해 때문에 인간 거주하기에 불리한 공간이었는데, 6세기에 치수사업과 습지개발 기술을 통해 이 문제를 극복하였으며 이때부터 왕경은 고대사회의 중심지가 되었다고 보는 것이다. 이 가설에서 치수사업과 습지 개발이 구체적으로 어떤 방식으로 이루어졌으며, 왜 6세기에 이 사업이 실행되었는가에 대한 설명은 거의 없다. 한반도의 뢰스층 나아가 왕경의 뢰스층 존재를 인식하지 않았던 최근까지 지형학 연구를 통해 이 가설이 가지는 지형 해석의 오류, 삼국사기 홍수기록 해석의 문제점, 북천 홍수에 대한 논리의 비약과 증거의 부재와 같은 문제점을 지적할 수는 있어도(황상일, 2007), 왜 왕경 지역 고고학 발굴에서 6세기 문화층부터 확인되는지를 설명하는 것은 거의 불가능하였다. 그러므로 이 가설은 생명력을 유지하였으며 여전히 왕경 지역에 주민이 본격적으로 거주한 시기를 설명하는 거의 유일한 주장으로 자리매김하고 있다.

6세기 초 신라사회의 변화를 주도한 법흥왕(AD 514~540년)은 520년 율령을 반포하고 527년에는 불교를 공인하였다. 가장 늦은 시기의 적석목곽분은 보문동부부총의 부묘(夫墓)이다. 최병현(2004)은 이 분묘의 조성 연대가 6세기 중반까지 내려오지 않고 6세기 전반기 어느 시기이며, 이 시기를 적석목곽분 하한연대로 규정하면서 AD 520년대에 적석목곽분 조영이 종료된 것으로 보고 있다. 그리고 AD 514년 적석목곽분으로 왕경의 평지 분묘구역에 자리잡았던 지증왕릉과 대조적으로 묘제가 변경된 법흥왕릉은 AD 540년 경주 교외의 산지에 입지한다.

인간의 문화 현상 가운데 가장 보수적인 묘제와 왕릉의 입지가 대단히 짧은 기간에 완전히 바뀌는 것은 큰 권력의 개입이 없는 환경에서는 거의 불가능하다는 점을 고려하면, 법흥왕이 반포한 율령에 묘제 변경에 대한 내용이 있었을지 모른다는 해석이 가능하며 또한 불교의 공인으로 변화된 신라인들의 죽음에 대한 사고체계 변화가 묘제 변화를 이끌었다는 해석도 가능하다.

그러면 적석목곽분 조영이 6세기 초에 종료되는 것과 왕경 지역에서 6세기 문화층부터 보편적으로 분포하는 현상이 어떤 상관관계를 가지는가에 대하여 논의하여야 한다. 왕경 지역 뢰스층 제거와 교란에 가장 영향을 크게 미친 것은 인간활동이다. 청동기시대부터 식생이 제거되면서 뢰스층의 토양침식이 시작되었으나, 대규모로 뢰스를 제거하고 뢰스층을 교란한 것은 5세기 중엽 경주선상지에서 전면적으로 시행된 방리제를 위한 도시재개발 사업과 적석목곽분의 봉토에 필요한 토양으로 뢰스를 채취하였기 때문이다. 물론 이 외에도 월성 가장자리 축성과 황룡사지 매립에도 막대한 양의 뢰스가 공급되었을 것이다.

AD 3세기 경부터 AD 520년대까지 200년 이상 수 백기의 적석목곽분이 왕경 분묘구역에 조영되었다. 적석목곽분을 만드는데 적석보다 토양이 훨씬 더 많이 필요하다. 토양은 주변 산지에서 채취하여 운반해올 수도 있으나, 왕경 지역 지표면에 퇴적되어 있는 뢰스를 바로 채취한다면 비용이 훨씬 적게 든다. 적석목곽분의 봉토를 공급하기 위하여 왕경 지역의 뢰스층이 거의 대부분 교란되고 제거되었으며, 채취된 뢰스는 분묘 구역으로 옮겨져 봉토로 사용되었다. 그리고 뢰스 제거로 드러난 선상지 자갈층에서 적석으로 사용할 거력(boulder)을 얻었다. 특히 왕경의 도시화가 빠르게 진행되면서 농경지가 도시로 변모하였으므로 뢰스층을 보전할 필요가 없어졌다.

MIS 3 말기부터 퇴적된 이 뢰스층에는 구석기시대부터 신석기시대, 청동기시대, 초기철기시대, 삼한시대 그리고 삼국시대 초기 문화층이 포함되어 있었는데, 뢰스층이 제거되면서 대규모로 교란되었거나 함께 제거되었다(그림 26-B와 C).

비록 황룡사지 조성(AD 553~AD 569년)을 위한 매립공사에 막대한 양의 뢰스가 소요되었지만 묘제가 변경된 AD 6세기 중엽부터 뢰스는 더 이상 대규모로 채취되지 않았다. 건물 공사와 도로 조성과 같은 건설 및 토목 사업으로 훼손되었으나 이전에 비해 규모가 크지 않았을뿐 아니라 뢰스가 제거되어 다른 장소로 옮겨지지 않았다. 그러므로 6세기 중기 이후 인간 활동으로 남긴 문화층은 대부분 제자리에 남겨질 수 있게 되었으며, 현재 고고학 발굴에서는 이 시기 문화층부터 통일신라시대, 고려시대 그리고 조선시대 문화층이 확인되는 것이다.

IV. 사로국 성립과 발전에 미친 자연환경 및 입지 요인

1. 선상지와 높은 인구부양력

국가의 역할 가운데 가장 중요한 것은 식량과 에너지의 안정적인 공급과 외부 세력의 침입으로부터 역내에 거주하는 국민의 안전을 보장하는 것이다. 한반도 남부에서 복잡한 국제관계가 조성되면서, 전쟁이 지속된 삼한시대와 삼국시대에 각 국가는 다른 국가와의 전쟁에서 이기고, 국민의 생존과 안전을 보장하기 위하여 경쟁적으로 국력을 증진시켰을 것이다. 고대국가의 국력은 인구수 및 인구밀도와 밀접하게 관련되어 있다(M=P³√B(M: 국력, P: 총생산, B: 인구)). 무기체계가 유사한 환경에서 많은 인구를 병력으로 동원할 수 있는 능력은 전쟁의 승패에 크게 영향을 미쳤을 것이다. 아울러 인구밀도가 높은 도시에서는 혁신이 일어날 가능성이 더 커진다. 인구가 많은 도시가 형성되기 위해서는 도시에 거주하는 인구를 부양할 수 있을 만큼 충분한 곡물을 공급할 수 있는 주변 지역이 필요하다. 곡물의 국제적인 교역이 일반적이지 않았던 고대에 국가 영역 내의 곡물 자급자족 능력은 인구부양력을 결정하는 가장 중요한 요소였다. 그리고 곡물생산량은 경작지 면적과 토양 비옥도와 관련된다.

고대 동안 영남 지역에서 경작지로 사용할 수 있는 지형면은 선상지, 하안단구, 해안단구, 곡저평야이다. 하계에 강수량이 집중되는 한반도에서 범람원은 상시적인 홍수 위험이 있으므로 상대적으로 해발고도가 높아 범람가능성이 낮은 자연제방만 경작지를 조성하였을 것이다. 융기축에 해당하는 태백산맥과 소백산맥에서 발원한 하천의 양안에 분포하는 하안단구는 하천을 따라 좁고 긴 형태로 분포한다. 해안단구는 해안충적평야를 적극적으로 활용할 수 없었던 고대에 동해안에서 경작지를 조성할 수 있는 거의 유일한 지형면이었다. 곡저평야는 주로 구릉지 지역의 하곡에 형성된다. 산지가 넓은 영남 지역에서 이들 지형면이 제공하는 경작지는 상대적으로 규모가 작고 분산되어 분포한다.

경주를 포함하는 남동부 지역에는 북북동–남남서, 북북서–남남동, 북서–남동 주향의 단층선을 따라 횡으로 연결되는 합류선상지들이 신광, 안강, 기계, 건천, 경주, 천북, 언양, 불국사부터 울산까지 분포한다. 이 지역 선상지는 단독으로도 분포하지만 단층선을 따라 횡적으로 연결되어 합류선상지를 이루므로 규모가 크다(그림 11). 빙기 동안 활발한 기계적 풍화작용을 받아 공급된 사력 물질이 곡구부에 넓게 퇴적되어 선상지가 형성되었으나, 간빙기에 들어와 하천 유역분지가 식생으로 피복되었으므로 빙기에 선상지를 형성하였던 하천은 선상지 지형면을 하방 침식하여 단일 유로를 만들었다. 따라서 홀로세에 들어오면 최종 빙기에 형성된 선상지 저위면은 하천의 범람으로 인한 피해를 받지 않으므로 인간활동에 있어서 안정된 공간이 된다. 그러므로 경주 주변 단층선을 따라 분포하는 넓은 선상지는 곡물 생산의 기반이 되어 경주 지역의 인구부양력을 높이고, 왕경 지역은 인구밀도가 높은 도시가 되었다.

일반적으로, 선상지에서는 하천에서 용수를 얻을 수 있는 선정과 선측, 용천에서 물을 구할 수 있는 선단을 제외하면 용수의 구득이 원활하지 못하다. 특히 선앙부에는 자갈과 모래와 같은 조립질이 두껍게 퇴적되어 있으므로, 배수가 양호하고 강수는 대부분 복류하여 지하수로 흐른다. 따라서 선앙부 토지는 논을 만들기에 부적합하여 주로 과수원이나 밭으로 이용되며, 벼보다는 기장이나 수수, 보리, 메밀과 같은 잡곡을 파종한다. 경주 및 주변 지역에 분포하는 선상지에서도 이와 같은 토지이용이 이루어졌을 것이다. 다만, 경주선상지는 예외적으로 선앙부에서 경작이 이루어졌다. 즉, 지형적 요인으로 경주선상지 선앙부의 지하수위가 높기 때문에 선앙부에서도 용수를 수월하게 구할 수 있어서 주거지가 밀집하여 도시 지역이 되었다. 이것은 후술하는 '왕경 지역 고대 생활용수 공급 가능성'에 상술하였다.

삼국사기와 삼국유사에 기재된 AD 9세기 중엽 인구에 대한 기사에서 '17만 8천 戶'의 호(戶)를 인(人)의 오기로 보는 견해가 있다. 그러나 경주와 주변 지역의 선상지 면적과 여기서 생산되는 곡물생산량을 고려하면, 여러 문헌에서 거의 동일하게 기록되어 있는 내용이므로 그대로 받아들여도 무리가 없다. 즉, 경주 지역 17만 여 戶의 인구, 80만 명 정도는 부양력 범위 내에 있을 것으로 생각된다. 삼한시대에는 삼국시대보다 인구가 적었다. 그러나 진한 지역 소국 정복이 마무리된 삼한시대 말의 경주 지역 인구는 도시재개발 사업을 통해 방리제를 시행한 5세기 중엽에 비해 크게 차이나지 않았을 것으로 생각된다. 이러한 현상은 고대 초기 인구의 자연증가율이 상당히 낮았으므로 추정이 가능하다. 삼한시대 말부터 방리제를 시행한 5세기 중엽까지 많은 인구가 경주 지역에 거주하였고, 통일 이후 급격하게 인구가 증가하여 9세기 중엽까지 거의 80만 명에 이르렀다. 이와 같은 인구 집중은 인구부양력이 뒷받침되지 않으면 불가능하다. 아마도 곡물을 충분히 생산하기 위하여 단층선을 따라 분포하는 선상지는 일찍부터 경작지로 개발되었으며, 철제농기구의 보급 속도도 대단히 빠르게 진행되었던 것으로 생각된다.

단층선과 제4기 기후변화, 그리고 이에 따른 식생변화 및 지반운동이 복합적으로 작용하여 형성된 선상지는 높은 인구부양력을 창출한 경작지로서 사로국이 국력을 확대하는데 가장 중요한 역할을 한 지형 단위이다.

2. 영남내륙과 동해안을 연결하는 교통 결절점

고대 영남 지역에서는 산지의 안부에 조성된 고개와 평지 그리고 하곡을 따라 형성된 길과 강을 건너는 나루터를 통해 취락들 사이가 연결되었으며, 낙동강 및 그 지류들과 형산강은 수상교통로로 이용되었다. 한편 태백산맥 동쪽의 동해안지방은 양산단층선과 울산단층선을 따라 형성된 단층선곡에 직선상의 교통로가 조성되므로 길고 좁은 동해안은 단층선과 해안을 따라 효율적으로 연결된다.

특히 경주에서는 북북동-남남서 방향의 양산단층선과 북북서-남남동 방향의 울산단층선이 교차하므로 단층선에 의해 조성된 세 개의 주요 교통로가 만난다. 그리고 건천을 통과하는 북서-남동 방향의 단층선에 조성된 도로는 영천과 연결되므로 경주는 태백산맥 동쪽에서 결절율이 가장 높다. 특히 건천을 통과하는 단층선을 따라서 해발고도가 낮고, 경사가 완만한 아화고개(해발고도 120m)를 통해 금호강 유역으로 연결된다.

평지에서 교통로는 자연적인 장애물이 없는 경우 최단거리 경로를 취하지만, 산지에서는 능선 가운데 해발고도가 낮은 안부에 조성된 고개를 통과한다. 고개는 자동차용 도로와 철도 등 근대적인 교통망이 건설되기 이전에는 유용한 교통로였다.

동해안 지방에서 태백산맥을 넘어 영남내륙을 연결되는 통로로서 강구-영덕-황장재-진보 노선, 경주-건천-아화고개-영천 노선과 낙동강 수상교통로인 김해-삼랑진-남지-구미-선산-안동의 세 개 노선 가운데 황장재를 이용한 길은 고대 동안 핵심 지역이었던 금호강 유역과 연결되지 않고 영남 북부분지의 안동으로 이어진다(그림 34). 이와는 대조적으로 아화고개는 영천을 거쳐 영남 북부분지 그리고 금호강 유역의 중앙분지를 연결한다. 따라서 동해안 교통로의 결절에 자리잡은 경주가 영남내륙으로 진출하는데 가장 핵심 지역은 영천이라고 할 수 있다. 영천은 구릉지로 이루어진 금호강 유역분지의 동쪽 가장자리에 위치하며, 영천 남쪽으로는 하곡을 따라 조성된 도로로 청도와 연결되고, 서쪽으로는 평탄한 길을 따라 경산과 대구를 거쳐 낙동강까지 도달한다. 그리고 영천은 팔공산지의 북쪽으로 신령-

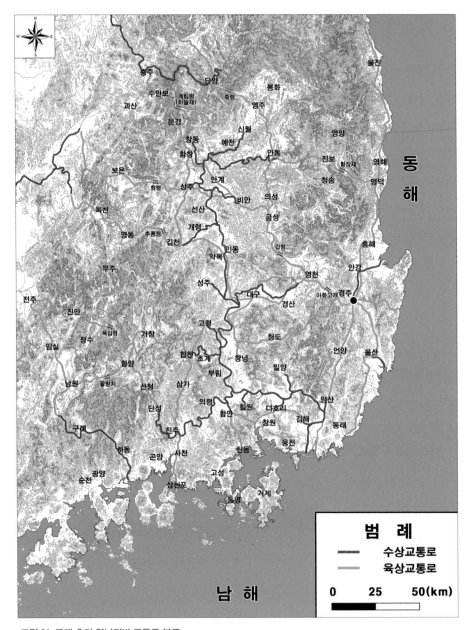

그림 34. 고대 초기 영남지방 교통로 분포

의흥-금성-안계-함창-문경-충주로 연결되는 노선의 출발지로 대단히 중요한 위치에 있었다. 동해안에서 영천에 이르는 통로 가운데 안강-고경-영천을 연결하는 교통로는 해발고도 195m에 이르는 시티재를 넘어야 하는데, 건천과 아화 간의 고개는 해발고도 약 120m이다. 더욱이 도시 규모가 가장 큰 경주를 기준으로 할 때, 시티재를 통과하는 노선은 안강으로 우회하므로 아화고개를 통과하는 노선보다 거리가 훨씬 길어서 운송비에서 불리하다. 따라서 고경과 영천을 연결하는 통로는 거의 사용되지 않았다고 생각된다.

이렇게 볼 때, 태백산맥을 경계로 영남내륙과 동해안지방은 분리되었으며, 교류할 수 있는 교통로가 아화고개를 통해 경주에서 건천과 영천을 연결하는 노선과 강구-영덕-황장재-진보-안동에 이르는 노선으로 제한되었다. 고대에 강구와 안동은 영남지방의 핵심 지역이 아니었다. 그러므로 경주는 동해안에서 영남내륙으로 연결되는 교통로를 통제할 수 있는 입지에 있었다. 이것은 동해안에서 생산되는 물품 가운데 내륙지방에서 요구하는 물품들을 독점적으로 공급할 수 있는 통제권을 가지는 것을 의미한다. 이와 같이 경주가 가지는 교통망의 입지 특성은 영남내륙 시장을 대상으로 교역을 통해 경주의 부(富)를 축적하는데 중요한 역할을 하였다고 생각한다.

3. 시장의 형성과 제철 및 제염업

고대 초기에 곡물은 국가의 가장 중요한 자원이고 인구부양에 가장 중요한 요소이지만, 자급자족하는 경제 체제였으므로 국가간 교역으로 유통되는 양은 그리 많지 않았다. 즉 식량을 얻을 수 있는 곳에 인구가 집중하였을 것이므로 인구분포는 경작지 분포와 관련된다.

상술한 바와 같이 $M=P^3\sqrt{B}$(M: 국력, P: 총생산, B: 인구)에서 국력에 가장 크게 영향을 미치는 요소는 총생산이다. 고대에 총생산에서 차지하는 비율이 가장 큰 것은 농산물이며, 직물, 임산물, 철제품, 소금, 어물과 같은 것들이 주요한 생산품이었을 것이다.

일반적으로 부가가치가 가장 높은 제품은 모든 사람들이 필요로 하지만, 생산지나 공급지가 특정 지역으로 제한되는 물품이다. 이러한 제품 가운데 고대에 있어서 대표적인 것이 철제품과 소금이었다(황상일 외, 2002; 이희준, 2007). 특히 제철 산업은 고대 초기에는 첨단기술(하이테크) 산업이었다. 모래로 된 자연제방을 제외하면 토양이 치밀한 뢰스층,[53] 자갈이 많이 포함된 선상지 또는 단구 지형면을 경작지로 개간하기 위해서는 철제로 만든 농기구가 필요하다.[54] 소금은 생존에 필요한 식품으로 최소량을 섭취해야 하며 대용품이 없다. 따라서 이 두 가지는 모든 사람들이 필요로 하지만 한반도에서는 생산지가 철광석 광산 인접 지역과 해안으로 제한된다. 아울러 철제품은 높은 수준의 생산기술을 가지고 있어야 한다. 고대 초기부터 경주의 통제 아래 있었던 울산 및 동해안 지역은 이 두가지 제품을 생산할 수 있는 자연환경적 요건을 갖추었다.

경주를 포함하는 영남지방에는 초기철기시대 후기에 해당하는 BC 2세기 말~BC 1세기 초에 고조선 유이민들에 의해 철기가 소개되었으며, BC 1세기 경에 비로소 철기가 사용되었

---

53) 실트는 수분을 포함하면 점착성이 매우 높고, 수분이 증발하면 토양이 경화되어 버린다. 강수량이 1,000mm 내외인 영남지방에서 실트로 이루어진 뢰스층을 목재나 석재 농기구를 이용하여 경작하였다면 많은 어려움이 있었을 것이다.

54) 청동기시대 경작유구 가운데 진주 대평, 춘천 중도와 같이 범람원을 밭으로 개간하면 사용 가능한 경작지의 규모가 대단히 크다. 이 지역은 토양조성이 대부분 모래로 되어 있어서 목재나 석재 농기구로도 기경하는데 어려움이 없다. 이와는 대조적으로 울산 옥현 지역과 같이 모래질 실트로 된 곡저평야의 경작지 규모는 매우 작다.

다(이희준, 2007). 이전까지 사용되던 석기나 목기 및 골각기로 만든 농기구에 비해 획기적으로 생산성을 높일 수 있는 철제 농기구는 부가가치가 대단히 높았을 것이다. 특히 강수량이 부족하고 실트 함량이 많은 뢰스로 피복되었으며, 퇴적암이 넓게 분포하여 실트 함량이 높고 모래가 적게 포함된 영남분지의 토양은 토양 경도가 높다. 대부분 이와 같은 경작지에 철로 된 농기구는 석기나 목재로 된 농기구에 비해 곡물생산을 획기적으로 증대시킬 수 있었다.

아울러 철제 무기는 그 이전의 석재 무기에 비해 우월한 군사력을 제공한다. 그리고 고대 초기에 철로 만든 철정은 한반도 남부 지방에서 화폐 역할을 하였다. 울산 농소에 위치하는 노천광인 달천철광은 고대 초기에 이미 개발되었다. 북방의 수준 높은 선진 문물과 문화 그리고 제철기술과 같은 첨단기술을 가지고 경주 지역에 들어온 고조선 유이민들에게 달천철광의 존재는 같은 시기에 금호강 유역과 영남 북부 지역에 정착한 동일 계통의 유이민 집단들보다 경제적으로 유리한 위치를 가질 수 있도록 하였을 것이다. 달천철광에서 채굴한 철광석은 채취에 소요되는 비용이 낮아서 가격경쟁력이 있었으며, 울산과 경주 지역에서 생산한 철제품은 대외교역으로 외국으로 수출되거나 영남 지역에도 공급되었다.

달천철광이 개발되기 시작한 시기에 대해서는 BC 2세기라는 주장(한국문화재조사연구기관협의회, 2012; 김권일, 2013)과 BC 1세기 중엽(신동조, 2013)이라는 견해도 있다. 초기철기시대와 삼한시대에는 달천철광에서 토철과 철광석을 채광하여 인근 중산동 이화 유적에서 제련하여 철 성분을 추출한 후 중산동 798-2번지 제철 유적에서 단조와 주조 철기를 생산하였는데, AD 2세기 말부터 경주 황성동 제철 유적으로도 공급하였다(김권일, 2013).

달천철광에서 채취한 원 재료가 AD 2세기 말부터 경주 황성동으로 공급되기 시작한 것으로 보는 것은 이 시기에 비로소 울산 지역이 경주의 영향권으로 들어가면서 경주 세력의 개입없이 중산동 고분군 집단을 포함한 울산 지역 소국의 주도로 국제교역이 이루어졌다고 보기 때문이다(김권일, 2013). 그 근거로는 중산동 고분군에서 순수목곽묘[55]가 AD 2세기 말 이

---

55) 목곽묘는 고조선 지역의 대표적 묘제이므로 고조선 유이민들에 의해 조영된 것으로 보는 것이다. 순수목곽묘는 목곽묘의 전형적인 형태를 강조한 용어이다.

후부터 조영된 것을 들고 있다.

그러나 삼국사기에 의하면 사로국은 울산 지역에 있었던 우시산국을 탈해왕대(AD 57~80년), 그리고 굴아화촌을 파사왕대(AD 80~112년)에 정복하였고, 동래에 있었던 거칠산국은 탈해왕대(AD 57~80년)에 정복하였다. 사로국이 동해안에서 가장 먼저 울산 지역을 정복하고, 거의 같은 시기 동래까지 진출한 목적이 무엇인지 살펴볼 필요가 있다. 영남 지역에서 철기를 가장 먼저 만든 사람들은 누구일까? 현재까지 BC 2세기에 해당하는 철기는 확인되지 않았지만, 영남 지역에서 가장 먼저 철기를 제작한 사람은 고조선이 멸망한 BC 108년 이후 영남지방으로 들어온 유이민들로 생각된다. 이들은 고대에 철이 가진 가치를 잘 알고 있었으며, 당시 채광, 제련, 제철 등과 관련된 하이테크(첨단) 산업의 기술을 가지고 있었을 것이다. 그러므로 경주 지역에 도착하자마자 철광석을 찾았으며 얼마 지나지 않아 달천철광을 발견하였을 것이다.

제련과 제철은 가장 전형적인 원료지향적 산업인데, 이것은 원료가 공간적으로 상당히 편재되어 있거나 수송비가 상대적으로 비싼 경우에는 원료 산지 가까이 입지하게 된다. 제련 공정에는 코크스와 석회석이 필요하고 조개껍질을 대용으로 쓴다. 그러므로 고조선 유이민들은 최초로 달천철광을 발견하여 자신이 가진 기술로 울산 지역에서 제련과 제철산업을 시작하였을 것이다. 그들은 달천철광 부근의 중산동 이화 제련 유적과 중산동 798-2번지 제철 유적에서 알 수 있듯이 이곳에 산업단지를 조성하여 철을 생산하였을 것이다.

울산 지역 제철산업의 소유권을 누가 가졌는가에 대해서는 논쟁의 여지가 있다. 만약 이 제철산업을 고조선 유이민이 아닌 울산 지역 선주민들이 개발하고 소유하였다면 AD 1세기 후반 울산과 동래 지역을 정복한 이후 사로국에 귀속되었을 것이다. 왜냐하면 경주의 군대가 이 두 지역을 정복하러 가는 경로에 달천철광과 중산동 제련 및 제철 유적이 있는데도 불구하고 사로국이 고조선 유이민이 아닌 선주민 집단이 가진 소유권을 그대로 인정하고 지나쳤을 가능성은 거의 없기 때문이다. 그러나 고조선 유이민들이 제철기술을 전수하기 전에 울산 지역 선주민들이 이 첨단기술을 습득하여 철을 생산하였을 가능성은 낮다고 생각된다.

따라서 사로국이 울산 지역을 정복하기 이전 제철산업의 소유권은 고조선 유이민이 가지고 있었으나 이들이 울산 지역에 와서 소국을 만들어 살지는 않았다. 외동과 달천철광은 평지에 난 길로 불과 12km 거리에 있다. 즉, 고조선 유이민들이 외동에 살면서 울산 달천철광을 개발하고 소유했으므로 울산 지역 선주민들이 영남지방에서 처음으로 첨단기술을 독자적으로 습득하여 철을 생산한 것은 아니라는 것이다. 이러한 사실은 상술한 중산동 고분군의 순수목곽묘가 AD 2세기 말 이후 조영된 것과도 조화된다.

달천철광은 사로 6촌 가운데 불국사 또는 외동 부근에 있었던 촌의 고조선 유이민들이 개발하고 노동자를 고용하여 제철산업을 하였을 것이다. 이들이 생산한 철의 일부는 경주 지역에 소비되었고 나머지는 대외에 판매하였을 것이다. 철의 가격은 울산보다 경주의 시장에서 결정되었을 가능성이 높다. 철 생산과 유통을 독점하면 가격을 결정할 수 있으므로 최대 이익을 얻을 수 있기 때문이다. 대외무역은 선박을 이용하여 구매하러 오는 마한, 예, 왜, 대방과 낙랑을 대상으로 하였다.

현재까지 동해안에서 소금을 만든 유구나 유물이 고고학적으로 확인된 바 없다. 그리고 동해안에서 선사시대에 소금이 생산되었을 가능성은 낮다. 생업이 수렵이었던 신석기시대에는 동물의 내장과 피에서 얼마간의 염분을 얻을 수 있으나, 농경이 생업이 되면서 식물을 태운 재에 물을 부어 염분을 추출하였다.

그러나 영남지방에서는 제염의 경험이 있는 고조선 유이민들이 다양한 방법으로 간수를 만들고 이것을 소형 토기나 철부에 넣어 가열하는 자염법으로 소금을 생산하였을 가능성이 있다. 제염에 사용된 소형 토기가 일본에서는 고고학 발굴을 통해 확인되었으나, 한반도에서는 아직까지 보고되지 않았다. 이와 같은 생산 방식은 막대한 연료를 요구하지만(유승훈, 2008), 동해안 전역에서 연중 생산이 가능하다. 연료는 울산 태화강, 포항 형산강, 울진 왕피천, 평해 남대천, 영해 송천, 강구 오십천 등 규모가 큰 하천의 하구부에 넓게 분포하는 습지의 갈대와 주변 산지의 신탄이 사용되었다. 제염을 한 초기에는 연료를 주변에서 구할 수 있으므로 운송 거리가 짧아서 비교적 낮은 비용으로 소금생산이 이루어졌을 것이다. 소금은 부가가치가 워낙 커서 고려시대부터 근대까지 국가가 전매하여 생산과 가격을 조절하였다. 아마 고대 초기에도 소금은 수요에 비해 생산량이 충분하지 않았고, 운송비가 높아서 대단히 고가였을 것으로 생각된다.

한편 신라는 다양한 물품을 원거리 교역이나 국제 교역으로 거래하였으며, 이를 통해 국가의 성장과 왕권 강화에 필수불가결한 경제적 부를 획득하였다. 부의 축적은 고대국가 성립과 발전에 중요한 기반이다. 자급자족 경제사회였던 소국 시기에도 일부 생산품은 교역에 의존할 수밖에 없었다. 토기나 직물 또는 임산물이나 농산물과 같이 영남지방 거의 모든 지역에서 골고루 생산되는 물품은 부가가치가 낮아서 주요 교역품이 아니며, 생산지가 한정된 철제품이나 옥이나 금 세공품, 소금, 어물과 같은 것이 주요한 교역 대상이 된다.

고대에는 경주 지역에서 생산된 철정을 비롯한 철제품과 동해안에서 생산된 소금을 거래하는 시장이 경주 왕경 지역에 조성되었다. 三國史記 소지마립간 12년(490년)에 '初開京師市以通四方之貨', 지증마립간 10년(509년)에 '置京都東市' 라는 기록에서 왕경에 두 개의 시장이 설치되어 상업중심지가 조성되었음을 알 수 있다. 이 기록의 市(시)와 東市(동시)는 469년에 실시한 방리제의 특정 구역들에 건물을 비롯한 시설들과 시장을 관리하는 관청, 공무원과 같은 관리체계를 구비한 상당히 큰 규모의 공설시장을 의미한다.

이런 규모의 공적 시설이 조성되기 이전에도 경주 지역에 시장이 있었는지, 시장이 있었다면 어떤 형태였으며 그리고 언제부터 존재했는가에 대해서는 구체적인 문헌자료가 없으므로 논의에 한계가 있다. 그럼에도 불구하고 경주는 동해안에서 결절율이 매우 높은 곳이고, 동해안 지역과 영남내륙 지역이 연결되는 결절에 위치하므로, 삼국사기 기록 훨씬 이전에 시장이 형성되었고 선사시대에도 교역의 장이었을 가능성이 크다. 그리고 고대 초기에는 사로국이 동해안 지역을 통합하였고, 잘 발달된 교통로를 따라 인적 및 물적 교역이 왕성하게 이루어지면서 경주는 여러 가지 재화와 용역을 제공하는 기능이 입지하는 가장 높은 차원의 중심지[56]가 되었다.

---

56) 3차산업의 입지이론인 중심지이론은 도매업, 소매업, 교통, 행정, 교육, 기타 서비스업이 어떻게 입지하는가를 설

시장이 개설되기 이전 교역에서는 경주 상인들이 경주, 울산, 동해안 지역의 수공업자로부터 제품을 공급받고, 이것을 영남내륙에서 오는 구입자들에게 판매하는 방식이었을 것이다. 특히 경주 시장에서 철과 소금을 거래하는 방식은 여러 판매자가 시장에서 가격을 결정하는 자유경쟁이 아니라, 유력한 세력이 생산부터 판매까지 독점하여 가격과 공급량을 결정하는 방식이었을 것이다. 즉, 철과 소금은 왕경의 유력 집단의 창고로 운반되고 여기에서 공급량과 가격을 결정하여 거래되었을 것이다.

고대인들의 삶에 가장 중요한 이 두 가지 물품의 공급을 독점할 수 있는 것은 왕경 입지가 가진 가장 중요한 강점이다. 그러나 이와 같은 입지의 강점도 동일한 물품들을 공급할 수 있는 경쟁 상대가 나타나면 가격결정권에 문제가 생기고 이익이 감소하므로 스트레스를 받게 된다.

경주 지역이 가지는 입지 특성 가운데 산업 및 상업적 요인으로서 왕경에서 물품거래가 이루어지기 시작한 시기 즉, 시장이 실질적으로 개설된 시기를 아는 것은 사로국이 영남지방의 소국들과 경쟁에서 어느 정도 우월한 위치에 있었는지 그리고 언제부터 유리한 상황에 있었는지를 알 수 있는 척도가 된다. 고고학 발굴에서 유구나 유물이 확인되고 있지는 않지만, 문헌에 의하면 3세기 중엽에 비로소 소금이 만들어지기 시작했다는 기사가 등장한다. 시장에서 소금은 가장 요긴하게 거래되는 물품으로서 산업총생산과 교역에서 얻는 이익이 상당했을 것이며 시장의 영향력을 파악하는 핵심 요소가 된다. 삼국사기와 삼국유사를 비롯한 문헌과 고고학 발굴에서 확인된 내용은 이미 논의하였으므로, 이제 사로국을 건국한 주도 세력인 고조선 유이민들을 통하여 경주 지역에서 시장이 언제부터 있었는지 그리고 제염은 언제부터 시작하였는가를 검토하고자 한다.

BC 91년에 완성된 사기의 화식열전에는 중국 각지의 특산물을 적시하고 이렇게 기술한

명하려는 이론이다. 이 이론에서는 최소요구치(threshold)와 재화의 도달범위(range of goods)가 다른 저차위재화(low order goods)가 있으며, 다양한 차원의 재화를 제공하는 상점이 밀집한 지역을 중심지(central places)라고 하는데, 경주는 제공하는 재화와 용역의 수가 고대 한반도의 어느 도시보다도 많았으며 가장 차원이 높은 고차원재화를 제공하는 중심지였다.

다. '이 물산들은 모두 중국 사람들이 좋아하는 것들이자 습관적으로 입는 옷, 양생, 장례에 필요한 것들이기도 하다. 따라서 농민들은 먹을 것을 생산하고, 사냥꾼과 어부는 산림, 호수, 바다에서 나는 산물을 개발하며, 장인은 물건을 만들고, 상인은 그것들을 유통시킨다. 이런 것들을 무슨 명령이나 교화에 따라 그렇게 때 맞추어 내 보내겠는가? 사람들이 각자 그 능력에 맞게 있는 힘을 다해 얻고자 하는 것을 얻는 것이다.'. 그리고 '그러므로 물건 값이 싸면 오를 징조이고, 비싸면 내릴 징조이니 …… (중략) …… 부르지 않아도 알아서 구해 오고, 구하지 않아도 인민들이 내 놓는다. 이 어찌 큰 이치에 부합되는 일이 아닐 수 있으며 자연적 규율의 징험이 아니겠는가?'.

사기 화식열전에는 '농민, 사냥꾼과 어부, 장인, 상인들이 하는 일은 인민들이 먹고 입는 것의 근원이다. 근원이 크면 풍요로워지고 근원이 작으면 모자라게 되므로, 이 네 가지 분야가 제 역할을 다하면 위로는 국가가 부유해지고 아래로는 집집이 부유해진다'라고 기록하였다.

화식열전을 완성한 사마천뿐 아니라 이 저술을 시작한 그의 부친 사마담 대부터 자료가 수집되었다고 본다면, 중원에서 시장은 BC 2세기보다 훨씬 이전의 전국시대(BC 403~BC 221년) 늦어도 전한(BC 202~AD 8년)이 시작된 때부터 있었다고 볼 수 있다. 고조선은 전국시대에는 연나라 동쪽에서 연나라와 병존하였고,[57] 한나라 동쪽에서 한나라와 동시대에 병존하며 만주 지역의 패권을 누리고 있던 상당히 높은 수준의 국가였다. 그리고 고조선 내에 농민, 사냥꾼과 어부, 장인, 상인들이 함께 존재하였으며, 특정 공간에 국가가 건물을 조성하여 시장을 개설하지 않더라도 물류를 유통하는 상인집단들의 거주 공간이 있었다고 보는 것이 합리적이다.

영남지방에서 상인이 존재하고 물류 유통이 이루어지기 시작한 시기를 논의하기 위하여 검토하여야 할 부분은 시장의 기능이 언제부터 시작되었는가 하는 점이다.

---

57) 주(周) 현왕 35년(BC 334년) 소진이 장차 합종을 성사시킬 생각으로 북쪽으로 가 연(燕) 문후(文侯)에게 이같이 유세하였다. "연은 동쪽으로 조선과 요동, 북쪽으로 ....(이하 생략)"(전국책 28 연책 1; 사기 69 소진열전 9)

김창석(2004)은 고대 최고의 신성처로서 가장 오래된 기록인 단군신화의 신시(神市)에 대해 다음과 같이 논의하였다. 고조선의 국가체제는 중앙집권체제가 성립되지 못하고 우세한 지역 집단이 왕실을 구성하고, 이를 중심으로 각급의 자치적 지역 집단들이 누층적으로 통합되어 있는 부체제의 조기 형태였으며, 고조선 국가권력에 참여하던 중심 집단들은 독자적인 신성처와 제사권을 가지고 있었고 각 집단의 최고 제의를 거행하는 장소가 고정되어 있었는데 모든 집단이 '시(市)'로 명명하였는지 알 수 없으나 고조선 왕실에서는 이런 장소를 '시' 혹은 '신시(神市)라고 불렀을 가능성이 매우 높다. 이성구(1991)는 춘추시대 이전에는 시(市)가 조정(朝廷)과 미분화된 상태에서 성소, 교역의 중심 그리고 신에 대한 수불(修祓)의 광장으로 존재하다가 전국시대와 진한제국(秦漢帝國)을 거치면서 상업지구로 변질된다고 보았다.[58] 시(市)가 가진 '저자'라는 의미에 걸맞은 기능을 하기 시작한 것이다.

전국시대 가장 동쪽에 있었던 연나라와 최초로 중원을 통일한 진나라, 한나라는 고조선과 접하고 있었으며 당연히 서로 영향을 주고받았다. 따라서 고조선의 '시'도 상업기능이 강화된 지역이었을 것이다. 중국 문헌에 고조선이 소략하게 기록된 것은 이 나라의 문화수준이 진, 한, 연나라에 비해 훨씬 지체되어 있어서가 아니라 이질적인 문화권으로 구분되었기 때문이다. 강력한 통일국가인 진나라, 한나라와 병존한 것은 상당한 수준의 물질문화와 문화수준에 있었을뿐 아니라 국가의 무력을 유지할 수 있는 인적, 물적 자원도 가졌기 때문이다.

고조선 외에 제사를 주관한 계층에 관한 문헌자료는 삼국지 오환선비동이전 한전에 있는데, 이것은 AD 2세기 말~3세기 말 사이 삼한사회에 있었던 내용이다. 여기에는 국읍의 수장으로서 주수(主帥)가 있고, 별도로 천신에게 지내는 제사를 주관하는 천군(天君)의 존재를 기록하고 있다. 한편 문헌기록과는 별도로 고고학적으로 한반도 남부 초기철기시대의 청동기 물질 자료를 보면, 청동기는 대부분 검, 방울, 거울과 같은 의기인데 이 기물들은 시베리아 샤먼들이 사용하는 도구이다. 이것은 이 시기 지역의 유력자들은 제사를 주관하고 동시에 공동체의 지도자였음을 시사한다.

---

58) 이창석(2004) 29쪽에서 재인용하였다.

BC 108년 고조선 멸망으로 영남으로 들어온 유이민들은 이동하기 전 고조선에서 사회적 지위가 높은 지도자층과 상류층이었을 것이다.[59] 영남지방에 정착한 이후 이들은 많은 물품을 외국과의 교역이나 자신들이 자리잡은 지역의 시장에서 거래를 통해 구하였고, 따라서 이 시기를 경계로 영남지방에서 교역량은 크게 증가하였다고 생각된다. 철제품, 소금, 호랑이와 표범 그리고 곰 등의 가죽, 섬유,[60] 곡물, 건조시킨 생선, 약제와 같은 물품들이 교역품이었을 것으로 생각된다.

BC 2세기 말 고조선이 망하면서 남쪽으로 이동한 유이민들은 중부지방을 거쳐 영남지방으로 가는 주 통로였던 하늘재(계립령)를 통과하여 낙동강 우안과 좌안 지역에 흩어졌으며, 우안은 구미와 김천을 연결하는 선까지, 좌안은 금호강 유역과 경주 지역을 연결하는 선까지 도달하였는데, 이 범위를 대체로 진한이라고 볼 수 있다(그림 36). 진한 지역은 주로 육상교통로를 이용하여 교류하거나 교역하였을 것이다.

한편, 같은 시기에 낙동강 하류부와 남해안 지역에서는 해안 지역과 내륙 지역 사이에 서로 필요한 물품을 사고파는 교역이 선박을 이용하여 이루어지고 있었을 것이다. 그리고 이 선박들은 낙동강을 거슬러 상류부까지 운항하면서 상대적으로 생활수준이 높은 진한 지역까지 진출하여 교역하였을 것이다. 이 교역을 방해하는 세력은 없었고 비교적 자유롭게 이루어졌을 것이다. AD 1세기에도 사로국은 아직 그들의 영역인 경주를 벗어나 군사를 동원하여 다른 진한 지역의 소국들을 공격할 정도의 인구와 자원을 갖지 못하였다. 아울러 사로국은 진한 지역을 경제적, 군사적으로 결속하여 연맹 단계까지 이끌지는 못하였다.

경주 지역에 유입된 고조선 유이민들이 본국에서 경험한 것들 가운데 관심을 끄는 것 가

---

59) 고대에는 전쟁이 발발했을 때 경제적 여력이 없는 중류층이나 하류층은 거의 해외로 피난갈 수 없고, 정치 지도자나 상류층은 가능하였을 것이다. 이와 같은 정황은 현대에도 어느 정도 적용이 가능하다.

60) 혁거세거서간 17년(BC 41년)에 왕이 6부를 순무하여 농사와 누에치기를 독려하였다. 누에를 쳐서 섬유를 만들었으며 이것으로 의복을 지어 입었을 것이다. 그리고 남은 섬유(옷감)는 거래하였을 것이다. 왕망 지황 연간(AD 20~22년)에 있었던 진한의 우거수 염사치가 낙랑으로 투항하는 과정에 변한포 15,000필을 진한에서 죽은 한나라 사람 포로에 대한 배상금으로 받아온다. 이것은 물론 국가가 세금으로 받은 것이겠지만 포의 생산이 대단히 많았음을 시사하며 시장에서 거래될 수 있게 공급되었음을 의미한다.

운데 하나가 시장이다. 사로국 수도 왕경의 시장에 대한 가장 오래된 기록은 삼국사절요 4의 유례왕 15년(298년) 기사이다. '10월 신라에 인관과 서조 두 사람이 있었다. 인관이 저자(시장)에서 면포를 팔기에 서조가 곡식을 주고 면포[61]를 사서 돌아오는 도중에 홀연히 소리개가 나타나서 그 면포를 낚아채서 인관의 집에 떨어뜨렸다. 이에 인관이 면포를 가지고 저자에 가서 서조에게 이르기를 "소리개가 너의 면포를 낚아채 우리집에 떨어뜨렸기에 이제 너에게 면포를 돌려준다."고 하였다. 서조가 말하기를 "소리개가 면포를 낚아채 너에게 준 것은 하늘에서 한 일이니 내가 어찌 받겠는가."하였다. 인관이 말하기를 "그렇다면 너에게 곡식을 돌려주겠다."고 하였다. 사조가 말하기를 "내가 저자에서 너에게 곡식을 준 지 이미 이틀이나 되었으니 곡식은 너에게 속한 것이다."하고 굳이 사양하여 받지 않았다. 두 사람이 서로 사양하다가 그 물건을 저자에 버리고 돌아갔다. 장시관이 이 사실을 위에 보고하니 왕이 두 사람에게 모두 벼슬을 내렸다. 이 이야기가 기록된 '삼국사절요'는 기존의 자료들을 참고하여 15세기 후반에 편찬되었다.

인관과 서조의 저자 이야기는 삼국사기(AD 1145년 편찬)와 삼국유사(AD 1281~1283년 편찬)에는 기록이 없으나, 현재 전하지 않는 '수이전' 등에서 채록한 자료도 포함되어 있는 삼국사절요(1476년)에 수록되어 있어서 이야기의 성격에 의문의 여지가 있고, 시장을 관리하는 장시관(掌市官)이 등장하는 것은 왕경에 시사가 설치되는 AD 490년(소지마립간 12년) 이후로 보는 견해(김창석, 신라사대계 09, 237쪽)와도 맞지 않다.

그런데 장시관이라는 관직이 왕경에 시장이 설치된 이후에도 언제 설치되었다는 기록이 없어서 관직의 설치시기를 알 수 없다. 그리고 삼국사기의 기사와 삼국사절요의 기사는 거의 짝으로 되어 있다. 그러므로 인관과 사조의 저자 이야기는 연대가 분명하게 기재되어 있으므로 AD 298년에 작성되었을 가능성을 열어두는 것이 옳다고 생각한다.

AD 100년 경부터 AD 300년 경까지 사로국이 제국주의적 팽창을 하여 영토와 국력이 급격하게 커지고 인구가 증가하였다. 당시 낙동강 좌안의 최대 도시였던 왕경에는 많은 인구가

---

61) 이것은 현재 목화에서 얻은 실로 짠 천이 아니라 백첩포이다.

모여들어 인구가 급격하게 증가하고 도시화가 빠르게 진행되었다. 이와 같은 과정에서 왕경 지역에 있던 농경지는 빠르게 축소되고 그 자리에 주거지가 무질서하게 자리잡았다. 당시 이 도시에는 도시를 보호하는 성곽을 만들지 않았으므로 도시에 성내와 성외의 경계가 없었다. 그리고 이 도시에는 왕족을 비롯한 귀족, 관료, 군인, 수공업자, 일반백성, 노비 등이 어느 정도 구역을 나누어 거주하였을 것이다.[62] 그리고 도시의 가장자리에는 경주 인근에 경작지를 가진 농민들이 자리잡았다.

구성원들 가운데 2차와 3차산업에 종사하는 인구가 상당히 많고 다양한 기능을 가진 도시에서 도구, 연료, 식량, 채소, 고기, 작물과 신발을 비롯한 생활용품 등 다양한 물품을 각 가정에서 자급자족하였을 가능성은 그리 높지 않다. 따라서 왕경에는 AD 298년 이전에도 시장이 있었다고 보는 것이 합리적이다. 다만 이 시장은 국가가 개설한 것이 아니라 상인들이 모여서 거래가 이루어지는 구역으로 추정된다. 이 시장에서는 인관과 사포가 면포와 곡식을 교환한 것과 같이 물물교환 방식과 철을 화폐처럼 교환 수단으로 사용한 매매가 이루어졌다.

한편 삼국사기에서 시장에 대한 최초의 기록은 소지마립간 12년(490년) '서울에 시사(市肆; 시장)를 처음 개설하여 사방의 화물을 통하게 하였다'는 기사이다. 그리고 지증마립간 10년(509년)에 '서울에 동시를 개설하고 전감 2명을 두었다'. 효소왕 4년(695년)에는 서시와 남시를 설치하였다. 490년, 509년, 695년 국가에서 시장을 설치하기 이전에 왕경 내 어느 구역 또는 길거리에 상인들이 모여 사는 구역이 있었을 것이다. 여기에서 시장이 정기적으로 열리지는 않았으나 활발한 거래가 이루어졌으며, 도매상들은 영업장을 짓고 영업을 하였을 것이다. 또한 부정기적으로 시장이 열렸다면 북천의 하상이었을 가능성이 가장 높다. 북천은 경주분지의 중앙을 관통하며 연중 대부분 기간 동안 유량이 적어서 유수가 흐르는 유로가 좁으므로 500~800m 폭의 하상에 주민들이 거주하는 공간을 제하고도 넓은 빈터가 있다. 이 시장에서 사람들은 오곡, 과일, 채소, 육류, 물고기, 삼베, 비단, 수레, 소, 말, 개, 오리, 목재, 금속제품,

---

62) 최소한 귀족을 비롯한 부자들과 가난한 사람들이 거주하는 구역은 구분되었을 것이다. 현대에 세계 거의 모든 도시에 이 정도의 구역은 구분되어 있다.

농기구, 토기, 목기, 옹기, 신발, 닭, 계란, 약재, 장신구. 땔나무, 솜, 소금 등 일상생활에 필요한 것들을 구할 수 있었을 것이다. 이런 교역이 특정한 공간에서 특정 시기에 이루어진다면 부정기적이지만 시장이라고 할 수 있다.

한편 철기를 만들어 쓰고 인구가 증가하여 도시[63]가 형성되었으며, 바다와 내륙이 함께 공존하고, 낙동강과 그 지류를 통해 내륙 깊숙한 지역까지 연결되는 영남지방에서는 시장이 형성될 수밖에 없다. 농경이 본격적으로 시작된 청동기시대에 들어와 신석기시대에 비해 인구가 크게 증가한 이후 인구증가율이 크게 높아지지 않았다는 사실에서 유추할 때, 삼국지 (AD 280~289년 출판) 위지동이전에 기록된 큰나라 만여 가(家), 작은 나라 수천 가(家)의 인구수는 고조선 유이민들이 영남지방에 들어온 초기철기시대 후기의 인구수보다는 많았지만 두 배 또는 그이상 많았던 것은 아니었을 것이다. 이렇게 볼 때 BC 1세기 초 영남지방에서는 수천 가(家)가 거주하는 취락들이 있었으며, 이런 곳에는 다양한 형태의 시장이 있었을 것으로 생각된다.

소금은 시장에서 가장 중요한 물품이므로 소금의 생산과 유통에 대하여 살펴보았다.

BC 69년 국가 창건에 대한 의견을 낸 6부의 핵심 세력들은 고조선 유이민들[64]이었다. BC 108년 이주를 시작한 이래 상당한 기간에 걸쳐 많은 고조선계 사람들이 경주 지역으로 이주하여 정착하였고, 제철산업과 같은 하이테크 산업을 독점하고, 소금 유통을 지배하면서 경제적 주도권을 장악하였으며, 철제 무기 등으로 무장한 사적 군대를 통해 경주 지역의 선주민들과 차별되는 지위를 확고하게 차지하였으므로 국가 건설에 대하여 의견을 내고 그리고 사로국을 건국할 수 있었을 것이다.

제철산업 외에 이들이 고안해낸 산업은 제염이었을 가능성이 매우 높다. 한반도에서 소

---

63) 인구수를 기준으로 한다면, 삼국지위지동이전에 기재된 대국과 소국의 인구 규모는 각 국가의 중심지가 도시로 구분할 수 있는 근거가 된다. 현재 국가별 도시를 구분하는 기준 인구수가 다양하지만, 예를 들어 영국, 독일, 프랑스는 2,000명 이상을 도시 그 이하를 촌락으로 구분하며, 일본은 5만 명 이상, 아이슬랜드는 주민 300명 이상인 타운(town)을 도시로 규정하고 있다.

64) 이들은 이미 국가를 경영하거나 경영에 참여한 경험을 가지고 있었고 오랫동안 주변의 한족 기반 국가들과 경쟁, 교류하면서 그들의 정치, 경제, 사회적 현상에 대해 직접 또는 간접 경험을 하였다.

금에 대한 최초의 기록은 AD 253년 석우로가 왜국 사신 갈나고에게 "조만간 너희 왕을 소금 만드는 노예(鹽奴)로 만들고 왕비를 밥짓는 여자로 삼겠다"고 한 기록이 삼국사기 석우로열전에 있다. 이 기록에서 염(鹽)은 솥에 간수를 붓고 불을 때어 강제로 수분을 증발시켜서 얻은 소금이다. 그리고 이런 자염(전오염)은 고된 노동을 요구하므로 대부분 노예들의 노동으로 작업이 진행되었으며, 노예를 소유한 권력집단들이 제염업을 하였다고 볼 수 있다.

한편 고구려 지역에서는 3세기 경에 이미 소금을 상업적으로 교역하였다. 삼국사기 권 17 고구려본기 미천왕조에 봉상왕(재위 AD 292~300년) 아우의 아들이며 나중에 미천왕이 되는 을불이 소금을 팔았는데, 배를 타고 압록강에 이르러 어느 인가에 머물면서 있었던 이야기를 기술하고 있다. 당시 현재 압록강 하류부 지역에서는 해안에서 소금을 구워 선박으로 압록강의 수상교통로를 이용하여 당시 수도였던 현재 길림성 집안시를 비롯한 내륙지방으로 교역하였다. 사람들의 삶에 미치는 소금의 영향력을 고려하면 소금 교역은 규모가 대단히 크며 많은 부가가치를 창출하였을 것이다.

한반도 남부지방에서 소금생산이 언제부터 시작되었는가에 대한 고고학적 증거는 아직 확인된 바 없다. 심지어 기록에 있는 3세기 중반의 소금생산 시설도 발굴된 바 없다. 이와 같이 모든 사회현상을 물질증거와 문자기록으로만 판단하는 데는 한계가 있다.

동아시아에서 가장 오래 된 소금에 대한 기록은 서경의 우공 조세편에 있다. 이것은 우공(춘추시대 제나라 환공(BC 716~643년) 때 사람)이 하나라(BC 2,205~BC 1,766년)를 세운 우 임금(재위 BC 2,100년 경~BC 2,000년 경)의 치수 정책 취지를 밝히면서 쓴 것이다. 여기에는 바다와 태산 사이에 위치한 청주의 염토가 묘사되어 있는데, "바닷가에는 넓은 갯벌이 있다. …… 이 지역의 공물은 소금, 고운 칡베, 갖가지 해산물이다."라고 기록하였다. 이것은 기원전 20세기에 이미 해안에서는 소금을 생산하였는데, 특히 태산의 동쪽 해안에 위치한 청주에서 소금생산이 이루어지고 있었음을 기록한 것이다.

제나라 소금산업의 발전에 관한 내용은 사마천의 '사기'에서도 확인할 수 있다. 사마천은 '태공여상(강태공, BC 1,156년(?)~BC 1,073년(?))은 소금과 생선 교역이 큰 이익이 된다고 보았으며, 이 교역으로 인해 제나라는 거대한 국가로 발전했다'라고 기록하였고, '태상여공은 제나라 땅을 봉토로 받았을 때, 이 땅은 황량하고 소금기가 있으며 인구가 적으므로 백성들의 기술과 재간을 독려하여 생선과 소금이 국내에 유포되고 외국과 거래가 이루어지도록 했다'고 전하고 있다. 이 내용은 BC 11세기에 산동반도에 위치한 제나라에서 소금생산이 활발하게 이루어졌음을 의미하며, 생산방식은 토기나 도기에 담은 바닷물을 연료로 가열하여 강제로 증발시켜 소금을 얻는 자염(전오염)법이었을 것이다.

또한 사기에는 소금에 매긴 세금과 관련하여 제나라 소금산업의 발전에 공로를 세운 관자(관중, ?~BC 645년)에 대해 기록하고 있다. 제환공의 재상이었던 그는 염정(鹽政) 정책으로 신임을 받았다. BC 7세기에도 여전히 제나라에서는 소금생산이 활발하게 이루어지고 있었으며, 국가에서 이 산업을 발전시키고 국가의 재정을 확충하는데 기여하는 법률을 만들었다.

사기 129권에는 '의돈이란 사람이 고(鹽)에서 소금을 생산하여 사업을 일으켰고, 한단의 곽종은 철광 제련업으로 성공하였는데 그들은 …… 왕과 어깨를 겨룰 정도로 부자가 되었다(猗頓用盬鹽起 而邯鄲郭縱以鐵冶成業 與王者埒富)'라는 기사가 있다. 이것은 소금이 얼마나 많은 부가가치를 가지는지를 보여주는 기록으로 볼 수 있다. 이 기사에서 노나라의 부호 의돈이 소금을 만드는 방법을 묘사한 한자 고(盬)는 염(鹽)처럼 그 근원은 불을 때는 솥이었다. 이 글자는 솥안에서 증발시키기 위해 소금물을 끌어들이는 수로라는 의미가 있다. 사마천의 사기와 대략 같은 시기에 나온 한대의 서적인 주례[65]에도 염정에 관한 기록이 있는데, 고(盬)자는 죽(鬻)자와 같이 쓰이며 '물이나 음식을 데운다' 즉, 소금물을 끓여서 소금을 생산한다는 뜻이라고 되어 있다. 따라서 고(盬)자는 햇볕을 이용한 증발과는 관련이 없는 글자인 것이다.

의돈이 소금으로 성공한 실체는 한단(邯鄲)의 곽종(郭縱)이 제철사업을 했다는 문장과 연관된다고 볼 수 있다. 의돈은 소금을 만드는 도구로 토기나 도기 대신 철기를 사용하였을 것이다. 이 혁신으로 소금제조업의 규모를 크게 할 수 있었다. 의돈과 곽종 모두 거부 범려(范蠡)와

---

65) 주나라의 이상적인 제도에 대하여 주공 단이 저작한 것으로 여겨지지만 실제로는 그 이후 시대인 전국시대 이후에 작성한 것으로 보는 것이 일반적이다. 현존하는 주례는 후한의 정현, 당의 가공언이 주석을 단 판본이다.

제휴하였는데, 범려는 BC 5세기 중반 제나라 근방까지 진출하여 원거리 교역을 발전시켰다. 이 교역망은 제나라 해변에서 쇠로 만든 솥을 이용해 생산한 소금으로 활기를 띠었다. 이렇게 볼 때, 의돈과 곽종이 제염과 제철사업으로 왕에 버금가는 부호의 반열에 오른 시기는 BC 5세기의 일이다.

사기 129권 화식열전에 '대체로 산서에서는 목재, 대나무, 닥나무, 삼, 검정소, 옥석이 많이 나고 산동에서는 물고기, 소금, 옻, 실과 가무에 능한 여자가 많다.' 그리고 '옛날 태공망이 영구(營丘)에 봉해졌는데 땅은 소금기가 많고 인민은 적었다. 이에 태공은 여자에게 베짜기를 권하여 그 기술을 최고로 만들고, 물고기와 소금을 유통시키니 물산과 사람이 모여드는데 마치 꾸러미로 동전을 꿰듯 수레바퀴살이 안으로 모여들 듯했다'.

한편 제에서 소금을 생산하던 시기, 그 동북쪽에는 연이 있었고 연의 동쪽에는 고조선이 있었다. '연은 발해와 갈석산 사이에 있는 도회지이다. 남으로는 제(齊), 조(趙)와 통하고 동북은 흉노 가장자리이다. 상곡(上谷)에서 요동(遼東)에 이르는 지역은 멀고 인민이 적어 자주 침략을 당했다. 조(趙), 대(代)의 풍속과 아주 비슷하다. 인민은 독수리처럼 사납지만, 생각이 부족하고 물고기, 소금, 대추, 밤이 많이 난다. 북은 오환(烏丸), 부여(夫餘)와 이웃해 있고, 동쪽은 예맥, 조선 및 진번(眞番)과 장사하여 이익을 취한다.[66]'라고 기술하고 있다.

연(燕)나라는 BC 222년 진시황에게 멸망될 때까지 고조선과 국경을 접하고 있었다.[67] 이 나라의 남쪽 산동반도에 있었던 제나라는 해안에서 자염법으로 소금을 오랫동안 생산하여 왔다. 제나라에서 제염업은 부가가치가 높아서 국가 재정에 중요한 부분을 차지할 정도였으며, 아마도 내륙에 위치한 국가들과 교역하는데 있어서 중요한 물품이었을 것이다. 발해를 끼고 제나라와 이웃해 있었던 연나라는 제나라의 제염산업에 대하여 잘 알고 있었을 것이다. 그리고 연나라도 제나라와 거의 같은 방식으로 소금을 생산하고 주변 내륙 지역과 교역을 하였을 것이다.

---

66) 사기 129 화식열전 69에 BC 109년 경 상황을 기록한 것이다.

67) 연은 동쪽으로 조선, 요동, 북쪽으로 임호, 누빈....이 있다(전국책, 29, 연책 1; 사기 69, 소진열전 9).

BC 109년 한무제가 고조선을 공격할 때 50,000명의 육군과 더불어 누선장군 양복이 지휘하는 7,000명의 수군도 동원된다. 이것으로 볼 때, 고조선도 해안을 연하여 있었으므로[68] 제나라와 연나라와 마찬가지로 해안에서 소금을 만들었다고 보는 것이 합리적이다. 만약 고조선 영토가 해안에서 떨어져 있었다 하더라도 고조선 사람들은 소금의 부가가치를 인식하고 있었으므로 제염기술에 대하여 잘 알고 있었을 것이다. 중국을 통일한 한무제와 거의 두 해에 걸쳐 전쟁을 수행한 고조선의 국력으로 미루어 볼 때, 고조선의 소금 수요는 매우 많았을 것이며 소금은 내륙 지역과 교역에 중요한 물품이었다고 생각된다.

진나라(BC 221~BC 206년)를 세운 진시황제는 국가만 소금을 판매할 수 있는 전매제를 실시했다. 진이 망한 후 한나라는 처음에 소금 전매제를 폐지하였으며, 따라서 상인들은 소금 유통을 통해 막대한 이익을 얻고 국가는 이에 대해 세금을 징수하였다. 이후 흉노를 비롯한 주변 국가들과의 전쟁과 대외 원정으로 자금이 부족해지자 무제(BC 140~BC 87년)는 BC 119년에 전매제로 전환하였을 정도로 제염은 국가의 중요한 산업이었다.

사로국은 철보다 소금이 더 많은 이익을 창출할 수 있다고 생각했을 가능성이 높다. 왜냐하면 철은 수요가 농업, 국방에 한정되고, 원료 공급과 생산 시설 문제 때문에 생산량에 한계가 있다. 그러나 소금은 모든 사람들이 필요로 하므로 수요가 많다. 그리고 철은 거의 반영구적으로 사용할 수 있고 녹여서 재생산할 수 있으나 소금은 소비하면 사라지므로 소금의 수요는 인구가 증가하면서 지속적으로 증가하였을 것이다.

고대의 제염 방법은 간수를 만들거나 바닷물을 용기에 넣고 연료를 이용하여 끓여서 소금을 얻는 직자식자염법(直煮式煮鹽法)이었다. 철기가 보급되면서 용기[69]를 크게 만들 수 있으므로 소금 생산량이 많아졌을 것이다. 연료가 풍부했던 고대 초기에 제염 산업은 노동력을 투입하면 생산량을 늘릴 수 있었다.

---

68) 전국시대 산해경의 해내경에는 '북해의 모퉁이에 나라가 있으니 그 이름을 조선이라고 한다(北海之隅 有國 名曰 朝鮮)'라고 기록하고 있다. 북해는 현재 발해이다.

69) 일본에서 고고학 발굴로 확인된 토기로 만든 제염용 용기의 크기는 대단히 작다.

동해의 긴 해안선을 연하여 상당히 많은 제염 장소가 있었으며, 사로국의 국가 혹은 지배계급이 이 산업을 지배하고 노예를 비롯한 노동력을 투입하여 소금을 생산하고, 생산품은 경주로 운반하여 시장에서 가격을 결정하고 아화고개를 통해 영남 내륙지방으로 판매하였다.

4. 태백산맥의 군사 전략적 입지

영역 내 주민의 안전은 국가가 높은 군사적 역량을 갖추어야 가능한데 이런 생각은 누구나 할 수 있다. 자연환경의 관점에서 보면, 외부 침입을 방어하는데 유리한 지리적 위치를 차지한 지역이 국가와 국민의 안전을 더욱 확실하게 보장할 수 있다. 고대 동안 경주의 위치는 군사적 방어에 매우 유리하였다.

고대에 동해를 통해 경주로 침입할 수 있는 대규모 해군력을 가진 주변 세력은 왜였다. 그러나 왜는 약탈하기 위해 일시적으로 침입하였으나 경주를 점령하여 식민지로 삼거나 멸망에 이르게 하는 수준은 아니었다. 다만 금관가야가 양산단층선을 통해 침입하는 것은 보다 큰 위협이었다. 김해의 구야국과 경주의 사로국은 초기에는 세력이 크지 않았으나, 두 국가의 규모가 커지면서 충돌은 불가피하였다. 이들의 충돌은 양산단층선에 조성된 육로를 통해 이루어졌다. 이 노선에는 침입을 예보할 수 있는 군사적 시스템이 조성될 수 있으며, 곳곳에 좁은 협곡이 있어 완전하게 열린 공간이 아니므로 방어가 가능한 지형환경이었다. 그리고 예(濊)는 함경도에 자리잡아 공간적으로 멀리 떨어져 이해관계의 대립은 크지 않았다.

한편 삼국시대에는 한반도 북부와 중부에 고구려와 백제가 있었다. 고구려는 국가가 성립된 초기부터 한나라와 국경을 접하고 있었으며, 이후에는 수, 당과 전쟁하며 성장한 규모가 큰 국가였다. 그리고 백제는 한강 하류부에서 고구려와 공방을 벌이며 성장한 강한 국가였다. 고구려와 백제가 신라를 침입하려면 소백산맥을 통과하여야 한다. 소백산맥은 경주와 어느 정도 떨어져 있지만 고구려와 백제의 침입을 방어하는 자연적 장애물이 될 수 있으므로 전략적으로 대단히 중요하다. 사로국은 일찍부터 소백산맥의 가장 중요한 교통로인 문경의 계립령(하늘재)과 풍기의 죽령을 장악한다. 계립령은 새재와 이화령이 개통되지 않은 고대에 남한강 유역과 낙동강 유역을 가장 짧은 거리로 연결하며, 죽령은 의성, 안동을 거쳐 단양－제천－원주를 지나 한반도 중부와 북부로 가는 중요한 고개이다.

사로국이 영천과 의성 금성을 지나 계립령과 죽령으로 연결되는 노선을 장악한 것은 이 교통로가 한강 지역과의 교류뿐 아니라 한반도 중부와 북부의 세력이 영남지방으로 진출하는데 가장 효율적 경로이므로 소백산맥과 이들 고개의 전략적 가치가 대단히 높다는 사실을 인식하고 있었기 때문이다. 사로국은 계립령과 죽령에서 경주로 연결되는 최단거리 노선이 만나는 의성 금성의 소국인 소문국을 금호강 유역 정복을 마친 후에 정복한다. 소문국은 경작지 면적이 넓을뿐 아니라 팔공산지 이북에서 군사적으로 가치가 높은 금성산(해발고도 530m)이 있다. 금성산은 의성군의 산지와 구릉지의 경계에 위치하여 북쪽과 서쪽에서 접근하는 모든 것을 관측할 수 있어서 경주로 접근하는 외부 세력을 통제하려는 사로국 입장에서는 대단히 중요한 전략 요충지이다(그림 34).

그리고 의성 금성과 영천 신령 사이에는 팔공산지(해발고도 1,192m)와 화산(해발고도 828m)이 소백산맥을 통과하여 경주로 침입하는 세력을 방어하는 자연적인 장애물이 된다. 이 두 산지 사이의 협곡에는 갑령(해발고도 250m)이 교통로 역할을 한다. 이 고개는 영남 북부분지에서 영천으로 가는 거의 유일한 통로로서 건천 아화고개에 버금가는 중요한 관문이며 동시에 군사적인 요충지이다.

한편 동해안과 평행하게 달리는 태백산맥은 해발고도 500~1,000m 정도인 산지의 폭이 넓어서 영남내륙에서 동해안으로 진입하는 세력을 방어하는 자연적인 방벽이 된다. 삼한시대에는 영남 내륙지방에서 사로국이 장악한 동해안으로 진입하는 것이 대단히 어려웠을 것이다. 그럼에도 불구하고 유례이사금 14년(AD 297년) 청도 이서국의 침입이 있었다. 이서국은 유천층군으로 이루어진 영남 남부 태백산맥의 하곡을 따라 건천을 통해 경주로 진입하였다.

한편 안동 지역의 소국이 경주에 도달하기 위해서는 진보-황장재-영덕으로 이어지는 통로로 동해안에 진입할 수 있으나, 영덕에서 경주 사이 거리는 거의 68km에 달한다. 청송에서도 청하까지 높고 험준한 산지를 통과해야 하므로 진입이 거의 불가능하다. 영남 내륙지방에서 경주분지로 들어가는 최적의 노선은 태백산맥의 폭이 좁아지고, 산지의 해발고도가 낮아지는 영천-아화고개-건천-경주 노선을 통하여 금호강 유역에서 경주로 들어오는 것이다. 이 노선을 따라 제대로 방어망을 구축하면 서쪽에서 경주로 진입하는 큰 규모의 군사적 침입도 방어할 수 있다. 따라서 강력한 외부세력인 금관가야, 백제, 고구려가 경주 지역으로 진입할 수 있는 경로는 예측 가능하며, 경주 지역을 방어하는데 소요되는 인력과 자원에 대한 부담이 적어진다.

　금호강 유역과 의성 금성 지역에서 경주로 진입하려는 세력을 방어하는데 있어서 아화고개를 통해 경주와 연결되는 영천은 경주 세력에 있어서 가장 중요한 전략적 요충지이다. 사로국이 영천 지역과 갈등관계에 놓인다면 영남내륙으로의 진출은 큰 어려움에 직면하게 된다. 따라서 사로국은 영천 골벌국을 정교한 계획 아래 복속하게 된다. 사로국은 힘이 강성하지 않은 초기에는 골벌국을 통합하지 않고 동맹관계를 유지하면서 우선 동해안 지역을 통합하였다. 영남 내륙지방으로 진출하던 시기에도 동맹관계를 유지하다가 대구, 경산, 의성, 김천 개령 지역을 통합하여 낙동강 좌안을 평정한 이후 영천의 골벌국을 병합한다. 고대에 영남내륙에서 경주로 침입하거나 진출하는 거의 모든 경우 영천-아화고개-건천 노선을 이용하였다.

　경작지 면적이 가장 넓었던 금호강 유역의 국가들이 영남 지역을 제패하지 못한 것은 제염과 제철산업이 거의 불가능하여 국력이 사로국에 미치지 못한 측면도 있으나 금호강 유역이 동-서 방향으로 크게 열려 있어서 외부 세력의 공격을 효과적으로 방어하지 못하는 약점도 영향을 미쳤다. 경주와 영남내륙 사이에는 자연적인 장벽인 태백산맥이 있었고, 적은 비용으로 효율적으로 외부 세력의 침입을 방어할 수 있었다.

5. 왕경의 도시 발달

고든 차일드(2013)는 고대문명 발생을 신석기혁명과 도시혁명으로 설명하고 있다. 생업경제에 있어서 자연의 종속에서 해방되어 자연을 통제하게 되었으며, 이후 오랜 기간에 걸쳐 농업생산 기술을 발전시키고, 이에 따라 잉여생산물을 축적하면서 도시혁명을 위한 준비를 하였다. 그는 고대문명이 실제로 일어나는 도시가 형성되기 위해서는 기후와 지형조건이 충족되어야 한다고 보았다. 첫째, 기후조건은 신석기혁명으로 인한 인구증가와 함께 정주생활에 적합한 지역이 제한되는 건조 및 반건조기후이며, 둘째, 관개와 관련되는 대하천이라는 지형적 조건이다. 여기에서 농경이 시작된 신석기시대 초기에는 잉여농산물을 축적할 수 없는 자급자족 경제였으므로 도시가 형성될 수 없었다. 신석기혁명과 도시혁명 사이에는 약 3,000년의 간격이 있으며, 이 기간 동안 문자와 도량형 등이 탄생할 수 있었다.

한반도에서 농업이 본격적으로 시작된 시기는 청동기시대이다. 농경이 시작된 이후 잉여농산물을 축적할 수 있는 수준까지 농업기술이 발전하는 데는 상당히 긴 시간이 걸렸으며, 그 이후 기후적 요인으로 인해 도시혁명이 발생하는데도 어느 정도 시간이 필요했을 것으로 생각된다. 왜냐하면 한반도는 농경을 하는데 굳이 대하천과 같이 규모가 큰 하천에 의존하여 대규모 관개시설을 만들지 않아도 농업용수를 조달할 수 있었다. 외부의 적으로부터 공동체를 보호하기 위하여 일정한 공간을 환호와 목책으로 둘러싼 경우를 제외하면, 특정 구역에 모여서 대규모의 인구가 정주할 필요가 없었기 때문이다. 그러나 영남지방은 겨울계절풍의 영향을 크게 받고 산지가 넓게 분포하므로 인간생활에 유리한 공간이 제한된다. 사람들은 자연히 배산임수의 입지조건에 부합하는 공간에 집촌을 형성하게 된다. 인구의 자연증가율이 높지 않았으나 약 700년 동안 계속된 청동기시대가 끝날 즈음 넓은 경작지를 확보할 수 있는 지역에는 도시 경관이 형성될 정도로 많은 인구가 살았을 것이다. 다만 도시 내에 2차와 3차 산업 인구가 그리 많지 않아서 소위 '도시혁명'이 발생하였는지는 분명하지 않다.

한반도 남부에서 도시형성을 검토하는데 핵심적인 시기는 초기철기시대(BC 300년~기원 전후)이다. 이 시기는 실질적인 청동기시대와 실질적인 철기시대로 구분할 수 있다. 영남지방에서 이 두 시기의 경계는 대체로 BC 100년이다.

초기철기시대 1기(BC 300~BC 100)는 실질적인 청동기시대인데, 청동기는 무기류, 의식에 사용되는 기물이며 농경구는 없다. 이 시기 청동제품은 파손되면 녹여서 재사용이 가능하지만 내구성이 낮고, 무엇보다 가격이 지나치게 비싸 거의 사치품이었다. 그러므로 농경구를 만들지 않았다. 게다가 영남지방은 자체 생산할 능력이 없었고 충남이나 전라도에서 교역으로 구입하여 보유하였다.

초기철기시대 2기(BC 100~기원 전후)가 되면 상황은 크게 변한다. 청동으로 된 의기를 주로 보유한 이전 시기와 달리 훨씬 단단한 철제 무기와 농기구를 제작하였으며, 전쟁의 양상과 농경의 방법이 달라지고 농경지의 면적이 크게 확대되었다. 잉여농산물의 양이 증대하고 경제력의 차이가 커지면서 부를 축적하는 사람들의 수가 증가하였고 사회적 불평등이 심화되었다. 영남지방 초기철기시대 2기는 한무제에게 멸망당한 고조선 유이민에 의해 주도되었는데, 주로 금호강 유역과 경주에 정착한 이들은 이미 자신들의 고국인 고조선에서 국가체제를 경험하였으므로 이들에 의해 국가형성을 위한 환경이 조성되었다.

특히 초기철기시대 1기에도 교역은 있었으나 청동제품과 같은 첨단기술 제품은 교역물량이 대단히 적었다. 그러나 초기철기시대 2기가 되면 훨씬 더 높은 물질문명에서 생활하였던 고조선 유이민들의 수요를 충족하기 위한 교역이 있었다. 대규모 유이민들이 유입되면서 짧은 기간에 인구가 크게 증가하여 농산물을 비롯한 일상에서 소요되는 물품들의 교역량도 증가하였고 교역물품의 종류도 상당히 다양해졌다. 이와 같은 수요에 부응하는 공급체제가 갖추어지면서 이것들을 거래하는 시장이 형성되었을 것이다. 초기철기시대 2기가 되면 경주는 철과 소금과 같은 부가가치가 큰 생산품 교역을 통해 부를 축적하고 식량을 충분하게 공급하였으며, 군사적 방어에 유리한 공간을 점유하였다. 이런 유리한 여건을 배경으로 사로국에는 다른 소국에 비해 상대적으로 많은 인구가 집적되면서 영남지방의 어느 지역보다 규모가 큰 도시가 형성되었을 것이다. 그리고 정치적 위계와 사회적 불평등이 발생하였으며, 2차와 3차산업 인구가 상당히 많아졌다. 이른바 고든 차일드가 제안한 도시혁명이 발생하였다고 볼 수 있다.

경주 세력은 국가형성 이후 약 100년이 경과한 때부터 주변 지역을 복속하기 시작하였다. 먼저 동해안 지역을 통합하고 영남내륙으로 진출한다(그림 35, 표 4). 가장 먼저 울산, 동래 방면으로 진출하며, 이후 동해안 북쪽의 안강, 신광, 삼척을 병합하여 태백산맥 동쪽 동해안 지역을 통합하였다. 동해안을 따라 남북으로 긴 지역을 통합한 것은 다양한 측면에서 의미가 있다. 첫째, 교통로가 되는 단층선이 경주에서 교차하므로 경주는 동해안 교통의 결절점이 된다. 이 교통로를 활용하여 동해안에서 생산되는 어물 및 소금과 같은 생산물의 교역을 통제할 수 있다. 특히 동해안에서 생산된 물산들은 내륙에서 얻을 수 없으므로 교역을 통해 얻는 이익이 크다. 둘째, 단층선을 따라 형성된 넓은 합류선상지가 경작지가 되어 막대한 곡물을 생산하여 왕경으로 공급하였다. 그리고 경주선상지는 거대한 도시가 입지할 수 있는 공간을 제공하였다. 주변 지역 곡물생산량의 규모는 왕경의 인구가 급격하게 증가하여도 충분히 부양할 수 있을 만큼 컸을 것이다.

'三國史記' 자비마립간 12년(469년) 기사에 '定京都坊里名'이라는 기록은 경작지와 주거지가 복잡하게 혼재하고 자연발생적으로 확장한 경주의 도시 지역을 아마 수 년 내지 십수 년에 걸친 도시재개발을 통해 바둑판처럼 가로구조망을 조성하고 이제 각 방과 리에 이름을 부여하였다는 내용을 기록한 것이다. 아울러 선상지가 넓게 분포하는 건천, 안강, 신광, 외동, 언양, 기계, 청하, 불국사 지역, 농소 등에도 규모가 큰 촌락이나 소도시가 분포했을 가능성이 높다. 경주에는 다양한 산업이 입지하여 2차와 3차산업 인구 비율이 높아 집적의 이익이 발생하였다. 그리고 부가가치가 높은 물품의 생산, 유통과 거래를 통해 부를 축적한다.

국가형성 이후 경주 지배층들은 동해안에서 생산된 상품들을 동해안 지역에 공급하는 것보다 영남내륙으로 판매하는 것이 더 많은 이익을 얻을 수 있다고 생각하였을 것이다. 즉 자신들이 독점적으로 제품을 판매할 수 있는 시장이 필요하였고, 많은 인구와 철제 무기를 바탕으로 동해안 지역을 통합한 이후 곧바로 태백산맥 서쪽 내륙 지역 정복에 나섰다. 파사니사금 대에는 경산의 압독국과 대구로 비정되는 다벌국을 복속하였으며, 위치가 불확실하지만 비지국과 초팔국을 정복하였다.[70] 벌휴니사금대에는 의성의 소문국, 조분니사금대에는 상주의 사량벌국, 김천지역의 감문국이 병합되었으며, 영천의 골벌국이 항복하였다. 사로국은 AD 1세기~3세기에 걸쳐 압독국 정벌 등 현재 경북 지역의 소국들을 모두 정복하면서, 소국의 왕족과 귀족들을 진한 육부 지역에 강제로 이주시켰다(이종욱, 1982).

진한의 소국들을 모두 정복하고 정복지의 지배계급들을 경주로 강제 이주시켰지만, 이들을 제외한 농민이나 계급이 낮은 사람들은 경주로 진입하지 못하게 통제하였을 것이다. 그럼에도 불구하고 경주 주변의 선상지를 경작지로 개발할 노동력이 필요하고, 도시가 커지면서 다양한 직종의 노동력이 요구되므로 사회적 인구이동에 의한 인구증가는 불가피하였다. 사로국이 동해안과 금호강 유역 이북의 영남 내륙지방을 통합한 3세기 말 경주 지역의 인구는 후술하는 방리제를 시행하는 5세기 중반에는 미치지 못했으나 거의 필적하는 수준까지 도달했을 것이다.[71] 이 시기에 이미 노서동, 노동동, 황남동, 황오동, 인왕동, 교동의 적석목곽분무덤 구역 경계의 밖에는 주거지가 상당히 높은 밀도로 분포하였을 것이다.

그리고 경주 주변의 외동, 건천, 천북, 안강 등지에도 인구증가가 있었으므로, 3세기 말 경주를 중심으로 한 수도권 인구는 정복전쟁을 하기 전에 비해 크게 증가하였다. 수도권의 이와 같은 상황은 중심지였던 왕경의 인구밀도를 높이고 도시기능을 증대시켰으며, 2차산업과 3차산업의 종류와 규모가 확대되었다.

고구려가 AD 400년 금관가야를 무력화시키면서 낙동강의 수운교통로 기능은 중단된다. 이제 낙동강 하류부 유로 대부분은 신라와 가야연맹의 국경선이 되었다. 가야연맹 국가들의 낙동강 수운교역망은 거의 붕괴되었으며, 가야연맹 각 국가들의 경제적 상황은 이전에 비해

---

70) 비지국과 초팔국의 위치를 창녕과 합천으로 보는 의견도 있으나, 가야연맹이 설립된 지 60년이 지난 AD 108년의 영남지방 전반적인 정치 환경은 사로국이 낙동강 하류부 양안을 공격하여 정복할 수준에 도달하지 못하였다고 평가한다. 따라서 이 두 국가의 위치는 창녕과 합천이 아닐 가능성이 높다.

71) 3세기 말의 사로국 영역과 5세기 중반 신라 영역은 창녕 지역을 차지한 것 외에는 차이가 없다. 고대의 인구 자연증가율은 그리 높지 않다. 이것은 기상 상황에 따른 흉년과 기근의 발생, 이로 인한 충분하지 못한 식량 공급, 국민 대다수를 차지하는 농민과 노비계급의 면역력 결핍, 열악한 위생상황, 전염병과 같은 질병 발생 등으로 평균수명이 매우 짧고 영아사망율이 높았기 때문이다.

약화되었다. 영남지방에서 전개되는 국제관계가 대단히 복잡한 가운데 신라는 경제적인 측면에서는 고령 이남의 낙동강 우안을 제외한 영남지방 전체를 상권으로 확보하였다. 이 교역의 중심이 경주였으며, 상업적 거래를 통해 대단히 많은 이익을 얻었으며, 이에 따라 도시의 규모도 지속적으로 확대되었다.

신라 중앙정부는 AD 469년 어떤 목적을 가지고 방리제를 실시하였을까. 자비왕은 서울의 방과 리 이름을 정했다(定京都坊里名). 이것은 수년 혹은 그 이상 긴 기간에 걸쳐 경주선상지에서 진행된 도시재개발 사업을 통해 자연발생적인 도시 가로망을 바둑판 형태로 정연하게 만든 후 1,360개 방의 명칭을 부여하고, 또 리(里)의 명칭도 함께 정했다는 내용을 기록한 것이다. 물론 이 도시재개발 사업에서 적석목곽분 구역은 제외하였다.[72]

경주 지역에 사람들이 거주지를 만들고 정착한 것은 농경이 본격적으로 시작된 청동기시대였을 것이다. 그리고 초기철기시대 후기인 BC 2세기 말 경 고조선 유이민들이 이주해 온 시기에 경주선상지에는 숲과 습지인 일부 구역을 제외하면 주거지와 농경지로 채워져 있었다고 생각된다. 이와 같은 상황은 '고조선 유이민들이 산곡에 나뉘어 살아 6촌을 이루었다'는 기사로 추론할 수 있다. 이들은 비록 철기를 소유하고 있으며 제철기술을 가지고 있으나 왕경 지역에서 토지를 경작하며 거주하고 있는 선주민들과의 갈등을 피하기 위하여 경주선상지 주변의 산곡에 거주지를 만든 것이다.

고조선 유이민들이 주도하여 국가를 성립시킨 이후 500년 동안 이들은 왕경 지역의 대부분 토지를 점유[73]할 수 있었으며, 이전의 불규칙적이고 미로형이어서 불편한 가로망을 '당'의 수도에 적용된 직교식으로 도시계획을 한 것이다. 선진국인 당나라의 도로망을 왕경에 적용하면서 방리제 실시 이후 왕경 지역의 도시화는 더욱 빠르게 진행되었음이 틀림없다.

---

72) 왕경의 적석목곽분 분포지의 가로망은 방리제를 위한 도시 재개발 사업에서 제외되었으므로 직교식이 아니라 불규칙한 가로망을 하고 있다.

73) 거래를 통해 매입하였는지 또는 법률을 통해 수용하였는지는 알 수 없으나, 교역이나 거래를 통해 막대한 부를 축적하고 전제군주인 왕을 비롯한 국가권력의 전부를 가지고 있었으므로 어떤 형태로든 토지를 거의 전부 선주민들로부터 수용하였을 것이다.

V. 사로제국의 발전과
   가야연맹의 흥망

제국주의(帝國主義, imperialism)는 강력한 군사력을 토대로 정치, 경제, 군사적 지배권을 다른 민족이나 국가로 확장시키려는 패권주의 정책을 말한다. 근대 이전에는 로마제국이나 몽골제국이 대표적이며, 근대에 이르러서는 나폴레옹제국에 대해 쓰였다. 로마의 임페리움(imperium, 제국, 통수권)과 임페라토르(imperator, 황제권)에서 유래된 용어로 '팽창주의'라고도 한다. 그리고 제국이라는 통치 형태는 고대사회에서부터 존재해왔다. 중국 역사상 대부분의 왕조가 제국을 표방하였는데, 이것은 황제(皇帝)가 통치하는 국가라는 의미이므로 정치학에서 말하는 제국주의와 차이가 있다. 다만 진나라, 한나라와 같이 여러 개의 국가가 병존하던 상황을 군사력을 통해 하나의 국가로 통합한 것은 제국주의라고 할 수 있다.

고대 초기 한반도 중부와 남부에는 많은 소국이 있었으며, 영남지방에는 24개 정도의 고대국가가 있었다. 초기의 이들 국가들은 각각 독립된 단일 국가가 아니라 진한연맹과 변한연맹에 소속된 소국이라고 보아야 한다는 견해도 있다. 연맹이 되려면 물론 우월한 국가가 있을 수 있지만 대체로 서로 수평적인 지위를 가지면서 이익을 주고 받을 수 있는 요소가 있어야 할 것이다. 진한 지역의 국가들은 국가의 지도층들이 고조선 유이민이라는 공통점을 가졌으며, 따라서 목관묘와 같은 묘제, 와질토기, 철기와 같은 물질문화가 서로 유사하지만 공유할 수 있는 이익은 없었다. 그러므로 진한연맹이라는 용어는 일반적인 것은 아니다.

한편 진(晉)의 진수(AD 233~297)가 쓴 삼국지 위지동이전 한조의 기사는 삼국사기에 기술된 소국 정복 기록과 차이가 있지만, 3세기 중엽까지도 사로국의 위상이 진한 12개 소국들 가운데 하나일뿐 그 성장 수준을 최대로 평가하더라도 진한연맹체의 맹주라는 지위 그 이상도 아니었으며(이현혜, 2016), 4세기 전반부터 진한 내부에서 통합운동[74]이 시작되어 사로국이 주도적으로 여러 이웃 국가들을 제압함으로서 신라가 탄생하였다(주보돈, 2016)고 해석하기도 한다.[75]

---

74) 사로국의 군사적 정복을 내부의 통합운동으로 보기에는 철기 제작 시기가 BC 2세기 말부터 시작되었고, 국력에 차이가 있었다는 점에서 회의적이다. 중국 고대 왕조와 끊임없이 전쟁을 치렀고, 강력한 제국이었던 한나라와 2년에 걸친 전쟁에 패하여 도망온 고조선 유이민들의 경험 수준을 과소 평가한 데서 나온 것이다. 필자는 사로국 지배층들의 정복 전쟁을 장기는 아니더라도 중기 정도의 계획을 가지고 시작한 제국주의적 팽창으로 생각한다.

그러나 사로국이 긴 기간에 걸쳐 진한 지역의 다른 국가들 전부를 제압할 필요가 있었다는 것은 사로국을 포함하여 이들 소국들이 애초부터 공동의 이익을 추구하는 연맹을 만들지 않았다는 것을 의미한다. 실제로 사로국을 정점으로 한 진한 12개 국가는 낙동강 수운교역망을 통해 공동의 이익을 추구할 수 있는 환경에 있었던 가야연맹과 같은 시스템을 구축할 수 있는 환경이 아니었다.

진한의 다른 소국에 비해 비교 우위에 있는 제철과 제염산업을 가졌던 사로국은 처음부터 연맹의 맹주가 될 수 있었다. 그리고 결절점에 위치하여 철과 소금의 가격을 결정할 수 있는 시장을 가지고 있었으므로 자신의 의도대로 교역을 통해 이익을 극대화할 수 있었다. 그럼에도 불구하고 사로국은 엄청난 비용이 드는 정복 행위를 250년 정도에 걸쳐 계속하였다. 이렇게 경상북도 정도의 지역에 12개 국가를 정복하는데 긴 시간이 경과한 것은 정복 대상 국가의 국력이 상당한 수준에 있었음[76]을 의미한다.

이와는 대조적으로 변한연맹은 공동의 이익을 위하여 AD 1세기 어느 시기에 가야연맹을 결성하였으며, 연맹에 소속된 국가들 사이에 전쟁과 정복 행위는 없었다. 그러므로 진한 지역에 있었던 소국들은 진한연맹에 소속된 것이 아니라 개별 국가였다. 그리고 삼국사기 기록에 의하면 진한 지역 국가들은 AD 3세기 중엽 이후(이현혜, 2016) 또는 4세기 전반(주보돈, 2016) 부터가 아니라 AD 57년부터 일부는 스스로 사로국에 항복하기도 하지만 AD 297년까지 대부분 사로국에 의해 정복된다(표 4).

---

75) 이와 같은 주장은 삼국사기 초기 기록을 해석하는데 있어서 삼국지 위지동이전의 기록을 기준으로 문헌 비판을 통해 수정한 기년으로 사로국의 진한 지역 소국 정복과정을 정리한 것이므로, 필자가 정리한 연대와는 차이가 있다. 삼국지가 AD 3세기 대의 영남지방 사정을 그대로 기록하였는지 또는 이전에 있었던 사실을 정리한 것인지 삼국사기 내용과 차이가 생긴 원인 등에 대하여 다양한 견해가 있다. 다만 필자는 삼국사기 초기 기록을 그대로 받아들여서 논지를 전개한다.

76) 이 국가들은 BC 2세기 말부터 BC 1세기 초에 고조선 유이민이 정착하여 철기문화를 기반으로 비약적으로 발전하였으며 낙동강 수운교역망을 통해 들어오는 가야연맹 지역과 상업적 거래를 하고 있었으므로 국력이 상당한 수준에 있었을 것이다. 삼국사기에 전쟁에 대한 상세한 기사가 없으므로 그 양상을 알 수 없으나 사로국이 수십 년의 간격을 두고 정복전쟁을 하는 데는 이와 같은 이유가 있었을 것이다. 예를 들면, 압독국은 AD 102년에 사로국에 항복하였으나 사로국은 지마왕대에 다시 전쟁으로 압독국을 정복하였고, AD 146년 압독국이 반란을 일으켰으며 이내 사로국에 의해 토벌되었다.

영남지방의 면적은 유럽이나 유라시아에 비해 대단히 작지만, 사로국은 강력한 군사력을 토대로 다른 국가를 잇달아 정복하였고, 정치, 경제, 군사적 지배를 확장하여 하나의 국가로 만들었으므로 사로국에 의해 진행된 이와 같은 정복전쟁을 제국주의적 패권주의로 보고 사로제국이라고 하였다. 이러한 제국주의적 패권주의의 연속선상에서 신라는 AD 4세기 말 이후 가야연맹의 국가들을 차례차례 정복하여 영남지방을 통합하였다. 그리고 나아가 신라는 비록 생존을 위한 방편이었지만 백제를 멸망시키기 위하여 외교전을 펴고 마침내 당시 한반도 지역을 장악할 계획을 가진 당의 힘에 기대어 백제를 멸망시켰다. 그리고 고구려를 제압하기 위해 군사적 공세를 유지하던 당의 요구를 받아들여 고구려 멸망에 기여하였다. 마지막으로, 전쟁을 통해 AD 676년 당을 고구려 남쪽 국경 밖으로 밀어내고 불완전하지만 소위 삼국통일을 완성한 것도 국가의 전체 규모는 로마나 몽골에 비해 작지만 신라의 제국주의적 팽창주의로 볼 수 있다.

1. 사로국의 제국주의 태동

청동기시대 이래 경주분지에서는 농경기술의 진보와 더불어 잉여곡물이 축적되고 사회적 불평등과 계층화가 진전되어 혈연 중심의 공동체에서 벗어나 새로운 사회조직의 필요성이 증대되었고, 초기철기시대에 이르러 교역을 통해 충남과 전라도 지방에서 제작한 청동기를 획득하여 소유하고 있던 선주민들은 BC 2세기 말~BC 1세기 초에 북방에서 이주해 온 고조선 유이민들과 만난다. 이들은 왕경 지역을 중심으로 뢰스로 피복된 경주선상지에서 농업을 생업으로 살고 있었으므로 고조선 유이민들은 주변의 골짜기에 흩어져서 자리 잡았다. 청동기문화 단계에 있었던 선주민들은 곧 자신들보다 훨씬 더 높은 수준의 문화를 가진 유이민들에게 경주 지역의 주도권을 넘겼을 것이다. 선주민과 유이민들 사이에 심각한 갈등은 없었으며, 이미 고조선 국가체제에서 살았던 경험이 있는 유이민들은 그들이 가진 경험, 지식, 기술 등 모든 역량을 동원하여 국가를 만들 계획을 세우고 사로국을 건국하였다.

그들의 가장 중요한 자산은 고조선이라는 '국가' 체제에서 당시 지구상에서 가장 선진화된 문화를 바탕으로 가장 강력한 군사력을 가진 한나라와 국경을 접하고 살았으며 상당히 강한 군사력을 가지고 그들과 전쟁을 한 경험이 있다는 것이다. 더욱이 고조선이 있었던 만주 지역은 다양한 민족이 만든 국가들 사이에 전쟁과 같은 군사적 행위와 외교 등 국제관계가 형성되었으므로, 유이민들은 지배-피지배 관계, 사회를 움직이는 정치권력, 국가체제를 통한 주민통제 등에 대하여 잘 알고 있었음이 틀림없다. 아울러 춘추전국시대와 진 및 한의 수공업, 상업, 철과 염의 전매제, 농업에 대하여 경험하였거나 정보를 가진 사람들이었다.

고조선 유이민들은 경주 지역에 정착한 이후 가장 먼저 제철산업의 가능성을 모색하였으며 오래 지나지 않아 울산 농소의 달천철광을 발견하였을 것이다.[77] 이 철광은 노천철광이므

---

[77] 상술한 바와 같이 달천철광을 개발하고 제련 및 제철산업을 AD 2세기 말까지 운영한 것은 울산 지역 소국의 지배층이었다는 주장(김권일, 2013)도 있다. 당시 최고의 하이테크 산업이었던 제철산업을 위한 최적의 조건을 갖춘 울산 농소 지역에 경주의 지배층이 관여하지 않았을 가능성은 거의 없다. 가능성이 극히 낮은 추정이지만, 설사 초기에 울산 지역의 지배층이 제철산업을 시작하였다 하더라도 기술은 고조선 유이민들이 독점하였고, 유통망도

로 제철 경험이 있는 장인이라면 농소 지역에서 철광석의 분포를 확인하는 것은 그리 어렵지 않다. 노출된 철광석 표면은 산화되어 검붉은 색을 띠며 이것들이 우수에 씻겨 주변으로 흘러 광범위한 지역에 산화철 성분이 토양에 포함되므로 토양색이 상대적으로 붉다. 그리고 경주 주변에는 화강암이 넓게 분포하므로 달천철광을 발견하기 이전에도 고조선 유이민들은 사철(沙鐵, 砂鐵)을 채취하여 제철산업을 하였을 것이다.

사로국의 주도세력인 고조선 유이민들은 자신들의 고국에서 이미 소금을 경험하였으므로 제염에 관심을 가졌으며, 바닷물을 끓여서 소금을 얻는 직자식자염법에 대해서도 알고 있었을 것이다.

BC 1세기 중엽 사로국이 성립되었을 때, 태백산맥 서쪽 낙동강 하류부의 변한 지역에는 비록 제철 기술자가 없었지만, 낙동강 수운교통로를 이용하여 해안 지역과 내륙 지역 사이에 교역이 이루어지고 있었다. 사로국의 지배계급인 고조선 유이민들은 이와 같은 영남 지역의 상황에서 무엇을 생각하였을까. 그들은 만주지방에서 국가들 사이의 수많은 전쟁을 목격하거나 경험하였으며,[78] 심지어 한나라와 전쟁에서 패배하여 멸망당한 조국을 떠나 수천 리를

경주가 장악하여 부가가치를 점유하였으며, 정복전쟁을 통해 AD 1세기에는 이 철광과 제련 및 제철 산업을 경주 세력이 점유하였을 것이다.

78) BC 4세기 말부터 고조선이 멸망할 때까지 있었던 군사행동을 요약하면 다음과 같다. BC 323년 주가 쇠약해지자 연이 스스로 높여 왕이라 칭하고 동쪽으로 침략하려고 하자 조선후도 스스로 왕호를 칭하고 군사를 일으켜 연을 역격하여 주 왕실을 받들려 하였는데 …… (삼국지 30 위서 30 오환선비동이전 한 배송지주(위략)).
BC 282년 연의 장수 진개가 흉노에 인질로 가 있으면서 그들의 신뢰를 받았다 그가 연으로 돌아온 후 군대를 이끌고 동호를 습격하여 패주시키니 동호는 천 여리나 물러났다(사기 110 흉노열전 50).
BC 282년 연은 장군 진개를 파견하여 조선의 서쪽 지방을 침공하고 2천 여리의 땅을 빼앗아 만번한에 이르는 지역을 경계로 삼았다. 마침내 조선의 세력은 약화되었다(삼국지 30 위서 30 오환선비동이전 한 배송지주(위략)).
BC 282년 조선왕 만은 옛날 연인이다. 처음 연의 전성기로부터 일찍이 진번과 조선을 침략하여 복속시키고, 관리를 두기 위해 성과 요새를 쌓았다(사기 115 조선열전 55).
BC 222년 진이 연을 멸망시키고 진번과 조선을 요동의 변방 지역에 소속시켰다(사기 115 조선열전 55).
BC 195년 위만은 진번과 조선의 만이와 옛 연, 제의 망명자들을 차츰 부리고 복속시켜서 왕이 되었고 왕검에 도읍하였다. 무력으로써 그 이웃 작은 읍락들을 침범하여 항복시키니 진번과 임둔이 모두 와서 복속하여 사방이 수천리나 되었다(삼국유사 1 기이 1 위만조선).
BC 179년 남월과 조선은 진의 전성기부터 신하로 복속하였습니다. 후에 군대에 의존하고 험난한 요새를 방패삼아 꿈틀꿈틀 기회를 엿보면서 관망하고 있습니다(사기 25 율서 3).
BC 112년 원정 5년 가을 한은 남으로 양월을 토벌하고 동으로 조선을 격파하였으며 북으로 흉노 쫓아내고 서로 대완을 정벌하니 중국에 많은 일들이 있었다(사기 103 萬石張叔列傳 43 만석군).

도망하여 온 사람들인데, 인접한 지역에서 소국들이 연맹을 형성하여 효율적인 수운교통망을 축으로 영남내륙의 상권을 장악하며 발전하고 있는 상황을 심각하게 받아들였을 것으로 추정된다. 즉 강력한 이웃이 있다면, 경주분지에 만든 자신들의 국가가 지속적으로 유지되기 어렵다고 생각했을 것이다. 사로국은 이미 BC 28년 낙랑의 침략을 받았으며, 사로국의 핵심세력들은 만주와 한반도 북쪽에서 벌어지는 정치적 상황에 대한 정보도 끊임없이 접하였을 것이다.

사로국은 영남 지역의 패권을 차지하여 변한연맹의 상권을 축소시키고 이 지역을 자신들의 교역권으로 편입시켜야 한다고 생각하고, 진한 지역의 국가들을 정복하여 하나의 제국을 만들 계획을 하였다고 본다. 이와 같은 목표에 도달하기 위하여 금호강 유역으로 나아가기 전 우선 동해안 지역을 정복하였다. 이것은 부가가치가 가장 높은 자원인 달천철광과 제철산업을 완전히 장악하고 제염업의 기반을 확보하며, 외부세력의 공격로가 되는 단층선을 따라 형성된 교통로를 자신들의 통제 아래 두고자 하였기 때문이다. 그리고 사로국이 금호강 유역을 먼저 공격하지 않은 것은 울산, 언양, 안강, 청하, 신광, 흥해 등지에서 단층선을 따라 난 평탄한 도로를 통해 경주까지 도달하는데 한나절이면 충분하므로 금호강 유역으로 원정을 떠난 후 배후가 불안하지 않도록 한 것이다.

전쟁을 통해 정복한 경우 얻을 수 있는 이익은 막대하다. 우선 피정복지의 자원을 무차별적으로 획득할 수 있고, 인구수가 증가하며 세금징수액이 늘어난다. 그리고 전쟁에 동원 가능한 병력도 증가하며 노동력을 많이 확보할 수 있다.

BC 110년 아들을 거쳐 손자 우거 때에 이르러 꾀어들인 한의 도망친 백성들이 점차 많아졌다. 또 입조하여 황제를 뵙지도 않았다. 진번과 그 주변 나라들이 글을 올려 황제를 뵙고자 하면 길을 막고 통하지 못하게 하였다(사기 115 조선열전 55).

BC 109년 여름 4월 조선왕이 요동도위를 공격하여 죽이니 이에 천하의 사형수들을 모아 조선을 공격하였다(한서 6 무제기 6).

BC 108년 여름 조선이 그 왕 우거를 목베고 항복하니 그 땅을 낙랑, 임둔, 현도, 진번의 군으로 삼았다(한서 6 무제기 6).

2. 사로제국의 영토 확장

경주의 사로국이 동해안과 현재 경북 지역에 있었던 여러 소국들을 통합하여 신라로 성장할 수 있었던 것은 정치, 경제, 군사, 지정학적 측면에서 주변 다른 국가들에 비해 우위를 차지할 수 있었기 때문이다. 사로국의 주변 소국 복속은 정치적, 외교적 방식이 아닌 군사적인 우위를 기반으로 진행되었다. 군사적 우위는 인구의 증가와 경제적 부의 축적으로 국력이 강해지면서 성립될 수 있었다.

고대국가의 국력은 인구수와 생산력에 의해 결정된다. 농업이 주산업인 고대에 한 지역의 인구수는 그 지역이 가진 인구부양력에 의해 결정된다. 그리고 산업생산력은 곡물생산량과 제철, 제염, 직조 등 수공업의 생산력으로 구성된다. 국가형성 초기 사로국의 수공업 생산력을 계산하는 데에는 한계가 있으나, 다른 지역에 비해 비교 우위에 있었던 제철과 제염산업을 고려하면, 진한 지역에서는 가장 높은 수준이었다고 볼 수 있다. 아울러 곡물생산량은 경작지의 면적, 경작지의 비옥도, 투여할 수 있는 노동력 등의 함수인데, 이들 요소들 가운데 가장 중요한 것은 경작지 면적이다. 경주 지역은 단층선을 연하여 면적이 넓은 합류선상지들이 분포하고 있으므로, 동해안의 안강, 신광, 청하, 영해, 울진, 울산, 동래, 언양과 같은 지역들보다 곡물생산량이 많다.

경주 지역 사람들은 청동기시대에 농경을 본격적으로 시작하였으며, 특히 초기철기시대 후기에는 인구 증가속도가 이전에 비해 빨라졌다. 즉, BC 2세기 말 내지 BC 1세기 초 많은 고조선 유이민들이 경주 지역으로 들어와 제철과 제염 산업을 시작하면서 산업생산력은 획기적으로 높아지고 인구의 증가속도도 빨라졌다. 고조선 유이민들과 함께 많은 사람들이 함께 경주 지역으로 들어왔을 가능성이 높다.[79]

---

79) 고조선 유이민들은 이동하면서 자신들의 노예와 그리고 이동 경로에 살고 있던 많은 현지 주민들의 노동력을 징발하여 함께 데리고 왔을 것이다. 예나 지금이나 권력자나 기득권 세력은 육체노동을 하지 않는다

표 4. 사로국의 주변 소국 병합 시기

국명	기록연대	현재 위치	전거	복속 형태
우시산국(于尸山國)	탈해왕대(AD 57~80년)	울산	列傳 4, 居道傳	정복
거칠산국(居柒山國)	탈해왕대(AD 57~80년)	동래	列傳 4, 居道傳	정복
굴아화촌(屈阿火村)	파사왕대(AD 80~112년)	울산	地理 1, 臨關郡	정복
음즙벌국(音汁伐國)	파사왕 23년(AD 102년)	흥해 또는 안강	本紀 1	정복
실직곡국(悉直谷國)	파사왕 23년(AD 102년)	삼척	本紀 1	내항
압독국(押督國)	파사왕 23년(AD 102년)	경산	本紀 1	내항
실직국(悉直國)	파사왕 25년(AD 104년)	삼척	本紀 1	반란 → 토벌
다벌국(多伐國)	파사왕 29년(AD 108년)	대구	本紀 1	정복
비지국(比只國)	파사왕 29년(AD 108년)	?	本紀 1	정복
초팔국(草八國)	파사왕 29년(AD 108년)	?	本紀 1	정복
압독국(押督國)	지마왕대(AD 112~134년)	경산	地理 1, 章山郡	정복
압독국(押督國)	일성왕 13년(AD 146년)	경산	본기 1	반란 → 토벌
소문국(召文國)	벌휴왕 2년(AD 185년)	의성	本紀 2	정복
감문국(甘文國)	조분왕 2년(AD 231년)	김천 개령	本紀 2	정복
골벌국(骨伐國)	조분왕 7년(AD 236년)	영천	本紀 2	내항
사량벌국(沙梁伐國)	첨해왕대(AD 247~261년)	상주	列傳 5, 昔于老傳	토벌, 정복
사벌국(沙伐國)	첨해왕대(AD 247~261년)	상주	雜志 3. 地理 1	정복
이서국(伊西國)	유례왕 14년(AD 297년)	청도	本紀 2	이서국 공격→ 사로국 방어

표 4는 사로국의 주변 소국 병합 시기를 정리한 것이며, 그림 35는 공간적으로 사로제국이 영역을 확장하는 과정을 나타낸 것이다. 사로국의 동해안 지역 정복은 금호강 유역과 의성 금성 그리고 낙동강 서쪽 지역 정복에 비해 상당히 신속하게 진행된다. 이것은 이 지역이 군사적으로 사로국을 공격할 우려가 있어서가 아니라, 제철과 제염산업을 장악하여 경제적인

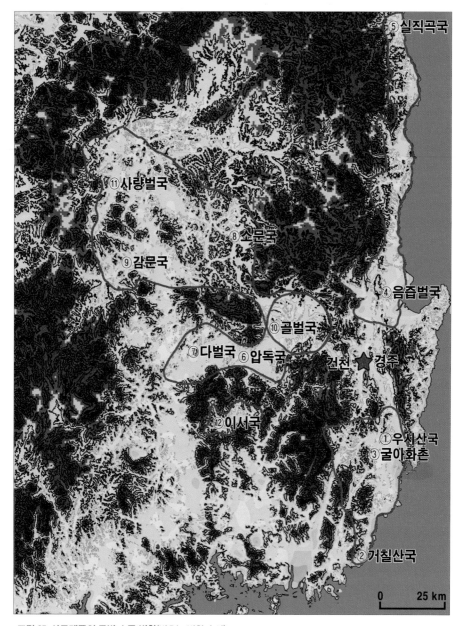

⑤실직곡국

⑪사량벌국

⑧소문국

⑨감문국

④음즙벌국

⑩골벌국

⑦다벌국 ⑥압독국 건천 ★ 경주

⑫이서국

①우시산국
③굴아화촌

②거칠산국

0   25 km

그림 35. 사로제국의 주변 소국 병합(번호는 병합 순서)

부를 독점하려는 전략에서 나온 것으로 볼 수 있다.

사로국은 국가 형성 이후 가장 먼저 울산 지역을 정복하였다. 경주와 울산 사이는 자연적인 장애물이 없이 폭이 넓은 단층선곡으로 연결되어 있다. 사로국이 가장 먼저 울산 지역을 공격한 것은 계획된 것이었다. 소금을 생산할 수 있는 해안을 포함하고 있는 울산 지역은 경주에 들어온 고조선 유이민들이 반드시 차지해야 하는 지역이었다. 아마도 농소 달천광산과 주변의 제철산업은 정복전쟁 훨씬 이전에 이미 고조선 유이민들이 점유하여 운영하였을 것이다. 그리고 바다를 통해 다른 나라와 교류하기 위한 항구로 울산 지역을 염두에 두었을 것이다. 따라서 현재 태화강 북쪽 울산 구시가지에 위치한 우시산국을 점령하는 것이 이 전쟁의 주된 목표였을 것이다.

동해안 울산 지역은 왜의 주요 공격 대상이다. 동시에 경주 지역을 왜로부터 보호하기 위한 중요한 방어 거점이다. 이와 같은 전략적 가치도 울산 지역을 가장 먼저 정복한 동기가 되었을 것이다. 사로국은 BC 50년,[80] AD 14년[81]에 왜와 갈등관계가 있었으며, AD 59년에는 우호관계를 맺고 사신을 교환한다. 사로국은 거칠산국이 있었던 동래도 거의 같은 시기에 정복하는데, 역시 해안을 장악하는 것이 목표였다.

파사왕대에 사로국은 또 다시 울산 지역의 굴아화촌을 정복하여 이 지역에 대한 광범위한 지배를 확인한다. 그리고 사로국은 파사왕 23년(AD 102년) 경주 북쪽 해안의 음즙벌국을 정복한다. 양산단층선의 단층선곡을 통해 조성된 교통로를 통해 바로 연결되는 이들 국가 정복은 해안 지역을 장악하는 효과를 기대한 전쟁이었다. 그리고 같은 해 현재 삼척에 있었던 실직곡국과 경산의 압독국이 사로국에 항복하였다. 사로국은 동해안을 통합하여 동해안에 있었던 소국들의 경주 침입 가능성을 없애고, 해안에서 이루어지는 어업과 제염 산업의 경쟁력을 극대화할 수 있게 되었다. 이를 바탕으로 영남내륙의 상권을 두고 가야연맹과 경쟁할

---

80) 왜인이 군사를 일으켜 변경을 침범하려다가 시조에게 신령스런 덕이 있음을 듣고 이내 물러갔다(삼국사기 신라 본기 1).

81) 왜인이 병선 100척을 보내 해변의 민호를 약탈하자 6부의 군사를 보내 이를 막았다.

수 있는 기반을 만든 이후 영남 내륙지방의 통합에 나섰다.

동해안을 정복한 사로국은 내륙의 금호강 유역으로 진출한다. 금호강 유역의 대구, 경산, 영천에는 고조선 멸망으로 남쪽으로 이주해 온 유이민들이 BC 2세기 말부터 BC 1세기 초에 건국한 소국들이 있었다. 이 소국들이 건국되는 과정은 경주 사로국의 건국 과정과 거의 같았을 것이다. 이들 국가에서도 제철산업을 발전시키기 위해 노력하였으며,[82] 교역은 주로 낙동강과 금호강 수운교통로를 통해 변한 지역의 공동체들과 하였을 것이다. 그리고 이 지역은 농경지로 활용할 수 있는 공간이 넓고 경주와 거의 같은 규모의 인구와 농경지를 가지고 있었으므로, 사로국이 먼저 공격하기에는 부담이 컸을 것이다. 특히 영천은 경주와 가장 인접하며 기복이 거의 없는 아화고개를 통해 건천을 거쳐 경주와 바로 연결되므로 가장 우호적인 관계를 유지하기로 전략을 세웠을 것이다. 바로 이웃에 적을 두는 것은 언제 위험이 닥칠지 모르기 때문이다.

파사왕 23년(AD 102년) 내항한 경산의 압독국은 금호강 유역에서 최초로 사로국 영향권에 들어왔으나, 영천은 여전히 독립적인 국가로 남아 있었다. AD 104년 실직곡국이 반란을 일으켰으나 진압되었다. 사로국은 AD 108년 대구의 다벌국,[83] 비지국, 초팔국을 정복하였다. 이들 가운데 다벌국의 위치는 거의 확실하게 알 수 있으나, 비지국과 초팔국 위치는 다양한 주장이 있다.[84] 그리고 지마왕대(AD 112~134년) 압독국과 사로국 사이에 전쟁이 발발하였으나 사로국이 압독국을 공취(攻取)하여 군을 설치하였다. 그러나 사로국은 여전히 금호강 유역 전

---

82) 금호강 유역에는 당시에 개발된 철광산이 없었으므로 사철을 채취하여 철을 만들었을 것이다.

83) 다벌국도 사로국에 정복된 AD 108년 이전에는 가야연맹의 일원이었을 것으로 생각된다. 그러나 다벌국의 중심이 현재 대구시 달성공원에 있었다면 낙동강과 약 30km 떨어져 있었다. 사로국이 다벌국을 정복한 것은 실제로 대구분지를 자신들의 통제 아래 두었다고 볼 수 있으나, 낙동강 수운교통로를 차단하고 가야연맹의 선박을 통제하는 데는 시간이 더 필요했을 것이다.

84) 이 시기 사로국의 능력과 비지국과 초팔국을 정복하여 얻어야 하는 목적이 무엇이었는가를 기준으로 볼 때, 이 두 지역은 금호강 유역을 벗어나지 않을 가능성이 높다. 이와는 다른 견해를 가진 연구자들은 '비지'와 '초팔'의 지명의 발음과 의미 해석을 통해 각각 창녕과 초계로 비정하지만, AD 108년 사로국이 낙동강을 도강하여 초계를 공격할 능력이 있었는가에 대해서는 회의적이다. 그리고 창녕도 가야연맹의 일원으로서 낙동강 수운교통로의 중요한 경로 상에 있어서 가야연맹의 군사적 보호를 받을 수 있으므로 사로국이 정복할 수 있는 범위를 넘어선다. 창녕의 비화가야는 거의 4세기 말이 되어야 신라의 영역이 된다.

체를 자신의 영역으로 편입하여 통제하지 않고 영천 골벌국의 독립성을 인정하고 있었다. 이 것은 사로국의 인구수와 생산력이 금호강 유역 전체를 압도할 수 있는 수준에는 이르지 못했음을 시사하며, 더욱이 낙동강의 수운 항로를 유지하려는 가야연맹과 군사적 대립을 할 정도까지는 국력이 성장하지 못하였음을 의미한다.

지마왕대에 압독국을 정복한 이후 거의 50년 동안 사로국은 태백산맥 너머 서쪽으로 원정을 나서지 않는다. 대구와 경산 지역을 통제하였지만 영천과는 우호적인 관계를 유지하고 있었으며, 팔공산과 화산 그리고 보현산을 연결하는 산지 북쪽의 의성 금성의 소문국은 전략적으로 매우 중요한 지역임을 인지하고 있었으나, 군사적인 움직임을 자제하며 기회를 엿보고 있었다. 소문국이 위치한 의성군 금성면의 금성산에서는 남한강 방면에서 문경 하늘재를 통과하여 안계분지를 지나 영천으로 가는 교통로의 상당한 구간을 관측할 수 있다.

AD 185년 사로국은 비로소 소문국을 정복하여 북서 방향으로 나아가는 군사적 요충지를 차지한다. 소문국은 AD 2세기 말 경북 북부분지에서 가장 큰 국가였을 가능성이 크다.[85] 소문국은 안계 지역에 비해 경작지 면적이 좁고 낙동강 수운과의 연결성은 떨어지지만 주요 교통로 3개가 만나는 결절점이며 군사 전략적인 측면에서 안계보다 더 중요한 위치를 차지하고 있었다.

사로국은 이 시기에도 여전히 낙동강 수운교통로를 통해 낙동강 상류부 지역과 교역하고 있는 가야연맹과의 직접적인 군사적 충돌은 보류하면서 자신들의 힘을 키워가고 있었다. 이 시기 이전에 정복한 동해안과 금호강 유역을 관리하고 통제하는데 필요한 인력과 자원을 충당하는 것 외에 정복전쟁을 수행하기에는 여력이 부족하였을 것이다. 사로국이 탈해왕대에 정복전쟁을 시작한 이후 의성 금성 지역까지 점령하는 과정에서 정복전쟁은 어느 정도 시간 간격을 두고 진행된다. 이것은 점령지를 관리하고 지배하는 시스템을 만들고 동시에 전쟁을 수행하는데 필요한 인력과 자원을 준비하는데 시간이 필요하였음을 시사한다. 특히 압독국

---

85) 소문국도 BC 2세기 말~BC 1세기 초 고조선 유이민들이 현재 의성군 금성면 일대에서 건국하여 발전하였는데, 금호강 유역과 경주에 국가가 만들어지는 과정과 거의 같은 과정을 거쳤다고 생각한다.

반란을 토벌하여 금호강 유역을 평정한 이후 의성 금성을 정복할 때까지도 39년이 걸린다. 그리고 소문국 정복 이후 46년이 지나 AD 231년 감문국을 정복하고, 이후 20년 정도 지나서 상주의 사벌국을 정복한다.

사로국은 진한 지역의 국가들을 지속적으로 정복하였으나 그들을 신라의 영역으로 바로 편입시켰다고 보기는 어렵다. 이들 가운데 일부 국가는 사로국에 대해 반란을 일으킨 경우도 간혹 있었는데, 파사왕 25년(104년) 실직국, 일성왕 13년(146년) 압독국이 여기에 해당하며, 이와 같은 현상은 사로국이 정복하거나 복속시킨 국가의 지배자에게 계속 통치권을 허용해주 었다는 사실을 전제하지 않고서는 합리적으로 이해하기 힘들다(전덕재, 2002). 또 다른 사례인 사벌국(사량벌국)에 대해서는 삼국사기 45 열전 5 석우로전에 '첨해왕(AD 247~261년)이 재위하 였을 때, 사량벌국이 전에 우리에게 속하였다가 문득 배반하여 백제로 돌아가므로,[86] 우로가 군사를 거느리고 가서 토벌하여 멸하였다.'는 기록이 있다. 이것은 삼국사기 34 잡지 3 지리 1 에 '상주는 첨해왕대에 사벌국을 취하여 주로 삼았다.'는 기사와 같은 내용을 기록한 것이다. 첨해왕대 이전 어느 시기부터 사로국에 속했던 사벌국은 첨해왕대에 배신하였다가 석우로에 게 토벌될 때까지도 여전히 기존의 지배자가 계속 통치권을 행사하였을 뿐 아니라, 사벌국에 대한 신라의 통제력은 매우 미약하였다(전덕재, 2002)고 볼 수 있다.

그러면 사로국은 무엇을 얻기 위해 정복전쟁을 지속하였을까 하는 의문이 생긴다. 정복 한 지역을 직접 통치하지 않고 기존의 지배자가 계속 통치하도록 허용한 것은 아직까지 정복 한 지역을 직접 통제하는데 필요한 군대 주둔, 관리 파견 등에 드는 비용과 인력이 충분하지 않고,[87] 이들 지역과 이전부터 교역 관계를 맺고 있었던 가야연맹과의 직접적인 충돌에 대한

---

86) 상주는 보은, 청원으로 연결되는 교통로를 통해 백제와 교류하여 왔으며, 그 이전에는 가야연맹의 교역권에서 이 익을 얻었으므로 주민들의 감정은 정복자인 사로국에 대해서는 적대적이고 가야연맹에 대해서는 우호적이었으 며 이런 경향이 상당히 오랫동안 지속되었을 것으로 추정된다.

87) 사로국이 넓은 지역을 시간을 두고 정복한 이면에는 인구 부족으로 정복지 관리의 어려움을 경험하였을 것이다. 자연적 인구증가 속도가 느린 고대에 지역을 통제하고 세금을 징수하고 주민들을 통제하기 위하여 사로국 출신 관료를 정복한 모든 지역에 보내는 것은 한계가 있다. 몽골제국이 유라시아 대부분을 차지하였을 때 몽골 국민 전체를 관료로 만들어도 정복지를 통제하기 어려웠을 것이다. 이런 사정도 사로국의 정복전쟁 속도를 조절하게 하는 원인 가운데 하나일 것으로 생각된다.

부담도 고려한 것으로 생각된다. 다만 사로국은 정복한 지역에 대한 교역의 우위권 정도는 확보하였을 가능성이 높다. 즉, 이 시기 사로국의 영역 확장 목적은 자원과 인구의 확보 그리고 가야연맹 상권을 잠식하고 자신의 교역권을 확대하는 것이다. 금호강 유역과 의성 지역에서 기존 소국들의 자율적인 정치 행위는 인정하지만 경제적인 측면에서 사로국의 우위를 인정받는 선에서 타협하였을 것이다.

의성 소문국을 정복한 이후 46년이 경과한 231년 사로국은 마침내 낙동강을 건너서 김천 개령에 있었던 감문국을 정복한다. 낙동강 우안의 감문국은 BC 2세기 말부터 BC 1세기 초 고조선 유이민들이 소백산맥을 넘어 영남지방에 들어왔을 때 상주를 거쳐 남쪽으로 이동한 사람들이 세운 국가일 가능성이 높다. 이들은 사로국과 거의 같은 시기에 건국되었으나 사로국과 연대할 필요성을 가지지 못하였으며, 오히려 낙동강과 감천의 수운교통로를 통해 교역하는 가야연맹과 더 긴밀한 관계를 맺고 있었을 것으로 생각된다.

이제 사로국의 군대가 낙동강을 건너서 가야연맹에 속하였던 것으로 생각되는 감문국을 정복한 것이다. 이것은 낙동강 상류부까지 도달하였던 가야연맹의 수운교역망을 선산 부근에서 단절함으로서 가야연맹 선박들이 구미 부근보다 상류부로는 운항하지 못하게 되었음을 의미한다(그림 40). 사로국이 건국되고 286년이 경과한 때에 비로소 가야연맹과 직접 충돌을 무릅쓰고 영남지방의 중부와 북부를 자신들의 통제권으로 편입시킨 것이다.

감문국의 정복은 낙동강 수운의 단절을 의미하며, 아울러 그동안 소문국을 축으로 한 영남 북부분지와 금호강 유역에 대한 시장 지배를 통해 축적한 경제적 부와 이에 따라 증가한 인구를 배경으로 군사력이 증강되었으므로 가야연맹에 대한 직접적인 대결을 선포한 것으로 보아야 한다. 이러한 사로국의 거침없는 군사적 행동은 사로국을 동맹으로 인식하고 있던 영천 골벌국왕 아음부로 하여금 감문국 정복 5년 후인 AD 236년 스스로 항복하도록 만들었다. 골벌국이 내항한 지 20년 정도 지난 후 사로국은 상주의 사벌국을 정복하면서 영남지방 북부와 중부 전체를 자신의 통제에 두게 되었다. 이제 이들 지역으로 가야연맹의 선박과 상인들은 출입할 수 없게 되었으며 경주의 독점적 상권이 되었다.

그리고 AD 297년 이서국을 정복하면서 낙동강을 따라 사로국의 통제 구역이 다소 남쪽으로 이동하여 금호강의 낙동강 합류점까지 사로국이 통제하였으므로 성주는 수운교역망이 차단되어 고령에서 육로로 교역을 하였을 것이다.

사로국은 영남내륙을 정복하여 가야연맹과의 경제전쟁에서 이기고, 이를 바탕으로 국력을 신장시켜 백제, 고구려 및 왜와의 국제관계에서 생존하는 것을 목표로 하였다고 생각한다.

3. 가야연맹의 성립과 발전

동해안과 영남 북부분지 및 금호강 유역을 정복한 사로국은 AD 307년 국호를 신라로 변경하였다. 가야연맹은 한때 낙동강 수운교역망을 통하여 철과 소금을 낙동강 상류부까지 거래하며 부를 축적하였으나, AD 3세기 말~4세기 초 금호강이 낙동강에 유입하는 현재 달성군 하빈보다 상류부 교역망이 사로국에 의해 단절되었다. 교역권이 크게 축소된 가야연맹을 축출하고 영남 지역 상권을 독점하기 위하여 사로국은 낙동강 하류부의 수운교통로 기능을 무력화하기 위한 전쟁을 본격적으로 시작한다.

이 절(節)에서는 신라의 가야연맹 정복 전략과 정복 과정을 검토하였다. 그리고 그 대상이 되는 가야연맹의 체제와 성격을 파악하기 위하여 낙동강과 그 지류의 유역분지로 이루어진 변한 지역 국가성립과 이 소국들이 어떤 과정을 거쳐 가야연맹을 결성하고 또 신라에 의해 와해되면서 가야연맹이 멸망에 이르렀는지 살펴보았다.

1) 변한 지역의 국가 성립

BC 2세기 말 고조선 유이민들은 소백산맥의 하늘재를 넘어 낙동강 우안의 구미 금오산 이북 그리고 낙동강 좌안에서는 금호강과 경주 지역을 연결하는 구역까지 남하하였다. 그리고 남하하는 경로에 위치한 문경, 함창, 안계, 의성, 상주, 선산, 김천 개령 지역에도 유이민들이 정착하였을 것이다. 이들은 농경에 종사하던 선주민들과 다른 수준의 문화와 경험 및 지식을 가지고 있었으므로 고조선 유이민들은 선주민들 보다 사회적으로 우월한 계층이 되었다.

고조선 유이민들의 이동 범위에 대한 문헌자료는 존재하지 않는다. 다만 고고학 발굴자료를 통해 어느 지역까지 진출하였는가를 추정할 수 있을 뿐이다. 이들의 묘제인 목관묘에는 한나라 계통의 철기와 청동기 거여구(車輿具: 수레에 사용된 금속제 부속품) 비중이 확대되었으

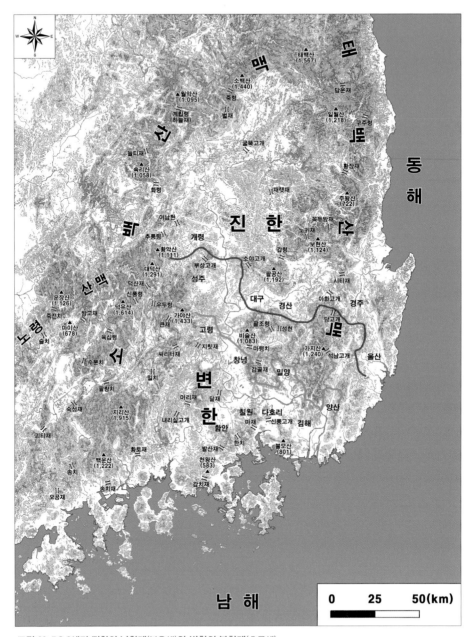

그림 36. BC 2세기 진한의 남한계(붉은색)와 변한의 북한계(초록색)

　　　자연환경 그리고 신라(新羅)의 발생과 붕괴

나, 영남 지역에서 기존에 부장하였던 청동으로 된 칼, 거울, 방울과 같은 의식용구들은 감소한다. 이러한 경향이 가장 뚜렷한 곳은 금호강 유역과 경주 지역이다.[88]

같은 시기 김해를 포함한 경남 남해안과 낙동강 하류부에서는 무덤에 여전히 다량의 청동기와 소수의 철기가 부장되었다. 이 철기는 소수의 고조선 유이민들이 김해 지역까지 들어오면서 가지고 온 것인지 또는 금호강 유역을 비롯한 영남 북부 지역과의 교역으로 획득한 것인지는 알 수 없으나 전자일 가능성은 매우 낮다. 부장 유물의 이와 같은 공간 분포는 고조선 유이민들이 낙동강 좌안에서는 대구보다 남쪽으로는 거의 이동하지 않았으며, 우안에서는 김천 개령보다 더 남쪽으로 가지 않았을 가능성이 높다는 것을 의미한다.

남해안과 낙동강 하류부에서 무덤에 철기와 와질토기가 현저하게 증가하는 시기는 금호강 유역과 경주 지역보다 거의 100년 늦은 기원 전후부터 AD 1세기 초엽이다. BC 2세기 말부터 BC 1세기 초에 걸쳐 고조선 유이민들이 남해안과 낙동강 하류부로 들어오지 않은 이유는 무엇일까. 그러면 BC 1세기의 100여 년 동안 낙동강 하류부와 경남 남해안 사람들의 삶은 어떤 모습이었을까. 그리고 금호강 유역과 경주 지역의 문화는 이들 지역에 어떻게 영향을 미쳤을까.

이현혜(1997)에 의하면, BC 1세기 경 김해 예안리의 무덤 부장품에는 청동기 이외에 소수의 철기가 포함되어 있으나, 이 시기 김해 지역 철기 보급은 경주와 대구에 휠씬 미치지 못하였으며, 따라서 김해 일대에는 아직 경주, 대구, 영천처럼 철기문화의 직접적인 영향 하에 청동기문화 단계의 단위집단들을 통합하는 발달된 정치권력의 대두를 상정하기 어려우며, 청동기문화 단계 이래 선주민 세력 집단들이 점차 지배권력을 강화하면서 독자적인 세력으로 존립하였다는 것이다. 즉, 많은 고조선 유이민들의 유입으로 사회적 변화가 크게 일어난 금

---

88) 금호강 유역과 경주 지역에서는 이 묘제가 BC 2세기부터 나타났으나 울산 지역에는 AD 2세기 말에 비로소 나타난다. 그런데 달천철광이 BC 2세기에 채광을 시작하였다면, 고조선 이주민들이 아니고 울산 지역의 토착 세력들이 채광, 제련, 제철을 하였다는 것을 의미한다. 그러나 울산 지역에 목관묘가 없다는 것이 고조선 유이민들의 영향력이 미치지 않은 증거로 보기에는 어려움이 있다. 토착 세력들이 기술을 가진 사람의 도움 없이 제련 및 제철 기술을 습득할 수 있는 가능성이 극히 낮기 때문이다. 달천철광과 인근 제철산업 지구에는 노동자들이 거주하고, 이 산업을 실질적으로 지배하는 고조선 유이민들은 경주 지역에 거주하였을 것이다.

호강 유역 및 경주 지역과는 대조적으로 기존의 유력 세력에 의한 자체적인 변화를 모색하는 정도였을 것이다.

영남지방에서 철기의 제작과 보급이 가지는 의미는 청동기의 경우와 차이가 크다. 대부분의 청동기는 의례도구로 사용되었으나 철기는 무기, 농기구와 같은 실용적인 도구로 제작되었으며, AD 3세기의 상황을 기술한 삼국지에 의하면 당시에 철은 화폐였다. 즉, 제련 및 제철 기술자는 화폐를 만드는 사람이라고 할 수 있다. 따라서 철기의 가치를 인식한 모든 집단들은 제철산업을 발전시키기 위하여 자원과 기술을 획득하고 철광석 채굴 및 채집, 제철용 연료 공급을 위하여 대규모 노동력을 공급하고, 교역상의 편의를 위하여 시장과 교통망을 체계화하여 물류를 장악하는 등 개별적인 소집단의 수준을 넘어 총체적으로 기능하는 정치적, 경제적 공동체에 대한 요구가 높아졌을 것이다(이현혜, 1997).

이러한 현상이 삼국지에 기록된 AD 3세기부터 비로소 시작되었을 가능성은 거의 없다. 아마도 훨씬 이전 철기를 만들기 시작한 때부터 이 금속의 중요성을 인식하고 있었을 것이다. 소국들이 서로 20~30km 떨어져 분포하였던 영남내륙 지역에서, 정보가 흐르는 속도가 상당히 빨랐고 각 국가들은 협력하는 측면도 있었겠지만 생존하기 위하여 경쟁하여야 하므로 고대사 문헌에 기록된 소략한 내용으로는 가늠하기 어려운 상황이 전개되었을 가능성이 높다. 즉, 각 국가들은 처음부터 생존을 위하여 국력을 키우려는 치열한 노력을 하였을 것[89]이다.

BC 1세기 경 김해 예안리에서는 부장품으로 청동기 이외에 소수의 철기가 포함되었고 남해안과 낙동강 하류부에서는 AD 1세기 초엽에 들어와 무덤에 철기와 와질토기가 현저하게 증가한다. 이러한 내용을 철기 제작과 소유가 가지는 의미에서 검토해 보면 경남 남해안과 낙동강 하류부 지역에서는 기원 전후한 시기에 비로소 100년 전 진한 지역 수준의 국가를 만들 수 있는 환경이 조성되었던 것이다.[90] 다만 당시 이 지역에서 제철이 아직 이루어지지

---

89) 철로 만든 도구에 무기류가 주류를 이루는 것에서도 추정이 가능하다. 국가를 만든 동기 가운데 하나도 각 공동체의 안전 보장이었을 것이다. 이웃 지역에서 국가라는 조직을 만든다는 이야기를 들었고, 자신들도 국가라는 정치 조직이 있어야 외부세력으로부터 안전을 지킬 수 있다고 생각하였을 것이다.

90) 변한 지역은 기원 전후한 시기에 국가를 만들 수 있는 환경이 되었으나 진한 지역의 국가와는 성격이 같지 않았

않았고, 철기들이 해상교역로를 통해 한사군 지역에서 교역품으로 들어왔을 가능성이 있다는 것이 금호강 및 경주 지역과는 다르다. 그러면 이 지역에서 제철 기술을 어떻게 습득하여 철을 생산하였는가에 대해 논의하여야 한다.

이현혜(1997)는 김해 지역을 비롯한 낙동강 하류부와 남해안 지역이 다음과 같은 두가지 경로를 통해 제철 기술을 획득하였을 것으로 보았다. 첫째, BC 1세기 말이 되면 이 지역 집단들과 한사군을 비롯한 다수의 외부세력 간에 접촉이 빈번해진다. 둘째, BC 2세기 말에서 BC 1세기 초에 유입한 고조선 유이민들에 의해 경주를 중심으로 철기가 제작되기 시작하고, 이 기술은 점차 주변 지역으로 확산되었는데, 거의 100년이 지난 시기에 낙동강 하류부 지역에도 이 기술을 획득하여 철기를 제작할 수 있게 되었다.

낙동강 하류부에 살았던 사람들은 아마도 첫째 경로를 통해 제철 기술을 습득하기 이전에 두번째 경로를 통해 많은 정보를 획득하고 제철 기술을 습득했을 것이다. 이현혜(1997)는 두 번째 경로의 철기문화 확산은 변한 지역 사람들이 금호강 유역과 경주 지역을 비롯한 낙동강 중류부와 상류부 지역의 정치적 변화도 알게 되는 계기가 되었을 것으로 보았다. 그러나 금호강 유역과 경주분지에 고조선 유이민이 정착한 이후 낙동강교역망을 통해 대단히 많은 인적 및 물적 교류가 있었음을 고려하면, 낙동강 하류부의 정치적 변화와 제철산업 개시가 100년 정도 지체된 것에 대하여 의문이 든다. 아마도 BC 1세기 후반에 한사군을 비롯한 외부세력과의 빈번한 접촉으로 정치적, 사회적 변화가 발생하면서 제철산업도 시작되었을 것으로 생각된다.

이외에도 변한 지역에는 중심시기가 BC 1세기부터 AD 1세기까지 약 200년 동안 지속

다. 오히려 각 공동체는 경제적인 측면, 즉 교역에 방점을 둔 국가조직을 만들었을 것이다. 변한 지역 각 공동체는 교역을 통해 이익을 얻는 집단이므로 정치적 국가조직이 반드시 필요한 것은 아니었다. 상인들은 이익을 얻으면 되고 간섭받는 것을 좋아하지 않는다. 변한 지역 각 공동체는 초기철기시대에 들어와 이미 낙동강 수운교통망을 이용하여 영남내륙과 교역을 하였을 가능성이 높다. 그리고 BC 1세기 중엽 진한 지역에 국가가 만들어진 사실도 알고 있었으나 그들은 국가를 만들지 않았다. 영남내륙의 생산품과 남해안과 낙동강 하류부 생산품은 중복되지 않는 품목이 상당히 많으므로 교역을 통해 상호 이익을 얻을 수 있다. 특히 고조선 유이민들이 경주에 들어와 제염을 하면서 소금 유통이 시작될 때 남해안 공동체들도 소금 만드는 방법에 대한 정보를 얻어 제염을 시작하였을 것이다.

된 사천 늑도[91] 제철 유적이 있다. 늑도는 영남 지역과는 교류가 없는 것으로 파악되고 있으나, 삼천포가 늑도에 대단히 가까우므로 변한 사람들이 삼천포에서 늑도의 제철기술자들과 접촉을 통해 기술을 습득하였을 가능성도 있다.

한편 BC 39년 '봄 정월에 변한이 나라를 들어 (사로국에) 항복해 왔다(삼국사기 1 신라본기 1)' 는 기사는 BC 1세기 중엽 변한에는 비록 철기를 생산하거나 국가를 경험한 지역으로부터 유입한 사람 즉, 고조선 유이민들이 없었음에도 불구하고 금호강 유역과 경주 지역에서 일어난 일련의 정치적, 사회적 및 경제적 큰 변화를 알았으며 이에 영향을 받아 정치적, 사회적 변화가 있었음을 시사한다. 그리고 불과 19년이 지난 BC 20년 마한 왕이 호공에게 '진한과 변한은 우리의 속국인데 근년에 공물을 보내지 않으니 큰 나라를 섬기는 예의가 어찌 이와 같은가' 라고 책망한 기록은 이 시기 변한 지역에도 국가의 형태를 거의 갖춘 조직이 있었음을 시사한다.

이런 사실은 다음과 같은 내용을 통해 지지된다. 즉, 기원 전후한 시기부터 AD 1세기 초엽, 소위 김해문화기에 양산, 동래, 김해, 창원, 마산, 진해, 고성 등에서 초기철기시대 대표적인 생활유적인 패총의 수량과 이 단계에 해당하는 유물 수량이 크게 증가하는데, 다시 말하면 와질토기의 등장과 함께 철도자(鐵刀子), 철부(鐵斧), 철정(鐵鋌)의 수량이 크게 증가하는 것이다(이현혜, 1997). 이 시기가 되면 변한 지역은 와질토기와 철기 제작기술을 획득하였고 이를 발전시켜 철의 생산량과 보급량을 확대하였다.

아울러 기원 전후한 시기부터 AD 1세기 초엽에는 금호강 유역과 경주 지역으로부터 획득한 정보와 기술을 통해 소금을 생산하고 이것을 영남내륙에 판매하였을 것으로 생각된다. 변한 지역 사람들은 남해안 해운교역망 및 낙동강 수운교역망을 통해 철뿐 아니라 남해안 지역에서 생산한 어물과 소금을 영남 내륙지방으로 공급할 수 있었고, 영남내륙에 사는 사람들

---

91) 이 시기 늑도는 남해안 해상교통로의 중간 기착지 또는 거점 지역이었으며, 이 유적을 형성한 사람들은 왜, 낙랑, 중국 남부 및 일본 동부와 교류하였으나, 영남 지역과는 교류가 없었던 것으로 파악된다(이재현, 2008). 늑도의 제철은 고조선 유이민이 아니라 이 지역에 오래 전부터 살던 지배세력에 의해 행하여졌다고 보아야 한다. 이들은 철광석을 변한이나 진한 지역에서 공급받았는데, 그 후보지 중 하나가 울산 달천철광이다(김권일, 2013).

은 운송비가 높은 육상교통로를 통해 공급되는 사로국의 소금보다 가격이 낮은 가야연맹의 소금을 구입하였을 것이다.

그리고 기원 전후한 시기부터 AD 1세기 초엽 이후 낙동강 하류부와 남해안 지역에서도 주민들 사이에 국가를 만들어야 한다는 인식을 갖게 되었을 것이므로 변한 지역의 각 공동체들은 국가를 만들기 위한 논의를 시작하였을 것이다. 김해의 유력자들은 '변한'이라는 국가에 대한 문헌기록이 나온 BC 39년부터 81년이 경과한 AD 42년에 비로소 수로라는 외부세력을 왕으로 추대하여 구야국을 만든다. 변한의 다른 지역에서 국가를 건설하는 과정은 문헌에 기록되지 않아서 알 수 없으나, 구야국 성립 이후 변한 각 지역에서는 독자적으로 국가를 만들어갔을 것으로 추정된다.

한편 변한 지역 국가들은 낙동강 하류부 수운교통망과 남해안의 해운교통망으로 연결되어 있었으며 어업과 농업 지역으로 구성되어 생산물품이 상이하므로 국가형성 이전부터 선박을 이용한 교역을 왕성하게 하였다. 그리고 철기를 제작하고 소금을 생산하면서 교역이 크게 증가하였으며, 해운과 수운을 통하여 영남내륙과의 교류도 점차 증가하였을 것이다.

삼국지에 기록된 변진으로 시작되는 변한의 12개 국가의 위치에 대해서는 연구자들에 따라 다양한 주장이 제기되고 있다. 위치를 추정하는데 적용하는 가장 중요한 방법은 문헌에 기재된 국가 명칭의 어원을 추정하여 음이 비슷하거나 의미가 유사한 것들을 종합하여 위치를 비정하는 것이며, 그 외에 문헌에 기록된 단서들을 해석하여 장소를 추정하는 것이다. 그러나 2,000년 전 지명의 어원을 추적하는 것은 여러 가지 난제를 해결해야 하므로 신중을 기해야 한다. 특히 2,000년 전과 20세기의 음이 같은가에 대하여 검증이 필요하다. 아울러 어떤 장소의 지명은 여러 번 변경되며, 특히 변한 지역에 대한 문헌자료가 대단히 소략하므로 이와 같은 방법들을 통해 국명과 위치를 정확하게 일치시키는 것은 한계가 있다고 생각한다.

다만 변한 지역 국가들의 성격을 통해 AD 1세기 변한의 범위를 추론할 수 있으며 이 구역 내에서 국가의 입지가 될 수 있는 지역을 선정하는 것이 어느 정도 가능하다. 즉, 변한의 범위는 낙동강 우안에서는 성주 또는 고령, 낙동강 좌안은 창녕보다 낙동강 하류부로 추정된다(그림 36). 이 범위에서 다음과 같은 조건을 만족시키는 곳이라면 국가가 입지할 수 있을 것으로 생각된다. 첫째, 연안 항로로 해운이 가능한 해안에 위치하며, 둘째, 낙동강과 지류가 만나는 곳이며, 셋째, 낙동강 지류의 가항종점이나 내륙의 경우 규모가 큰 경작지가 확보되는 지역이다. 첫째 조건에 부합하는 곳은 김해, 고성, 마산, 창원이고, 둘째 조건에 부합하는 지역은 초계, 함안, 칠원, 삼랑진, 창원 다호리, 밀양이며, 셋째 조건에 부합하는 지역은 성주, 고령, 창녕, 진주, 가조, 거창이다.

낙동강 하류부 변한 지역 공동체들은 제철과 제염 등 첨단 기술을 가진 고조선 유이민이 정착한 금호강 유역과 활발하게 인적 및 물적 자원을 교류하면서 정치적, 사회적 변화에 대한 정보를 얻고, 기술을 습득하였다. BC 1세기 후반 변한 지역에는 거의 국가의 형태를 갖춘 조직적인 공동체가 있었고 AD 1세기 중반 이후 국가들이 만들어졌다. 이 가운데 12개 정도가 상대적으로 규모가 컸으며 거의 같은 시기에 국가가 조직되고 특정 공간 범위에 있었으므로 국가 명칭의 앞자리를 '변진'으로 동일하게 시작하였던 것으로 생각된다. 그리고 이 자료는 삼국지 편찬자에게 제공되었을 것이다.

2) 가야연맹의 성립과 성격

국가명이 '변진'으로 시작하는 변한 지역의 국가들은 낙동강의 우안에 성주, 그리고 낙동강 좌안은 창녕보다 하류부 지역과 남해안에 있었다(그림 36). 이들은 군사적 패권을 추구하거나 또는 군사적 협력이라는 목적을 가지고 출발한 것이 아니라 처음부터 서로 이익을 나누는 관계에 있었을 것이다. 변한 지역에서 만들어진 많은 국가들 가운데 유력한 12개 국가는 상대적으로 교역을 통해 이익을 많이 얻을 수 있는 장소를 차지하고 있었으며, 이들 사이의 관계는 경제적 이익뿐 아니라 경제적 이익을 보호하기 위한 정치적인 협력도 포함되었다고 추정된다.

변한 지역에서 낙동강 수운을 통한 교역에 유리한 입지를 점유한 지역들은 국가가 성립되기 이전인 기원전에도 연안 항로와 낙동강의 수운 항로를 이용하여 교역을 하였던 것으로 생각된다. 이 교역망의 범위는 낙동강 수운을 통해 금호강 유역뿐 아니라 중류부의 김천 개령, 선산, 상주, 안계·비안, 함창, 그리고 상류부의 안동까지 도달하였을 것이다(그림 7, 그림 38). 이들 지역은 BC 2세기 말 고조선 유이민들이 영남지방으로 들어와 이동한 경로 상에 있었으므로 BC 1세기 중엽 정도에는 이미 국가가 존재하고 있었다. 그럼에도 불구하고 낙동강 중류부와 상류부의 소국들은 자신들이 생산한 물품과 남해안과 낙동강 하류부에서 공급되는 물품의 교역을 통해 이익을 얻을 수 있었으므로 이 교역망에 참여하였다. 진한의 소국들은 국가를 세운 구성원들의 구성과 건국 시기가 유사하지만, 각 국가들이 생산하는 상품이 거의 같아서 자신들끼리 교역을 통해서는 상호 이익을 얻을 수 없으므로 진한연맹을 구성하지 않았다. 그러므로 변한 지역에서 낙동강을 통해 공급되는 어물과 소금, 그리고 기원 전후 이후에는 철제품 같은 것들을 구매하고, 내륙에서 생산되는 모피, 곡물과 같은 상품을 변한 지역에 팔았을 것이다.

낙동강 교역망은 가치가 높은 물품을 정치적으로 사여하는데 유용한 것이 아니고, 상업적인 이익을 추구하는 데 이용된 것이다. 따라서 이 교역망에 있는 도시들은 교역을 통해 이익을 얻기도 하지만 중계무역으로 이익을 얻을 수 있었다. 특히 낙동강과 지류가 만나는 곳에서는 지류의 유역분지를 상권으로 한 중계무역으로 이익을 얻었고, 가항종점에서도 배후의 내륙 지역을 상권으로 하여 이익을 얻을 수 있다(그림 7, 그림 38). 특히 남해안과 낙동강 수운망의 결절점에 해당하는 김해의 이익 규모는 대단히 컸을 것이다. 이렇게 볼 때, 이 교역망에 포함된 진한과 변한 지역은 자연스럽게 이익공동체가 되고 문헌에 기록은 되지 않았으나 가야연맹으로 분류될 수 있었다고 생각한다. 그리고 진한 지역이지만 이 교역을 통해 이익을 얻은 함창이나 상주 등은 자신들이 가야연맹에 속한 것으로 생각했다고 추정된다.

변한 지역의 서쪽은 덕유산과 속리산으로 이어지는 해발고도 1,500m 이상의 높은 산지가 주능선을 이루며 산지의 폭도 넓다. 동쪽은 유천층군으로 된 해발고도가 높은 영남 남부 태백산지가 달성, 창녕, 밀양, 울산 지역에 걸쳐 대단히 넓게 분포하여 평지가 좁은 편이다. 남해안에는 산지가 해안까지 분포하므로 인간활동에 유리한 공간이 부족하다. 한편 2,000년 전 해안선은 거의 현재 삼랑진 부근에 있었고 현재 낙동강 하류부 범람원 대부분은 당시에 습지였으므로 낙동강 주변에는 경작을 할 수 있는 공간이 협소하였다. 그럼에도 불구하고 낙동강의 수운기능이 많은 이익을 제공하므로 수운교통의 요충지와 경작지가 있는 분지를 중심으로 인구가 집중되어 국가가 형성되었을 것이다.

사회기반시설(infrastructure)이 거의 없었던 선사시대와 고대에 육상교통은 수상교통에 비해 운송비와 안전의 차원에서 훨씬 불리하였다. 이 시기 육상교통 수단은 인력이 주를 이루었으며, 마차가 통행할 수 있는 구간이 대단히 제한적이므로 대량운송이 불가능하였다. 따라서 많은 인원을 동원하여야 하는 운송이나 장거리 운송의 경우 상대적으로 많은 경비를 지출하여야 하므로 운송비의 부담이 크다. 그리고 교통로가 특정 지역을 통과하는 경우 통행세 등 추가 비용이 발생할 수 있으며, 산지(山地)에서는 물품을 탈취당하거나 사람들이 위해를 입을 수 있다. 이러한 문제를 해결하기 위해서는 관리와 군대를 파견해야 하므로 비용 부담이 크다.

육상운송을 통한 교역보다 수운을 이용한 교역은 물품 제공자와 상인들 모두 얻는 이익이 크고, 소비자들도 저렴한 비용을 지불하므로 모든 경제 주체가 이익이었다. 수운을 통한 교역은 연중 강수량 변화에 따른 낙동강 및 그 지류들의 수위 변화에 맞추어 연중 시기별 교역 패턴(pattern)이 만들어지고, 계절에 따라 공급되는 제품 목록이 만들어진다. 이와 같은 과정을 통해 각 지역마다 공급할 수 있는 제품이 특정되고, 선박의 규모와 입지에 따라 상권이 어느 정도 구분된다. 그리고 제조, 운반, 중계, 보관, 육상운송과 같은 기능에 따라 교역망이 만들어졌을 것이다. 그리고 이 네트워크에 참여하는 지역들은 모두 이익을 얻는 이익공동체가 된다. 이 이익공동체는 변한 지역에 철기가 보급된 AD 1세기부터 거의 연맹 수준으로 발전하여 AD 1세기 중반 변한 소국들이 건국되면서 경제적인 요소 외에 정치적, 군사적 요소를 포함하는 연맹이 되었을 것이다. 이것이 가야연맹이다. 이 연맹에는 기원 전후까지 진한이었던 대구, 경산, 김천 개령, 선산, 의성 안계 및 금성, 상주, 함창, 안동, 예천 등도 포함되었을 것이다. 가야연맹의 분포는 낙동강 우안 대부분과 낙동강 좌안의 낙동강 주변 지역이다.

변한 지역에 속한 소국들과 진한 지역에 속한 소국들의 이익공동체로서 가야연맹은 제3의 입장에서 보면 변한과 진한의 '잡거'이다.

낙동강은 상류부와 중류부 경계가 되는 안동에서 서류하다가 예천 삼강에서 거의 직각으로 방향을 바꾸어 남류하며 창녕군 남지에서 다시 동쪽으로 방향을 변경하여 양산에서 남류하여 남해로 유입한다. 가야연맹 지역은 안동부터 김해까지 낙동강 우안과 의성 안계부터 밀양까지 낙동강 좌안 지역이다(그림 38). 이 지역의 지형은 소백산맥의 속리산, 덕유산, 가야산, 지리산으로 이어지는 산지가 대부분을 차지하고 산지에는 분지가 형성되어 인간의 생활공간을 제공한다(그림 6). 평지와 구릉지는 낙동강 양안을 연하여 상대적으로 좁게 분포한다. 그리고 남지에서 낙동강은 거의 직각으로 꺾이는데 영남 남부 태백산맥과 남해안에 평행하게 분포하는 산지로 인하여 주요한 거점은 해안과 하천 주변에 위치한다. 그러므로 인간활동의 공간은 산지와 하천에 의해 분리되므로 공간 통합성이 현저하게 낮다. 그리고 분지, 구릉지와 평지는 낙동강과 이 강의 지류, 그리고 해안을 연하여 좁고 길게 분포한다. 즉, 전체적으로 낙동강 중류부와 하류부를 연하여 'ㄷ' 형태의 좁고 긴 모양이 된다(그림 38).

국가의 가장 이상적인 형태는 원형이다. 현재 세계에서 여기에 가장 가까운 것은 프랑스이다. 낙동강 우안의 'ㄷ'모양의 국가는 국토 형태가 매우 좁고 대단히 긴 현재 남미의 칠레처럼 국가의 통합성 측면에서 가장 바람직하지 못한 형태로 분류할 수 있다. 이와 같이 불리한 형태에도 불구하고 낙동강 수운과 남해안의 해운이라는 장점을 활용하여 이들은 상업동맹을 결성하였다. 가야연맹은 낙동강을 중심에 둔 교역망을 매개로 영남내륙을 통합하는 형태를 취하고 있으나, 정치적 그리고 군사적 구심점이 없는 상업적 이해관계로 묶인 느슨한 이익집단이다. 낙동강 우안은 소백산맥과 연하여 있으므로 산지의 비율이 대단히 높고, 인간활동 공간은 대부분 산지 내의 분지이며, 분지들 사이에는 해발고도가 높은 산지가 있어서 서로 분리되어 있고, 안동에서 김해까지 'ㄷ' 형태로 좁고 길게 구부러져 있어서 형태적으로 통일된 하나의 국가가 되기 어렵다.

상업동맹 체제인 가야연맹은 다른 국가를 정복하여 통일국가를 지향할 이유가 없다. 이러한 특성을 가진 가야가 통일된다고 하더라도, 국가는 통합성이 심하게 결여되어 정치적으로 불안정하고 국가운영 체계가 복잡하여, 시간이 경과하면서 복잡성이 증대되어 국가를 유지하는데 지나치게 많은 비용이 요구되므로 국민들은 세금의 부담을 감당할 수 없다.

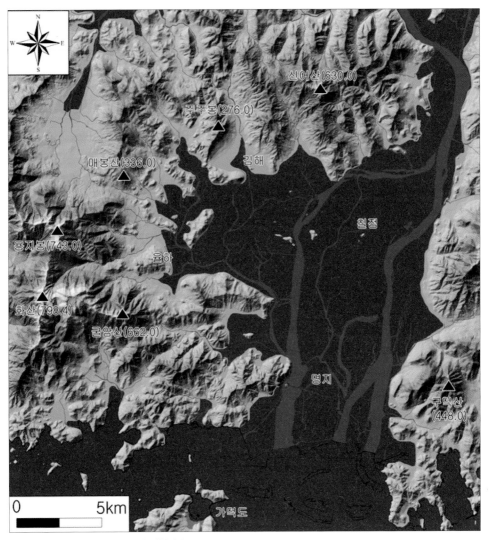

그림 37. 기원 전후 시기 고김해만 지형경관

자연환경 그리고 신라(新羅)의 발생과 붕괴

영남내륙에 고조선 유이민이 들어와 인구가 증가하고 사회적, 경제적 변화가 시작되면서 낙동강 수운을 통한 교역의 양이 증가하였으므로 남해안의 중요 거점에서도 영남 내륙지방과 교역에서 부가가치가 높은 소금생산을 늘리기 시작하였다. 이 시기 해안선은 현재 삼랑진 부근에 있었으므로 삼랑진, 창원 다호리는 내륙과 해안을 연결하는 역할을 할 수 있었으나, 이들 지역은 내만의 안쪽으로 깊숙하게 들어와 있어서 외해로 진출하는데 불리하였다. 이와는 대조적으로 김해만은 아직 매적이 거의 이루어지지 않아 수심이 깊어서 선박이 수월하게 정박할 수 있고 외해로 항해하는데 유리하였으므로 남해안 해상교통로와 낙동강 수운교통로의 결절로서 교역망의 가장 중요한 중심지였다(그림 37).

3) 가야연맹의 발전

AD 42년 구야국(狗邪國)이 건국되고 거의 같은 시기에 변한 지역에 국가들이 성립되었다. 3세기 후반에 편찬된 삼국지 위지동이전에 기록된 국명 앞에 '변진'으로 표시한 11개 국가와 '변'으로 적은 2개 국가 이름[92]이 나열되어 있는데 이들이 여기에 해당하는 국가들이다. AD 1세기에는 이들 국가 외에 BC 2세기 말부터 BC 1세기 초에 진한 지역(그림 36)에서 건국된 국가들을 포함하는 광역 교역망으로 이루어진 가야연맹이 원활하게 작동하기 시작하였다(그림 38). 따라서 낙동강 수운 물동량이 늘어나고 선박들이 낙동강 전 구간과 낙동강 지류들을 통해 통행하였다. 변한 지역에서는 국가 형성이 상대적으로 늦었지만, 영남지방 대부분이 수운과 해운교역망을 통해 가야연맹의 상권에 편입되었다.

한편, 건국된 지 100년이 지난 사로국은 늘어난 인구와 축적된 자원으로 그들의 지배 영역을 넓히기 위한 정복전쟁 준비를 하고 있었으나 그 영향력은 아직 경주분지를 벗어나지 못하고 있었다. 이 시기부터 영남지방의 동해안은 사로국의 제국주의적 전략에 따라 전쟁의 무

---

92) 원문에는 변진미리미동국, 변진접도국, 변진고자미동국, 변진고순시국, 변진반로국, 변낙노국, 변군미국, 변진미오야마국, 변진감로국, 변진구야국, 변진주조마국, 변진안야국, 변진독로국 13개 국명이 나와 있다.

거운 분위기에 잠긴다. 그리고 탈해왕대(AD 57~80년)에 마침내 우시산국을 정복한다.

구야국은 가야연맹의 중심국가로서 교역에서 가장 중요한 품목인 소금과 철을 스스로 생산하고 있었지만, 또한 남해안 지역에서 생산한 소금의 대부분이 운반되어 오는 집산지였을 것이다. 가야연맹에서 철을 생산한 지역은 대부분 사철을 이용하여 철을 만들었으며, 김해는 인근의 물금철광에서 철광석을 채취하여 철을 만들었으므로 생산량에 차이가 컸다. 그러므로 가야연맹의 철은 교역량의 대부분이 김해에서 생산되어 영남내륙과 해외로 공급되었을 것이다.

가야연맹 공동체는 출발점이 특정 국가가 제국주의적 목적으로 영토를 넓혀서 단일 국가를 이루고 수도를 중심으로 중앙–지방의 체제를 만드는 것이 아니라 교역을 통한 상호이익을 얻는 것이 목표였다. 그러므로 연맹이 시작되었을 때 영남내륙의 산지와 해안[93]지방에서 필요한 물품을 낙동강과 그 지류로 구성된 수운교통로를 통해 운반하였으며, 영남 내륙지방의 곡물, 임산물, 모피 등을 해안의 철, 소금, 말린 생선, 염장 생선 등과 교역하였을 것이다.

이와 같이 낙동강과 그 지류의 수운교통망으로 연결되는 가야연맹은 하나의 경제 네트워크였다. 여기에는 BC 1세기 진한 지역(그림 36)에 국가들이 성립될 때 진한과 변한의 경계인 금호강의 낙동강 합류점보다 더 북쪽에 있었던 진한 지역의 대구, 경산, 김천 개령, 선산, 의성 안계, 의성 금성, 상주, 함창, 안동도 이 네트워크에 포함되었을 것이다. 왜냐하면 진한 지역에는 경주분지와 금호강 유역의 영천, 경산, 대구가 중심이었으나 이들 가운데 어느 국가도 주도권을 가지고 교역을 통해 공동체 상호이익을 추구하거나 군사적 동맹을 결성하지 않았는데, 이것은 영남내륙에 위치한 진한 지역 국가들끼리는 생산품이 서로 겹치므로 교역으로 이익을 얻을 수 있는 기회가 거의 없었기 때문이다.

이와 같은 현상은 3세기 후반에 편찬된 삼국지 위지동이전에 기록된 '진한과 변한이 잡거한다'는 내용과 부합한다. 삼국지가 진한 지역의 소국들이 건국된 지 300년, 변한 지역의 소국들이 건국된 이후 거의 200년이 지난 후에 기록된 것이지만, 그 내용이 진한과 변한 소국들

---

93) 낙동강 하류부 가운데 삼랑진보다 하류부는 염수환경이었으며, 삼랑진과 남지 사이는 감조구간이었다.

이 건국된 이후 상당히 긴 기간 동안 있었던 것을 정리한 것으로 본다면, BC 2세기 말~BC 1세기 초에 설정된 진한과 변한 사이의 개략적인 공간 구분이 AD 1세기부터 AD 3세기 초 사이에는 큰 의미가 없었음을 기술한 것으로 생각된다. 진한 지역에 국가가 성립되고 50년 내지 60년이 지난 기원 전후한 시기에 이미 진한과 변한이 뒤섞이기 시작하였으며,[94] 이후 이 경계가 계속 변화했던 내용을 '잡거한다'라고 표현한 것이다.

가야연맹에서 구야국(금관가야)은 상당한 기간 동안 낙동강 교역망을 장악하였다. 남해안에 여러 소국들이 있었으며, 영남내륙에도 낙동강을 연하여 낙동강 수운을 이용할 수 있는 많은 소국이 있었고, 낙동강 지류들에도 수운이 가능한 많은 소국이 있었다. 그러나 현재 낙동강 하구부에 자리잡은 김해는 낙동강 수운교통로를 이용하여 외국이나 남해안으로 가려는 다른 소국들의 선박과 외해에서 내만 환경이었던 낙동강 하류부로 진입하는 외국이나 다른 소국의 선박을 통제할 수 있는 위치에 있었다. 따라서 남해안의 소국들은 왜, 낙랑, 대방, 예 등 외국과 교역도 중심축 항만(hub port)인 김해를 통하는 것이 유리하였으며, 영남내륙 소국과의 거래도 중계무역지인 김해의 시장에서 거래하였을 것이다. 김해를 통한 교역이 이익을 얻는데 유리하지 않은 일부 지역은 마산만, 진동만, 사천만에서 다호리와 칠원, 함안, 진주와 각각 거래하였을 것이다(그림 34). 그리고 섬진강 수운과 팔량치를 통해 함양, 거창, 가조 지역으로 연결하는 교통로도 작동하였을 것이다.

이러한 사실들을 종합하면, 이 시기 가야연맹에서 가장 큰 이익을 얻는 지역은 구야국(금관가야)이었다. 그리고 밀양, 다호리, 칠원, 함안, 의령, 진주, 단성, 옥전, 합천, 고령, 성주, 대구, 경산, 선산, 김천 개령, 안계·비안, 상주 사벌, 함창 등 선박이 접안할 수 있는 나루터를 가진 곳들이 중심지였으므로 이 지역에는 도시가 형성되었을 가능성이 높다(그림 38).[95] 다만,

---

94) BC 1세기 진한 지역에 국가들이 생겨날 때도 변한 지역의 상인들이 낙동강 수운교통로를 이용하여 진한 소국들과 교역하였을 것으로 생각된다.

95) 삼국지 위지동이전 변진조에 의하면, 큰 나라는 4~5,000가(家)나 되고, 작은 나라는 6~700가 정도였으므로 큰 나라의 중심지는 도시라고 할 수 있다. 한편 한(韓)조에는 큰 나라는 만여 가이며 작은 나라는 수천 가로 기록되어 있다.

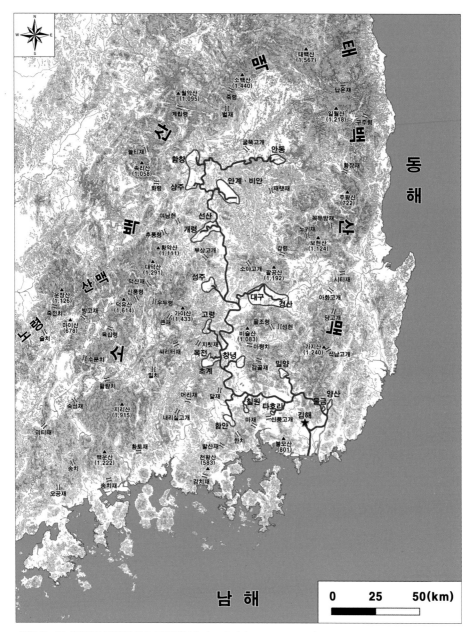

그림 38. AD 1세기 말 구야국 주요 교역권(붉은색 표기 지역이 주요 교역 거점)

자연환경 그리고 신라(新羅)의 발생과 붕괴

도시들 사이 인구 규모에서는 차이가 있었을 것이다. 이 도시들은 기본적으로 경작지를 확보하고 있으므로 식량 수급에는 거의 문제가 없었으며 도시 규모의 차이는 중심지 기능에 있었다.

밀양, 칠원, 다호리, 함안, 옥전과 같이 금관가야에서 출발하는 큰 선박이 접안할 수 있는 나루터가 있는 지역들과 낙동강에 합류하는 지류의 하류부에 입지하여 어느 정도 큰 선박이 접안할 수 있는 고령, 진주, 대구, 성주, 김천 개령, 안계·비안, 상주 사벌의 인구 규모가 상대적으로 컸을 것이다. 이 지역들의 인구 규모와 중심지 기능의 수를 늘리려면 경작지 규모보다는 중계무역의 가능성이 더 중요한 변수였을 것이다. 이 도시들에는 창고와 규모가 작은 선박을 가진 지배계급이 지류하천의 유역분지를 교역권으로 점유하였을 것이다. 다만 창녕, 함양, 거창, 가조, 달성, 김천, 상주, 의성 금성 등 수운이 불가능한 지역은 육상교통로를 통하여 교역이 이루어졌다고 생각된다.

가야연맹은 처음부터 통일된 국가 건설을 목표로 하지 않고 수운교역망을 기반으로 출발한 상업 공동체였다. 세계사에서 가야연맹과 가장 유사한 공동체는 한자동맹(Die Hanse, Hansa)[96]이라고 생각된다. 이 동맹은 공동의 군사적, 정치적 목표를 가지는 것이 아니라, 각 공동체의 독립성을 보장하고 해상교역망과 수상교역망을 통하여 상호 이익을 얻는 동맹이었다. 주요 교역품은 소금, 맥주, 곡물, 양모, 모피, 벌꿀, 수산물 등이며, 최대 거점인 발트해에 접한 뤼벡은 남남서쪽으로 70km 정도 떨어진 뤼네부르크에서 생산된 소금 거래를 통해 이 동맹의 중심이 되었다.

초기 가야연맹의 교역 중심인 김해의 구야국은 변한 지역에서 가장 정교한 건국신화를 가지고 있다. 구야국은 낙동강 수운교역망과 왜, 마한, 예, 낙랑과 연결되는 해운교역망도 대부분 장악하였을 것이다.

---

96) 중세 중기 북해, 발트해 연안의 상권을 지배한 북부 독일 도시들과 외국에 있는 독일 상업 집단이 상호 교역의 이익을 지키기 위해 창설한 도시동맹이다. 영국에서 러시아까지 16세기 초엽까지 북방무역을 독점하였다. 자체 방어를 위해 해군을 소유하여 교역을 방해하는 해적을 소탕하였으며, 통행세를 요구하는 경우에는 선전포고를 하였으며 자체의 법과 법전을 가졌다.

4. 사로 및 신라제국에 의한 가야연맹의 멸망

1) 사로제국과 금관가야의 이익 충돌

사로국이 영남내륙의 교역을 독점하려는 자신들의 전략 목표에 도달하기 위하여 궁극적으로 극복해야 하는 상대는 가야연맹이었는데 취급하는 주요 물품과 상권이 서로 겹치기 때문이다. 영남지방 동해안 전체를 통제할 수 있는 결절점에 위치한 경주에는 철과 소금, 그리고 건어물, 염장어물 등을 거래하는 시장이 일찍부터 조성되었으며 많은 물품들이 집산되었을 것이다. 이 물품들을 구매하기 위해 영남내륙에서 상인들이 경주로 왔을 것이다. 이들은 출장비, 물품 운송비, 이익 등을 고려하여 구매 단가를 결정하여야 하며 여기에 또 하나의 조건을 충족시켜야 하는데, 가야연맹에서 공급해주는 물품의 단가를 고려하여야 한다는 것이다. 경주세력은 아마도 이러한 경쟁시장 환경에서는 많은 이익을 얻기 어렵다는 것을 인식하고 영남내륙 상권을 독점하기로 하였을 것이다.

한편 가야연맹은 남해안 해운교통로와 낙동강 수운교통로를 통한 교역네트워크를 운영하며 철과 해안지방에서 생산한 소금과 어물을 비롯한 물품들을 영남내륙으로 판매하였다. 남해안에서 생산되어 선박으로 김해까지 운반된 물품들은 창고에 보관하거나 환적하여 낙동강을 통해 각 중계지로 배분되고, 여기에서 낙동강 지류의 상류부 가항종점까지 운반된다. 그러므로 김해에는 대형선박이 접안할 수 있는 부두시설과 창고와 같은 사회간접자본이 집적되었으며 시장도 형성되었을 것이다.

사로국은 영남내륙의 상권을 두고 경쟁 상대인 가야연맹의 교역망을 와해하기 위하여 영남내륙 지역을 군사력을 동원하여 정복하였으며, 동시에 가야연맹 교역 네트워크의 시작 지점에 가까운 지금 양산인 황산진 점령을 시도하거나, 또는 이곳에서 낙동강을 도하하여 직접 김해를 공격하기도 하였다.

탈해이사금(脫解尼師今) 21년(AD 77년) 가을 8월, 아찬 길문(吉門)이 가야(加耶) 병사를 상대로 황산진(黃山津) 어귀에서 싸워 1천여 명의 목을 베었다. 길문을 파진찬으로 삼고 그 공에 대한 상을 주었다[97](삼국사기 제1권 신라본기 제1(三國史記 卷第一 新羅本紀 第一)).

황산진 전투 이후 10년이 지난 파사이사금 8년(AD 87년)에 서쪽 백제와 남쪽 가야의 침입을 대비하여 가소성과 마두성을 쌓았으며, AD 94년 가야는 마두성을 포위하였으나 사로국의 응원군으로 인하여 실패하였고, AD 96년 가야군이 신라의 남쪽 변방을 공격하였으나 격퇴되었다. AD 97년에는 사로국이 가야를 정벌하려고 하였으나 가야의 왕이 사신을 보내 사죄하여 원정을 중지하였다.

약간의 휴지기를 거친 이후 AD 106년 파사이사금은 마두성주에게 가야를 공격하도록 명령한다. 지마이사금(祇摩尼師今) 4년(AD 115년) 봄 2월, 가야가 (신라의) 남쪽 변경을 노략질하였다. 가을 7월, 임금이 가야를 직접 정벌하였다. 보병과 기병을 거느리고 황산하(黃山河)를 건넜다. 가야인들이 숲속에 병사를 매복시키고 기다렸으나 임금이 이를 모르고 곧장 나아가니 복병이 나와 여러 겹으로 포위하였다. 임금은 병사를 지휘하여 떨쳐 싸워 포위를 뚫고 퇴각하였다[98](삼국사기 제1권 신라본기 제1(三國史記 卷第一 新羅本紀 第一)).

지마이사금(祇摩尼師今) 5년(AD 116년) 가을 8월, 장수를 보내 가야를 공격하게 하고, 임금은 정병 1만을 거느리고 뒤를 따랐다. 가야는 성을 닫고 굳게 지키고 있었는데, 마침 비가 오래 내렸으므로 회군하였다[99](삼국사기 제1권 신라본기 제1(三國史記 卷第一 新羅本紀 第一)).

사로국이 양산단층선의 단층선곡에 조성된 직선상의 교통로로 연결되는 황산진을 점령한다면 김해에서 영남내륙으로 항해하는 선박들은 운항이 불가능하며, 황산진 근처에 있는 물금에서 철광석을 채광하는 것도 어려워진다.

구야국이 건국된 지 불과 35년이 지난 AD 77년부터 AD 116년까지 39년 동안 사로국과 가야[100]는 일곱 차례의 전쟁을 치른다. 이 기간 동안 사로국은 동해안의 국가들과 정복전쟁

---

97) 二十一年 秋八月 阿湌吉門 與加耶兵 戰於黃山津口 獲一千餘級 以吉門爲波珍湌 賞功也

98) 四年 春二月 加耶寇南邊 秋七月 親征加耶 帥步騎 度黃山河 加耶人伏兵林薄 以待之 王不覺直前 伏發圍數重 王揮軍奮擊 決圍而退

99) 五年 秋八月 遣將侵加耶 王帥精兵一萬以繼之 加耶嬰城固守 會久雨 乃還

을 진행하여 영남지방 동해안을 모두 복속하고 2세기 초에 금호강 유역으로 진출하였다. 김해 지역과 동해안 지역에 대한 사로국의 이와 같은 격렬한 공세는 사로국의 영남 내륙지방을 보는 시선과 목표를 동시에 파악할 수 있는 단서를 제공한다. 즉, 사로국은 영남 내륙지방을 자신들의 상권으로 만들고자 하였으며 이것을 장악하는데 가장 큰 걸림돌이 되는 것은 김해의 구야국이라고 생각하였다. 사로국이 김해를 제외한 다른 가야연맹의 국가들에게는 거의 관심을 두지 않고 김해를 집요하게 직접 공략하는 데에는 목적이 있을 것이다. 이것은 낙동강 수운교통로의 결절점인 김해를 점령하여 이 교역네트워크 전체를 일거에 와해시키는 것이다.

　김해 구야국과 사로국의 전쟁은 AD 116년 이후 문헌에는 나타나지 않는다. 이 두 국가 사이의 갈등은 근본적으로 경제전쟁이므로 어느 한 국가가 시장을 포기하지 않는다면 그칠 수 없는 것이다. 그럼에도 불구하고 AD 500년까지 이 두 국가 사이의 외교 및 군사적인 행위가 삼국사기에는 나타나지 않는다. 다만 AD 201년 가야가 사로국에 화친을 청하였고, AD 209년과 AD 212년 포상팔국의 난이 있었다. 신라와 화친을 청한 주체는 포상팔국의 난 때 신라에 도움을 요청한 아라가야일 가능성이 높으며, 포상팔국의 난도 구야국(금관가야)이 개입된 사건이라기보다는 아라가야와 남해안의 국가들 사이의 갈등에 기인했을 가능성이 높다.

　AD 77년부터 39년 동안 빈번하게 전쟁을 치르고 201년 화친관계를 청한 이후 거의 300년 동안 구야국이 사로국과 국제관계가 없었던 것과 대조적으로 왜는 사로국 및 신라와 AD 500년까지 전쟁을 비롯한 빈번한 국제관계를 가진다. 사로국과 왜와의 관계를 살펴보면, 최초의 기록은 AD 14년 왜 병선 100척이 침입하여 해변의 민호를 약탈한 것이다. 그리고 AD 59년 탈해이사금은 왜와 우호관계를 맺고 사신을 교환한다. AD 73년 왜인들이 목출도를 침범한다. 그리고 48년 동안 기록이 없다가 AD 121년 왜인이 사로국의 동쪽 변경을 침략한다. 그러나 사로국과 구야국 사이에 일곱 차례 전쟁이 있었던 AD 77년부터 AD 116년 사이에는 사로국과 왜와의 관계에 대한 기록은 없다. 물론 AD 500년까지 이어지는 이 두 국가의 국제관계

---

100) 여기에서 가야는 방위에 대한 설명이나 지명을 통해 볼 때 김해의 구야국을 의미하는 것이 분명하다.

에서 39년의 공백기는 특별히 긴 기간이 아닐지 모르지만, 사로국과 구야국이 일곱 차례 전쟁이 있었던 AD 77년부터 AD 116년까지 39년 동안 사로국과 왜의 국제관계에 대한 기록이 없는 것은 우연으로 보기에는 석연치 않다.

AD 121년 이후 AD 500년까지 사로국 및 신라와 왜의 국제관계가 도합 45차례에 걸쳐 대단히 활발하게 전개된다. 왜의 사신이 오거나(AD 158년, AD 173년, AD 345년) 강화 관계를 맺거나(AD 123년), 청혼을 하거나(AD 312년, AD 344년) 우호적인 환경에서 인질을 보내며(AD 390년, AD 402년) 외교적인 관계를 가진다. 그리고 36차례에 걸쳐 왜가 침입하여 전쟁을 하거나 왜의 침입에 대한 경계를 하도록 하는 등 군사적 조치를 취한다.

문헌상에 나타나는 김해 구야국과 사로국 사이의 전쟁을 포함한 국제관계가 무엇을 의미하는지 검토해 볼 가치가 있다. AD 2세기 초부터 사로국은 본격적으로 영남내륙으로 진출하는데 금호강 유역에서 정복전쟁을 시작하여 AD 185년에는 의성 금성 그리고 AD 231년에는 김천 개령을 점령하여 가야연맹의 낙동강 수운교역망을 단절시키기 시작한다. 그리고 AD 4세기 말까지 지속적으로 낙동강 하류부로 진출하여 수운교역망을 축소시키면서 구야국(금관가야)의 교역권을 와해시켜 간다(그림 40). 이와 같은 시기에 구야국(금관가야)이 사로국 및 신라에 대하여 거의 아무것도 하지 않고 평화적 관계를 지속할 수 있었을까 하는 의문이 남는다. 물론 AD 399년과 400년에 신라와 금관가야 지역에서 신라, 왜, 고구려 사이에 있었던 전쟁을 기록한 광개토왕비문에도 금관가야는 직접적으로 언급되고 있지 않다.

한편, 왜가 AD 121년부터 379년 동안 사로국 및 신라에 대하여 엄청난 군사적 공격을 감행하는 목적이 무엇인지 의문이 남는다. 만약 왜를 구야국이나 금관가야로 바꾸어서 대입하면, 당시 영남지방의 상황에서 납득할 수 있는 여지가 있다. 즉, 삼국사기 편찬자들이 참고한 여러 문헌에 왜와 구야국(금관가야)의 명칭이 혼동하여 기재되었으므로 이 두 국가를 자의적으로 왜로 단순화하여 정리하였을 가능성이 있다. 이렇게 볼 때, AD 121년부터 금관가야가 고구려군에 의해 괴멸된 AD 400년 사이에 있었던 왜의 사로국(신라)에 대한 군사행위 대부분은 실제로 구야국(금관가야)에 의해 단행되었을 것으로 추정된다.

고대 초기부터 중기까지 한반도 남부에서 사로국과 가야가 벌이는 국제관계는 각자의 생존이 걸린 것으로, 이 두 국가가 고구려, 백제와 왜를 끌어들여 진행하는 외교적, 군사적 동맹 관계는 대단히 역동적으로 전개된다.

특히 AD 231년 감문국이 사로국에 정복된 다음 해인 AD 232년 여름 왜인이 금성을 포위한다. 이 공격이 구야국과 관계없이 왜의 독자적인 계획에 의해 이루어진 것일 가능성도 있으나, 광개토왕비 AD 399년 기사[101]를 적용하면 금관가야가 금성을 공격하였을 가능성이 가장 크며, 왜의 도움을 받은 금관가야가 공격을 주도했을 가능성도 있다.

AD 399~400년 김해와 경주가 전장이 되고, AD 400년 고구려와 왜가 참전하는 전쟁에도 금관가야에 대한 언급은 거의 없고 '임라가야의 종발성' 정도만 문헌에 등장할 뿐이다. 이 전쟁으로 금관가야는 멸망에 가까운 파멸에 이른다. 그리고 이 전쟁이 발발할 때까지 신라는 금관가야의 낙동강 교역망을 지속적으로 잠식하였으며, 금관가야는 낙동강 교역망이 축소, 붕괴되면서 경제적 손실과 정치적 위신의 추락에도 불구하고 금관가야는 신라를 공격하지 않는다. 그리고 일본인에 의한 조작과 변조 가능성이 제기되므로 신뢰도가 낮은 문장이지만 광개토왕 비문에는 다음과 같은 기록이 있는데, 원문을 해석하면, '백잔과 신라는 예부터 속민으로서 고구려에 조공을 해 왔다. 그러나 왜가 신묘년(AD 391년)에 건너와 △백잔을 파하고 △△ 신라를 신민으로 삼았다(삼으려 했다)'이다. 왜가 백제와 연합하였던지 아니면 독자적이던지 신라를 공격한 것은 사실인 듯하다. 그러나 왜인이 AD 393년 금성을 5일 동안 포위하는 것으로 미루어 보면, AD 391년에 신라를 신민으로 삼은 것은 아니었을 것이다. 신민으로 삼은 지 2년 후에 또 다시 금성을 포위할 필요가 있다고 보기 어렵다.

AD 116년 구야국과 사로국의 전쟁 이후 AD 201년까지 85년 동안 AD 121년에 왜인이 사

---

101) AD 399년부터 AD 400년에 걸쳐 있었던 왜, 신라, 고구려의 전쟁은 당시 와해된 낙동강 교역망을 고려하면, 금관가야를 제외하고 상황이 진행될 수 없다. 만약 금관가야가 전혀 개입하지 않았다면 이 사건으로 금관가야가 거의 궤멸 지경에 이르는 상황은 발생할 수 없다. 그러나 낙동강 교역망이 와해되면서 궁지에 몰린 금관가야의 상황과 경주와 김해가 전쟁터가 된 사실, 그리고 이 사건 이후 금관가야가 힘을 완전히 잃어버린 것은 이 전쟁을 주도한 주체가 금관가야일 가능성을 뒷받침한다.

로국 동쪽 변경을 침입하였을뿐 구야국도 왜도 사로국을 공격하지 않았다. 이 기간에 사로국은 의성 금성의 소문국을 정복하였다. 그리고 AD 201년 가야가 사로국에 화친을 청하였으며, 이후에도 구야국(금관가야)과 사로국이 서로 직접 공격한 사례는 문헌에 보이지 않는다. 이 정도 화친으로 AD 500년까지 거의 300년 동안 이 두 국가가 평화롭게 공존할 수 있는 환경이 조성되었다고 보는 것은 무리이다. AD 201년 실제로 화친을 청한 주체는 구야국이 아니라 아라가야일 가능성이 높다. 왜냐하면 8년 후 남해안에 있었던 국가들로부터 아라가야가 공격을 받아 포상팔국의 난이 일어났을 때, 아라가야는 주변 가야동맹의 국가가 아니라 사로국에 도움을 청하고 사로국의 도움을 받아 위기를 벗어난 일이 있었기 때문이다.

사로국으로서는 구야국(금관가야)의 생명줄인 낙동강 교역망 와해라는 그들의 원래 전략 목표를 변경할 수 없으므로 이 두 국가의 평화적인 공존은 거의 불가능하였다. 사로국은 황산진에 대한 직접 공격을 중단하고, 낙동강 수운교통로 단절을 통해 교역네트워크를 와해하기 시작한다.

AD 102년 경산의 압독국이 사로국에 스스로 항복하고 AD 108년 사로국이 대구 다벌국을 정복하였으나 낙동강을 운항하는 가야연맹의 선박을 공격하지 않았으며, 다만 금호강을 통한 가야연맹의 교역은 막았을 것이다(그림 40). 이 시기 낙동강의 상황은 파악할 수 없지만, 가야연맹은 여전히 낙동강 상류부까지 교역망을 유지하였을 가능성이 있다. 만약 사로국이 대구 지역을 차지하고 바로 낙동강 교역로를 차단하였다면 낙동강 상류부와 중류부에서 가야연맹 교역네트워크를 통해 이익을 얻는 국가들과 갈등 구조를 만들게 된다. 아직 의성과 영천도 유동적인 상황인데다가 금호강 지역의 방어선이 지나치게 길어서 사로국이 군사적으로 어려운 처지에 놓일 수 있다. 실제로 대구 지역도 사로국에게 그리 호의적이지 않았을 가능성이 있다. 대구 지역이 가야연맹 교역망에 있을 때는 경주 지역에서 구입하는 것보다 유리한 가격에 철과 소금을 비롯한 물품을 거래할 수 있었으나, 사로국의 독점적 상권에 편입되어 경제적으로는 손해를 입었을 것이다. 왜냐하면 육상운송비가 수상운송비보다 훨씬 높기 때문이다.

진한과 변한이 잡거하며 낙동강 교역망을 유지하는 것이 유리한 가야연맹과 영남지방의 상권을 독점하고자 하는 사로국과 사이에서 갈등은 피할 수 없었다. 가야연맹은 현재 시스템을 유지하고자 하지만, 영남내륙 시장에서 상대적으로 경쟁력이 떨어지는 사로국은 가야연맹의 교역망을 파괴하여 영남내륙 상권에 대하여 배타적인 독점권을 가지고자 하였을 것이다.

그리고 AD 185년 사로국이 의성 소문국을 정복하였으나 가야연맹의 낙동강 수운교역망은 여전히 작동하고 있었으므로, 위천 하류부의 안계와 비안 지역도 가야연맹과 여전히 교역을 하고 있었을 것이다. 소문국을 정복하면서 사로국은 금호강 유역 외에 의성 동부를 통제권에 넣었으므로 낙동강 좌안에 상당히 넓은 상권을 확보하였다. 그러나 가격경쟁력은 가야연맹에 비해 여전히 불리한 입장이었을 것이다. 동해안에서 만든 소금은 육로를 통해 경주에 집산되고, 다시 육로를 통해 금호강 유역과 군위, 의성 지역으로 운반되었으나, 가야연맹의 소금은 연안수로와 낙동강 수운교통로를 통해 영남내륙으로 공급되었다.[102]

이 시기 부가가치가 가장 높은 제품은 철과 소금이었다. 제철산업은 기술과 함께 원료인 철광석을 얻을 수 있어야 하고, 제조과정에서 무게가 감소하는 편재된 원료(localized raw material)로 제품을 생산하므로 원료지향 입지형 산업이지만, 제염은 해안에서만 가능하다. BC 1세기 영남지방 제철산업은 원료를 사철로 한다면 어느 정도 광범위한 지역에서 생산이 가능하지만, 고고학적 발굴에서 확인된 지역은 동래, 사천 늑도, 울산 농소 달천, 창원 성산패총 네 곳에 불과하다. 남해안에 해당하는 창원과 사천 늑도는 변한 권역이며, 울산 농소 달천은 울산의 영향권으로 보아야 하지만, 울산은 아마도 일찍부터 경주의 영향권으로 들어갔을 것이다. 동래는 김해와 해로로 접근성이 좋다.

---

102) 고대의 수운과 육운의 운송비는 차이가 크다. 일반적으로 수운은 가항하천을 이용할 경우 투자비용이 적게 든다. 터미널비용이 주행비용보다 수 배 가량 높고, 주행거리에 비례하여 효율성이 증가하며 운임은 저렴하다. 수운은 부피가 큰 원료와 같은 화물수송에 적합하다. 이와는 대조적으로 철도와 자동차와 같은 운송수단이 없던 고대 동안 육운은 지게와 인력으로 운반하였으므로, 부피가 크고 무거운 화물의 수송에는 운송비가 많이 들었다. 주행거리에 비례하여 운송의 효율성이 낮아지며 운송비는 증가한다. 운송속도도 도보로 이동하므로 빠르지 않다.

표 5. 영남지방 고대 제철유적(AD 3세기까지) 발굴조사 현황(김권일, 2020)

유적명	유구성격	출토유물	조업성격	시기	특징
동래 내성유적	주거지(노지)	철편, 철괴(?)	단야(?)	BC 2세기 후반	보고서에 내용 없음
사천 늑도유적	수혈, 건물지	노 벽체, 송풍관, 철재, 숫돌	단야	BC 1세기-AD 1세기	
울산 달천지역-3개소	채관수혈, 채관갱	철광서, 무문토기, 와질토기	채광	BC 1세기-AD 3세기	대규모 채광
창원 성산패총-2개소	야철지	송풍관, 철재	단야(?)	BC 1세기-AD 1세기	
경주 황성동유적-12개소	제철로 각종, 주거지	송풍관, 철괴, 용범, 단조박편	단야, 용해, 제강	AD 1세기-4세기	대규모 공방
고성 동의동패총	야철지	송풍토관	단야(?)	AD 2세기	야철지(?)
부산 낙민동패총	철생산유구(노)	철괴, 목탄	단야	3세기	
문경 시기동740유적	주거지내 단야로	송풍관, 단조박편, 입상재, 철편	단야	3세기 전반	철자형주거지
경주 용강동유적	(용범)폐기장	송풍관, 용범, 철편	용해	3-4세기	
경주 천군동	용해로	송풍관, 용범, 철편	용해	3-4세기	
울산 중산동 이화유적	철기제작관련유구, 수혈	철재, 철분, 철편	추정 제련	3-4세기	
울산 중산동 798-2	수혈(용해공방지)	용범, 송풍관, 철괴형철재, 동물뼈	용해	3-4세기	
대구 봉무동유적IV	제철유구, 폐기장	용범, 송풍관, 철재, 노 벽체	용해, 단야	3-4세기	대규모 공방
부산 고촌생산유적	공방지, 소성유구, 수혈	녹각도자병, 철기	단야	3-4세기	
경주 월성해자 계림남편	수혈, 집석유구	도가니, 철재, 철괴, 방형석재	단야	3-4세기	왕경유적

2) 포상팔국 전쟁과 사로제국의 가야연맹 낙동강 교역망 공략

신라가 소문국을 정복한 AD 185년과 감문국을 정복한 AD 231년 사이인 AD 209년과 AD 212년에 포상팔국 전쟁이 발생한다. 이것은 가야연맹의 기존 교역체계뿐 아니라 정치체계에도 변화가 일어났음을 시사한다. 상업적 이익을 매개로 결성된 연맹 내부에 전쟁이 발발한 것은 그 원인이 정치적인 것보다 경제적일 가능성이 훨씬 더 높다. 낙동강 수운과 남해안 연안항로를 활용한 교역에서 발생한 이익을 배분하는 데서 갈등이 발생한 것으로 생각된다.

특히 해안에 위치한 국가들로서는 영남내륙과 직접 교역하는 것이 가장 이익이 크지만, 중계무역의 핵심 역할을 하는 금관가야를 극복하기가 쉽지 않으므로 중계무역 거래선을 다변화하는 방안을 고려하였을 것이다. 아울러 이들 국가들에게 김해가 지불하는 것보다 더 많은 이익을 보장할 수 있다는 제안이 함안의 안라국에서 있었던 것으로 추정된다. 김해 대신 함안의 안라국과 거래하면서 나름대로 더 많은 이익을 얻었는데, 이 거래에 칠원의 칠포국이 개입하면서 전쟁이 발생한 것으로 보인다. 그러나 사료에는 전쟁의 대상이 김해와 함안으로 기록되어 있고 전쟁의 원인을 상술하지 않으므로 논거가 충분하지는 않지만 이 시기의 정치적 변화와 이에 따른 교역망의 축소가 전쟁의 발발에 영향을 미친 것으로 추정된다.

포상팔국 전쟁은 문헌에 AD 209년, AD 212년, AD 215년 세 번 일어났던 것으로 기록되어 있으나, AD 212년과 AD 215년의 기사 내용들이 거의 같거나 상당히 많이 겹치는 것을 고려하면 실제로는 AD 209년과 AD 212년 두 번 있었으며, 그 중심국가는 함안의 아라국이었다.

함안의 아라가야는 남강의 가장 하류부에 위치하고 있어서 남강과 낙동강 수운교통로를 함께 이용할 수 있는 결절점에 위치할뿐 아니라, 남해안의 진동과 육로로 연결된다(그림 39). 남강의 수운은 20세기 초에도 평수기에는 진주까지 선박의 운항이 가능하였고 증수기에는 단성까지 도달하였다(그림 7). 남강의 낙동강 합류점은 낙동강 하구부 김해에서 거리가 80km 정도이다. 그러므로 진동, 고성 지역에서 낙동강 중류부와 상류부로의 접근성은 김해를 경유하는 것보다 함안을 통하는 것이 유리하다. 즉, 진동-함안, 마산-함안의 육상교통로를 통한 운송은 거리가 짧아서 전체 운송비가 적으므로 진동, 고성 지역의 생산자들은 함안의 중계업자들과 거래하려고 하였을 것이다. 이 경우 함안의 중계업자가 해안의 생산자들보다 협상에 있어서 보다 우위에 있다. 왜냐하면, 함안은 진동에서 육로를 25km 운반하여야 하는 단점이 있으나 남강 유역에 대해 배타적인 교역권을 가질 수 있으며 낙동강 교역망도 활용할 수 있기 때문이다(그림 39).

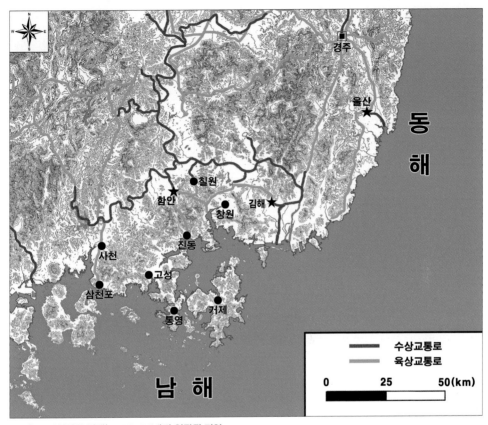

그림 39. 포상팔국 전쟁(AD 209~212년)과 연관된 지역

　함안의 중계업자들은 이런 상황을 이용하여 더 많은 이익을 얻기 위하여 해안의 제염업
자와 어부들에게 구매가격을 낮추려고 할 수 있으므로 갈등이 야기될 수 있다.

　마산과 칠원의 관계 그리고 창원과 다호리의 관계에서 이루어지는 상품 생산과 육상교통
로를 통한 운반 그리고 중계무역 체계는 진동 및 고성과 함안 지역의 그것과 유사하다. 마산
과 창원의 해안에서 해운과 수운을 통해 김해를 거쳐 원거리를 이동해야 하므로 운송비의 부
담이 크다. 따라서 중계무역을 하는 함안, 칠원, 다호리는 상품 공급을 하는 생산지인 진동,
마산, 창원보다 이익배분 협상에서 우월한데, 남해안의 거제, 고성, 사천, 삼천포 , 통영 지역

은 진동, 마산, 창원보다 협상에서 더 어려운 입장에 있었다. 이와 같은 입지의 우열에서 발생하는 이익 배분으로 인한 갈등이 포상팔국 전쟁을 야기하였다고 생각된다. 여기에 아라가야의 요청으로 사로국이 개입하였는데, 아마도 사로국 군대는 동래에서 선박을 통해 해안으로 접근하여 전쟁을 수행하였을 것이다.

AD 209년에는 포상8국이 김해의 가라(삼국사기 2 신라본기 2) 또는 함안의 아라국(삼국사기 48 열전 8 물계자)을 공격하였다. 김해보다 함안의 아라국이 대상이었을 가능성이 크다(남재우, 2003). 왜냐하면 신라본기에는 '가라'로 기록하고 있으나, 열전의 물계자전에는 보다 구체적으로 아라국으로 기록되어 있다. 더욱이 여덟 개 국가 가운데 일곱 개 국가는 대부분 해안에 입지하고 칠원(칠포)만 낙동강 수운항이다. 칠원과 함안은 경쟁관계가 설정될 수 있으나, 칠원과 김해는 경쟁관계가 될 수 없다.

칠원을 제외한 포상7국은 바다에서 얻은 염장 생선, 말린 생선, 소금과 같은 특산물 및 왜와 중국 등과 교역을 통해 가져온 물품들을 영남내륙과 교역하여 이득을 얻고 싶었을 것이다. 김해와 200년 이상 거래하면서 자신들이 얻는 이익이 김해에 비해 상대적으로 적으므로, 아마 포상8국 가운데 일부는 함안이나 칠원과의 거래에서 자신들이 협상 주도권을 갖든가 또는 자신들이 유리한 거래를 할 수 있는 규칙 등을 만들려고 하였을 것이다. 이와 같은 갈등 구조에서 포상팔국과 함안의 이해관계가 충돌하게 되었고, 포상8국 전쟁도 이런 이해관계에서 발생한 것으로 보인다. 포상팔국 전쟁의 전개에 대한 이 시나리오가 가장 사실에 근접한다고 보지만, 또 다른 가능성은 포상7국이 영남내륙으로 교역하는데 중계하는 거점을 칠원으로 일원화하면서 함안과 사이에 문제가 생겼던 것으로 추정된다. 즉 이전에는 주로 함안과 거래하였는데 함안이 거래의 주도권을 가지고 가격을 결정하면서 포상7국은 적절한 이득을 얻지 못하였으며, 이들은 칠원으로 거래선을 변경하고 함안을 무력화하려는 과정에서 일어난 갈등으로 포상8국과 아라국 사이에 전쟁이 발발하였다는 것이다.

AD 209년 포상팔국 전쟁은 포상8국이 아라국을 침략하려 하자 사로국의 나해이사금이 6부의 군사를 동원하여 아라국을 구하고 포상8국을 패배시키는 것으로 마무리된다.

AD 212년에는 포상8국 가운데 보라국, 고자국, 사물국 (또는 골포, 칠포, 고사포) 세 나라 군대가 사로국의 갈화성을 공격하였고, 이에 사로국 왕이 군사를 지휘하여 세 나라를 대패시켰다. 이 전쟁은 가야연맹의 세 나라와 사로국 사이에 발생한 사건이다. 가야연맹 세 나라가 공격한 갈화성은 현재 울주 지역으로 보는 견해가 대세이다. 해안에 위치한 국가들 가운데 일부가 배를 타고 가서 울산을 공격하였던 것 같다. 이 전쟁은 해상무역에서 경쟁관계에 있는 지역들 사이에서 벌어진 갈등으로 보기는 어렵다. 해안에 위치한 도시들은 잠재적으로 서로 해상무역의 경쟁자이지만 사로국 배후의 해안에서 소금 등을 공급할 수 있는 곳들이 울산 지역 외에도 많으므로 갈화성 한 곳을 공격하여 성을 함락시켜도 경제적으로 얻을 수 있는 실질적인 이익은 크지 않다. 이것은 209년 사로국이 아라국을 도와주면서 자신들의 아라국 침공을 무산시킨데 대한 보복으로 일으킨 전쟁일 것으로 생각된다.

AD 212년의 전쟁도 금관가야가 개입하지 않는 선에서 AD 209년 포상팔국 전쟁의 연장전으로 보는 것이 합리적이다. 사로국이 가야연맹의 해상무역 교역망에 침입하여 손해를 입혔다면 가야연맹의 더 많은 국가들이 참전하였을 것이다.

한편 AD 209년 포상팔국 전쟁의 근원적인 원인은 가야연맹 내부의 모순이다. 이 전쟁은 이런 원인이 오랜 기간 누적되어 드러난 것으로 볼 수 있다. 근원적인 원인은 남해안 7개 국가는 거래선을 김해 금관가야를 배제하고 함안 아라가야 또는 칠원 지역의 국가로 변경한 것이다. 이렇게 거래선을 변경한 것은 가야연맹 교역망의 중심인 김해 금관가야의 교역망 장악에 문제가 생겼거나, 교역망의 유지에 문제가 발생하였거나, 이익배분이 불합리하였거나 또는 생산자와 중계자 사이의 불공정 등의 문제가 있었기 때문일 것이다. 그럼에도 불구하고 금관가야는 불만을 가지고 거래선을 변경한 국가나 문제를 야기한 국가를 공격하여 무력화시키지 못하였을뿐 아니라 포상팔국 전쟁이 발발하여도 이 전쟁에 개입하지도 않는다. 이러한 정황은 가야연맹 국가들이 중심국가인 금관가야에 종속된 것이 아니라 각 국가는 어느 정도 자율권을 보장받았으며 각자의 이익 추구에 바탕을 둔 경제적 연맹이었음을 시사한다.

포상팔국 전쟁이 발생한 배경을 통해 가야연맹의 교역환경을 추측해보면, 모든 교역이 금관가야를 통해 이루어진 것은 아니었다. 실제로 남해안의 몇몇 국가는 물품들을 영남내륙으로 운반할 때 김해를 통해 낙동강 수운교통로로 접근하는 것보다, 사천은 진주, 고성과 진동은 함안을 통해 남강 및 낙동강 수운교통로를 이용하는 것이 유리하고, 창원과 마산에서는 칠원 또는 다호리에서 낙동강 수운교통로로 접근하는 것이 운송비나 운송시간의 측면에서 유리하다(그림 39). 물품을 생산하는 지역으로부터 배달된 상품을 보관하고 각 지류하천의 가항종점에 위치한 2차 중계지에 재판매하는 1차 중계지는 김해 외에 진주, 함안, 칠원, 다호리이며, 생산자들이 1차 중계지 선택에 있어서 어느 정도 탄력적이었다고 볼 수 있다. 이런 가운데 가야연맹의 각 국가들은 더 많은 이익을 얻기 위한 경쟁을 벌이고 있었으며, AD 209년 포상팔국 전쟁이 발발한 것이다. 아마 포상팔국 전쟁이 발생하기 전에 이보다 규모가 작은 무수한 갈등이 있었을 것으로 보는 것이 합리적이다. 마치 큰 변화가 발생하기 전에 전조 현상으로 작은 조짐들이 일어나는 것과 같은 이치이다. 경제적 이익을 두고 경쟁할 때, 국제관계는 냉정하며 상황 변화에 따라 거래관계도 항상 변화한다. 따라서 가야연맹의 각 국가들은 큰 이익이 걸린 1차 중계무역의 주도권을 잡기 위해 노력하였고, 주도권을 잡게 되면 가야연맹의 중심국가가 될 수 있었다. 초기에는 김해의 구야국이 그 중심이었다.

함안의 아라가야는 포상팔국 전쟁 이전에는 김해에 비해 중계무역 기능이 약했으나 낙동강 수운교통망에서 차지하는 입지적 특성을 활용하여 자신의 독자적인 교역권을 만들기 위하여 부단히 노력하였을 것이다. AD 400년 금관가야가 고구려에 의해 무력화될 때까지 가야연맹에서 금관가야 외에 이러한 수준의 교역권을 확보하려고 노력한 것은 아라가야였다. 진주, 칠원, 다호리는 수운교통망에서 아라가야에 비해 상대적으로 불리하였다. AD 3세기 초에 대가야는 함안과 같은 정도로 독자적 교역권을 만들만큼 성장하지 못했다. 이와 같은 아라가야의 계획은 금관가야와 갈등관계를 만들었을 것이다. AD 209년 포상팔국의 난이 발생하였을 때 함안의 아라가야는 구야국(가라)이 아니라 사로국에 도움을 요청한다.

이와 같은 복잡한 교역환경에서 포상팔국 전쟁 이후에도 금관가야가 교역의 주도권을 유지할 수 있었던 것은 첫째, 왜, 마한, 중국, 예 등과의 원거리 국제무역을 통해 다양한 물품을 취급하였기 때문이다. 당시 가장 부가가치가 크고 보편적으로 필요한 철제품을 가장 많이 생산하였고, 그리고 자체적으로 제염 등의 수공업이 가능했으며, 선박의 항해술이나 선박의 규모 등에서도 우월한 능력을 가졌다. 둘째, 금관가야의 낙동강 교역 네트워크가 여전히 작동하고 있었으며, 셋째, 함안 아라국이 포상팔국 전쟁 이후 해안 지역의 국가들과 관계가 악화되면서 오히려 금관가야에게 유리한 환경이 조성되었다.

포상팔국 전쟁이 끝나고 20년 정도 지난 조분왕 2년(AD 231년) 사로국은 김천 개령에 있었던 감문국을 정복하면서 가야연맹의 교역네트워크를 동–서 방향으로 절단하였다. 이때 사로국 군대의 진출로는 영천 신령, 군위 효령, 구미 옥계를 거쳐 낙동강을 건너 구미를 거쳐 김천 개령에 이르는 노선이었을 것이다. 조분왕은 감문국을 해체하고 이 지역을 군(郡)으로 삼는다. AD 185년 소문국을 정복할 때까지 사로국은 피정복지의 상권을 장악하였으나 기존 지배계급의 기득권은 어느 정도 인정하였다. 그러나 AD 231년 이후에는 피정복지를 사로국의 행정조직에 편입하여 직접 지배력을 행사하였다. 이것은 사로국의 생산력이 크게 늘어 국력이 커졌으며 아울러 인구가 증가하고 군사력 또한 크게 강화되었음을 시사한다. 이러한 자신감을 기반으로 사로국은 감문국을 군으로 개편하는데 그치지 않고, 기왕 정복한 금호강 유역과 소문국 그리고 AD 236년 항복한 영천도 그들의 행정조직으로 개편하였을 것이다.

사로국이 낙동강 서쪽으로 진출하면서 왜관 이북의 낙동강으로 운행하는 가야연맹의 선박들은 사로국의 공격에 노출되므로 운항에 제한을 받게 되었다. 사로국은 모든 선박의 운항을 막을 수는 없었고 선별적으로 운항을 허용했을 것이다. 아마도 사로국의 통제력에 벗어나 있는 함창의 고령가야와 상주 사벌국의 선박은 운항이 가능했을 것으로 생각되지만, 가야연맹 선박들의 자유로운 항행은 어려웠다고 볼 수 있다. 다만 사로국과 우호적이며 포상팔국 전쟁으로 인해 타격을 입었던 아라가야에 대해서는 통행을 보장하였을 가능성이 크다.

사로국은 황산진을 공략하여 가야연맹의 교역네트워크를 붕괴시키고 중심 역할을 하는 금관가야를 한 번에 무력화시키는 전략을 수정하여, 금관가야보다 국력이 훨씬 약한 낙동강 중류부에 있는 국가들을 정복하여 점차적으로 가야연맹의 교역 네트워크를 파괴하는 전략으

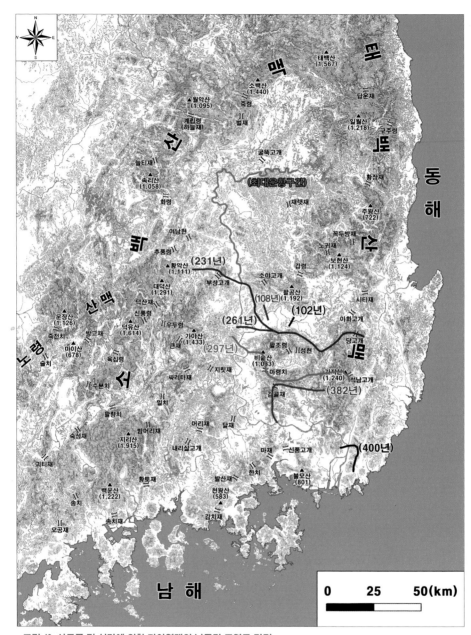

그림 40. 사로국 및 신라에 의한 가야연맹의 낙동강 교역로 단절

자연환경 그리고 신라(新羅)의 발생과 붕괴

로 변경하고 AD 231년 첫 번째 성과를 낸 것이다. 그리고 낙동강 하류부의 아라가야와는 여전히 우호적인 관계를 유지하였다. 이것이 상업적 동맹인 가야연맹이 가지는 한계이다.

금관가야는 가야연맹의 다른 국가들을 군사적으로는 동원하여 사로국과 아라가야를 공격하여 교역권을 회복하고 싶지만, 현실적으로 연맹의 다른 국가들이 이 전쟁에 참전하여 얻을 수 있는 실질적인 이익이 그리 크지 않으므로 시도조차 하지 못하였다. 다른 국가들은 1차 중계지를 김해에서 함안으로 변경해도 손해를 입지 않는다. 게다가 사로국의 군사적 지원을 받을 수 있는 아라가야와의 전쟁에서 승산이 희박한 것도 금관가야가 군사행동을 결행하지 못하는데 작용하였을 것이다.

한편 AD 121년 사로국 침입 이후 잠잠했던 왜는 AD 208년 사로국 국경을 침입하고, 감문국이 사로국에 정복된 이듬해인 AD 232년 금성을 포위하였으며, 233년 5월에는 동쪽 변방을 침입하고 7월에는 석우로가 왜인과 전쟁을 벌인다.

감문국 정복 30년 후인 첨해왕 15년(AD 261년)에 사로국은 상주 사벌국을 정복하면서 낙동강 좌안과 우안의 진한 지역 대부분을 지배할 수 있게 되었다. 이것은 BC 2세기 말 내지 BC 1세기 초에는 진한에 포함되었으나, 낙동강 수운네트워크를 기반으로 형성된 변한연맹을 거쳐 가야연맹의 일원이었던 함창, 상주, 개령, 안계·비안 등이 다시 사로국 영향권에 들어갔음을 의미한다. 그리고 AD 261년 대구에 달벌성을 쌓고 나마 극종을 성주(城主)로 임명한다. 이제 사로국은 대구 지역을 확실하게 장악하고 더 나아가 대구에서 서쪽으로 낙동강까지 진출하였을 것이다. 따라서 낙동강의 금호강 합류점보다 상류부는 더 이상 가야연맹의 선박들이 항해할 수 있는 교통로가 아니었다고 볼 수 있다.

이 시기 이후 사로국은 현재 경상북도의 대부분을 자신들이 독점하는 상권으로 만들었다. 사로국의 통제에 들어간 지역의 주민들은 동일한 물품을 구입하는데 이전보다 더 많은 비용을 지불하여야 했을 것이다. 이것은 공급을 독점하는 사로국이 시장의 가격을 결정하기 때문이다. 상업적 이익을 얻기 위해 영남내륙 지역에 접근한 가야연맹은 물품 공급을 금관가야뿐 아니라 아라가야에서도 하였으므로 시장에서 형성되는 적정한 가격이 있었으나, 상권을 독점한 사로국은 자신들의 이익을 극대화하는 가격을 요구하면서 정복지 주민들에게 부정적인 인식을 남기게 되었다. 실제로 상주, 함창, 의성 등이 가야로부터 시작되었다는 연구 결과가 있으며,[103] 이들 지역에는 자신들의 원래 뿌리가 가야라고 생각을 하는 주민들이 있다.

이제 사로국은 본격적으로 영남 전체 지역의 패권을 잡기 위하여 행동한다. 가야연맹의 낙동강 교역망은 크게 축소되었으며, 이것의 영향을 가장 많이 받은 국가는 금관가야였다. AD 261년 이후 금관가야와 사로국 사이에 전쟁은 없었다. AD 231년 가야연맹 낙동강 수운 네트워크는 왜관보다 상류부 그리고 AD 261년 금호강 합류점보다 상류부가 사로국에 의해 단절되었으나(그림 40) 금관가야를 비롯한 가야연맹 국가들은 사로국에 대한 어떤 군사적 조치도 취하지 않았다. 상업동맹이 자신들의 교역권 절반 이상을 상실했음에도 불구하고 아무 일도 없는 것처럼 가만히 있는 것은 이해하기 어렵다.

아라가야를 제외한 가야연맹의 국가들, 특히 금관가야는 사로국이 영남내륙으로 진출하면서 자신의 상권이 잠식되는데 대한 반발로 사로국에 대한 군사적 행동을 하였을 것이다. 금관가야의 사로국에 대한 군사적 행동은 AD 121년 이후 379년 동안 사로국 및 신라와 왜 사이에 있었던 45차례의 국제관계 가운데 사로국에 대한 왜의 36차례 군사적 침입이나 또는 침입 조짐을 보인 기록 내에 혼재되어 있을 것으로 생각된다. 즉, 이 기간에 있었던 왜의 공격에는 사로국이나 신라에 대한 금관가야의 공격도 일부 포함되어 있을 가능성이 높다.

기림이사금 7년(307년) 국호가 신라로 바뀌었다(삼국사기 2 신라본기 2).

---

103) 문헌에 나와 있는 가야연맹 국가들의 위치 비정에 천관우(1977)는 상다리와 하다리를 의성 다인, 접도국은 상주, 모루를 예천으로 비정하였으며, 이마니시 류(1919), 스에마쓰 야스가즈(1949), 천관우(1977), 김정학(1977), 이은창(1981)은 고령가야를 함창으로 보았고, 천관우(1977)은 미리미동국도 함창에 있었던 것으로 생각하였으며, 아유가이 보노신(1937)은 사타를 상주로 비정하였다(김태식(2002)에서 재인용).

3) 낙동강 수운교역망 와해와 금관가야의 몰락

사로국에서 신라로 국호가 변경되었으나 모든 것은 그대로 계승되었다. 가야연맹의 중심국가인 금관가야는 AD 231년부터 낙동강 교역네트워크를 유지하는데 어려움을 겪기 시작하여, AD 261년에는 현재 경상북도 지역의 시장을 대부분 사로국에 넘기게 되어 상권이 크게 축소되었다. 그럼에도 불구하고 남해안 지역, 금호강의 낙동강 합류점보다 하류부와 고령 이남은 가야연맹의 교역권으로 남아 있었다. 선박이 낙동강에서 성주로 연결되는 백천의 하류부로는 진입할 수 없으므로, 성주와 교역은 고령에서 육로를 통해 이루어지고 있었다.

3세기에 들어와 영남지방의 국제관계에 큰 변화가 진행되고 있었다. 영남내륙 지역의 상권에 대한 지배세력 균형에 변화가 일어나고 가야연맹 내에서도 주도권의 변화가 시작되었다.

금관가야 중심의 가야연맹 낙동강 교역네트워크가 축소되면서 금관가야의 교역량은 크게 감소되었으므로 교역의 주도권도 상당히 많이 훼손되었다. 이와는 대조적으로 포상팔국 전쟁 이전에 사로국과 좋은 관계를 맺고 그리고 사로국의 도움으로 위기를 넘긴 아라가야에게는 금관가야와 대등한 위치에서 경쟁할 수 있는 환경이 조성되었다. 즉, 아라가야는 사로국의 양해 아래 아마 낙동강 상류부까지 기존의 교역네트워크를 운용할 수 있었으며 이에 따라 교역량이 크게 증가하면서 교역에서 얻는 이익과 함께 연맹 내 영향력이 커졌을 것이다.

AD 231년 이후 4세기 중반까지 교역환경은 가야연맹에게 점차 불리하게 진행되었고 특히 금관가야의 영향력은 축소되고 아라가야로 주도권이 넘어가고 있었다. 그럼에도 불구하고 가야연맹 권역에서 전쟁은 일어나지 않았다. 가야연맹의 주도권을 아라가야에 넘겨야할지 모르는 이렇게 위급한 시기에 가야연맹의 주도권을 가진 금관가야는 자신을 위협하는 사로국에 대해 군사적 대응을 하지 않을 수 없었을 것이다.

한편 AD 4세기 후반에 들어오면서 백제가 가야 지역에 관심을 보이기 시작한다. AD 364년부터 AD 366년에 걸쳐 백제는 탁순국의 협조를 얻어 금관가야가 가진 왜와의 대왜교역권을 탈취하려는 시도를 하였고, 그것이 여의치 않자 AD 369년 군사 시위를 통해 비자발(창녕), 남가라, 탁국, 안라(함안), 다라, 탁순, 가라의 일곱 국가를 평정하고 원래의 목적인 대왜교역권을 장악하였다. 그러나 정치적인 측면에서는 형식적인 상하관계를 통해 가야를 친백제 세력화하는데 그쳤다(이문기, 1995). 이 시기 이후 비자발은 문헌기록에서 행방이 묘연해지는데, 비자발이 백제의 영향권에 잠시 편입되었을 가능성이 높다(주보돈, 2009).

그러나 가야연맹의 낙동강 교역네트워크를 와해하고자 하는 신라의 목표는 아직 완성되지 않았으며, 낙동강 수운교통망을 무력화하기 위해 공략할 신라의 다음 목표는 창녕 지역이었다. 수운교통로는 하천의 양안을 점령하여야 무력화되는 것이 아니다. 현재 남북한이 대치하고 있는 한강 하류부와 임진강 하류부에는 수운의 기능이 없다. 이것은 적대적인 세력들이 하천을 사이에 두고 대치하는 경우 하천은 교통로로서 기능은 사라지고 국경이 될 뿐이다. 신라가 창녕을 복속한다면 대구부터 현풍을 거쳐 남지까지 낙동강 구간의 교통로 기능을 무력화시킬 수 있으므로 대단히 효과적으로 가야연맹의 낙동강 교역망을 와해시킬 수 있으며 금관가야의 국력을 쇄감시킬 수 있다.

창녕은 삼한시기 변한에 포함되었으며 낙동강 하류부 좌안의 가야연맹 일원이었다가 신라에 복속되었다. 그 시기를 문헌사학계에서는 삼국유사의 이른바 5가야조에 나오는 비화가야의 기사를 근거로 6세기 중엽에 하주(下州)가 설치되면서 비로소 신라 영역이 된 것으로 보는 것이 일반적이었으며, 고고학계에서는 대체로 5세기 어느 시점부터 6세기 중엽 사이인 것으로 보고 있다(이희준, 2005). 이러한 주장에 대해 이희준(2005)은 4세기 말엽의 상황을 기록한 일본서기 9 신공기 46~47년조 기사와 49년조 기사,[104] AD 4세기 말에 창녕 지역에 등장하는 신라토기 양식과 고총(高塚) 그리고 신라식 위세품 혹은 복식품을 기초로, AD 369년에는 분명히 창녕이 가야연맹의 일원이었으나 그 이후 어느 시기 늦어도 AD 4세기 말에는 신라에 속하게 되었다고 보았다.

---

104) 이들 사료는 원래의 기년보다 2주갑(120년) 인하된 366년, 367년, 369년의 상황을 전하는 것으로 인정되고 있다(三品彰英, 1962, 日本書紀朝鮮關係記事考證上, 吉川弘文館, 96쪽(이문기, 1995에서 재인용)).

AD 4세기 후반에 접어들면서 고령 지역을 중심으로 국제적인 역학관계에 변화가 발생한다. 이것을 대변하는 삼국사기의 기사는 다음과 같다. 내물마립간 26년(381년)[105] 신라의 사신 위두가 전진에 파견갔는데, 전진의 왕 부견이 '해동의 일이 예전과 같지 않다는데 무슨 일이냐'라고 묻자, 위두가 대답하기를 '역시 중국과 마찬가지로 시대가 변혁되고 이름이 바뀌었으니, 지금 어찌 같을 수가 있겠습니까'라고 답하였다. AD 382년 이전 신라의 사신이 전진에 간 것이 AD 377년이므로 이 두 시기 사이에 일어난 사건은 일본서기 9 신공기 62년조의 기사이다. 이것의 내용은 고령의 가라가 일시적으로 멸망하고 그 국왕과 아들 자매 등 지배세력이 백제로 망명하였는데, 백제 장수인 목라근자(木羅斤資, ?~?)가 즉시 파견되어 그 사직을 복구시켜 주었다는 것이다. 여기에 고령의 가라를 공격한 것은 '왜' 였는데, 원래 신라를 공격하려고 갔으나, 오히려 신라의 조종을 받아 가라를 공격한 것이다. 주보돈(2009)은 신라가 가라의 공격에 어떤 형태로든 연계되었을 가능성이 있다고 보고, 낙동강 건너 위치한 가라가 멸망에 이르는 상태가 되도록 신라가 개입했는데, 고령의 낙동강 대안에 있는 창녕이 온전하였을 리가 만무하다고 보았다. 이와 같은 관점은 창녕 지역이 AD 382년에 이미 신라의 영향권에 들어간 상태였으며, 따라서 창녕은 가라 공격의 교두보가 되었다는 것이다.

이희준(2005)은 내물마립간 사신 위두의 발언에서 창녕 복속의 연대 하한을 AD 380년 경으로 단정하는 것은 무리지만, 신라가 낙동강 좌안에 남은 가야연맹 최후의 변경이었던 창녕 지역에 성공적으로 진출하여 낙동강 좌안 전역을 영역화한 사실이 그 발언에 내포되었을 수도 있다고 보았다.

이렇게 볼 때, AD 380년대 중반에는 분명히 현풍에서 창녕 남지까지 신라의 영역이 되었다. 이제 가야연맹의 낙동강 교역로는 김해부터 본포까지 자유로운 항행이 가능하였으나 나머지 구간은 교통로로서 기능을 상실하였다. 본포보다 상류부 구간의 낙동강 좌안은 신라의 영역이 되었으며, 우안에서는 함안, 의령, 진주를 포함하는 남강유역, 가조, 쌍책, 합천을 포

---

105) 이 기사의 원전이라고 할 太平御覽에 인용된 秦書에는 382년으로 편년하였으므로 아무래도 382년으로 보는 것이 옳을 듯하다(주보돈, 2009, 54쪽).

함하는 황강 유역, 고령을 포함하는 회천 유역 내에서만 자유로운 항행이 가능하고 낙동강 본류는 국경선이 되었다. 이제 남강, 황강, 회천은 분리된 채 유역분지 내에서만 수운을 통한 교역이 가능하였으므로 선박을 통해 남해로 가는 것은 불가능하였다.

신라의 영남지방 상권 장악을 위한 전략 가운데 하나인 낙동강 교역네트워크 와해는 AD 4세기 말에 거의 마무리 되었다. 금관가야의 교역권은 AD 231년부터 거의 150년 동안 지속적으로 축소되었고(그림 40) 이에 따라 부가가치 창출 능력도 점차 약해졌다. 김해 지역의 제철과 제염산업은 건재하였으나 상권의 규모가 크게 축소되었다.

한편 가야연맹 내 경쟁상대인 아라가야는 여전히 신라와 우호관계를 유지하고 있었으며 낙동강과 지류인 금호강, 감천 등의 수운교통로를 이용할 수 있었다. 따라서 아라가야의 상권이 금관가야의 그것보다 훨씬 더 넓었으므로, 남해안을 비롯한 가야연맹의 다른 국가들은 부가가치가 높은 철제품이나 소금을 포함하는 다양한 물품을 함안으로 납품하는 것이 유리하였다. 4세기에 함안토기가 경주를 포함한 영남 지역에 광범위하게 확산되어 분포하는 것은 이 시기 가야연맹에서 아라가야만 과거 낙동강 교역망을 이용하여 교역할 수 있었기 때문이다. 아라가야의 제품들은 수로로 금호강 유역 및 영천까지 운반되고 육로로 경주 지역에 공급되었을 것이다. 아라가야는 토기 자체를 수출한 것이 아니라 염장한 생선이나 젓갈 등을 담는 용기로 토기를 이용하였던 것 같다. 다만 사로국의 전략상품인 철제품과 소금은 신라가 지배하는 지역에서 거래하지 않았을 것이다.

한편 금관가야의 제철 기술수준은 가야연맹에서 가장 높았으나 영남내륙 시장을 상실하였으므로 주로 해외에 수출하거나 함안 아라가야에 판매하면서 산업을 유지하였을 것이다. 그리고 왜와 예 등과의 원거리 무역은 함안과 거래하고 있던 고성과 진동 등에 어느 정도 넘어갔으나, 금관가야가 여전히 주도권을 유지하고 있었을 것이다.

AD 4세기 말 낙동강 하류부 상황은 금관가야에게 생존 자체를 위협하는 가혹한 환경이었다. 무역선들은 낙동강에서 운항할 수 있는 구간이 거의 없어진다. 낙동강을 통한 가야연맹의 교역이 불가능하므로 대가야는 소백산맥을 넘어서 섬진강 유역으로 진출하여 하동에 대외교역의 교두보를 마련한다. 아라가야는 여전히 신라와 우호적인 관계를 유지하였으므로 금관가야와는 어느 정도 거리를 두었을 것이다. 이 시기 가야연맹의 교역권은 크게 축소되고, 중심국가인 금관가야와 아라가야의 관계는 비우호적이며, 이에 따라 가야연맹 구성원들 사이의 결속력도 크게 약해져 경제공동체로서 연맹이 와해되어 갔을 것으로 생각된다. 금관가야는 문헌상으로는 AD 116년 이후 사로국 및 신라와 전쟁을 하지 않았다. 다만 금관가야가 사로국을 침입한 사례로 추정되는 것을 포함하여 왜는 AD 500년까지 사로국 및 신라를 35차례 침략한다. 그럼에도 불구하고 이제 금관가야는 이 어려운 국면을 일거에 타개하기 위하여 신라와 전쟁을 결심하여야 할 때가 다가오고 있었다.

AD 4세기 말 한반도 남부지방을 둘러싼 국제 정세는 대단히 복잡하게 전개되고 있었다. 한강 하류부에 있었던 백제는 고구려와 서로 국경을 넘어 침입하여 전쟁을 하고 있었으며, 가야연맹은 왜와 동맹을 맺어 신라를 압박하였다. 신라는 고구려, 아라가야와 화친을 맺고 있었다.

AD 399년 신라의 사신이 고구려 광개토왕에게 가서 '왜인이 국경에 가득차 성지(城池)를 부수고 노객(奴客)으로 하여금 왜의 민으로 삼으려 하니 이에 왕께 귀위하여 구원을 요청합니다'라고 하였다. 왜인들이 아직 경주에는 침입하지 않은 상황이지만, 왜 침입의 위급함을 알리고 도움을 요청한 것이다. 이듬해 광개토왕은 보병과 기병 도합 5만 명을 보내 신라를 구원하게 하였다. '고구려군이 남거성을 거쳐 신라성(新羅城; 國都)에 이르니, 그곳에 왜군이 가득하였다. 관군이 막 도착하니 왜적이 퇴각하였다. 고구려군이 그 뒤를 급히 추격하여 임나가라의 종발성(從拔城)에 이르니 성이 곧 항복하였다. 안라인수병(安羅人戍兵) …… 신라성 △성 …… 하였고, 왜구가 크게 무너졌다'.

이 기사는 광개토왕비문에 기록된 것으로 다른 문헌에는 보이지 않는다. 임나가라의 종발성은 AD 399년 신라의 남쪽 국경을 침입하고 AD 400년 신라 수도인 신라성을 공격한 왜인들의 출발지였다. 그러므로 왜인들은 울산단층선이 아니라 양산단층선의 교통로를 통해 공격하고 퇴각하였다. 이 전쟁에 금관가야는 보이지 않으며 백제도 개입하지 않았다. 4세기 말 한반도 남부 지역에서 가장 크게 대립하는 것은 금관가야와 신라이다. 이 가운데 가장 다급한 국가는 낙동강 교역망이 와해되어 가야연맹에서 주도권을 상실한 금관가야이다. 왜가 자신들의 이익과 직접 관련이 없는 전쟁을 금관가야를 위하여 일으켰을 리가 없다. 국제관계는 예나 지금이나 의리나 인정에 의한 것이 아니라 오로지 국익을 최우선으로 한다.[106] 금관가야는 이런 상황을 수수방관하며 남의 일처럼 지켜보고 있을 수 없으므로 문헌기록에는 없으나 참전한 것은 분명하다. 어쩌면 동원된 병력의 대다수는 원정군인 왜인이 아니라 금관가야 군사일 것으로 보는 것이 합리적이다. 그러므로 종발성은 김해 금관가야의 성곽인 것이 분명하다.

　그러면 어떤 연유로 금관가야 군대 대신 왜인으로 표현하였을까. 무슨 이유로 왜가 이 전쟁의 주역으로 나섰을까 하는 의문이 남는다. 단순히 교역의 파트너로서 금관가야가 중요하므로 금관가야 대신 왜가 신라를 공격하였다고 보는 것은 아직 금관가야와의 교역이 가능한 환경에서 전쟁에 임하는 왜의 목표가 모호한 것으로 생각된다. 특히 왜는 금관가야 대신 아라가야를 무역 파트너로 거래할 수 있으므로 전쟁을 주도할 만큼 이해관계가 큰 것은 아니었다. 실상은 금관가야가 이 전쟁의 주역이었을 것이다. 그렇다면 고구려가 금관가야와 왜를 혼돈한 것은 아닐까. 이것은 AD 121년부터 AD 500년까지 문헌에 가야와 사로국 및 신라와의 국제관계는 거의 없고, 대신 왜와 사로국 및 신라와의 관계만 확인되는 내용과 맥락이 닿는다. 특히 AD 402년 신라는 AD 400년 고구려군에 의해 크게 패배한 왜와 우호관계를 맺고 내물왕의 아들 미사흔을 왜에 질자로 보낸다. AD 399년부터 2년에 걸친 큰 전쟁을 치른 두 나라가 전쟁이 끝난 지 2년 만에 왕자를 자신들을 공격한 국가에 인질로 보내는 외교관계가 어떻게 가능한지 의문이 든다. 이런 외교관계를 사실로 하고 AD 399년부터 2년 동안 전쟁을 되짚어보면, 금성을 공격한 것은 신라의 낙동강 수운교통망 단절로 경제적 위기에 처한 금관가야를 비롯한 창원, 마산, 다호리, 칠원 지역의 가야세력들이었을 가능성이 높다.

---

106) 가야연맹의 국가들 가운데 아라가야에 물품을 납품할 수 있는 국가들은 이제 연맹의 중심인 아라가야를 통해 교역을 유지할 수 있으므로 이 전쟁에 참전하지 않았을 것이다.

당시 신라인 그리고 고구려인과 같은 외국인의 경우 가야와 왜를 엄격하게 구분하지 않고 혼돈하였을 가능성이 높다. 실제로 당시 김해는 국제무역항이었으므로 외국에서 온 상인, 관료, 노동자를 비롯한 외국인 수가 대단히 많았으며 이들이 거주하는 구역도 있었고 항구에는 이들의 사무실과 창고 등도 있었다. 그리고 외국인들 가운데는 왜인이 대부분이었을 것이다.

AD 400년 전쟁으로 왜와 금관가야는 크게 패배했다. 종발성이 김해 금관가야의 왕이 거주하는 성이 아닐지라도 전략적으로 대단히 중요한 지점에 있었으며, 전투가 끝난 후에는 아라가야 군인들이 종발성에 주둔하여 성을 수비하였다.[107] 신라는 영남지방 상권을 두고 경쟁한 금관가야를 완전하게 무력화하였고, 현재 낙동강의 가장 하류부인 물금 또는 양산에는 신라군이 주둔하며 선박의 이동을 통제하였다. 신라는 이제 영남 내륙지방으로 선박을 보낼 수 없는 금관가야를 해체하여 자신들의 행정구역에 편입하지 않고 괴뢰 정부를 유지하였다. 신라는 아마 금관가야인들의 노동력을 이용하여 제철산업과 제염산업을 자신들이 경영하였을 가능성도 있다.

AD 400년 금관가야는 왜와 연합하여 신라와 결전을 치렀으나 고구려의 개입으로 역공을 당해 국가 존립의 가장 중요한 낙동강 교역망을 완전히 상실하고 영남내륙 상권을 잃었다. 이때부터 금관가야는 국가 형태만 유지하다가 130여 년이 지난 법흥왕 19년(532년) 마지막 왕인 구해(仇亥)가 나라를 신라에 바치며 붕괴하였다.

---

107) 광개토왕비에 기록된 '안라인수병(安羅人戍兵)'에 대한 의견도 다양하게 제기되고 있다. 이 상황을 이해하려면 AD 201년 사로국에 화친을 청한 가야가 아라가야일 가능성이 높은 사실과 AD 209년 포상팔국 전쟁 이래 함안 아라가야와 사로국 그리고 이를 계승한 신라와의 우호관계가 우선 고려되어야 한다. 특히 AD 4세기 아라가야의 토기가 금호강과 경주 그리고 울산 지역에서도 확인되는 것으로 볼 때, 신라가 아라가야에게 낙동강 수운교통로 이용을 선별적으로 허용하였으므로 교역을 통해 아라가야의 재화가 신라 지역으로 유입되었다. 이 두 국가의 우호적인 관계는 AD 400년 경에도 계속 유지되고 있었다고 보는 것이 합리적이다. 따라서 필자는 AD 400년 고구려군에 의해 함락된 종발성에 안라가야 군인이 주둔하였을 것으로 생각한다.

4) 신라제국의 경제전쟁 승리

AD 400년 신라는 영남지방 상권을 장악하기 위한 경쟁에서 가야연맹의 중심국가인 금관가야를 무력화하면서 승기를 잡았다. 이제 남은 지역은 고령의 회천 유역, 쌍책과 합천의 황강 유역, 함안과 의령 및 진주의 남강 유역 그리고 남해안 지역이었다. 이들 지역을 제외한 영남지방은 신라의 독점적인 상권이 되었다. 국가의 국력은 생산력과 관계있지만, 지역 사이에 교역이 활발하게 이루어지면서 시장에서 가격을 결정할 수 있는 능력이 부를 축적하는데 있어서 가장 중요한 요소가 된다. 공급을 독점한다는 것은 가격결정권을 가진다는 의미이다.

금관가야가 거의 붕괴 수준까지 와해되자 지배층을 비롯한 엘리트들은 왜로 떠나거나 제철산업을 할 수 있는 대가야 지역으로 이동하였다. 그리고 금관가야가 신라 또는 고구려의 괴뢰 정부에 가까운 상황에서 일부 엘리트들은 경주로 이주하였을 것이다. AD 400년 고구려가 금관가야를 거의 패망 지경으로 몰아붙일 때 신라의 편에 선 아라가야에 대한 가야연맹다른 국가들의 시선을 생각하면, 경제공동체로서 정치적, 군사적 동맹관계였던 가야연맹은 이 시기부터 사실상 붕괴되었다고 볼 수 있다. 즉, 낙동강은 교통로로서의 기능이 중단되고 신라와 가야연맹의 국경이 되었다. 가야 지역의 주요 국가는 대가야, 아라가야, 고성의 소가야였으나 이들의 상권은 이전에 비해 크게 축소되었으며 교역망도 육상교통로, 수상교통로 그리고 해상교통로가 혼재하여 있었다. 그러므로 낙동강 수운교통망을 이용하여 교역하던 때에 비해 환적 횟수가 증가하여 운송비의 부담이 커졌으므로 경주를 중심으로 운영된 신라의 교역망보다 상품의 가격경쟁력이 우월한 것도 아니었다. 그리고 낙동강 수운교통로가 신라에 의해 폐쇄되었으므로 회천 유역과 황강 유역에서 선박을 통해 남해로 나아가는 것도 불가능하였다. 다만 신라와 우호적인 관계인 남강 하류부의 아라가야는 낙동강을 교통로로 이용하였을 가능성이 있으나, 아라가야도 모든 제품을 신라의 상권에서 거래하지는 못하였을 것이다. 그러나 회천과 황강 유역에서는 다른 국가를 통과하지 않으면 육로로도 바다에 도달할 수 없었다.

이 시기 한반도 남부의 국제관계는 이전과 거의 같았으므로 왜가 가야연맹에 가장 우호적이었다. 따라서 대가야는 신라가 창녕 지역을 점령한 4세기 말에는 낙동강 교통로를 이용할 수 없으므로 김해의 금관가야와 교류할 수 없었다. 그리고 대가야는 인접한 성주도 신라가 대구의 서쪽으로 진출하여 낙동강을 통제하면서 가야연맹으로부터 분리되는 것을 목격하였을 것이다. 이렇게 볼 때 대가야는 AD 4세기 경부터 해안으로 나아가는 새로운 교통로를 확보하기 위하여 노력하였다. 이것은 왜와 독자적으로 통교하기 위해서도 필요한 것이었다. 이와 같은 목표에 도달하기 위해서는 팔량치를 통해 소백산맥을 통과하여 서쪽의 전라도 동쪽에 위치한 남원, 구례 지역을 점유하고 섬진강으로 진출하여 남해안의 하동에 이르는 것이 가장 현실적인 전략이었다(그림 34).

한편 백제는 대가야와 적대적인 관계는 아니지만 왜와 직접 교역하기 위하여 대가야에 대해 우월한 지위를 유지하려고 하였으며 AD 4세기 말 하동을 장악한다. 그리고 백제는 AD 369년 비자발(창녕)을 비롯한 가야연맹의 일곱 국가를 평정하였으며, AD 382년 신라가 창녕을 복속할 때까지 창녕을 자신의 영향권에 편입한다. AD 382년 신라의 조종을 받는 창녕이 고령을 공격하였으나 백제의 개입으로 수습되었다(일본서기9 신공기 62년조). 이 사건은 정치적으로 대가야의 백제에 대한 종속성을 높이는 계기가 되었다. 황강 유역의 국가들은 주변 국가의 도움을 받지 않고 왜와 직접 교역할 수 있는 수단이 없었고 철과 같은 상대적으로 우월한 교역품을 가지지 못하였으므로 대가야나 아라가야에 비해 가야 지역 내에서 영향력이 작았다.

한편 신라는 왜, 백제와 우호적인 관계를 유지하는 대가야를 견제하기 위하여 창녕을 적극 활용한다. 금관가야의 교역기능을 무력화한 신라의 다음 목표는 대가야이다. 신라는 AD 562년 전쟁을 통해 대가야를 멸망시켰다.

금관가야의 교역권이 축소되기 이전 고령에 자리잡은 국가는 규모가 그리 크지 않았으며 금관가야로부터 공급받은 소금 등의 재화를 회천 유역분지 지역에 다시 판매하여 이익을 얻었다. 그리고 고령 주변의 합천 야로철광에서 철광석을 채취하여 제철산업이 가능하였으므로 금관가야에 있어서 이 국가는 중요한 교역 대상이면서 관리 대상이었다. 사로국이 대구보다 상류부의 낙동강 수운교통로를 장악한 AD 261년 이후 위기감을 느낀 금관가야 지배층은 고령 지역에 대하여 더 많은 관심을 기울이고 투자하였을 것이다. 신라가 창녕 지역을 점령하여 금관가야의 교역권이 크게 축소된 AD 382년부터 대가야도 신라의 공격에 노출된다. 아마도 대가야의 지배층들은 이 지역에 대한 신라의 공격에 대비하기 위하여 도움을 받을 수 있는 유일한 외부세력인 왜와 교류할 수 있는 교통로 확보에 고심하였을 것이다.

대가야는 AD 400년 고구려의 남정으로 금관가야가 거의 괴멸되는 지경에 이르렀으나 전쟁에 참전하지 않았다. 금관가야는 멸망하지 않았으나 교역기능을 대부분 상실하였고 아라가야는 노골적으로 신라와 협력하는 관계였으므로 가야연맹은 구심점을 거의 상실하였다. 이에 따라 하나의 국가를 형성하지 못하고 여전히 작은 국가로 분리되어 있었던 가야연맹의 국가들은 서로 연대하지 못하고 독자적인 노선으로 국가를 운영하게 되었다. 다만 금관가야의 지배층과 제철 기술자 등 엘리트층 일부와 주민들이 고령으로 옮겨 오면서 대가야는 국가의 규모와 질이 이전보다 더 높아져 주변의 다른 국가들에 비해 정치적, 경제적으로 앞서 나갈 수 있는 토대가 형성되었다..

AD 5세기 초에도 백제와 왜는 우호적 관계를 유지하고 있었으며, 고령의 가라(대가야)도 이들과 우호적으로 연결되어 있었다. 이 시기 백제는 광개토왕의 남진을 방어하는데 국력을 투입해야 하므로 가야 지역에 대한 영향력을 줄여야 했다. AD 400년 이후 신라는 고구려에 종속되었으므로 대가야를 공격할 여력이 없었으며, 오히려 고구려는 신라를 속국화하고 가야 지역의 국가들과 우호적인 관계를 원하였던 것 같다.[108] 5세기 중엽 대가야 토기 양식은

---

108) AD 402년 신라는 AD 400년 고구려 남정으로 패퇴한 왜와 우호관계를 맺고 내물왕 아들 미사흔을 질자로 왜에 보낸다. 그리고 왜는 AD 405년, AD 407년 2차례 신라에 침입하고, AD 408년에는 실성왕이 대마도에 선제공격을 계획했으나 서불한 미사품의 건의를 받아들여 철회한다. AD 415년, AD 431년, AD 440년에는 두 차례 왜가 변경에 침입하거나 전투를 하였고, AD 444년에는 왜병이 10일간 금성을 포위한다. AD 495년에는 왜가 병선 100척을 동원하여 변경을 침입하고 급기야 월성을 포위한다. AD 462년, AD 463년, AD 476년, AD 477년, AD 482년, AD 486년, AD 497년, AD 500년에도 왜병이 변경을 공격한다. 왜의 이와 같은 일련의 신라에 대한 공세 가운데 5세기 초기와 중기의 침입은 고구려의 묵인이 없으면 실행하기 어렵다. 즉, 고구려는 가야연맹의 신라공격 또는 가야연맹과 우호적인 왜의 신라공격을 묵인하였을 가능성이 있다.

고령으로부터 서쪽으로 황강 상류부, 남강 상류부 그리고 이보다 서쪽의 남원 월산리에 이르는 지역까지 분포한다(이희준, 2017). 이 시기 가야연맹의 성격은 고령의 대가야가 맹주국이며 각 구성국은 독립성은 유지하되 고령과 어느 정도 상하관계 속에 놓여 있었던 대가야연맹으로 볼 수 있다(이희준, 2017).

AD 475년 백제는 거의 멸망할 지경이 되어 웅진으로 천도하였고, AD 479년 고령의 가라국왕 하지는 남제에 사신을 파견하였다. 대가야는 늦어도 5세기 말에는 멀리 순천 지역까지 포함한 섬진강 일대와 황강과 남강 상류부를 대부분 자신의 영역으로 만들거나 또는 강력한 영향하에 둔 것으로 판단된다(이희준, 2017). AD 479년 사신 파견은 대가야가 백제의 쇠퇴를 틈타 결행하였다고 볼 여지가 크지만, 좀 더 적극적으로 해석하여 대가야가 대내적으로 영역국가를 달성한 시점에서 마침 백제가 쇠미한 기회를 이용해 대외적으로 자신의 위상을 알리고자 견사활동을 벌였던 것이다(이희준, 2017).

5세기 중반과 후반에 걸쳐 대가야는 고구려의 남진정책에 대한 대책으로 급해진 신라와 백제가 만들어 준 유사전성기(psudo peak)에 들어간다. 이때 대가야는 영역을 확장하며 가야 지역에서 정치적 주도권을 잡기 시작했다. 일본서기 웅략기 8년(AD 464년)의 기사는 신라영역 내에 고구려 군사가 주둔한 이후 야기된 갈등을 보여주는데, 적어도 5세기 전반까지 적대관계로 시종해왔던 신라와 가야 지역의 국가들이 5세기 중반에는 고구려에 맞서 공동보조를 취하였으며, 이 시기 이후 신라와 가야 지역의 국가들은 서서히 우호적인 관계로 돌아서고 있었다(이문기, 1995), 이러한 신라와 대가야와의 관계 개선은 481년 신라구원전 참전으로 이어지게 되었다.[109] 5세기 말 고령양식 토기 분포 범위(이희준, 2017)로 볼 때 황강 중류부 유역도 대가야의 세력권에 편입된다. 특히 섬진강 하류부 쪽으로는 5세기 초반에 회복한 교역로를 유지하였을 것이다. 대가야는 하동을 통해 중국 및 왜와 교역량을 늘렸으며, 고구려와 전쟁을 수행하고 있는 백제와도 교역량이 증가하였을 가능성이 높다.

대가야는 AD 481년 신라구원전 참여로 조성된 관계를 바탕으로 백제, 신라 양국과 우호

109) 삼국사기 권 3, 소지마립간 3년.

적인 관계를 맺지만 호남 동부 지역의 대가야 영역을 차지하려는 백제를 견제하기 위하여 법흥왕 9년(AD 522년)에 신라와 결혼동맹을 맺는다. 한편 대가야를 안심시킨 신라는 가야 남부 지역을 공략하였고, 가락국과 안라, 탁순국 등 가야 남부 지역의 국가들은 왜와의 관계를 긴밀하게 하는 등 자구책을 강구하게 된다. 그리고 백제는 대가야와 신라의 접근을 견제하고 신라와의 관계를 복원하기 위해 AD 525년 신라와 교빙(交聘)한다. 이런 가운데 대가야는 AD 529년 안라, 왜와 연결된 백제에게 주요 전략 거점인 다사진을 빼앗긴다. 그리고 529년 변복 사건으로 신라와의 결혼동맹이 파기되면서 대가야의 대백제 강경, 친신라 정책은 성공을 거두지 못하였다. 신라는 대가야에 압박을 가하면서 AD 532년 가락국을 손에 넣은 다음 탁기탄, 탁순, 구례산까지 진출하였다.

이와 같은 일련의 흐름 속에서 안라가 신라, 백제, 왜의 주목을 받게 되고 안라가 가야 지역 국가들 가운데 외교의 주도권을 가지게 되었으며, 대가야는 외교의 뒷전으로 밀려나 위축된다. 이 시기 서부 경남에서는 대가야와 백제 사이에 긴장관계가 조성된다. 대가야의 동부 국경인 낙동강 유역이 대가야의 친신라 정책으로 안정되면서 대가야도 서쪽 국경과 황강 유역에서 자신의 세력권을 유지하려는 의도를 강하게 관찰시키려 하였을 것이다. 그러나 백제가 섬진강 유역 대가야 영역을 차지하고 남강 유역에 영향을 미치면서 대가야 서부 지역은 긴장감이 최고조에 이른다.

AD 529년 변복사건으로 결혼동맹이 파기된 이후 신라의 압박을 받은 대가야는 6세기 중반 백제에 접근하는 등 자구적 대외관계를 시도하며 AD 541년과 AD 544년 임나부흥회의에 참가하였다. 그리고 백제와 왜의 연합에 가담하여 AD 554년 백제 성왕의 관산성 전투에 군대를 파견하였으나 백제의 성왕이 전사하며 신라에 패하였고, 이에 따라 군대를 파견한 대가야는 신라와 적대적 관계가 되면서 위기에 놓이게 된다. 신라는 AD 555년 창녕에 완산주, AD 557년 김천 개령에 감문주를 설치하여 대가야에 대한 압박 수위를 높여가면서 AD 562년 결국 대가야를 멸망시켰다. 함안의 아라가야는 AD 561년에 이미 멸망하였다.

신라가 낙동강 유역 상권을 장악하기 위하여 계획한 전략은 진한 지역의 국가들을 정복하고 이어서 낙동강 하류부 좌안의 달성, 창녕 지역을 병합하여 낙동강 수운교통로를 단절시키고 동시에 가야연맹의 각 국가들을 분리시켜 내부 분열을 도모하여 각개 격파하는 것이었다. 특히 고구려에 대항할 경우에는 가야연맹의 국가들과 화친관계를 맺으면서 자신의 어려운 상황을 타개하는 다양한 전략을 구사하였는데, 여기에는 왜와 백제까지 끌어들인다.

한편 신라에 의한 낙동강 수운교통로 단절로 대외교역이 봉쇄된 대가야의 섬진강 유역 진출에 영향을 미친 것은 백제의 움직임이다. 백제는 국가형성 초기부터 고구려에 적대적이었는데, 4세기 초 전연의 공격을 받아 만주 지역에서 영역 확장이 어려워진 고구려가 남쪽 방향으로 팽창을 꾀하였고, 이 시기 북진 정책을 전개하고 있던 백제와의 충돌은 피할 수 없었다. 한편 내물왕이 즉위하여 고구려의 간섭을 벗어나려던 움직임을 보이던 신라에게 366년 근초고왕이 사신을 보내 화친을 도모한다. 이러한 관계를 배경으로 근초고왕은 371년 평양성 전투에서 고국원왕을 전사시키며 승리를 거둘 수 있었다.

광개토왕의 뒤를 이어 즉위한 장수왕은 보다 적극적으로 남진정책을 추진하였으며, 이와 같은 움직임은 백제뿐 아니라 신라에게도 커다란 위협이었다. 백제와 신라는 433년 비류왕과 신라의 눌지왕 사이에 필요할 때 상호 지원군을 파견하는 군사적 공수 동맹을 맺었다. 이후 120년 동안 신라와 백제의 우호관계는 지속되었고 가야의 영역에 있던 국가들은 신라의 견제 속에 현상 유지를 위하여 왜와 공조하면서 분투하였다.

신라와 백제의 동맹은 대가야에 크게 영향을 미친다. 특히 4세기 말까지 비교적 가야에 우호적이었던 백제가 5세기 초부터 대가야의 호남 지역 진출을 견제하기 시작하며 대가야와 왜와의 교역을 저지하려는 시도를 지속적으로 하였으므로 대가야에 큰 부담을 주었다. 아마 5세기 말에는 대가야의 대왜 교역의 교두보였던 하동이 백제에 의해 점령되었을 것이다. 대가야는 이와 같은 어려운 상황을 타개하기 위해 신라에게 화친을 요청하고 AD 522년에는 신라의 왕족을 부인으로 맞아들이는 결혼을 성사시켜 신라의 견제를 완화하기 위한 노력을 경주한다. 그럼에도 불구하고 신라는 곧 결혼동맹을 파기하고 대가야에 대한 공세를 재개한다.

낙동강의 지류가 본류에 합류하는 곳이나 산지에 형성된 분지들에 자리잡은 가야연맹의 국가들은 통일된 국가가 아니라 교역을 통해 함께 이익을 얻는 무역 동맹으로 번영하는 세상을 꿈꾸었으나, 하나의 국가로서 점차 영역과 힘을 키워가는 신라와의 경쟁에서 자신들의 교역망을 온전히 유지하는 것은 불가능하였다. 신라는 제국주의적 팽창정책을 통해 우선 영남지방을 통합하여 당, 고구려, 백제, 왜로 이루어진 동아시아에서 생존하기 위한 바탕을 만들어야 했다. 백제는 왜와 연결되어 있었고, 가야연맹 국가들은 신라보다 이들과 가까웠으므로, 신라는 왜와 백제의 협공을 방어하기 위해서라도 가야를 정복하여야 했다. 특히 백제가 AD 475년 웅진으로 천도한 것은 비록 당시에는 서로 동맹관계였으나 신라에게는 백제가 가야 지역을 점령할지도 모른다는 우려를 느끼게 하였을 것이다.

가야 지역의 국가들은 백제와 신라의 원심력에 지속적으로 시달린다. 5세기 중반과 후반의 짧은 평화시대에도 다른 나라의 전쟁에 동원되면서 자신들이 독립적으로 결정하거나 주도권을 가지는 국제관계를 만들지 못한다. 이것이 가야 지역 국가들이 가진 체제의 약점이며 입지의 지정학적 한계였다. 그리고 왜는 가야 지역 국가들보다는 백제와의 관계를 더 중요하게 생각하고 한반도 남부 지역에서 진행된 국제관계의 한 축을 담당한다.

이제 2세기 초부터 시작된 신라의 영남 지역 시장 지배전략은 AD 562년 마무리된다. 신라는 영남지방 상권을 독점적으로 지배하여 국력을 빠르게 증대시킬 수 있었다. 국토 면적과 인구수도 크게 늘었고 시장의 규모도 이에 비례하여 커졌다. 국가의 규모는 고구려에 비해 작았으나 백제와는 어느 정도 대등하였고, 특히 제철산업을 비롯한 다양한 산업이 크게 활성화되어 생산력이 비약적으로 증대되었으므로 국력은 크게 신장되었다.

5. 가야연맹 멸망의 지정학적 함의

1) 가야연맹 멸망 전후의 한반도 남부 국제관계

신라가 영남지방을 통합하기 위해 정복전쟁을 하는 동안 백제와 고구려는 한반도 서부와 북부 그리고 만주지방에서 넓은 영토와 많은 인구를 가진 국가로 발전하여 국력에 있어서 신라보다 우위에 있었다. 특히 북쪽 국경을 고구려와 접하고 있던 백제는 북쪽으로의 확장에 한계가 있으므로 가야연맹을 존속시키되 가야 지역을 교두보로 삼아 영남지방에 자신들의 영향력을 행사할 수 있는 거점을 확보하고 왜와 공조하여 국가를 안정적으로 가져가려는 전략을 가지고 있었다. 왜 또한 가야연맹이 존속하여야 한반도에 영향력을 유지할 수 있으므로 가야 지역을 신라에게 넘겨줄 수 없었다. 왜는 최소한 백제가 가야 지역에 영향력을 가지도록 도모했던 것으로 보인다.

이런 국제관계에서 볼 때, 5세기 중엽까지 한반도 남부에서 가장 취약한 국가는 가야연맹이었으며, 따라서 이 지역을 자신들의 영향력에 넣기 위한 심각한 국제관계가 작동되고 있었다. 왜와 백제는 가야를 지배하려고 하였고, 신라는 정복하려고 하였으며, 고구려는 가야를 우호적인 세력으로 끌어들이려는 의도를 가졌다. 그러나 5세기 중엽부터 6세기 초까지 신라와 백제의 이와 같은 전략은 보류된다. 신라와 백제에 대한 고구려의 공세가 5세기 중엽부터 6세기 초까지 수십 년 동안 극에 달하였고, 왜 또한 5세기에 들어와 신라에 대한 공격의 빈도를 높여 신라에 대한 고구려의 공격보다 더 자주 신라를 침략하였다. 이와 같은 국제관계에서 신라와 백제는 가야 지역을 공격할 여유가 없었으므로 이 시기 가야 지역은 전쟁이 없는 평화시대를 구가한다. 이 기간에는 문헌에도 가야에 대한 기사는 거의 보이지 않는다. 고구려와 왜에 의한 가야의 평화기라고 할 수 있다. 그렇다고 하여도 이 시기를 가야의 전성기라고 할 수 있을지는 의문이다. 가야 지역에 대한 각국의 전략을 고려하면 유사 전성기 내지 수동적 전성기라고 하는 것이 옳을 것이다.

5세기 고구려와 신라, 백제 사이의 전쟁 기록은 다음과 같다. AD 427년 장수왕이 평양[110]으로 천도하였으며, AD 433년 신라와 백제는 고구려의 위협을 독자적인 힘으로는 감당하기 어려웠으므로 동맹을 맺고 군사력을 북쪽 국경에 집중하였다.

이후 AD 440년, AD 450년 신라는 고구려의 변방 장수를 죽이고, AD 454년 고구려는 신라의 북쪽 국경을 침입한다. 그리고 AD 455년 고구려는 백제를 침공하는데, 신라가 병력을 동원하여 백제를 구원한다. AD 469년 백제가 고구려의 남쪽 국경을 침입한다. AD 475년 고구려 장수왕이 백제를 친정하는데, 백제가 신라에 구원을 요청하여 신라가 이에 응해 군사를 보냈으나 이미 백제의 수도 한성(漢城)이 함락되었고 개로왕은 피살되었다.[111] AD 481년 고구려와 말갈이 신라의 북쪽 변경을 침입하였으나 백제와 가야의 구원병이 신라군과 함께 적을 몰아냈다. AD 484년 고구려가 신라의 북쪽 변경을 침입하였으나 백제군의 도움을 받아 격퇴되었다. AD 489년에도 고구려가 신라의 북쪽 변경을 침입하였다. AD 494년 신라는 고구려에게 전투에 패하여 포위되었으나 백제의 구원으로 포위를 풀었다. AD 495년에는 고구려가 백제의 치양성을 포위하였는데 백제의 구원 요청을 받은 신라가 구원하자 고구려가 물러났다. AD 496년 고구려가 신라의 우산성을 공격하였지만 실죽장군이 이를 격퇴하였다. AD 497년 고구려가 신라의 우산성을 함락시켰다. AD 501년 백제는 고구려의 수곡성을 습격한다. AD 502년 백제가 고구려의 변경 수곡성을 공격하였다. AD 503년 말갈이 백제를 공격하였으나 이를 격퇴하였다. AD 503년 백제는 고구려의 수곡성을 재차 습격한다. AD 506년 여름에는 말갈이 백제의 고목성을 함락시켰으며, 겨울에는 고구려가 침입하였으나 대설로 인해 물러갔다. AD 507년 고구려는 말갈과 함께 백제의 한성을 공격하려고 하였으나 백제가 군대를 보내 싸워 이들을 물리쳤다. AD 512년 고구려가 백제를 침략하여 성 두 개를 함락시켰으나 백제가 이들을 격파하였다. AD 523년 고구려가 백제를 침략하였으나 백제가 격퇴하

---

110) 장수왕이 천도한 평양의 위치는 현재 평안남도 평양 또는 현재 중국 요녕성 요양이라는 주장이 있다. 현재 고대 사학계에서는 통설로 인용되는 전자의 주장이 지명이 일치하고 장수왕의 남진정책과 조화된다. 이와 대조적으로 후자는 중국 문헌 내용 분석을 기초로 최근 새롭게 제기된 견해이다.

111) 삼국사기 18 고구려본기 6에 기록된 내용으로 삼국사기 3 백제본기 3의 기사와 중복된다.

였다. 6세기 초 AD 506년, AD 507년, AD 512년, AD 523년 고구려가 백제를 침략하였으나 신라의 도움을 받지 않은 백제군에 의해 격퇴되었다.

그리고 백제는 AD 512년(일본서기 계체기 6년 12월조)의 소위 '임나4현 할양기사'에 적시된 4현을 얻게 된다. 다만 가야 지역이었던 4현의 위치는 분명히 알 수 없으나 대가야의 영역이었을 가능성이 높다. 그리고 백제는 AD 513년 대가야(반파국)에 빼앗긴 그들의 영역인 기문과 대사를 회복하려고 시도하였으며 결국 왜의 중재로 백제가 돌려받게 되는데, 이에 대해 대가야는 이들 지역을 회복하기 위하여 왜를 통해 노력하지만 좌절된다. 이와 같은 백제와 왜의 대가야에 대한 압박은 가야 지역을 자신들의 통제 아래에 두려는 전략에서 나온 것으로 볼 수 있다.

이듬해 AD 514년 대가야는 왜의 공격에 대비하여 축성을 비롯한 다양한 준비를 한다. 그리고 AD 515년 왜로부터 귀국하는 백제 사신과 이에 딸려서 함께 온 수군 500명을 거느린 왜 사신이 대사를 거쳐 백제로 가는 것을 대가야 군사들이 공격하여 큰 피해를 입혔다.

이 시기 대가야는 백제, 왜와 적대관계에 서게 되어 외교적으로 어려운 상황에 직면하게 되지만, 신라와는 직접적으로 충돌하지 않았다. 백제와 왜에 대한 대가야의 공세적 전략이 5세기 중엽 이후 평화기 동안 축적된 국력을 기반으로 한 자신감에서 나온 것인지 또는 선택의 여지가 없는 막다른 궁지에 몰린 대가야의 승부수인지 또는 두 가지가 함께 영향을 미친 것인지는 판단하기 쉽지 않다. 섬진강 유역을 통한 대외교역로 확보에 국가의 역량을 집중한 대가야로서는 백제와 왜가 자신의 영역에 가하는 압박을 받아들일 수 없었을 것이다.

다만 대가야도 이와 같은 외교적 고립이 국가의 존립에 위협이 된다는 것과 자신의 국력으로 백제를 공격하여 승부를 겨룰 수준에 이르지 못한 것도 알고 있었을 것이다. 그렇다고 이와 같은 상황을 타개하기 위해 가야 지역의 다른 국가들과 연합하여 외교적, 군사적 활동을 전개하는 등의 움직임도 보이지 않는다. 대가야는 백제와 왜의 공격을 막기 위해 AD 400년 이후 가야 지역을 공격하지 않은 신라에게 접근하여 AD 522년 신라와 혼인동맹[112]을 성

---

112) 가야국 왕이 신라에 사신을 보내 혼인을 청하므로 법흥왕이 이찬 비조부의 누이를 가야국에 보낸 것으로 이 기사

사시킨다. 신라가 이것을 받아들인 데는 두 가지 목적이 있었던 것으로 추정된다. 첫째, 궁지에 몰린 대가야가 요구하는 동맹관계를 맺어서 가야 지역으로 진출하는데 저항을 줄인다. 둘째, 아직 동맹관계에 있는 백제와 직접적으로 대치하지 않고 백제의 가야 지역 진출을 견제한다.

대가야를 안심시킨 신라는 가야의 남부 지역을 공략하였고,[113] 가락국과 안라 그리고 탁순국 등 남부 가야 지역의 국가들은 자구책으로 백제 및 왜와의 관계를 긴밀하게 한다. 그러나 AD 529년 소위 '변복사건'[114]으로 대가야와 신라의 동맹이 파기되었고, 신라는 가야 지역세 개의 성을 빼앗고 북쪽 국경 부근의 다섯 개 성도 탈취하였다. 이로써 대가야와 신라의 우호적 관계는 7년 만에 마감된다. 한편 백제는 대가야의 신라에 대한 접근을 견제하고 신라와의 관계를 강화하기 위해 AD 525년 신라와 서로 사신을 교환한다. 그리고 AD 529년 왜와 밀착한 백제는 대가야의 대외교역항인 다사진(多沙津)을 손에 넣는다.

이 시기 이후 한반도 남부에서 가야연맹은 신라, 백제와 왜의 공세에 본격적으로 직면한다. 하나의 국가가 되지 못하고 결속력이 약한 국가들의 느슨한 연맹 형태로 지속된 가야 지역의 국가들은 국경을 접하고 있는 주변 강대국들의 군사적 공세, 분리, 이간, 음모, 협박, 회유와 같은 전략 속에서 허둥거리며 이용만 당하게 되는 숙명에서 벗어나기 어려웠다.[115] 이것은 19세기 말부터 20세기 초에 걸쳐 동북아시아의 가장 약소국인 조선을 두고 청, 일본, 러시아가 조선 영역에서 피비린내 나는 전쟁을 벌인 장면과 겹친다. 이러한 내용은 대부분 고

의 가야는 대가야이다.

113) 삼국사기 권4 법흥왕 11년, 王出巡南境拓地 加耶國王來會

114) 일본서기 17 계체기 23년 3월조에 나오는 기사 '522년 법흥왕이 혼인동맹을 받아들일 때 왕녀에게 시녀 100명을 함께 보냈는데, 이들을 대가야의 여러 현에 분산하여 신라의 의관을 착용하게 했다. 그런데 아리사등(阿利斯等)이 복장을 바꾼 것에 화를 내며 사신을 보내 되돌아가게 했다. 이것을 신라가 매우 부끄럽게 여기고 생각을 바꾸어 왕녀를 신라로 되돌아 보내도록 하였다.'에서 나온 것으로 핵심 내용은 신라의 '혼인동맹' 파기이다.

115) 이것은 현대 국제 정치에서 강대국들이 자기 국가의 이익을 위해서 어떤 전략을 쓰는가를 보면 추정이 가능하다. 고대 국제관계도 현대와 같았으며 강대국들의 전략은 자신들은 뒤에서 조종하고 가장 약한 국가가 맨 앞에서 움직이도록 하여 자신들에게 피해가 발생하지 않도록 하고 자신들의 영토는 전쟁의 장이 되지 않도록 하고 가장 약한 국가가 전쟁터가 되게 한다. 예를 들면 AD 3세기부터 신라가 가야연맹에서 안라국을 '이간'시키고 때로 도와주며 AD 400년 고구려 남정 시기 종발성 수비를 맡긴 것이 좋은 사례이다.

대사 문헌에 기록되지 않았으나 일부는 기록되어 있다. 이와 같은 혼돈의 시기에서 최후의 승자는 신라였다.

신라는 가야연맹과 긴 국경선으로 맞닿아 있어서 전방위적으로 압박할 수 있었으며 다양한 전략을 구사할 수 있었다. 그리고 신라는 가야 지역 국가들의 가장 중요한 교역망인 낙동강 수운교통로를 공격하여 단절할 수 있었으며, 대가야와 안라국과 같은 가야연맹의 핵심 국가를 상황에 따라 우호 세력으로 포섭하여 이용하였으므로 외교에 있어서 주도권을 가질 수 있었다. 더욱 중요한 것은 가야연맹이 백제와 왜의 영향력 아래 놓이게 되면 신라의 국가 존립 자체에 위협이 될 수 있다는 위기감을 항상 가지고 대처하였다는 점이다. 백제는 5세기에 광개토왕과 장수왕에게 밀려 영토가 축소되고 나제동맹으로 버티고 있었으나, 4세기 중엽 근초고왕 시기에는 고구려와 전쟁에서 고국원왕을 죽이고 한강 이북까지 진출하였으며, 마한 지역을 복속하고 심지어 가야 지역인 창녕까지 영향력을 미친 국가였으므로 5세기까지 경상북도와 경상남도 일부를 차지한 신라에게는 쉬운 상대가 아니었다. 그러므로 백제의 가야 지역 점령은 반드시 막아야 했다.

5세기 동안 신라와 백제는 가야연맹에 대한 군사적 행위를 할 여유가 없었다. 왜냐하면, 고구려를 막기 위해 신라의 도움이 필요한 백제가 신라의 우려를 무시하고 가야 지역으로 진출하는 것에 부담을 가졌기 때문이다. 그리고 영남분지에서 백제와 국경을 공유하는 것은 신라에게 위협이 될 수 있으므로 백제의 가야 진출을 신라가 허용할 가능성이 없다는 것을 백제도 알고 있었을 것이다. 그러므로 신라와 백제의 가야연맹에 대한 전략은 현상 유지하는 선에서 관리하는 것이었다. 가야연맹의 국가들은 이런 어려운 상황에서도 하나의 국가로 통합하여 생존하는 노력은 하지 않았으며,[116] 현재의 상황을 유지하는 것을 목표로 외교 정책을 펼친다. 한반도 남부에서는 고구려의 위협이 상존하는 가운데 신라와 백제가 동맹을

---

116) 이와 같은 상황 인식은 가야연맹 국가들이 태생적으로 중앙집권적인 체제가 아니라 분권적인 환경에서 성립되었으며 특히 교역을 통해 상업적 이익을 추구하는 사람들이 국가의 핵심 세력이었다. 이와 같은 국가들은 기본적으로 수평적 관계에서 상호 이익을 추구하는 경향이 강하다. 한자동맹도 수직적 위계가 아니라 수평적 관계에서 상호 이익을 추구하였다.

맺고 있었고 가야연맹 국가들은 신라에 대한 불신 못지않게 백제에 대해서도 의혹을 거두지 않고 있었으므로 백제가 주관한 임라부흥회의 등에 대해서도 그다지 적극성을 보이지 않았다. 게다가 백제에 대한 왜의 신뢰가 높은 환경에서 가야연맹 국가들이 구사할 수 있는 전략은 크게 제한되었다고 생각된다. 5세기 말부터 6세기 초까지 대가야가 과거 자신의 영역이었던 섬진강 유역의 남원, 임실을 두고 백제에 공세를 취하지만 왜는 백제에 협조적인 자세를 보인다.

신라와의 결혼동맹이 파기되면서 대가야의 대백제 강경 그리고 친신라 정책은 성공을 거두지 못하였으며, AD 532년 금관가야의 구해왕이 신라에 항복한다. 이와 같은 흐름 속에서 안라가 신라, 백제, 왜의 주목을 받아 외교의 주도권을 잡고 대가야는 뒷전으로 밀려나 위축된다.[117] 대가야는 신라에 대한 배신감으로 백제에 접근하는 등 자구적 대외관계를 시도하였다. 그리고 대가야(가라, 加羅)는 AD 541년 4월 백제의 성왕이 수도 사비에서 가야 지역 문제를 논의하기 위해 개최한 제1차 사비회의에 안라(安羅), 졸마(卒麻), 산반해(散半奚), 다라(多羅), 사이기(斯二岐), 자타(子他)와 함께 참여하였다. 이 회의에서 주목할 내용은 첫째, 가야 제 세력이 이 회의에 참여하고 있는 점, 둘째, 가야의 한기들이 이미 그 전에 신라와 두세 차례 교섭을 시도한 적이 있었으나 신라의 무반응으로 성과를 얻지 못한 점, 셋째, 가야의 한기들이 신라에 대한 두려움을 호소하고 있는 것이다.[118]

같은 해인 AD 541년 7월 일본서기 권 19 흠명기 2년 7월조에는 백제의 성왕이 안라에 사신을 보내 안라일본부(安羅日本部)가 신라와 통모한 사실을 경계하면서 특히 안라일본부의 하내직(河內直, 가우치노아타미)을 질책하는 내용이 보인다. 이 내용을 통해 보면, 제1차 사비회의 직후 가야 세력과 신라가 다시 교섭을 시도하였음을 알 수 있다. 성왕은 이 교섭이 사비회의를 통해 가야연맹의 국가들이 친백제화 되고 있었던 상황을 신라가 역전시키려는 것이라고 지적하였고, 실제로 가야연맹 각 국가들이 자구책을 찾기 위해 신라와의 교섭에 응하였는데,

---

117) 일본서기 권 17 계체기 23년 3월조.
118) 이문기, 1995, 240쪽. 일본서기 권 19 흠명기 2년 4월조.

가야연맹 국가들의 이 시도는 백제의 압력으로 실패하였다(이문기, 1995).

　　백제는 AD 538년 수도를 웅진에서 사비로 옮기고 적극적인 내정개혁을 통해 국내를 안정시키고 이를 바탕으로 대외적인 팽창을 노리고 있었다. 그럼에도 불구하고 서기 541년 상존하는 고구려와의 전쟁 가능성을 생각하여 신라와의 관계를 훼손시키지 않고 제1차 사비회의를 개최하여 가야연맹 국가들을 자신의 의도대로 유도하였으므로 상당한 외교적 성과를 얻은 셈이다.

　　백제는 이 시기 가야 지역에 진출하여 특정 거점을 직할령으로 삼기 위하여 파견한 지방관의 일종인 군령(郡令)과 성주(城主)를 두었다.[119] 이것은 백제가 가야 지역을 직접 지배하려 했음을 말하는 것이다. 이는 가야연맹 각 국가들이 독립적으로 존속하고자 하는 생각과 정면으로 배치되는 것이므로, 가야 지역 국가들은 왜를 이용하여 백제의 군령 및 성주의 철수를 요구하였으나 백제는 고구려와 신라로부터 가야 지역을 보존한다는 명분으로 거절한다.

　　이러한 상황에서 가야연맹 국가들의 백제에 대한 반감을 누르기 위해 성왕은 AD 543년 제2차 사비회의를 개최하려고 하였으나, 가야연맹 각국이 참석자의 직위와 일정 등을 활용하여 회의를 무산시켰다. 그러나 AD 544년 백제는 왜에 사신을 파견하여 가야 지역내 친신라 세력의 형성을 지적하며 그것이 가야 지역의 안정을 저해하고 있음을 주지시키고 신라로부터 가야를 지키기 위한 구체적인 파병계획을 제시하였으므로, 가야 각국은 기대를 가지고 11월에 개최된 제2차 사비회의에 응한다. 그러나 가야 지역에 설치한 군령과 성주 문제에 대해 양보를 얻지 못한 가야 지역 국가들이 성왕이 제시한 제안에 어떤 결정도 내리지 않으므로 이 회의는 성과없이 끝났다.

　　통합된 강력한 군사력이 없는 가야 지역 국가들의 독립 의지는 이 지역을 확보하기 위한 신라와 백제의 전략 앞에 무기력하였다. 마지막 노력으로 고구려를 끌어들여 상황을 타개하려는 시도가 AD 548년에 있었다. 안라로 대표되는 가야연맹 세력은 비밀리에 사신을 고구려로 보내 지원을 요청하였고, 고구려는 백제의 마진성을 공격하였다. 그러나 가야와 고구려의

---

119) 노중국, 256~257쪽(이문기, 1995, 243쪽에서 재인용)

밀약은 곧 백제에 의해 드러나게 되고, 안라 등은 백제의 압력을 받게 되면서 별다른 성과를 얻지 못하고 실패로 끝나게 되었다.

이런 일련의 사건으로 가야연맹 국가들은 AD 550년 무렵부터 백제에 부용하게 되고, 백제의 의도에 따라 대규모 전쟁에 참여하게 된다. 그 첫 번째 참전은 백제의 한강 유역 회복전이었다. AD 551년 성왕은 신라와 가야연맹의 병력과 더불어 고구려를 공격하여 한강 유역을 탈환한다.[120] 한강 회복전 이후 신라는 고구려와 밀약을 맺고 백제와 가야 지역에 대한 공격을 도모한다.[121] 이에 대응하여 백제, 대가야(가라), 안라가 왜에 사신을 보내 신라와 고구려의 공격을 막기 위한 선제공격을 하는데 필요한 구원병을 청한다. AD 551년까지 신라가 백제와 동맹관계였으므로 백제의 부용세력인 가야도 신라와 동맹이었으나, AD 552년이 되면 가야는 신라와 적대관계가 된다.

AD 552년 신라는 백제의 한강 유역 고토 회복에 대한 염원에 찬물을 끼얹는다. 백제가 회복한 한강 유역을 아무런 저항도 받지 않고 점령한 것이다. 이것은 백제 군사력의 한계를 파악한 신라의 전략적 승리였다. 즉 성왕이 한강 하류부를 차지한 신라를 공격하려면 수도인 사비가 위험에 노출될 수 있다. 옥천의 관산성과 보은의 삼년산성을 교두보로 신라가 사비를 공격할 수 있으며 고구려의 움직임도 고려하여야 한다. 이듬해인 AD 553년 여름 신라는 큰 전투 없이 백제의 동북쪽 변방을 점령하고 신주(新州)를 설치하고 군주를 임명하였다. 백제 내부에 어떤 일이 있었는지 알 수 없으나 신라가 백제의 동쪽과 북쪽을 압박하여도 백제는 쉽게 대응하지 않는다. 오히려 AD 553년 10월 진흥왕은 백제의 왕녀를 소비(小妃)로 맞아들인다. 이 시기 신라와 백제의 관계는 고구려 공격에 대응하기 위한 협력이 내재되어 있으므로 신라의 백제 지역 점령에 대해 백제는 모호한 자세를 취하는 것처럼 보인다.

그러나 백제는 신라와 동맹을 파기하고 신라를 공격하기로 결심한다. 백제 수도인 사비의 턱밑에 조성한 삼년산성과 관산성 가운데 관산성을 공격하기로 하고 왜에 사신을 보내는

---

120) 삼국사기 권4 진흥왕 12년조; 일본서기 권19 흠명기 12년조.
121) 일본서기 권19 흠명기 13년 5월조.

등 전쟁 준비를 하여 AD 554년 7월부터 관산성을 공격하였다. 이 전투에 대가야도 참전하여 신라군과 직접 충돌하게 되었다. 그러나 백제는 패하여 성왕을 비롯한 29,600명이 전사하였는데, 여기에는 대가야군과 1,000명의 왜병도 포함되었다. 이 전투에서 대가야는 많은 병력을 잃었을 가능성이 높다.

그리고 신라는 AD 555년 창녕에 완산주, AD 557년 개령에 감문주를 설치하여 대가야에 대한 압박 수위를 높여가면서 AD 562년 대가야를 멸망시켰다.

2) 신라제국의 영남 지역 통합이 가지는 지정학적 함의

신라는 사로국 시기부터 제국주의적 팽창정책을 통해 영토를 넓히고 인구수를 증대시켜 국력을 키웠다. AD 57년부터 시작된 주변 국가 정복은 3세기 중반 진한 지역을 대부분 정복하고, AD 382년 즈음 창녕을 손에 넣으면서 낙동강의 교통로 기능을 대부분 정지시켰다. 이 시기 이후 신라의 정복 전쟁은 백제와 왜의 견제로 복잡한 국제관계 속에서 진행된다. 한편 경제적 측면에서 영남 내륙지방은 신라의 독점적인 상권이 되었으며, 넓은 영토와 많은 인구를 가진 독점 시장에서 신라는 교역을 통해 막대한 부를 축적하여 갔다. 특히 AD 400년 고구려의 도움으로 금관가야를 무력화시키고 낙동강의 수운교통로 기능을 작동하지 못하게 하면서 상업 동맹인 가야연맹의 상권을 크게 축소시켰다.

사로국이 영남 지역을 통합하는 과정이 원려한 계획에 의한 것인지 또는 그 당시 상황에 따라 우연하게 이루어진 것인지는 문헌자료가 없으므로 불확실하다. 명확한 것은 누구도 알수 없으나 정복하고 통합해 가는 순서로 볼 때, 수 백년 장기계획은 아니더라도 큰 그림을 그려두고 진행된 것으로 생각된다. 사로국 지도자들은 영남 내륙지방의 상권을 두고 강력한 경쟁자인 가야연맹을 제거해야 사로국의 국가 발전을 도모할 수 있으며, 궁극적으로 서쪽과 북쪽에서 국력을 키우고 있는 백제와 고구려를 상대로 생존할 수 있다고 일찍부터 인식하고 있었다. 아울러 국가의 영토가 넓어지고 인구수가 증가하면서 국가의 행정 및 군사조직의 복잡성이 증대하고 이에 따라 국가운영에 필요한 비용도 크게 증가한다는 것도 알고 있었을 것이다. 이와 같은 문제를 해결하는 가장 효율적이고 단순한 방법은 전쟁을 통해 영토를 지속적으로 확장하는 것이다.

약 500년에 걸쳐 진행된 사로국과 신라의 영남지방 통합은 이와 같은 기조 아래, 첫째, 동해안, 둘째, 금호강 유역, 셋째, 영남 내륙지역과 낙동강 중류부, 넷째, 낙동강 하류부와 창녕, 다섯째, 낙동강 우안 가야 지역과 같은 순서로 진행되었다.

지정학적으로 영남지방을 통합하려는 신라에게 가장 신중하게 관리해야 하는 지역은 금호강 유역이다. 경주가 영남내륙으로 진출하는 출구가 금호강 상류부 영천이다. 그리고 가야연맹을 공략하는 수단의 하나로 낙동강이 금호강과 만나는 구역에서 낙동강 수운교통로를 중간에서 단절하는 것이다.

경제공동체로 출발한 가야연맹이 통일국가를 만드는 것은 낙동강 하류부와 산지의 공간 분포 등 지형적인 요인으로 매우 어려웠다. 더욱이 낙동강 수운교통로인 중류부와 하류부의 유로가 상당히 길어서 신라가 가야연맹을 공략하는 것은 외부세력의 개입이 없다면 그리 어려운 일은 아니었다. 그리고 가야연맹에 우호적인 왜의 개입에 대해서도 예상할 수 있었을 것이다. 특히 수운교통로는 하천 양안에 모두 우호세력이 자리잡아야 정상적으로 기능하는데, 낙동강 좌안으로 확장하는 신라의 공세를 가야연맹이 방어할 수 없었으므로 시간이 경과할수록 신라는 선택권이 점점 많아졌다. 이러한 문제를 일거에 해결하기 위하여 금관가야는 왜를 끌어들여 AD 399년부터 400년까지 경주를 직접 공략하려는 시도를 한 것이다.

한편 독립된 국가들의 연맹으로 된 가야연맹의 각 국가들은 정복전쟁을 하지 않았으므로 영토의 크기는 거의 변하지 않았고 인구수도 크게 증가하지 않았을 것이며, 행정 및 군사조직의 규모도 상대적으로 크지 않았을 것이다. 그러므로 시간이 경과하여도 국가의 복잡성은 크게 증대되지 않았으며, 따라서 국가 운영에 필요한 비용의 증대도 교역 등을 통해 충당할 수 있는 수준이었을 것으로 생각된다. 더욱이 운송비가 낮은 수상교통로를 이용할 수 있으므로 가격경쟁력에 있어서 경쟁 상대인 사로국과 신라에 비해 훨씬 더 유리하였다. 가야연맹은 영남내륙 지역을 정복이나 약탈의 대상이 아니라 교역의 대상으로 보고 접근하였다. 실제로 가야연맹의 어떤 국가도 영남내륙 지역에 군사행위를 하지 않았다.

신라가 영남지방을 통합한 것은 신라제국의 1차 완성으로 볼 수 있다. 이것은 당시 신라보다 국력이 강했던 백제를 군사적, 외교적으로 극복하고, 백제와 대등하거나 우위의 입장에서 국제관계에서 주도권을 행사할 수 있음을 의미한다. 신라의 국경이 소백산맥을 넘어 한강 하류부를 포함한 경기도까지 이르렀으므로 중국과의 교역이나 교류를 원활하게 할 수 있었다. 이를 통해 신라의 내수시장이 이전보다 크게 활성화되었다. 그리고 가야 지역의 통합으로 인구가 크게 증가하였으므로 농업생산력과 군사력도 증강되었고 수공업의 생산력도 증대되었다. 군사적으로 소백산맥이 1차 방어선이므로 이 산맥을 따라 분포하는 고개를 중심으로 방어진지를 조성하면서 백제와 고구려를 방어하는 일이 이전보다 더 단순해졌다.

아울러 신라는 낙동강을 수운교통로로 운영할 수 있으므로 남해안과 경상남도 및 경상북도 내륙 지역과의 교역을 원활하게 할 수 있게 되었다.

VI. 고대국가 핵심 왕경의 지형과 토지 이용

신라는 AD 562년 대가야를 멸망시키고 영남 지역을 통합하였는데, 통합 직전인 AD 552 년 한반도의 핵심 전략 지역인 한강 하류부를 점령하여 백제와 고구려를 공간적으로 분리하고 팽창 전략을 이어간다. 그리고 진흥왕은 AD 553년 백제의 동북 변방을 취하는 등 영토를 크게 확장하였다. 신라는 약 100년 후 백제와 고구려를 멸망시키고 AD 676년 당나라를 한반도에서 축출하여 자신의 영역을 최대로 확장한다. 마치 로마가 라인강—도나우강을 게르만족과의 경계로 삼고 제국의 팽창을 멈춘 것처럼 통일신라도 북쪽의 국경을 설정하였다.

이 장에서는 사로국 이래 AD 935년 붕괴될 때까지 거의 1,000년 동안 핵심 지역이었던 왕경의 입지 가운데 가장 큰 쟁점 사항인 왕경의 고대 홍수 가능성을 검토하고, 왕경에 조성된 적석목곽분이 왕경의 지형 및 수문 특성과 어떤 관계에서 성립되었는가에 대해 논의하고자 한다.

1. 왕경[122]의 홍수 가능성

1) 논의의 배경

왕경은 경주분지 내에서도 권력의 핵심부가 있었던 지역으로 우리나라 고대도시 경관을 대표하므로, 왕경 지역 토양층에는 고대사 연구에 필요한 많은 정보가 포함되어 있다. 고대 동안 왕경 지역은 인간이 거주하는데 적절하고 안정된 공간이었는가 혹은 그렇지 못했는데 인간의 노력이나 환경변화에 의해 도시가 입지할 수 있는 장소가 되었는가에 대해서는 지난 수십 년 동안 여러 연구자들이 의견을 내어 왔다.

현재까지 고대사학 및 고고학 연구자들에 의해 알려진 고대 왕경 지역의 자연환경은 '일찍이 조선의 유민들이 이곳에 와서 산곡간에 헤어져 여섯 촌락을 이루었다[123]'라고 기재된 기록과 이미 보고된 연구 결과들을 기초로 복원되었다. 즉, 왕경 지역은 5세기 경까지 북천의 범람에 상시적으로 노출되었고 북천의 배후습지가 넓게 형성되었으며, 6세기에 북천을 따라 인공제방을 축조하고 방수림을 조성한 후 비로소 인간활동이 가능한 공간으로 바뀌었다는 것이다.[124] 그 근거 가운데 하나로 고조선 유이민들이 처음 경주에 도착했을 때 왕경에 거주하는 것이 적합하지 못하였으므로 주변 산곡간에 흩어져 살았다는 사실을 제시한다. 이와 같은 견해는 고대 신라의 인간활동을 이해하는 데 많은 문제를 야기할 수 있다고 생각된다.

고대 경주의 자연환경을 논의한 몇몇 고대사학자와 고고학자들은 문헌자료, 구전되어온 이야기, 20세기 초부터 경주에 살았던 사람들의 경험으로부터 얻은 지식을 기초로 고대 왕경의 경관을 복원하였다. 그리고 초기 신라의 국가체계와 인간활동을 논의한 대부분의 연구자

---

122) 서쪽의 형산강(서천), 남쪽의 남천, 북쪽의 북천(알천)으로 둘러싸인 공간으로 고대 경주 지역의 핵심구역이며 중심지 기능이 밀집하였던 지역이다. 월성, 임해전과 안압지를 포함한 왕궁구역과 대릉원을 비롯한 적석목곽분 분포구역, 첨성대, 황룡사지, 분황사, 계림이 있으며, 조선시대에 조성한 경주읍성과 구시가지가 자리잡고 있다.

123) 先是, 朝鮮遺民, 分居山谷之間爲六村(三國史記 卷第一 新羅本紀 第一)

124) 고고학자, 고대사학들 뿐아니라 문화역사지리학자들이 문헌자료를 비롯한 다양한 자료를 통해 인식하고 있는 내용으로 모든 연구자들이 동의하는 것은 아니지만 몇몇 연구자들에 의해 논문으로 발표되었다.

들은 이 연구성과들을 과학적으로 검증하지 않고 인용하여 고대 왕경 지역의 자연환경을 재구성하고 있는 실정이다. 이렇게 볼 때, 고대 왕경의 자연환경 가운데 가장 중요한 쟁점은 북천의 범람으로 왕경 지역이 자연재해에 노출되고 인간활동이 그 영향을 받았는가의 여부이다. 이것은 이미 오랫동안 주목을 받아오고 있는 주제들 가운데 하나로서 신라 전기 역사와 왕경 지역 인간활동을 이해하는데 대단히 중요하지만 이에 대한 논의는 아직 초기 단계에 머물러 있다.

경주 지역의 고대 자연환경과 경관에 대한 이와 같은 불확실성은 신라사 연구를 한 단계 더 진전시키는데 장애가 된다. 그러므로 왕경 지역의 지형을 분류하고, 지형 형성과정을 이해하여 북천의 영향을 정확하게 파악하는 것은 이 지역 선사 및 고대 인간활동의 전체적인 양상 즉, 이곳에 주민들이 거주하기 시작한 시기, 경주 지역의 취락 분포, 국가 발전에 따른 공간 이용 변화와 같은 내용을 검토하는데 있어서 가장 기본적인 요소가 된다.

이 절(節)은 경주시 지역의 자연환경에 대한 고대의 기록과 현재까지 연구된 경주 지역의 지형학 연구 결과를 고고학 및 고대사 연구성과와 함께 검토하여 고대 왕경 지역의 자연환경 특색 가운데 특히 북천의 모습과 논쟁의 초점인 삼국사기에 기록된 북천 홍수의 구체적인 내용을 밝혔다. 아울러 고대 동안 왕경 지역이 하천 범람의 위험에 어느 정도 노출되었는지 그리고 당시 주민들은 이것을 어떻게 인식하고 있었는가에 대해 논의하였다.

2) 기존 연구 내용

경주 왕경 지역의 고대 자연환경에 대해서는 2000년대 초부터 보고되기 시작하였다. 이런 연구들은 지형학적 조사에 기반을 두고 이루어진 것이 아님에도 불구하고, 현재 많은 연구자들이 잠정적으로 인정하여 인용하고 있다.

이근직(2000)과 정영화·이근직(2002)은 경주 지역에 고대 동안 인위적으로 조성된 숲의 분포, 6세기 중엽부터 7세기 중엽 사이에 창건된 사찰의 위치, 7세기 중엽부터 8세기 중엽에 이르는 시기에 창건된 사찰의 공간분포를 기초로, 고대 왕경 지역은 북천의 범람으로 인해 재해에 노출되어 있었던 것으로 추정하였다. 그들은 북천이 명활산을 벗어나면서 여러 갈래의 소하천으로 나누어져 경주분지를 관통하였으며, 장마 기간과 여름철의 집중호우 시에 발생한 잦은 범람으로 경주분지 여러 곳에 습지(늪지)를 형성한 것으로 파악하였다. 그리고 그들은 북천이 현재와 같은 유로를 흐르게 된 것은 고려 현종 때 남고루(그림 45)로 추정되는 제방을 축조하고 그리고 분황사에서 명활성까지 이어지는 오리수를 조성한 때로 판단하고, 이와 같은 인위적인 노력을 통해 경주 시내에 여러 갈래로 나누어져 흐르던 유로를 하나의 하도로 고정할 수 있었던 것으로 해석하였다.

김재홍(2001)은 5세기 이전 경주의 주거 영역과 무덤 영역은 모두 구릉지와 자연제방에 한정되었고[125] 경주 시내 평지의 대부분은 개발되지 않은 상태였다고 보았다. 5세기가 되면서 경주 시내에 무덤이 입지하기 시작하지만 주거지와 농경지는 왕경 지역으로 이동하지 않았던 것으로 보았다. 그 이유는 경주 시내가 여전히 저습지로서 해마다 홍수로 인한 범람과 북천의 유로가 자주 변경되었으므로 구릉지에 비해 사람들의 활동공간으로서는 열악하였기 때문이라는 것이다. 따라서 왕경 지역은 6세기 경 습지가 본격적으로 개발되면서 비로소 인간 활동 공간이 될 수 있었던 것으로 판단하였다.

한편 역사지리학적 관점에서 신라 6부의 위치를 비정한 이기봉(2002)은 선사, 고대에 북천 수위가 상승하면 범람하여 왕경 지역을 통과하였던 것으로 생각하고 인간활동 공간을 검토하였다. 즉, 북천이 홀로세(Holocene) 중에도 자주 범람하여 황룡사, 안압지, 월성 북쪽으로 이어지는 경로로 흘렀으므로, 북천 좌안을 연하여 제방을 축조하고 숲을 조성하면서 비로소 왕경 지역에서 인간활동이 본격적으로 이루어질 수 있었으며 취락이 입지하고 도시가 발전하였다는 것이다. 이와 같은 논의는 신라시대 왕경 지역을 실질적으로는 범람원으로 인식하고 있음을 의미한다.

---

125) 경주시 황남동 황남초등학교 남쪽의 황남고분군의 적석목곽분은 범람원에 입지하고 있다. 이 구역은 강수가 많은 여름철에 지하수위는 거의 지표면 가까이 도달한다.

박홍국 등(2003)은 왕경 지역을 비롯한 경주 시내가 선상지인 것으로 인정하고 있으나, 고대 동안 북천이 보문→분황사 남동쪽→황룡사지→월성 북쪽으로 전부 또는 일부가 흐른 적이 있다고 보았다.

강봉원(2005)은 삼국사기의 홍수 기사를 분석하고, 북천의 홍수를 막기 위하여 5~6세기 이전에 북천 좌안을 연하여 또는 북천 양안을 따라서 인공제방을 축조하였을 가능성을 제시하였다. 그리고 신유림으로 생각되는 방수림[126]을 숲머리 마을부터 서쪽으로 거의 분황사 부근까지 조성한 것으로 추정하였다. 그 결과 6세기를 전후하여 경주 북천의 홍수가 통제되었으며, 북천 양안의 홍수 안전지대에 사찰과 거주 지역이 조성되기 시작한 것으로 해석하였다.

한편 경주분지에 대한 지형학 연구는 윤순옥·황상일(2004)에 의해 이루어졌는데, 경주분지와 천북 지역의 지형면을 분류하고, 각 지형면의 지형발달을 검토하여, 경주 분지의 지형을 제4기 MIS 8(고위면), MIS 6(중위면), 최종 빙기(저위면) 동안 퇴적물이 왕성하게 공급되어 형성된 선상지로 분류하였다. 그리고 윤순옥(2022)은 선상지 퇴적층 상부에 MIS 3 말기~2 시기에 바람에 의해 운반되어온 뢰스가 두께 50cm 정도 퇴적되었다(그림 29)고 판단하였다.

3) 경주선상지의 지형 및 수문 특성

북천 하류부에 형성된 경주선상지는 단일 규모로는 한반도 남부에서 가장 큰 선상지이며 전형적인 부채꼴 형태이다(윤순옥·황상일, 2004). 선상지 지형면은 크게 고위면, 중위면, 저위면으로 세분된다(그림 14, 그림 33). 고위면은 중류부와 하류부 사이의 협곡에서 하안단구 형태로 확인된다. 중위면의 분포 면적은 상대적으로 넓은 편이나, 그 규모는 저위면에 비해 상당히 작다. 특히 보문선상지와 경주선상지는 대부분 저위면에 해당한다.

경주선상지는 지형면의 구배가 9/1,000로 경사가 대단히 완만하지만 다소 기복이 있어서 상대적으로 해발고도가 낮은 곳을 따라 소하천이 흐른다(그림 41). 이 하천들은 선상지 지

---

126) 정영화·이근직(2002)이 복원한 경주선상지 역사시대 숲 위치(그림 45)에서 신유림은 남산 남쪽에 있었다.

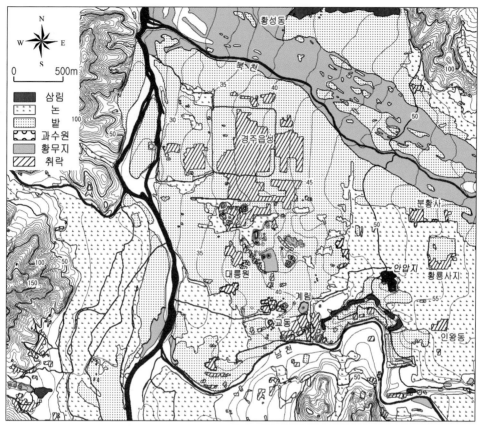

그림 41. 20세기 초 왕경구역의 토지 이용과 지형 개관

표면에 지하수가 빠져나오는 용천[127]에서 발원하므로 최상류부도 북천이나 주위의 산지 하

곡과 연결되지 않는다. 그리고 소하천들 가운데 일부는 주변의 큰 하천인 남천이나 형산강으

127) 용천을 이용하여 만든 대표적 고대 유적이 안압지이다. 안압지는 선상지 중위면과 저위면 사이에서 용출하는 지
하수를 석재로 만든 수로를 통해 인공저수지로 유도하여 만든 연못이다. 인공저수지는 저위면을 넓게 굴착하여
만들었으며, 거기서 나온 사력은 북쪽과 동쪽 가장자리에 다소 높게 쌓아 자연적인 경관을 조성하고 서쪽과 남쪽
가장자리는 장방형으로 반듯하게 다듬은 석재를 이용하여 축대를 조성하여 인공적인 공간을 만들고 그 공간에
임해전을 배치하였다. 안압지는 인공저수지 규모에 비해 유입하는 용천수가 적으므로 수질은 불량하다. 그리고
바닥에는 실트와 같은 미립질이 퇴적되어 있다. 이곳과 바로 북쪽의 황룡사지 서쪽과 남쪽의 용천에서 유출된 지
표수가 모여 형성된 발천은 서류하여 남천으로 유입한다.

로 유입하지만 일부는 이들 하천에 유입하지 못하고 선상지 지형면 아래로 사라진다. 강수량이 많아 지하수위가 상승하는 때에는 소하천의 유량이 많아져 유로를 따라 지표면의 토양이 침식될 수 있으며, 제거된 토양은 흐름이 느려지는 곳에 퇴적된다. 소하천이 흐르는 곳에는 대체로 얕은 개석곡이 존재한다(그림 33, 그림 41). 개석곡은 선상지 저위면의 가장자리를 따라 이 지형면을 개석하는 형태로 분포한다. 한편 지하수가 면상으로 흘러나오는 곳과 개석곡에는 연중 토양의 수분수지가 높으므로 유기물이 용이하게 분해되지 못하며 습지가 형성된다. 1970년대까지 왕경 지역의 이런 습지는 주로 미나리밭으로 활용되었다.

용천천(湧泉川, spring-origin river)의 가장 대표적인 경우는 황룡사지와 안압지에서 흘러나와 첨성대와 월성 사이를 지나 계림을 통과하여 월성 서쪽 가장자리에서 남천에 합류하는 소하천인 발천이다. 발천은 어느 정도 유량이 있으므로 강수량이 많은 시기에는 하도에 유수의 수위가 상승하여 개석곡을 형성하였다. 발천이 고대 북천이 범람하였을 때 유수가 흐른 구하도라고 주장[128]하거나, 발천 발원지를 명활산으로 보는 견해[129]도 있으나 지형학적 증거를 제시하고 있지 않으므로 받아들일 수 없다. 특히 명활산지에서 발천까지 유로가 연결된다면 하도가 황룡사지 동쪽 왕경발굴 지역을 지나게 되는데, 이 지역 내 동쪽에서 서쪽으로 흘렀던 하도의 흔적은 없다.

또한 황남동 115호 쌍분 북쪽에서 발원하여 계림 서쪽과 교동 북쪽의 황남동 고분군 사이를 지나 서류(西流)하여 형산강에 합류하는 소하천을 따라서도 개석곡이 인정된다. 이보다 북쪽에는 노동동 고분군 북쪽에서 발원하여 약 500m 서류하다가 논에서 사라지는 소하천이 있다. 가장 북쪽에는 조선시대에 조성한 경주 읍성의 해자에서 발원하여 각각 서쪽, 북서쪽으

---

128) 북천의 구하도가 되려면 분황사와 황룡사 일대와 동궁·월지 발굴구역에서 북천 범람시 유로가 되었던 하도가 확인되어야 한다. 후술하는 삼국사기 홍수기록 가운데 가옥이 표류하는 정도의 범람이라면 거력도 운반되며 다소 깊이가 있는 하도가 형성된다. 북천이 범람했던 시기에 유수가 흐른 것으로 추정한 경로에서 유로가 확인되어야 하지만 아직 확인된 바 없으며 앞으로도 발견될 가능성은 거의 없다.

129) 명활산에서 발원한 하천이 산지를 벗어나면 이내 선상지 자갈층에 침투하므로 무수천(無水川, lost river)이 될 가능성이 크다. 다만 유량이 상당히 많은 경우에는 유수가 있는 유로가 유지될 수 있으나 해발고도 268.5m인 명활산의 규모로 볼 때, 유수가 있는 유로가 안압지까지 흐를 가능성은 거의 없다.

로 흘러 형산강에 합류하는 소하천들이 있다. 이 두 소하천은 실제로는 독자적으로 흐르던 것들이 해자로 인해 서로 연결되어 있다. 황룡사지 남쪽과 서쪽에는 지하수가 면상으로 지표면으로 흘러나오므로 토양에 수분이 많이 포함되어 있다.

황룡사지, 안압지 북쪽, 월성 북쪽과 서쪽을 거쳐 남천으로 연결되는 지역이 흔히 습지로 인식되고 있는데, 이것은 북천이 범람하여 형성한 배후습지성 습지가 아니라, 황룡사지와 안압지 부근에서 지하수가 빠져나오면서 생긴 용천에서 공급된 용천수에 의해 습지가 형성된 것이다.

인간의 영향이 거의 없는 자연상태였던 20세기 초 북천 하폭은 하류부인 선상지 지역에서 500~800m로 폭이 상당히 넓었다(그림 33, 그림 41). 이런 규모는 유로길이 약 21km, 유역면적 85km²인 북천의 하류부 하폭으로는 지나치게 넓다.[130] 현재 북천은 하폭이 200m 내외이므로 20세기 초의 규모에 비해 1/2.5 내지 1/4로 축소된 것이다. 이와는 대조적으로 보문과 분황사 사이는 그보다 하류에 비해 하천 폭이 1/2 이하이다.

북천의 유량은 갈수량 0.34m³/sec, 저수량 0.66m³/sec, 평수량 1.11m³/sec, 풍수량 2.10m³/sec이다. 일년에 약 95일 즉, 6월부터 9월까지 강수량이 많은 시기에 흐르는 풍수량인 경우에도 하폭은 20m를 넘지 않는다.[131] 이것은 연중 대부분 기간 동안 북천의 실질적인 하폭이 20m 이하라는 의미다. 북천의 하폭이 풍수량 시에 비해 25~40배나 넓은 것은 하상계수가 대단히 큰 선상지 하천의 특색[132]을 보여주는 것이다. 하천 폭은 태풍이 내습하거나 집중호우 시 유수의 최대 수용 가능한 상태를 반영한다. 실제로 태풍 에그니스가 내습한

---

130) 유로길이 494km, 유역면적 35,770km²인 한강 하류부에 건설된 동호대교 길이 1,095m, 동작대교길이 1,330m, 한강대교 길이는 1,005m이지만, 이들 교량이 통과하는 지점의 한강 수면의 폭은 900m 정도인 것과 비교하면 북천 하폭의 규모를 짐작할 수 있다.

131) Manning의 평균유속공식과 유량 산출식으로 계산. 수심 50cm, 하상경사 9/1,000 적용. $V = 1/n \cdot Rn^{2/3} \cdot S^{1/2}$ (n: Manning의 조도(粗度) 계수, Rn: 동수반경, S: 하상 경사)

132) 선상지 하천의 기하학적 특징은 선상지 지형면을 통과할 때 하폭이 하천의 규모에 비해 지나치게 넓고, 하상 횡단면에서 깊이가 얕은 것이다. 선상지 하천이 하폭을 대단히 넓게 형성한 것은 태풍이나 집중호우로 인해 하천 수위가 상승하여도 범람하지 않도록 동적평형 상태에 도달한 것이다.

1981년 8월 22일 오전 1시부터 24일 오전 6시까지 강수량은 경주 시청 339mm, 불국사 지역 726mm, 보문동 560mm를 기록하였다. 북천이 범람하지는 않았으나, 경주 시내에 살던 주민들은 불국사 지역 등으로 피난하여야 했다. 주민들이 피난을 떠난 것은 덕동댐과 보문댐이 붕괴될 경우 경주시가지가 범람으로 인하여 파괴적인 피해를 입을 수 있기 때문이다.

하천의 폭을 현재처럼 좁히지 않고 원래대로 두었다면 수위는 범람할 정도로 크게 상승하지 않았을 것이다. 실제로 당시 54시간 동안 340mm 정도의 집중호우에도 북천의 수위는 범람할 정도까지는 상승하지 않았다.

하천은 활주면보다 공격면에서 수위가 상대적으로 더 높아서 범람은 공격면 쪽에서 발생할 가능성이 높다. 보문 지역을 통과한 북천은 분황사까지 서남서 방향을 취하여 거의 직류하다가 분황사 부근에서 시계 방향으로 약 60° 꺾어 형산강에 합류할 때까지 북서 방향으로 흐른다(그림 14, 그림 33). 그러므로 명활산과 낙산 사이를 빠져나온 북천의 최심하상선(thalweg)은 분황사 부근에서는 북천의 좌안으로 치우친다. 분황사 바로 동쪽의 북천 좌안은 이 하천의 공격면이 되므로, 북천 유량이 증가하면 수심이 가장 깊어질 뿐 아니라 수위도 가장 높게 상승하므로 하천에너지가 최대가 된다. 이곳은 북천의 전 유로에서 측방침식을 일으킬 수 있는 에너지가 최대가 되며 범람 위험이 가장 큰 지점이다.

고대 동안 경주에 살았던 사람들은 이 지점의 수문학적 특징을 잘 파악하고 있었을 것이다. 범람을 막기 위한 구조물을 설치한다면 하폭이 상대적으로 좁은 숲머리마을부터 분황사 사이에서 이루어졌을 가능성이 가장 높다. 그러나 이곳에서 인공제방을 축조한 흔적은 찾기 어렵고, 또한 고대에 축조된 것이 후대에 유실되었을 가능성도 거의 없다. 분황사 동쪽 왕경 발굴 유물전시장 부지에 대한 고고학 발굴 조사에서는 고대에 조성한 축대[133]가 원형 그대로 남아있다(그림 44). 또한 선상지 저위면 자갈층인 하부역층 위의 뢰스층에서 청동기시대 수혈

---

133) 축대는 하도의 측면을 보호하기 위하여 거력 등을 이용하여 인위적으로 쌓은 것으로 축대의 상면 해발고도는 지표면과 거의 같은 구조이며, 인공제방은 하천의 수위가 상승하여 유수가 하도를 벗어나는 것을 막기 위해 범람원 위에 자갈과 토양을 이용하여 지표면보다 높게 유로와 평행하게 쌓은 것이다.

주거지는 확인되지만, 뢰스층 위에 인공제방 유구는 없다(그림 16).

한편 분황사 부근부터 북천의 형산강 합류점까지는 하상의 폭이 이보다 상류 구간에 비해 더 넓으며, 북천의 하상은 거력(boulder)과 대력(cobble)급 자갈로 되어 있다. 하상은 평탄하지 않고 굴곡이 상당히 심하여 유량이 크게 증가할 때면 하도 내에 두 개 이상의 유로가 형성되며, 수위가 더욱 상승하여 하도 전체에 유수가 채워져 하나의 하도가 되는 경우는 대단히 드물었을 것이다. 그러나 유량이 많지 않은 평소에는 하도에 유수가 거의 없는 건천에 가까운 경관이었으므로 북천을 건너는데 돌다리 정도만 있어도 어려움이 없었다.

이와 같은 사실은 20세기 초에 작성된 대축척지도에서 북천 하상에 이 하천의 북쪽과 남쪽 지역을 연결하는 12개 이상의 도로 또는 길이 표시되어 있는 것에서도 알 수 있다. 남북으로 난 길은 하상을 최단거리로 횡단하여 통과할 수 있으며 하천과 같은 방향으로 길게 만들어진 경우도 있다(그림 42). 평상시 수심은 주 유로에서도 50cm를 넘지 않으므로 집중호우 때를 제외하면 북천은 도보 교통의 장애가 되지 않았다. 집중호우가 있어도 강우가 끝난 후 며칠 뒤에는 하천수위가 낮아지므로 사람들이 건널 수 있다.[134]

다만 돌로 만든 징검다리 도로들은 항구적으로 이용될 수 없었다. 북천 수위가 높아져 하천에너지가 커지면 하상에 거력(boulder)과 대력(cobble)급 자갈을 비롯한 많은 퇴적물이 공급되어 하상 형태가 지속적으로 변하기 때문에 돌다리(징검다리), 나무로 만든 다리(섶다리)들은 보수하여야 하고 수레가 통과하는 도로도 다시 만들어야 했을 것이다. 이와 같은 보수는 많은 노동력과 긴 시간을 요하는 작업은 아니었다. 이렇게 볼 때, 북천을 가로질러 석재로 된 규모가 큰 다리[135]를 만드는 것이 불필요하였을 뿐 아니라 석재 교량을 만드는 것은 실제로

---

134) 선덕왕이 후사가 없이 죽자 태종무열왕의 6세손인 김주원이 왕위에 가장 근접했다. 알천 북쪽에 살았던 김주원이 홍수로 인해 북천을 건너지 못하자 신하들이 당시 상대등이었던 김경신을 왕으로 추대하였는데, 이가 곧 원성왕이다. 이 기사에 대해 권력투쟁을 은유적으로 나타낸 것으로 보는 견해도 있으나, 북천의 특성상 다리를 만들 수 없었으므로 있을 수 있는 현상이다. 다만 선덕왕이 죽고 난 이후 새로운 왕이 왕위를 계승하는데 기다릴 수 있는 기간 등을 고려하면 홍수가 지속된 기간이 이례적으로 길었던 것으로 추정된다.

135) 남천의 월정교와 일성교와 같이 석재로 만든 교각을 세우고, 교각 위에 목재로 이어 만든 다리를 의미한다. 남천에 석재로 된 다리들이 만들어진 것은 북천과 달리 남천 하상 구성 물질 대부분이 모래이기 때문이다. 남천의 유역분지 기반암은 대부분 화강암인데, 화강암이 풍화되면 거의 대부분 세력(granule)급 자갈과 모래가 되므로 하

거의 불가능하였다. 기술적인 문제로 교각 사이의 거리가 짧을 수밖에 없는 고대에 석재 교량이 조성되면 유수의 흐름을 방해하여 오히려 수위를 상승시킴으로써 다리 전체에 대단히 큰 수압이 작용하게 된다. 따라서 유수가 운반하는 거력과 같은 하중들이 교각에 충격을 가하여 다리가 빈번하게 붕괴되고 따라서 거의 수 년 마다 수리하여야 하므로 비효율적이다. 아울러 거력과 대력급 자갈을 대량으로 운반할 수 있는 정도의 유량이 흐르는 경우가 어느 정도 빈도로 발생했는가에 대해서도 논의하여야 북천의 수문을 더 정확하게 이해할 수 있다.

한편 북천은 범람원 위를 흐르는 하천이 아니고 선상지를 형성한 하천이므로 간빙기에 해당하는 홀로세에는 유수가 하도를 벗어나 범람(flooding)하지 않는다. 다만 유수가 하도를 가득 채우면서 흐르는 경우도 있었을 것이지만 수십 년간 북천 하도가 그렇게 채워지지 않을 수도 있다. 그리고 이보다 더 큰 시간 간격 즉, 수 세대 이상의 시간 간격으로 하폭이 500~800m에 이르는 북천 유로를 가득 채운 채 유수가 흐른 적이 있었음이 분명하다.[136] 자연상태에서 북천의 하도에 해당하는 삼성아파트 부지(그림 14의 h지점)에서는 신라시대 유구가 하천 퇴적물에 의해 파괴되어 매몰된 것이 확인되었으며, 분황사 동쪽과 북동쪽의 왕경발굴 유물전시관 발굴지(그림 14의 i 지점)에도 유구가 하천퇴적물에 의해 매몰되어 있었다(그림 16). 이것은 고대의 어느 시기 북천의 하상에 사람들이 거주하였으며, 이들은 하도를 가득 채운 유수에 의해 재해를 입었다는 사실을 보여주는 것이다. 그리고 이 재해 가운데 피해규모가 대단히 큰 사례는 삼국사기 기록으로 남겼을 것으로 생각한다.

유로를 가득 채운 큰물이 있은 후 몇 세대가 경과하면서 후손들은 북천에서 일어난 재해를 아득한 옛날에 있었던 이야기처럼 들어서 알고 있었을 것이다. 인구밀도가 높은 왕경의 당시 토지가격은 상상할 수 없을 정도로 고가였다. 사람들은 당장 거주할 공간이 필요한데 북천 큰물이 가져다줄 재해의 무서움을 인식할 수 없으므로 하상을 일부 정리하여 주거지를

상 물질도 대부분 세력급 자갈이 포함된 모래이다. 더욱이 남천은 하천에너지가 상대적으로 낮아 유속이 느리다. 이런 하천의 하상에 조성된 교각은 홍수시에 운반되는 모래와 같은 하중의 충돌에 의해 파괴되지 않는다.

136) 후술하는 삼국사기에 기록되어 있는 북천의 홍수기록을 말하는 것이다.

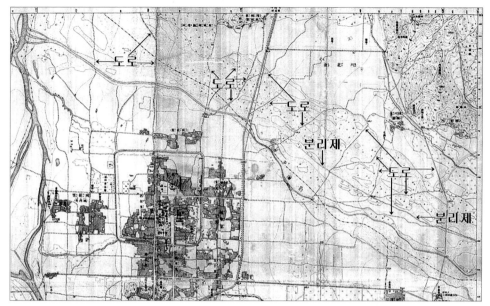

그림 42. 20세기 초 지형도에 나타난 북천 하상의 분리제와 도로(조선총독부(1916), 1/10,000 지형도)

만들었던 것이다.[137] 특히 평소 하폭이 대단히 넓은데 비해 유수가 거의 없는 북천에서는 거력으로 하상 가운데를 나누는 분리제를 조성하여 공격면 쪽은 유로를 유지하였고, 활주면 쪽(그림 42, 그림 43) 토지는 주거지나 경작지로 이용하였던 것이다.

20세기 초에 작성된 1/10,000 지형도는 분황사 부근 하상에서 유로구역을 하도 방향으로 나누는 자갈로 만든 분리제[138]가 표시되어 있는데, 길이가 약 1.5km이며 지도의 범위를 벗어나지만 동쪽 방향으로 더 연장되었을 것이다(그림 42). 이것은 분황사 부근에서 북천이 곡류하여 하도가 좌안으로 치우쳐 있으므로 홍수 때에도 유수를 좌안으로 집중시키고 우안 대부

---

137) 인간은 자신이 직접 경험하지 않은 자연재해에 대해서는 경계심의 수위가 높지 않다. 지금도 인공제방으로 둘러싸인 범람원에 도시가 조성되고, 해안침식의 가능성을 무시하고 해안도로를 만들고 있으며, 더 나아가 파고가 높아지면 해수가 침입하는 지역임에도 불구하고 경관이 뛰어나 토지 가치가 높으므로 대단위 밀집 주거지를 조성한다. 이와 같은 행위들은 자신들의 판단으로는 자연재해가 높은 빈도로 발생하지 않을 것으로 생각하였거나 또는 아직 수십 년 간격으로 닥치는 대규모 재해를 직접 경험하지 않은데 기인한다.

138) 우리나라에는 적합한 용어가 없어서 임시로 만든 것이다. 일본에서는 빈할제(濱割堤)로 불리고 있다.

그림 43. 20세기 초에 촬영한 분황사 북쪽 북천 하상에서 동쪽의 명활산을 향해 본 신라시대 분리제 경관
(식생이 파괴된 20세기 초의 명활산의 모습은 인간에 의해 식생이 완전히 제거된 고대의 경관을 상상할 수 있게 한다)

분의 토지를 이용하기 위하여 하상에 거력을 쌓아올려 폭이 넓은 담처럼 만들었다(그림 43).

일반적으로 본류에 유입하는 지류하천은 최하류부에서 곡류한다. 이것은 본류의 수위가 상승하면 본류로부터 유수가 역류하여 지류가 순조롭게 배수되지 않기 때문에 발생한다. 그러나 북천은 경사가 있는 선상지 위를 통과하므로 곡류하지 않고 직류하도를 유지하면서 형산강으로 합류한다(그림 14). 이것은 북천의 흐름이 형산강의 수위에 크게 영향을 받지 않았음을 반영한다.

4) 20세기 초 경주 지역의 자연환경과 토지이용

자연환경을 극복할 만큼 과학과 기술수준이 높지 않았던 고대에 사람들은 자연재해를 예보하거나 막을 수 있는 수단이 거의 없었으므로, 자연환경의 특성을 고려하여 토지를 이용하였다. 그러므로 토지이용의 형태는 자연환경이 사람들의 삶에 미친 영향을 이해하고 당시의 경관을 복원하는데 중요한 단서가 된다.

자연상태의 토지이용 형태는 지형면의 토양과 수분 특성을 반영하는데, 양수기나 대규모 관개시설을 통해 토지이용을 인위적으로 변화시키기 이전에 제작된 지형도를 통해서 파악할 수 있다. 경주선상지의 토지이용에 대한 가장 오래된 기록은 조선총독부에서 발행한 지도(그림 41)에서 확인된다. 왕경 지역 20세기 초의 토지이용이 고대의 상황을 그대로 반영하고 있는지에 대해서는 고고학적 증거가 충분하지 못하다. 그러나 최종 빙기 이후 북천이 선상지 지형면에 더 이상 퇴적물을 대량으로 운반하여 쌓지 못하였으므로, 고대에도 최종 빙기의 선상지 지형면 기복을 그대로 유지하고 있었다. 그리고 중세 이후에는 북천이 범람하였으나 그 규모가 크지 못하였으므로 지형면의 전체 기복에는 큰 변화가 없었던 것으로 생각된다. 다만 선상지에서 상대적으로 낮은 곳에는 퇴적물이 두껍게 피복되었지만, 전체적으로 거의 같은 두께로 쌓였을 가능성이 크다. 그러므로 20세기 초 토지이용이 고대 상황을 어느 정도 반영하는 것으로 생각된다.

20세기 초 북천 이남 경주선상지는 논, 밭, 취락, 황무지들로 이용되었다. 논과 밭은 토양 수분 수지에 차이가 있으며, 취락은 물을 구하기 쉬우면서도 범람에 의한 피해를 받지 않는 곳에 입지한다. 이와 같은 다양한 토지이용은 경주선상지 지표면의 미세한 기복 차이를 반영한다.

왕경 지역에서 취락이 입지하는 곳은 조선시대 읍성이 있었던 곳과 그 서쪽에 선상지 선단부에 해당하는 성건동, 현재도 취락들이 분포하고 있는 교동 부근, 고총고분군이 분포하고 있는 대릉원 부근, 황룡사지 일대, 남천 하류부 우안의 남천 자연제방, 선상지 중위면 남쪽 가장자리에 해당하는 인왕동 등이다. 이 지역들은 왕경에서도 주위에 비해 상대적으로 해발고도가 높은 곳이다. 안압지 부근에서 발원하여 남천으로 유입하는 발천 하류부인 월성과 교동 사이에서도 취락이 입지하였는데, 주변과 비교하여 해발고도가 약간 높다. 이것은 집중호우 시에도 이 소하천의 수위가 크게 높아지지 않았음을 의미한다.

밭은 북천을 연하여 상대적으로 해발고도가 높은 곳과 읍성, 고총고분군이 분포하는 지역, 월성과 교동 일대, 그리고 남천의 자연제방에 해당하는 사정동 등에 분포한다. 이러한 지역은 대체로 취락의 분포와 일치한다. 선단부에서는 밭의 면적이 논에 비해 상대적으로 더 넓어서 일반적인 선상지 선단부의 토지이용과 다르다. 이와 같은 현상은 선단부 토양의 수분수지가 양호하지 못한 것을 시사한다. 이것은 경주선상지 선단부 말단이 형산강의 측방침식으로 제거되고, 지형면과 하천 사이에 비고차가 생겨 지하수면이 낮아진 것에 기인한다.

논은 선상지 선앙에 해당하는 분황사, 황룡사, 안압지 일대와 중위면으로 구분되는 인왕동 부근에 광범위하게 분포하고 있으며, 월성 북쪽, 교동 서쪽의 개석곡, 그리고 선단부에서는 소하천의 주위에서 나타난다. 일반적으로 선단부의 소하천 주위는 상대적으로 지하수위가 높아서 논농사가 가능하지만, 경주선상지 선앙부의 논은 일반적인 선상지에서의 토지이용 특징과는 상당히 다르다. 인왕동 부근의 선상지 중위면을 제외하면 논은 상대적으로 낮은 곳에 분포하는데, 소하천이 흐르고 있거나 지하수 수위가 대단히 높아 취락은 거의 입지하지 않는다. 이것은 논으로 이용되는 곳의 토양에 수분이 많아 주거지로는 적합하지 않음을 의미한다.[139] 현재도 이들 지역은 대규모 관개 시설 없이 논농사가 이루어지고 있다. 북천 북쪽에서는 소금강산과 북천 사이의 소하천을 따라 논이 대상으로 분포한다.

5) 토론

(1) 고대 북천의 하도 형태와 위치

고대 북천 유로의 위치와 형태에 대한 다양한 견해들이 있다. 북천이 선상지 하천이므로 고대에도 명활산과 낙산의 좁은 하곡을 빠져 나오면서 여러 개의 소하천으로 나누어져 마치

---

139) 하계 강수시에는 현재 지하수위가 거의 지표면까지 도달하므로 주거 공간으로 사용하기에 적합하지 않다. 고고학 발굴 결과에 의하면 고대에는 도시가 입지하였다. 안압지 북동쪽 인왕동 22-2번지 동궁과 월지 발굴지는 현재 황룡사 서쪽의 습지와 연결되는 저습지인데, 통일신라시대 건물의 석조 기초와 석재로 된 배수구 등이 확인되었다. 특히 이 발굴지에서는 석재 수세식 화장실이 확인되었으므로 최고 지위인 왕족의 가옥이거나 궁궐로 볼 수 있다.

부챗살 형태로 펼쳐져 경주선상지 위를 흐른 것으로 추정하거나(이근직, 2000), 홍수가 발생하면 분황사 동쪽, 황룡사지 북서쪽 가장자리, 안압지 북서쪽, 월성과 계림 사이를 통과하여 남천으로 유로가 형성되었다는 주장(이기봉, 2002; 박홍국 등, 2003; 강봉원, 2005)도 있다.

이기봉(2002)은 황룡사, 안압지 북쪽, 월성의 북쪽과 서쪽 개석곡을 홀로세 특히 신라시대 동안 북천의 범람수가 흐른 통로로 판단하고, 그 근거로 유기물이 포함된 검은색 실트와 회색 실트 퇴적층을 제시하였다. 이 경로는 왕경 지역에서 해발고도가 상대적으로 낮은 곳이므로 북천이 범람하면 유수가 이동할 수밖에 없으나, 고대에 있었던 범람의 증거로 볼 수 있는 과학적 근거는 없다. 따라서 황룡사 지역 홀로세 상부층 아래에 퇴적되어 있는 실트층의 형성과정을 엄밀하게 고찰하지 못하여 무리하게 해석한 것으로 생각된다

북천이 범람하여 남천까지 유수가 흐르려면 퇴적물에 자갈이 포함될 정도로 하천에너지가 커야함에도 불구하고 최종 빙기 이후 통일신라시대까지 북천 범람으로 퇴적된 역층은 기존에 주장된 범람 경로 어디에서도 확인되지 않는다.[140] 이와 함께 황룡사지 동쪽 왕경발굴지(그림 17의 B)에서 선상지 저위면에 있는 통일신라시대 문화층 위에 중력(pebble)급 자갈이 포함된 실트질 모래(silty sand)층은 고려시대 이후에 퇴적된 것이다. 따라서 AD 10세기 이전에 왕경 지역에 북천이 범람했다는 것은 인정하기 어렵다.

경주선상지에서 하천이 유로를 자주 바꾸거나, 곡구를 빠져나와 여러 개의 유로로 나누어지는 시기는 북천이 지형면을 형성하는 빙기였다(그림 27, 그림 28). 경주선상지 저위면이 형성된 최종 빙기 동안 북천은 유로를 상당히 자주 변경하거나 여러 개의 소하천으로 분리되었다. 그러나 홀로세에 들어와 기후가 온난해지면서 강수량이 증가하여 북천 유역분지가 식생으로 피복되었고 이에 따라 북천 유역분지 산지 사면에서 하도로 쇄설물질들이 공급되지 못하였다. 북천은 운반할 하중(load)이 없는데 강수량이 증가하여 유수 에너지가 커져 침식력이 크게 증대되었으므로 하도를 더 깊게 파고 넓은 하폭의 단일 하도를 이루며 흘렀다(그림 30).

---

140) 황룡사지 동쪽의 왕경발굴지, 황룡사지 남쪽 가장자리의 황룡단면, 안압지 동북쪽 인왕동 22-2번지 동궁과 월지 발굴지에서 퇴적상을 확인하였다.

범람이 있을 때마다 유수가 하도를 벗어나 흘렀다면 그 유로에는 하상의 흔적이 남는다.[141] 그러나 황룡사 동쪽 왕경발굴지(그림 17의 B)와 분황사 동쪽 왕경 발굴 유물전시관 발굴지(그림 17의 C)에서는 하도나 유로의 증거가 확인되지 않았다. 일부 연구자들은 북천 범람의 증거로서 황룡사 발굴[142]에서 확인되었다고 하는 유기물이 많이 포함된 습지 토양 내지 환원 퇴적물을 제시한다. 습지는 거의 항상 물로 포화되어 있어서 토양색, 토양 수분과 유기물 포함 정도에서 특징적이다. 즉, 토양색이 회색 또는 청색을 띠고, 유기물이 많이 포함되므로 검은 색조를 띠며 토양 수분이 많다. 그러나 일시적으로 발생하는 홍수시에만 하도가 되는 곳에서 이런 퇴적물은 형성되기 어렵다. 왜냐하면 우리나라의 홍수는 하계에 집중되고 나머지 기간에는 거의 발생하지 않아 경주선상지와 같이 경사가 있는 지형면에서는 수분이 지속적으로 공급되지 않고 연중 대부분 공기 중에 노출되므로 환원환경이 형성되지 않는다. 배수가 불량한 배후습지에서는 습지가 형성될 수 있으나, 배수가 양호하고 지형면 경사가 상대적으로 큰 선상지에서는 환원 환경이 지속적으로 유지될 수 없다. 따라서 황룡사지에서 확인된 것으로 알려진 습지 토양과 환원 토양은 북천의 범람으로 형성된 것이 아니다. 이 토양은 지하수가 빠져나와 물이 고이는 곳에서 형성된 습지에서 만들어진 것이다.

이와 같은 사실들로 볼 때, 최종 빙기 이후 기후가 온난해지면서 북천 유역분지의 식생 피복이 좋아져 하천 침식력이 커진 홀로세 동안 북천은 단일 유로였으며, 하도의 형태도 현재[143]와 거의 같았을 것으로 생각된다(그림 30). 다만 현재의 하폭은 측방침식으로 인하여 하천 폭이 홀로세 전기와 중기보다 약간 더 넓어졌을 것이다.

---

141) 하상의 흔적은 자갈이 포함된 퇴적층으로 남는다. 그리고 이 자갈층을 구성하는 자갈의 구성, 매트릭스(matrix)의 토성(soil texture), 토색(soil color), 치밀한 정도 등의 특색을 통해 자갈층의 형성시기를 추정하며 이를 통해 범람의 시기를 확인할 수 있다. 후술하는 황룡사 동쪽 왕경발굴지에는 통일신라시대 문화층 위에 고려시대, 조선시대 북천의 범람으로 남긴 자갈층이 확인된다.

142) 발굴시 현장에서 노두를 확인하거나 보고서에서 확인한 것이 아니라 전언으로 들은 내용이다.

143) 이 시점은 현재와 같이 하천을 직강화하고 하폭을 좁히기 이전의 상태, 즉, 그림 41에서 보여지는 20세기 초를 의미한다.

(2) 삼국사기에 기록된 홍수의 내용

고대 경주 지역 홍수 가능성을 논의함에 있어서 가장 중요한 자료는 삼국사기에 기록된 하천재해 기록이다. 유리니사금 11년(AD 34년)부터 경문왕 10년(AD 870년)에 이르기까지 30회에 걸친 큰물 내지 홍수가 신라 영역에서 발생하였다. 경주에서 큰물로 사람이 죽거나 가옥이 파괴된 경우는 지마니사금 20년(131년), 아달라니사금 7년(160년), 유례니사금 7년(290년), 흘해니사금 41년(350년), 소지마립간 18년(496년), 무열왕 4년(657년), 성덕왕 2년(703년) 일곱 차례이다.

내해니사금 3년(198년), 자비마립간 12년(469년), 진평왕 11년(589년), 헌덕왕 6년(814년)에 '國西大水'라는 기록이 있는데, 이것은 경주의 서쪽을 흐르는 형산강이라기보다는 신라의 서쪽에 해당하는 금호강이나 낙동강에서 발생한 홍수를 기록한 것으로 판단되며 경주에서 일어난 것으로 단정하기에 어려움이 있다. 이렇게 볼 때, 삼국사기에는 경주 부근에서 발생한 홍수와 함께 금호강이나 낙동강 유역의 홍수도 함께 기록된 것으로 생각된다. 산사태가 발생한 큰물이나 홍수 기사는 불국사산맥과 관련된 것으로 추정된다. 토함산부터 울산만에 이르는 이 산지의 서사면은 사면 경사가 급하고, 특히 경주 쪽은 기반암이 화강암이므로 산사태가 발생하기 쉽다. 벌휴니사금 9년(192년), 첨해니사금 14년(260년), 내물마립간 11년(366년), 자비마립간 8년(465년), 성덕왕 19년(720년), 원성왕 13년(797년)의 홍수는 산사태를 수반하였다.

효소왕 7년(698년)에는 경주에 큰물이 있었으며, 내해니사금 17년(212년)에는 전국에 큰 비가 내렸다. 삼국사기 초기에 해당하는 유리니사금 11년(34년), 파사니사금 29년(108년), 지마니사금 3년(114년), 지마니사금 20년(131년). 내해니사금 17년(212년)의 홍수도 당시 신라의 통치범위를 고려하면, 경주 부근에서 발생한 사실을 기록한 것으로 볼 수 있다. 눌지마립간 22년(438년), 소지마립간 4년(482년), 소지마립간 5년(483년)의 2회, 소지마립간 16년(494년), 문성왕 15년(853년), 경문왕 7년(867년), 경문왕 10년(870년)의 홍수기록은 경주에서 발생한 것인지, 다른 지역의 홍수에 대한 기사인지 불분명하다. 그러나 경주 이외의 지역에서 발생한 홍수의 경우에는 나라의 서쪽이라는 구체적인 지명을 표기한 것으로 보아 삼국사기에 기록된 홍수의 대부분은 경주 주변에서 발생한 것으로 판단된다.

인명이나 재산 피해가 컸던 홍수기록을 구체적으로 검토하면 다음과 같다.

지마니사금 20년(131년)에 큰 비가 내려 민가가 떠내려갔다.[144] 이 기사가 기록된 시기는 신라의 영향력이 아직 경주를 크게 벗어나지 못하였으므로 경주에서 발생한 사실을 기록한 것으로 추정된다. 이 기사는 아마 형산강보다 북천의 하상에서 일어난 일을 기록하였을 가능성이 높다. 형산강 하상에는 평소에도 일정한 유량이 있으므로 하상이나 고수부지(둔치)에 사람들이 거주하는 데 한계가 있다. 이와는 대조적으로 북천은 하상이 매우 넓고, 왠만한 집중호우에도 수위가 크게 상승하지 않아서 분리제와 유사한 제방을 만들고 하상 일부를 민가가 점유했을 수도 있기 때문이다. 이러한 사실로 미루어 볼 때, 신라 초기부터 북천 하상은 인간 활동 공간으로 이용되었을 가능성이 크다.[145]

아달라니사금 7년(160년) 여름 4월에 알천의 물이 흘러넘쳐(水溢) 인가가 표류하고 금성의 북문이 저절로 무너졌다.[146] 이 기사에 기록된 금성의 북문은 북천의 좌안에 있었던 것은 분명하다. 다만 이 문이 북천의 홍수로 범람수에 휩쓸려 무너졌는가에 대해 검토하여야 한다. 기사의 내용에서 '저절로 무너졌다'는 대목에 주목한다면, 유수가 하도를 벗어나 흘러간 범람에 의해 휩쓸려 떠내려갔을 가능성은 낮다. 오히려 하천에 근접하여 위치하였으므로 북천 수위가 상승하면서 북문 아래의 퇴적층이 측방침식을 받아 제거되었고 성문이 저절로 무너져내렸을 것으로 생각된다. 이때 인가가 표류하였는데, 이것은 북천 하도 내에 유수가 가득차 흘러서 하도 내에 있던 가옥들이 유수(流水)에 의해 떠내려간 것을 표현한 것이다. 만약 북천이 하도를 벗어나 범람하여 왕경에 있었던 가옥을 표류시킬 정도였다면 수심이 상당하므로 당시 왕경은 초토화되었을 것이다.[147] 그러나 이러한 기록은 보이지 않는다.

---

144) 夏五月 大雨 漂沒民戶(三國史記 卷第一 新羅本紀 第一 祇摩尼師今 二十年)

145) 사로국이 정복전쟁을 하며 영토를 확장하던 시기이다. 북천 하상에서 유수에 휩쓸려 간 사람들은 왕경 지역에 거주할 공간이 없는 빈곤층이나 주변 지역이나 정복당한 지역에서 이주한 사람들일 가능성이 높다. 현재와 마찬가지로 고대에도 도시의 토지가격은 대단히 비싸고 3D 업종에 종사하는 형편이 어려운 사람들은 도심을 벗어나지 않으려 하므로 도심에 빈민촌 등 슬럼지구를 형성한다.

146) 夏四月 暴雨 閼川水溢 漂流人家 金城北門自毁(三國史記 卷第二 新羅本紀 第二 阿達羅尼師今 七年)

유례니사금 7년(290년)에 큰물이 나서 월성이 무너졌다. 이 기사에 기술된 월성을 현재 반월성으로 본다면, 성이 있는 곳까지 하천이 범람한 것을 묘사한 것은 아닐 것이다. 집중호우 등으로 기반이 약해져서 성곽 아래 사면 일부가 허물어지면서 발생한 현상으로 보는 것이 타당하다. 월성이 현재 반월성이라면 남천의 영향으로 월성 남쪽 가장자리 일부가 무너진 내용을 기술한 것이다. 북천의 수위가 상승하고 하도를 벗어나 범람하여 반월성이 무너지는 것은 거의 불가능하다.

흘해니사금 41년(350년)에는 큰 비가 10일 동안이나 내려 평지에 물이 3~4자가 넘었고, 관가와 민가가 떠내려가고 산사태가 13곳에서 발생하였다. 이 기사의 내용은 구체적으로 경주인지 불분명하지만 '관가'가 나오고 산사태가 크게 발생한 것[148]으로 보아 경주일 가능성이 높다. 당시의 상황을 복원하는데 있어서 이 기사에 기록된 평지가 경주의 어느 지역을 지칭하는가 하는 것이 관건이 된다.

물이 3~4자 즉, 수심이 1m 정도로 수위가 높았다면 이 기록에서 나타난 평지에는 선상지 지형면이 포함될 가능성은 거의 없고, 하상이나 범람원에서 일어난 상황을 묘사한 것으로 볼 수 있다. 비가 열흘간 내려서 수심이 1m가 될 수 있는 지형면은 범람원, 하곡, 하도 정도이다. 그러나 하안단구, 해안단구, 선상지와 같이 하천과 비고차가 있어서 배수가 원활한 지형면에는 1m 정도 되는 수심을 가진 물흐름이 발생할 수 없다. 따라서 이 기사는 형산강의 범람원에서 발생한 내용일 것이다.

경주 부근의 형산강 범람원에서도 수심이 상승하면 유속이 빨라져 집들이 떠내려갈 수 있다. 그러나 왕경의 선상지 지형면에 수심 1m의 범람이 있었다면, 경주선상지 지형면은 형산강 범람원보다 경사가 상대적으로 급하고 범람수 유속이 상당히 빠르므로 왕경 지역은 초

147) 왕경에 있었던 가옥의 처마가 마당에서 2.0~2.5m 높이에 있고 이 가옥들을 둘러싼 담장이 있으므로 수심이 얼마나 깊어야 가옥을 물에 띄우고 유수가 운반할 수 있는가를 고려하면 이런 주장이 가능하다. 후술하는 350년 기사에서 수심 1m 이상인 상황에서 관가와 민가가 떠내려갔다고 한다. 만약 왕경 지역에서 이 정도의 북천 범람이 있었다면 엄청나게 큰 재해가 발생하였을 것이다.

148) 경주 지역의 불국사산맥 서사면은 경사가 매우 급하고 화강암 풍화층이 발달하여 집중호우시에는 산사태가 쉽게 발생한다. 이 사면은 식생이 제거된 경우 산사태 발생이 대단히 빈번하게 발생한다.

토화되고 범람한 지역에는 두꺼운 자갈층이 퇴적되었을 것이다. 특히 북천의 하도 가운데 하천에너지가 가장 큰 분황사 동쪽에서는 황룡사지에서 월성 북쪽으로 이어지는 새로운 하상이 형성되어 흔적을 남겼을 것이며, 분황사와 황룡사지 일대의 지형면에는 두꺼운 역층이 퇴적되어 있어야 한다. 그러나 현재까지 이와 같은 증거는 확인되지 않는다. 분황사 동편 왕경 발굴 유물전시관 발굴지에서는 선상지 저위면 위 뢰스층 상부에 고대에 유수에 의해 퇴적된 층준은 없다.

따라서 이 기사는 형산강 범람원에서 일어난 홍수 피해를 기술하였을 가능성이 있다. 남천이 형산강에 합류하는 경주선상지 남서쪽 가장자리와 오릉과 그 서쪽 일대 형산강 범람원에도 통일신라시대 유구가 확인되었다.[149]

소지마립간 18년(496년) 여름 5월 알천의 물이 불어(水漲) 가옥 200여 채가 표류하였다. 이 기사들에서 보이는 북천의 상황은 하도 내 상대적으로 해발고도가 높은 곳에 있었던 가옥이 표류할 정도로 수심이 있고 유량이 많았다. 그런데 이때 피해를 당한 가옥들이 선상지 지형면인 왕경에 있었던 인가일 가능성은 낮다. 오히려 북천의 하상에 거주하던 사람들의 집들이 백년 이상의 주기로 발생한 큰물에 의해 재해를 입은 상황을 기술한 것으로 생각된다. 이에 대한 증거는 분황사 동편에 왕경 발굴 유물전시관 공사를 위한 경주문화재연구소의 고고학 발굴조사에서 인공 연못(원지), 관공서로 추정되는 규모가 큰 건물지들이 북천의 공격면 쪽 하상에서 확인되었다(그림 44). 이 지점은 북천의 유량이 증가하면 유속과 수심이 최대가 되어 하천에너지가 가장 큰 곳이므로 측방침식을 막기 위하여 축대를 이중으로 조성한 곳이다.[150] 이렇게 위험한 곳의 하상에도 관청 시설물과 원지가 조성되었다면 북천의 다른 하상 즉, 활주면이나 하천 폭이 대단히 넓은 구간에는 민가나 관청 건물이 있었을 것이다.

---

149) 영남문화재연구원에서 실시한 시굴조사에서 통일신라시대에 형산강 배후습지를 매립하여 만든 도로와 주거지가 확인되었다.

150) 그림 44에서 북동쪽의 통일신라시대 유구가 분포하는 구역과 남서쪽의 청동기시대 주거지와 육각형유구가 위치하는 구역 사이에 직선상으로 꺾어지며 연결되는 유구가 축대이다. 가는 선은 1차축대이고 이에 거의 나란히 조성된 이중의 선이 2차축대이다.

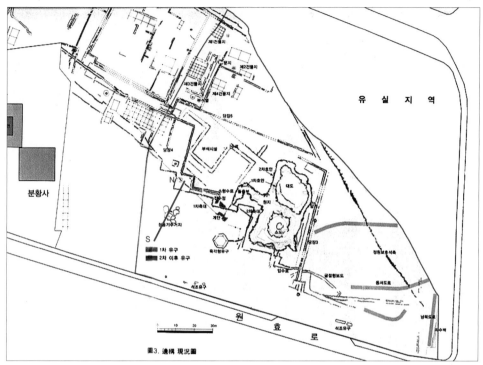

그림 44. 분황사 동쪽 왕경 발굴 유물전시관 건립부지 발굴 도면(국립경주문화재연구소, 2002)
(상단이 북쪽, 왼쪽 회색 박스는 분황사 건물, 1차 및 2차 축대 남쪽 육각형유구와 청동기 주거지가 위치한 구역이 선상
지 저위면이고, 축대 북쪽에 건물지가 분포된 구역은 북천의 하상임, N-S는 그림 16의 위치)

무열왕 4년(657년)에 큰물(大水)이 발생하여 300여 명이 물에 빠져 죽었다. 이 기사에는 장소에 대한 단서가 없어서 경주인지 불분명한 측면이 있으나, 피해자 수가 대단히 많으므로 경주일 가능성이 높다. 그리고 형산강인지 알천인지 구분할 근거는 없으나, 경주 지역에서 발생한 큰물의 기록에서 많은 희생자가 있었던 것으로 보아 북천 하상이나 형산강 범람원에 거주하던 사람들이 집중호우에 의해 미처 대피하지 못한 상황에 처했을 것으로 추정된다. 사건이 발생한 시점은 새벽이었을 것이며, 한 밤중에 비가 세차게 내리니 사람들은 집을 떠나 주변의 구릉지나 산으로 대피한 것이 아니라 집으로 들어가 비를 피하고 있었다고 보는 것이 합리적이다. 기록에는 없으나 많은 수의 가옥들이 큰물에 휩쓸려 떠내려갔을 것이다. 이들은

161년 전¹⁵¹⁾인 소지마립간 18년(496년)에 알천 하상에서 200여 가(家)의 가옥이 큰물에 휩쓸려 가버린 비극적인 재해에 대해 알고 있지는 못하였을 것이다.

성덕왕 2년(703년)에도 서울에 큰물이 발생하여 사람들이 많이 빠져 죽었다. 이 기사에서 '많이'라는 것이 어느 정도인지 알 수 없으나, 사람들이 대피하기 어려운 불가항력적인 상황에서 피해를 당한 것을 묘사한 것이다. 다만 이것이 알천에 국한된 것인지 형산강 범람원에서 일어난 것인지 불분명하지만, 46년 전과 유사하게 늦은 밤이나 새벽에 일어난 집중호우에 의해 대피할 여유조차 없이 당한 피해인 점을 감안하면 북천의 상황을 묘사한 것으로 추정된다.

삼국사기 기사의 내용에 대한 이와 같은 해석에 대하여 다음과 같은 의문을 제기할 수 있다. 왜 사람들은 큰물(水溢, 水漲, 大水)에 의한 재해가 반복됨에도 불구하고 북천의 하상에 지속적으로 거주하였을까. 이것은 북천의 수문 특성, 인간의 홍수재해에 대한 인식과 깊은 관계가 있다. 고대 경주 지역에서 발생한 홍수 가운데 삼국사기에 기록된 것은 836년 동안 30회이다. 이것은 평균 28년 주기로 발생한 홍수를 기록한 것이다. 이들 가운데 사람들이 죽거나 인가가 떠내려간 경우는 서기 131년, 160년, 290년, 350년, 496년, 657년, 703년으로 도합 7번 있었다. 이들 사이의 시간차는 각각 30년, 130년, 60년, 146년, 161년, 46년이다.

사람들은 자신이 직접 경험하지 않은 사건에 대해서는, 그것이 발생하면 어떤 상황을 유발할 것인가에 대하여 정확하게 판단하기 어렵다. 자연재해의 경우 구전된 이야기만으로 그 규모를 상상하는 것은 한계가 있다. 재해가 거의 몇 년 또는 자신의 생애 동안 몇 번씩 경험할 수 있는 짧은 주기로 발생한다면 그것이 초래할 상황의 위험 정도를 미리 가늠하고 피해를 회피하거나 극복할 수 있는 방안을 강구하거나, 또는 그런 재해가 발생하는 지역이라면 사람들은 당연히 그곳에 거주하는 것을 기피한다.

---

151) 평균연령이 짧았던 6세기 중엽 161년은 다섯 내지 여섯 세대가 경과하는 시간이다. 삼국통일을 눈앞에 두고 경주로 사람들이 몰리고 주택 및 토지가격이 크게 높았으므로 도심에 가까운 북천 하상은 매력적인 거주 지역이었을 것이다. 그리고 오랫동안 북천에 큰물이 발생하지 않았으므로 사람들은 하상에 집을 짓고 거주하였을 것이다.

현재에도 다양한 자연재해로 많은 사람들이 죽거나 가옥에 피해가 발생한다. 이것은 자신의 먼 조상이 경험한 것을 후손들이 구체적으로 알 수 없는 데서 비롯된 경우가 많다. 드물게 발생하므로 마치 자신과는 상관없는 것으로 생각하고, 그 장소를 재해와 결부짓지 않는다. 즉, 그곳이 대체로 안전하다고 믿는 것이다. 그리고 구전으로 들은 위험의 정도를 실제보다 축소하여 자신에게 유리하게 해석하려는 경향이 있다. 대단히 긴 주기로 재해가 발생하는 곳은 국가도 미리 경고하거나 통제하지 않는다. 왜냐하면 국가의 통치계층도 재해를 경험하지 못하였거나 위험의 정도를 알 수 없기 때문이다. 재해를 당한 사람들은 대부분 자신의 생애에 이런 일은 처음이라고 이야기한다.

재해에 대한 정보와 재해를 연구하는 전문가가 많은 현재에도 사람들은 재해가 발생할 수 있는 범람원이나 산사태 위험이 있는 곳에 가옥을 짓거나 취락을 만들고 살면서 반복하여 재해를 입는다. 1차산업에 의존하여 사는 사람들보다 수도(首都)와 같은 도시에 거주하는 2차, 3차산업 종사자들은 자연환경의 특성에 대해 상대적으로 감각이 둔하다. 게다가 거의 모든 토지는 소유권자가 있고 이들은 토지를 이용하여 이익을 얻고자 하므로 재해의 가능성을 애써 부각시키려고 하지 않으며, 어떤 경우에는 재해를 당하고도 그 토지를 벗어날 수 없으므로 재해가 발생한 후에도 계속 사용하기도 한다.

따라서 고대 동안 북천 하상의 많은 구역은 사람들에게 홍수의 피해로부터 거의 안전한 곳으로 인식되었다. 예를 들면 분황사 동쪽의 왕경 발굴 유물전시관 발굴지는 북천 유로 가운데 유수의 에너지가 가장 큰 곳이다. 그럼에도 불구하고 이곳의 하상 구역에는 민간 가옥들뿐 아니라, 원지와 규모가 다소 큰 관청 건물지도 확인되었다(그림 44). 그리고 AD 703년 이후 약 230년 동안 북천의 수위가 크게 높아진 경우가 고대사 기록에서 나타나지 않는다. 이것은 북천의 치수를 완벽하게 하였기 때문이 아니라 북천 홍수의 주기에 포함될 수 있는 기간이므로 자연적인 것으로 보아야 할 것이다.

(3) 왕경 지역 퇴적상

고대 동안 북천이 범람하여 왕경 지역으로 흘렀는가에 대한 퇴적학적 증거는 왕경의 퇴적층 노두에서 파악할 수 있다. 즉, 북천 남쪽 왕경 지역에서 이루어진 고고학 발굴에서 만들어진 다수 트렌치의 노두에서 최종 빙기 선상지 지형면이 형성된 이후 현재까지 왕경 지역의 홍수기록을 검토하였다.

그림 16은 북천의 측방침식력이 가장 큰 분황사 동쪽의 왕경 발굴 유물전시관 발굴지(그림 14의 i 지점, 그림 17의 C 지점, 그림 44의 N–S)의 퇴적상을 그린 것이다. 남쪽은 황룡사지 쪽이며 북쪽은 북천 하상 쪽이다. 축대를 경계로 그보다 남쪽은 크게 세 개의 층준으로 구분되는데, 대단히 치밀한 역층인 하부역층, 지표면의 상당히 느슨한 홀로세 역층 그리고 이들 사이에 협재되어 있는 뢰스층으로 나누어진다. 하부역층은 대력(cobble)이 주를 이루며 중력(pebble)급의 자갈이 포함된 황갈색의 치밀한 자갈층으로 선상지 저위면 역층이다. 이 역층의 상부에는 두께 20cm 내외의 자갈이 포함되어 있지 않은 실트질 세사층이 퇴적되어 있는데, 이 층준은 황룡사지 남쪽 가장자리의 황룡 단면의 뢰스층과 같은 시기에 바람에 의해 운반되어와 쌓인 뢰스층이다. 이 층준에서 청동기시대 수혈주거지 유구가 확인되었다. 이 층준보다 시기적으로 늦게 퇴적된 상부 홀로세 역층은 세력(granule)과 중력(pebble)급의 자갈이 혼합되어 있다.

축대의 북쪽 즉, 현재 북천 하상 쪽은 홀로세 역층으로 6~7세기 문화층과 통일 신라 시대 문화층을 경계로 하부, 중부, 상부로 세분된다. 상부 홀로세 역층은 중력(pebble) 및 세력(granule)급 자갈을 포함하는 검은색 세사층이다. 이 층준에는 고려 시대와 조선 시대 자기 조각들이 확인된다.

왕경 발굴 유물전시관 발굴지에서 남쪽으로 약 360m 떨어진 황룡사지 동쪽 구황동 왕경 발굴지(그림 17의 B 지점)는 황룡사지 바로 동쪽에 위치한다. 통일신라시대 주거지와 도로 유구는 경주 지역 고고학 연구자들이 말하는 소위 '생토'인 선상지 저위면 자갈층(하부역층) 위에 조성되었다. 이 문화층을 덮고 있는 것은 두께 60~70cm의 중력(pebble) 및 세력(granule)급 자갈을 포함하는 어두운 실트질 세사층이다. 이것은 2개의 층준으로 세분되는데 하부는 고려시대, 상부층은 조선시대의 기와 및 자기편을 포함하고 있다. 이 두 층준은 그림 16의 홀로세 역층 상부에 해당하며, 각각 고려시대와 조선시대에 수위가 크게 상승한 북천이 하도를 벗어나 왕경 지역으로 범람하면서 퇴적된 것이다. 통일신라시대 문화층과 '생토'인 선상지 저위면 자갈층 사이에는 뢰스층이 매우 얇게 남아있거나 협재된 퇴적물이 없다(그림 26-B).

월성 북쪽 해자 발굴지에서도 선상지 저위면 역층인 대단히 치밀한 황갈색 자갈층이 기저역층으로 나타나고, 이 층준보다 위에 퇴적된 뢰스층에 청동기시대 주거지와 삼국시대 시설물들이 조성되어 있다. 이들 문화층은 고려시대와 조선시대의 범람퇴적층인 어두운 실트질 세사층으로 피복되었다. 그러므로 이 구역의 층상 구조에서 고려시대와 조선시대의 범람 퇴적층의 존재는 황룡사지 동쪽 구황동 왕경발굴지에서 확인된 퇴적상과 같고, '생토'인 선상지 저위면보다 상부에 퇴적된 실트질 세사로 이루어진 뢰스층에서 청동기시대 주거지 유구가 확인되는 양상은 분황사 동쪽 왕경 발굴 유물전시관 발굴지 남쪽의 청동기시대 수혈주거지 유구와 닮았다.

구황동 왕경발굴지에서는 선상지 저위면에 해당하는 최종 빙기에 퇴적된 황갈색의 치밀한 역층 위에 고려시대와 조선 시대 자기 조각이 포함된 상부 홀로세 역층이 부정합으로 퇴적되어 있다. 이와 같은 사실은 왕경 지역에서는 홀로세의 선사 및 고대 동안 북천이 범람하여 왕경 지역으로 유수가 흐른 적이 없고 다만 현재 북천의 하도 내에서만 흘렀음을 지시한다.

(4) 북천의 제방 축조와 방수림 조성 가능성 검토

삼국사기와 삼국유사에는 북천을 연하여 조성된 제방에 대한 기록이 없다. 고대 경주에서 제방을 축조할 능력이 없었는지 또는 불필요하므로 제방 축조가 이루어지지 않았는지에 대해 검토할 필요가 있다. 일성니사금 11년(144년), 법흥왕 18년(531년), 헌덕왕 2년(810년)에 제방, 벌휴니사금 4년(187년)에 토목이라는 용어가 나온다. 법흥왕은 AD 531년 장소가 경주인지 지방인지 불분명하지만 담당관청에 명하여 제방을 수리하게 한다. 일성니사금과 헌덕왕도

지방의 제방을 수리하게 한다. 벌휴니사금은 AD 187년 토목공사가 농사에 방해가 되지 않게 조치하라고 지시한다. 이외에 법흥왕 23년(536년)에 조성한 영천청제비와 진지왕 3년(578년)의 무술명오작비에는 저수지의 제방 축조기록이 확인된다. 그리고 790년에 원성왕은 상류부로부터 운반된 퇴적물에 의해 수심이 얕아져 저수지 기능을 상실한 벽골제를 증축하도록 하였으며, 798년에는 수 만명을 동원하여 영천 청제의 무너진 둑을 수리하였다.

이런 기록들은 고대에도 필요한 경우에는 제방을 축조하였음을 시사한다. 경주 주변에서 이루어진 산성 축조와 분황사 동쪽의 북천 축대 조성(그림 44) 등을 감안하면 당시의 제방 축조 기술은 상당한 수준이었을 것으로 추정된다. 특히 왕경을 범람으로부터 보호하는 인공제방을 축조하려고 계획했다면 막대한 비용과 최고의 기술 그리고 대량의 노동력을 투입할 수 있었을 것이다. 지방의 농업을 위한 저수지 제방 축조에도 금석문을 남길 정도라면 왕경의 대대적인 토목사업은 국가적인 역량을 동원하여야 하므로 전국적인 인력 동원이 이루어졌고 어떤 형태로든지 기록을 남겼을 가능성이 크다.

그리고 제방의 유구가 확인되어야 한다. 고려시대와 조선시대 북천이 범람하였으므로, 고대에 조성된 제방이 있었다면 파괴할 이유가 없었으며 오히려 고려시대 이후 남고루와 동고루를 축조하는 대신 북천 양안에 조성된 인공제방을 지속적으로 보수하거나 보강하여야 하므로 제방 유구가 확인되어야 한다. 그러나 고고학적 조사에서도 제방을 확인한 자료는 없다. 현재 학술적 논의에 인용되는 북천 제방에 대한 기록은 모두 고려시대 이후의 것이므로 이것으로 고대의 제방 축조를 추정할 수 없다. 고대 동안 경주는 고려시대보다 더 중요한 지역이었다.

지형학적 견지에서도 인공제방으로 판단되는 선적 지형이 없으므로, 고대 동안 북천을 연하여 제방이 축조되었을 가능성을 인정하기 어렵다. 제방은 일반적으로 하천을 연하여 상당히 긴 구간에 걸쳐 조성하므로 고대에 축조된 모든 제방이 유실되었을 가능성은 거의 없다. 이렇게 볼 때, 고대에는 북천을 따라서 제방이 만들어진 적이 없다고 보는 것이 타당하며 이것은 문헌자료와도 조화된다. 다만 분황사 지역에서 이루어진 발굴에서 확인된 1차와 2차

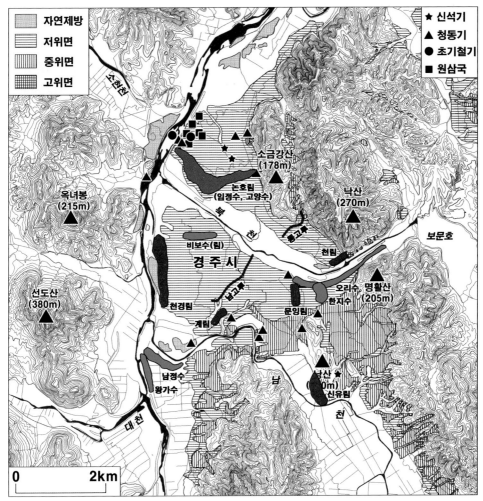

그림 45. 경주 지역의 역사시대 숲 추정 위치
정영화·이근직(2002)의 내용을 기초로 다양한 자료들을 필자가 정리하여 추정한 것임(주황색: 통일신라시대, 녹색: 조선시대).

축대는 6~7세기 이후 어느 시기에 조성된 것으로 추정된다.

인공제방을 축조하면 제방 내의 하상은 상시적으로 홍수피해를 입게 되므로, 둔치(고수부지)에는 인위적인 건축물을 조성하지 않는다. 그러나 분황사 동쪽 왕경 발굴 유물전시관 발굴지에서는 둔치에 관공서를 비롯한 다양한 규모의 건물, 우물, 원지와 같은 구조물들이 확인되었다(그림 44). 6~7세기의 인간 활동공간이 북천 수위가 상승하여 매몰되고 파괴된 후, 통일신라시대에 다시 같은 장소에 생활공간이 조성되었으며 고려시대 범람에 의해 매몰될 때까지 북천 축대 안쪽의 하상에 유지되었다(그림 44). 그리고 분황사 대안에 있는 삼성아파트 부지에서도 유수에 의해 훼손된 인공 구조물들이 발굴과정에서 확인되었다. 이곳은 지형분류도에 의하면 북천의 하상(그림 14의 보링지점 h)에 해당한다. 이러한 사실들은 고대에 북천 하상은 인간들의 생활공간으로 이용되었으며, 아울러 북천을 연하여 제방이 축조되었던 적이 없었음을 시사한다.

일부 연구자들은 북천의 범람을 막기 위하여 하천 변에 숲을 조성하였을 가능성을 제기하고 있다. 신라시대 숲 가운데 북천과 관계있는 것은 문잉림(文仍林), 논호림(論虎林)과 천림(泉林)인데, 문잉림은 황룡사 금당 내에 있는 장육존상을 만든 곳으로 황룡사와 멀지 않은 곳이었을 것으로 추정되므로(정영화·이근직, 2002), 북천의 좌안에 있었던 것으로 볼 수 있다. 그러나 논호림은 황성동의 북천 우안, 천림은 헌덕왕릉 남쪽 마을에 있던 숲으로(정영화·이근직, 2002) 북천의 우안에 있었는데, 이곳은 분황사 부근보다 범람의 위험이 훨씬 적은 곳이지만 숲이 있었던 것이다.

한편 신라시대 숲 가운데 계림(鷄林), 천경림(天鏡林), 신유림(神遊林), 입도림(入都林), 문열림(文熱林)과 같은 숲들은 북천과 관계없는 것들이다(정영화·이근직, 2002). 고대의 숲들 가운데 문열림, 천림, 혜수(惠樹)와 박수(樸樹)는 제사를 지내는 장소로 이용되었으므로 전통 신앙과 관련된 것은 분명하지만(정영화·이근직, 2002) 범람 방지 기능에 대해서는 불확실하다.

오리수(五里藪)는 1669년에 저술된 동경잡기에 기록되어 있는 것으로 명활성으로부터 분황사에 이르는 五里에 걸쳐 고려시대에 조성된 숲이다. 이것이 고대에도 있었는가에 대해서는 사료에 기록이 없으므로 의문의 여지가 있으나 존재하였을 가능성도 있다. 왕경 지역에 있었던 숲들이 방수(防水)의 기능을 하고 있었는지에 대해서도 사료에는 기록이 없으므로 북천의 홍수 가능성과의 관계를 통해 숲의 기능을 검토하고자 한다.

고대에 숲이 있었다면 북천 범람 위험이 가장 높은 북천 좌안의 분황사 부근에 있었을 것으로 고대사학계와 고고학계에서 추정하지만, 고대에 이곳에 있었던 숲의 명칭을 문헌에서는 확인하기 어렵다. 이것은 숲이 있었다 하더라도 이름을 부여할 만큼 그 존재가 특별하지 않았기 때문일 수도 있다. 연구자들 가운데 일부는 북천을 연하여 이들 숲이 인위적으로 조성되었다고 보는데 고대에는 그럴 필요가 없었을지 모른다. 만약 신라 시대에 북천 변에 인공림이 조성되었다면, 그 이전 어느 시기 경주분지에 있었던 원래의 숲들이 대부분 제거되었다는 것을 전제로 한다. 이와 같은 추론은 고대 경주분지 경관을 현재적 시각으로 판단하는 데서 기인한 오류로 생각된다.

고대에는 북천을 비롯하여 형산강의 양안에도 이전부터 있었던 숲이 양호하게 보전되어 있었을 것이다. 현재 경주 시가지가 있는 지역은 경주분지로 명명하고 있으나, 사방이 높은 산지에 의해 온전하게 폐쇄된 분지가 아니다. 서쪽은 해발고도 250m 내외의 낮은 구릉이 분포할 뿐 아니라, 양산단층선을 따라 흐르는 형산강을 통하여 하곡은 남-북 방향으로 연결되고, 서쪽은 건천 방향으로 구조선을 따라서 서북서-동남동 방향으로 그리고 북서쪽은 금장들을 통하여 열려 있으며, 동쪽은 북천 상류 쪽으로 하곡이 형성되어 있고 남동쪽은 불국사(울산)단층선의 넓은 단층곡과 연결된다. 이들이 만나는 넓은 분지저에 왕경 지역이 있으므로 겨울에는 풍속이 매우 강한 북서풍의 영향을 직접 받았다. 그러므로 주민들이 느끼는 풍랭효과(風冷效果)가 매우 커서 고대에는 한랭한 겨울이 경주에 사는 사람들에게 견디기 어려운 시기였을 것이다. 따라서 왕경에 거주하던 사람들은 매우 드물게 발생하는 큰물(大水)보다 매년 되풀이되는 북서풍의 영향을 줄이기 위하여 일찍부터 숲을 보호하였을 가능성이 크다.

아울러 식생 피복은 홍수시에 하천의 측방침식으로 발생하는 하안의 침식을 저지할 수 있다. 이렇게 볼 때, 도시화와 함께 선상지 위에 있던 숲들이 지속적으로 파괴되었음에도 불구하고 하천 주변을 따라서는 방풍 그리고 하천변의 측방침식을 막기 위하여 숲을 보호했다면 이 숲이 북천의 범람 방지를 위해 특별하게 조성된 것은 아니었을 것으로 추정된다. 왕경 지역에 숲들이 잘 보전되어 있었으므로 제사와 같은 특별한 의미를 부여할 수 있는 숲 외에 북천을 연하여 있는 것은 일반적인 숲으로 인식하고 특별한 의미를 부여하지 않았을 것이다.

한편 1669년의 경주 지역 상황에 대하여 정리한 동경잡기에는 수조(藪條)에 비보수, 남정수, 오리수, 한지수, 임정수, 고양수가 기록되어 있으며 고적조(古蹟條)에는 왕가수의 존재를 확인할 수 있다.

(5) 왕경 지역 습지 형성 메카니즘mechanism

다수의 연구자들은 황룡사지에 있었던 습지가 북천과 관계되어 형성된 것으로 생각하였다. 즉, 하계 집중호우 또는 장마 기간에 북천이 범람하여 왕경 지역으로 범람수가 들어왔으므로 습지가 조성되었다는 것이다. 왕경 지역 습지 존재에 대해서는 삼국사기에 기록되어 있으며 발굴기록에도 그 증거가 제시되어 있다. 몇몇 연구자들은 이와 같은 자료들을 근거로 5세기까지 왕경 지역에는 습지가 넓게 분포하였으며, 이것을 개발하기 전까지 사람들이 거주하는데 부적합한 공간이었을 것으로 생각하였다. 고대에 습지를 개발한 구체적인 방법에 대해서는 영천과 대구의 제방 축조기록을 통하여 저습지 개발의 일단을 살펴볼 수 있다는 주장 (김재홍, 2001)이 있다.

이와 같은 생각의 가장 극단적인 묘사는 황룡사 건립에 관한 삼국사기의 기록이다. 이것은 황룡사지의 원래 경관이 마치 연못과 같이 물이 고여 있었던 환경이었던 것으로 생각하게 할 가능성이 있다. 일반적으로 습지가 조성되었다는 것은 항상 물의 영향을 받는 환경이 전제된다. 홍수시 북천의 유로가 황룡사지를 통과하였다거나 이곳이 북천의 배후습지였으므로 습지가 형성되었다는 주장이다. 이러한 사실들은 서로 모순되는 것이다. 어느 장소에 강우가 많은 시기에만 물이 공급된다면 대단히 평탄한 곳이 아니면 건기에는 습지가 유지될 수 없으며 연못과 같은 경관은 조성될 수 없다. 삼국사기에 기록된 30년 내지 160년 주기의 범람으로는 경사가 있는 지형면으로 된 선상지에 습지환경을 유지하는 것은 불가능하다. 매년 여름 일시적으로 범람하더라도 나머지 기간에는 토양이 말라버리므로 환원환경은 조성되기 어렵다. 더욱이 방수림과 인공제방을 조성하였다면 북천은 해마다 범람하지는 못하므로 황룡사지−안압지 북쪽−월성 북쪽−계림과 월성 사이−남천으로 이어지는 경로를 따라서 더 이상 습지가 유지될 수 없다.

만약 황룡사지가 연못이 있을 정도의 수심이 있는 습지환경이었다면 당시 지배 세력이 왕궁을 건설하려고 하였을까. 황룡사 건설을 위하여 매립, 성토한 토양을 모두 제거해보면 이곳은 분황사지가 있는 북천 좌안과 황룡사지 남쪽 인왕동의 선상지 중위면 사이에 있어서 남쪽(선상지 중위면)과 북쪽(분황사지 지표면) 그리고 동쪽에 있는 지형면보다 다소 낮고 지하수 위는 상대적으로 높아서 용천이 있었으며, 지표면에는 50cm 내외의 뢰스층이 피복되어 있다 (윤순옥, 2022). 그러나 황룡사지 원 지표면도 분황사지 지표면에 연속되는 선상지 저위면이므 로 습지나 호수였을 가능성은 전혀 없다(그림 52−12). 6세기 중엽 황룡사지를 조성하기 위하여 성토하면서 지하수위는 더 높아져 뢰스층은 거의 1,500년 동안 환원 환경에 있었으므로 토색 은 회색, 녹회색 내지 청회색이 되었으며, 황룡사지의 토양층을 조사한 이들은 이 토양을 습 지에서 퇴적된 것으로 해석하였을 것이다.

용천에서 발원하여 형성된 소하천은 유량이 많지 않으므로 지표면을 깊게 개석하지 못하 여 깊은 하도를 만들지 못하지만, 연중 지하수로부터 유지수가 지속적으로 공급되므로 발원 지와 하도를 연하여 습지가 유지된다. 따라서 이곳에는 토양이 환원 작용을 받아 회색 내지 청회색을 띠고 있었으며, 유기물의 분해가 불량하므로 토양은 유기물을 많이 포함하여 어두 운 색조를 띤다. 이렇게 볼 때, 왕경 지역의 소하천이나 습지의 분포는 북천의 범람과 관계없 이 형성된 것이며 지형면의 기복을 잘 반영하고 있다.

(6) 고대 북천의 범람 가능성

삼국사기에 기록된 대수(大水)는 우리말로 하면 큰물에 해당하며, 수일(水溢)이나 수창(水 漲)도 하도에 유수가 가득찬 것을 묘사한 것으로 판단된다. 즉, 유역분지에 강수량이 많거나 다른 요인으로 하도에 유수가 증가하여 평수위보다 크게 높아지는 상황을 의미한다. 홍수나 범람은 하천의 수위가 상승하여 유수가 하도를 벗어나 주위의 범람원으로 넘쳐서 흐르는 것을 의미한다. 실제 재해를 일으키는 것은 범람이나 홍수가 발생하였을 때이다. 그러나 왕경 지역의 선상지 지형면에서 고대에 북천의 범람으로 재해가 발생한 적이 없으며, 다만 북천 하도 내에서 대수, 수일, 수창이 발생하여 민가가 떠내려가고 인명피해가 발생하였다.

　　고대 북천을 흐르던 유수가 하도를 벗어나 왕경 지역으로 넘쳐서 흘렀는가 하는 문제는

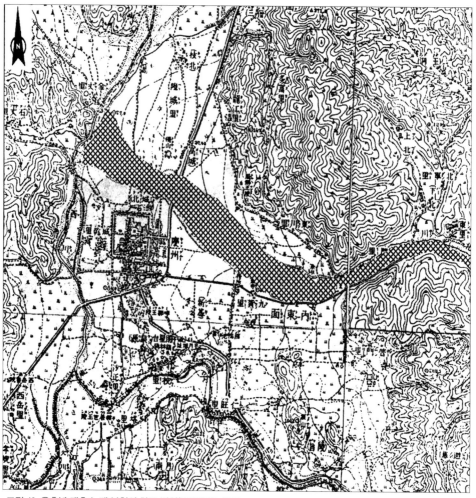

그림 46. 을축년 대홍수 때 북천의 하도 범위(박홍국 등, 2003)

선사시대와 고대의 경주사회를 이해하는 관건이 된다. 일부 연구자들은 삼국사기, 삼국유사, 기타 금석문에 범람기록이 없음에도 불구하고, 고려시대와 조선시대 문헌에 기록된 하천 변의 숲 조성과 고려시대 이래 범람기록과 제방 축조기록, 20세기에 있었던 하천의 수위 상승과 이에 따른 덕동호와 보문호의 축조 등 경주 왕경 지역의 범람을 막기 위한 고려시대 이후의 노력들을 기초로 추론하여 고대 동안에도 북천은 상시적인 범람에 노출된 지역이었을 것으로 보았다. 그러나 이러한 생각은 과학적인 논의를 통해 얻은 내용이 아니다.

고대 동안 왕경 지역에서 북천 범람이 발생하였는가를 검토하기 위해서는 왕경 지역의 지형발달에 대한 정확한 이해가 선행되어야 하고, 범람의 증거를 왕경 지역에서 확인하여야 한다. 아울러 역사의 기록을 선입견이 배제된 시각으로 해석하여야 한다.

왕경은 최종 빙기와 이보다 앞선 시기의 빙기들에 형성된 선상지이다. 간빙기인 현세에 형성되고 있는 선상지 지형면이라면 당연히 하천은 지형면 위에서 유로를 변경하면서 퇴적물을 쌓고 있겠지만 현재는 선상지 지형면이 더 이상 높아지지 않는다.

북천은 인위적인 영향으로 하도가 좁아지기 이전의 자연상태에서는 후빙기의 온난한 기후환경에서 동적 평형상태에 이르렀다. 북천 하도의 폭은 평상시 유량에 대한 평형상태가 아니라, 30~160년 주기로 있었던 유수가 하도를 가득 채운 하천환경에 대한 평형상태이다. 그러므로 20세기에 있었던 가장 큰 태풍들 가운데 하나인 1959년 사라호가 내습하였을 때 북천은 인간의 영향이 없었던 시기의 자연하도 전체를 유수가 가득 채우며 흘렀지만, 유수가 하도를 벗어나 범람한 기록은 없다. 아울러 을축년(1925년) 대홍수 때도 북천은 원래의 하도를 벗어나지 않았다(그림 46). 다만 고려시대와 조선시대 유수가 하도를 벗어나 왕경 지역으로 범람한 것은 퇴적상과 기록으로 확인된다. 이것은 홀로세에 있었던 범람으로서 거의 유일한 예외적인 현상인데, 고대 동안 인간에 의한 식생파괴로 북천 하상이 매적되어 나타난 것이다.

따라서 왕경 지역에서 이루어진 발굴자료와 퇴적상에서는 고대 동안 북천이 범람한 증거가 확인되지 않는다.

2. 왕경 지역 적석목곽분 형성에 미친 지형의 영향

1) 논의의 배경

금관을 비롯하여 적석목곽분의 다양하고 풍부한 부장품은 신라의 독특한 문화를 대외적으로 알리는데 큰 역할을 한다. 또한 적석목곽분은 신라사회 주도 세력의 기원에 대한 단서를 제공할 뿐 아니라, 도시 내에 조성된 거대한 봉분은 거의 1,000년 동안 유지된 고대도시 경주의 경관을 형성하는 가장 중요한 요소가 되므로 연구자들 뿐 아니라 많은 사람들의 관심을 끌고 있다. 그럼에도 불구하고 고고학 발굴에서 얻은 정보 외에 무덤의 주인, 무덤을 조영하기 시작한 시기, 무덤을 조영하게 된 계기 등 분명하게 규명되지 않은 내용이 여전히 많이 남아있다.

한편 사자(死者)에 대한 의식은 외부의 충격으로 쉽게 바뀔 수 있는 것이 아니므로, 묘제의 선택은 인간의 문화활동 가운데 가장 보수적이다. 적석목곽분은 경산 임당, 영덕, 창녕 교동 등에서 약간씩 확인되었을 뿐 주로 경주의 왕경 지역과 건천 금척리에 분포하는 독특한 묘제이다. 조영이 시작된 시기에 대해서는 대략 AD 2~3세기에 만들어지기 시작한 것으로 보는 견해(강인구, 2000), AD 4세기 전반기(최병현, 2004) 그리고 고구려군의 남정이 있었던 AD 400년 경으로 보는 견해(최종규, 1983; 신경철, 1985)가 있다. 이와 같은 주장들의 평균값은 대략 AD 3C 경이지만 여전히 추정하는 수준에 머물러 있으며, 앞으로 지속적인 연구가 이루어져 보다 정확한 시기가 파악될 것으로 기대된다.

경주 적석목곽분의 원형에 대한 견해도 다양하다. 경주 지역의 기존 묘제로부터 자생적으로 발생하였다는 주장도 있으나, 고구려 '적석총'의 특징과 한사군의 목곽이 결합되어 형성된 묘제라는 주장, 몽골과 중앙아시아 적석목곽분의 전통이 계승된 것으로 파악하는 주장, 이전에 경주에 있었던 수혈식 목곽묘와 고구려의 적석이 결합되었다는 주장 등이 있다. 그리고 이 묘제가 다른 지역으로부터 문화 전파에 의해 유입되었다면 그 전파 경로, 조성 시기 그리고 어떤 계기에 의해 조영되었는지에 대해서도 몇 가지 추정과 가설이 제시되었으나 여전히 논의가 진행되고 있다.

선사, 고대 인간활동의 산물들은 외부의 자극이나 전파에 의해서 끊임없이 영향을 받아 형성되기도 했지만, 자신들이 살고 있던 공간의 자연환경과 조화되어 그 지역에 가장 적합한 형태로 발전된 경우도 있다. 중앙아시아에 분포하는 적석목곽분들도 이 묘제를 구성하는 기본적인 요소는 유사하지만 세부적인 구조에 있어서는 다양한 특징을 보이고 있다.[152] 이것은 각기 그 지역의 독특한 자연환경의 영향을 반영한 것으로 볼 수 있다.

신라제국의 영역이 팽창하던 신라 전기 동안 적석을 포함한 거대한 봉분이 특징인 적석목곽분이 영남의 다른 지역, 더 나아가 한반도의 다른 지방으로 광범위하게 확산되지 못하고 경주분지에 국한하여 분포하는 이유는 아직 명확하게 규명되지 않고 있다. 아울러 지표면을 파고 시신이 든 목관이나 목곽을 묻는 일반적인 방법과는 달리 지표면 위에 위치시키는 독특한 방법을 적용한 것을 외부의 영향에 의해 형성된 것으로 보고, 동일한 양식의 묘제를 아시아 대륙에서 추적하여 경주 적석목곽분과의 관련성을 설명하기도 한다. 만약 그것이 설득력을 가지려면, 이 묘제의 기원지와 도착지인 경주 사이에 전파 경로를 따라 묘제를 추적할 수 있는 의미있는 증거들이 보다 많이 제시되어야 한다.

이 절에서는 현재까지 논의된 적이 없는 경주분지의 지형 특성과 적석목곽분의 입지 및 구조 특성과의 상호관계를 검토하여 경주분지에서 이 묘제가 성립되는데 미친 자연환경의 영향을 논의하였다.

2) 적석목곽분에 대한 기존 연구

경주의 적석목곽분에 대해 가장 먼저 논의한 연구자는 우메하라 스에지(梅原末治, 1932)인데, 목곽은 낙랑군시대의 목실(곽)분에서 기원하였고, 적석은 대구 시내의 지석묘(대구 대봉동

---

152) 지상식과 지하식 등 다양한 형태가 확인된다.

지석묘를 지칭)와 같은 적석식 지석묘에서 영향을 받아 형성된 것으로 이들 두 개의 묘제를 합친 일종의 복합 문화로 보았다.

강인구(1981)는 대형 적석목곽분을 구성하는 4개 구조를 목곽부, 적석부, 봉토부, 호석부로 나누고, 이들 가운데 기원을 따질 수 있는 목곽부와 적석부에 대하여 전자는 세형동검이 부장된 토광묘와 전한경과 흑도가 출토되는 토광목곽묘에 설치된 목곽에서 유래되었고, 후자는 형상과 규모가 압록강 유역의 고구려적석총과 매우 유사하므로 이것의 영향을 받은 것으로 파악하였다. 그는 경주 적석목곽분의 개시는 AD 2세기 경으로 소급될 수 있으며, 초기에는 봉토가 없는 방형 또는 장방형 적석총이었으나 원형봉토 석실분의 영향으로 AD 5세기 경부터 원형봉토가 씌워진 것으로 보았다.

이와 같은 고구려 적석총 기원론은 최종규(1983, 1999)와 신경철(1985)에 의해서도 제시되었는데, 최종규(1999)는 가장 먼저 조영된 것으로 믿어지는 황남동 109호 3·4곽을 5세기 1/4분기 끝 무렵에 조성된 것으로 보고 있다. 남부지방의 4세기대 목곽묘와 5세기대 적석총 사이에는 구조적으로 큰 차이가 없고, 목곽묘에 목곽을 보호하기 위하여 적석을 첨가한 것이 적석총이며, 5세기 초를 기점으로 고구려계 문물이 대량 이입되는 현상을 보이고 묘제에서도 고구려의 영향이 상정되므로, 경주의 적석총이 4세기대 목곽묘의 전통에 고구려 적석총의 적석 아이디어를 채용하여 만들었다는 것이다. 신경철(1985)은 강인구(1981)의 생각을 높게 평가하였고, 경주에서 적석목곽분의 출현은 돌연적이며, 눌지마립간 19년(AD 435년) 기록에 이 묘제의 개시를 알리는 '신장제시행령'과 같이 신라 적석목곽분은 435년 이전에는 존재하지 않았으며, AD 400년 고구려군의 남정으로 적석목곽분에 매장된 많은 유물들이 이입된 것으로 보았다.

후지이 가즈오(藤井和夫, 1990)는 강인구(1981)의 고구려 적석총 기원설을 비판하였다. 4세기 고구려 적석총은 하천자갈이 아닌 판석(板石)을 계단상으로 축조한 것으로 5세기에는 거의 봉토분이므로, 적석목곽분의 적석을 고구려 적석총에 단락적(短絡的)으로 관련짓는 것에 의문을 제기하였다. 그리고 적석목곽분은 4세기 후반부터 국력이 성장한 신라가 광개토왕의 남정을 이용하여 고구려 군사력을 배경으로 비약적으로 발전하는 과정에서 창출된 새로운 묘제로 해석하였다.

여기에 대하여 강인구(2000)는 AD 4세기 경 고구려적석총이 모두 판석(板石)으로 조영되었다는 주장은 무리라고 평가하였다 그리고 자신은 적석목곽분의 출현을 4세기로 한정한 일은 없으며 다만 2세기로 추측하였고, 이것을 광개토왕 남정 때 고구려 군사력을 배경으로 신라의 국력이 성장하는 과정 중에 출현한 묘제로 보지 않는다고 반박하였다.

최병현(2004)은 '시베리아 기원설'을 주장하고 있다. 중앙아시아의 목곽분(Kurgan) 문화는 BC 7세기 경 볼가(Volgar)강 유역에 출현하여 BC 4세기까지 남 러시아의 강대한 유목국가를 형성하였던 기마 유목민인 스키타이(Scytai)인들이 초원지대를 통하여 동쪽으로 확산시킨 것이며, 이 쿠르간들은 흑해 연안에서부터 중앙아시아, 알타이산맥 일대까지 분포하고, BC 4세기 경 스키타이가 사르마티아(Sarmatia)에 의해 초원지대에서 쫓겨난 뒤에도 계속 만들어지고 있었다는 것이다(최병현, 2004). 또한 신라 적석목곽분 기원 고찰의 기준을 황남대총 남분으로 파악하고 황남대총 북분, 천마총과 같은 초기 대형분과 공통의 구조적 특징을 검토하였다. 기원 고찰에 있어서 목곽, 적석, 원형 호석(圓形 護石), 원형 고대봉토(圓形 高大封土)라는 구조를 하나의 세트로 보고 이의 계통을 추적한 다음 나머지 부수적인 문제들을 해석하여야 한다고 주장하였다. 지상에 축조한 목곽, 목곽 주위와 위에 쌓은 적석부, 호석이 둘러진 원형의 고대봉토와 같은 특징은 카자흐스탄 베샤티르(Besshatyr), 이시르(Issyr), 치리크타(Chirikta)[153] 등 중앙아시아에 분포하며, 황남대총 남분 구조 가운데 적석부 위 봉토 중의 가구물(架構物)과 적석부의 환목조골격(丸木造骨格)틀은 코스트롬스카야 쿠르간(Kostromskaya Kurgan)과 파지리크 쿠르간(Pazyryk Kurgan)[154]의 구조와 관계있는 것으로 파악하였다. 그리고 그는 내곽과 외곽 사이에 잔자갈을 채운 구조도 파지리크(Pazyryk) 대형분에서 볼 수 있고, 투조금박(透彫金

---

153) 축조시기를 소련에서는 BC 7세기~BC 4세기로 잡고 있지만, 이들 중에는 명백하게 BC 4세기 이후로 내려오는 것도 있다(최병현, 2004, 재인용).

154) BC 5세기~BC 3세기 경에 조영되었다(최병현, 2004, 403쪽 재인용).

箔) 무늬 장식목관도 파지리크와 노인울라(Noin-Ula)[155]에서 확인되는 것으로 보아 신라적석목곽분 가운데 대형분의 조형(祖型)을 단정적으로 말할 수는 없으나 이들 가운데 있을 것으로 판단하였다.

한편 가장 먼저 조영된 것으로 믿어지는 황남동 109호분 3·4곽에는 풍소불묘등자(馮素弗墓鐙子)를 비롯한 고구려 금공품이 이입되어 있는데, 일본학자들은 이 등자가 광개토왕 남정으로 한반도 남부에 확산되었으므로 이 분묘가 AD 400년 이전에는 조영되지 못하였다고 주장한다. 이런 주장이 사실이라면 적석목곽분은 고구려 적석총의 영향으로 형성된 것이 유력하다는 설이 지지를 받는다.

이러한 주장에 대하여 최병현(2004)은 풍소불묘등자에 대하여 공반유물을 종합적으로 보지 않고 유물 하나하나를 개별적으로 형식 편년하는 일본식 특유의 형식학과 한국 고분문화를 일본 고분시대의 체계에 맞추어서만 해석하려는 의도가 범한 오류로 파악하였다. 풍소불묘등자는 단병계(短柄系) 등자의 발전형식 가운데 하나에 불과할 뿐 결코 동아시아 등자의 최고식(最古式)이 아니며, 황남동 109호분 단병등자, 황남대총 남분의 장병등자가 오히려 풍소불묘등자보다 앞서는 고식이라고 주장하였다. 그는 동아시아에서 등자는 북방 호족계통의 장병계등자와 강남 한족계통의 단병계등자가 4세기 전반기부터 6세기 초까지 시종 공존하고 있었으며, 풍소불묘등자는 5세기 초에 속하는 단병계등자의 한 발전형식일 뿐이라고 생각하였다. 아울러 황남대총에 출토된 청동용기의 조합상과 집안 칠성산 고구려 적석묘 출토유물을 비교하고 동아시아 등자에 대한 고찰을 통하여 황남대총 남분의 연대를 4세기 중반 내지 후반기 초로 설정하였으며, 이를 근거로 이보다 앞선 시기에 조영된 황남동 109호분 3·4곽을 4세기 전반기 중반 경으로 편년하였다. 그리고 적석목곽분은 6세기 전반기까지 유지되었으나, 이후 율령반포(법흥왕 7년, AD 520년)와 불교공인(법흥왕 14년, AD 527년) 등에 수반되어 최고 지배층의 묘제에 혁명적 전환이 있었다고 보았다.

---

155) 몽골 수도 울란바타르 북방 약 100km에 있으며, BC 1세기에서 AD 1세기 경에 조영된 것으로 추정된다(정수일, 2001; 최병현, 2004).

김원룡(1972)은 북방원류설을 주장하고 경주 적석목곽분이 시베리아 스텝 지역 목곽분의 동단 마지막 형식이라고 판단하였으며, AD 350년 경부터 AD 600년 경까지 만들어졌다고 생각하였다. 이은창(1978)도 원류는 시베리아 분묘 구조에 있으며, 스키타이(Scythai)인의 분묘로서 알타이 파지리크(Altai Pazyrik) 고분, 시베(Shibe) 고분[156]과 연계되는 것으로 보았다(최병현, 1992).

적석목곽분의 북방원류설에 대하여 강인구(1981)는 두 지역의 거리가 너무 멀리 떨어져 있고, 중간 지점에 경로를 밝혀 줄 흔적이 없으며, 두 지역 유적의 축조 연대 차이가 지나치게 크다는 점을 들어 경주 적석목곽분의 시베리아 기원에 대한 가능성을 낮게 보았다.

이러한 비판에 대하여 최병현(2004)은 경주의 적석목곽 문화가 출현한 시기를 4세기 전반기로 보며, 중앙아시아와 경주 사이에 적석목곽 문화의 이동 흔적이 없는 것은 북방아시아의 목곽분 문화는 기본적으로 흔적을 남기지 않고도 단시간 내에 장거리를 이동할 수 있는 급속한 이동력이 있는 기마민족들의 문화 때문이라고 설명한다. 또한 AD 4세기 전반기가 북방의 기마민족들이 중원으로 남하를 개시하던 시기 직후이므로 기마민족 남하 시작 시기와 경주 적석목곽분 출현 시기는 거의 같으며 시간적 차이는 크게 문제가 되지 않는다고 생각하였다.

강봉원(2004)은 기마민족이 급속하게 경주로 왔다면 그들이 사용한 금제품이나 마구류들이 동일한 재질의 동일한 물품으로 경주에서 발굴되어야 하는데 이러한 출토가 보고된 바가 없으므로 신라 적석목곽분과 기마민족 이동과의 연계는 재검토되어야 한다고 주장하였다.

이와 같이 적석목곽분이 조성되기 시작한 시기에 대해서는 고고학계에서 다양한 견해가 제시되는데, 이것은 이 묘제의 성립 배경과 맞물려 앞으로도 계속 논의될 것으로 생각된다. 이와는 대조적으로 적석목곽분이 소멸된 시기에 대해서는 큰 이견이 없다. 23대 법흥왕이 율령을 반포하고 불교를 공인하면서 지배층의 묘제는 평지를 벗어난 산지에 횡혈식 석실분으로 만들어졌다. 가장 나중에 축조된 것은 산지에 있는 적석목곽분인 보문동 부부총의 부총(夫墓)으로서 적석목곽분에서 횡혈식 석실묘로 가는 점이적인 특징을 보인다. 이 시기는 대체로

---

156) BC 3세기~AD 1세기 경에 조영되었다(최병현, 2004, 403쪽 재인용).

6세기 초반 경으로 추정하고 있다.

3) 적석목곽분의 구조적 특성

적석목곽분을 구성하는 요소는 토광, 목곽, 적석, 봉토이다. 이들은 모두 연계되어 있는 하나의 체계이므로 어느 것이 더 중요하다고 판단하는 것은 불가능하지만, 현재까지 조사된 적석목곽분들의 구조에서 가장 관심을 끄는 점은 시신을 넣은 묘곽 위치, 적석의 존재, 적석부 위를 덮은 봉토의 유무이다.

경주에 분포하는 적석목곽분에 대한 보고를 검토한 자료들에 의하면, 묘곽의 위치는 다양한데 지표면 아래 수혈식 토광(竪穴式 土壙)을 파고 거기에 설치한 것, 지상(地上)인 것, 이들의 중간적인 것으로 세분된다. 적석과 봉토는 적석부 위에 봉토를 쌓은 것, 봉토의 존재 여부 자체가 의심스러운 것으로 나누어진다. 따라서 발굴자에 따라서는 적석목곽분이라고 하지 않고 적석총, 적석식고분 등 단순화되고 포괄적인 명칭을 사용하는 경우도 있다.

최병현(2004)은 적석목곽분을 묘곽이 목곽이거나 또는 곽벽은 나무가 아니더라도 목개(木蓋)로 덮고 그 위에 적석을 쌓은 것, 고분이 축조된 지 얼마 뒤에 적석이 함몰되어 발굴 당시 묘곽 위에 중심부가 함몰된 적석부가 있는 것, 묘곽 내부가 함몰된 적석으로 채워져 있는 것으로 정리하였다.

(1) 묘곽의 위치[157]

적석목곽분 가운데 지하식은 당시 지표면으로부터 목곽바닥에 해당하는 부분까지의 묘광 깊이가 1.5m 이상이므로 목곽의 높이가 1.5m라 하더라도 시신의 위치는 지하에 있는 셈이다. 금령총, 식리총, 호우총, 은령총은 봉분의 규모가 큰 편에 속하는데, 특히 금령총과 식리총은 묘광 깊이가 2.5m 이상이다.

---

157) 최병현(2004)에 의해 가장 이른 시기(1)부터 6단계로 시기를 구분한 적석목곽분 목록에서 정리하였다.

표 6. 묘광 깊이에 따른 적석목곽분 분류

분묘	묘광 깊이(m)	시기	분묘	묘광 깊이(m)	시기
미추왕릉전지역 A지구 제3호고분	2.2	6	인왕동 19호분 L곽	2.8	3
미추왕릉전지역 C지구 제1호고분	2.1	6	인왕동 19호분 Z곽	2.8	
미추왕릉전지역 C지구 제4호고분	1.75	5	인왕동 19호분	1.8	
미추왕릉전지역 D지구 제1호고분	1.7~1.6	3	인왕동 20호분	1.8	
미추왕릉지구 5구역 제2호분	1.5	4	황남동 83호분	1.5	
인왕동 19호분 B곽	1.5		금령총	3.0	5
인왕동 19호분 E곽	2.9		식리(飾履)총	2.7	5
인왕동 19호분 F곽	2.69	2	황오동 제4호분	지하식	5
인왕동 19호분 G곽	2.82	2	노서동 138호	지하식	5
인왕동 19호분 H곽	1.96	3	호우총	2.0	6
인왕동 19호분 J곽	1.83	2	은령총	2.3	5
인왕동 19호분 K곽	2.4	2	-	-	
미추왕릉전지역 C지구 제2호고분	1.3	3	황남동 82호분 동총	0.6(반지하식)	2
미추왕릉전지역 C지구 제3호고분	1.0	4	황남동 82호분 서총		3
미추왕릉전지역 C지구 제5호고분	0.8		보문동 부부총	1.35	6
미추왕릉지구 제5구역 제8호분	1.0 미만	3	황오동 54호분	1.0	
미추왕릉지구 제5구역 제4호분	1.14	4	황오동 고분	1.4	3
황남동 109호 3, 4곽	1.0	1	황남동 110호	1.38	1
미추왕릉전지역 C지구 제11호분	1.25	5	황오동 제14호분	1.0	1
황남대총(황남동 98호) 남분	0.45	2	황남대총(황남동 98호)북분	0.45	3
황남동 109호 2곽	지상식	2	서봉총	0.6	4
황남동 82호분	지상식	2	천마총	0.4	5
황남동 109호 1곽	지상식	2	금관총	0.4	5

(지하식 / 반지하식 / 지상식 — 표 좌측 분류 구분)

반지하식은 묘광 깊이 1.4m 미만이지만, 황남동 82호분 서총은 보고서에 반지하식으로 기재되어 있으므로 여기에 포함하였다.

지상식은 황남대총, 서봉총, 천마총, 금관총과 같이 분묘를 조영할 당시의 지표면에서부터 묘광바닥까지의 깊이가 0.6m 이하이거나, 발굴보고서에 지상식으로 기재된 것을 포함하였다.

(2) 적석과 봉토

왕경 지역 적석목곽분의 목곽을 덮고 있거나 가장자리를 채우고 있는 자갈은 주로 거력(boulder)이나 대력(cobble)급 원력이다. 시신을 넣은 묘곽은 흙으로 덮기도 하지만, 지석묘와 같이 하나의 큰 돌을 얹는 경우도 있다. 다만 경주의 적석목곽분에 사용된 적석의 양은 큰 차이가 있다. 적석목곽분의 규모는 적석부의 규모와 관계가 있을 것으로 생각된다. 그러나 목곽을 덮은 적석량에 차이가 나는 원인이 무엇인가에 대해서 논의한 보고는 없다. 이것은 경주의 적석목곽분 가운데 일부만 발굴되었으며, 발굴된 무덤이 누구의 것인지에 대해서 판단하기 어렵고, 사용된 적석의 양과 무덤 주인의 계급, 시기적 순서의 상관관계를 논의하기 어렵기 때문일 것이다.

고대국가가 엄격한 신분사회이고 신라의 경우 골품제까지 적용되었으므로 신분이나 골품에 따라 봉분의 규모가 제한되었을 가능성이 크다. 아울러 봉분을 만드는데 드는 비용도 이것의 규모와 관계있다. 이 무덤을 조영하는데 가장 비용이 많이 드는 부분은 목곽에 넣는 부장품과 적석부를 구성하는 자갈과 그 위를 덮는 흙을 운반하는 운송비일 것이다. 왕경 지역의 적석목곽분에 사용된 돌은 주변의 지표면을 구성하고 있는 선상지의 표층이나 북천 하상에서 채취하였을 것이다. 그리고 대력(cobble)급 자갈은 북천 및 형산강 하상에서 운반해 올 수 있다. 봉토는 왕경 지역 지표면을 이루고 있었던 뢰스와 주변의 산지와 하천에서 가져온 흙을 판축하여 만들었을 것이다. 이렇게 볼 때, 같은 양의 자갈을 채취하는 비용과 토양을 채취하는 비용은 거의 비슷하였을 것이다. 적석과 봉토의 재료인 자갈과 토양을 운반하는데 많은 비용이 요구됨에도 불구하고 거대한 봉분을 만든 것에 대하여 의문이 생긴다. 즉, 이와 같은 분묘 구조를 하지 않으면 안되는 이유가 있었을 것으로 생각한다.

한편, 무덤 조성 당시 적석 위에 봉토를 덮었는가 하는 것도 또 하나의 쟁점이다. 이 분묘가 조영된 지 1,500년 정도 경과하여 봉토가 크게 변형되었으므로 조영 당시부터 봉토가 있었는가에 대해서는 불확실하다. 만약 최초에 봉토가 있었다면 발굴하는 과정에 적석 사이에 토양이 어떻게 채워져 있는가를 상세하게 검토하면 어느 정도 설명이 가능하겠지만 후대에 봉토를 덮었을 수도 있으므로 최초의 상태를 파악하기 어렵다.

최병현(2004)은 신라 적석목곽분의 봉토 표면은 원래 점토[158]로 덮여 있으나, 오랜 세월이 지나면서 표면의 점토층이 풍우에 씻겨 내려갔던 것으로 판단한 반면, 강인구(1981)는 경주에 조영된 적석목곽분이 처음에는 모두 봉토가 없이 만들어진 순수 적석총이었다고 주장한다. 이 논의에 대해서는 봉토를 하는 경우와 그렇지 않은 경우를 비교하여 검토한다면 추정이 가능하다. 몽골의 카라코룸 부근 현무암 용암대지에 조영된 적석목곽분에는 적석 위에 봉토가 없다. 그러나 노인울라를 비롯한 다른 지역에는 봉토가 있어서 지역적인 차이가 존재한다. 이것은 현무암 용암대지에서는 토양을 채취할 수 없으므로 봉토를 하지 않았으며 다른 지역에서는 쉽게 토양을 구할 수 있었다. 이렇게 볼 때 주변에서 토양을 채취하는데 어려움이 없는 환경에서 적석목곽분에 봉토를 하지 않을 이유가 없다고 판단된다.

왕경에 적석목곽분이 조영되던 때 이 지역의 지표면에는 두께 50cm 가량의 뢰스층이 퇴적되어 있었을 것이다. 뢰스층을 구성하는 점토질 실트(clayey silt)는 판축하여 봉토를 만드는 재료로 쓰였을 것이다.

---

158) 점토는 clay를 번역한 것인데, 경주 적석목곽분 봉토를 구성하는 토양은 clay가 포함된 silt이므로 점토질 실트 (clayey silt)로 표현하여야 한다.

4) 토론

(1) 적석목곽분의 입지 특성

청동기시대를 대표하는 분묘인 지석묘는 대부분 취락 및 경작지와 인접한 곳에 입지한다. 진주 대평의 자연제방 발굴에서 확인된 청동기시대 분묘는 거의 취락과 경작지 사이에 분포하였다. 자연제방의 가장 높은 부분에 취락이 자리잡고 경작지는 자연제방과 홍수시에 물에 잠기게 되는 배후습지 사이에 배치하였다. 이 시기 사람들에게는 현재의 삶이 가장 중요하고 그 다음은 사후의 삶이며, 식량이 되는 곡물은 중요한 자원이지만 조상의 사후 삶터보다는 의미가 낮다고 생각한 것이다. 초기철기시대와 삼한시대에도 무덤 입지의 이와 같은 경향에 큰 변화가 없었던 것 같다. 그리고 이러한 생각은 고대에도 계속되었을 것이다. 즉, 고대인은 삶과 죽음의 세계를 전혀 다른 별개의 것으로 생각하지 않고 현재의 삶이 사후세계에도 그대로 연속되는 것으로 인식하였으므로 분묘공간을 주거지와 인접한 곳에 조성하였던 것으로 생각된다.

초기철기시대와 원삼국시대 경주 일원 토광묘들의 입지는 토광목관묘 단계와 토광목곽묘 단계에 약간 차이가 있는데, 토광목관묘 단계는 입실리 유적부터 조양동 유적까지 모두 평야와 접하는 구릉 경사면의 끝부분에 위치한다(최병현, 2004). 토광목곽묘단계에 와서 경주지역의 토광묘 입지는 여러가지로 나타나는데 첫째, 조양동유적에서처럼 평야에 접하는 구릉 경사면의 끝부분에 집단적으로 분포하거나, 둘째로는 선상지인 경주 시내 평지와 건천 금척리에서도 확인되고, 셋째 구정동 유적과 같이 산의 정상부에서부터 능선을 따라 입지하는데, 첫 번째와 두 번째 토광묘를 만든 사람들은 그들의 주거지 가까이 묘지를 조성한 것이다(최병현, 2004).

왕경에서 적석목곽분은 대부분 노서동, 노동동, 황남동, 황오동, 인왕동, 교동의 일정한 구역에 분포한다. 적석목곽분이 분포하는 곳들 가운데 해발고도가 가장 높은 곳은 노서동과 노동동 고분군 지역이다. 이곳보다 북쪽에는 용천에서 발원하여 약 500m 흐르다가 다시 지표면 아래로 스며 들어가는 소하천이 있는데, 고분군 구역보다 해발고도가 1~2m 더 낮다. 황남동고분군(미추왕릉 지역)과 그 동쪽에 있는 황오동 고분군은 주변에 비해 2~3m 더 높다. 다만 이 고분군의 북쪽 가장자리에 있는 분묘 지역에는 소하천이 분포하지 않지만 상대적으로 해발고도가 낮다. 이들의 동쪽에 있는 인왕동 고분군은 남쪽의 소하천보다 1~2m 더 높은 곳에 조성되어 있다. 그러나 황오동과 인왕동 고분군 가운데를 북동-남서 방향으로 지나는 남고루를 연하여 해발고도는 상대적으로 낮다. 이곳에는 현재 하수도가 지나간다. 첨성대 남서쪽의 교동 고분군과 이보다 서쪽에 있는 늦점들의 황남동 고분군은 선상지 저위면을 개석한 개석곡 및 그의 주변 범람원에 해당한다. 다만 첨성대와 교동을 연결하는 저평한 분수계에도 적석목곽분이 분포하는데, 안압지를 지나 월성의 서쪽으로 돌아 남천에 합류하는 발천과 대릉원 입구 남쪽에서 서쪽으로 흘러 형산강에 합류하는 소하천 사이에 상대적으로 높은 곳이다(그림 41).

왕경 지역에서 적석목곽분 분포지는 주변에 비해 전체적으로 약간 높지만, 그림 47의 남서쪽 모서리에 있는 것(143호와 145호 분묘 일대)은 범람원에 입지하고 있다. 범람원은 강수량이 많은 하계에는 지하수위가 지표면 부근까지 상승하여 토양의 수분이 많으므로, 지표면을 파서 조성하는 분묘의 입지로는 적합하지 않다. 더욱이 소하천이 통과하는 곳은 분묘의 입지 조건으로는 가장 열악하다. 그럼에도 불구하고 경주선상지 선단부 바깥의 범람원에 해당하는 왕경 지역 남서쪽 구역에 143호와 145호 고분을 비롯한 열 개 내외의 적석목곽분을 조영한 것은 이보다 환경이 양호한 곳에는 이들 분묘를 조영할 당시 이미 취락이 조성되어 있었기 때문이었다. 아울러 적석목곽분에 사용된 거력(boulder)은 북천 하상에 퇴적되어 있으므로 북천에 인접할수록 운송비가 적게 든다. 그럼에도 불구하고 왕경 남서쪽 적석목곽분 분포구역은 오히려 북천에서 상당한 거리가 있다. 이것은 노동동과 노서동보다 북쪽의 북천에 인접한 구역에는 이미 주거지가 입지하여 분묘를 조성할 수 없었기 때문일 것이다. 한편 왕경 지역 남서쪽과 건천선상지의 선단부에 해당하는 금척 고분군 지역에는 적석목곽분이 조영되기 전에 토광목곽묘가 이미 입지하였다. 이렇게 볼 때, 초기 신라시대 동안 경주 왕경 지역에서

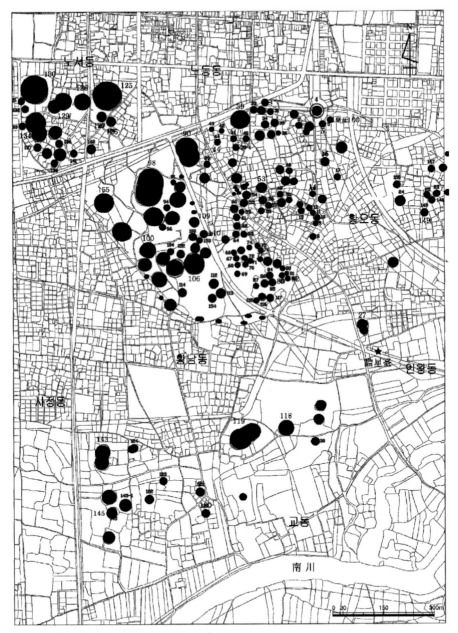

그림 47. 왕경 지역 중심 고분군 분포(심현철, 2013)

는 그 이전 시기와 비교하여 분묘의 형태가 변한 것이지 묘지의 입지가 변한 것은 아니었다.

경주선상지 적석목곽분 가운데 주변 지역과 상대적으로 비고차가 큰 노동동과 노서동 고분군에는 서봉총, 금관총과 같은 지상식과 금령총, 식리총, 호우총, 은령총과 같은 지하식이 함께 조영되어 있다. 지하식은 봉분 및 적석의 규모가 지상식에 비해 훨씬 작다(그림 48, 그림 49). 이것은 지하식이 지상식에 비해 적석의 양이 적어도 무덤을 효과적으로 유지할 수 있기 때문이다. 적석목곽분을 만드는 데는 많은 비용이 들지만, 지하식으로 조영한다면 적석의 규모를 줄일 수 있으므로 경제적인 부담이 적다. 그럼에도 불구하고 지상식으로 조영한 것은 나름대로 이유가 있을 것이다.

왕경 지역에 필요한 용수는 거의 지하수로부터 얻어졌다. 초기에는 경주선상지에 인구가 상대적으로 적었으므로 지하수에서부터 얻는 용수 수요가 적어 지하수위가 높았다. 따라서 시신을 지상에 둘 수밖에 없으므로 지상식으로 분묘를 만들었고 적석의 규모가 커질 수밖에 없었을 것이다. 시간이 지나면서 왕경 지역에 인구가 증가하고 취락의 밀도가 높아지면서 지하수를 많이 사용하였으므로 수문환경에 변화가 발생하였으며 지하수위는 낮아지게 되었다. 따라서 분묘를 지하식으로 만들 수 있게 되었으며, 적석부의 규모를 축소할 수 있는 여지가 생겼다.

한편 지상식을 만들면 지표면까지 토양이 지하수로 포화된 개석곡에도 적석목곽분을 조영할 수 있었다. 이 방법은 분묘의 입지로 불리한 장소까지 이용할 수 있으므로 용지난을 해결하는 방편으로 이용하였을 가능성이 높다. 그리고 지하수위가 높아서 분묘로 사용하는데 불리한 공간은 상대적으로 나중에 이용되었을 것으로 생각된다. 특히 적석목곽분이 조영된 곳은 신라 주도세력이 신성한 장소로 생각한 계림과 권력의 중심이 있었던 월성에 인접하여 있었으므로 용지부족은 생각보다 일찍 제기되었을 것으로 추정된다. 왕경의 남서쪽에 있는 개석곡에 조영된 143호, 124호, 118호, 115호와 119호분 주위는 현재 토양의 표층까지 수분에 포화되어 있다. 이곳은 분묘를 조성하는데 대단히 열악한 곳이므로 가장 나중에 적석목곽분들이 조영되었을 가능성이 크다.

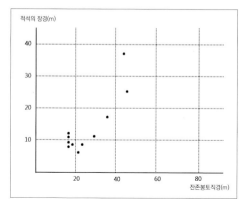

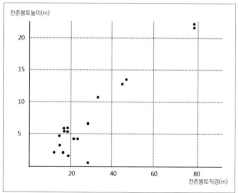

그림 48. 잔존봉토 직경과 적석 장경과의 관계   그림 49. 잔존봉토 직경과 잔존봉토 높이와의 관계

AD 520년 율령반포와 527년 불교공인으로 인한 법흥왕대의 엄청난 사회변화와 함께 6세기 초부터 분묘는 왕경 지역을 벗어나 산지로 옮겨간다. AD 520년대 분묘의 장소 이동과 묘제 교체가 함께 단기간에 이루어졌던 배경을 일반적으로 불교의 공인[159]으로 변화된 신라인들의 죽음에 대한 사고체계 변화에서 찾는다. 주거지와 인접하여 조영하던 분묘 장소를 산지로 바꾸고 부장품을 크게 줄인 것은 이와 같은 추정을 뒷받침한다. 산지로 옮겨간 분묘에는 구조적인 변화도 나타난다. 이것은 적석목곽분과 전혀 다른 형태인데, 구릉지에서는 지표면에 수혈을 파서 매장할 수 있으므로 적석목곽분과 같은 구조를 유지할 필요가 없었다. 이와 같은 분묘 공간의 이동에는 왕경 지역의 묘지 용지난도 영향을 미쳤을 것이다. 정복전쟁을 통해 영토를 확장하고 가야연맹의 낙동강 교역망을 와해시키고 영남 지역 대부분을 자신들의 상권으로 편입한 과정에 경주 지역의 인구는 빠르게 증가하였다. 그리고 AD 469년에는 오랫동안 계획한 왕경 도시재개발 사업을 마치고 직교식 가로망에 방리명을 부여하였다. 이도시재개발 사업은 분묘구역을 제외한 왕경 전체를 대상으로 수년 또는 그 이상 긴 기간 동안 진행되었는데, 아마도 이미 분묘구역은 용지가 부족할 만큼 포화상태였을 것이다. 그러므

---

159) AD 521년 법흥왕은 불교를 수용하고 진흥시키려 하였으나, 귀족의 반대로 실패하였다. AD 527년 이차돈이 순교하면서 왕실에서는 왕권 중심의 지배체제를 유지하는 정신적 지주로서 적합하다고 판단하여 불교를 공인하였다.

로 당시 적석목곽분 구역에서는 이미 분묘가 있었던 자리에 새로운 무덤을 중복하여 조영한 것이 확인된다. 그리고 분묘구역의 주위에도 도시화가 진행되어 인구밀집 지역이 되었을 것이다. 이와 같은 추정의 근거는 고대 경주의 도시구획에서 가로망을 보면 분묘구역을 제외한 지역은 격자상으로 되어 있는데 이 구역만은 예외적으로 불규칙한 가로구조를 하고 있다.

(2) 적석목곽분의 구조에 미친 지형의 영향

적석목곽분 가운데 일반에게 공개되는 천마총을 비롯한 지상식 대형분의 경우 유물이 확인되는 목곽의 바닥 토양은 검은색이다. 이것은 토양에 부식질(humus)이 많이 포함되어 있음을 시사한다. 유기물들은 대부분 형체를 알 수 없으나 박테리아에 의해 완전히 분해되어 버린 것이 아니었다. 이것은 지하수위가 상승하면 목곽 바닥까지 지하수의 영향을 받을 수 있으므로 토양수분이 풍부한 환경이 지속되었음을 의미한다. 지표면 위에 봉분을 높이 쌓았으므로 모세관 현상으로 원래 지표면보다 위쪽까지 지하수위가 상승하였을 것이다.

토양 미생물 활동으로 시신이 잘 분해되어 토양화가 용이한 지역에서는 일반적으로 매장을 한다. 고온다습한 열대기후 지역은 구데기 등에 의해 훼손될 수 있고 전염병 등 위생 문제가 발생할 가능성이 높으므로 화장을 선호한다. 영구동토층으로 된 한랭건조한 티벳고원이나 몽골에서는 땅을 깊게 팔 수 없을 뿐 아니라 토양온도가 너무 낮아서 미생물 활동이 미약하므로 시신이 분해되기 어렵고 초원에 사는 설치류 등에 의해 훼손되기 쉽다. 따라서 독수리와 같은 맹금류로 하여금 처리하게 하는 조장(鳥葬)을 한다. 그리고 사막기후(BW) 지역에서는 땔감도 없고 토양에 미생물도 거의 없으므로 시신을 완전히 건조시켜 미이라로 만든다. 우리나라와 같이 계절변화가 뚜렷하며 비교적 온난한 중위도에서는 대부분 매장하여 미생물과 같은 분해자들이 시신을 분해하도록 한다. 이때 가장 우려하는 것은 시신이 매장된 장소에서 사람이나 동물에 의해 대기 가운데 노출되어 훼손되거나 그리고 시신이 수분으로 포화된 토양에 매장되는 경우 분해되지 못하여 흉한 모습으로 남는 것이다.

진시황릉과 같은 거대한 봉분을 하거나, 흉노의 왕 아틸라의 무덤과 같이 큰 하천의 하상을 파고 매장하는 것은 더욱 근본적인 목적이 있다. 그것은 권력자의 권위를 상징적으로 나타내기도 하지만 정치적인 반대자나 부장품을 약탈하려는 자에 의해 시신이 훼손되거나 부장품이 망실되는 것을 방지하는 것 그리고 이런 문제를 원천적으로 방지하기 위하여 무덤의 위치를 숨기기 위한 것이다. 이러한 경향은 부장품의 양이 많은 왕을 비롯한 지배계급의 분묘일수록 봉분의 규모를 크게 하는 것에서도 짐작할 수 있다. 2001년 발굴된 시베리아의 투바공화국 아르잔2호 쿠르간(Kurgan)은 직경 80m에 달하는데, 무덤의 중심부에는 아무것도 없었으나 중심부에서 14m 떨어진 곳의 지하식 목곽에서 5,700점의 황금 유물을 비롯한 기타 수 천점의 유물과 두 구의 시신이 발굴되었다. 발굴자들은 이와 같은 목곽 배치는 도굴꾼들이 항상 중앙부부터 판다는 사실을 당시 사람들이 알고 도굴을 회피하기 위한 방책인 것으로 추정하였다.[160]

경주분지에 적석목곽분을 조성한 것은 이것이 거대한 분묘를 만드는 기본적인 목적을 달성하는 동시에 이 지역의 자연환경에 가장 적합한 양식이었기 때문이다. AD 231년 경 가야연맹의 낙동강 교역망이 선산 부근에서 단절되었고, 사로국은 현재 경북 지역 대부분을 자신의 독점적 상권으로 편입하였다. 이 시기 이후 사로국은 크게 신장된 국력과 왕권을 대내외에 과시하기 위하여 금을 비롯한 많은 부장품이 들어간 거대한 분묘를 조성하여 권력자의 권위를 높이고, 사후 삶터인 무덤의 훼손 위험을 최소화하면서 가장 경제적으로 분묘를 조성하는 방안을 논의하였을 것이다. 그러나 왕경 지역의 지하수위가 높은 것은 당시 경주 사람들은 모두 알고 있는 사실이었다. 따라서 시신의 위치를 지표면보다 크게 낮출 수 없으므로, 곽이나 관을 지상에 얹거나 지표면을 약간 파고 거기에 안치하였다. 이와 같은 방식으로 시신을 지하수위보다 높은 위치에 두었으나, 결과적으로 거대한 봉분을 조성하면서 모세관 현상으로 분묘 바닥의 지하수위가 주변의 평지보다 높아졌던 것이다. 황남대총에서 인골이 분해되지 못하고 발굴될 수 있었던 것이 이와 같은 사실을 지지한다.

지표면에 설치된 목곽은 시간이 경과되어 봉분이 낮아지면 시신과 부장품들이 노출된다.

---

160) 마이크 에드워즈, 2003, 시베리아의 스키타이 황금공예의 대가들, 내셔널 지오그래픽(한국어판), 4권 6호, 112~129.

매장주체부를 지상식으로 조성할 수밖에 없는 상황임에도 불구하고 자갈이 아닌 토양으로 봉분을 만든다면 토양침식 속도가 자갈층이 침식되는 속도보다 상대적으로 빨라서 시간이 경과하면 지상에 설치된 곽이나 관이 노출될 가능성이 커진다. 봉분을 토양으로 조성하여 발생하는 문제를 방지하기 위해서는 처음부터 봉분의 사면경사를 매우 완만하게 만들어야 하는데, 이 경우 봉분 장경이 길어지고 봉분이 차지하는 면적은 대단히 넓어진다. 진시황릉과 같이 판축을 한 경우에도 봉토의 높이에 비해 장경이 매우 길다.

아울러 적석목곽분의 적석을 덮고있는 봉토의 조성에 막대한 양의 토양이 소요되는데, 경주선상지 지표면의 뢰스(loess)를 활용하는 것이 시간과 비용을 절약할 수 있다. 그렇지 않으면 토양을 주변 산지에서 운반해야 하는데, 이 경우는 더 많은 비용이 든다.

그리고 목재로 된 곽과 관을 두꺼운 적석으로 덮으므로 도굴꾼들이 부장품을 훔치기 위해서는 무덤 정상부로부터 막대한 양의 거력을 제거하여야 비로소 목곽에 도달할 수 있으므로 도굴이 불가능하다. 따라서 권력자로서 권위를 나타내고 훼손 위험을 줄이기 위해서는 거력(boulder)을 두껍게 쌓는 것이 가장 유리하다. 이것의 효과는 조성된 이후 1,600년 동안 경주의 적석목곽분들이 도굴 등으로 훼손을 거의 받지 않고 원래의 상태를 유지한 것에서 확인할 수 있다. 그리고 적석목곽분에 필요한 재료들 가운데 거력들은 선상지로 된 왕경 지역의 표층과 북천에서 얼마든지 조달할 수 있었다.

적석목곽분의 구조를 논의하는데 또 하나의 쟁점은 봉토 문제이다. 강인구(1981)는 고구려 방형 적석총의 영향을 받았으므로 방형 또는 장방형의 형태인 적석 위에 봉토가 없었고, 후대에 봉토가 덧씌워졌다고 주장하였다. 그러나 이와 같은 논의에는 보다 엄밀하게 검토할 사항들이 있다. 신라의 적석목곽분에서 봉토를 하지 않았다면 적석으로 사용된 거력의 하상력들이 만드는 커다란 공극으로 강수가 그대로 침투하며 더욱이 지표수가 거력들 사이로 흘러들어와 분묘의 가장 중요한 시신과 부장품을 물로 포화시켰을 것이다. 분묘 본래의 목적을 달성하기 위해서는 적석목곽분이 조성되면서부터 봉토는 존재했을 수밖에 없다.

적석목곽분의 구조에서 봉분의 규모도 논의의 대상이다. 이것은 적석목곽분에서도 후기에 조성된 무덤일수록 지하식이 많고 봉분의 규모도 작아진다. 그림 48과 그림 49는 봉토와 적석 규모의 상관관계를 나타낸 것이다. 지상식인 황남대총 남분과 북분은 봉토 저부의 직경이 각각 80m, 천마총 47m, 금관총 45m(추정) 서봉총 36m(추정)인데 비해 지하식인 금령총 18m, 은령총 20m, 호우총 16m, 식리총 30m이다. 지상식은 직경이 36m 이상인데 비해, 지하식 직경은 30m 이하이다. 황남대총은 적석목곽분 가운데 이른 시기에 조영된 것으로 봉분이 대단히 크며 다른 지상식 분묘들도 마찬가지이다.

적석목곽분의 특징을 가장 잘 보여주는 것은 최고 수준의 초기 대형분인 황남대총 남분, 황남대총 북분, 천마총, 금령총인데, 이들을 비교하면 시기가 내려올수록 간략, 축소, 생략되어 간다. 이와 같은 현상은 마립간기 왕권의 안정과 사회의 내실화로 장자세습이 정착된 결과로 해석하고 있다. 이것은 묻혀있는 이의 사회적 신분을 나타낼 뿐 아니라 무덤의 훼손 가능성 및 분묘를 만드는데 드는 비용과도 관계가 있을 것이다. 다른 한편 자연환경의 미세한 변화와 관련지어 검토해 볼 여지가 있는데, 특히 지하수위의 하강이 이러한 수혈식 적석목곽분의 조영에 크게 기여하였을 것이다.

지상식 적석목곽분은 봉분의 규모가 클수록 권위를 높일 수 있으나 무덤 장경이 커지므로 평면적이 넓어지며 무덤조성에 비용이 대단히 많이 소요된다. 따라서 용지난을 피하고 묘지조성에 드는 비용을 줄일 필요가 있었다. 이러한 이유로 될 수 있으면 지표면을 파고 목곽을 지표면 아래에 넣어 두고 적당한 양의 적석으로 봉분을 만들고자 하였을 것이다. 지하에 두게 되면 적석의 규모를 축소하여도 봉분이 훼손되어 목곽이 공기 중에 드러나는 위험이 크게 줄어든다. 그리고 무덤이 차지하는 공간도 줄어들어 용지난[161]을 쇄감시키는데 기여할 수 있다. 만약 그러한 생각이 없었다면 즉, 용지문제와 경제적인 고려를 하지 않았다면 황남대총과 같은 거대한 봉분들이 지속적으로 조영되어야 하며, 굳이 지하식으로 변경할 이유가 없었을 것이다.

주위보다 해발고도가 1~2m 더 높은 지역인 노서동 고분군 구역에는 지상식인 서봉총과

---

161) 왕경의 적석목곽분 분포 지역에는 분묘를 누층적으로 사용한 장소가 곳곳에서 확인된다.

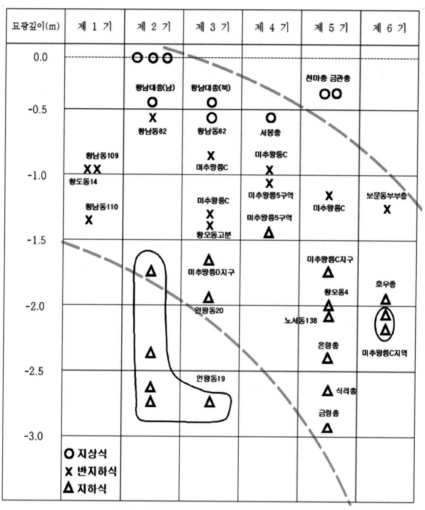

묘광깊이(m)	제 1 기	제 2 기	제 3 기	제 4 기	제 5 기	제 6 기
0.0		OOO			천마총 금관총 OO	
-0.5		황남대총(남) O X 황남동82	황남대총(북) O O 황남동82	서봉총 O		
-1.0	황남동109 XX 황도동14		X 미추왕릉C	미추왕릉C X X		
	황남동110 X		미추왕릉C X X 황오동고분	미추왕릉5구역 미추왕릉5구역 △	미추왕릉C X	보문동부부총 X
-1.5		△	미추왕릉0지구 △		미추왕릉C지구 △ 황오동4	
-2.0			인왕동20 △		△ 노서동138	호우총 △ △ 미추왕릉C지역
-2.5		△	인왕동19		은령총 △	
		△ △	△		△ 식려총 금령총	
-3.0					△	

O 지상식
X 반지하식
△ 지하식

그림 50. 적석목곽분 조영시기와 목곽바닥의 위치

함께 지하식인 금령총, 식리총(飾履塚), 호우총, 은령총이 군집을 이루고 분포한다. 봉분 규모
는 서봉총이 나머지 것들보다 크다. 이 분묘들은 적석목곽분을 구성하는 요소는 거의 같았
으나 세부적인 특징에서 차이가 있다. 따라서 이 묘제가 어떤 정형화된 형식에 구속되어 만
들어진 것이 아니라 죽음에 대한 나름대로의 생각을 견지하면서 시신을 어떻게 처리할 것인

가에 대해 일관된 자세를 가졌다는 것이다. 즉, 분묘가 조성된 국지적 장소의 자연환경 특징을 이해하고 이를 적절하게 반영하여 기본적인 원칙 내에서 융통성있게 분묘를 설계하였다. 같은 장소에서도 분묘를 조영한 시기에 따라 시신의 위치가 지상식 또는 지하식으로 달라지고 이에 따라 적석 규모에 차이가 발생한 것은 신라인들의 합리적 고뇌의 결과인 것이다(그림 50).

(3) 적석목곽분의 자생적 성립과 외부 영향 가능성 검토

적석목곽분을 만들기 시작한 동기에 대해서는 고고학계에 다양한 견해가 있으며, 이에 대해서는 논의가 진행되고 있다. 현재까지 이루어진 연구들은 이 묘제의 기원을 영남지방 및 경주가 아닌, 공간적으로 멀리 떨어진 압록강 중류 또는 몽골을 비롯한 중앙아시아에서 찾았다. 남부지방 특히 영남지방은 북방계통의 영향을 지속적으로 받았으므로 적석목곽분도 당연히 이의 영향을 벗어날 수 없다고 보는 것이다. 그러나 시간적 범위를 넓혀보면 청동기시대, 초기철기시대의 묘제뿐 아니라 적석목곽분 이전의 토광묘들도 북방계통의 영향으로 형성된 것이다. 그리고 이와 같은 영향의 과정들이 한반도 내에서 확인되고 있다. 즉, 지석묘는 한반도 전역에서 확인되며 토광묘도 영남지방에 넓게 분포하고 있다.

AD 3세기 이전에도 신라에는 왕이 있었으므로 이에 걸맞은 분묘가 조성되었을 것이다. 대표적인 예는 다량의 철정, 철제 갑옷 등이 부장된 경주 구정동의 수혈식 토광묘이다. 비록 세 성씨가 바뀌면서 왕위에 올랐지만 왕조가 중단되지 않고 이어진 경주분지에서 분묘 양식의 중대한 변화는 자연환경보다 오히려 신라사회의 정치적, 문화적 변화에서 영향을 받았을 가능성이 있다는 주장도 있다. 즉, 왕의 계통에 생긴 변화가 원인이라고 보는 견해도 있는데, 적석목곽분을 마립간기의 묘제로 보고 김씨 족단의 성장과 관계있는 것으로 해석한다(주보돈, 2003). 이것은 석씨에 이어 김씨가 왕위를 차지하기 시작한 것이 4세기 중반이므로, 적석목곽분이 김씨 세습왕조가 성립되면서 시작된 마립간시대의 묘제로 보는 것이다. 그러나 적석목곽분이 시작된 시기에 대해서 다양한 주장이 있으므로 보다 신중한 접근이 필요하다.

다음으로 적석목곽분의 전통을 가진 이주민의 도래를 고려할 수 있다. 현재까지 고고학계에서 논의된 내용으로 볼 때, 3세기 또는 4세기 경에 처음으로 적석목곽분 문화를 가진 유이민 세력이 과연 경주분지에 들어와 신라의 수장이 되었는가에 대해 분명한 근거를 제시하기 어렵다고 생각되므로 이에 대한 연구 결과도 지속적으로 주목할 필요가 있다.

아울러 중앙아시아 및 몽골에서 적석목곽분을 조영한 사람들이 청동기시대 또는 초기철기시대에 경주 지역으로 이주하고 후대에 그들 조상의 문화적인 전통을 복원하여 적석목곽분을 조영하였을 가능성도 생각할 수 있지만 논리적으로 해결되어야 할 여러가지 문제점을 노정하고 있다. 북방에서 전파되어 경주로 온 문화적 영향이 다시 주변 지역으로 전파되는 것은 거점을 통한 문화의 전파로 설명할 수 있으므로 이론적으로 가능하지만 실질적인 측면에서는 이해하기 어려운 점들이 있다. 이 문화가 해양을 통해 들어왔다면 가능하겠지만, 육상으로 들어왔다면 만주, 한반도 북부지방과 중부지방 그리고 영남 북부지방에도 흔적이 있어야 한다. 한반도는 중앙아시아의 초원 지역과는 달리 삼림으로 피복되고 사면경사가 급한 산지가 넓게 분포하며 동-서 방향의 하천이 많으므로 말을 타고 짧은 시간에 이동하는데 불리하다.

따라서 선사시대부터 인적 교류가 있었으며 북방으로부터 지속적으로 영향을 받은 한반도 남부 영남지방에 분포하는 적석목곽분 문화 성립에 있어서 어떤 외부 문화의 영향을 부정하기 어려우나 구체적으로 어느 지역으로부터 직접 영향을 받아 이 묘제가 채택되었는가에 대하여 구체적인 증거를 제시하는 데는 한계가 있다. 공간적으로 멀리 떨어져 있는 지역의 영향을 받았을 경우 전파된 경로를 따라 적석목곽분들이 분포하여야 하는데 현재까지 제시된 자료로는 무리가 있다. 따라서 외부의 영향에 대해서는 앞으로 연구 결과가 더 보충되면 구체적으로 논의될 것이다.

한편 이와 같은 형식의 묘제가 나타난 계기를 적석목곽분이 조영되기 전후 경주 지역 내의 문화적 요소에서도 추출할 수 있다. 신라 전기 이래 토광목곽묘와 적석목곽분의 공존기가 있었다. 이 시기 동안 상위계층에서는 적석목곽분, 하위계층에서는 토광목곽묘가 일반적이

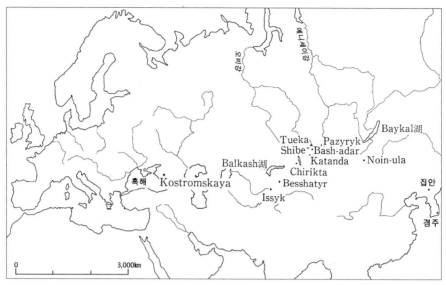

그림 51. 중앙아시아 적석목곽분 분포(최병현(2004)에 일부 보충)

었다. 경주에 적석목곽분이 주묘제였던 5세기 경부터 경주를 제외한 영남지방에서는 토광목곽묘의 구조와 입지를 계승한 수혈식석곽분이 주 묘제였다. 즉, 경주에서 적석목곽분이 일반적이기 이전 경주를 비롯한 영남지방에는 토광목곽묘가 주류를 이루고 있었으며, 경주에서 적석목곽분이 조영되던 시기는 수혈식석곽분이 경주를 포위하는 형상으로 영남지방에 분포했다.

적석목곽분이 토광목곽묘와 수혈식석곽분의 영향을 받은 것은 다음과 같은 사실들에서 유추할 수 있다. 규모에 있어서 토광목곽묘는 적석목곽분에 비해 훨씬 작고, 일부를 제외하면 토광목곽묘는 적석을 하지 않는다는 차이도 있지만, 이들은 유사한 점도 있다. 첫째, 부장품을 넣을 수 있는 목곽을 만들었다. 둘째, 조양동 유적 등 경주 외곽이 아닌 경주선상지에 조영된 토광목곽묘는 토광이 깊지 않고 묘광의 깊이가 40~90cm이므로 지상식 내지 반지상식 적석목곽분과 유사한 깊이이다. 적석목곽분이 조성되기 이전부터 조성된 토광목곽묘가 경주선상지에서는 규모에 차이가 있을 뿐 대부분 지상식으로 조성되었다.

그러나 토광목곽묘는 왕을 비롯한 지배층의 무덤으로는 문제가 있었을 것이다. 국가체제가 정립되고 국가의 부가 축적되면서 국왕을 비롯한 왕족과 귀족들이 죽으면 많은 부장품이 시신과 함께 매납되었다. 부장품의 규모가 커지고 그 가치가 높아지면서 훼손의 위험도 커질 수밖에 없었을 것으로 생각된다. 만약 국가의 규모가 커지고 권력이 강한 지배층이 죽어서 경주의 왕경 지역에서 토광목곽묘에 묻힌다면 어떻게 분묘를 만들까. 묘역은 정해져 있으나 지하수위가 높아 토광을 깊게 팔 수 없는데 시신과 금제품을 비롯한 부장품을 훼손당하지 않게 방지하는 방법은 무엇일까하는 문제에 봉착하며, 이것을 해결하는 묘제로 적석목곽분과 같은 형식을 창출한 것으로 생각된다.

새로운 문화가 성립되는 것은 외부의 영향에 의한 것도 있지만, 기존에 그 지역에 있던 것을 환경의 특성에 조화롭게 변화시켜 새롭게 만들 수도 있다. 왜냐하면 그 지역에서 오랫동안 살던 사람들은 자연환경의 특징을 잘 알고 있으므로 환경의 변화가 생기면 새로운 방식을 창조할 수 있기 때문이다. 적석목곽분은 이전에 경주분지에서 일반적으로 조영되던 묘제와 완전히 다른 양식이 아니라, 기존의 토광목곽묘를 정치적, 경제적, 사회적 변화에 의해 발생한 요구를 충족시킬 수 있는 방향으로 새로 고안한 것이다. 다만 적석목곽분에 매납된 매장물품들이 그 이전 시기의 것들과 크게 다르고, 중앙아시아 스키타이와 연관성을 갖고 있는 것에서 이 지역의 영향이 있었을 것으로 생각된다.

특히 최병현(2004)은 경주 적석목곽분 출현 시기를 AD 4세기 전반기로 추정하고 있는데, 이 시기는 북방 기마유목민들이 중원으로 남하를 개시했던 직후에 해당하며, 이들은 기본적으로 흔적을 남기지 않고도 단시간 내에 장거리를 이동할 수 있는 급속한 이동력을 가지므로 동아시아 기마민족 대이동의 와중에서 한 일파가 경주로 들어온 결과 북방아시아 적석목곽분 문화의 직접적인 도래에 의해 돌발적으로 출현하였다고 설명하고 있다.

그런데 AD 4세기에 영남지방으로 기마유목민들이 유입한 문헌기록은 확인되지 않는다.[162] 당시 한반도 북부와 만주에는 고구려가 있었고 한강 하류부에는 백제가 있었다. 신라는 현재 경상북도 대부분을 정복하고 영남내륙에 상당히 넓은 상권을 확보하여 국력이 강한 국가로 성장하였으므로 이들이 북방에서 아무런 저항 없이 경주까지 바로 들어와 지배세력이 되기에는 상황이 호의적이지 않다. 특히 중앙아시아와 동아시아 적석목곽분이 조영된 마지막 시기는 노인울라와 시베에서 AD 1세기 경이다. 북방유목민들이 중원으로 남하할 때 이미 그들은 자신들이 거주하던 지역에서 대규모 적석목곽분을 더 이상 만들지 않았다. 그리고 중앙아시아와 동아시아 적석목곽분이 조영된 마지막 시기와 경주 적석목곽분 시작 시기는 적어도 200년 내지 300년 정도의 간격이 있다. 경주에 정착한 북방유목민의 후손들이 적어도 200년 이전 선조들의 무덤 양식을 되살릴 수 있는지 의문이다.

강봉원(2004)은 기마민족이 급속하게 경주로 왔다면 그들이 사용한 금제품이나 마구류들이 동일한 재질의 동일한 물품으로 경주에서 발굴되어야 하는데 이러한 출토가 보고된 바가 없으므로 신라 적석목곽분과 기마민족 이동과의 연계는 재검토되어야 한다고 주장하였다.

영남 지역에 분포하는 모든 적석목곽분은 경주의 것보다 나중에 조영되었으며 그 영향을 받았다. 그러나 적석목곽분은 영남지방에서 일반화되지 못하였는데 이것은 적석목곽분을 만들 필요없이 토광목곽묘 또는 수혈식석곽분으로도 충분히 분묘로서의 기능이 가능하였기 때문일 것이다. 북쪽으로부터 이주한 사람들이나 북쪽으로부터의 문화적 전파가 경주 지역에 국한하여 정착하거나 영향을 미쳤을 가능성도 배제할 수 없으나, 지나치게 특수한 경우에 해당한다. 문화적 요소가 공간을 통해 어느 정도 적절한 속도로 전파되는 것을 고려하면 이 주장은 합리적인 것으로 받아들이기 어렵다. 고구려의 영향이라면 경주보다 중부지방에서 적석목곽분이 더 일반적이고 분포밀도도 더 높아야 할 것이다. 특히 고구려와 계통을 같이하는 초기 백제의 중심 지역에서 적석목곽분이 보다 보편적인 묘제가 되어야 할 것이다.

---

162) 유목민들 가운데 농업을 겸하는 사람들도 있으나, 초원에서 유목하고 사는 사람들은 농경을 생업으로 하는 지역에 와서 정주하는 경우는 극히 드물다. 중앙아시아 온대스텝기후(BSk) 지역에 한랭화와 건조화가 진행되어 목초가 감소하면 유목민들은 유라시아 대륙 중앙부에서 밖으로 이동한다. 그러나 목축하는데 어려움이 없다면 외부로 갔다가 자신들의 영역으로 돌아간다.

3. 왕경 지역 고대 지하수 오염과 생활용수 공급

왕경 지역이 자리잡고 있는 선상지는 지형학적, 수문학적으로 뚜렷한 특징을 가진 지형이다. 선상지는 유수의 퇴적작용으로 형성된다. 즉, 배후산지에서 생성된 자갈을 비롯한 물질들은 사면을 통해 하천으로 운반되고 유수에 의해 산지 전면의 평지에 퇴적된다. 퇴적물 기원지에서 짧은 거리를 이동하고 바로 쌓이므로 퇴적층은 조립물질인 자갈과 모래가 대부분을 차지한다. 산지를 벗어나자 바로 나타나는 선정부에는 가장 조립질 퇴적물이 쌓이므로 지표면의 고도가 가장 빠르게 높아진다. 선정부에서 다소 떨어진 곳인 선앙부에도 조립질 퇴적물이 쌓이므로 지형면의 고도가 다소 빠르게 높아진다. 퇴적물이 도달하는 말단부인 선단부에는 상대적으로 세립질이 퇴적된다. 그러므로 선상지 지형면을 구성하는 퇴적층에는 자갈의 비율이 대단히 높으며 거력의 자갈도 많이 포함되어 있다.

수문학적으로 선상지 선앙부는 퇴적물이 두껍고 대부분 조립물질로 구성되어 있으므로 투수율이 높다. 그러므로 이 구역의 지표면은 수분수지가 불량하므로 사람들이 거주하는데 불리하며 논을 조성하는 것도 어려우므로 밭이나 과수원으로 활용한다. 그러므로 선상지에서 취락은 기반암 하상이 있는 선정부와 선측부, 지하수가 솟아나오는 용천이 분포하는 선단부에 입지하며, 사력층이 두껍고 주변의 하상에도 유수가 거의 없는 선앙부를 기피한다.[163] 선앙부는 선상지 전체 면적에서 차지하는 비율이 높다.

이와 같은 선상지의 일반적인 특성을 고려하면, 경주선상지의 왕경에 많은 사람들이 살았던 사실은 이해하기 어렵다. 사로국이 성립된 BC 1세기에 이미 왕경은 중심지로 상당히 많은 인구가 많이 거주하였으며, AD 1세기 중엽부터 정복전쟁을 하고 AD 231년부터 가야연맹

---

163) 상수도가 보급되기 전 선앙부에 조성된 취락에서 가장 특징적인 것은 대단히 깊은 우물이다. 이런 우물은 청도선상지 선앙부에 입지한 현재 청도군 화양읍 지역에서 확인할 수 있다. 화양읍은 청도읍으로 경부선이 통과하기 이전 청도 지역의 중심지로서 부산에서 밀양을 거쳐 대구로 연결되는 조선시대 경부가도의 중요한 행정중심이었으며, 현재 조선시대 관아를 비롯한 건물과 읍성 그리고 석빙고 등이 남아있다. 다만 현재는 경부선 청도역이 청도읍에 있으며, 고속국도도 청도읍을 통과하여 중심지 기능을 상실하였다.

의 낙동강 교역망을 단절하여 교역권을 크게 확장하였으며 AD 400년에는 낙동강의 수운기능을 거의 정지시키고 금관가야를 무력화시켰다. 이런 과정에서 지속적으로 인구가 유입된 왕경 지역은 오랫동안 무질서하게 도시화가 진행되었으므로 도시 재개발을 통해 격자식 가로망으로 바꾸고 469년 방리제를 시행한 것이다. 로마처럼 상수도를 보급하지 않았던 왕경에는 우물을 파서 용수를 얻었다. 그리고 9세기 중엽 헌강왕 시기 왕경 지역에 17만 8천호가 거주하였는데, 경주선상지에서는 선앙부에서도 용수를 수월하게 얻을 수 있으므로 선앙부에도 가옥이 밀집하였다.

이 절(節)에서는 왕경 지역에 많은 인구가 거주할 수 있을 정도로 용수가 공급될 수 있었던 경주 지역의 지형학적, 수문학적 특성을 검토하고 인구밀도가 높았던 왕경 지역에서 지하수 오염문제를 어떻게 극복할 수 있었는지 살펴보았다.

1) 경주선상지의 하천과 지하수

습윤기후지역의 전형적인 하천은 이득하천(利得河川, gaining stream, effluent stream(浸出河川))인데, 이 하천은 본류로 유입하는 지류가 없어도 하류로 가면서 기저유출[164]이 증가한다. 즉, 지하수가 지속적으로 하천의 하도로 유입한다. 이와는 대조적으로 건조기후 지역의 대부분 강은 해발고도가 높은 발원 지역에서는 지표류와 기저유출로 유수가 함양되고, 중간 흐름에서도 기저유출로 하도로 유입된다. 그러나 상류부에서 하류로 갈수록 강수량이 감소하여 지표수의 침투가 적어지므로 함양되는 지하수의 수위가 낮아지며, 어느 구간에 진입하면 기저유출은 중지되고 오히려 하도에서 지하수로 유출된다. 이런 하천을 손실하천(損失河川, losing stream, influent stream(浸入河川))이라 한다. 선상지 하천은 대표적인 손실하천이다.

경주 지역은 건조기후 지역이 아니라 습윤기후 지역으로서 북천 유역분지 상류부와 중류부까지는 이득하천에 해당한다. 북천이 산지를 벗어나 경주분지에 도달하면 넓게 펼쳐진

---

164) 지하수에서 하도로 유입하는 흐름을 기저유출이라고 한다.

두꺼운 자갈층에 유수가 하도로부터 침투하여 지하수를 함양하므로 북천 하류부에서는 하상의 유량이 크게 감소하여 손실하천의 특징이 나타난다. 선상지에서는 하도를 흐르는 유수의 수면이 주변의 지하수위보다 더 높은데, 그림 52의 경주선상지 횡단면도에서도 확인할 수 있다.

지하수를 함양하는 요소 가운데 중요한 것은 강수량이다. 지표에 도달한 강우는 토양에 침투(infiltration)한다. 조립질 토양, 식생이 양호한 지역의 토양, 낮은 토양습도 및 벌레에 의한 많은 구멍이 생긴 토양 최상부층 등은 침투능(infiltration capacity)이 높다. 지하수면에 도달한 침투수는 지하수로 저장되며, 지하수위가 하천 유로의 수위보다 높아지면 지하수는 끊임없이 하도 방향으로 이동하여 하천으로 흘러 들어간다. 경주선상지에서도 집중호우가 내리면, 지하수위가 상승하여 북천 하도로 지하수가 흘러들어가는 기저유출이 발생하고 북천의 수위 상승에 영향을 미친다. 그리고 강수가 중단되면 지하수면은 하강하게 되고 지하수의 재보충이 없으면 북천으로의 기저유출은 없게 되며, 오히려 북천 하도의 유수가 지하수를 함양하므로 유로에서 유량이 감소한다.

그림 52는 북천 하류부에서 하상과 북천 좌안 선상지 지형면과의 기복을 파악하기 위하여 하도와 직각 방향으로 횡단면을 그린 것이다. 북천 하도에서 선상지 지형면 가장자리인 선측 방향으로 갈수록 해발고도가 낮아져 하류부에서 북천은 천정천이다. 지하수면 해발고도의 분포는 지표면의 일반적인 형태와 비슷하므로, 북천의 유수는 하상을 통해 침투하여 지하수가 되며, 해발고도가 낮은 선측부 즉, 남천 방향으로 흐른다. 그리고 선측부 쪽에는 지하수가 공기 중으로 빠져나오는 용천이 분포한다. 경주선상지에서 용천은 안압지를 비롯하여 여러 지점에 분포하는데, 이들 용천의 분포에 영향을 주는 요소는 경주선상지를 둘러싸고 흐르는 남천과 형산강(서천)이다. 다시 말하면, 경주선상지의 지하수면은 선상지 가장자리로 가면서 해발고도가 점차 낮아지는데, 형산강과 남천의 수위보다 더 아래로 내려갈 수 없다는 것이다. 만약 지하수위가 더 낮아지면 형산강과 남천의 유수가 경주선상지의 지하수를 함양하기 위해 이동한다.

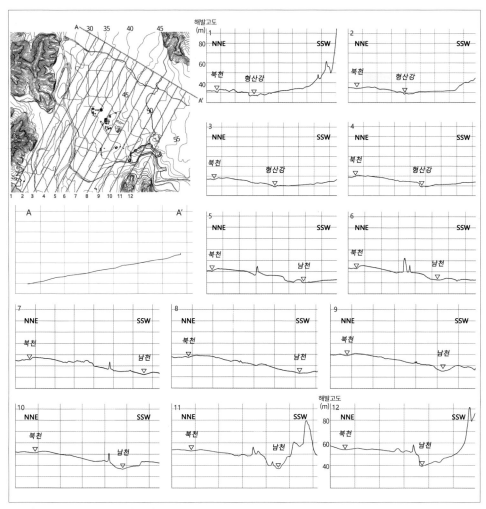

그림 52. 왕경 지역 선상지 지형면 횡단면

　　북천보다 유역분지 규모가 큰 형산강과 남천이 경주선상지 지하수위를 일정한 수준 이상으로 유지하게 하므로 경주선상지는 선단부와 선측부는 물론이고 선앙부까지 지하수위가 높게 유지되었다. 이러한 높은 지하수위를 유지하는데 영향을 미친 다른 요인은 경주선상지의 지형면 경사가 대단히 완만하다는 것이다. 지하수의 유속은 지하수면의 경사도와 관계있다. 그리고 지하수면의 형태는 지표면의 형태와 유사하므로 경주선상지 지하수의 흐름은 매우 느리고, 이에 따라 용천을 통해 빠져나오는 기저유출량이 적다. 그리고 지하수를 저장하는 퇴적층 두께가 30m 이상에 달하여 대단히 많은 지하수를 저장한다(그림 15). 특히 형산강과 남천은 경주선상지 지하수위 유지에 있어서 유리한 조건이 된다.

고대 동안 경주선상지의 지하수위가 높았던 사실은 당시 왕경 지역에 조성되었던 우물의 깊이를 통해 확인할 수 있다. 현재도 왕경 지역에는 우물들이 남아있어 지하수위를 측정할 수 있지만 상수도의 보급으로 우물에서 물을 퍼내지 않으므로 대체로 높은 수위를 유지하고 있다. 5월 경 대릉원 천마총 서쪽 담장 너머 민가 우물 수위는 현재 지표면보다 약 1m 아래에 있다. 왕경 지역의 우물 깊이는 선상지 지형면의 형성시기에 따라 차이가 있는데, 고고학 발굴 결과에서 확인할 수 있다. 선상지 저위면에서는 지표면에서부터 우물 바닥까지 거력(boulder)급 자갈로 수직으로 쌓은 측면벽 높이(우물 깊이)가 대부분 1~3m이다. 우물의 깊이를 결정하는 기준은 갈수기에도 용수를 얻을 수 있어야 한다는 것이다. 우물의 수위는 지하수면의 수위를 반영한다. 그러므로 평수기에는 우물의 수위가 갈수기에 비해 상승하고 강수량이 많은 여름철 증수기에는 우물 수위가 거의 지표면 부근까지 도달한다. 선상지 중위면에 조성된 우물은 측면벽 높이가 높은데 동궁과 월지(임해전과 안압지)의 우물은 깊이가 7m 정도이다. 이곳은 선상지 중위면이어서 지하수면과 지표면의 비고차가 커서 극단적인 갈수기에도 충분한 용수를 얻기 위하여 비교적 깊은 우물을 만들었다.

2) 고대 왕경 지역의 화장실 시설과 지하수 오염

고대 왕경이 인구밀도가 높은 도시로서 정상적으로 기능하려면 도로, 생활용수 공급을 위한 우물, 오수를 배수할 수 있는 하수도 시설, 분뇨처리시스템과 같은 사회기반시설(infrastructure)이 조성되어야 한다. 도로와 하수도는 지표면 위에 조성되므로 지하수와 직접적인 관련이 적지만 지하수와 관계있는 시설은 분뇨처리시스템이다.

현재까지 왕경 지역 고고학 발굴에서 확인된 화장실은 황룡사지 동쪽 경주시 구황동 335-4번지 왕경발굴지의 제13가옥의 급취식 화장실,[165] 동궁과 월지 북동쪽 인왕동 22-2번지 발굴지의 수세식 화장실과 완전한 형태의 화장실은 확인되지 않았지만 수세식 화장실의 부재(部材)가 확인된 불국사 화장실이다.

구황동 335-4번지 황룡사지 동쪽 왕경발굴지에서 확인된 2개의 화장실은 6세기 말부터 7세기 초 사이의 유구인데, 토기로 만든 거름동이를 땅에 묻는 방식의 화장실이다. 동서 길이 167.5m, 남북 길이 172.5m인 발굴구역은 1개의 조방(條坊)에 해당하며 18개 가옥이 입지하고 면적은 약 8,000평이다. 이 조방의 제13가옥에서 확실한 화장실(그림 53)이 확인되었다. 거름동이 항아리는 높이 98.5cm, 구경 46.3cm, 경고 27.3cm, 동체 최대 지름 85.1cm인 대형 항아리를 묻었는데, 항아리 바닥에 도구를 사용하여 인위적으로 직경 23~28cm의 타원형 구멍을 뚫었다. 이 항아리 목의 가장 좁은 부분의 지름은 30cm이다.

제5가옥도 제13가옥의 화장실과 유사한 형태의 거름동이가 확인되었다. 여기에 묻은 항아리는 높이 67.6cm, 구경 39.6cm, 경고 12.7cm, 동체 최대 지름 65.4cm, 목의 가장 좁은 부분은 28.2cm이다. 바닥에 인위적으로 만든 구멍에 대해서는 발굴보고서에 기록이 없는 것으로 보아 이 항아리 바닥에는 구멍이 없었던 것으로 보인다. 제4가옥에는 건물 내부에 장방형 석조구조가 있는데 발굴보고서에는 화장실일 가능성이 있다고 기재되어 있다.

제13가옥 화장실의 경우, 항아리에 모인 대소변의 수분은 바닥의 구멍을 통해 항아리 아래 자갈층을 통과하여 선상지 저위면 자갈층으로 침투하였다. 항아리 목의 최저 지름이 30cm이므로 도구를 사용하여 항아리에 채워진 분변을 비워내는데 어느 정도 어려움이 있었을 것으로 생각된다. 제5가옥 화장실 항아리는 바닥에 구멍이 없으므로 급취식 화장실이었을 것이다. 항아리 목의 최저 지름이 28.2cm로 매우 좁아서 어떤 방식으로 비워냈는지 의문이다.

---

165) 소위 말하는 푸세식 화장실이다. 수세식 화장실이 광범위하게 적용되기 이전 거름동이 또는 밀폐콘크리이트조(槽)를 설치하고 이것들이 어느 정도 차면 인부들이 비워내는 방식이었다.

그림 53. 황룡사지 동쪽 왕경발굴지 13가옥 통일신라시대 화장실(국립경주문화재연구소, 2002)

한편 제3가옥에는 가옥 내 제6건물지 내부에 장방형 석조구조가 있는데, 이것은 제4가옥의 추정 화장실과 상당히 유사하므로 화장실일 가능성이 상당히 높다. 제2가옥에도 우물과 최대한 멀리 떨어진 북쪽 담장 부근에 장방형 석조구조가 확인되는데 화장실일 것으로 추정된다. 제8가옥의 북서쪽에 거력의 자갈이 깔린 공간에 자갈이 없는 부분에 목탄, 소토, 재가 혼입되어 있다. 보고서에는 용도에 대하여 특정하지 않았으나 화장실의 가능성이 있다. 이외에도 제7가옥의 제7건물지에 있는 배수구조와 제9가옥의 남서쪽 가장자리 건물지도 화장실 가능성을 검토해 볼 가치가 있다. 구황동 왕경발굴지에서 18개 가옥이 입지한 1개 조방에서 화장실이 거의 확실한 가옥은 3개이고, 3개 가옥은 화장실로 판단되는 시설을 하고 있었다. 그리고 2개 가옥에는 화장실로 추정되는 유구가 있었다.

그리고 동궁과 월지 북동쪽 인왕동 22-2번지 발굴지는 선상지 저위면에 해당하는데 화장실 유구는 완전한 형태로 발굴되었다. 이 유구는 왕실을 위하여 화강암 부재를 조립하여 만든 수세식 화장실이며, 정교한 배수시설까지 갖추었다. 유구가 조성된 선상지 저위면은 황룡사지 서쪽의 습지와 연결된 곳으로 현재 이 발굴지 바로 남서쪽에 울산-경주 철도가 지나므로 지하수 배수가 불량하여 지하수위가 거의 지표면까지 도달하는 지역이다. 화장실을 만든 방법은 오물의 배수구를 하수구와 연결하였고, 하수구의 구배를 기준으로 화장실 바닥에 전석을 깔았으며 배수로도 전석으로 마감하여 오물이 발천으로 신속하게 배수되도록 설계하였다.[166] 이러한 방식의 화장실은 비용은 많이 들지만 지표면의 구배를 이용하므로 지하수위와 관계없이 조성이 가능하다. 왕경 지역의 고대 왕실 건축물 유구에서는 이와 같은 화장실 유구가 추가로 확인될 가능성이 높다.

왕경 지역에서 왕실 수준의 건물을 포함하여 모든 가옥이 화장실을 만들지는 않았으나 드물지 않게 화장실을 가지고 있었던 것으로 추정된다. 구황동 왕경발굴지의 18개 가옥 가운데 3개 가옥에서는 화장실을 만들었으며, 다른 세 가옥에서도 화장실이 있었을 가능성이 높

---

166) 이 화장실은 통일신라시대에 조성된 것으로 화장실 구조에 대한 이와 같은 필자의 추정은 발굴 현장의 유구 구조와 2017년 9월과 10월에 보도된 자료들을 기초로 정리한 것이다.

자연환경 그리고 신라(新羅)의 발생과 붕괴

다. 이 조방에서는 세 가옥 가운데 한 가옥이 화장실을 갖추고 있었다.

9세기 중엽 왕경을 중심으로 17만 8천호가 있었으므로 집집마다 지표면을 굴착하여 급취식 화장실을 만들었다면 지하수 오염의 위험이 높았을 것이다. 그러나 생활 수준이 낮은 집에서는 화장실을 만들지 않았으며 부유한 집도 드물게 화장실을 가지고 있었다고 생각된다. 그리고 선상지 저위면 경사가 9/1,000으로 매우 완만하여 지하수 유동속도가 느리고, 퇴적층이 치밀하므로 지하수 오염 위험이 어느 정도 낮아진다. 그러나 강수량이 많은 여름에는 지하수위가 상승하여 균열이 있는 화장실 거름통이로부터 오물이 지하수로 유입하여 오염시킬 수 있다.

이러한 문제를 해결하기 위하여 동궁과 월지 북동쪽 인왕동 22-2번지 발굴지와 같은 형태의 화장실을 많이 조성하면 오물이 하수구로 배출되어 도시는 악취로 가득차게 되고 하천은 오염된다.[167] 수 십만명의 인구를 감안하면 수세식 화장실 시스템은 비용이 많이 들고 오물 배수가 원활하지 못해 비위생적이며 거름으로 활용하지 못하므로 효율적인 시설로 볼 수 없다.

왕경 지역에서는 익산 왕궁리에서 고고학 발굴로 확인된 백제화장실[168]과 같은 저류식 화장실은 만들지 못했을 것이다. 익산의 백제화장실은 주변과 비고차가 있는 구릉의 가장자리에 있으며, 구덩이를 흘러 빠져나온 오물은 배수로를 통해 구릉지의 사면을 통해 흘러 내려가도록 하였다.

경주선상지의 지형 특성을 기초로 만들어진 고대 왕경의 분뇨처리시스템은 일부 부유한 가정에서는 화장실을 만들어 토양층으로 배수하거나 급취식으로 처리하였지만, 가옥의 규모가 작은 대부분 가정에서는 요강을 사용하여 이것을 보다 큰 오물통에 모으고, 하층민이나

---

167) 1970년대 급취식 화장실에서 수세식 화장실로 전환되던 시기 정화조 시설을 갖추지 않은 상태에서 하수도로 오물을 흘러 보냈다. 여름이 되면 도로 가장자리를 따라 조성된 하수도에서 악취가 대단히 심했다. 80년대에도 규정에 맞게 정화조 청소를 하지 않아 오물이 하수도를 통과하면서 악취를 심하게 내고 하천을 오염시키는 사례가 많았다.

168) 7세기 경의 유구로서, 길이 3~10m, 너비 1.8~2.1m, 깊이 1~3.4m 구덩이를 파고, 지표면에 조성한 목조건물은 3~6칸으로 나누었다.

농부들이 마차 등을 이용하여 주변 지역으로 운반하여[169] 거름으로 만들어서 농경에 활용하는 방식이었을 것이다.[170]

이와 같은 오물처리 방식은 지하수를 오염시키지 않으므로 왕경 지역의 지하수를 온전히 생활용수로 사용할 수 있었던 것으로 생각된다. 그러나 왕실에서는 화장실을 만들고 오물을 정화하지 않고 그대로 물로 씻어 배수하였으므로 유량이 대단히 적은 발천은 수질이 좋지 못하였을 것이다.

3) 왕경의 생활용수 공급 가능성

AD 469년 왕경에 방리제가 시행되었으며, 9세기 중엽에는 왕경을 중심으로 17만 8천호(戶)가 거주하여 대략 80만 명이 살고 있었다. 이들이 하루에 필요로 하는 용수의 양을 공급하는 것은 왕경의 지하수와 북천, 형산강과 남천의 유수인데, 왕경의 지하수가 공급량의 대부분을 차지하였을 것으로 생각된다.

형산강과 남천은 갈수기에도 유량이 어느 정도 유지되지만 북천은 갈수기에는 유량이 크게 감소한다. 그럼에도 불구하고 건기인 겨울에도 북천 하상에는 대단히 소량이지만 하천수가 유지된다. 인구가 많았던 통일신라시대에도 하천수가 연중 유지되었는지에 대해 자료를 제시하기 어렵지만, 현재 덕동호와 보문호에 막대한 양을 저수하고도 북천의 하천수가 연중 유지되는 것으로 미루어 볼 때, 고대에도 현재와 유사한 양의 하천수가 흘렀을 것이다.

경주선상지는 자갈층 두께가 선앙부에서 15m 이상이므로 대수층에 저장되는 지하수량

---

169) 이와 같은 분뇨처리방식은 2,000년대 초 중국 강소성 쑤저우(蘇州)에서 붉은색 통에 분뇨를 모아서 운반하여 처리하고, 낮에 붉은색 분뇨통은 도로 중앙에서 말리는 것을 본 필자의 경험을 통해 추정한 것이다. 쑤저우는 장강(양쯔강)이 상류부와 중류부에서 운반해온 세립물질이 조차가 있는 해안에 퇴적되어 형성한 간석지에 조성된 도시이다. 도시의 지표면은 해발고도가 낮아 거의 해면의 수준에 가깝고 도시 내에 수로가 높은 밀도로 조성되어 있다. 쑤저우는 지하수위가 매우 높아서 도시 전체가 배수불량하므로 분뇨처리방식을 화장실을 통해 하는 것이 아니라 모아서 외부로 반출하는 방식을 취했던 것이다.

170) 고대에 인분은 거름으로 활용되는 가치가 높은 자원이었다.

이 대단히 많았으며 지형면 경사가 완만하여 대수층의 지하수 흐름이 매우 느렸으므로 용천으로 배출되는 양도 그리 많지 않았을 것이다. 따라서 통일신라시대에 발천의 유량은 인구가 적었던 삼국시대보다 적었고 삼한시대보다는 훨씬 더 적었을 것이다. 고려시대와 조선시대에는 발천 유량이 통일신라시대보다 증가하였으며 우물을 사용하지 않는 현재는 어느 시기보다 발천 유량이 많다.

특히 경주선상지를 둘러싼 형산강과 남천이 선상지의 지하수위가 하강하지 않게 제어하는 역할을 하며 지하수위를 높게 유지하는데 기여한다. 이와 같은 지하수의 수문체계는 경주선상지에 거주하는 주민들에게 용수를 안정되게 공급할 가능성을 높였다. 따라서 선앙부를 포함하여 경주선상지 전체에 주거지가 입지하였는데 이것은 생활용수 구득에 문제가 없었기 때문이다. 용수공급의 안정성은 왕경 지역 우물의 밀도와 깊이를 통해 확인할 수 있다.

우물을 얼마나 깊게 팔 것인가를 결정하는 것은 갈수기의 우물 수위이다. 갈수기가 길어지면 지하수위가 하강하고 이에 따라 우물의 수위도 하강한다. 삼국시대보다 지하수위가 낮았던 통일신라시대 우물 바닥이 지표면 아래 3m 정도에 있었다면, 갈수기에도 우물에서 용수를 얻을 수 있으려면 우물의 수위는 지표면에서 깊이 2.5m 정도에는 있었다고 볼 수 있다.

경주선상지 전체를 발굴하지 않아 모든 지역의 우물 깊이를 판단하기 어려우나 황룡사지 동쪽 구황동 335-4번지 왕경발굴지의 발굴보고서(국립경주문화재연구소, 2001)에 의하면 발굴한 하나의 조방에는 18개 가옥이 조성되었고, 가옥 내에는 우물이 1개 이상 있었으므로 우물의 밀도가 매우 높았다.[171] 적석목곽분 분포지의 북쪽 중앙에 해당하는 황오동 330번지에

---

171) 북천 하상에서 약간 떨어져 하상과 거의 평행하게 발굴한 북문로에서 통일신라시대 우물 5개가 확인되었는데 우물 깊이는 270cm 2개, 340cm 2개였고, 조선시대 우물 깊이는 230cm와 280cm였으며, 북천 북쪽 동천동에서는 20개의 우물이 발굴되었는데, 통일신라시대 우물은 250~400cm 정도였고, 고려, 조선시대는 200~250cm였다(곽종철 외, 2017). 월성 남동쪽 인왕동 우물은 선상지 중위면에 조성된 것으로 왕경 지역에서 가장 깊은 우물인데 깊이가 10.27m였다. 이보다 북쪽 황룡사지 동쪽 구황동 335-4번지 왕경발굴지에서 44개 우물이 발견되었고, 이 가운데 10개의 깊이가 확인되었는데 70cm, 80cm, 100cm 2개, 120cm, 150cm 2개, 250cm, 260cm, 300cm였다. 통일신라시대에는 고려시대와 조선시대보다 우물을 더 깊게 팠다. 이것은 왕경 지역의 인구수 차이, 매일 우물에서 퍼내는 용수량의 차이에 따른 지하수위의 차이 때문이다. 상대적으로 인구가 적었던 신라시대에는 우물 깊이가 통일신라시대보다 더 얕았을 것이다. 우물조성 시기를 고려하지 않으면 왕경에는 현재 지표면으로부터 깊이가 1m 내외인 우물이 다수 있다. 이렇게 깊이가 얕은 우물이 조성될 때 지표면은 현재의 지표가 아니라

서 지표면에서 우물바닥까지 거력을 쌓아 만든 우물벽의 높이가 1.1~1.7m, 북동쪽인 황오동 381번지에서는 1.7m이다. 일반적으로 우물의 깊이는 연중 충분한 용수를 공급 받을 수 있을 정도까지 파고 둘레에 돌을 쌓는다. 선단부에 입지한 적석목곽분 분포지 부근이지만 많은 인구가 지속적으로 지하수를 퍼내었음에도 불구하고 우물 깊이가 지표로부터 2m 이하인 것은 시사하는 바가 크다. 갈수기에도 우물을 이용하는데 지장이 없어야 하는 것을 감안하면 평상시 우물의 수위는 지표에서 1m 아래 위치까지 도달하였을 것으로 추정된다. 현재 대릉원의 서쪽 담장 주변의 민가 및 동쪽 쪽샘 지역의 민가에서 우물을 확인할 수 있는데, 연중 수위변화가 크지 않고, 평상시 우물의 수위는 지표면 아래 1m 정도에 있다.

지하수위는 홍수기와 갈수기의 수위가 대조적이다. 갈수기에는 우물과 같이 공기 중에 드러난 곳의 지하수위가 토양층의 그것보다 높지만, 홍수기에는 토양층의 지하수위가 하천이나 우물의 수위보다 오히려 높다. 왕경 지역의 경우 하계에 강수가 있으면 우물의 지하수위는 약간 높아지지만 토양층의 지하수위는 크게 높아져 거의 지표 부근까지 상승할 것이다. 따라서 적석목곽분이 분포하는 지역에서 지하수위는 국지적인 차이가 있겠지만 대체로 지표면과 지표하 1m 내외의 범위에서 변동할 것으로 생각된다.

뢰스층이 어느 정도 존재하였을 가능성이 크므로, 당시 우물 바닥은 당시 지표면으로부터 1m보다 약간 더 깊었다고 볼 수 있다.

VII. 통일신라 전성기의 자연재해 극복

1. 불국사 조성을 위한 입지선정과 공간문제 해결 방안

1) 논의의 배경

'불국사사적'과 '불국사고금창기'에 따르면, 불국사는 신라에서 불교가 공인된 법흥왕 15년(528년)에 창건되고 경덕왕대에 김대성에 의해 중창되었다. 그러나 '삼국유사'에는 경덕왕 10년(751년)에 김대성이 창건을 시작하였다고 기록되어 있다. '불국사사적'과 '불국사고금창기'의 기록과 같이 6세기 초에 이 사찰이 창건되었더라도 최초의 불국사는 현재 불국사 건축 특성을 이해하는데 그다지 의미있는 건축은 아니었을 것이다. 또한 앞의 두 문헌은 사료적 가치에 의문이 있으므로 법흥왕대에 불국사가 창건되었다는 설은 그대로 믿기 어렵다.

착공한 지 23년이 지난 혜공왕 10년(774년) 12월 김대성이 죽었을 때도 불국사는 여전히 완공되지 않았다. 이후 국가가 이를 완성했다고 하지만 정확한 준공시기는 알 수 없다. 다만 불국사의 대부분은 김대성에 의해 만들어졌으며 나머지를 완공하는데 그리 긴 시간이 걸리지 않았을 것이다. 혜공왕대에 준공되었을 가능성이 높으므로 대략 25년 정도 공사가 진행되었던 것으로 추정된다.

불국사 창건 설화에 의하면 김대성은 동악인 토함산에서 곰을 사냥하면서 사찰 건립의 의지가 생기게 된다. 따라서 그는 토함산 주변에서 불국사 터를 찾았을 것이다. 그런데 불국사 지역에서 울산까지 이어지는 합류선상지는 기복이 적은 선상지 지형면으로 이루어져 있으며 활단층인 불국사단층선이 통과하고 있다. 아울러 선상지이므로 용수를 구할 수 있는 지역도 제한된다.

우리나라 사찰 입지에 대한 연구의 대부분은 자연환경적, 사상적, 상징적 요인들을 풍수지리적 입장에서 분석하여 입지의 특징을 추론하였다. 불국사를 포함하는 경주 지역 사찰 입지에 대한 연구도 산지 지세가 가람을 감싸는 명당터에 사찰이 입지한다는 풍수지리적 관점에서 설명한다. 김병원(2010)은 불국사 터가 산지의 지기, 장풍, 득수 등의 측면으로 볼 때 명

당이며, 가람 배치에서 남쪽은 열리고 북쪽은 기대는 형태가 풍수지리적으로 적절하게 조화되므로 자연경관의 아름다움을 즐기며 자연환경에 순응하려는 경향을 반영한 것이라고 설명하였다. 김인수(2015)도 경주 지역 사찰은 풍수지리적 분석으로 혈, 지맥, 지세로 볼 때 명당에 입지한다고 주장하였다.

풍수지리적 명당은 관점에 따라 견해가 다양해질 수 있으므로 주관적인 접근으로 비판받을 수 있다. 불국사는 북쪽과 북서쪽에 겨울철 한랭한 바람을 막아주고 햇빛을 가득하게 담아 주는 산지가 없으므로 명당이 되기에는 충분하지 않은 장소로 보인다. 더욱이 8세기 중엽 통일신라에서 풍수지리에 대한 개념들이 일반적이었는지도 분명하지 않다. 그러므로 불국사 사찰 공간의 자연지리학적 요소들을 이 지역의 기후 및 지형 특성과 관계지어 파악하는 것이 창건을 주도한 사람들이 입지를 결정한 의도를 파악하는데 도움이 된다고 생각한다.

이 절(節)에서는 불국사의 입지를 결정한 요인을 살펴보았으며, 삼국통일 이후 100년이 지나 최전성기를 구가하던 시기 국가적 규모의 사찰을 건립하는데 있어서 이 지역이 가지는 문제점이 무엇인지, 그리고 이것을 해결하기 위하여 어떤 방안을 도출하였는가에 대해 논의해 보았다. 이와 같은 논의를 위하여 불국사가 입지한 울산(단층선) 지역의 선상지 지형면 분포, 불국사를 포함하는 이 단층선 북부의 활단층 분포와 특성에 대해 검토하였다.

2) 울산(불국사)단층선 지역의 지형 특성

울산(불국사)단층선은 경주와 울산만을 연결하는 활단층(active fault)으로서 한반도 남동부에서 북북서–남남동 주향의 지질구조선 가운데 선적인 하곡의 형태가 가장 뚜렷하다. 울산단층선을 따라 형성된 하곡의 동쪽에는 불국사산맥이 단층선곡에 인접하여 거의 평행하게 분포하며 분수계를 이루고 있다. 불국사산맥은 해발고도 400~750m이다.

울산단층선을 따라서는 복수의 단층선이 단층계를 이루고, 단층선을 따라 형성된 주하곡에는 적중하천(subsequent stream)인 남천과 동천이 흐르고 있다. 이들 하천과 불국사산맥 사이에는 선상지가 남북 방향으로 연속하여 분포하고 있으며, 불국사산맥을 형성하는 산지들의 서사면에는 남천과 동천으로 유입하는 재종하천(resequent stream)이 높은 밀도로 분포한다. 불국사산지에서 발원하는 하천들은 대부분 유로가 짧고 유역면적이 매우 좁으며 하상경사가 대단히 급하고 하도의 형태가 거의 직선상이다.

불국사 단층선곡에서 분수계 사이의 거리는 서쪽 산지의 분수계까지의 거리가 동쪽의 불국사산지의 분수계까지 거리보다 거의 두 배에 달한다. 단층선곡과 분수계 사이 거리와 분수계 해발고도와의 관계를 사면경사로 비교하면 불국사산지 서사면의 사면경사가 훨씬 더 급하므로 재종하천들의 하상경사도 급하다(그림 54). 이와 같은 현상은 한반도 동해안이 동해쪽으로 부터 서쪽으로 작용하는 압축력을 받아서 울산(불국사)단층선의 동쪽 지괴가 서쪽 지괴 위를 타고 올라가고 있기 때문이다.

(1) 울산(불국사)단층선 지역의 선상지 지형면 분류

불국사산지 서사면의 기반암은 풍화와 침식에 대한 저항력이 약한 화강암과 하양층군의 퇴적암으로 되어 있다. 따라서 서사면의 사면경사가 급하고 복수의 지질구조선(geolineament)이 통과하므로, 동결과 융해가 반복되는 기간이 긴 빙기에는 산지 전면의 평지에 선상지가 형성된다. 여기에서는 불국사산맥의 서쪽 산록에 형성된 선상지의 지형면을 세 구간으로 나누어 정리하였다.

가. 불국사 – 개곡 지역

불국사–개곡 지역의 선상지 지형면 분포는 그림 55에 제시되어 있다. 선상지는 토함산(해발고도 745m)을 비롯한 배후산지에서 발원하는 하천의 경사변환점 부근에서 나타나기 시작한다. 고위면은 선정 부근에서 하천을 연하여 하안단구와 유사하게 분포하고, 지형면의 형태가 좁고 길다. 이것은 직선상의 짧은 하천들이 좁은 간격으로 흐르면서 고위면을 개석하였기 때문이다. 일반적으로 고위면은 배후산지의 능선을 따라 산기슭에 주로 분포한다. 형성된 지

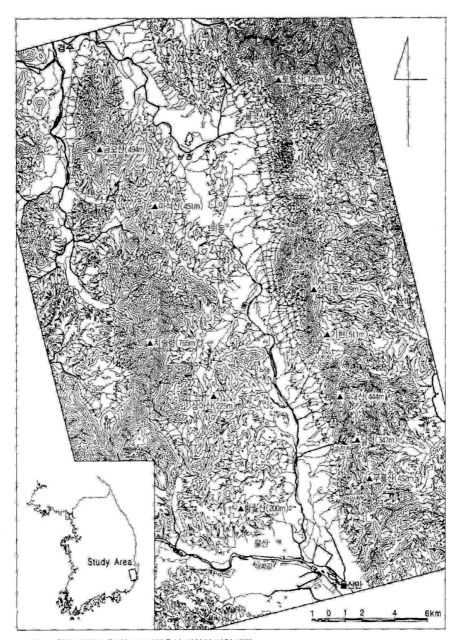

그림 54. 한국 남동부 울산(불국사)단층선 지역의 지형 개관

매우 오래되었으므로 개석을 많이 받아 원면이 부분적으로 남아 있으므로 평면적 형태로 선상지를 확인하는 것은 쉽지 않다.

하천 상류부의 하안단구와 선상지는 같은 시기에 거의 같은 과정을 거쳐 형성되었다. 그러나 말방 남쪽 선상지에는 고위면이 대단히 넓게 남아 원래의 선상지 형태를 잘 반영한다. 고위면은 대체로 중위면의 선앙 부근까지 확인되며 선앙에서 중위면 아래로 들어가는 형태를 취하고 있다. 구릉지 쪽의 고위면은 소나무숲으로 피복되어 있으나 나머지는 대체로 경지로 이용된다.

중위면도 산지에서 발원하는 많은 하천들과 지형면 자체에 형성된 개석곡에 의해 원면이 많이 파괴되었으나 선상지의 형태가 가장 뚜렷하고 규모도 가장 크다. 말방선상지는 거의 중위면으로 이루어져 고위면이 거의 없다. 고위면이 대단히 넓게 남아있는 말방 남쪽 개곡선상지에는 고위면에서 연장된 규모가 큰 개석곡이 중위면에 연속되어 중위면을 넓게 침식하였다. 말방리와 개곡리의 중위면은 다른 곳과 마찬가지로 개석되었으나 여전히 원면이 넓게 남아 있다. 이 두 지역의 선상지를 형성한 하천은 동천의 지류들 가운데 규모가 최대급이다. 일반적으로 중위면은 모두 취락, 과수원, 밭, 논 등으로 토지이용이 가장 광범위하다. 농경에 필요한 용수가 부족하므로 관개수로 주변부터 논이 나타나기 시작하여 선단까지 분포한다. 중위면의 경우, 선정에서 선앙까지 현 하상과 비고차가 5~10m에 이르므로 관개수로가 없으면 논농사에 어려움이 많다. 또한 배후산지의 기반암이 화강암이어서 매트릭스 물질이 거의 모래와 세력(granule)급의 자갈이므로 토양의 보수력에도 많은 문제가 있다.

불국사 지역의 선상지 고위면은 선정 부근에서는 현 하상과 비고차가 20~25m이지만 중위면 선앙으로 올수록 그 차이는 급격하게 줄어든다. 중위면과의 고도차도 선정부에서는 5~15m에 이르지만 점차 줄어 선앙부에서는 거의 고도차가 없다. 따라서 고위면은 중위면의 선앙 부근에서 중위면 아래로 매몰되는 형태를 취한다. 이와 같은 종단면의 형태는 중위면이 퇴적될 때 산지에서 운반된 풍부한 퇴적물이 고위면 위를 덮었음을 의미한다(황상일, 1998).

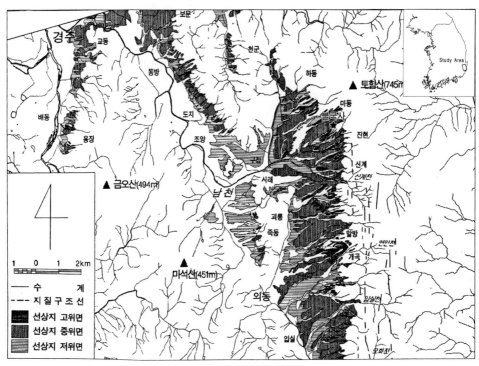

그림 55. 울산(불국사)단층선 불국사-개곡 지역 선상지 지형면 분류

나. 입실 - 모화 지역

그림 56의 북쪽 구역은 입실-모화 지역의 지형면 분류도이다. 입실천이 만든 중위면 선상지가 평면적으로 거의 같은 형태를 취하고 있으며, 이들 각 하천의 좌안과 우안의 지형면 특징이 대조적이어서 주목을 끈다. 즉 입실천에 의해 형성된 우안의 선상지와 좌안의 선상지는 지형면의 형태, 경사도, 규모에서 현저한 차이를 보인다. 입실천 우안에는 부채꼴 형태가 뚜렷하며 규모가 큰 단일 선상지가 나타나고 좌안에는 지형면 경사가 급하고 규모가 작은 선상지 지형면들이 합류선상지를 이루고 있다. 입실천의 남쪽 산록부에 연속적으로 분포하는 선상지들은 지류인 짧은 1, 2차수 하천이 형성한 것으로 지형면의 종단경사가 급하여 선상추에 가깝다. 우안의 본류성 선상지와 좌안의 지류성 선상지의 크기를 비교하면 선상지의 크기

는 배후산지에서 산록의 완사면으로 유입하는 하천의 길이 및 유역분지 규모와 비례한다. 한편 입실천 좌안 선상지면에는 개석곡의 두부침식으로 우곡이 생성되어 악지가 분포한다. 박경석(1989)은 이곳의 우곡을 채널형(channel) 우곡으로 분류하고 현재는 거의 성장이 중지되었다고 보았다.

다. 신천 – 효문 지역

그림 56의 남쪽 구역은 신천–효문 지역의 선상지 지형면 분류도이다. 이곳은 다음과 같은 점에서 상술한 지역과 차별된다. 첫째, 연암동과 효문동에서는 선상지 저위면 말단부가 충적층 아래로 들어가는 형태를 취한다. 둘째, 중위면은 대단히 심하게 개석되어 개석곡의 밀도가 높다. 셋째, 효문동과 연암동 일대에서는 고위면이 중위면보다 더 넓다. 넷째, 효문동에서는 지형면 자체가 대단히 좁게 남아 있다.

고위면은 다른 지역과 마찬가지로 심하게 개석되어 선정 부근에 단편적으로 남아 있으나 효문리 부근에는 선상지 형태를 확인할 수 있을 정도로 넓다. 중위면은 전체적으로 선상지 형태를 취하고 있다. 토지이용은 취락, 논, 밭으로 이용된다. 저위면은 산지에서 흘러 동천에 합류하는 하천 주변에 분포한다. 개석을 받은 흔적이 없으며 지형면이 다른 지역에 비해 넓고 연속성도 매우 양호하다. 이와 같은 선상지의 공간분포 특색은 해안에 인접해 있어 빙기에 크게 낮아진 해면과 간빙기에 높아진 해면에 의해 직접 영향을 받은 결과임을 반영한다. 즉 연암동과 효문동에 선상지가 좁게 분포하는 것은 빙기의 낮은 해면고도에 대응하여 형성된 지형면이 간빙기의 높은 해면으로 인하여 매적되었기 때문일 것이다. 그리고 중위면의 말단이 심하게 개석된 것은 저위면을 형성한 최종 빙기의 낮은 침식기준면으로 인해 거듭 개석되었기 때문이다.

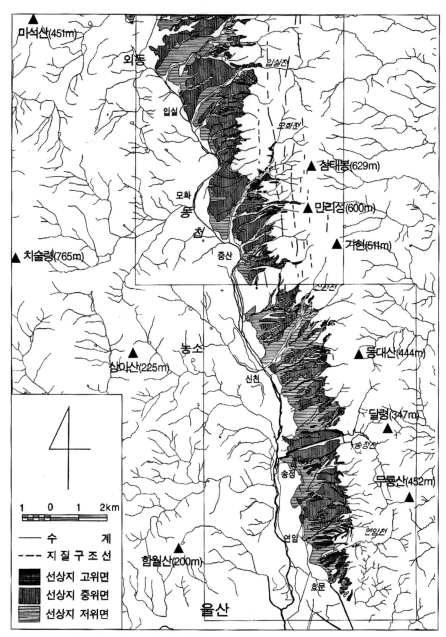

마석산(451m)

외동

입실천

입실

무화천

모화 동

천

참태봉(629m)

만리정(600m)

중산

가현(511m)

치술령(765m)

신정천

농소

동대산(444m)

심아산(225m)

신천

달령(347m)

천상천

무룡산(452m)

송정

현암천

연암

함월산(200m)

효문

울산

1　0　1　2km

──── 수　　　계

- - - - 지 질 구 조 선

선상지 고위면

선상지 중위면

선상지 저위면

그림 56. 입실-모화 및 신천-효문 지역 선상지 지형면 분류

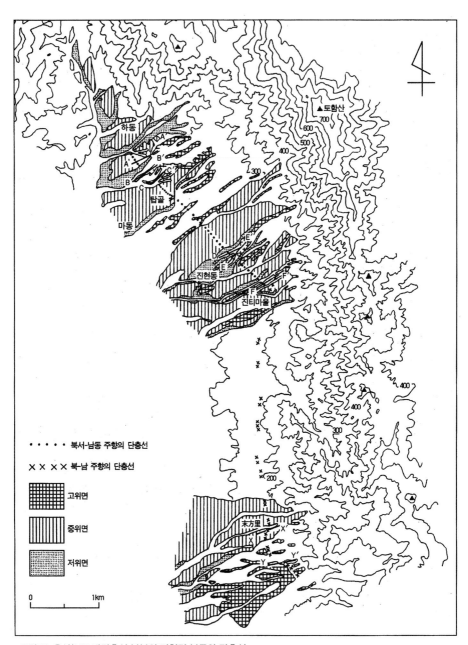

그림 57. 울산(불국사)단층선 북부의 지형면 분류와 단층선

(2) 울산(불국사)단층선 북부 하동, 마동, 진현 및 말방 지역의 활단층

그림 57은 울산단층선 북부 지역의 지형면 분류와 단층선 분포를 나타낸 것이다. 오카다(岡田 等, 1998)는 경주시 외동읍 말방리 노두조사를 통해 울산단층선이 활단층임을 밝히고, 이 단층선의 동쪽 지괴가 동해쪽에서 오는 횡압력에 의해 서쪽 지괴 위를 0.1~0.08mm/yr의 변위 속도로 밀고 올라가며, 제4기 퇴적층을 뚜렷하게 변위시킨 역단층으로 보고하였다. 그림 58은 그림 57의 X-X′와 Y-Y′의 종단면을 그린 것이다.

한편 윤순옥·황상일(1999)은 경주시 불국사 북쪽 하동과 마동에서 외동읍 말방리에 걸쳐 파쇄대 노두를 조사한 결과, 울산단층선 북쪽 불국사 지역에는 북서-남동 및 북-남 주향을 갖는 역단층운동이 인정되며, 동쪽 지괴가 서쪽으로 변위속도 0.03~0.043mm/yr으로 제4기 선상지 역층을 변위시키는 활단층이라고 주장하였다. 북서쪽에 위치한 하동 남쪽 선상지의 고위면 종단면도(그림 57의 A-A′)와 활단층 노두는 그림 59에 제시하였다. 동쪽 지괴(A′ 쪽)가 서쪽 지괴(A 쪽) 위를 밀고 올라가는 역단층인데, 단층면을 경계로 상반은 기반암인 화강암으로 되어 있고 하반은 선상지 고위면 자갈층이다. 수직 변위량은 10.5m이다.

그림 60은 마동 탑골 북쪽의 선상지 고위면 종단면도(그림 57의 B-B′)와 활단층 노두를 그린 것이다. 단층면을 경계로 상반인 동쪽 지괴(B′ 쪽)는 기반암인 화강암이 지표 부근까지 확인되지만 하반은 선상지 자갈층으로 되어 있어서 상반이 하반 위로 밀고 올라가는 역단층이다. 이 노두에서는 지

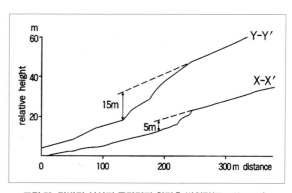

그림 58. 말방리 선상지 종단면과 활단층 변위량(岡田 等, 1998)

형면인 선상지 고위면의 폭이 매우 좁아서 지표면이 침식으로 제거되어 수직변위를 확인할 수 없다.

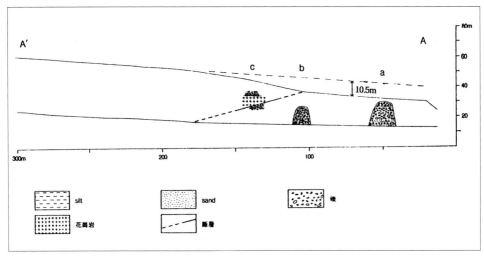

그림 59. 하동 남쪽 선상지 고위면 종단면도와 활단층 노두

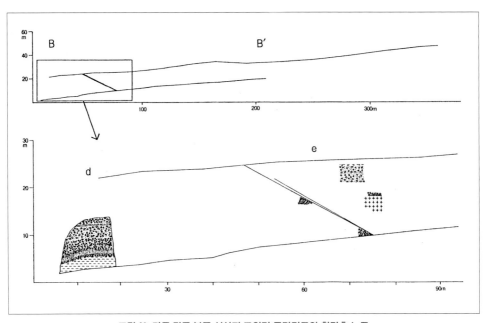

그림 60. 마동 탑골 북쪽 선상지 고위면 종단면도와 활단층 노두

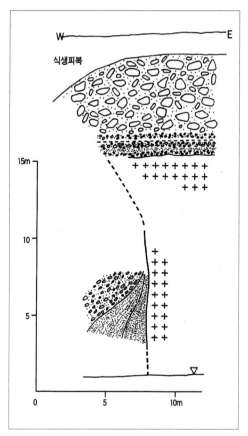

그림 61. 진현동 선상지 고위면 활단층 노두

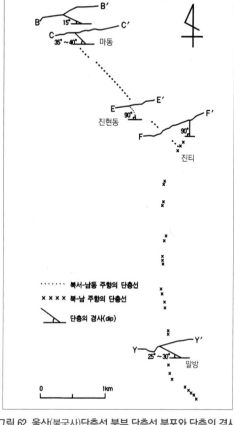

그림 62. 울산(불국사)단층선 북부 단층선 분포와 단층의 경사

그림 61은 불국사 남쪽 진현동 무덤골의 선상지 고위면 활단층 노두(그림 63의 C 지점)를 그린 것이다. 파쇄대 전체 모습은 파악할 수 없지만 확인된 부분은 거의 수직단층이었다. 그러나 노두 상부 역층 분포로 볼 때 동쪽인 상반이 하반 위를 밀고 올라가는 역단층으로 판단된다. 노두의 하부에서는 상반이 단층면을 따라 밀고 올라가면서 하반인 선상지 자갈층이 끌려 올라가면서 변형된 드래그(drag) 현상이 관찰된다. 이와 같은 현상은 상반쪽 파쇄대의 단층점토(gouge)에 인접한 새프롤라이트(saprolite)가 수직으로 끌린 흔적도 있어서 상대적인 운동

방향을 보여주고 있다.

울산단층선 북부 지역의 단층선과 추정단층선의 파쇄대와 수평면에 대한 경사각의 변화를 나타낸 것이 그림 62이다. 이 지역에서 확인된 대부분의 역단층 노두들은 북서–남동 주향의 단층선을 따라 분포하고 있으며, 거의 직선으로 연결된다. 한편 진티마을 동쪽의 북동–남서 주향의 단층선들은 말방리 부근에서 확인된 북–남 주향의 단층선과 연결될 것으로 추정된다. 이 단층선은 말방리 남쪽 지역에서 산지 말단부를 따라서 북북서–남남동 방향으로 만곡하며 북쪽으로 이어지고, 진티마을의 동쪽에서는 북동–남서 방향을 취하며 산지 쪽으로 약간 휘어진다. 진티마을에는 북서–남동 주향의 단층선과 북동–남서 방향으로 휘는 북–남 주향의 단층선이 거의 직각으로 교차하고 있다.

이 지역에서 확인되는 단층은 주로 역단층이지만 북서–남동 주향의 단층선은 북쪽에서 남쪽으로 갈수록 수평면에 대한 단층면의 경사각이 커진다. 즉, 가장 북쪽의 하동 부근에서는 15°, 마동 부근에서는 35~40°, 불국사 남쪽의 진현동 노두에서는 거의 수직에 이른다. 한편, 북–남 주향의 단층선은 북쪽인 진티마을에서는 수평면에 대한 단층면의 경사가 거의 수직인데 비해, 남쪽인 말방에서는 25~30°인 역단층이다.

이와 같이 진티마을 부근에서 북서–남동 주향과 북–남 주향의 단층선 파쇄대가 이루는 경사각이 수직으로 변하는 것은 이 두 개의 단층선이 진티마을 부근에서 교차할 때, 방향이 다른 두 개의 힘이 합쳐지면서 간섭한 결과로 볼 수 있다. 만약 두 단층선이 교차하지 않고 평행했다면 원래의 예각을 유지했을 것이나, 거의 직각으로 교차하므로 힘의 간섭이 일어나 단층각이 커졌을 것이다.

이 지역은 단층선을 따라 상반이 불국사산맥 쪽인 역단층이므로, 이 단층선의 동쪽인 동해 쪽에서 가하는 압축력이 작용하였다. 단층선의 주향이 북서–남동 및 북–남 방향이므로, 전자의 경우 압축력의 방향은 북동쪽에서 작용하는 횡압력이다. 한국 남동부에서 북동 방향에서 오는 힘 중 대표적인 것은 양산단층선에 다소 비스듬하게 작용하며 이 단층선을 북북동에서 남남서 방향으로 주향이동시킨 힘이다.

오츠키와 에히로(Otsuki and Ehiro, 1978)에 의하면, 대한해협 부근에는 한국 남동부의 양산단층선을 비롯한 일련의 단층선들의 주향인 북북동—남남서 방향과 평행하는 두 개의 지질구조선이 있다. 이 두 개의 구조선은 모두 주향이동을 하므로 이들 사이의 양산단층선 동쪽의 지괴는 북북동 쪽에서 남남서 방향으로 작용하는 힘을 받고 있다. 이 힘이 불국사 단층선 북부의 북서—남동 방향의 역단층을 형성한 것으로 판단된다. 북—남 주향의 단층선은 동해 쪽으로부터 서쪽으로 작용하는 압축력에 의해 단층운동이 일어난 것으로 생각된다. 따라서 울산단층선 북부에서는 이와 같이 방향이 다른 두 개의 압축력이 동시에 작용함으로서 진터마을 부근에서 두 방향의 단층선이 거의 직각으로 교차하였다고 볼 수 있다.

(3) 불국사 지역 활단층

그림 63은 불국사 일대의 지형면과 단층선의 분포를 나타낸 것이다. 불국사를 중심으로 확인되는 단층선 및 단층 노두는 4개이다. 불국사에서 0.6km 남서쪽에는 북서—남동 주향의 역단층이 통과한다(윤순옥·황상일, 1999). 이 단층선의 상반에는 기반암 위에 자갈층 두께가 8m 이상 퇴적되어 있다. 불국사와 선원 사이의 하상(A 지점), 불국사로부터 서북서 방향으로 약 0.7km 떨어진 탑골(탑마을, B 지점), 불국사 남쪽으로 약 0.6km 떨어진 진현동 무덤골(C 지점)에서 단층 노두가 확인되었다.

불국사와 북쪽의 선원 사이에는 소하천이 지나고 있으며 콘크리트로 된 교량이 건설되어 있다. 이 다리 부근의 하상은 역층이지만, 여기에서 동쪽으로 약 10m 떨어진 곳부터 화강암의 하상이 나타나서 역단층의 단층선이 확인되었다(그림 64). 확인된 노두의 길이가 수 m에 지나지 않으므로 단층선의 주향을 판단하는데 어려움이 있으나 대략 북동—남서 방향으로 생각된다. 이 단층선은 불국사 경내를 지날 가능성이 크므로 중요한 의미가 있다고 생각된다.

한편 불국사 북서쪽의 0.7km 지점에 있는 탑골에서도 역단층이 확인된다(그림 65). 이것은 북북서—남남동 주향의 단층으로 불국사의 사찰 부근을 통과하고 있다. 불국사로부터 남쪽으로 약 0.6km 떨어진 진현동 무덤골에서는 파쇄대가 거의 수직이지만 노두의 상부는 동쪽

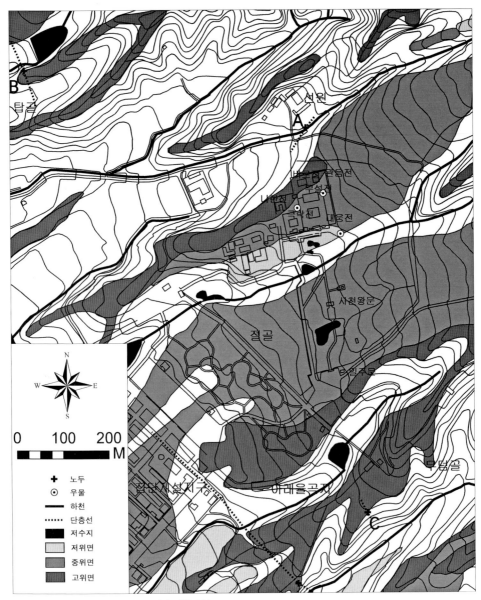

B

탑골

선원

A

백운전 관음전
무설전
나한전
극락전 대웅전

사천왕문

일주문

절골

무덤골

화단시설지구
아래을곡지

C

N
W E
S

0   100   200
M

+   노두
⊙   우물
—   하천
······   단층선
■   저수지
▨   저위면
▨   중위면
▨   고위면

그림 63. 불국사 지역 단층선 및 선상지 지형면 분포

의 상반이 서쪽의 하반 위로 밀고 올라가는
형태를 취한다(그림 61). 이 단층선이 탑골의
역단층과 연결되는지 또는 선원 부근의 단
층선과 연결되는지에 대해서는 많은 조사
가 필요하다.

불국사 부근에서는 제4기 후기에 형성된
선상지 지형면을 변위시키는 활단층이 네 곳
에서 확인되었다. 특히 선원과 불국사 사이
의 하상을 통과하는 북동–남서 주향의 활
단층(그림 64)은 불국사를 통과할 가능성이
대단히 크므로 경내에는 불투수층인 기반암
이 지표면 부근까지 분포하고 있을 것이다.
한편 불국사 동쪽의 토함산 산록에서 단층
선들이 전체적으로 남–북 방향을 취하고 있
는 것은 분명하며(그림 55) 불국사 부근에서
는 주향을 달리하는 복수의 단층선이 통과
하고 있다(황상일·윤순옥, 2001). 이와 같은 경
향은 경주–울산 지역의 다른 단층선의 방향
과도 조화된다.

불국사 경내의 하상 천이점과 저수지 분
포(그림 63), 기반암과 토양 분포는 단층선
통과 유무를 확인하는데 있어서 매우 의미
있는 지표가 된다.

천이점은 기반암 분포지와 역층 분포지

그림 64. 불국사와 선원 사이 A 지점 하상의 활단층 노두

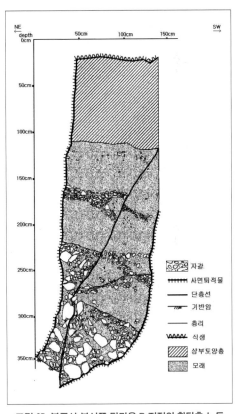

그림 65. 불국사 북서쪽 탑마을 B 지점의 활단층 노두

사이에서 형성되기 쉽다. 이곳에는 천이점이 용이하게 만들어지므로, 하상에 제방을 축조하면 저수량을 충분히 확보할 수 있다. 상류쪽에 분포하는 기반암은 불투수층이므로 유역분지로부터 공급되는 물을 손실없이 저수지로 유입한다. 불국사에서도 일주문과 대웅전 사이에여러 개의 천이점과 인공저수지가 축조되어 있다(그림 63). 이것은 하상이 기반암으로 된 지역과 하상이 역층으로 된 지역의 경계에서 형성된 것으로 추정된다. 대웅전 전면 석축 아래 마당에 있었던 것으로 알려진 구품연지는 하도에 벗어나 있어서 유지수 공급이 불리하다. 이연못 바닥이 선상지 자갈층이라면 연못이 금방 말라버려 연못 기능이 일시적이므로 의미가없다. 따라서 구품연지는 단층선의 상반인 기반암 구역에 위치하고 있을 것으로 생각된다.이것은 불국사 경내에 있는 우물 분포(그림 63)와도 관계있는 것으로 생각된다. 불국사 경내에는 몇 개의 우물이 조성되어 있는데 이곳에 지하수량이 풍부하다는 것을 의미한다. 불국사동쪽은 역단층의 상반에 해당하고 기반암이 지표면 부근까지 분포하여 지하수위가 높았으므로 연못과 우물이 유지된 것이다.

선원 부근의 단층선, 구품연지를 비롯한 저수지와 우물의 분포, 하상 단면도에서 확인되는 천이점의 분포를 종합하여 검토하면, 불국사 바로 서쪽 또는 경내에서 단층선이 통과할가능성이 상당히 높다.

3) 경주 및 울산 지역 겨울철 바람 특성

불국사 입지에 미친 기후의 영향을 검토하기 위하여 기후 요소 가운데 경주와 울산 지역의 겨울철 바람 특성을 살펴보았다. 국가기후센터에서 제공하는 경주와 울산의 풍향과 풍속으로 계절별 바람장미(windrose)를 8 방위로 작성한 것이 그림 66이다.

경주 지역의 겨울은 북서풍과 서북서풍이 전체 바람 부는 시간의 각각 22%와 17%를 차지한다. 서북서풍의 대부분 풍속이 2.5m~5m/s이며, 이 풍향의 바람 약 1/3은 풍속 5m/s이상이다. 그리고 북서풍도 대부분 풍속 2.5m~5m/s이며, 이 풍향의 바람 약 1/4이 풍속

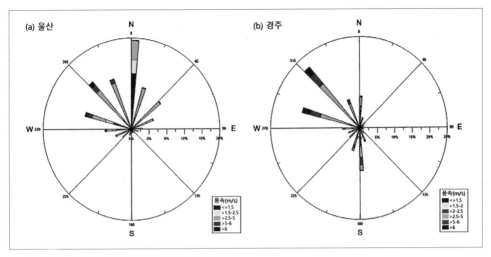

(a) 울산   (b) 경주

그림 66. 울산과 경주 지역 겨울철 바람장미(2011~2015년)

5m/s이상이다.

　울산 지역의 겨울은 북풍, 북서풍, 북북서풍 그리고 서북서풍이 각각 전체 바람 부는 시간의 20%, 13%, 12%, 11%를 차지한다. 북풍은 대부분 2.5m/s 이하이고 2.5m~5m/s는 이 풍향의 22%를 차지한다. 북서풍은 풍속 2.5m~5m/s가 44%를 차지하며 풍속이 5m/s 이상은 18%이다. 북북서풍은 2.5m~5m/s가 54%를 차지하며 풍속이 5m/s 이상은 8%이다. 서북서풍은 2.5m~5m/s가 30%를 차지하며 풍속이 5m/s 이상은 15%이다.

　경주 관측지점은 불국사로부터 19km, 울산 관측지점은 불국사에서 25km 떨어져 있다. 이 두 지점의 겨울철 바람 특징으로부터 불국사 지역의 풍속 특성을 추정하면, 겨울철 불국사 지역의 풍속은 경주보다 약하지만 울산보다는 강할 것으로 생각된다. 불국사는 동쪽이 산지로 막혀 있으나 나머지 방향으로는 열려 있다. 특히 서쪽, 북서쪽은 크게 열려 있어서 겨울철에는 서북서풍, 북서풍이 대부분을 차지한다. 특히 이들 방향에서 불국사를 향해 해발고도가 점차 높아지며 바람을 제어할 수 있는 산지와 같은 장애물이 없어서 경주와 유사하게 풍속이 강하였을 것이다.

4) 불국사 조성구역의 공간문제와 해결방안

AD 676년 당나라와 국경을 확정하여 삼국통일을 이룬 이후 75년이 지난 AD 751년은 통일신라의 최고 전성기라고 할 수 있다. 불국사 창건을 계획하고 공사를 지휘한 김대성은 불국사가 갖는 이념과 상징과 같은 형이상학적인 부분은 사찰의 구조와 내용 등을 통해 구현할 수 있고, 완공한 이후 의미를 부여하면 된다고 보았을 것이다. 통일신라 최전성기에 국가의 역량을 결집하여 조성하기 시작한 불국사는 국가의 위신을 세울 수 있는 사찰이 되어야 했다. 또한 대웅전을 비롯한 건물과 상주하는 사람과 손님이 기거하는 숙소와 부대시설을 적절하게 배치하여 많은 인원을 수용할 수 있는 공간이 제공되어야 하고, 김대성을 비롯한 불국사 창건자들은 무엇보다 대웅전을 비롯한 주요 건물, 탑, 석등과 같은 주요 요소들을 후손들에게 영구히 전승할 수 있도록 견고하게 토목 공사와 건축 공사를 행하고자 하였을 것이다.

김대성은 경주 지역에서 다음과 같은 자연환경적 요소를 충족하는 장소를 찾았을 것이다. 첫째, 국가를 대표하는 사찰의 내용과 규모를 구현할 수 있는 공간이 있어야 하고, 둘째, 사찰 전면이 남향으로 햇빛을 충분히 받을 수 있고 전망이 트여있을 것, 셋째, 강하고 한랭한 겨울계절풍을 막아줄 수 있는 지형 즉, 사찰 부지의 북쪽에 동－서 방향으로 산지가 배치될 것, 넷째, 용수를 수월하게 구득할 수 있을 것, 다시 말하면 우물을 깊게 파지 않고도 갈수기에 안정적으로 물을 얻을 수 있어야 한다.

그러나 통일신라 최고 전성기였던 8세기 중엽 경주 지역에서 이와 같은 조건을 만족시킬 수 있는 장소는 거의 없었을 것이다. 특히 경주 지역은 북서－남동 주향, 북북동－남남서 주향과 북북서－남남동 주향의 단층선이 통과하여 이 방향으로 단층선곡이 분포하므로 동－서 방향으로 분포하는 산지가 없어서 겨울에 부는 북서풍과 서북서풍에 노출된다. 그리고 산지가 대부분 중생대 백악기 화강암으로 이루어져 있으므로, 하곡이 깊고 사면경사가 급하여 곡저평야가 좁다. 또한 하곡을 형성하고 있는 하천들이 동－서 방향으로 흘러서 산지에서도 네 가지 자연환경적 조건들을 충족하는 장소를 찾을 수 없다. 그리고 통일 이후 75년이 경과한 시점에 경주 지역에는 인구가 크게 증가하여 인구밀도가 높았고 왕경구역을 비롯한 평지에는 도시화가 진행되었으므로 거대한 규모의 사찰을 건립할 수 있는 공간이 거의 남아있지 않았을 것이다. 용수를 얻을 수 있는 선상지의 선단부와 선측부 일대도 일찍부터 취락이 입지하였을 뿐 아니라 대부분 겨울계절풍에 노출되었다. 불국사 건축 이전에는 현재 불국사가 입지한 구역에도 이미 취락이 자리잡고 있었을 가능성이 높다.

현재의 불국사가 위치한 구역은 네 가지 자연환경적 요소 가운데 둘째와 넷째 조건은 어느 정도 만족시켰다. 그러나 첫째와 셋째 조건은 사찰 규모와 건물 배치에 따라 조건을 충족시키는 정도가 유동적이었다.

이곳에서는 용수를 풍부하게 얻을 수 있었다. 불국사 경내 또는 서쪽에 역단층인 울산단층선이 통과하므로 단층의 상반에 해당하는 사찰 부지는 기반암 위에 얇은 역층이 있어서 지하수를 얻기 위해 우물을 깊게 파지 않아도 된다. 그리고 두꺼운 풍화층으로부터 연중 지하수가 공급되므로 갈수기에도 용수를 얻을 수 있다. 그리고 동쪽은 불국사산맥에 의해 가려져 일출시간이 늦지만, 남쪽과 남서쪽으로 넓게 열려 있으며, 그리고 서쪽으로는 선상지 지형면과 완만한 구릉으로 이루어져 일몰 때까지 햇빛을 충분히 받을 수 있다.

한편, 불국사 사찰이 위치하는 공간은 형성 시기를 달리하는 세 개의 선상지 지형면으로 구성되어 있다(그림 63). 북쪽에는 동남동–서북서 방향으로 폭이 좁은 고위면이 분포하며, 남쪽에는 저위면이 다소 넓게 형성되어 있었고, 이들의 중간에는 폭이 그리 넓지 않은 중위면이 있어서 북쪽에서 남쪽으로 가면서 지형면 고도가 계단상으로 차츰 낮아진다. 폭이 넓은 저위면 남쪽 가장자리를 따라 토함산에서 발원하여 이 지형면을 남북으로 분리하는 소하천이 통과한다(그림 63).

저위면에 대웅전, 석등과 석탑을 조영한다면, 중위면에 무설전과 관음전 그리고 비로전을 배치하고, 북쪽의 고위면에 숲을 조성하여 겨울철 바람을 막을 수 있다. 이 경우 세 번째와 네 번째 조건을 완전하게 충족시킬 수 있다. 다만 대웅전이 입지하게 될 저위면에서 남쪽으로 소하천 건너 전면에 지형면 폭이 다소 넓은 중위면이 있어서 대웅전이 입지할 저위면은 중위면들 사이에 내려 끼인 형태가 된다. 이런 경우 대웅전 본존불의 시선이 차단되므로 두 번째 조건을 충족시킬 수 없게 되어 국가를 대표하는 사찰로서 품격을 인정받기 어렵다. 왕경 지역의 분황사가 지표면에 조성한 사찰인데, 본존불의 시선이 마당에서 보는 이의 시선과 거의 같은 높이에 있으므로 소박하고 친근하게 느껴지지만 권위나 위엄과 같은 요소는 부족하다.

이 문제를 극복하기 위하여 불국사를 건립한 사람들은 저위면에는 건물을 배치하지 않고 비워두기로 한 것으로 보인다. 따라서 대웅전은 석등 및 석탑과 함께 중위면에 배치하였다. 중위면에 회랑, 석등, 석탑, 대웅전, 무설전, 관음전(비로전)을 남쪽에서 북쪽으로 일렬로 배치하려면 중위면 남-북 방향의 폭이 충분하지 않으므로 건물의 규모를 대폭 축소해야 한다. 그러나 건물의 규모를 축소하는 것은 기본적으로 받아들이기 어려웠을 것이다. 이런 문제를 해결하기 위하여 관음전과 비로전 건물을 중위면보다 북쪽의 고위면으로 옮겨 동-서 방향으로 나란히 배치하였다. 그럼에도 불구하고 건물의 규모를 크게 하려면 중위면의 폭이 좁아 여전히 첫째 조건을 만족시키지 못하는 문제가 발생한다. 그리고 고위면에 건물이 배치되어 셋째 조건을 충족하지 못하게 될 수도 있다. 그러므로 이 조건을 충족하기 위하여 고위면에 건축할 건물의 지붕 높이와 경사 그리고 처마 높이를 가장 북쪽에 위치하는 담장 높이와 조정하면 충분하지는 않으나 어느 정도 해결할 수 있다고 판단하였을 것이다.

주요 건물을 중위면에 배치하면서 또 다른 문제가 발생한다. 즉, 중위면 공간이 협소하여 주요 건물의 규모가 축소되므로 불국사를 통해 구현하려고 했던 국가의 품격과 위신을 세우지 못하게 된다. 따라서 이로 인해 생길 수 있는 문제를 김대성은 토목 및 건축 기술 개발을 통해 중위면을 확장하여 해결하기로 한다.

중위면 확장은 여러 가지 방법으로 할 수 있으나 인위적으로 확장한 공간은 자연적으로 형성된 지반보다 상대적으로 견고하지 못한 문제가 있으므로 확장한 공간을 반영구적으로 유지하려면 매립하여 확장한 구역의 전면 축대를 견고하게 시공하여야 한다. 불국사를 설계한 김대성을 비롯한 기술자들은 전면 축대를 시공하는 방식에 대하여 대체로 다음의 세 가지 방법을 두고 논의하였을 것이다. 첫째, 흙과 자갈로 완만한 사면을 만들거나, 둘째, 석재로 계단을 만들거나, 셋째, 수직의 석축을 쌓는 것이다.

첫째 방법은 시공이 수월하고 건축 비용과 시간도 절약할 수 있으나, 시간이 지나면 매립하여 확장한 구간에서 중력에 의해 사면을 따라 토양이 이동하거나 강수에 의해 토양침식이 발생하여 확장한 구역이 좁아진다. 그러므로 처음부터 중위면 확장 구간의 폭을 충분히 넓게 잡아야 하므로 저위면의 공간 대부분을 매립하여야 한다. 두 번째 방법은 확장한 중위면 구간을 유지하는데 가장 유리한 시공 방법이다. 석재를 다듬어 계단상으로 구조물을 견고하게 만들면 건축 기간도 오래 걸리지 않고 구조적으로 안정된다. 전 세계적으로 고대 인공구조물의 대부분은 이와 같은 시공 방식을 채택한다. 그러나 계단상 전면 석축으로는 국가 사찰이 갖추어야 할 장엄함과 미학적으로 수준 높은 아름다움을 표현하기는 어렵다. 세 번째 방법은 두 번째 방법으로 구현할 수 없는 내용을 석축에 표현할 수 있으나 전면 석축 높이가 거의 10m에 이르므로 기술이 완벽하게 뒷받침되지 않으면 석축 완공 이후 오랫동안 유지되기 어려울 뿐 아니라 시공에 많은 비용과 기간이 요구된다. 특히 김대성을 비롯한 기술자들은 경주 지역에서 규모가 큰 지진이 여러 차례 발생한 사실을 알고 있었으며, 지진으로부터 안전한 지역이 아닌 불국사 지역에서 수직의 석축은 규모가 큰 지진에너지를 견디기 어렵다는 것을 알고 있었을 것이다. 불국사 건축에 내진설계가 요구되지만 당시에는 세상 어디에도 이런 기술이 없었다.

불국사 건축을 책임진 김대성은 세 번째 방법을 선택한다. 그리고 중위면을 확장하기 위하여 전면 석축에 적용할 내진 공법을 고안한다. 이 기술은 AD 8세기 세계 어디에도 없는 독창적인 것으로 세계 최고 수준의 건축 기술이었던 것으로 생각된다. 여기에 더하여 강대국의 품격과 신라인의 미학적 감성을 구현할 수 있는 설계도를 만들었다.

아울러 중위면에 대웅전을 비롯한 주요 건물의 규모를 유지하면서 겨울계절풍을 막아줄 선상지 고위면에 관음전과 비로전을 배치할 수밖에 없었으므로 가장 북쪽에는 이 두 건물의

그림 67. 불국사 핵심구역 남-북 방향 종단면과 겨울철 바람의 흐름

지붕 높이에 맞추어 담장을 만들었다. 그리고 무설전과 대웅전의 지붕 높이와 이 두 건물 사이의 간격 등을 조절하여 선상지 고위면의 북쪽 담장과 관음전 지붕을 타고 부는 바람은 무설전과 대웅전 지붕을 통해 자하문 지붕을 거쳐 남쪽의 선상지 저위면으로 지나가도록 설계하여 네 번째 조건을 어느 정도 해결하였다(그림 67).

그러나 북쪽에 사찰을 감싸는 산이나 구릉지가 없어 겨울 동안 차가운 계절풍을 완전하게 차단하지 못하고, 낮에도 햇빛을 가득 담아 사찰 공간 전체 기온을 높여주지 못하므로 불국사 입지는 소위 명당에는 미치지 못하는 것으로 생각된다. 그럼에도 불구하고 방풍림과 높고 견고한 담장 등 다양한 수단을 통해 이러한 약점을 보완하여 불국사에서 인간활동이 주로 이루어지는 선상지 중위면에서 풍랭효과를 쇄감시킬 수 있었다.

2. 불국사 지역의 지반 불안정성과 불국사 내진 구조

1) 논의의 배경

불국사 지역을 포함하여 울산과 경주 사이에는 울산(불국사) 단층선이 통과하고 있다. 이 것은 서로 평행하는 여러 개의 단층선으로 이루어져 있으며 활단층이다(윤순옥·황상일, 1999; 岡田篤正 等, 1998). 삼국사기 기록에 의하면 고대 동안 경주를 중심으로 57 차례 지진이 있었 다(표 7).[172] 경주는 조선시대에도 지진 다발 지역에 해당하였으며(윤순옥·전재범·황상일, 2001), 계기관측이 이루어진 최근의 지진자료에서도 지진의 진앙지로 보고된 사례가 많다(기상청, 2001). 이와 같은 기록들과 활단층에서 지진이 발생하기 쉽다는 사실을 종합할 때, 경주 지역 은 소규모 지진이 빈발할 뿐 아니라 규모가 큰 지진도 발생할 수 있는 곳이다.[173]

지반이 불안정한 이 지역에 통일신라 불교문화의 상징 가운데 하나이며 한국 불교를 대 표하는 불국사가 입지하고 있다. 불국사는 불교문화가 융성했던 통일신라시대에 조성된 건 축물로서 6개의 국보와 하나의 보물을 보유하고 있다. 부처님의 공간인 사찰에서 가장 중요 한 것은 불상, 탑 그리고 대웅전(보물 1744호)을 비롯한 건물 등이다. 불국사에서는 극락전의 금동아미타여래좌상(국보 27호)과 금동비로자나불좌상(국보 26호), 석가탑(국보 21호)과 다보탑 (국보 20호)이 국보로 지정되어 있다. 그럼에도 불구하고 이 사찰을 찾는 이들에게 가장 깊은 감동을 주는 것은 대웅전과 극락전 전면의 석축과 이 석축에 조영된 청운교와 백운교(국보 23 호), 연화교와 칠보교(국보 22호)와 같은 건축물이다. 이것들은 우리나라의 다른 석조건축물과

---

172) 가뭄, 흉년이나 기근, 홍수, 메뚜기떼 기록을 종합적으로 검토하면 삼국사기에는 피해의 규모가 큰 자연재해를 기 록하였다. 특히 지진은 규모가 작으면 피해도 작지만 인지하기도 어렵다. 그러므로 삼국사기에 적시된 지진은 누 구나 인지할 수 있으며 인적 및 물적 피해가 크게 발생할 수 있는 규모 5.0 내지 5.5 이상이었을 것으로 생각된다.

173) 2016년 9월 12일 경주시 남남서쪽 8km 지점에서 발생한 규모 5.8 지진은 우리나라 지진 관측 이래 최대 규모였 다. 이 지진에 앞서 규모 5.1의 전진이 경주시 남서쪽 9km 지점에서 발생하였다. 통일신라 혜공왕 15년(779년) 경 주에 지진이 발생하여 민옥이 무너지고 100여 명이 죽었다. 이 지진의 규모는 7 정도로 추정된다. 규모 7 지진의 에너지 양은 규모 5에 비해 1,000배 정도이다.

는 확연하게 구분되는 독특한 건축 양식으로 만들어졌으며 이 기법으로 조성된 석조건축물은 이것이 유일하다.

불국사 남쪽과 서쪽에 조성된 전면석축은 자연석과 인공석을 사용하여 다양한 방법으로 축조하였는데, 이것이 단순히 건축물을 아름답게 만들기 위한 것인지, 혹은 다른 특별한 목적을 달성하기 위하여 고안되고 덧붙여 미학적 측면을 고려하여 설계된 것인지에 대해서는 논의된 바 없다. 전면석축의 건축기법과 그 의미에 대하여 고건축학과 미술사학에서 보고되었으나, 이러한 연구들은 과학적 견지에서 논리적으로 해석하고 논증한 것이 아니라 직관과 경험을 통해서 그것이 가지는 의미를 추론한 것이다.

전면석축 가운데 대웅전 남회랑 기단부 건축에 대하여 유홍준(1997)은 자연석에 인공석을 얹은 것은 목조건축의 그렝이법을 본받아, 자연석 상단의 굴곡에 맞추어 인공으로 다듬은 받침돌의 하부를 깎아낸 것으로 이 석축은 기교가 절정에 이른 것으로 해석하고 있다. 한편 신영훈(1998)은 그렝이법으로 축조된 우리나라 전통 목조건물이 지진에 상당한 내구력이 있다고 설명하고 불국사 기단부에 적용된 이 기법이 내진구조일 가능성을 제시하였다. 그리고 석축에 대해서도 목조건축 양식을 채용하여 창의적이고 과학적이면서도 조화와 균형을 이루고 있어서 독특한 아름다움을 나타내고 있다고 기술하고 있다.

이와 같은 방식의 논의는 왜 이곳에 독특한 건축기법을 적용하게 되었는지, 이러한 기법들이 어떤 메카니즘(mechanism)을 통해 내진이 가능한지에 대한 설명 없이 매우 추상적이며 주관적인 해석에 그치고 있다. 따라서 이 건축구조가 가지는 진정한 의미와 그것을 만든 이들의 궁극적인 목적을 설명하는데 한계가 있다. 우리나라에서 유일하게 특별한 기법이 적용된 불국사의 건축 구조와 이 지역 지형 특성과의 인과관계를 파악하고 건축가의 의도를 논리적으로 이해할 때 비로소 과학적 근거를 가진 예술품으로 받아들일 수 있을 것이다.

우리나라에서 지반이 가장 불안정한 곳에 수천 년 동안 보전되기를 바라는 서원을 담아 김대성(700~774년)을 비롯한 통일신라 지배층들이 대규모 사찰을 건립하였다. 즉, 그들이 이 지역의 지형 특성과 관련된 건축물의 안정성에 대해서 어떻게 인식하고 있었는가를 파악하는 것은 불국사 건축에 적용된 독특한 건축 기법들이 어떤 목적을 이루기 위하여 고안되었는지를 이해하는데 중요한 단서가 된다. 이에 대해서는 고대 문헌에 기록이 없으므로 그들의 생각을 직접적으로 확인할 수 없으나, 이 지역의 지형 특징을 파악하고 완성된 건축물의 구조를 해석하여 당시 건축가들의 생각을 알 수 있다고 생각한다.

이 절(節)에서는 불국사 남쪽 전면 석축을 중심으로 건축물에 적용된 특수한 구조와 건축 설계의 특징을 살펴보았다. 그리고 건축 구조가 불국사 지역의 지형 특성과 어떤 관계를 가지는지에 대해 내진설계에 초점을 맞추어 검토하였다.

2) 불국사 건축 공간의 지형 특징

불국사의 사찰 공간은 형성 시기가 다른 선상지 고위면, 중위면, 저위면으로 구성되어 있고 전체적으로 북쪽에서 남쪽으로 계단상으로 낮아진다(그림 63, 그림 67) 사찰 공간의 가장 북쪽에는 고위면이 동북동-서남서 방향으로 분포하는데 지형면의 폭이 대단히 좁아 능선 형태에 가깝다. 고위면에는 가장 동쪽에 관음전이 있고, 서쪽으로 비로전, 나한전으로 이어진다. 그보다 서쪽의 고위면에는 소나무와 대나무 숲이 분포한다. 고위면 남쪽에 분포하는 중위면은 지형면이 상대적으로 넓고 평탄하여 대웅전, 무설전, 극락전, 요사채, 석탑, 석등, 회랑 등이 입지하고 있다. 그리고 중위면 남쪽에는 저위면이 나타나는데 현재는 마당으로 사용하고 있다.

불국사의 설계자는 자연 지형을 그대로 살려서 북쪽과 동쪽은 높게 남쪽과 서쪽은 낮게 하고, 중위면에 사찰 중요부가 들어설 공간을 장방형으로 설계하였다. 그러나 중위면의 폭이 충분하게 넓지 못하여 대웅전 전면에 탑, 회랑, 자하문이 입지할 공간이 부족하므로, 이 지형면의 남쪽을 인위적으로 확장하였다.

하상비고가 서로 다른 고위면, 중위면, 저위면을 이용하여 가람을 배치하였으므로 이 지형면들 사이의 단애에는 계단과 축대를 조성하였다. 북쪽의 고위면 위에 조성된 관음전 및 비로전과 남쪽의 중위면 상에 조성된 무설전 및 대웅전 사이에도 계단과 축대가 만들어져 있는데 그 경사가 대단히 급하다. 중위면과 저위면 경계에는 청운교와 백운교, 연화교와 칠보교 같은 계단과 대규모 석축이 조성되었다.

한편 불국사가 위치한 지형면은 선정부에 인접한 선앙부이므로 지형면 자체의 경사가 다소 급하다. 그러므로 동쪽에서 서쪽으로 건축물들이 낮아지고 있어 계단과 축대가 많이 조성되어 있다. 고위면에서는 비로전과 나한전 사이에 축대와 계단이 있다. 중위면 서쪽은 축대를 조성하여 높이고 동쪽 가장자리는 약간 절개하여 지형면을 평탄하게 하였다. 대웅전과 극락전 사이 그리고 극락전과 유물 보호각 사이에 축대와 계단이 만들어져 있다.

3) 불국사에 적용된 특수한 건축 구조

지진에 의해 지반이 흔들리면 그 위에 세워진 건축물의 안정성은 담보하기 매우 어렵다. 지구 내부에서 발생한 지진에너지를 지반이 모두 흡수할 수는 없다. 지진에너지가 지각 위에 세워진 건물로 전달되면 건물은 반드시 이 에너지를 흡수하여야 한다.

현재 불국사에서 확인된 특수한 건축구조는 크게 네 가지로 구분된다. 첫째, 그렝이법의 광범위한 적용이다. 둘째는 지진하중에 강한 목조건축 기법인 결구 방식을 전면 석축에 적용하여 응용한 것이다. 셋째, 주두석(동틀돌, 첨차석)을 이용하여 매립한 채움돌들이 자리를 이탈하지 못하게 하고 지반으로부터 오는 에너지를 흡수하는 것이다. 넷째, 목조건물의 기둥을 유공초석에 끼워 시공한 것이다.

(1) 그렝이법

고대의 축대는 돌을 조적(組積)으로 쌓는 것이 가장 일반적이다. 이와 같은 방법은 비용을 적게 들이고 빠른 기간 내에 완성할 수 있으나 지진하중에는 매우 취약하다. 즉, 조적을 하는 경우에는 돌들 사이에 이음새가 생기게 되므로 지진에너지를 수렴하기 어렵다. 불국사에서 중위면 확장으로 확보한 추가적인 공간은 지반안정성이 낮아서 이를 보완하기 위해서는 견고한 석축을 조성하여야 한다. 이 석축을 제대로 만들기 위해서는 지진에너지를 극복할 수 있는 공법이 필요했을 것이다.

그렝이법은 우리나라 전통건축물에서 주로 주춧돌과 그 위에 세워진 나무 기둥 사이에 적용된다. 목조 건물의 기둥을 받치는 주춧돌의 표면을 매끈하게 다듬지 않고 자연 상태의 불규칙한 모양 그대로를 쓰고, 기둥 하부를 주춧돌과 밀착시키기 위하여 기둥 아랫면을 주춧돌 표면에 꼭 맞게 깎아내는 것을 그렝이질이라고 한다. 이렇게 맞추어 세워진 기둥은 건물 자체의 하중에 의해 주춧돌과 밀착된다. 그러므로 건축물에 전해지는 다양한 충격에도 어긋나지 않고 원래의 모습을 유지할 수 있다. 이 기법은 성곽을 축조할 때도 적용되는데, 성곽 가장 윗부분의 자연석 위에 다듬은 돌인 장대석을 올려 마감할 때 장대석의 하부를 자연석 최상부의 요철(凹凸)에 맞추어 깎아내어 완전히 밀착시킨다. 성곽은 군사적 목적으로 축조되는 것이어서 견고해야 하는데, 특히 가장 윗부분의 장대석은 적에 의해 쉽게 파괴되지 않고 군인들의 다양한 활동에도 원래의 모습을 유지할 수 있도록 그렝이법으로 견고하게 축조하는 것이다.

그렝이법이 지진에 상당한 내구력이 있다는 사실은 1967에 지은 멕시코시(Mexico City)의 한국정(韓國亭)이 그간 수많은 지진으로 인해 주변 건물이 피해를 입었는데도 탈없이 무사한 데서 입증되고 있다. 이것은 기둥과 주춧돌이 따로 놀아 유격의 여유가 있기 때문이기도 하지만 기둥과 주춧돌 사이가 서로 완전히 맞물리게 밀착되어 지진에 흔들렸다가도 기둥의 요철에 따라 다시 제자리로 들어설 수 있기 때문이다(신영훈, 1998).

이 기법이 석조 건축물에 내진공법으로 적용된 예는 페루의 쿠스코(Cuzco)시와 그의 북쪽에 있는 마추피추(Machu Picchu) 유적을 들 수 있다. 잉카제국의 고도(古都) 쿠스코시는 안데스산맥의 해발고도 3,400m의 고원 평지에 있다. 잉카 신앙의 중심지였던 태양의 신전이 있었던 자리의 석조 건축물은 오랜 세월 동안 조금도 변함이 없는데 그 자리에 새로 건축한 천주교 성당은 매년 수리하다시피 하고 있다. 도시 대부분을 구성하는 잉카시대의 건물이나 석축은 매우 단단하게 만들었으므로 나중에 스페인 사람들이 증축하거나 수리한 것이 먼저 허물어지는 형편이다.

그림 68. 페루 마추피추 석조 기단석의 구조(김찬삼, 1972)

마추피추 지역은 환태평양 조산대에 포함되는 안데스 산지의 한가운데 있으므로, 진도 6 이상의 지진이 빈번하게 일어나며 그 이하 강도의 지진은 일상적으로 발생한다. 마추피추 유적을 건설한 이들은 이와 같은 자연재해를 충분히 고려하여 기초공사를 하였다. 여기에 적용된 기법은 불국사에 적용된 것과 같은 그렝이법인데 다만 돌과 돌 사이 맞물리는 틈의 정교함에서 차이가 있다.

불국사의 경우, 자연석을 약간 가공하여 인공석과 만나는 면이 맞닿도록 다듬고, 자연석의 가장 윗부분에서 인공석의 하부를 자연석의 울퉁불퉁한 표면에 맞추어 다듬었다. 그러나 잉카인들은 기단석과 기초부에서 석재를 거칠게 다듬어 대략 맞추는 것이 아니라, 가장 아랫부분부터 모양과 크기가 다양한 돌들이 서로 만나는 면을 편평하게 다듬어, 다양한 크기와 모양으로 가공하여 돌과 돌이 빈틈없이 맞물리도록 쌓았다(그림 68). 즉, 불규칙한 조각들을 조합하여 어떤 형상을 만드는 방식을 구사하였다. 다만 돌을 가공하는 정교함의 차이로 인해 맞물리는 면의 표면적에서 차이가 나는 것은 양 지역의 지진 규모의 차이를 반영했다고 볼 수 있다.

불국사에 적용된 그렝이법은 기반암 위에 쌓은 자연석과 그 위의 인공석 사이가 단단하게 맞물려 고정되므로 하부 자연석과 상부 인공석이 일체가 되어 지진의 수평하중으로 인한 변형을 막아 지진에너지를 견디는 장치이다. 아울러 인공석의 가장 아랫단이 하부석재들을 고정시켜 기반암으로부터 전달되는 에너지로 인하여 자연석들이 이탈되거나 위치가 변형되는 것을 방지한다. 자연석들 사이에 약간의 유격이 있으므로 지진에너지는 이런 석재들 사이의 미세한 움직임과 여기서 발생하는 열 그리고 소리 에너지로 상당한 양이 소모된다. 그렝이법이 집중적으로 적용된 불국사 공간은 기반암 위에 석축이 가장 높게 조성된 대웅전 남회랑 전면석축이다. 이 구역은 인공 구조물을 높게 만들어야 하므로 지진에너지에 의한 피해가 가장 크게 발생할 가능성이 높기 때문이다.

불국사에서 이 기법이 적용된 곳은 대웅전 남회랑 아래 즉, 백운교 좌우 석축, 석가탑의 암좌(岩座), 서편 수미범종각(須彌梵鍾閣, 泛影樓)의 축대이다.

가. 대웅전 남회랑 석축

1924년에 일본인 기술자들에 의해 이루어진 보수기록에 "대웅전 남회랑의 석축은 극락전 남회랑 석축과는 달리, 상단과 하단으로 구분하였고, 하단석축의 맨밑은 자연거석들로 짜여

그림 69. 대웅전 남회랑 석축의 하부 자연석 상면과 인공석 하부 사이에 적용된 그렝이법(사진의 중앙 자연석 상단과 인공석 하단 사이에 적용되었음)

져 해체복원이 힘들 뿐 아니라, 현 유구자체가 교란됨이 심하지 않아 하단석축은 해체를 하지 않은 것 같고, …… 대웅전 남회랑에는 하단석축을 해체하지 않았기 때문에 여기에 중심을 맞추어 상단에 연결하였다면, 수리 전의 유구에 많이 가까울 것이나, ……"라고 기재되어 있다(문화공보부 문화재관리국, 1976).

이것은 대웅전 남회랑 즉, 불국사 전면의 석축 중 그렝이법으로 축조한 부분에 대한 내용을 기재한 것이다. 일본인들이 보수하지 않았다는 것은 20세기 초까지 대웅전 남회랑의 하단석축은 그 원형이 거의 손상되지 않았기 때문이다. 이것 역시 그렝이법에 의해 조영된 석축의 견고함을 의미한다고 볼 수 있다.

대웅전 남회랑 아래 백운교 좌우 석축은 두 단으로 나누어지는데, 아랫단은 주위 하천이나 산지에서 얻을 수 있는 거력을 비롯한 다양한 크기의 자갈을 쌓았고, 윗단은 다듬은 돌로 마감하고, 그 위에 돌난간을 만들었다. 자연석을 쌓아 올린 아랫단과 인공석으로 반듯하게 가공한 돌로 된 윗단의 경계에는 그렝이질로 완전히 밀착되게 인공석 하부를 다듬어 맞추었다. 이것은 하단과 상단의 석재가 서로 맞물려 수평하중에 의한 충격에 강한 응력을 가지므로, 수평으로 흔들려도 어긋나지 않는다. 하단을 지지하는 입경이 대단히 큰 신선한 거력은 상단 석재의 하중을 견딜 수 있게 하였다(그림 69).

나. 석가탑의 하부 구조

석가탑 기단석의 하부는 그 아래에 있는 자연 상태의 불규칙한 자연석의 표면에 맞추어 정밀하게 깎여졌다. 즉, 그렝이법이 적용된 것이다. 원래의 모습은 대웅전 남측 백운교 좌우 기단부의 자연석과 그 위인 인공석과의 관계와 같은 양식이다. 현재는 전면 보수작업을 거쳐 수리한 상태지만 이전에는 가장 하부의 기단석 부재들이 틈이 벌어지거나 깨어지거나 약간 어긋나 있었다.[174] 석가탑은 석공이 반듯하게 다듬은 암반 위에 인공석을 쌓은 것이 아니라

---

174) 이러한 현상은 과거 석가탑을 보수할 때, 탑신의 기단석을 완전하게 들어내었기 때문에 발생한 것이다. 그렝이법으로 조영된 구조물은 가장 하부 자연석 바로 위의 인공석은 들어내면 안된다. 원래의 자리를 이탈하면 원형을

인위적으로 옮겨온 자연석 위에 탑을 조성한 것이다. 석가탑이 위치한 곳은 화강암의 거력이 퇴적되어 있는 선상지 중위면일 가능성도 있으나, 중위면 가장자리를 매립하여 남쪽으로 확장한 구역, 다시 말하면 무설전과 대웅전이 조성된 지형면에서 남쪽으로 확장하여 매립한 구역일 가능성이 크다.

다. 범영루 축대

범영루의 기단부는 백운교 좌우 석축과 연결되며 건축 양식도 동일하다. 하단에는 거대한 자연석을 3단 정도 쌓고, 그 위에 반듯하게 가공한 인공석으로 기단부와 난간을 만들었다. 자연석과 연결되는 인공석의 아랫부분은 그렝이질하여 완전히 밀착되게 하였다.

(2) 결구結構 및 목조 건축기법 적용

결구는 건축물을 구성하는 각 부재를 짜 맞추는 것이다. 즉, 건물을 구성하는 수직재와 수직재, 수평재와 수평재, 수직재와 수평재 그리고 수직재와 사경재(斜頃材)가 서로 얽히거나 짜여지게 되는데 이들 모든 방법이나 모양새를 결구법이라고 한다.

지진이 빈번하게 일어나는 일본의 건축물은 거의 목조로 되어 있다. 그리고 이 목조건축의 양식도 힘을 받는 기둥과 보를 못으로 고정시키는 것이 아니라, 부재들을 서로 걸거나 끼워 결구하는 방식을 채택하고 있다. 그리고 기둥과 기둥 사이의 공간을 작게 구획하고 있다. 이와 같은 건축 양식은 기본적으로 지진을 염두에 두고 이루어지는 건축 방식이다. 지진이 일어났을 때, 지반으로부터 전달되는 에너지의 영향으로 건물 전체가 흔들리지만, 지진이 끝나면 원래의 모습으로 돌아온다. 이것은 탄성이 있는 목재들이 서로 단단하게 결구되어 있어서 지진에 의한 흔들림에도 파괴되지 않고 원래의 모습을 유지하기 때문이다.

불국사의 석축은 목재가 아니지만 목조건축 양식을 응용하여 조성하였다. 고대에는 중요

복원하기 어렵다. 그러므로 보수 공사가 끝나고 시간이 흐르면 부재들이 어긋나게 되므로 다시 부재들 사이에 틈이 벌어지고 부재들이 깨지게 된다.

한 건물은 벽돌이 아니라 목조로 만들고, 축대는 조적조(組積造)와 유사하게 직육면체의 석재를 쌓아서 만든다. 이와 같은 양식으로 축대를 쌓는다면 단기간에 기초공사를 마무리할 수 있지만 수평하중에 대단히 취약하므로 지진이 발생하면 건축물은 안전을 담보할 수 없다. 그러므로 불국사를 설계한 이들은 석재로 인공 기초인 축대를 만드는데 목조건축의 양식을 적용하였다. 석재는 목재가 가진 높은 진동저항계수(damping factor)는 없으나 목조건축 양식이 가진 내진기능을 응용한 것이다.

목조건축물은 지붕의 서까래(rafter)와 벽체 내 수직재(wall stud)의 배치에서 볼 수 있듯이 다른 건축 재료로 만든 건축물에 비해서 많은 수의 부재를 보다 촘촘한 간격으로 사용하므로 연결 부위의 수가 대단히 많은 다선구조 형식(multiple-joint system)이다. 이 형식은 지진하중이 어느 특정구조 부위에 집중되지 않게 하고 다수의 부재와 그 연결 부위에 분배되도록 함으로써 전체적으로 보다 균형잡힌 내진기능을 발휘하게 하며, 목재 자체의 높은 진동저항계수는 목조구조의 내진기능을 증대시키는데 일조하므로 일반적으로 동일한 모델의 구조 중 지진에 가장 안전하다(변진섭, 1998).

불국사 전면석축의 인공석 부분은 기둥과 기둥 사이의 간격이 매우 좁다. 그리고 그 외의 구조에서 사용된 부재들의 길이도 짧다. 이 석조부재들은 목조건축에 사용된 부재들의 길이에 비해서도 상대적으로 짧게 설계되어 있으므로 기단부 전체에 사용된 석조부재들의 수량이 대단히 많다. 그리고 이들 사이에는 마추피추 유적에 적용된 것과 같이 빈틈없이 완전히 결구된 것이 아니라 어느 정도 융통성 있게 맞추어져 있다. 그러므로 지반으로부터 전달되어 자연석과 그렝이 부분에서 어느 정도 소모된 지진에너지는 인공석 부분에서 대단히 많은 석조부재들에게 골고루 분산되어 소모될 수 있다.

당시 건축설계자들은 지진에너지를 면밀하게 계산하여 전면석축을 설계하였을 것이다. 석축에 사용된 부재의 크기도 위치에 따라 다르다. 대웅전 남회랑 석축 가운데 자연석 위에 인공석으로 조영된 백운교 좌우는 부재들을 짧게 하여 좁은 간격으로 결구하였으나, 축대의 윗부분인 청운교 좌우에는 석주 사이의 간격을 길게 하고 중방석도 생략하였다. 이것은 기단부에서 전달되는 지진에너지를 자연석 부분에서 일차적으로 흡수하고 인공석 아랫단에서 2차적으로 완화시키므로 기단부 상단에서는 그 영향이 크지 않다고 생각했던 것이다.

한편 청운교와 백운교, 칠보교와 연화교는 자연석을 쓰지 않고 석조 부재를 결구하여 만들었다. 이 구조는 모두 목조건축 기법으로 조성되었는데 다리들이 석축 전면에서 이것을 받치고 지탱하는 역할을 하므로 강한 내진 구조로 설계하였다.

목조건축 기법으로 만든 석축은 3가지 형태로 구분된다. 첫째, 대웅전 남회랑 축대 가운데 백운교 좌우, 청운교와 백운교 그리고 극락전 남회랑 축대에서 칠보교와 연화교에서 볼수 있다. 이것은 모든 부재들을 인공적으로 다듬어서 수평재인 중방석과 수직재인 석주를 주두석을 중심으로 서로 결구하였다. 그리고 석주들 사이의 간격은 5척으로 좁으며, 이들 부재들 사이는 판석으로 마감하였다. 둘째, 극락전 남쪽과 서쪽 축대에서 확인할 수 있는 양식으로 석주들 사이의 간격은 5척으로 좁고 주두석과 주두석 사이에는 수평재인 중방석을 만들어 주두석을 중심으로 사방으로 결구하였다. 부재들 사이에 판석은 만들지 않았다. 셋째, 대웅전 남회랑 청운교 좌우 석축, 대웅전 서회랑 석축으로 석주들 사이의 간격은 10척으로 넓다. 주두석 사이에 중방석을 설치하지 않았으며 판석도 없다. 내진기능은 첫째 양식이 가장 뛰어나고 셋째 양식이 상대적으로 떨어진다.

가. 백운교 좌우 인공석 기단부

대웅전 남회랑 자하문 남쪽의 계단으로 된 석교 가운데 아랫부분에 해당하는 백운교의 좌우 기단부에는 자연석으로 된 기단부 위에 인공석으로 결구하여 만든 기단부가 있다.

이 구역은 자연석 위에 하부를 그렝이질한 중방석을 놓고 이들 사이에는 주두석으로 결구하였다. 주두석 위에 석주를 세우고 다시 주두석을 얹고 이들 사이에는 중방석을 가로로 놓았다. 그리고 주두석과 중방석 위에 멍에를 얹어 마감하고는 돌난간을 올려 세웠다. 돌기둥 사이에는 간격을 두고 판석을 한 장씩 끼워서 마감하였는데, 이러한 건축 방법을 자하문 아래, 청운교와 백운교의 전체에 적용하여 석축의 표면을 판석으로 마무리하여 좌우상하 빈

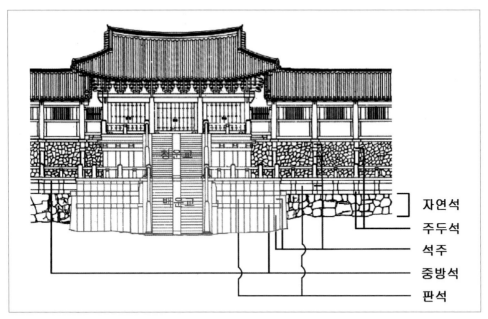

자연석
주두석
석주
중방석
판석

그림 70. 불국사 대웅전 남회랑 전면 석축(장경호(1996)에 가필)

틈없이 결구하였다.

　이 구조의 핵심은 주두석의 머리 부분이다. 주두석은 석주와 석주 사이, 중방석과 중방석 사이, 중방석과 석주 사이에 네모난 작은 돌이 머리만 약간 드러내고 있다. 주두석에 중방석을 결구한 부분은 기둥머리에 주두석의 머리 안쪽으로 홈을 파고, 그 홈에 상하의 석주가 걸리고 또 좌우에 중방석을 끼웠다(그림 71). 그 턱에 걸리게 결구되면서 중방석이나 석주가 앞으로 밀려날 염려가 없어진다. 말하자면 안쪽에 채워진 토양의 압력 때문에 석축을 형성한 석재들이 바깥으로 밀려날 가능성이 있는데, 이 구조를 통해서 이와 같은 문제를 해결하였다.

나. 범영루 석단

　범영루의 기단은 자연석과 인공석으로 조성하였는데, 상단의 인공석 부분은 주두석, 석주, 장대석, 판석으로 이루어졌다. 안쪽으로 깊게 박은 주두석 머리 부분에 홈을 파서 모든 석재가 서로 결구되도록 하였으며 이들 사이에는 자연석으로 뒷채움을 하였다.

이렇게 만든 인공석 기단부의 평탄한 상부에 십자(十字) 모양의 평면 형태를 취하는 인공석 여덟 개로 조립한 석단이 범영루 남쪽의 양 기둥을 받치고 있다. 이 인공석들은 서로 결구되어 있을 것으로 추정된다.

다. 청운교 좌우 석축

청운교 좌우 석축은 석주, 주두석과 같은 인공석과 자연석으로 된 채움돌로 구성되었다(그림 70). 석주는 아랫부분과 윗부분으로 나누어지는데, 이들 사이에는 주두석으로 결구되었으나, 중방석은 사용하지 않았다. 위쪽의 석주는 상대적으로 길이가 짧은데, 이 석주 위의 주두석에는 중방석을 가로로 결구하였다. 석주와 석주 사이는 자연석의 거력(boulder)급 자갈로 채웠다. 이 구역의 석축에서는 석주와 석주 사이의 간격이 다른 구역보다 상대적으로 넓다.

라. 청운교와 백운교

청운교와 백운교가 축조된 대웅전 남측 구역에서 석축은 자연석인 거력을 기반으로 축조한데 비하여 자하문과 이 청운교와 백운교 하부만은 모두 인공으로 반듯하게 다듬은 석재로 축조하였다. 구조의 골격은 네모반듯한 석주를 일정한 간격으로 세우고 그 위에 주두석을 박아 넣고 주두석과 주두석 사이에는 중방석을 가로로 걸어 놓았다. 두 단을 역시 일정한 간격을 두고 설치한 뒤에 주두석과 중방석 위에 멍에를 얹어 마감하고는 돌난간을 올려 세웠다. 돌기둥 사이의 간격에는 판석을 한 장씩 끼워서 마감하였다. 돌난간, 계단들도 모두 다듬은 돌로 양쪽 가장자리의 인공석들과 결구되도록 하였다. 세트로 된 석주들에서 아래석주는 길고 위로 가면서 짧아지게 길이를 달리하여 시각적으로 길어 보이는 효과를 내고 있다. 이 부분은 마치 목재 구조물과 같이 정교하게 조영되었다. 백운교와 청운교 폭은 상당히 넓고 백운교의 폭이 청운교보다 넓다. 이것은 이 구역 전면석축이 높은데 지진에너지 양이 청운교가 위치한 상부보다 하부쪽이 더 크기 때문에 백운교의 폭을 가장 넓게 설계하였다(그림 70).

마. 다보탑

다보탑은 목조건축과 같은 결구법을 써서 완성한 석탑이다. 청운교와 백운교 자체 석조 구조의 결구법과 같은 방법이 구사되었다(신영훈, 1998). 모든 석재들을 꼭 맞게 다듬어 서로 걸어서 전체적인 형태를 유지하도록 하였다. 다보탑 상층 기단부 모서리의 네 기둥 위에는 이중의 두공이 있고, 기단부 가운데 기둥 위에는 주두를 얹고 있다. 주두는 기둥머리에 접시처럼 얹고 있는 것을 말하는 것이 아니라, 기둥머리에서 상부 부재를 떠받치는 부재를 통틀어 일컫는 말이다. 이런 관점에서 본다면 모서리 기둥 위의 두공들도 주두라고 보아도 무방하다(신영훈, 1998).

바. 홍예

홍예에는 지진에 의한 진동을 흡수하는 설계를 찾아볼 수 있다. 일반적으로 홍예는 작은 돌 여러 개를 반원의 둥근 선을 따라 축조한다. 이때 홍예를 구성하는 돌의 윗면은 넓게, 아래쪽은 좁게 다듬는다. 이렇게 하여 바깥지름의 넓은 선과 안쪽의 좁은 선을 일치시킬 수 있으며, 홍예종석이라는 마룻돌을 홍예의 가장 정상부에 꽂아 넣으면서 아치는 무너지지 않고 안정된다. 그러나 백운교의 홍예에는 이중구조를 적용하였는데, 일반적인 건축술에 의해 만들어진 홍예 위에 두 개의 아치형 큰 돌과 하나의 사다리꼴에 가까운 홍예종석을 사용하여 겉틀홍예를 조성하였다(신영훈, 1999). 여기서 주목할 사실은 이 겉틀 홍예종석의 모양이다. 이 종석은 일반적인 홍예종석과는 달리 좁게 다듬은 면이 윗쪽에 있고, 긴 면이 아랫쪽에 있어, 겉틀홍예를 구성하는 단일의 석재로 된 2개의 좌우 홍예석을 떠받쳐주는 구실을 하고 있다. 그리고 겉틀홍예종석의 폭이 속틀홍예종석보다 넓어 속틀홍예종석에 부담을 주지 않는다. 한편 이 겉틀홍예종석은 안으로 깊숙이 들어가 천정돌의 하나로 되어 있어 전체적으로 다른 구조물과 단단히 결구되어 있다(신영훈, 1999). 이와 같은 구조도 백운교의 미적인 측면뿐 아니라, 이중 홍예구조를 통해 내구성을 높이고 지진에너지를 흡수하도록 고안된 것으로 생각된다.

(3) 주두석(동틀돌, 첨차석)

불국사 석축 가운데 인공석으로 조영한 부분은 대부분 결구되어 서로 맞물려 있다. 이들 중 가장 특징적인 것은 주두석(동틀돌, 첨차석)이며, 학술 용어는 아니지만 정면에서 보이는 모습과 매립 토양 안으로 들어간 측면 모습을 상상하기 쉽게 하기 위하여 '돌못'이라고 설명하는 경우도 있다.

대웅전 남쪽 기단부 청운교 좌우, 극락전 남 및 서회랑, 대웅전 서회랑 석축에서는 석주, 동자주, 주두석(동틀돌, 첨차석), 중방석(수장재)과 같은 인공석과 이들 사이를 채운 자연석으로 기단부를 조성하였다. 주두석은 결구의 핵심적인 역할을 할뿐 아니라, 전면의 정면에서 보면 머리부분만 외부에 드러나고 나머지는 석축의 안쪽으로 깊숙이 박혀 있으므로 앞으로 빠져 나올 가능성이 거의 없다. 그리고 주두석의 머리 부분에 홈을 파서 이것을 중심으로 인공석들이 서로 직각으로 맞물리도록 하였다(그림 71).

긴 석재를 축대 전면의 수직 방향으로 뒷채움한 돌들 사이에 깊게 넣은 주두석(동틀돌, 첨차석)은 마치 안쪽으로 깊게 박힌 못대가리처럼 축대의 표면에 드러난다. 못대가리처럼 머리 안쪽에 잘록한 홈을 파서 상하의 돌기둥인 석주와 좌우의 수장재인 중방석을 여기에 걸었다.

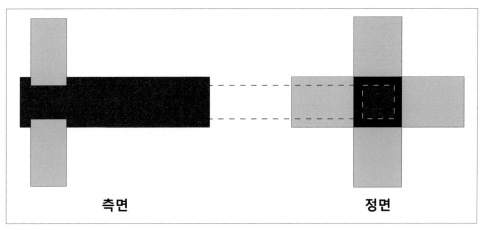

그림 71. 주두석 모식도

이 장치는 인공석조 구조의 뒤쪽에 채워진 자갈이나 토양의 압력에 의해 전면의 석조 부재들이 외부로 밀려나와 축대가 무너지는 것을 방지한다. 그리고 지진 발생으로 주두석에 전달된 에너지는 축대 내부의 자갈들을 운동시키면서 분산된다. 자갈들 자체에 전달되는 에너지도 이들을 운동시키고 이들 사이의 마찰열을 증대시키면서 소모된다. 그러므로 지표면으로부터 축대 상부에 조성된 건물을 비롯한 구조물로 전달되는 에너지는 쇄감된다. 아울러 주두석은 뒷채움돌들의 움직이는 정도를 완화시키고, 석주 사이에 채워진 돌들이 주두석을 통해 서로 지지하게 하여 석축 원래 형태에 변형이 발생하지 않도록 한다.

한편 이와 같은 구조를 적용하면 축대를 지면과 수직되게 쌓을 수 있으므로, 극락전 남회랑 석축에서 보이는 것처럼 주두석을 바깥으로 더 길게 내어 축대의 벽체를 장식할 수 있는 기교를 부릴 수 있다. 이와 같은 건축기법은 축대를 오랫동안 유지할 수 있고 불국사의 건축미를 제고시키는데 이바지하였다.

가. 극락전 남회랑 및 서회랑 석축

1924년 일본인 기술자들에 의해 중수되었다. 이 극락전 주변 석축의 구조는 불국사 경내의 다른 석축들은 물론이고 우리나라의 어느 석축과도 유사함이 없는 특이한 구조로 건축되었는데, 남회랑 아래의 석축 형태(그림 72)와 서회랑 아래의 석축 모양이 다르다. 남회랑 석축에는 석주 위에 0.7척×1.6척 크기의 주두석이 있고, 주두석 위에는 목조건물에서의 첨차와 같은 동틀돌이 있는데, 폭과 높이는 1.2척×1척이고, 뺄목(앞으로 튀어나온 부분)은 1.2척이다(문화공보부 문화재관리국, 1976, 154~155).

남회랑 축대는 수직으로 조영되어 있는데, 동틀돌과 상단석주 주두석의 구조가 독특하다. 석축 가운데 있는 동틀돌은 석축 표면에서부터 수직으로 채움돌 안으로 뿌리가 6척 정도 깊게 박혀 있으며, 회랑주간 사이에 있는 상단석주 주두석도 같은 형태로 6척 정도 길이로 다듬지 않은 채 혹떼기하여 뒷채움에 묻어놓았다. 이들의 머리 부분은 홈을 만들어 여기에 걸리는 수평재와 수직재가 결구되도록 하였다.

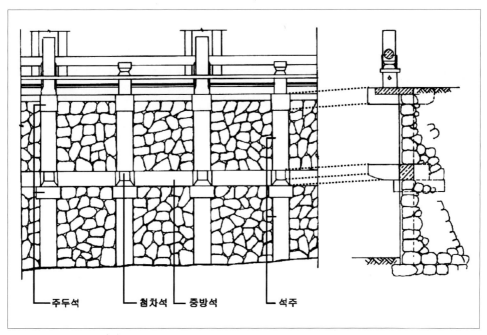

주두석   첨차석   중방석   석주

그림 72. 극락전 남회랑 전면 석축(장경호(1996)에 가필)

이 구간에서 주두석은 지진에 의해 발생하는 수평운동으로 석축을 이루고 있는 뒷채움 돌들이 움직이는 것을 완화시키고 석축 원래 형태에 변형이 일어나는 것을 방지한다. 그리고 목조건축의 양식을 적극적으로 차용하여 만든 것이다.

나. 대웅전 서회랑 석축

지표면에 높이 6.2척, 폭 1.1척의 석주가 서 있고, 이 석주 위에는 장방형의 주두석이 얹혀 있는데, 외부에 보이는 것은 1.4척×0.8척 이지만 그 뿌리가 깊게 박혀 있다. 주두석의 간격은 10척이며, 길이는 4~6척으로 석축 표면에서부터 뒷채움돌 내에 수직으로 깊게 박아 두었다 (문화공보부 문화재관리국, 1976).

다. 대웅전 남회랑 석축

청운교 좌우의 석축에서 주두석 사이의 간격은 10척이고 수평재인 중방석은 설치하지 않았다. 수직재인 석주와 동자주를 주두석에 결구하였다. 백운교 좌우의 인공석으로 결구한 석축에서는 주두석 사이의 간격이 5척이다. 그리고 중방석을 주두석에 결구하였다. 주두석이 석축의 뒷채움돌에 어느 정도 깊이까지 심근이 박혀 있는지 확인되지 않았으나 6척 이상일 가능성이 높다.

(4) 유공초석有孔礎石

중위면을 확장하기 위해 조성된 축대 외에 목조건축물에도 독특한 건축 구조가 확인된다. 기둥과 초석 사이의 결합구조로서 가장 보편적인 것은 그렝이법인데, 대웅전 서회랑에서는 초석에 구멍을 뚫은 유공초석이 발견된다. 이것은 방형초석(方形礎石)의 가운데 부분에 원형으로 지름 15~20cm 구멍을 관통시켰으며, 초석의 규모로 볼 때 나무기둥 지름은 45~60cm이다(장기인, 1997). 이와 같은 형식의 초석은 일반적이 아니다. 이 양식이 불국사의 회랑과 건물 기둥에 모두 적용되었는지는 불확실하지만, 인공적으로 조성한 축대 부분의 목조건축물에는 광범위하게 사용되었을 가능성이 있다.

초석에 구멍을 뚫은 것은 기둥의 하단이 초석 아랫면까지 있었는지, 초석 아래의 축대 가장 상단의 기단석에도 홈을 만들어 거기에 결구시킨 것인지에 대해서는 자료가 없어 확인이 어렵다. 이 기법은 그렝이법보다 훨씬 더 강력한 내진구조이다. 지진에너지의 대부분이 수평하중인 것을 감안하여 건물의 기단부와 기둥을 일체화시켜 지반이 움직일 때 함께 움직이도록 하여 기둥이 초석에서 이탈되는 것을 방지한다. 이렇게 함으로서 건축물의

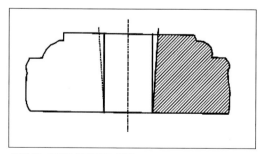

그림 73. 유공초석(장기인, 1988)

변형을 막고 관성에 의해 발생하는 충격은 목조건축물이 가지고 있는 고유한 내진기능으로 흡수되도록 하였다.

4) 불국사 내진설계의 원리와 의의

(1) 불국사 지역의 지형 특성과 지반 안정성

삼국사기에 기록된 지진기록은 57회에 달하며, 가장 큰 지진은 규모 7에 해당하는 것으로 추정하고 있다. 이것이 모두 경주에서 발생한 것은 아닐지라도 대부분 경주 지역에서 일어났을 가능성이 높다. 특히 불국사 동쪽 토함산 산록에는 복수의 북-남 주향의 단층선이 항공사진과 대축척 지형도에서 확인되며(그림 55), 불국사와 선원 사이를 통과하는 북동-남서 주향의 단층선(그림 64)은 불국사 경내를 통과할 가능성이 크다. 이것은 선상지 역층을 변위시키고 있으므로 활단층이 분명하다. 그러므로 이 사찰을 설계한 사람들은 지진에 의한 재해 가능성을 알고 있었으며, 불국사에 미칠 영향을 예측하였을 것이다. 그러나 불가피하게 사찰의 위치를 이곳에 정하지 않을 수 없었으므로 다양한 내진설계를 고안하였을 것으로 생각된다.

불국사에서 목조 건축물이 입지하고 있는 곳은 선상지 중위면과 고위면인데 기반암 위에 역층이 퇴적되어 있다. 이 층준의 매트릭스(matrix)는 모래가 주를 이루고 있으나 실트와 점토가 포함된 치밀한 토양이다. 선상지 퇴적물의 대부분을 차지하는 화강암 자갈들도 대부분 완전히 풍화되어 있다. 이것은 화강암이 풍화에 대한 저항력이 매우 낮기 때문이다.

한편 불국사 건축물의 주요부가 입지한 중위면은 공간이 충분하지 못하여 남쪽과 서쪽 가장자리에 석축을 조성하여 추가적인 공간을 마련하였다. 인위적으로 확장한 구역은 지진의 충격에 대해 원지반과 같은 정도의 저항력을 갖기 어렵다. 따라서 불국사에서 지진에 대비하기 위한 특수 공법은 지형면 경사를 극복할 목적으로 가장자리에 해당하는 공간을 매립하여 확장한 중위면에 위치하는 대웅전과 극락전 남쪽 석축부 그리고 대웅전 서쪽과 극락전 서쪽 축대에 집중되어 있다.

(2) 내진설계의 일반적 원리와 불국사에 적용된 내진구조의 의의

가. 내진설계의 원리

지진에 의한 피해 발생 메카니즘(mechanism)은 지진파에 의해 지반이 움직이면서 운동가속도를 얻게 되고, 이에 따라 지반 위의 건물은 관성의 법칙에 의해서 그 반대방향으로 쏠리게 되면서 일어난다. 지반운동가속도는 지구중력가속도의 일정 비율로 표시되는데, 지반이어느 방향으로 갑자기 움직이면 이때 건물 전체가 받는 수평력 즉, 건물의 반응가속도는 건물 중량과 건물 반응가속도의 곱으로 산출되므로 건물의 반응가속도는 지반운동가속도와 비례관계[175]에 있다(변진섭, 1998).

지진이 일어날 때, 건물에 주는 지진하중(seismic load)은 주로 구조물의 측면으로 작용하는 수평하중(lateral load)이다. 지진하중이 정확히 어떤 크기와 방향으로 구조물에 작용할 것인가를 알아내기는 거의 불가능하므로, 내진설계에 사용되는 지진하중은 대략적인 경험수치라 할 수 있다(변진섭, 1998). 지진이 발생하였을 때, 가장 이상적인 상태는 건물이 손상되지 않고 움직이지 않는 상태에서 지진에 순응하며 서 있는 것이다. 지반과 그 위의 건물은 처음의 위치로부터 영구변형을 일으키지 않고 또한 앞뒤로 몇 cm 이상 움직이지 않아야 한다. 건물의 움직임은 반드시 감쇄되어야 하고 건물은 원래 위치로 되돌아가야 한다. 이와 같은 목표에 도달하기 위해서는 건물 밑부분은 움직일 수 있고, 동시에 건물 밑부분에 지반으로부터 오는 진동을 제한할 수 있는 장치를 만들어야 한다(김용부, 1999). 건물의 기초를 이루는 지반은 지진하중을 받지만 그 위에 얹혀 있는 건물 자체는 지진하중을 거의 받지 않는 구조를 만드는 것이다. 즉, 지반과 상부건물 사이에 지진하중의 대부분을 흡수하여 소멸시키는 완충장치들을 만드는 것이다.

현대에 사용되는 내진설계 방법으로는 첫째, 구조물을 기초지반과 일체적으로 견고하게

---

175) 수평력(건물의 반응속도)=지반운동가속도·건물중량/지구중력가속도

연결시켜 지진력이 작용할 때 지반으로부터 유리되는 것을 방지하는 것이다. 건물을 지반과 일체화시켜 같이 움직이게 하는 것이다. 둘째, 구조물을 적당한 방법으로 기초지반과 분리시켜 지반으로부터 전달되는 지진에너지를 차단하려는 시도이다. 구체적으로는 건물의 밑바닥에 바퀴를 달아 수평방향으로의 움직임을 허용하여 지진력을 최소화시키거나, 건물바닥에 탄성이 높은 고무판을 겹겹이 쌓아 만든 받침대를 두는 것이다. 이것은 지진력이 건물에 도달되기 전에 흡수하는 방법인데 다시 말하면, 수평진동을 흡수하는 기능을 한다. 이 중 후자의 방법이 보다 현실적인 유용성이 높아 오늘날 대부분의 기초분리 설계에 이용되고 있다. 고대 건축물에서 이와 같은 방법에 속하는 예는 중국 고대 왕궁터에서 돌기초와 그 밑의 암반 사이에 모래 또는 타르가 뿌려진 흔적이 발견된 적이 있다. 모래는 현대적인 기초분리 장치의 바퀴에 해당하고, 점착성이 높은 타르는 고무판의 기능을 한 것으로 보는 것이다(변진섭, 1998).

나. 불국사 내진 구조의 의의

불국사는 불교의 교리적 상징체계를 갖추었다. 청운교와 백운교, 범영루, 다보탑과 석가탑, 칠보교와 연화교 등이 가지는 상징체계에 대해서는 이미 많은 연구자들이 불교적 관점에서 분석하였다. 그러나 불국사가 아무리 훌륭한 상징체계를 갖추었다 하더라도 이것을 받쳐주는 형식을 제시하지 못했다면 그것은 아무것도 아니며, 그것은 예술로나 건축으로나 실패를 의미한다(유홍준, 1997). 파노프스키의 도상학(圖像學)에 동조하여 인도, 인도네시아의 불교 미술을 해석한 쿠마라스와미(Coomaraswami)는 『시바의 춤(Dance of Siva)』에서 "과학에 근거하지 않은 예술은 아무것도 아니다(The art without science is nothing)"라고 단언하면서 수리적(數理的) 체계의 조화를 강조했다.[176]

불국사의 수리적 체계에 대해서는 요네다의 연구가 주목을 받고 있는데,[177] 대웅전 구역

---

176) 유홍준, 1997, 242.에서 재인용.
177) 유홍준, 1997, 242~244에 요약되어 있음.

평면도에서 대웅전, 무설전, 다보탑, 석가탑, 범영루, 좌경루, 자하문, 청운교, 백운교, 회랑들이 어떤 비례관계 속에 배치되어 있는가에 대해 논의하고 있다. 이것은 건축물의 아름다움과 전체 공간의 조화를 추구하기 위하여 공간 배치의 기하학적 비례를 어떤 방식으로 고안하였는가에 대한 해석으로서, 예술적, 미학적, 철학적 아름다움과 의미에 대해서만 주목하는 단계이다. 즉, 건축물이 대단히 조화롭고 균형있게 배치되었으며, 이것이 불국사를 엄정한 기품이 있는 사찰로 만든다(유홍준, 1997)는 것이다.

그러나 이와 같은 해석으로 불국사 건축이 가지는 과학적인 의미를 모두 파악한 것이 아니다. 그 미진함은 이 지역이 가지는 독특한 자연환경을 정확하게 이해하지 못한 데서 오는 한계로 생각된다. 즉, 불국사 지역의 지형 특성과 관계된 건축구조의 특성을 포함하여 과학에 근거한 예술적 건축술에 대하여 논의한 것은 아니다. 이 지역에서 규모가 큰 지진이 발생할 수 있음에도 불구하고 불국사 건축을 책임진 김대성은 불국사선상지를 내려다 볼 수 있는 곳에 불교의 이상세계인 불국토를 건설하였다. 그가 어떤 과학적 장치를 통해 이와 같은 문제들을 해결하였는가 하는 것은 이 건축물이 가진 의미를 제대로 이해하는데 기초가 된다. 불국사에 적용된 내진 설계는 세계에서도 유래가 드물게 독특하다. 화강암을 목재처럼 가공하여 건축의 아름다움을 극대화 시키면서도 궁극적 목적인 내진설계에 도달하기 위해 수많은 장치들을 고안하여, 미학적 완성도가 대단히 높은 석조 축대에 겉으로 드러나지 않게 숨겨둔 것이다. 그리고 이것을 어디에도 기록하지 않았다.

삼국통일 이후 거의 75년이 지나 통일신라의 최전성기를 구가하며, 막대한 재정지원으로 인적, 물적 자원을 동원할 수 있는 8세기 중엽에 불국사를 조성하는데 지나치게 긴 시간이 소요되었다.[178] 국가적 사업으로 진행된 불국사 건축이 길어질 수밖에 없었던 것은 이 지역이 가지는 자연환경의 특수성으로 인하여 파생된 지반 안정성에 관한 문제를 해결해야 했기 때

---

178) 불국사 창건에는 몇 가지 설이 있으나, 경덕왕 10년에 해당하는 천보10년(天寶十年) 즉 AD 751년에 김대성에 의해 창건되기 시작하여 혜공왕 십년(AD 774년) 그가 사망한 해에도 완성되지 않았다. 따라서 불국사 공사기간은 최소한 23년 이상이다.

문일 것이다. 당시로서 동원 가능한 모든 내진공법[179]을 연구하여 설계도를 완성하는 데 많은 기간이 걸렸으며, 내진공법의 요체가 되는 석축을 완성하는데 역시 대단히 긴 세월을 보내야 했기 때문일 것으로 생각된다. 아울러 석축의 내진기능이 제대로 작동되면서도 석재들 사이의 균형과 비례를 통해서 완성된 건축미를 표현하도록 설계하는 데도 많은 시간이 필요하였을 것이다.

석축을 통해 인공적으로 확장한 부분에 목조로 된 범영루(泛影樓), 자하문(紫霞門), 회랑(回廊)을 배치하였다. 특히 범영루의 석축부에는 석재를 그렝이법으로 완벽하게 처리하고 그 위의 기단부에는 돌을 마치 목재를 가공하듯이 결구를 짜서 포개어 주춧돌을 만들었다. 이와 같은 상부구조와 하부구조의 하중 배치와 석축의 내진공법 적용은 자연현상을 완전히 이해하고, 그것을 극복할 수 있는 방법을 고안하고 심미적인 안목으로 설계하여 만들어진 것이라고 보면, 이 건축물의 건축 기간이 오래 걸린 이유를 짐작할 수 있다.

이와 같은 내진설계 기술들은 지난 1,250년 동안 우리나라에서 전승되어 발전되지 못하였다. 지진의 위험이 매우 높은 일본을 비롯하여 세계 어디에도 이와 같은 다양한 내진구조가 함께 적용된 고대의 석조건축물은 찾아보기 어렵다. 이 구조가 갖는 내진기능의 우수함은 불국사 중창기록에서 확인할 수 있는데, 목조 건물은 여러 차례 다시 짓거나 보수하였으나, 석축 부분은 거의 보수하지 않고 창건 이후 오랜 기간 동안 원래의 모습을 그대로 유지하였다. 다만 숙종 12년(서기 1686년), 숙종 41년(서기 1715년)에 청운교와 백운교를 중수하였을 뿐이다. 일제강점기에 일본인들에 의해 보수된 부분은 원래의 건축 방법에 충실하지 않고 시멘트를 사용하였으며, 뒷채움돌을 원력이나 아원력의 하상력이 아니라 각력으로 한 것 등은 원래의 내진 설계에 반하는 것으로 이에 대한 내진기능의 훼손에 대한 과학적인 조사가 필요한 것으로 생각된다.

---

179) 당시 다양한 경로를 통해 수집한 자료에 내진 설계에 관한 내용은 거의 없었을 것을 생각된다. 그러므로 불국사에 적용된 내진 구조는 대부분 통일신라에서 창의적 노력으로 만들었다고 보아야 한다.

VIII. 고대 경주 및 주변 지역의 자연재해

5,000년 BP 경 건조기후지역인 메소포타미아 지방에서 최초의 인류문명이 발생하고, 이후 각 지역에서 국가가 성립된 이래 지구상에 존재하였던 수많은 국가들이 명멸하면서 현재에 이르렀다. 이들 국가의 멸망 과정은 대체로 고고학, 역사학과 정치학 분야의 연구자들이 정치적, 경제적, 사회적, 군사적 요인들을 기초로 분석하고 있다. 이것은 이미 멸망한 국가에 대한 사후적 분석이므로 자료가 풍부한 중세와 근세 및 현대의 경우에는 설명력이 높은 결과를 얻을 수 있으나, 문헌자료가 소략한 고대의 경우에는 멸망 요인을 찾아내는 데 어려움이 있다.

특히 고대국가 멸망에 대하여 논의하는 연구자들은 대부분 자연환경 분석에 대한 전문적인 훈련을 받지 않았으므로 고대국가 멸망 과정에 자연환경이 미친 영향을 중요한 원인으로 생각하지 않았다. 자연환경 가운데 시간이 경과하여도 위치나 형태가 거의 변하지 않는 요소뿐 아니라 시간에 따른 변화량이 큰 요소들의 영향도 거의 고려하지 않았다. 그리고 관측 장비가 없었던 시기에 있었던 인간활동에 대한 자연환경의 영향은 계량화된 자료가 없으므로 논의를 하는데 한계가 있다.

그럼에도 불구하고 문명이나 고대국가 붕괴에 대한 가설에는 특정 지역의 자연환경 특성을 분석하고 문명의 진행 과정과 자연환경 사이의 상호연관성에 주목하여 생태학적 관점에서 접근하려는 연구가 있으며, 붕괴를 일으키는 요인으로 기후변화와 국가의 구성원들이 환경에 가하는 영향과 이에 따라 발생하는 환경변화 그리고 이와 같은 환경변화에 대한 주민들의 반응을 핵심 요소로 본 연구도 있다. 그리고 과거 환경을 복원하는 화분분석, 식물규소체 분석, 절대연대측정 등 다양한 기술의 발전으로 구체적인 자료들이 축적되면서 이와 같은 연구를 과학적으로 뒷받침하고 있다.

우리나라 고대부터 근대까지 국가 멸망을 논의하면서 기후변화와 인간에 의한 자연환경 변화가 근본 원인일 것이라는 가설을 설정하고 연구한 사례는 없다. 농업을 생업으로 하던 시기에 자연환경은 농업 생산에 막대한 영향을 미친다. 농업생산량의 변화는 사회, 경제, 정치적으로 큰 영향을 미칠 수 있으므로, 문헌을 비롯한 다양한 자료들에서 추출할 수 있는 환

경변화와 자연재해 자료를 분석하고 이것들이 국가 붕괴나 멸망에 미치는 영향을 검토할 가치가 있다고 본다

한반도는 유라시아 대륙의 중위도 동쪽에 위치하며 대륙과 해양의 영향을 받아 연중 기후변화가 역동적이다. 한반도 면적은 상대적으로 작지만 성질이 다른 오호츠크해 기단, 시베리아 기단과 북태평양 기단이 만나서 형성되는 한대전선(polar front)이 남북으로 이동하는 경로에 위치하고 편서풍과 함께 서쪽에서 들어오는 기류와 일년에 몇 개 정도 태풍이 통과하므로 다양한 기상재해가 발생할 가능성이 높다. 연강수량이 1,000~1,200mm에 달하지만, 연중 강수가 고르게 내리지 않아서 강수량의 연변화가 크며, 또한 산지가 넓게 분포하므로 지형적 영향으로 강수량의 지역 차이도 크다. 특히 영남지방은 편서풍이 소백산맥과 태백산맥을 통과하면서 나타나는 푄(Föhn)현상으로 우리나라에서 가장 건조하다. 분지 내에 가야산, 팔공산, 금오산, 보현산, 최정산과 같은 높은 산지들이 이러한 경향을 가중시킨다.

과학지식이 부족하고 기술수준이 낮았던 고대에 인간의 삶은 자연재해와 기후변화 등 자연환경의 영향을 많이 받았음은 주지의 사실이다. 특히 생업이 농업이었으므로 가뭄이나 홍수 그리고 메뚜기떼 내습 등과 같은 기상과 관련된 자연재해는 곡물 생산의 감소를 초래하였다. 이와 같은 곡물 생산량의 부족은 외국으로부터 수입이 가능한 환경에서는 극복할 수 있으나, 한반도 정도 규모에서는 거의 같은 자연재해를 겪을 가능성이 높으므로 전근대적 사회에서는 극복하기 어렵다. 그럼에도 불구하고 국가시스템이 제대로 작동할 때에는 국가가 보관하고 있던 곡물 등으로 식량문제를 어느 정도 해결할 수 있었지만, 그렇지 못한 시기에는 사회적인 동요를 유발하며 정치적 불안정성을 높인다. 고대에는 교역량이 많지 않고 운송 수단과 도로 사정이 열악했으므로 흉년이나 기근이 닥치면 농업 생산이 많은 지역에서 그렇지 못한 곳으로 곡물 운송이 원활하지 못하여 정치, 사회적으로 그 파급 효과가 현재보다 훨씬 더 컸을 것이다.

위정자들은 농업 생산을 제고하고 자연재해를 줄이기 위하여 치수에 많은 관심을 가졌으나, 고대 동안 한반도에서 하천의 인공제방이나 저수지 축조가 대규모로 이루어진 사례는 많

지 않다. 제천의 의림지, 밀양의 수산제, 상주의 공검지, 김제의 벽골제, 영천의 청제 등이 고대에 축조된 관개시설로 알려져 있는 정도이다. 모든 토목 사업들이 가축과 사람의 노동력으로 이루어졌으므로 대규모 치수사업을 수행하는 것은 한계가 있었을 것이다.

관개 체계가 잘 갖추어지지 못한 시기에 농업은 전적으로 기상에 의존하여 이루어졌을 것으로 생각되지만, 고대 동안 발생한 한반도의 기상재해 및 자연재해를 분석한 연구는 거의 없다. 삼국사기에서 기후 및 기상자료를 추출하여 한난, 건습에 관한 시계열적 분석(김연옥, 1983)을 시도하였거나, 삼국시대에 발생한 가뭄과 호우 현상 등 삼국시대 기후를 분석한 연구(박창용·이혜은, 2007) 정도가 있을 뿐이다.

고대의 문헌들이 대부분 현존하지 않으므로 자연재해의 전체적인 모습을 파악하는데 한계가 있다. 따라서 삼국사기에 기록된 자연재해와 관련된 모든 기사를 정리한 자료에 의존하는 수밖에 없다. 이 장에서는 삼국사기 신라본기를 토대로 BC 57~AD 935년까지의 992년간 발생한 자연재해 기록을 유형별로 분석하고, 각 자연재해의 상호 관련성을 검토하였다. 그리고 삼국사기와 고려사의 가뭄기록을 기초로 고대와 중세 한반도에서 발생한 가뭄주기를 추정하였다.

경주 출신 김부식이 AD 1,145년에 편찬한 삼국사기는 고대가 아닌 고려시대에 만들어졌으므로, 정치적인 내용은 기록한 시대의 정황을 고려하여 다소 다르게 표현했을 가능성이 있다고 보지만, 자연환경에 대한 기록들은 대체로 정확한 것으로 생각한다.

삼국사기에 기록된 자연재해는 가뭄 및 한발, 홍수, 역질, 지진, 메뚜기의 내습, 기근 및 흉년으로 구분하여 정리하였다(표 7). 기근과 흉년은 전쟁과 같은 사회적인 요인으로 인해 발생할 수도 있으므로 기록된 모든 내용을 자연재해로 보는 것은 한계가 있으나, 신라시대 동안에는 전쟁과 관계되어 발생한 근거는 거의 없으므로 모두 자연재해에 포함시켰다. 삼국사기에서 신라는 공식적으로 BC 57년부터 AD 935년까지 지속되었으며, 거의 천 년 동안 무수히 많은 자연재해가 있었지만 규모가 대단히 큰 사례만 기록하였으므로 일 년 단위로 자료를 검토하는 것은 통계적으로 의미를 부여하기 어렵다. 그러므로 신라가 지속된 992년을 50년씩

한 단위로 20개 시기로 구분하였고, 각 시기 동안 발생한 자연재해의 종류를 계량화하여 시기별로 그래프를 작성하였다. 다만 1시기는 BC 57년부터 BC 15년까지로 50년에 미치지 못한다(표 7).

표 7. 고대 경주 및 주변 지역 자연재해 빈도

시기	연대	가뭄		흉년(기근)		역질		홍수		메뚜기		지진	
		횟수	%	횟수	%	횟수	%	횟수	%	횟수	%	횟수	%
1	BC 57~BC 15	1	2	0	0	0	0	0	0	0	0	0	0
2	BC 14~AD 36	1	2	1	3	1	6	1	3	1	5	1	2
3	AD 36~85	1	2	1	3	0	0	0	0	0	0	1	2
4	AD 86~135	3	5	2	5	1	6	3	10	1	5	4	7
5	AD 136~185	3	5	2	5	2	11	1	3	1	5	1	2
6	AD 186~235	4	6	1	3	1	6	3	10	0	0	1	2
7	AD 236~285	4	6	2	6	0	0	1	3	1	5	1	2
8	AD 286~335	6	9	1	3	0	0	1	3	2	10	2	4
9	AD 336~385	2	3	2	5	0	0	2	7	0	0	0	0
10	AD 386~435	3	5	4	10	1	6	0	0	4	20	3	5
11	AD 436~485	2	3	1	3	2	11	5	17	0	0	3	5
12	AD 486~535	3	5	1	3	0	0	2	7	1	5	1	2
13	AD 536~585	2	3	0	0	0	0	0	0	0	0	1	2
14	AD 586~635	2	3	1	3	0	0	1	3	0	0	2	4
15	AD 636~685	0	0	1	3	1	6	1	3	0	0	3	5
16	AD 686~735	6	9	3	8	1	6	3	10	1	5	10	18
17	AD 736~785	4	6	2	5	1	6	1	3	2	10	11	19
18	AD 786~835	10	15	11	28	2	11	2	7	3	15	6	11
19	AD 836~885	3	5	3	8	5	28	3	10	2	10	3	5
20	AD 886~935	5	8	1	3	0	0	0	0	1	5	3	5
합계		65	100	40	100	18	100	30	100	20	100	57	100

자료: 윤순옥 · 황상일(2009)에서 수정

1. 고대 경주 지역의 자연재해 특성

삼국사기에서 자연재해로 판단되는 내용을 가뭄, 흉년(기근), 역질, 홍수, 메뚜기떼, 지진 등으로 분류하고, 시기 및 횟수, 그리고 시기별 횟수와 빈도(%)를 각각 그래프로 작성하였다 (그림 74~79).

1) 가뭄

현대 기상학에서 가뭄은 무강수 계속일수가 20일 이상으로 지속되는 상태를 의미한다. 그 발생률을 지역별로 조사하면 포항을 비롯한 남부 동해안 지역이 90%로서 가장 높다. 가뭄을 단순히 강수량과 무강수 기간만으로 정량적으로 표현할 수 없지만, 토양수분 상태를 기온의 함수로서 증발산량을 계산하고 관측된 강수량을 이용하여 주어진 지면에 대한 물수지를 계산한다면 토양수분과 물 부족량, 수분 변화량 등을 구할 수 있다.

물 부족이 가장 심한 시기는 8월로서 우리나라가 북태평양 고기압의 영향권에 들어가므로, 장마가 그치고 본격적인 여름 날씨가 되면 기온이 높아지고 증발량이 많아진다. 한편 공간적으로 볼 때, 물 부족 발생률이 가장 높은 곳은 포항을 중심으로 하여 강릉과 대구를 남북으로 잇는 지역이며, 우리나라에서 가뭄이 가장 많이 발생하는 곳은 동해안 포항 일대로 10년에 1.9회이다.

영남지방은 지형적 영향으로 삼국사기에 기록된 자연재해 가운데 가뭄의 빈도가 가장 높다. 조선시대 500년 동안 약 90회에 달해 5~6년 주기로 크고 작은 가뭄이 있었으며, 1960~1994년 동안에도 9번 기록되어 평균 4~5년에 한번 발생하였다(기상청 기상연구소, 2004).

그림 74는 삼국사기에 기록된 시기별 가뭄 횟수와 비율을 나타낸 것이다. 가뭄이 많았던 때는 8, 16, 18, 20 시기로서 각각 6회, 6회, 10회, 5회가 발생하였으며, 15시기를 제외하면 각 시기의 50년 동안 대체로 1~4회 나타났다. 가뭄은 홍수에 비해 빈도가 높으며 고르게 발생하

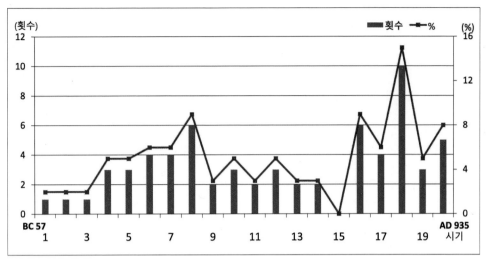

그림 74. 고대 경주 및 주변 지역의 가뭄 빈도

여 총 65회를 기록하였다. 이것은 평균 15년에 한 번 정도 발생한 것으로, 조선시대와 현대의 평균 발생 빈도에 비해 상당히 낮은 것이다. 고대 기후가 현재와 크게 다르지 않았을 것이므로 삼국사기에 기록된 것은 대규모 가뭄 또는 보다 심각한 가뭄이었을 것으로 짐작된다.

경주를 중심으로 하는 영남지방의 가뭄은 지형 특성과 밀접하게 관계된다. 영남지방은 편서풍의 바람의지(leeward)에 위치하므로 서쪽에서 접근하는 기류가 소백산맥을 통과하면 뵌(Föhn) 현상으로 같은 위도의 서해안 지방에 비해 강수량이 적고 기온은 더 높아진다. 영남분지 내에서도 가야산지, 팔공산지, 최정산지를 통과하고 마지막으로 태백산맥을 넘으면서 한번 더 뵌 현상이 나타나 공기가 더 건조해지고 기온은 높아진다. 특히 봄철에 서쪽에서 오는 이동성 저기압들이 이 영향을 크게 받으므로 봄철과 가을에 강수량이 적다.

가뭄은 영남분지 규모에서는 영남지방 전체에 동시에 영향을 미치며, 밭농사 중심의 고대 농경에 매우 큰 피해를 주었을 것으로 생각된다. 지형적으로 낙동강 본류를 제외하면 하천 유역분지 규모가 상대적으로 작아서 가뭄의 강도는 더욱 컸을 것이다. 그 피해는 산지의 식생이 상대적으로 좋았던 고대 초기보다 식생이 현저하게 파괴된 통일신라시대에 더욱 컸을 것으로 생각된다.

고대 동안 65번의 대규모 가뭄이 있었으므로 한 시기에 평균 3회이다. 평균보다 가뭄이 많았던 시기는 6, 7, 8시기와 16, 17, 18, 20시기이다. 6, 7과 8시기(AD 186~335년)는 사로국이 정복전쟁으로 영토를 확장하고 신라로 전환하여 가야연맹의 영남내륙 상권을 잠식하면서 영역을 확장하던 때이다. 한반도의 큰 국가였던 고구려, 백제와 정치적, 군사적 대립이 심하지 않았으므로 외부세력의 위협이 거의 없었다. 따라서 사로국은 정복한 지역에서 곡물을 비롯한 자원을 충분히 공급받아 가뭄으로 인한 어려움을 극복할 수 있었을 것이다. 16시기(AD 686~735)는 신라가 삼국을 통일한 직후에 해당하며 20시기(AD 886~935)는 통일신라의 마지막 시기이다. 18시기(AD 786~835)는 삼국통일 후 약 100년이 경과하여 전성기보다는 활력이 떨어지지만 여전히 전성기의 국력이 어느 정도 지속되고 있던 시기로 볼 수 있다.

특히 18시기에는 평균 5년마다 대규모 가뭄이 발생하였으므로 피해가 엄청나게 컸을 것이다. 두 번째로 가뭄빈도가 높았던 시기는 6번 발생한 8시기(AD 285~335)와 16시기(AD 686~735)이다. 거의 8년에 한 번씩 강도가 높은 가뭄이 발생한 것이다. 그리고 통일신라 마지막 시기에도 다섯 차례의 가뭄이 있었다.

2) 흉년 및 기근

고대에 흉년이나 기근은 당시 사람들에게 생존이 걸린 재해였다. 영양 부족으로 면역성이 크게 떨어지므로 감염의 위험에 노출되며, 기근이 연속되거나 극단적인 경우에는 이듬해 농사에 쓸 종자까지 먹어버리므로 농사에 적합한 환경이 되어도 파종을 할 수 없게 되어 그 여파는 장기적이며 생존에 영향을 미쳤다. 실제로 고대 동안 사람들은 상시적인 곡물 부족에 노출되었을 것이다. 농업기술 수준이 낮았고 저수지나 관개시설이 부족하였으며 병충해를 막을 수단이 결여되었고 퇴비가 부족하여 풍년보다는 흉년의 가능성이 더 높았을 것이다. 이것은 농업기술이 발전하여 농사에 대한 서적이 출판되고 농업에 대해 많은 정보가 축적된 조

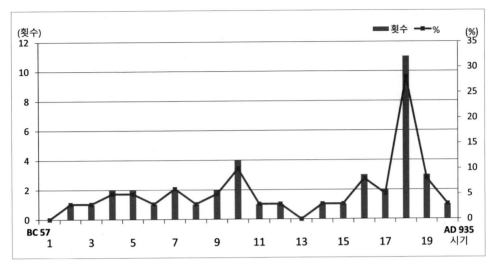

(횟수)
(%)

■ 횟수 ─■─ %

그림 75. 고대 경주 및 주변 지역의 흉년 및 기근 빈도

선시대에도 빈번한 흉작과 기근으로 수많은 아사자와 유민이 발생한데서 추론할 수 있다. 특히 고대에는 농경이 거의 전적으로 소[180]와 인력에 의해 이루어졌는데, 삼국이 심하게 대립하던 시기에는 전쟁이 자주 발생하였고 국가가 요구하는 여러 가지 사업에 농민이 동원되었으므로 노동력 부족으로 농업 생산력을 높이는데 한계가 있었을 것이다. 그럼에도 불구하고 10, 16, 18, 19시기 외에는 50년 동안 흉년이나 기근이 두 번 이하 발생한 것은 삼국사기에 기록된 것이 매우 심각한 수준의 흉년이나 기근이었음을 의미한다.

고대 동안 흉년이 가장 높은 빈도로 발생한 것은 18시기(AD 786~835)였다. 모두 열한 차례 흉년이 발생하여 평균 5년에 한 번 큰 고초를 겪었다. 이것은 고대 전체 흉년의 28%에 해당한다. 그 이전 11~17시기 350년 동안 발생한 아홉 차례의 흉년과 비교하면, 18시기 통일신라

180) 815년에 작성된 것으로 추정되는 신라촌락장적의 기록에 의하면, 서원경 부근 한 현에 소속된 4개 촌의 44가구가 53마리 소를 소유하고 있었는데, 소는 매매되거나 이주하는 가구가 데리고 갈 수 있었으므로 개인 소유였으며, 한 가구가 소 1.2 마리를 소유한 것은 조선시대 초기 15세기 후반 100가구가 사는 경기도 중부 지역 어느 촌락에서 소가 있는 집은 겨우 10여 집인데 각 집에는 1~2마리 소를 소유하고 기르고 있었다는 것과 비교하면 가구 당 소의 보유수가 상당히 많았다(이희관, 1999).

농민과 하층민들의 삶은 대단히 어려웠다. 10, 16과 19시기에도 각각 4, 3, 3번의 흉년이 있었으나, 대부분 시기에는 흉년이 두 차례 이내 발생하였을 뿐이다. 25년 내지 50년 마다 발생하는 흉년이나 기근은 충분히 감내할 수 있는 수준이었을 것으로 생각된다.

전체적으로 고대 동안 흉년이나 기근의 발생은 18시기를 제외하면 그 빈도가 그리 높지 않다. 고대 동안 농업에 유리한 기후가 연속되었는지, 농업기술의 진보로 곡물생산이 충분하였는지, 치수를 통해 자연재해에 적절하게 대응한 데 기인하는지, 또는 다른 원인이 있었는지는 검토되어야 할 것이다.

아울러 사로제국이 정복전쟁을 통해 영역을 넓혀가던 3~7시기, 가야연맹의 상권을 잠식하면서 신라제국의 영역을 확장한 8~13시기와 삼국통일 이후 16, 17시기는 정복한 지역에서 곡물을 공급받을 수 있으므로 기근을 극복할 수 있었던 것도 영향을 미쳤을 것이다.

3) 역질

역질은 대규모 전염병 창궐 등의 현상을 의미하며 고대 동안 18회 발생하였다. 고대의 역질은 독감과 같은 바이러스성 전염병일 수도 있으나 대부분의 경우 홍수나 가뭄 등으로 인해 식수가 오염될 경우에 발생했을 가능성이 높다. 당시의 하수 체계와 화장실 형태 및 배설물 처리에 대한 고고학적 자료가 부족하여 논의에 한계가 있으나 역질의 발생시기가 봄인 경우가 많은 것으로 볼 때, 갈수기의 지하수 오염으로 발생한 수인성 전염병일 것으로 추정된다.

봄은 식료품 재료와 곡물이 가장 부족한 시기이므로 영양 부족으로 인하여 면역성이 떨어지는 시기이기도 하다. 따라서 역질이 발생하면 면역성이 낮은 노인과 어린이들이 가장 크게 영향을 받았을 것이므로 빈도에 비해 그 피해는 매우 컸을 것이다.

역질은 4~6시기(AD 86~235), 10~11시기(AD 386~485), 15~19시기(AD 636~885)에 주로 발생하였으며, 대체로 한시기 당 1~2회 정도이다. 이와는 대조적으로 3시기, 7~9시기, 12~14시기에는 전염병이나 유행병이 나타나지 않았다. 주기적인 역질의 창궐은 인구증가와 이로 인한 환

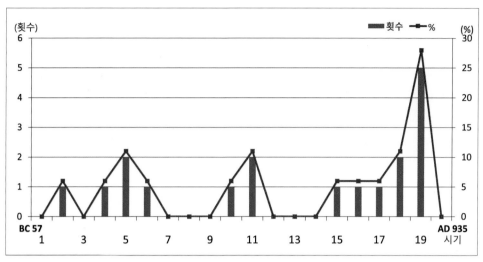

그림 76. 고대 경주 및 주변 지역의 역질 출현 빈도

경파괴 및 수질오염의 순환과 관계있을 가능성을 시사한다. 즉, 역질이 발생하여 경주의 인구 감소를 초래하였다면, 환경이 다시 복원되면서 인구가 증가할 때까지 수인성 전염병의 발생 가능성이 낮았을 것으로 추정된다.

삼국 통일(15시기) 이후에는 마지막 시기를 제외하고 역질이 지속적으로 발생하였다. 이것은 통일 이후 경주 지역에 인구 유입이 지속되고 이에 따라 도시 위생상태가 열악하여 생활환경이 나빠진 데 기인한다고 생각된다. 한편, 19시기(AD 836~885)에는 무려 5회로서 10년에 1번 정도로 발생하여 빈도가 매우 높았다. 이 시기 빈번한 역질발생은 첫째, 18시기 이후 많은 유민들이 왕경으로 이주하여 인구가 크게 늘어나 환경이 상당히 나빠졌고, 인플레이션으로 곡물 가격이 높아져 도시 하층민들의 면역성이 저하한데 기인하며, 둘째, 가뭄과 흉년(기근)이 빈번한 18시기를 지나면서 국가의 기반인 농업이 붕괴되고 19시기에는 국가재정이 궁핍해지면서 사회간접자본에 투자할 여력이 없었기 때문인 것으로 추정된다.

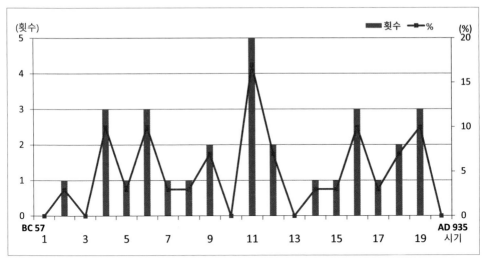

그림 77. 고대 경주 및 주변 지역의 홍수 빈도

4) 홍수

그림 77에서는 시기별 홍수 횟수를 제시하였는데, 고대에 홍수는 30회 발생하였다. 대부분 음력 4월, 5월, 7월에 발생하여, 장마전선이 한반도에 머무는 시기와 태풍이 내습하여 발생하는 우리나라의 일반적인 홍수발생 시기와 조화된다.

영남 지역 홍수자료에 의하면, 1963~1983년의 홍수는 7, 8, 9월에 각각 33%, 26%, 19% 발생하였으며, 대체로 장마기간과 태풍이 내습하는 시기에 해당하고 호우성 강우와 관련된다. 홍수위의 최대 피크(peak)는 7월 중순, 2차 피크는 8월 하순에 나타났다. 우리나라 홍수의 양상은 국지적인 집중호우로도 자주 발생하지만, 영남 지역 정도의 범위에서는 낙동강 유역 전체에서 발생한다고 보아도 무방할 것이다.

삼국사기에서 기록된 홍수의 규모를 정확하게 파악하기는 어렵지만, 홍수는 현재 자연재해 가운데 피해액이 가장 높다. 최근에는 낙동강 양안 거의 전 구간에 걸쳐 인공제방을 높게 축조하였으므로 하도 폭이 좁아져 집중 호우 시에는 하천의 수위가 크게 높아지고 하천의 전체 유로 가운데 어느 한 지역의 범람원 상에 축조된 인공제방이 붕괴되어야 낙동강 수위가 하강한다. 또한 집중호우가 끝나고 본류의 하천 수위가 낮아질 때까지 침수된 본류와 지류의 범람원은 자연적인 배수가 어려워 오랫동안 침수되므로 피해는 대단히 커진다. 아울러 범람원에 취락이나 축사와 같은 건물들이 입지하면서 피해액을 늘리기도 한다.

이와는 대조적으로 고대에는 홍수가 농업에 큰 피해를 주지 않았을 가능성이 크다. 현대에는 범람원을 형성하는 하천의 하도 양안에 높은 인공 제방을 쌓고 범람원을 경작지로 이용하지만, 고대에는 여름마다 상시로 범람하는 공간인 범람원은 애초에 경작지로 활용하지 않았다. 즉, 고대에는 하천을 연하여 제방을 축조하기 어려워 재해의 위험이 큰 범람원에는 경작지를 조성하지 않고, 홍수의 위험이 적은 자연제방에 취락과 경작지가 입지하였다. 특히 유역분지가 작은 낙동강의 지류하천은 수위 상승이 있어도 첨두유량이 통과하면 수위가 하강하므로 대파(代播) 작물을 심을 시간적 여유가 어느 정도 남아 있으므로 범람 시에도 농업의 피해는 그다지 크지 않았을 것으로 생각된다.

그러나 통일신라시대 경주선상지 지역에서는 상황이 달랐던 것 같다. 경주분지를 흐르는 하천 가운데 유로 길이가 가장 길고 유역분지가 넓은 것은 형산강이며, 북천과 남천은 형산강의 지류로서 왕경의 북쪽과 남쪽 경계를 이룬다. 고대 동안 왕경의 인구 밀도가 대단히 높았으므로 왕경 부근의 북천 하류부 하상과 남천 하류부 범람원은 거주 공간으로 이용되었을 가능성이 높고, 따라서 이들 하천에 홍수가 발생하면 재해를 피하기 어려웠다.

삼국사기에 기록된 홍수는 대부분 왕경을 중심으로 발생한 것이다(황상일, 2007). 경주 주변의 형산강, 남천, 북천 가운데 형산강은 안강 부근에서 상습적으로 수위가 상승하여 범람하지만 재해를 유발하지 않았고, 남천의 상류부와 중류부는 재해의 위험이 거의 없었다. 다만 "나라의 서쪽에서 큰물이 났다(國西大水)"는 기록이 내해니사금 3년(198년), 자비마립간 12년(469년), 진평왕 11년(589년), 헌덕왕 6년(814년)에 확인되는데, 이것은 낙동강 본류의 범람을 기술한 것으로 생각된다.

그러므로 삼국사기의 고대 홍수기록 대부분은 경주의 중심부를 서류하는 북천과 관련되는 것으로 판단되며, 이것은 선상지 하천인 북천 하도 내에 홍수가 발생하여 취락과 인명의 피해를 유발한 홍수이므로 발생 주기가 길다. 이러한 홍수피해는 수도인 왕경의 중심부에서 발생한 인재이다. 30년 내지 160년 간격으로 북천의 하도를 유수로 가득 채우는 큰물로 인하여 가옥이 파괴되고 사람들이 죽는다는 사실을 문서로 기록하면서도 북천 하상에 사람들이 거주하도록 한 것은 인재라고 볼 수 있다.

5) 메뚜기떼

메뚜기의 폭발적인 증식으로 인한 피해는 반건조 기후 지역에서 주로 보고된다. 현재 농약을 주기적으로 살포하는 우리나라에서 거의 없는 현상이지만, 고대에 20 차례 발생한 것으로 기록되어 있다. 하늘을 뒤덮을 만큼 많은 메뚜기들은 푸른색으로 된 것들은 모두 먹어치우므로 농경에 큰 피해를 주었을 것이다. 메뚜기 개체수가 어느 정도였는가에 대해서 자세한 기술이 없으므로 재해의 정도를 추정하는데 한계가 있으나 메뚜기를 구제할 마땅한 약품이

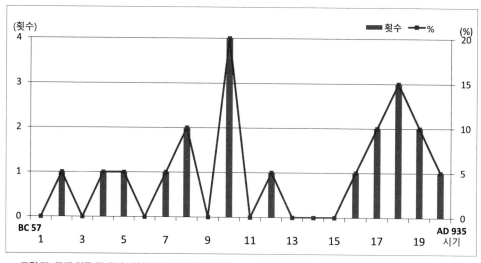

그림 78. 고대 경주 및 주변 지역의 메뚜기떼 출현 빈도

없었던 고대에는 작물이 성장하는 상당한 기간 동안 그 피해에 노출되었을 것으로 생각된다. 그리고 메뚜기는 이동성이 크므로 재해 지역이 국지적이 아니라 상당히 광범위한 지역에 걸 쳤을 것이다. 특히 18시기와 같이 가뭄과 메뚜기떼가 겹치면 흉년의 강도가 대단히 컸을 것 이다.

6) 지진

지진은 농경에 직접적으로 영향을 주는 것이 아니다. 그리고 매우 짧은 시간에 현상이 종 료되므로 농경지 훼손 정도도 제한적이지만, 지진의 규모가 큰 경우에는 가옥 등을 파괴하므 로 경제적인 손실이 클 수 있다. 지진으로 하천에 인접하여 산사태가 발생하면 하천의 하상 을 높여서 홍수의 가능성을 증대시킬 수 있다. 아울러 지진은 국지적으로 발생하므로 가뭄과 같이 광범위한 지역에 걸쳐 전면적으로 영향을 끼치지는 않는다. 이런 맥락에서 지진의 발생 은 해당 지역을 제외하면 재해 자체의 현실적인 위험보다는 이것이 미치는 심리적 충격이 훨

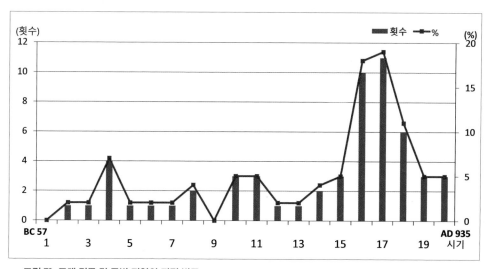

그림 79. 고대 경주 및 주변 지역의 지진 빈도

씬 더 커서 정치적, 사회적인 파급 효과가 나타날 가능성이 있다. 땅이 갈라져서 물이 솟아나고, 지진으로 산이 무너지는 현상은 과학적인 지식이 결여된 당시 사람들에게는 충격적으로 받아들여졌을 것이다.

한반도에서 발생하는 지진은 그 규모가 그리 크지 않고, 큰 규모의 지진은 발생하는 간격이 매우 길다. 그럼에도 불구하고 지진이 발생하면 좋은 건축 재료를 이용하여 잘 지은 건축물은 견딜 수 있으나 서민들의 주택은 파괴될 수 있다는 점에서 심각한 재해가 된다.

양산단층선과 울산(불국사)단층선이 통과하는 경주 일대에는 고대 동안에도 무수히 많은 지진이 발생하였을 것이다. 삼국사기에는 57회의 지진이 기록되어 있다. 4시기에 4회 관측되었으며 16시기부터 18시기까지 150년 동안 27회 발생하여 고대 전체 지진 발생의 47%를 차지하였다. 현재, 우리나라에서 한해 발생하는 지진 횟수가 대단히 많은 사실로 볼 때, 삼국사기에서 확인되는 지진은 규모가 대단히 큰 것과 피해가 많았던 사례를 기록했음을 알 수 있다.

2. 고대의 자연재해와 인간생활

삼국사기의 자연재해 기록은 한반도 고대의 가뭄이나 한발, 흉년 및 기근, 메뚜기, 홍수, 지진 등 재해의 전모를 파악할 수 있는 가장 상세한 자료이다. 여기에서는 자연재해가 인간 생활에 미친 영향을 검토하였다.

가뭄은 비정상적인 건조기상이 아주 오랫동안 지속되어 작물 성장이나 물 공급 등 물수지에 심각한 불균형을 초래하는 상태를 의미한다. 삼국사기에 기록된 가뭄의 발생시기는 대체로 봄과 여름이다. 이 시기는 사람들이 작물을 파종하고 작물이 성장하는 때이므로 수분 공급은 작물 생육에 절대적인 조건이 된다. 봄과 여름에 발생하는 가뭄은 작물 수확량에 크게 영향을 미치므로 가뭄과 흉년(기근)의 상호관련성을 검토하여 확인할 수 있다. 고대 동안 가뭄은 65회, 흉년(기근)은 40회 발생하였다. 가뭄과 흉년(기근) 간에 관련성이 높은 것으로 추정되는 기록만도 16시기부터 19시기까지 16회에 달한다(그림 86). 그리고 10시기(AD 386~435)에도 가뭄이 있었던 397년, 401년, 420년 가운데 397년과 420년에 기근이 발생하였다. 이것은 가뭄이 있었던 해에 흉년(기근)이 있었거나, 가뭄이 있었던 다음해에 흉년(기근)이 발생한 경우이다. 따라서 가뭄은 고대 동안 곡물 및 농업 생산에 가장 크게 영향을 미친 기상현상이었다.

일반적으로 홍수는 현재 대표적인 자연재해이다. 홍수를 일으키는 원인은 집중호우와 태풍이다. 호우는 단기간에 대량으로 내리는 강수를 의미한다. 우리나라 하천의 유역분지는 규모가 작다. 하천은 대부분 짧고 바다로 유입하는데 비해 분수계 해발고도는 상대적으로 높아 강우가 내리면 단기간에 유출되므로 하천의 수위는 강우에 신속하게 반응하여 급격한 상승 곡선(rising limb)을 그리며 첨두유량(peak discharge)에 도달한다. 그러므로 홍수시에 범람원이 침수되는 기간은 그리 길지 않다. 다만 강한 하천에너지에 의해 범람원이 침식되고 이후 퇴적되면서 원래의 지형을 변화시킨다. 그러므로 범람원에 조성된 경작지는 홍수로 인해 대부분 유실된다. 이와 같은 이유로 고대 동안 침수의 위험이 있는 범람원이 경작지로 이용되

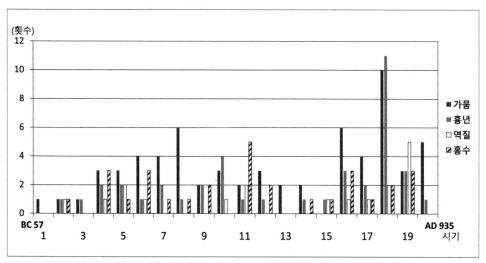

그림 80. 고대 경주 및 주변 지역의 가뭄, 흉년(기근), 역질과 홍수 빈도

었을 가능성이 거의 없다.

　홍수는 고대 동안 30회 발생하였다. 삼국사기 기록 가운데 홍수에 의해 흉년(기근)이 발생하였을 가능성이 있는 것은 AD 108년, 814년의 경우이다. AD 108년은 같은 해에 홍수와 흉년(기근)이 겹친다. 그리고 814년의 홍수는 815년의 흉년(기근)과 관계가 있을 것으로 추정된다(그림 86). 한편 홍수는 역질을 유발하였을 것으로 추정된다. 483년, 867년, 870년에는 홍수와 역질이 동시에 발생하였다. 홍수와 메뚜기 떼의 출현이 동시에 있었던 것은 797년, 853년 2회가 있었다. 따라서 홍수와 흉년(기근)의 관계는 느슨한 편이다.

　메뚜기 떼의 출현은 홍수가 일어난 때보다 가뭄이 있었던 시기에 발생한 경우가 더 많다. AD 18년, 313년, 497년, 754년, 769년, 788년, 921년에는 이 두 가지 재해가 동시에 출현하였는데, 이 가운데 497년과 921년을 제외하고 나머지 시기에는 흉년(기근)이 발생하였다.

　고대에 발생한 재해들은 상호 관련성이 큰 경우도 있지만 관계가 약한 경우도 있다. 즉, 가뭄은 흉년(기근)과 관련성이 크지만, 홍수는 흉년(기근)과 큰 상관관계를 보이지 않는다. 과우지인 영남지방에서는 하천을 연하여 대규모 인공제방을 축조하여 범람원을 농경지로 전환하기 이전에는 강수량이 많아 홍수가 발생하는 해에 오히려 풍년이 들었다.

흉년(기근)과 역질도 상관관계가 있으나 다소 약하다. 흉년(기근)에 의해 면역성이 떨어지면 전염병에 걸릴 확률이 높아지지만 15차례 나타난 역질이 흉년(기근)과 관계된 것은 네번이다. 흉년(기근)과 역질이 같은 해에 있었거나 또는 한 해 전에 발생한 흉년(기근)과 관계되는 역질의 사례는 714년, 796년, 833년, 841년, 873년이다. 한편, 714년, 795년, 832년은 가뭄이 있었으며 동시에 역질과 유행병이 발생하였다. 지하수 유량이 줄어들면서 수질이 악화되었을 것으로 추정되나 가뭄이나 한발 횟수에 비추어보면 가뭄과 역질 사이의 상관관계는 상대적으로 낮은 편이다.

한편 역질도 홍수보다는 오히려 가뭄과의 관련성이 더 크게 나타나는데, 강수량이 감소하면 우물의 수위가 하강하여 수질이 나빠지거나 지하수가 오염될 가능성이 높아져 수인성 전염병이 발생한 것으로 추정된다.

일반적으로 집중호우 등에 의해 강수량이 증가하면 하수나 오수에 의해 지하수가 오염될 가능성이 커지고 지하수 유동이 증가하여 충분한 방수시설이 구비되지 못한 화장실의 오수로 인해 지하수가 오염된다. 그럼에도 불구하고 역질과 홍수의 상관관계가 낮은 것은 집집마다 화장실을 만들지 않고 분변 처리를 다른 방법으로 하였기 때문이다.

경주의 고고학적 발굴결과에 의하면 한 가옥 내에 우물이 두 개 또는 세 개가 조성된 경우가 있을 정도로 우물의 밀도가 높았다.[181] 이와는 대조적으로 화장실로 확인된 유구는 대단히 드물다. 당시 사람들은 지표면에서 깊게 판 화장실을 만들지 않았을 것을 생각된다. 이것은 왕경 지역 주민들이 지하수 오염의 위험에 대하여 인지하였기 때문이다.

지진은 57회 발생하였는데, 4, 16, 17, 18시기에 빈도가 높았다. 지진은 기후특성과 관련성을 찾기 어렵고, 한반도의 지진 규모도 크지 않아 농경에는 심각한 피해를 주지 않으나 국지적으로 가옥이나 도로 파괴 등 심리적인 영향은 무시할 수 없다.

---

181) 우물이 두 개 또는 세 개가 있어도 동시에 사용하지 않고 순차적으로 사용하고 폐기하여 실제로는 한 개의 우물을 사용하였다고 생각된다. 황룡사지 동쪽 왕경발굴지의 발굴 결과에서도 한 개 가옥에 여러 개 우물이 확인되었다.

3. 한반도의 가뭄 주기

고대에 있었던 기상현상 가운데 가장 빈도가 높았던 것은 가뭄이었다. 관개시설이 완비되지 못하고 강우에 의존하여 농사짓던 시기에는 광범위한 지역에 심각한 피해를 주었던 가뭄 현상에 대하여 고대부터 중세까지 기간을 확장하여 가뭄의 빈도와 주기를 살펴보았다. 최근에는 지구온난화에 의한 사막화가 건조기후지역을 중심으로 심각하게 진행되고 있다. 많은 연구자들은 가뭄의 특성을 이해하기 위한 방법의 하나로서 가뭄주기에 대한 연구를 집중적으로 하고 있다. 전 세계의 기상자료를 분석하여 도출한 DAI(Drought Area Index)로 20년 주기(Cook et al., 1997), EDI(Effective Drought Index)로 124년 주기(Byun and Whilhite, 1999) 등이 제시되었다. 또한 해 또는 달의 주기를 기초로 11년과 더불어 22년설(Mitchell et al., 1979), 미국 남서부 지역에서 나이테를 이용하여 20년과 70년 주기를 밝힌 경우(Scuderi, 2003)와 홍수와 가뭄 주기로서 240년과 200년 및 4년과 2~3년 주기(Zhaoxia et al. 2003)가 보고되어 있다. 그리고 6,000년간의 워싱턴 북부 호수 라미나층의 가뭄기록에서 50년 주기(Abbott and Nelson, 2005)와 양쯔강의 자연재해에 관한 문헌기록을 분석하여 홍수/가뭄 주기를 16.69년, 5.09년과 10.47년으로 주장하였다(Jiang et al., 2005). 한반도에서도 가뭄 및 건조 기상재해는 주기적으로 발생하였을 가능성이 있는 것으로 가설을 세우고, 가뭄주기는 32년, 92년, 228년의 기존의 설과 최근 6년, 12년 또는 38년과 124년의 가뭄주기도 보고되었다(변희룡 외, 2009; Byun et al., 2009).

삼국사기에 기록된 자연재해 자료를 이용하여 한반도 고대 가뭄이나 한발과 같은 건조기상 현상을 상세하게 파악하는 데에는 한계가 있다. 즉 기계로 관측되거나 일정한 기준을 가지고 지속적으로 얻은 기상자료가 아니므로 정량적으로 처리하기 어렵다. 다만 삼국사기의 기록은 소략하지만 대단히 긴 기간 동안의 자료이므로 가뭄의 장주기를 파악하는데 유용할 것으로 생각된다. 아울러 고대 동안 한반도의 기후가 전체적으로 현재와 크게 다르지 않았으므로 이러한 장주기는 의미있는 자료가 될 것이다.

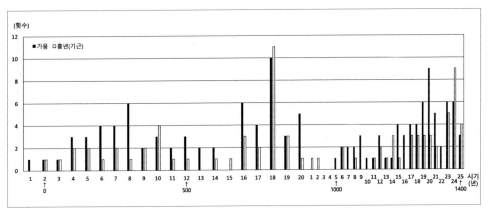

그림 81. 한반도 고대 및 중세 가뭄 주기

삼국사기에 기록된 고대 건조기상 자료를 분석한 결과, BC 57부터 AD 935년까지 약 1,000년 간 발생한 가뭄이 자연재해 가운데 인간생활에 가장 광범위하고 심각한 피해를 야기 하였다. 최근 연구(Byun et al., 2009)에 의하면, 한반도의 가뭄은 주기적으로 발생하여, 짧게는 6년, 12년, 38의 주기로 발생하고, 124년의 장주기는 예외없이 출현한다고 주장하고 있으 나, 삼국사기 자료에서 이러한 주기를 확인하는 것은 매우 어려웠으며, 124년의 장주기조차 확인되지 않았다.

그럼에도 불구하고 신라시대의 가뭄기록을 통하여 7, 8시기와 18시기 두 번 뚜렷하게 가 뭄 빈도가 높아지는 것을 인정할 수 있었다. 이 두 시기 사이는 대략 500년 정도이다. 이와 같 은 시간 간격을 확인하기 위하여 고려시대(AD 936~1392년) 가뭄기록을 고려사에서 추출하여 20년을 한 주기로 계량화하고 삼국사기 가뭄기록과 함께 정리한 것이 그림 81이다(윤순옥·황 상일, 2010). BC 57년부터 AD 1392년까지 거의 1,500년간 발생한 가뭄기록에서는 삼국사기 기 록만으로는 확신하기 어려웠던 500년 장주기가 상당히 가능성이 높은 것으로 생각되었다. 이 것이 정확한 주기인가를 검토하기 위하여 퇴적층에서 분리한 자료들을 통해 지속적으로 보 완되어야 하겠지만, 한반도 고대와 중세 동안 대략 500년 주기로 가뭄 빈도가 크게 증가하는 시기가 존재했을 것이다.

IX. 통일신라의 붕괴

동아시아 역사에서 명멸한 수많은 국가들 가운데 통일신라가 멸망하는 방식은 짝을 찾기 어려울 정도로 독특하다. 외부의 적이나 내부의 적에 의해 왕조가 바뀐 것이 아니고, 국가 내의 정치적 갈등으로 지배층이 바뀌어 국가가 없어진 것도 아니었다. 수십 년에 걸쳐 국가의 하부구조를 구성하는 핵심인 지방의 농민들이 슬금슬금 사라졌으므로 세금을 납부할 주민들이 점차 줄어들어 마침내 붕괴되기 46년 전인 AD 889년에는 국고가 비어 국가를 운영하는데 필요한 운영비가 없었다. 따라서 봉급을 받지 못한 군인을 비롯한 공무원들이 출근하지 않았고 군대는 지방에서 힘을 키운 호족들의 원심력에 의해 흡수되거나 흩어졌다. 거대한 왕궁에 왕을 비롯한 그들 가족과 친족 정도가 앉아 있었으니 국가는 봄눈 녹듯이 스르르 사라진 것이다.

그러나 국가가 없어지는 시기에도 수도인 왕경은 사람들이 모두 떠나고 시가지가 비어 유령도시(ghost city)가 된 것이 아니고, 많은 주민들이 여전히 거주하였으며 부유한 사람들은 호화롭고 풍족한 일상을 영위하고 있었다. 주민 가운데 귀족, 부자들과 사찰은 왕경 주변에 거대한 농경지를 소유하며 소작농과 노비로 하여금 농사를 짓게 하여 부를 축적하고 있었다. 왕경의 기득권 세력들은 가뭄이 빈번하여 11번의 흉년이나 기근을 겪은 18시기에 농장을 더 확대하였으며, 19시기에는 곡물 수확량도 늘어나 이전보다 더 부유해졌다. 통일신라가 붕괴되기 55년 전인 헌강왕 6년(AD 880년)의 삼국사기 기사는 당시 화려한 왕경의 모습을 묘사하고 있다.[182] 국가가 붕괴된 이후에도 이들은 자신들의 재산을 고스란히 보전하여 경주에 살

---

182) 헌강왕 6년 9월 9일에 왕이 좌우 신하들과 함께 월상루에 올라 사방을 둘러보니, 서울의 민가들이 즐비하고 노래와 음악 소리가 그치지 않았다. 왕이 시중 민공을 돌아보고 이르기를 '내가 듣건대, 지금 민간에서 집을 기와로 덮고 띠 풀로 지붕을 이지 않는다하고, 밥을 숯으로 짓고 땔나무를 쓰지 않는다 하는데 과연 그러한가'라고 하였다. 민공이 대답하기를 '신 또한 그 이야기를 들었습니다. 왕이 즉위한 이래 음양이 조화롭고 비바람이 순조로워 해마다 풍년이 들어 백성들은 먹을 것이 풍족하고, 변방 지역은 잠잠하여 민간에서는 기뻐하고 즐거워하니, 이는 전하의 어진 덕이 불러들인 바이옵니다.'라고 하였다. 국고가 비었다는 진성여왕 3년(AD 889년)으로부터 불과 9년 전에 왕경 주민들의 삶을 묘사한 내용이다. AD 880년 삼국사기 기사 내용을 지방의 농민들이 농사를 지어 세금을 납부할 수 있었고 왕경의 국고가 가득 찼으며 따라서 지방과 왕경에 살고 있던 국민들 모두 편안하게 살게 되었다고 해석할 수는 없다. 이것은 왕경을 지방과 분리하여 보아야 한다. 지방에서는 18시기(AD 786~835년)에 붕괴된 농업 기반이 회복되지 않아서 세금을 납부할 농민들이 대부분 떠나버린 상황이 이어지고 있었을 것이다. 그러나 왕경에 거주하는 사람들은 지방의 사정과 관계없이 언제나 그랬듯이 풍족하게 살고 있었다. 왕경은 국고가 비었다는 AD 889년 이후에도 여전히 화려하고 풍족한 생활을 하였다고 볼 수 있다. 당시 왕경은 또 다른 국

면서 부귀영화를 누렸다. 그리고 이들 가운데 일부는 막대한 재산을 기반으로 새로운 국가의 주도 세력이 되기 위하여 개성으로 이주하여 권력 집단에 편입되었다.

왕경에는 권력을 가진 지배계급 외에 수공업, 상업이나 고리대금업 등을 통해 부를 축적한 부자들이 많았다. 이들은 가뭄과 기근으로 농업 기반이 붕괴된 18시기에 농민들로부터 경작지를 헐값에 사들여 재산을 불렸을 것이다.[183] 그러나 왕경 주변을 비롯한 지방에서 농사를 짓고 살던 농민 대부분은 토지를 귀족, 사찰, 부자들에게 팔고 자신들이 살던 곳을 떠났으며 일부는 대농장의 소작농이나 용작민(머슴)으로 전락하였다. 그리고 지방 중심지인 도시에서도 경주 지역과 유사한 현상이 나타났을 것이다. 각 지역의 중심지에서도 대농장을 경영하는 유력자와 부자들은 농민들로부터 경작지를 쉽게 취득하여 대농장을 소유하였으며, 주변 지역에는 이들의 농장에서 소작하는 사람과 용작민들만 남고 나머지 사람들은 대부분 떠났을 것이다. 왕경에서 보다 먼 지역에서는 거의 무정부 상태이거나 또는 지방 호족들이 권력을 가지고 지배하는 사회였다.

신라는 스스로 붕괴하여 사라졌다. 마지막 왕인 경순왕은 자신의 국가 영역 일부를 실질적으로 지배하고 있던 지방 호족들 가운데 하나인 왕건에게 국가를 넘기고 이에 대한 댓가로 경주를 식읍으로 받았다.

이 장에서는 고대국가 통일신라 붕괴의 보다 근본적인 원인과 과정을 논의하기 위하여 첫째, 고대국가 붕괴 이론을 살펴보고, 둘째, 복잡성의 증대에 따른 한계생산성 감소가 통일신라 붕괴에 미친 영향 그리고 셋째, 자연재해와 인간에 의한 자연환경 변화가 통일신라 붕괴에 미친 영향에 대하여 검토하였다.

가였다. 현재 북한에서는 지방에는 배급이 중단되어 아사자가 발생할 정도로 어려운 상황이지만, 평양에는 지방 민들을 동원하여 건축한 아파트를 시민들에게 무상으로 배분하고 있다.

183) 거의 전제군주 체제에 가까우며 국제적 경제 제재를 받고 있어서 매년 극심한 식량난에 직면하고 있는 북한에도 평양은 지방과는 다른 또 하나의 국가이다. 국제적 제재와 기상재해로 인하여 경제 사정이 몹시 어렵지만, 북한의 모든 자원이 평양으로 집중되어 분배되며, 소위 돈주라고 하는 재력가인 신흥부유층이 남한의 부자들에 못지 않게 호화로운 생활을 하고 있다.

1. 고대국가 붕괴 이론

멸망의 사전적 의미는 망하여 없어지는 것이다. 국가나 사회는 멸망에 의해 기존의 지배계급이 전복되고 교체된다. 어떤 국가나 문명의 멸망 과정이나 원인에 대한 분석은 멸망하고 난 이후에 비로소 이루어지므로 기정사실인 멸망을 전제로 한 결과론적인 해석이다. 따라서 한 국가의 멸망 과정과 원인은 연구자의 이념이나 관점 그리고 처한 상황에 따라 다르게 제시될 수 있다. 그리고 국가는 매우 복합적이며 다양한 원인들이 시간의 흐름과 함께 누적적으로 영향을 미친 결과로 멸망에 이르게 되는데, 이 과정에서 다양한 원인들이 독립적인 것이 아니라 서로 영향을 주고받으며 작용한다. 그러므로 여러가지 원인들 가운데 어떤 측면을 중시하는가에 따라 각 원인들의 무게가 달라질 수 있다. 또한 멸망은 문명이나 국가와 같은 공동체가 외부 세력의 정치적, 군사적 개입과 내부적인 갈등 등에 의해 소멸되는 것과 외부의 직접적인 영향없이 자발적으로 쇠퇴하여 없어지는 소위, 붕괴로 구분할 수 있다. 멸망의 형태 가운데서도 특히 붕괴의 경우는 보다 복잡한 과정을 거친다. 붕괴(collapse)는 대단히 많은 요인들이 복합적으로 작용하여 발생하므로 그 원인을 몇 개로 특정하는 것은 한계가 있다.

문명 붕괴에 대해 논의한 대표적인 저작은 도날드 휴즈(J. Donald Hughes)의 '고대문명의 환경사'(Ecology in ancient Civilization, 1975), 재레드 다이아몬드(Jared Diamond)의 '문명의 붕괴'(Collapse, 2005)와 조지프 테인터(Joseph A. Tainter)의 '문명의 붕괴'(The Collapse of Complex Societies, 1988)이다.

도날드 휴즈는 지중해 지역의 자연환경 특성을 분석하고 이 지역 문명의 진행과정과 자연환경 사이의 깊은 상호연관성에 주목하여 생태학적 관점에서 그리스와 로마문명의 성쇠를 검토하였다. 그는 첫째, 환경이 문명 발달에 미친 영향, 둘째, 자연환경에 대한 인간의 태도, 셋째, 문명이 자연환경에 미친 영향과 같은 세 가지 관점에서 인간이 이룩한 문명과 자연환경 사이의 관계에 대해 고찰하였다. 특히 자연환경에 대한 인간의 태도와 가치관 그리고 문명이 자연환경에 미친 영향과 이에 의해 나타난 환경변화를 통해 그리스 문명과 로마 문명의 붕괴를 분석하였다.

농업 경제의 기반에서 유지된 로마제국의 구성원들은 자신들의 사회와 경제를 자연환경에 조화롭게 적응시키는데 실패하였고 그들 세력 범위 내의 자원을 고갈시키면서 붕괴되었다고 도널드 휴즈는 생각하였다. 다시 말하면, 이런 생태학적 실패가 사회적, 정치적, 경제적 여러 요인들과 맞물리면서 로마를 붕괴시키는데 큰 역할을 하였다고 주장한다. 그는 로마를 연구한 역사학자들이 생태적인 요인을 증명할 수 없다는 이유로 그다지 관심을 기울이지 않는 것에 대해 비판하고, 자연과학적 연구성과를 적극 수용하여 로마제국 붕괴에 미친 자연환경 변화의 중요성을 평가하여야 한다고 주장하였다. 그는 다만 인간이 개입할 여지를 없애고 환경적 요인들이 모든 생태학적 과정을 최종적으로 결정한다는 환경결정론(environmental determinism)적 관점에 대해서는 경계하였다.

재레드 다이아몬드(Jared Diamond)는 상당히 넓은 지역에서 오랜 시간 일어난 인구규모, 정치, 사회, 경제 현상의 급격한 감소를 붕괴(collapse)로 표현하였으며, 이것을 쇠락의 극단적인 형태로 보았다. 그는 한 사회가 어느 정도까지 철저하게 쇠락하여야 붕괴라고 할 수 있는가에 대한 판단 기준은 자의적일 수밖에 없다고 생각하였다. 그는 붕괴를 일으키는 다섯 가지 요인을 다음과 같이 정리하였다. 첫째, 사람들이 환경에 무모한 힘을 가하여 발생하는 피해, 둘째, 기후변화, 셋째, 적대적인 이웃, 넷째, 우호적인 이웃의 지원이 중단되거나 감소되는 경우, 다섯째, 한 사회에 닥친 문제에 대한 주민의 반응이다. 그는 군사적, 경제적 요인에 의한 붕괴도 인정하지만 국가의 구성원들이 환경에 가하는 영향과 이에 따라 발생하는 기후변화를 비롯한 환경변화 그리고 이와 같은 환경변화에 대한 주민들의 반응을 핵심 요소로 보고 이에 적합한 사례를 중심으로 논의를 전개하였다.

한편 고고학자인 조지프 테인터는 아주 복잡하게 조직되어 있는 문명이나 국가의 정치사회적 복잡성 수준이 급격하고 현저하게 상실되는 것을 붕괴(collapse)라고 표현하였는데, 이것은 역사적인 사건으로 본다면 '붕괴는 기본적으로 안정된 수준으로 확보되어 있던 사회정치적 복잡성이 갑작스럽게 상실되는 것'으로 파악하였다. 그는 문명의 붕괴를 논의하면서 붕괴이론을 제시하였다.

그는 한 이론이 얼마나 보편적인가 하는 것을 판단하는 기준을 첫째, 이제까지 불투명하던 문제들을 얼마나 명쾌하게 해명하는가, 둘째, 적용 가능성이 얼마나 넓은가, 셋째, 덜 보편적인 이론들을 얼마나 포섭할 수 있는가에 두었다. 그리고 붕괴를 설명하는 데 가장 보편적으로 적용할 수 있는 이론은 '한계생산성 체감의 법칙(한계수익감소)'이라는 관점이며, 이것은 붕괴 과정을 명백하게 규명하고, 아주 넓게 적용할 수 있는 가능성을 보여준다고 주장하였다. 그리고 붕괴에 이르게 하는 다른 요인들 즉, 중요한 자원의 고갈, 극복하기 어려운 재난, 상황에 대한 미흡한 대응, 다른 복잡한 사회의 존재, 침입자, 갈등/모순/실정, 사회적 기능 장애, 신비적 요소, 우연한 사건들의 연속 등은 개별 붕괴 사례를 설명하는 요인이라고 평가하였다. 즉, 특수한 사례에 국한시키지 않고 시대와 공간을 뛰어넘어서 어떤 사회에도 적용시킬 수 있는 붕괴 이론에는 도달하지 못하였다고 평가하였다. 그리고 경제적 설명과 같은 요인들은 적용 가능성의 폭, 불투명한 문제들을 해명하는 정도, 덜 보편적인 이론들을 포섭하는 정도 등에서 한계와 약점이 있으므로 붕괴를 설명하는 보편적인 이론으로 받아들이기 어려우며, 다만 한계수익감소 원리로 붕괴를 해석하는 틀에 통합적으로 설명을 보조할 수 있다고 주장하였다.

조지프 테인터의 저술은 한 국가나 사회의 붕괴를 둘러싼 논의에서 가장 많이 인용되고 있는데, 고대사회 붕괴를 설명하는 다양한 가설들을 평가하면서 그는 고대사회가 환경자원의 고갈이나 재난으로 붕괴했을 것이라는 가설에 대해 회의적이었는데, 이것은 이 가설이 그에게는 선험적으로 와닿지 않았기 때문이다.[184]

고대사회가 환경자원의 고갈이나 재난으로 붕괴했다는 가설에 대한 조지프 테인터의 비

---

184) 도널드 휴즈가 주장하는 자연환경에 미친 인간의 영향과 이로 인해 발생하는 환경변화, 환경변화에 대한 인간의 가치관과 태도와 같은 요소를 조지프 테인터는 (환경)자원의 고갈로 표현하였다. 도널드 휴즈는 이런 요소들을 통합하여 '자원의 과도한 사용과 자원 고갈'이라는 용어를 사용하였다.

판 요지는 다음과 같다(재레드 다이아몬드, 2005). 이런 가설이 타당성을 가지려면 그 사회가 점점 다가오는 쇠약성에 대해 아무런 대응 조치도 취하지 않은 채 그저 앉아서 지켜보기만 했다고 가정해야 한다. 문명사회는 중앙집권적 의사결정 체계, 높은 정보흐름, 각 부분의 탁월한 통합, 명령을 내리는 공식적인 채널의 존재, 자원의 공동이용 등을 그 특징으로 한다. 이런 구조로 인해 문명사회는 고의적인 목적이 있지 않는 한 생산성 면에서의 변동과 결함에 대항할 수 있는 능력을 지니고 있는 것으로 보인다. 열악한 환경자원 문제를 다루는 일에 어렵지 않게 역량을 발휘할 수 있는 문명사회가 실제 문제에 부딪혔을 때 능력이 있음에도 불구하고 붕괴하고 말았다는 것은 참으로 기이하다.[185] 자원의 토대가 악화되고 재앙의 징후가 분명한데도 뭔가 합리적인 조치를 취하지 않고 게으름에 빠져 있었다는 등의 설명은 너무 비약적이라고 하지 않을 수 없다.

이와 같은 조지프 테인터 견해의 요지는 '문명사회가 자신들의 환경자원을 관리하는데 실패하여 붕괴되지는 않았다'고 추론하는 것이다.[186] 그러나 재레드 다이아몬드는 사회 전체 혹은 특정 그룹이 집단 의사결정 과정에서 그릇된 판단을 내리면서 환경자원 관리의 실패[187]

---

185) 생업이 농업인 고대 사회에서 기후변화로 가뭄이 빈번하게 발생하여 흉년과 기근이 연속하여 발생한다면 중앙집권적 의사결정 체계, 높은 정보흐름, 각 부분의 탁월한 통합, 명령을 내리는 공식적인 채널의 존재, 자원의 공동이용 등과 같은 국가 기능은 무력화된다. 왜냐하면 이러한 기능에 의해 내려지는 명령이나 지시를 실행에 옮길 농민들이 유민이 되어 이탈하기 때문이다. 농민이 토지를 벗어나면 세금을 낼 사람이 줄어들고 공조직이 와해되고 인플레이션이 발생하여 빈부 격차는 더욱 커진다. 고대 사회에서 귀족을 비롯한 부자들은 세금을 내지 않았다. 그러므로 필자는 조지프 테인터의 비판에 동의할 수 없으며 문명사회가 환경자원의 고갈이나 재난문제로 붕괴되는 것이 기이한 것은 아니라고 생각한다.

186) 재레드 다이아몬드는 조지프 테인터의 주장과 같이 환경자원을 합리적으로 관리하여 지속가능한 사회를 유지한 몇 가지 희소한 사례도 소개하고 있다. 이런 대표적인 지역으로 태평양의 타코파이 섬과 통가 섬, 뉴기니 고원지대, 도쿠가와 막부의 일본을 사례로 제시하고 상세하게 논의하고 있으며(문명의 붕괴, 2005, 388~429쪽), 이들 지역 외에도 드물지 않게 성공한 사례가 있다고 기술하고 있다. 그러나 현재 진행되고 있는 지구온난화, 해양의 미세플라스틱 증가, 방사능 오염에 의한 해양 오염 가능성 증대와 같은 사례는 인간의 행동이 합리적이라고 보기 어려우며, 지속가능한 사회 유지를 위한 노력도 자신의 이익과 편의에 의해 언제든지 바뀔 수 있고, 다가오는 재난에 대하여 실제로 대응하기보다 그냥 지켜보기만 할 뿐이며 때로는 문제가 없는 것이라고 주장한다. 위기가 자신의 일이 될 때 인간은 비로소 행동에 나설 것으로 예상되며, 이때에도 그 문제가 자신의 일이 아닌 사람들은 그리 심각하게 생각하지 않을 가능성이 높다. 히말라야 산지의 주민들이 해면상승으로 재해에 직면한 산호초섬에 사는 사람들의 어려움에 대하여 공감하지 못한다. 그러나 기온 상승으로 만년설이 녹아서 재해가 발생하면 자신의 일이 된다.

187) 이러한 실패 사례를 분석하고 정리한 그의 저서가 '문명의 붕괴'(Collapse, 2005)이다.

가 계속하여 일어났다고 반박하였다. 그리고 집단 의사결정 과정의 실패는 개인적 의사결정 과정에서는 찾아볼 수 없는, 동일 집단 구성원끼리의 이해관계 충돌이나 집단들 사이의 역학 관계 같은 요소들이 개입하면서 발생한다고 보았다. 그리고 의사결정 과정을 실패하게 만드는 네 개의 변수를 다음과 같이 요약하였다. 첫째, 실제 문제가 발생하기 전에 그 문제를 예측하는 데 실패했을 가능성, 둘째, 실제 문제가 발생했는데도 이를 인지하는 데 실패할 가능성, 셋째, 혹 감지했다 하더라도 이를 해결하려는 시도에 실패했을 가능성, 넷째, 문제 해결을 시도했지만 성공하지 못했을 가능성이 있다는 것이다.[188]

---

188) 변수들 사이의 경계가 다소 애매한 측면이 있지만, 이 네 가지 변수들의 구체적인 사례와 내용은 재레드 다이아몬드(2005)의 575~579쪽에 상세하게 기술되어 있다.

2. 한계생산성 감소와 통일신라 붕괴

신라가 어떤 원인에 의해 역사에서 사라졌는가에 대해 여기에서는 고대사와 고고학 연구
자들의 기존연구 성과와는 다른 관점인 조지프 테인터의 고대문명 붕괴이론인 한계생산체감
의 법칙[189]을 적용하여 붕괴 과정을 검토하였다. 복잡성의 한계수익 체감을 통해 통일신라의
붕괴를 논의하는데 검토한 내용은 행정조직 및 지방조직이 확대되어 가는 과정, 불교 사원이
확장하는 양상 그리고 왕의 교체 간격 및 영토와 인구 변화 등이다. 영토 확장은 경작지 공급
확대와 에너지 공급 확대를 통해 한계생산성을 증대시키는 기능이 있지만 한계비용을 상승
시키는 요인이 된다. 인구증가도 인구가 늘어나 에너지 투입이 많아지면 한계생산성을 높이
지만, 다른 한편 인구가 도시에 집중하면 이것을 하락시킬 수 있다.

1) 가설에 적용된 개념

(1) 복잡성

일반적으로 복잡성은 사회의 크기, 사회를 이루는 구성단위의 수와 분명한 특색, 사회 내
부에 통합되어 있는 전문적인 사회적 역할의 다양성, 뚜렷한 사회적 활동의 종류, 사회적 활
동을 짜임새 있는 전체 조직으로 엮어 나가는 기구의 다양성으로 이해되고 있다. 이 중 어느
것 하나라도 크게 늘어나면 사회의 복잡성은 증가한다. 예를 들면 단순한 사회에서 불평등이
증가하고 이질성이 커지면서 복잡한 사회로 변한다.

복잡한 사회는 문제 해결 조직이다. 상황의 요구에 따라 더 많은 부분들과 더 다양한 부
분들이 나타나고 사회적 분화와 불평등이 심화되고 중앙화와 통제의 형태도 다양해진다. 복
잡성이 증가한다는 것은 규모가 작고 동질적이며 자원에 동등한 자격으로 접근하고 지도 체

---

189) 경제학에서 주로 연구되어 확립된 이론이며, 한계효용체감의 법칙, 한계생산성의 법칙 등으로 명명되기도 한다.
이 장에서는 이 용어를 한계생산성과 한계수익을 혼용하여 기술하였다.

제가 항구적이지 않은 덜 분화된 사회가 규모가 크고 이질적이며 생존에 필요한 자원을 만인이 동등하게 누릴 수 없는 계급화되고 통제된 사회로 바뀌는 것을 의미한다.

붕괴를 논의하는데 있어서 가장 기본적인 전제가 있다. 이것은 사회의 복잡성 증가가 구조적으로 안정된 한 수준에서 다음 수준으로 비약을 통해 이루어진다는 것이다. 복잡성의 증대가 연속적이라면 그 역도 마찬가지라고 할 수 있다. 다시 말하면 붕괴는 복잡성이 감퇴하는 과정이라고 볼 수 있다. 어느 정도 확립되어 있던 복잡성이 갑자기 현저하게 줄어드는 예는 언제 어디서나 볼 수 있다. 대국이 소국으로 전락하고 종족사회의 복잡성이 하락하고 부락 단위의 정착생활이 이동채집사회로 바뀌는 것도 복잡성의 감퇴에 해당한다.

인간사회와 정치조직은 지속적으로 에너지가 공급되어야 유지된다. 사회정치 체제가 복잡해지면 요구되는 에너지의 양도 당연히 늘어난다. 그러므로 복잡한 사회는 단순한 사회보다 유지비용이 많이 든다. 복잡성이 증가할수록 개인과 개인을 이어주는 연결망도 복잡해지며 처리되는 정보의 양도 늘어나고 정보의 흐름은 중앙으로 집중된다. 그리고 생산활동에 참여하지 않는 전문가의 수도 증가한다. 따라서 사회가 복잡해질수록 인구 한명을 부양하는데 들어가는 비용은 상승한다. 조직 체제를 유지하는데 투입된 에너지가 전체 에너지 예산에서 차지하는 비중도 점점 늘어난다.

한 인구 집단이 복잡성에 얼마나 투자하고 거기서 얼마나 이익을 얻는지 검토할 필요가 있다. 기본적으로 사회정치 체제에서 발생하는 문제를 해결하기 위해 복잡성이 증대되므로 여기에 투자가 이루어져야 한다. 복잡성을 높인다 하더라도 투자회수율이 낮으면 그것은 문제를 해결하는 방안이 될 수 없다.

복잡성에 대한 투자에서 투자회수율은 변화하며 그 변화의 양상은 일정한 곡선으로 나타난다. 즉, 많은 영역에서 사회정치적 복잡성에 투자하다 보면 투자에서 거두는 이익이 조금씩 줄어드는 시점이 나타난다. 처음에는 완만하게 하락하지만 점차 가속도가 붙는다. 발전하는 사회를 유지하기 위해 투입되어야 할 자원은 점점 늘어나지만 일정한 시간이 지나면 막대한 투자를 했는데도 회수되는 이익은 미미해진다.

(2) 한계생산성

이것은 경제학에서 법칙이라고 부를 정도로 규칙성과 예측가능성을 가진 '수익 체감의 원리'에서 응용한 것이다. 제조업에서 수익 체감 현상은 추가 투입의 형태로 이루어진 투자가 그에 상응하는 생산성의 증가를 가져오지 못할 때 나타나기 시작한다. 사회정치적 발달 즉, 복잡성이 증대되는 과정에서 발생하는 이익 체감의 양상은 수익 체감의 원리와 정확하게 맞아떨어지지 않을지 모르지만 경제학에서 사용하는 '평균생산량'과 '한계생산량'으로 논의할 수 있다. 평균생산량은 어떤 활동에 투입된 단위당 산출량이며, 한계생산량은 투입이 가져오는 전체 산출량의 증가분을 말한다. 마찬가지로 평균비용은 투입단위당 비용이고 한계비용은 산출단위당 전체 비용의 증가분이다.

수익체감의 법칙에 의하면 평균생산량과 평균비용은 한계생산량과 한계비용에서 생기는 변화에 대응하고 그것에 따르게 되어 있다. 이것을 '한계생산성 체감의 법칙'이라고 부르기도 한다. 한계생산량은 한 인구 집단이 복잡성에 대한 투자에서 얻게 되는 이득을 설명하는데 적절한 개념인데, 이 용어를 국가 붕괴에 적용하는 경우 '한계수익'으로 표현하는 것이 더 적절하다고 생각한다.

(3) 복잡성의 증가와 한계생산성의 변화

고대문명이 어떤 원인에 의해 역사에서 사라졌는가에 대하여 조지프 테인터는 기존 연구 성과와는 다른 관점에서 한계생산체감의 법칙[190]을 적용하여 붕괴 과정을 검토하였다. 그는 복잡한 사회가 붕괴하는 과정을 이해하는 데 도움이 되는 개념을 네 가지 제시하는데, 첫째, 인간사회는 문제를 해결하는 조직이다. 둘째, 사회정치적 체제는 에너지가 투입되어야 작동한다. 셋째, 복잡성[191]이 증가하면 단위비용도 증가한다. 넷째, 문제 해결을 위한 대응으로서

---

190) 경제학에서 주로 연구되어 확립된 이론이며, 한계효용체감의 법칙, 한계생산성의 법칙 등으로 명명되기도 한다.

191) 복잡성은 사회의 크기, 사회를 이루는 구성단위의 수와 뚜렷한 특색, 사회 내부에 통합되어 있는 전문적인 역할의 다양성, 뚜렷한 사회적 활동의 종류, 사회적 활동을 짜임새 있는 전체 조직으로 엮어나가는 기구의 다양성으로 구성되어 있는데, 이들 가운데 하나라도 증가하면 사회의 복잡성은 증가한다고 할 수 있다(조지프 테인터,

사회정치적 복잡성에 대한 투자를 하면 한계수익이 감소하는 시점에 봉착하게 된다.

붕괴를 이해하는데 전제가 되는 네가지 개념 가운데 처음 세 가지는 마지막 명제의 기초가 된다. 사회정치적 진화(발전)라는 것은 사회를 구성하는 각종 하위 단위들이 긴밀하게 얽혀 성장한다는 의미에서 '복잡성'이라는 용어로 표현할 수 있다. 이러한 성장은 당연히 에너지 투입을 수반하는데 고대에는 에너지의 대부분은 인력이었다. 성장은 치안과 국방, 정보 처리, 공공 사업, 자원의 저장과 분배, 농업, 에너지, 광물 생산에 대한 투자와 같은 순기능을 낳는다. 투자에서 얻는 이익 증가율을 나타낸 것이 그림 82이다.

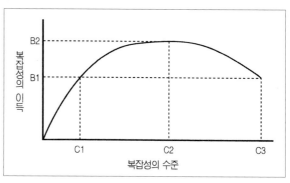

그림 82. 복잡성의 증가와 한계생산성(조지프 테인터, 1999)

사회정치 체제가 성장하면 (C1, B1)에 도달하게 된다. 이 지점에 도달할 때까지 복잡성이 증가하는 사회는 지속적으로 투자를 많이 하게 된다. 이후로는 복잡성에 대한 투자를 늘려도 한계수익은 점점 줄어든다. 일단 (C1, B1)에 도달하면 복잡한 사회는 붕괴에 점차 취약해지는 단계로 접어들게 되는데, 여기에서 붕괴로 이끄는 두 가지 일반적인 요인이 있다. 첫째, 국지적 흉작, 국경 분쟁, 소요 사태, 기상 이변, 외적의 침입과 같은 압박과 혼란이다. 이것은 규제 기구와 잉여 자원 확보와 같은 수단을 통해 극복하여야 한다. 둘째는 문제 해결의 전략으로서 복잡성이 가지는 매력이 떨어지는 것이다. 한계수익이 감소하면 세금을 많이 내도 지역 단위로 되돌아오는 혜택이 줄어들므로 복잡한 사회의 일부 구성 집단에게는 중심권력과의 연결 고리를 끊고 거기서 이탈하는 것이 매력있는 선택으로 다가온다. 세금을 내는 부유한 상인과 농민뿐 아니라 귀족과 같은 상층계급에서도 그런 유혹을 강하게 느낀다.

1999, 55쪽).

이 곡선에서 (C1, B1)과 (C2, B2) 사이의 영역은 복잡한 사회 내에 불만과 모순이 증폭되는 시기이다. 도처에서 스트레스가 감지되며 이념적 갈등이 싹튼다. 한편으로는 적응력을 높일 수 있는 대안을 사회 전체가 모색하기 시작한다. 이러한 모색의 과정에서 다양한 이념과 생활방식이 도입되며 그 원산지는 주로 외국이다. 어떤 것은 집권세력에 의해 불온한 것으로 낙인찍히고 어떤 것은 잠깐 유행하다 사라진다. 현대 사회에서는 이 단계에 연구개발에 대한 투자를 늘린다. (C2, B2) 지점에 도달하기 전까지는 계속되는 투자와 쥐어짜기로 근근히 버텨나가지만 붕괴의 가능성은 점점 높아진다.

(C2, B2) 지점을 지나면 복잡성에 대한 비용은 증가하는 반면 수익은 예전보다 훨씬 낮은 단계의 복잡성 시기 즉, 훨씬 낮은 투자비용으로 얻을 수 있었던 수준으로 떨어진다. (C2, B2)와 (C3, B1) 사이 영역에 접어들면 경제체제의 기반이 극도로 소진되어 복잡성에 대한 투자를 늘려도 총수익은 오히려 줄어든다. 사회 전 부문이 줄어드는 경제 생산물을 놓고 치열한 경쟁을 벌인다. 중대한 재난이 발생하면 여분의 자원이 없는 사회는 맥없이 무너진다.

(C3, B1)에 도달한 사회는 내부 이탈이나 외세 침략으로 인해 붕괴의 위험에 처한다. 중심부와 관계를 끊을 때 생산성을 훨씬 높일 수 있다고 믿는 사회 구성원들이 늘어난다. 이것은 폭동과 내란으로 이어지고 체제는 더욱 약화된다. 이 지점에서는 급격한 붕괴가 언제든 일어날 수 있다.

한계생산성이 더 이상 올라가지 않는 상황에 도달한 (C2, B2)의 수준에서 사회정치체제는 지금까지의 성과에 만족하면서 평형상태를 유지할 수는 없는가 하는 질문에 봉착할 수 있다. 인구의 탄력성이 높고 비교적 단순한 채집사회는 자원이 고갈되면 자원을 찾아 떠나면서 인구밀도를 낮춘다. 농사짓는 사람들도 새로운 땅이 계속 나타나면 흩어져서 인구밀도를 낮춘다. 그러나 인구밀도가 대단히 높거나 복잡한 사회정치적 요인으로 인해 인구의 대대적 분산을 현실적으로 추구할 수 없는 상황에서는 경제적 투자와 사회정치적 투자를 계속 늘려서 문제를 푸는 방향으로 나아갈 수밖에 없다.

사람들이 모여 사는 집단에서는 문제가 속출하기 마련이고 복잡한 사회에서는 새로운 문제를 완화하거나 해결하기 위하여 새로운 조직을 부단히 만들 수밖에 없다. 이런 방식의 문제 해결은 조직에 대한 투자와 증대를 요구하기 마련이어서 복잡성의 한계수익은 궁극적으로 떨어진다.

2) 통일신라의 복잡성 증대와 한계생산성 체감

(1) 행정조직과 지방조직의 확대

AD 520년(법흥왕 7년) 율령이 반포되고 시행되면서 전국을 일원적 법체제 아래 통치할 수 있게 되었다. 중앙 행정부서에서 핵심조직은 14관부이다. 이 조직은 시간이 경과하면서 점차 커지고 세분화된다. 516년 병부가 설치된 이래 상대등(531년), 사정부(544년), 조부(584년), 승부(586년), 예부(586년), 영객부(621년), 집사부(651년), 창부(651년), 좌이방부(651년), 우이방부(667년), 선부(678년), 공장부(682년), 예작부(686년), 위화부(692년)의 순으로 설치되었고, 재정기관으로 565년에 설치된 품주에서 조부와 창부로 분리되었으며, 예부에서 영객부가 분리되었고 공장부에서 예작부가 분리되었다. 그리고 각 부에 배속된 관원의 품계와 인원수도 계속 증원되거나 감소되기도 하였다. 이외에도 중앙 행정부서인 전(典)과 서(署)도 부(府)와 같이 시간이 경과하면서 새로 설치되었으며 인원에도 변화가 있었다.

백제 멸망 이후 북원소경(678년), 금관소경(677년), 서원소경(685년), 남원소경(685년)과 완산주(685년)를 설치하고, 685년에 백제 영역에 3주, 고구려 영역에 2주(685년)를 설치하는 지방조직을 정비하였다. 그리고 757년 9주를 설치하고 군현의 이름을 고쳤다. 808년 12도의 군읍 경계를 정하였다.

660년 이후 양궁(676년), 679년 동궁을 준공하고 궁궐들을 중수하였으며, 본피궁(681년)을 준공하였다. 717년 새 궁궐을 만들었고 739년 선천궁을 준공하였다. 745년에 동궁을 수리하고 영창궁(757년)을 중수하였다. 804년 임해전을 중수하고 동궁 민수방을 준공하였다. 847년 평의와 임해 두 개의 전각을 중수하고 852년 명학루를 중수하였다. 867년 임해전 그리고 868

년 조원전을 중수하였으며 871년 월상루 그리고 874년 월정당을 중수하였다.

군사조직은 676년과 683년에 개편하여 벽금서당(686년), 청금서당과 적금서당(687년), 황금무당(689년), 개지극당(690년), 삼변수당(690년), 비금서당(693년)을 차례로 설치하였다.

660년 이후에도 성곽 축조가 지속적으로 이루어져 부산성과 철성(663년), 주장성(672년), 서형산성(673년), 사열산성(673년), 8개의 산성(국원성, 북형산성, 소문성, 이산성, 주양성, 주잠성, 만흥사산성, 골쟁현성)(673년), 철성(675년), 남산성 증축(679년), 중원소경에 축성(681년), 사벌주와 삽량주에 축성(687년), 서원경성(689년), 남원성(691년), 송악성과 우잠성(694년), 개성(713년), 한산주 관내에 여러 개 성 축조(718년), 북쪽 국경에 장성 축조(721년), 일본 침략에 대비하여 모벌군에 축성(722년), 북쪽 변방에 대곡성 등 14군현 설치(748년), 6성 축조(762년), 한산주 북쪽 패강장성(3백리)(826년)을 축성하였다.

이상의 내용을 신라가 존속한 전체 기간인 20시기로 나누어 시기별로 정리하면 다음과 같다. 신라의 중앙조직은 516년부터 14시기까지 6개 부가 만들어졌으며, 삼국통일기를 전후한 15시기(636~685년)에 7개 부가 설치되면서 급격하게 확대된다. 복잡성이 커진 것이다. 그리고 16시기(686~735년)에는 692년에 2개 부와 2개 전(典), 695년에 서시와 남시, 713년에 1개 서, 718년에 3개 전을 계속 설치하고, 17시기(736~785년)에 사정부와 12개 전(典)이 조직되면서 중앙조직의 주요 부서 설치가 거의 마무리 된다.

지방조직은 15시기 말에 백제 지역에 4개 소경과 완산주를 비롯한 3개 주, 과거 고구려 지역에 2개 주를 설치하여 16시기까지 유지하다가 17시기에 해당하는 757년 9주를 설치하고 군현 이름을 고쳤다. 그러나 왕실 건물은 삼국통일 이후에도 19시기(836~885년)까지 지속하여 준공한다.

사회정치적 관리와 전문화는 복잡한 사회의 본질이다. 복잡성에 대한 투자가 한계수익 하락을 가져오는 원인으로는 관료조직의 팽창, 조직적 문제 해결의 누적성, 계속 높아지는 세금, 현상유지에 투입되는 비용의 증가, 내부 관리에 필요한 자금의 증가 등이다. 삼국통일 전후로 사회정치 체제가 복잡해지면서 중앙정부 핵심 조직을 업무에 따라 세분하여 확대하였으며, 이에 따라 관료조직이 팽창하여 행정직 관리의 수가 꾸준히 늘어났다. 사회정치적 문제를 해결하는 과정에서 만드는 조직들은 문제가 해결되어도 사라지지 않고 유지되며, 새로운 역할을 담당하는 조직들이 계속 만들어지는 방식으로 누적되어 간다. 현대에도 관료들은 조직을 유지하기 위하여 새로운 문제들을 계속 만들어 낸다. 그리고 문제 해결을 위한 복잡한 위계 구조를 만들어 복잡성을 높여 나가면서 주민들에게 과중한 세금을 부과하게 된다. 어느 시점에 이르면 세금의 한계생산성은 하락하기 시작한다. 거의 모든 복잡한 사회에서는 복잡성에 대한 투자가 어느 시점에는 한계수익이 감소되는 단계에 도달한다. 한계생산성이 줄어드는 데도 불구하고 계속 발전하기 위하여 막대한 투자를 하지 않을 수 없고, 현상 유지를 하는 데만도 많은 비용이 계속 투자되어야 한다.

영토가 확대되고 복잡성이 높아지면서 지켜야 할 전략 거점이 늘어나고 군사의 규모가 커질 뿐 아니라 군사적 거점에 축성도 이루어진다. 군사조직은 15시기 말에 개편하고 16시기 초에 집중적으로 만들었다. 660년 이후 축조된 성곽은 15시기와 16시기에 대부분 건설되었다. 16시기 이후에는 군사조직이 더 이상 확대되지 않고 유지되었다. 이것은 영토를 더 이상 확대하지 않고 유지하겠다는 의지의 반영이다.

15시기와 같이 전쟁 등을 통해 새로운 영토가 생기면 복잡성이 증대하지만, 더 많은 인구와 자원을 공급을 받을 수 있었으므로 한계이익의 감소를 피할 수 있다. 그러나 16시기 이후 팽창 정책이 중단되고 기존 정복지에서 들어오던 세원이 줄어들면서 근근이 현상 유지를 해 오던 군사조직이 어마어마한 부담에 짓눌리게 된다. 재정의 어려움에도 불구하고 현상 유지를 위하여 군사조직에 대한 지원은 계속된다. 더욱이 외부 위협에 대처하기 위하여 조직을 확대하는 등 복잡성을 높일 경우 여기서 얻는 한계수익은 국가 구성원들에게 구체적인 이익이 되지 못하고, 군사조직이 복잡해지면서 구체적인 실익도 없이 관리 비용만 크게 늘어나는데, 통일신라는 17시기 이후 변방에 축성이 몇 개 이루어졌을뿐 더 이상 군사조직을 확대하지는 않았다.

(2) 인구 증가

한반도에서 농경이 본격적으로 시작된 청동기시대의 인구는 그 이전인 신석기시대보다 훨씬 더 많았다. 청동기시대에 실질적인 농업혁명이 일어난 것이다. 농경시대의 인구는 어느 시기에 이르면 더 이상 증가하지 않는다. 농업기술이 한계에 이르고 인구밀도가 높아지며 단위경작지 당 인구수가 농업생산으로 부양할 수 있는 범위를 넘어서면 곡물 부족으로 면역력이 저하된 환경에서 질병에 노출될 수 있다. 그리고 가뭄과 같은 자연재해로 흉년이 들면 인구는 감소하게 되고 전쟁이나 군역으로 인구가 빠져나가면 농경에 투입할 수 있는 노동력이 부족해지는 등 농업생산을 감소시키는 요인들이 발생한다. 그러나 새로운 경작지를 만들어 갈 수 있다면 시간이 경과할수록 인구는 증가한다. 청동기시대가 700년 정도 지속되었으므로 청동기시대 말에는 영남지방에 인구가 상당히 많이 증가하였을 것이다.

초기철기시대에 들어와서도 영남 지역의 농업은 청동기시대와 유사하였을 것이다. 그러나 BC 2세기 말부터 영남 지역으로 고조선 유이민들이 들어오기 시작하였다. 당시 동아시아에서 가장 높은 문화수준을 경험한 집단이 유입되면서 금호강 유역과 경주를 중심으로 철제 농기구가 보급되고 농업기술도 한 단계 더 발전하였다. 석기나 목기, 골각기로 된 농기구를 사용한 청동기시대와 초기철기시대 전기보다 인구도 한 단계 더 증가하였다. 이 시기 인구증가는 자연증가뿐 아니라 고조선 유이민들의 유입이 영향을 미쳤다. AD 1세기부터 사로국은 정복 전쟁을 통해 영토를 확장하여 노동력을 더 많이 확보할 수 있었으며, 특히 왕경에 수공업과 상업이 활기를 띠며 도시가 부유해지고 사람들은 도시로 몰려들어 인구가 빠르게 증가하였다. 그리고 경주 주변의 농업 지역으로도 인구가 유입되어 경작지를 개간하여 농업생산량을 증대시켜 나갔을 것이다.

사로제국이 정복전쟁을 하는 동안 정복지에서 왕경으로 인구의 사회적 이동이 있었을 것이다. 진한 지역 정복전쟁이 거의 마무리된 AD 300년 경 왕경의 인구는 상당히 많이 증가하였으며 도시화도 진행되었을 것이다. 그리고 AD 307년 국호를 신라로 변경한 이후에도 이와 같은 기조는 계속되었다.

신라도 제국주의적 팽창정책을 이어가 영토를 계속 확장하였으며, 가야연맹의 낙동강 수운교역망을 지속적으로 단절하고 영남내륙의 상권을 확대하였다. 사로국과 신라는 영남 지역을 자신의 영역으로 만들기 위하여 전쟁을 벌이고 외부의 적인 가야와 일본으로부터 국토를 방어하기 위하여 제철산업[192] 등 산업생산력을 증대시켜야 하였다. 따라서 경주로 많은 사람들이 모여들었으며 경주의 도시화는 빠르게 진행되었을 것이다. 백제, 고구려와는 다르게 신라의 경우 영남지방이라는 비교적 한정된 공간에 가야연맹과 함께 경쟁하여야 하는 입장이므로 제국주의적 팽창정책을 채택할 수밖에 없었다고 생각된다. 그러므로 인구를 수도에 집중시켜 제철과 제염과 같은 부가가치가 높은 산업의 생산력을 극대화하고 교역을 통해 부를 축적하여 국력을 빠르게 키워 경쟁하는 상대국가를 제압하여야 했다.

AD 400년 금관가야가 괴멸되고 낙동강 하류부 좌안이 신라의 영향권으로 편입되면서 가야연맹 교역네트워크의 핵심인 낙동강 수운기능이 거의 마비되고 신라는 영남 지역 상권 대부분을 장악하였다. 금관가야에서도 경주로 많은 사람들이 이주하였을 것이다. 이 시기에는 왕경 지역 대부분이 도시화되었으나 도시 발달이 계획적이지 않고 자연발생적으로 주거지와 도로가 확대되었으므로(그림 32) 수년 내지 십수 년에 걸쳐 도시를 재개발하였으며, 자비왕 12년(469년)에는 도시재개발이 마무리되어 방리에 이름을 부여하였다.

진흥왕은 562년 대가야를 멸망시키고 영남지방을 통합하였는데, 이 시기 신라는 국력이 크게 신장되었으며 가야연맹 지역에 거주한 인구를 통합하였다. 그리고 가야를 멸망시킨 여세를 몰아 한강 유역(6세기 중엽)과 함경남도 지방(568년)을 점령하고 순수비를 세웠다. 660년 백제가 멸망할 때 5부 37군 250성의 주민들의 호수는 76만호(삼국사기 37 잡지 5 지리 3)였고, '대

---

192) 신라의 농업 발전을 연구한 고대사학자들은 5~6세기가 되어야 철제 농기구가 본격적으로 보급되어 농업생산력이 증대된다고 주장한다. 노천철광인 울산 농소 달천철광을 보유하고 제련과 제철 기술을 가진 경주 사람들이 BC 2세기 말부터 500년 내지 600년 동안 철 생산을 증대하지 않을 이유가 있는지 의문이다. 고고학적 증거가 없다는 이유로 이와 같은 주장을 펼치는 것에 대해 동의하기 어렵다. 당시 철은 화폐였을 정도로 중요한 자원이었다. 그러므로 무덤에 부장하는 철부나 철정 외에는 농기구, 무기 등 다양한 도구를 만들어 사용하고 그리고 녹여서 재사용하였으므로 고고학적으로 발굴되기 어려울 수 있다. AD 1세기부터 정복전쟁을 시작한 사로국은 철제 무기로 무장하였으며, 정복전쟁 이전에는 우선 농기구를 만들었을 것이다.

당평백제국비명'에서는 5도독 37주 250현을 두고 호 24만에 인구수가 620만 명으로 기록되어, 두 자료에서 백제 멸망시기 호의 숫자가 크게 다르다.

고대 호(戶)당 인원수는 한서지리지(AD 83년)와 신라촌락장적(AD 815년)에서 찾아볼 수 있다. 한서지리지에서 요서군은 72,654호에 인구는 352,325명이어서 호당 인구수는 4.8명, 현도군은 45,006호에 인구 221,815명이어서 호당 인구수 4.9명, 요동군은 55,972호에 인구수 272,539명이므로 호당 인구수는 4.9명, 낙랑군은 62,812호에 인구수 406,748명이므로 호당 인구수는 6.5명이었다. 그리고 신라촌락장적에 기록된 사해점촌은 11호이며 총인구수는 147명(호당평균인구수는 13.4명)이며, 살하지촌은 15호이며 총인구수는 125명(호당평균인구수는 8.3명)이고, C촌[193]은 11호이며 총인구수는 72명(호당평균인구수는 6.5명)이며, D촌은 10호이며 총인구수는 118명(호당평균인구수는 11.8명)이다. 이 지역의 총 가구수는 47호이며 인구수는 462명이므로 호당 평균인구수는 9.8명이다. 두 사료의 작성연대가 거의 800년 차이가 나고, 통계를 작성한 모집단의 규모도 크게 차이가 나며, 한나라와 통일신라의 사회 및 경제 체제에 차이가 있고, 기후와 농업에 미치는 위도의 차이가 있으므로 단정하는데 한계가 있으나, 신라촌락장적에서 호당 인원수가 가장 적은 C촌과 한서지리지의 네 군에서 호당 인원수가 가장 많은 낙랑군을 채택하여 호당 인원수를 6.5명으로 추정하였다. 아울러 멸망 당시 백제의 호수는 '대당평백제국비명'의 24만호 620만 명의 기록[194]보다 삼국사기를 비롯한 당시 거의 모든 사료에 기재된 76만호[195]가 더 신뢰할 수 있을 것이다.

그러므로 멸망 당시 백제 지역에는 76만호에 490만 명 정도가 있었던 것으로 추정된다. 이렇게 본다면 진흥왕이 영토를 최대로 확장한 시기의 국토면적이 백제가 멸망하였을 때 백제 면적보다 넓었으므로 7세기 중반 신라의 인구는 백제 인구에 버금가는 거의 500만 명에 가까웠을 것이다. 그리고 왕경의 인구도 9세기 말의 1/2 정도에는 이르렀을 것으로 추정

---

193) 신라촌락장적에 촌명이 확인되지 않았으므로 C촌, D촌으로 기재하였다.

194) 이 자료로 호당 평균인원을 계산하면 25.8명이다.

195) 이들 사료는 서로 참고하여 인용하였으므로 다수라고 규정하기에는 한계가 있으나, 문헌에 기록할 때 근거가 있었을 것이므로, 승전비에 기재된 기록보다 삼국사기 등의 기록을 더 신뢰할 수 있다고 생각된다.

된다.[196]

660년 백제가 멸망하였을 때 당은 백제 지역을 5도독부로 재편하여 자신들의 행정구역에 편입하였으며, 마찬가지로 668년 고구려를 멸망시킨 후 5부 176성 69만호에 이르는 지역을 9도독부와 안동도호부로 개편하여 당의 행정구역으로 편입하였다. 그러나 676년 고구려 남부까지 신라가 차지하는 것으로 당과의 국경을 설정하면서 백제의 영역과 인구는 신라로 편입되었으나, 고구려의 영역과 인구의 상당히 많은 부분이 당의 영향권에 남게 된다. 그럼에도 불구하고 신라의 인구는 백제 지역을 그대로 합병하였으므로 크게 증가하였다. 산술적으로 계산하면 통일신라의 인구는 거의 1,000만 명에 달했다.

석탄과 원유가 개발되지 않았던 고대에는 노동력이 가장 중요한 에너지원이었다. 그러므로 인구증가는 한계생산력을 증대시키는데 기여한다. 인구는 노동력뿐 아니라 군사력을 제공하고 세금을 납부한다. 신라의 인구는 삼국통일 후에 가장 크게 증가하였으며, 16시기(686~735년)에도 고구려 유민들과 말갈족을 비롯한 북방계 주민들이 당시 동북아시아에서 국가 활력이 가장 높았던 신라로 지속적으로 들어왔을 것이다.

한편 통일신라시대 동안 인구가 감소한 자료는 문헌에서 확인되지 않는다. 그러나 자연환경의 변화에 따른 재해로 흉년과 기근이 발생하면 인구가 감소한다. 인구 감소와 인구의 사회적 이동이 가장 현저했던 시기는 18시기(785~835년)이다. 이 시기에는 가뭄 10회와 흉년 및 기근 11회가 발생하여 많은 사람들이 굶어 죽었으며, 경작지를 상실한 수많은 유민들이 생겼다. 이들은 귀족, 사찰 및 부자들의 농장에 소작인이나 용작민이 되거나, 자신들이 살던 곳을 떠나 호족들의 보호를 받을 수 있는 지역으로 이동하거나, 일부는 화전(火田)으로 살아가기 위해 깊은 산악 지역으로 들어가거나, 또는 왕경 지역으로 이동하여 도시빈민이 되었을

---

196) 7세기 중엽 왕경의 인구수는 5세기 중엽 도시계획을 실시한 배경과 9세기 후반의 인구기록을 참고하여 추정한 값이다. 5세기 중엽 경주선상지에서 전면적인 도시재개발 사업이 실시될 때 이미 분묘 구역을 제외한 왕경 지역은 자연발생적으로 성장한 주거지로 거의 가득차 있었을 것이다. 9세기 후반 왕경 지역 인구수가 80만 명 내외이므로 7세기 중엽에는 거의 40만 명으로 계산되는데, 7세기 중반 신라 총인구가 500만 명 정도라면 납득할 수 있다.

것이다.

국경을 넘어 이동한 인구도 있었다. 문헌에서 확인되는 외국으로 이동한 인구는 당과 발해로 이동한 자료는 없고, 일본으로 귀화한 사례가 일본 문헌에 기재되어 있다. 16시기에 687년(50명), 688년(12명), 690년(인원 미상), 17시기에 758년(74명), 그리고 759년에는 '근년에 신라에서 일본으로 귀화하는 배가 끊이지 않는다'라고 기록하고 있다. 760년(131명), 18시기에는 813년(5척, 110명), 814년(63명), 816년(180명), 817년(187명), 822년(40명), 824년(54명), 833년(10명)이었다. 19시기(AD 836~885)에 들어와 신라 해적들이 일본으로 가서 심하게 약탈하기 시작하였으므로[197] 일본으로 온 신라인들을 도둑으로 의심하여 864년에 30명, 873년에 32명, 874년에 12명을 본국으로 돌려보냈다. 20시기에는 890년에 35명이 표착하였고 891년에 55명이 표착하였는데, 기록에는 없으나 신라 해적의 침입이 영향을 미치는 시기이므로 해안에 표착한 신라인들을 본국으로 돌려보냈을 것으로 추정된다.

통일 직후 전성기에도 일본으로 귀화가 있었으며, 기록에 있는 사례보다 훨씬 더 많은 귀화가 있었음을 759년 기사에서 확인할 수 있다. 이 시기 일본에 귀화하는 사람들은 대부분 가야연맹 지역에 살던 주민들로 일본에 친척이나 동향인들이 있는 사람들이었을 것이다. 이들은 6세기 중엽 대가야가 멸망한 이후에도 왜와 교역 등을 하면서 관계를 유지하였을 것이다. 그러나 가뭄과 기근으로 식량이 부족해지고 세금을 감당하기 어려워진 18시기에 들어오면 경작지를 상실하여 유민이 된 많은 사람들이 일본으로 떠났다고 생각된다. 이 시기 일본으로 향하는 귀화인들의 규모는 문헌에 기록된 것은 빙산의 일각이며 훨씬 더 많은 사람들이 귀화하였을 것이다. 아마 신라 난민들을 가득 태운 배들이 끊임없이 일본 해안에 도착했을 것이다.

일본으로 침입한 신라 해적에 대한 최초의 기록은 19시기(836~885년) 중반인 869년에 신라

---

197) 869년 신라해적선 두 척이 일본 풍전국과 축전국을 약탈하고 도주하였다. 893년 신라해적들이 5월에 비전국, 10월에 장문국을 침입하였다. 894년 신라해적들이 2월과 3월에 일본 그리고 4월에 대마도를 침입하였으며, 9월에는 해적선 45척이 침입하였는데, 세 차례 전투에서 각각 신라해적 302명, 200명, 20명을 죽였다. 895년 일본 일기도의 관사가 신라해적에 의해 소실되었으며, 신라해적이 자주 변경을 침입한다는 보고를 중앙정부에 한다.

해적이 자주 일본 해안을 침입한다는 보고이다. 20시기인 893년과 894년에 신라 해적이 침입하였을 때 일본 정부는 사태를 엄중하게 보고 적극적으로 대응한다. 이에 대해 일본 정부는 외교 경로로 항의하지 않는다. 이것은 20시기에 신라 정부가 자국민들을 통제할 수 없다는 사실을 일본 정부가 인지하고 있었음이 분명하다. 그리고 신라 해적의 침입은 난민들에게 귀화를 허가하지 않는 빌미를 제공했다. 신라에서 당이나 발해로 귀화한 사람들에 대한 내용이 당의 문헌에는 없다. 배를 타고 해협을 건너 일본으로 가는 상황에서 육로로 갈 수 있는 당이나 발해로 간 사람들의 수는 더 많았을 가능성이 높다. 그러나 구체적인 인원수를 추정하는 것은 거의 불가능하다.

한편 왕경 지역의 인구수에 대해서는 9세기 중엽 헌강왕 때 통계 자료가 문헌에 기록되어 있다. 당시 동아시아에서 가장 규모가 큰 도시들 가운데 하나였던 왕경[198] 지역 주민의 생활수준은 대단히 높았으며 호화로운 삶을 즐기며 살았다. 통일 이후 16시기 후기와 17시기에는 전쟁도 없었으며 합병한 영토에서 엄청나게 다양한 산물들이 대량으로 왕경으로 공급되었다. 그리고 외항인 울산항을 통해 해상교통로로 당을 비롯한 해외에서 수입된 물품 그리고 북방 지역에서 육상으로 수입되는 물품들은 사신들이 공무역을 통해 가져오는 물품들과 더불어 왕경 지역에서 소비되었을 것이다. 다시 말하면 왕경은 대량 소비와 환락으로 가득 찬 도시였다.

급기야 흥덕왕 9년(834년) 왕은 다음과 같은 교서를 내렸다. '사람은 상하가 있고, 지위에도 존비가 있으니 명칭과 법칙도 같지 않으며 의복 또한 다르다. 풍속이 점차 각박해지고 백성들이 사치와 호화를 서로 다투어 다만 신이하고 물품의 진기함을 숭상하고 오히려 토산품

---

198) 신라시대 왕경은 특별한 도시였다. 국가의 자원과 에너지는 이 도시로 집중되었으며 거주하는 주민들도 지방의 주민들과 지위가 달랐다. 당시 통일신라 체제에서 지방과 왕경의 대비를 현재의 상황과 비교할 때 가장 유사한 도시는 북한 평양이다. 북한에서 1996년부터 1999년 사이에 있었던 소위 '고난의 행군' 시기에 아사자가 30만 명 이상(최대 100만 명 이상에 달한다는 주장도 있음)에 이르렀음에도 불구하고 평양에서는 식량 배급이 이루어졌다. 평양 주민을 위한 건설공사에 임금을 받지 않는 지방민들이 동원되고, 지방에서 생산된 농업생산물들과 에너지는 평양으로 공급된다. 지방민들은 평양으로 이주할 수 없으며, 평양시민들은 지방으로 이주당하는 것을 극도로 회피하고자 한다. 출신성분 등을 통해 평양주민을 선정하고 이들을 전폭적으로 지원하여 도시 자체를 체제 보위의 핵심 지역으로 만들었다.

의 비야함을 싫어하니,[199] 예절을 점차 잃어가는 참담함에 이르고 풍속은 언덕이 평평해지듯이 점차 쇠퇴하기에 이르렀다. 감히 옛 법칙에 따라 분명히 명령을 내리니 만약 고의로 어기는 사람은 나라에서 일정한 형벌이 있을 것이다'. 그리고 복두(幞頭), 수레, 안장틀, 기용(器用), 방의 규격과 건축 재료를 신분별로 규정하였다(삼국사기 33 잡지 2 새복, 거기, 기용, 옥거).

흥덕왕의 이 교시가 가뭄과 기근 및 흉년으로 국가의 기반이 붕괴된 18시기 말에 내려졌다는 점이 흥미롭다. 농민은 거주지를 떠나 유민이 되고 아사자가 발생하여 지방민의 숫자가 감소함에도 불구하고 왕경 사람들은 이의 충격을 거의 받지 않고 있었음을 교서 내용을 통해 알 수 있다. 교서의 내용은 주로 건축, 의복, 이동 수단, 생활용품에 대한 규제이지만 여기에 빠진 음식, 술, 신발, 장신구 등도 외국에서 수입한 희귀하고 호화로운 것을 사용하였을 것이다.

18시기 왕경의 도시경관과 주민들의 삶을 전성기를 구가하던 AD 2세기 로마인들의 삶에 비추어 상상력을 동원하여 다음과 같이 구체적으로 묘사해 보았다. 왕경 중심의 넓은 거리에는 호화로운 치장을 한 큰 마차들과 화려한 가마가 분주하게 지나다니고, 도로 양쪽에는 특별한 건축 재료로 지은 큰 집들이 늘어서 있었다. 이 건물에 입점한 소위 '명품'가게에는 사치스러운 옷을 입고 금과 옥으로 치장한 사람들이 상품을 구경하거나 구매하고 있었다. 시내 중심의 길에는 수많은 사람들이 걸어 다니고 있었으며 그들 사이에는 외국인들도 흔하게 볼 수 있었다. 시내 곳곳에 시장이 개설되었으며 외국에서 유입된 물건들이 흔하게 판매되고 있었다. 왕경에는 외국 물품의 수요가 많았으며,[200] 이것들이 유행을 주도하였음을 상술한 흥덕왕의 교서에서 알 수 있다.

당시 주민들의 재력은 현재 서울의 강남 지역 주민들 수준을 넘어서는 정도였을 것이다.

---

199) 당시 왕경 사람들의 생활방식은 외국의 유명한 브랜드 업체에서 만든 소위 '명품'을 통해 자신을 표현하는 현재 우리나라의 현상과 거의 같았던 것으로 볼 수 있다.

200) 왕경 외항이었던 울산에는 선창에 외국에서 온 상선들이 정박하여 물품을 하역하고, 부두에는 무역업자들의 집과 창고 그리고 외국인 선원들을 위한 숙소, 식당, 유흥시설이 길가에 늘어서 있었다. 그리고 상품과 사람을 왕경으로 실어 나르는 수레들이 길가에 늘어서 있었다.

지출하는 것보다 더 많은 수입을 얻는 귀족, 대농장 소유자, 고리대금업, 상업과 무역업 종사자의 금고에는 금, 은, 보화가 넘쳐나고, 이들이 여가시간을 어떻게 보낼지에 대해서는 로마제국의 전성기에 로마시민들의 삶을 들여다보면 충분히 추정이 가능하다. 주민들은 주점에서 향락을 즐기고 특정 거리에는 접대부들이 영업을 하였다. 그리고 사람들은 사냥, 스포츠, 도박, 연극 등을 즐기며 살았을 것이다.[201] 이런 도시에서는 자식을 적게 낳는다. 팍스 로마나의 카이사르 시대에도 두세 명의 자녀를 낳는 게 보통이었는데, 가난하고 장래의 희망을 가질 수 없어서가 아니고, 자녀를 낳아서 키우는 일 외에도 쾌적한 인생을 보내는 방법이 늘어났기 때문이다.[202]

왕경 인구는 9세기 중엽 헌강왕 시기에 178,936호(戶)였다[203](삼국유사 1 기이 1 진한). 이것을 신라촌락장적의 호당평균인구수로 환산하면 거의 170만 명에 달하며, 백제 멸망 시기의 호당 평균인구수로 환산하면 110만 명에 이른다. 그러나 자녀를 2~3명 가지는 도시민의 경향을 반영하면 호당 인구수를 4.5명[204]으로 추정하는 것이 합리적이며, 따라서 당시 왕경의 인구수는 80만 명 정도로 생각된다.

추정치들 사이에 편차가 커서 정확도에 한계가 있으나 대체로 9세기 중엽 왕경이 위치하는 경주분지에는 80만 명 정도가 살았던 것으로 생각된다. 이 시기 도시경관은 삼국유사에 표현되어 있는 것과 같이 '1,360방(坊경) 주위가 55리(里)였으며, 경사(京師; 수도, 도읍)에서 해내(海內; 나라안)에 이르기까지 집과 담장이 연이어져 있었으며 초가집은 하나도 없었다'. 이 기

---

201) 왕경 사람들의 삶은 로마의 전성기와 크게 다르지 않았을 것이다. 안압지에서 발굴된 주사위에서 추정할 수 있는 것처럼 인간들의 행태는 동양과 서양을 막론하고 크게 다르지 않다. 접대부가 있는 주점과 창녀들이 영업하는 길거리도 있었을 것이다. 그리고 처용가에서 보여주는 간통이나 국제결혼 등 로마시대나 현재 어디에서나 볼 수 있는 현상들이 당시 왕경에도 일상적이었을 것이다.

202) 시오노 나나미(김석희 역). 1997, 로마인이야기 6, 한길사, 159쪽.

203) 815년에 작성된 것으로 추정되는 신라촌락장적의 내용은 현대적인 통계 자료에 버금가는 수준이므로 이러한 기록을 남긴 사람들이 기록한 자료들을 바탕으로 작성된 삼국사기의 이 내용도 신뢰할 수 있다고 생각한다.

204) 백제 멸망기의 1호당 인구수는 신라촌락장적에서 호당 인원수가 가장 적은 C촌과 한서지리지의 네 군에서 호당 인원수가 가장 많은 낙랑군을 채택하여 호당 인원수를 6.5명으로 추정하였는데, 왕경은 도시이므로 2명 정도 줄여서 호당 인구수를 4.5명으로 추정한 것이다.

록은 경주분지와 주변 지역이 수많은 기와집들로 가득차 있는 경관을 묘사한 것이다. 이와 같은 도시경관의 기반은 AD 469년 방리제를 실시하기 위하여 시행한 AD 5세기 중엽의 도시 재개발 사업이다.

18시기에 신라 전체 인구가 크게 감소하였음에도 불구하고 왕경의 인구는 오히려 증가하였을 가능성도 있다. 기근과 흉년으로 농촌을 떠난 유민들 가운데 일부는 수도 왕경으로 이동하여 변두리에 빈민촌을 형성하였을 것이다.[205] 이와 같은 추정은 9세기 중엽에 해당하는 헌강왕 재위 기간인 19시기(836~885년)에 왕경 인구가 178,936호(戶)로서 거의 80만 명 정도였다는 기록에서 유추할 수 있다.

왕경의 인구증가는 도시를 유지하기 위한 지속적인 투자를 요구한다. 도시 기반시설을 확충하고 행정조직을 확대하여야 하며 치안유지 비용도 추가적으로 지출하여야 하므로 한계 수익은 저하할 수밖에 없다. 중앙정부는 도시를 지탱하기 위하여 농촌을 수탈하였고, 도시는 흥청거리고 지방은 피폐해져 갔다. 도시의 사치는 점점 심해지고 이를 위하여 지방민을 더욱 쥐어짰다. 이에 따라 농촌 인구는 감소하고 노동력 부족이 가중되었으며, 농업 생산력은 저하되었으나 도시인구는 증가하였다.

(3) 영토 확장

고대국가 발전 과정에서 가장 두드러진 특징 가운데 하나가 영토 확장이다. 근대 이래 유럽 국가들은 시간이 경과하면서 인구가 증가하고 복잡성이 커졌으므로 자원 투자를 지속적으로 늘려야 했다. 그러나 자본을 투자하더라도 한계이익이 체감하므로 신기술을 개발하고 식민지를 계속 확대하였다. 그러나 고대에는 과학지식의 발전 속도가 느려 신기술 개발이 거

---

205) 현재 북한에서는 지방에서 허가없이 평양으로 이주하는 것은 불가능하다. 평양에 거주하는 것 자체가 특권이다. 그러나 18시기 신라에서는 유민의 수가 폭증하였으므로 공권력으로 이를 엄격하게 막는데 한계가 있었을 것이다. 현재 경주시 지역은 단층선을 따라 여러 방향으로 열려 있으며 그리고 왕경을 둘러싼 성곽이 없으므로 천북 지역, 건천 지역, 안강 지역, 울산단층선과 양산단층선을 따라 펼쳐진 산록이나 범람원 등에 열악한 거주지를 만들고 집단으로 거주하였을 가능성이 있다. 이런 상황에서 북천 하상은 상대적으로 좋은 거주 공간으로 인식되었을 것이다.

의 불가능하였으므로 영토 확장을 통해 획득한 에너지와 자원을 공급하여 문제를 해결하였다. 단순한 농경사회에서 제국에 이르기까지 한계생산성의 하락을 피하기 위해 지속적으로 영토를 확장한 것을 확인할 수 있다. 그러므로 영토 확장은 제국들의 성장과 팽창의 역사와 일치한다.

신라제국도 사로제국 시기부터 정복전쟁을 통해 영토를 확장하였다. 영남지방 남동부 경주분지의 소국에서 동해안을 통합하고, 나아가 영남지방의 중부와 북부를 정복한 후 가야연맹을 멸망시키고 영남지방을 차지하면서 제국주의적 팽창을 하였다. 그리고 진흥왕 시기 영남지방을 벗어나 함경도와 한강 유역으로 영토를 확장하였다. 그리고 당과 동맹을 맺고 660년 백제를 멸망시켰으며, 당이 주도하는 가운데 신라가 협력하여 668년 고구려를 멸망시키고 675년부터 676년까지 당과의 전쟁을 통해 북쪽 국경을 설정하였다. 건국 이후 끊임없이 영토를 확장하였는데, 북쪽 국경을 확정하면서 신라의 영토는 최대치에 도달하였다.

이와 같은 영토 확장은 복잡성을 증대시켰으며 이에 따라 더 많은 에너지 수요가 발생하였다. 정복한 영역에 포함된 영토와 인구를 관리, 통치하고 방어하여야 하며, 어느 정도 시간이 경과하면 정복지 주민들은 시민권을 획득하고, 중앙정부는 이들이 신라에 기여한 만큼 반대급부를 주어야 한다. 이런 과정을 거치면서 복잡성도 지속적으로 증대한다. 그러나 정복 초기와 같은 수탈체제를 계속할 수 없으며, 정복지에서부터 들어오는 에너지양은 초기에는 엄청나지만 시간이 경과할수록 그 양이 점차 감소한다. 즉, 통치비용과 점령비용이 상승하고 점령지 주민의 정치적 권리가 커지면서 복잡성이 높아지고 한계이익이 감소하면서 신라가 누리는 이익 즉, 정복을 통해 얻는 한계이익이 하락하기 시작한다. 영토 확장으로 발생하는 방어해야 하는 국경선, 방어를 위한 성곽 구축, 관리해야 하는 면적 증대, 행정조직 규모의 증대, 치안 유지비용, 수도와 변방 사이의 거리증가에 따른 네트워크 구축의 어려움, 경쟁세력의 존재와 같은 요인들이 복합적으로 작용하여 더 이상 영토 확장이 어렵다. 676년 이후 국경은 고정되었고 영토를 더 넓히기 위한 전쟁은 더 이상 없었다.

농경지를 만드는 장소를 선택하는 데도 처음에는 단위수확당 노동력 투입이 적더라도 경작이 가능한 공간부터 개간한다. 인구가 증가하고 경작지 수요가 늘어나면 새로운 개간은 점차 에너지 투입이 많아야 경작이 가능한 공간으로 확대되므로 한계수익이 하락하게 된다. 광물이나 에너지원을 발견, 조달, 처리, 이용하는데도 같은 방식을 취한다. 상품에 대한 수요가 늘어나고 생산이 계속 증가하면 어느 시점에 자원이 고갈되거나 부족해진다. 이 시점이 지나면 한계수익은 점차 하락한다.

고대사회에서 사회경제적 성장을 이어가고 한계생산성을 유지하거나 또는 하락을 막는 방법은 지속적으로 영토를 확장하여 에너지 자원을 확보하는 것이다. 식민지 자원은 종주국의 체제 유지에 쓸 수 있으며, 이것은 한계생산성을 높인다. 그러나 영토 확장을 추가적으로 계속하는 것도 어느 시점이 되면 한계비용이 너무 높아서 더 이상 영토 확장이 어려워진다. 로마제국도 라인강과 도나우강을 게르만과 경계로 확정하고 영토 확장을 멈추었다. 이것은 관리하여야 하는 면적, 방어하여야 하는 국경선, 행정조직의 규모, 치안유지 비용, 수도와 국경 사이의 이동거리, 적대세력의 존재와 같은 요인들이 복합적으로 작용하기 때문이다.

(4) 불교사원 건립

불교는 법흥왕 14년(AD 527년)에 국교가 되었다. 여기에는 불교의 종교적 의미 외에 정치적, 사회적 영향을 고려한 신라 왕실과 지배층의 합의가 있었으므로 대단히 급격한 성장을 한다. 진흥왕 26년(AD 565년) 삼국유사 권3 흥법의 기사에는 '대청 초년(AD 547년)에 양나라 사신 심호가 사리를 가져오고, 천가 6년(565년)에 진나라 사신 유사가 중 명환과 함께 불경을 받들어 오니 (왕경에) 절과 절이 별처럼 놓여 있고 탑과 탑이 기러기처럼 줄을 지었다'라고 왕경의 도시경관을 묘사하고 있다. 이때는 불교 공인 이후 약 40년이 경과한 시기였다.

문헌기록으로 사찰의 건립을 시기별로 정리한 자료(전성규·이인철, 2003)에 의하면, 12시기[206](486~535년) 1개, 13시기(536~585년) 13개, 14시기(586~635년) 9개, 15시기(636~685년) 48개, 16시기(686~735년) 18개, 17시기(736~785년) 31개, 18시기(786~835년) 26개, 19시기(836~885년) 36

---

206) 이것은 BC 57년부터 AD 935년까지를 50년 단위로 나눈 시기(표 7)를 의미한다.

개, 20시기(886~935년)에 33개의 사찰이 창건되었다. 문헌에 사찰 이름이 알려지지 않고 고고학 발굴로 확인된 사찰은 여기에 포함하지 않았다.

한편 전성규·이인철(2003)에 의하면, 상대(법흥왕~진덕왕; AD 514~654년)에 문헌에 기록된 사찰과 유물 및 유적을 남긴 사찰은 50개인데, 경주 일대에 38개 그리고 나머지는 지방에 위치하였다. 중대(태종무열왕~혜공왕; AD 654~780년)에는 문헌상 확인된 73개 가운데 38개가 경주 일대, 35개는 지방에 조성되었다. 하대(선덕왕~경순왕; AD 780~935년)에는 문헌에 기록된 96개 사찰 가운데 경주 지역 17개, 지방에는 79개였다.[207] 전체 시기에 걸쳐 경주 지역에 건립된 사찰은 93개, 지방에는 126개였다.

이 자료에 의하면 12시기와 13시기에 건립된 14개 사찰 가운데 경주 지역에 창건된 사찰의 수는 8개에 불과한데, 이것은 상술한 565년 왕경의 도시경관과 조화되지 않는다. 문헌에 기록된 것은 규모가 크고 중요한 사찰이며, 실제로는 훨씬 더 많은 사찰이 하늘의 별처럼 이미 왕경에 조성되었음을 알 수 있다.

건물과 불상 그리고 탑으로 구성된 사찰을 건립하는데 엄청난 비용과 인력이 필요하다. 그리고 국교로 공인된 불교는 현실주의적이며 기복 종교이다. 따라서 사찰을 조성하는데 소요되는 막대한 자금 가운데 대부분은 국가의 지원과 왕실, 귀족, 고위관료, 부자 등 여유있는 계층의 시주가 많은 부분을 차지하였으며, 사찰을 운영하는데 필요한 토지도 왕을 비롯한 지배계급의 시주로 조성되었을 것이다.

문무왕 4년(664년) 불교가 공인된 지 137년이 지난 때에 왕은 사람들이 함부로 재물과 토지를 불사에 시주하는 것을 금하였다.[208] 이런 조치를 국가의 입장에서 조세 수입원의 감소가 우려되기 때문에 나온 것으로 보는 견해(진성규·이인철, 2002)와 토지 소유의 집중화 현상을

---

207) 전성규·이인철(2003)은 국립경주박물관에서 발간한 경주유적지도(1997)를 정리하여 경주 지역의 사지(寺址)가 224개라고 주장하였으며, 박방룡(1999)은 203개로 판독하였다. 문헌에 기록된 경주 지역의 사찰이 상대 38개, 중대 38개, 하대 17개인 것을 고려하면 경주 지역 사찰 대부분은 상대와 중대 다시 말하면 12시기부터 17시기에 창건되었다.

208) 삼국사기 6 신라본기 6.

적정선에서 조절하려는 것으로 보는 견해(전덕재, 2006)가 있다.

문무왕이 이와 같은 조치를 한 이유는 여기에 대한 배경 설명이 없으므로 정확하게 알 수 없지만, 불교 자체가 가진 특권이 가져온 폐단들이 이 시기에 이미 드러났음을 시사한다. 경순왕 9년(935년) 김부식은 그의 사론에서 '불법을 숭상하여 그 폐단을 알지 못하고서 마을마다 탑과 절이 즐비하게 늘어섰고 백성들은 모두 중이 되어 병졸과 농민이 점차 줄어들어 나라가 날로 쇠퇴해 가니 어찌 문란해지지 않으며 멸망하지 않겠는가(삼국사절요 14)'라고 질타하고 있다.

불교의 폐단이 무엇이었을까. 순수한 불심으로 마음의 평안을 얻기 위하여 시주한 경우도 있었겠지만, 권력이 있는 귀족들이 불교 사찰에 많은 시주를 할 때는 목적이 있을 것이다. 당시 불교지도자는 왕 가까이 접근할 수 있는 직책을 가질 수 있었다. 몇몇은 이들을 통해 권력으로 접근하려는 의도를 가졌을 수도 있다. 그리고 불안한 상황에 처한 사람들에게 기복적인 목적으로 지나치게 많이 시주하도록 하는 경우도 있었을 것이다.

그리고 문무왕의 시주 규제 이후 142년이 지난 애장왕 7년(806년)에 왕은 새로 사찰을 건립하는 것을 중단하게 하고 수리하는 것만 허락하며, 비단에 수를 놓아 불사하는 것을 금지하였다.[209] 사찰 건립에 너무 많은 자원이 지출되는 것을 우려하였으며, 가뭄과 흉년 및 기근으로 어렵고 불안한 상황에 몰린 사람들이 기복적인 목적으로 지나치게 많이 시주하지 않도록 한 것이다.

왕명으로 내린 이러한 일련의 조치에도 불구하고 새로운 사찰의 창건은 그치지 않으며 꾸준하게 계속된다. 사찰 창건에 가장 많은 지원을 하는 것은 여전히 지배층과 부자였을 것이다. 특히 18시기를 지나면서 농민들은 시주할 여유가 없었으므로 사찰 건립 재원은 어디에서 나왔는지 쉽게 알 수 있다.

종교에 들어가는 자원은 부가가치를 창출할 수 없으므로 한계수익이 생성되지 못한다. 흉년과 기근에 고통 받는 농민들을 위해 투자할 재원이 사찰로 들어가는 것이다. 그리고 사

---

209) 삼국사기 10 신라본기 10.

찰은 세금을 내지 않는다. 농민들이 중이 된다는 김부식의 지적은 중이 되는 농민들은 이미 자신들의 토지를 상실하여 세금을 납부할 수 없었음을 의미한다. 이제 이들은 군역 및 부역을 부담할 필요가 없어지는 것이다.

(5) 왕의 잦은 교체

정치적으로 불안정한 시기에 접어들면서 왕들의 평균 재위 기간이 짧아졌다. 통일 전후 시기인 15시기에는 50년 동안 4.5명이었으며, 16시기에는 2.5명, 17시기에는 4명이었던 왕의 수가 19와 20시기에는 7명으로 늘어난다. 무려 12번의 모반이나 반란이 일어났던 19시기에 7명의 왕들 가운데 4명이 5년도 채우지 못하였다. 이와 같은 정치적 혼란은 지배층의 권력 투쟁 현상으로 나타났지만, 실제로는 국가에 납세와 군역 그리고 부역을 제공하는 농민들의 경제적 파탄과 이에 따른 이탈이 왕권에 도전하는 세력들이 모반과 반란을 일으키는데 자양분이 되었을 것이다. 그러므로 모반과 반란은 가뭄과 이로 인한 흉년과 기근이 빈발하여 농업 기반이 붕괴된 18시기보다 19시기에 더 많이 발생하였다.

왕의 교체가 원칙에 의해 이루어지지 않고 모반과 반란에 의해 일어나더라도 신라의 중앙정부는 무리 없이 계승되었으며 그렇게 등극한 왕들이 특별히 더 나쁜 정책을 시행한 것은 아니다. 정복전쟁과 삼국통일이 진행되던 7세기 중엽 이전에는 왕들의 역량이 크게 발휘되지만 통일된 이후에는 영토 확장을 위한 정복전쟁도 없었고 외부의 적이 국경을 침범할 위험도 없었으며 다만 당시 동아시아에서 가장 선진국이며 강대국이었던 당과 좋은 관계를 유지하기 위하여 때맞추어 사신을 통해 조공 외교를 하면 되었다. 그러므로 왕권을 두고 일어난 일련의 정쟁이 백성들의 삶에 큰 영향을 미친 것은 아니다. 경주의 왕족이나 귀족들은 다음 왕이 누구인지 어느 편에 가담할지가 초미의 관심사이지만 왕경 주민 대부분은 누가 왕이 되든 크게 영향을 받지 않았으며 지방민 대부분도 마찬가지였을 것이다. 그러므로 왕권 다툼을 신라 멸망의 원인들 가운데 중요한 요소로 볼 수 있는가에 대해서는 의문이다.

다만 왕의 교체가 잦은 것은 비용의 측면에서 불리하게 작용한다. 죽은 왕의 장사를 치르

표 8. 15시기 이후 신라 왕의 재위 기간

시기(기간: 년)	왕	재위	재위기간(년)	퇴위 사유
15 (636~685)	선덕여왕	632~647	15	병사
	진덕여왕	647~654	7	병사
	태종무열왕	654~661	7	병사
	문무왕	661~681	20	병사
16 (686~735)	신문왕	681~692	11	병사
	효소왕	692~702	10	병사
	성덕왕	702~737	35	병사
17 (736~785)	효성왕	737~742	5	병사
	경덕왕	742~765	23	병사
	혜공왕	765~780	15	살해(김양상의 반란군)
	선덕왕(김양상)	780~785	5	병사
18 (786~835)	원성왕	785~798	12.5	병사
	소성왕	799~800	1.5	병사
	애장왕	800~809	9	살해(김언승(숙부, 헌덕왕))
	헌덕왕(김언승)	809~826	17	병사
	흥덕왕	826~836	10	병사
19 (836~885)	희강왕	836~838	2	자살(김명의 반란)
	민애왕(김명)	838~839	1	살해(김우징의 반란)
	신무왕(김우징)	839~839	0.5	병사
	문성왕	839~857	15.5	병사
	헌안왕	857~861	4	병사
	경문왕	861~875	14	병사
	헌강왕	875~886	11	병사
20 (886~935)	정강왕	886~887	1	병사
	진성여왕	887~897	10	병사
	효공왕	897~912	15	병사
	신덕왕	912~917	5	병사
	경명왕	917~924	7	병사
	경애왕	924~927	3	살해(견훤)
	경순왕	927~935	8	

기 위하여 많은 비용과 에너지를 지불해야 한다. 그리고 왕이 교체되면 정부의 고위 관료들을 비롯한 지방의 고위관료들도 교체되었을 것이다. 이와 같은 현상은 시간을 초월하여 나타나는 현상으로 권력자는 자신의 마음에 드는 관료들을 선택하고 자신이 대하기 편한 인물들과 일하고 싶은 것이다.

왕위를 계승하는 질서가 무너지면서 왕위를 차지하기 위한 집단들 사이의 갈등 수위가 고조되고 쟁탈전에서 패배한 세력은 지방으로 가서 지역의 유력자가 되었으며, 반란으로 왕이 살해되면서 왕의 권위가 떨어졌다. 이런 상황이 되면 왕들은 정치 구도를 유리하게 조성하기 위하여 특정 집안이나 그룹 또는 개인들을 포섭하여야 한다. 즉, 누군가의 눈치를 보게 된다. 국가 운영에 사용하여야 하는 자원을 자신의 자리를 보전하기 위하여 특정 부류들에게 사용할 수밖에 없다. 그 부류는 아마 경주[210] 지역에 사는 귀족과 사원이었을 것이다. 그러므로 국가의 모든 자원을 왕경 지역에 공급한 것이다.

18시기를 거치며 국가 경제의 근간인 농업체계가 붕괴되면서 지방에서 왕실의 재정으로 들어오던 세금이 점점 줄어들었는데, 이 자금도 국가 경영을 위해 효율적으로 사용하지 않고 체제를 지탱하는데 사용하였을 것이다. 왕들의 장례식과 즉위식이 어떤 절차로 진행되었으며 여기에는 어느 정도의 시간과 인원이 동원되고 얼마나 많은 비용이 지출되었는지 기록이 남아있지 않지만 현재 남아있는 왕릉의 규모와 장지의 위치 등을 통해 엄청난 자원과 인력이 동원되었음을 알 수 있다. 그리고 지방민들은 왕경인들이 풍족하게 살 수 있게 식량과 농산물, 육류를 공급하였으며, 숯과 기와, 목재, 직물, 가죽, 약재, 말 등 의식주와 관계있는 물품 외 생활에 필요한 모든 물품들을 공급하였을뿐 아니라, 수도의 사회간접자본을 유지하고 보

---

210) 헌강왕 6년(880년)에 묘사한 서울의 경관과 생활에 대한 기사 가운데 '서울에 초가집이 하나도 없었으며 추녀가 맞붙고 담장이 이어져 있으며 노래와 풍류소리가 길에 가득 차 밤낮으로 그치지 않았다'는 삼국유사 기이 1 우사절유택(又四節遊宅)의 기사에 의하면 당시 왕경 사람들은 기와집에서 풍족한 생활을 하였으며, 도시에는 물자가 풍족하고 유흥시설이 있어서 밤늦게까지 길거리는 왁자지껄하였다. 국가의 거의 모든 자원은 왕경으로 집중되었다. 왕경인들은 지방인들의 삶이 얼마나 비참하며 세금이나 군역 그리고 부역으로 어느 정도 고통을 받는지 관심이 없었을 것이다. 이것은 고난의 행군 시기 북한 평양에 거주한 사람들은 지방 사람들이 얼마나 비참하게 살았는지를 거의 알지 못하는 것과 같다. 왕경인과 지방민은 전혀 다른 세상에서 살고 있었던 것이다.

　자연환경 그리고 신라(新羅)의 발생과 붕괴

수하는 데 필요한 노동력 동원에도 응해야 했다.[211]

이런 식으로 재정을 쓰면 정작 필요한 곳에 자금을 보낼 수 없게 된다. 국경의 군대를 유지하는데 사병에게는 봉급을 지급하지 않더라도 직업군인들에게는 급료를 주어야 하며, 급료 외에 운영비가 필요하고 무기 구입비도 보내야 한다. 농민들은 18시기를 지나면서 자신들에게 지급된 연수유전답과 정전을 식량을 구하기 위하여 녹읍주와 촌주들에게 헐값에 팔아 넘겼으며, 지방의 관료들에게 급료를 주기 위해 마련해 둔 농경지(관료전)는 모반과 반란으로 혼란스러운 19시기의 후반기를 지나면서 이미 누군가의 개인 경작지가 되었을 가능성이 높다.

이 시기가 되면 관료들은 국가를 위해 봉직하는 것이 아니라 넓은 경작지를 가진 지주가 되어 소작인(전호민)이나 머슴(용작민)을 거느린 소규모 호족이 되었으며, 지방의 행정조직이 와해되어 세금을 걷거나 경주로 운반하는 기능도 없어졌을 가능성이 높다. 이들은 촌이나 현 또는 군에 얼마 남지 않은 농민들에게 세금을 거두어 왕경으로 보내는 것이 아니라 대부분은 자신이 착복하였을 것이다. 이러한 경향은 왕경에서 거리가 멀어질수록, 18시기에서 시간이 지날수록 점점 더 심해졌을 것이다. 왕경에서 먼 거리에 있는 국경에서 급료와 운영비를 제대로 받지 못하는 군대는 중앙정부의 통제에서 벗어난 관료들과 함께 이미 대농장을 차지하고 사병조직까지 갖춘 지방 호족의 영향권에 들어가는 것은 시간문제이다. 이와 같은 과정을 거쳐 호족들은 시간이 갈수록 점점 더 세력이 커졌다.

3) 한계생산성 증대를 위한 통일신라의 노력

660년 백제가 멸망하고 668년 고구려가 멸망하였으나 이 두 국가의 영역은 당(唐)의 지방 조직으로 개편되어 신라의 영향력이 미치지 못하였다. 그러나 676년 신라가 전쟁을 통해 당

---

211) 이와 같은 왕경인과 지방인들과의 관계는 오늘날 북한의 평양주민들과 지방인들과의 관계 수준으로 보아도 될 것이다. 평양의 사회간접자본 건설과 주민들이 거주할 아파트 건축에 지방민들이 동원되어 무보수로 일하지만, 지방민들은 토목 및 건설이 완공되면 다시 지방으로 돌아간다.

과 북쪽 국경을 확정하면서 신라는 영토를 크게 확대하였으며 인구도 한꺼번에 거의 두 배 이상으로 늘어났다. 이에 따라 나타나거나 나타날 문제들을 해결하기 위하여 중앙과 지방의 관료조직을 확대하고 내부 관리와 외부 방위를 위한 조직과 자금도 확대되었으므로 복잡성이 크게 증대되었다.

이와 같이 국가가 복잡성을 늘리는 방향으로 투자한 것은 처음에는 상황에 적절히 대응하는 합리적 선택이었으나 얼마 지나지 않아 복잡성에 대한 투자를 늘린 만큼의 결과가 나오지 않고 한계수익이 감소하기 시작한다. 투자단위당 이익이 감소세로 돌아선 것이다. 한계수익을 일정 수준 이상으로 계속 유지하는 것은 불가능에 가까운 일이다(조지프 테인터, 1993).

한계수익(생산성) 감소를 타개하는 가장 바람직한 방법은 영토확장과 기술혁신[212]이다. 그러나 농업을 생업으로 하는 고대사회에서는 철제농기구 보급과 토양의 비옥도를 향상시키는 기술보급 외에 기술혁신의 여지가 거의 없다. 영토확장과 기술혁신이 거의 불가능한 환경에서 신라에서 복잡성에 대한 투자의 한계수익을 유지하기 위해 노력한 조치와 이의 결과를 살펴보았다.

(1) 신문왕의 달구벌 천도 시도

당과 국경을 확정한지 11년 지난 신문왕 7년(687년) 관료들에게 관료전을 지급하고 녹읍을 혁파하는 조치를 한다. 그리고 각 관청에 그 운영자금을 마련하기 위해 관모전을 지급하는 토지제도를 개혁한다. 그리고 681년부터 689년까지 정부조직을 개편한다. 그리고 관료제도를 정비하기 위하여 국학(682년)을 설치하고 위화부령(位和府令)을 설치하였다. 이와 같은 일련의 조치들은 진골 귀족세력을 통제하고 왕권을 강화하기 위한 것이다. 그리고 이러한 목표

---

212) 현대인들에게 익숙한, 제도적 차원에서 이루어지는 기술혁신은 인류 역사에서는 매우 특이한 현상이었다. 기술혁신은 연구개발에 일정한 수준 이상 투자가 이루어져야 가능하다. 그런데 1인당 잉여농산물 생산량이 적은 농경사회에서는 그런 분야에 투자할 수 있는 자본이 부족하다. 기술혁신을 자극하는 것은 노동력 부족인데 고대 사회에서는 노동력이 부족한 경우가 드물었다. 따라서 화석연료를 사용하는 경제에 기반을 두지 않는 사회에서 이루어지는 기술개발은 보잘것 없는 수준에 머무른다.

를 달성하기 위하여 계획한 가장 중요한 조치가 689년 달구벌(대구)로의 천도를 시도한 것이다. 그러나 이 계획은 실천에 옮겨지지 못한다.

수도를 옮기는 것은 현대에도 종종 이루어진다. 고대 산업 가운데 가장 생산량이 많은 부문은 농업이며, 따라서 국가나 개인 재산은 거의 대부분 토지이다. 재산을 결정하는 기준은 토지의 가격인데, 이것은 토지의 용도, 개발가능성, 비옥도, 생산성 등에 의해 결정된다. 통일 이후 고구려 지역은 상당히 많은 부분이 당의 영역이 되었지만, 백제는 그대로 신라의 영역으로 편입되었다. 여러 가지 이유로 백제 지역에서 경주 지역으로 이주하는 사람들이 있었으며, 이들과 통일 전쟁에서 돌아온 사람들로 경주의 인구는 크게 증가하였을 것이다. 경주 지역의 토지가격은 천정부지로 상승하였고, 왕경에서 거리가 가까운 주변 지역의 농경지 가격도 상승하였을 것이다. 경제개발이 본격화된 20세기 후반부터 시작된 서울과 경기도의 토지가격 상승의 경향을 7세기 중엽 경주와 주변 지역에 그대로 적용하여도 될 것이다.

신문왕은 천도로 무엇을 노렸을까. 당시 달구벌과 그 주변의 토지는 거의 전부 국유지였으므로 도시계획을 통해 농경지를 주거지로 전환하여 얻을 국가의 수익은 엄청날 것이다. 그리고 보다 더 의미있는 것은 경주 지역의 토지가격이 급락하여 이 지역 토지 대부분을 소유하고 있던 진골귀족들의 재산은 크게 줄어든다. 과거나 현재나 특히 인사권을 독점하는 왕조시대에는 귀족이라도 경제적 능력이 뒷받침되지 않으면 세력은 약해진다. 천도를 통해 왕은 경주를 기반으로 대토지를 가진 귀족들을 시골 부자로 전락시키고, 달구벌을 중심으로 자신을 따르는 새로운 신흥세력을 육성할 수 있다.

아울러 통일 후 한반도 대부분의 지역을 차지한 즈음에 경주는 이전보다 상대적으로 더 많이 남동쪽으로 치우쳐 위치하게 되므로 국가를 통치하는데 더 많은 비용을 지불하여야 한다. 국토가 영남지방 정도라면 경주는 군사적인 측면에서 위치의 편중에서 오는 불리함을 지형적인 유리함으로 상쇄시킬 수 있으나, 이제는 한반도에 군사적인 적대세력이 없으므로 수도를 경주에 둘 이유가 없었다. 일반적으로 국토의 형태에서 가장 이상적인 모양은 원형이며, 국가의 수도는 원의 중심에 위치하는 것이다. 통일된 신라는 현재 서울 정도가 수도로서 가장 좋은 장소였을 것이다. 그러므로 달구벌로 천도하는 것도 지정학적 관점에서 바람직한 선택은 아니었다. 그럼에도 불구하고 이 시도는 무위에 그친다.

진골귀족들은 모두 맹렬하게 반대했을 것이다. 20세기에 들어와 우리나라도 수도를 서울에서 보다 남쪽의 충청도 지역으로 옮기는 안이 나왔으나 계속 실패하였고, 21세기에 세종으로 옮기는 계획도 거의 실패한 것이나 다를 바 없다. 국가 부의 대부분을 가진 수도권에서 다른 지방으로 천도한다면 수도권에 재산을 가진 사람들은 크게 손해를 보게 되므로 애초부터 성공할 수 없는 계획인 것이다. 천도는 절대권력을 가진 왕조시대에도 실행하기 어렵다. 신문왕이 이 계획을 실천에 옮겼다면 18시기 말기부터 시작되었던 반란과 모반이 16시기 후반부터 시작되었을지 모른다.

달구벌로의 천도는 신라에게 닥칠 한계생산성이 감소하는 시기를 늦추어서 붕괴를 늦추는 최후의 시도였다고 생각한다. 그러나 신문왕은 기득권 세력 전부와 싸워서 이길 수 없다고 판단하고 천도를 포기하였다. 통일한 지 이십년 남짓 지나 왕권이 거의 최고 수준까지 강해졌으나 기득권 세력을 극복하지 못하였던 것이다. 천도가 성사되지 못하면서 통일신라는 그림 82의 (C1, B1) 지점을 통과하였다. 이때부터 통일신라는 복잡성의 증대에 따른 한계수익의 증가속도가 느려진다.

(2) 농경 권장

가뭄이 빈번했던 18시기에 농업생산량은 크게 감소하였지만, 농민들이 내야 할 세금이 경감되거나 납부가 유예되지 않았으므로 상대적으로 세금 부담이 커졌으며, 소작농들도 지주에게 납입해야 할 소작료를 낼 수 있을 만큼 수확하지 못하였다. 이들은 세금과 지주의 가혹한 수탈을 견딜 수 없어 경작지에서 이탈하였다. 세금을 내는 인구가 감소한 것이다. 그나마 남은 농촌 주민들은 식량 부족으로 아사자가 나오고 질병에 대한 면역력이 저하하였으므로 농촌 인구가 감소하였다. 따라서 방치되는 농경지가 증가하고 노동력이 부족하여 토지비옥도가 저하하여 단위면적당 곡물생산량도 감소하였다(그림 85에서 목본화분 비율 증가). 이와 같은 과정을 거치면서 농업 기반은 붕괴되었다. 왕경의 곡물 가격도 크게 상승하여 높은 인플레이션이 발생하였고 도시 하층민들의 삶은 대단히 어려웠을 것이다.

원성왕은 AD 790년 정월에 전주 등 7주 사람들을 징발하여 벽골제를 증축하였다. 그리고 798년 촌락을 기반으로 조직된 군부대인 법당(法幢) 소속의 1만 4천명과 같은 숫자의 인접 지역 주민을 징발하여 영천 청제(靑堤)의 무너진 둑을 수리하였다. 가뭄이 2~3년 간격으로 발생한 18시기 초에 벽골제를 증축하고 무너진 청제의 둑을 수리한 것은 가뭄을 대비하여 기근이나 흉년이 들지 않도록 조치한 것이다. 이 시기는 통일신라의 국력이 전성기에는 미치지 못하였으나 중앙정부와 지방조직은 대규모 토목공사를 수행할 수 있을 정도로 기능하고 있었던 것으로 볼 수 있다.

이와는 대조적으로 헌덕왕은 즉위한 다음해(810년) 2월 사신을 보내어 국내의 제방을 수리하도록 하였다.[213] 헌안왕 3년(859년) 여름 4월에는 제방을 수리하고 완성하여 농사를 권하라는 교지를 내렸다.[214] 가뭄이 빈번하였던 18시기 중간쯤 되는 810년과 국가 내부의 붕괴가 급격하게 진행되고 있었던 19시기 중반인 859년에 농업 기반을 회복해보려는 중앙정부의 노력을 보여주는 것이다. 농사를 권장하도록 지시를 내린 것은 농업기반을 다시 복원하여 농업 생산을 증대하고자 하는 독려이다. 이 두 조치의 결과가 어떻게 되었는지에 대한 자료가 없으나, 아마도 실패하였을 것으로 생각한다.

흉년과 기근이 빈번하고 농촌인구가 심각하게 감소한 18시기 중반과 모반과 반란이 난무하던 19시기에 지방 관료조직은 크게 붕괴되었을 것이다. 이와 같은 환경에서 지방 관리들이 기근에 시달리는 농민들을 부역으로 동원하여 제방을 수리하고 중앙정부가 주도하는 농경 권장 캠페인을 적극적으로 실행하였을 가능성은 매우 낮았다고 보는 것이 합리적이다. AD 810년 국내 저수지 제방이 제대로 수리되었다면 가뭄이 없는 가운데 발생한 815년, 816년 흉년 및 기근은 일어나지 않았을지 모른다.

---

213) 삼국사기 10 신라본기 10.
214) 삼국사기 11 신라본기 11.

관료조직의 기강이 제대로 서 있는 시기에도 상의하달식의 '운동'이나 '캠페인' 형태의 일시적 행사는 성공하기가 어렵다. 거주 이전이 자유롭지 못하며, 산업도 다양하지 못한 시기에 농사를 장려하지 않아도 농민들은 생존을 위해 영농에 최선을 다한다. 다만 중앙정부는 지방 관료조직이 붕괴되어 세금을 납부할 농촌인구가 얼마나 감소하였는지, 노동력 부족으로 농업생산성이 얼마나 형편없는지를 파악하지 못하고 있었음이 분명하다. 그들은 다만 세금이 걷히지 않아 국가의 창고가 비어가므로 이와 같은 지시를 내리고 지방으로 사람을 보내 독려하였을 것이다.

농경에 필요한 시설을 보수하고 농사를 권장하는 것은 고대사회에서 할 수 있는 기술혁신의 하나라고 생각된다. 이와 같은 계획들이 적절하게 실행된다면 단위면적당 곡물생산량을 늘릴 수 있으며, 이것은 한계생산성을 증대시키는 것이다. 그러나 관료 조직이 거의 와해되었고, 실제로 제방을 수리하는데 노동력을 제공할 농민들이 유민이 되거나 소작농이 되어버렸으므로 이런 지시들은 제대로 실행되지 못하였다고 생각한다.

(3) 노력의 실패

신라는 자연재해에 의한 농업 붕괴와 국가체제의 비효율성 측면에서 보면, 보다 일찍 멸망하여야 하는데 스스로 붕괴될 때까지 오래 버티었다. 왜냐하면 18시기가 지나면서 국가는 거의 빈사 상태에 들어갔으나 당시 통일신라 주변에 적대국이 없었기 때문이다. 통일 이후 당나라에 대한 조공을 대단히 성실하게 수행하였고, 19시기가 되면 당나라도 무너져가고 있었으며[215] 발해도 절망적인 상황에 있었다. 신라를 적으로 간주하는 왜의 침략도 없었다. 이 시기 일본이 신라를 정복하기 위해 군사력을 동원하여 침입하지 않은 것은 참으로 의문이다.[216]

---

215) 878년 황소의 난
216) 일본은 17시기에 신라를 공격하기 위하여 군사적인 준비를 여러 차례 하였다. 731년 일본 병선 300척이 동해안을 습격하였으나 신라군에 의해 격퇴되었고, 759년 일본 정부는 신라를 정복하기 위하여 3년 안에 선박 500척을 만들도록 지시하였으며, 762년 신라정벌을 위하여 군사훈련을 실시하였다.

국가의 기반인 농업이 이미 붕괴되었고 나라의 창고가 비어가는 와중에 왕위를 둘러싼 내분과 반란으로 점철된 19시기를 거치면서 국가는 힘을 거의 다 소진하였다. 이것은 889년의 삼국사기 기록에서 확인할 수 있다. 세금을 거두지 못해 나라의 창고에 아무것도 없는 국가는 이미 국가가 아니다. 그렇다고 하여 왕경에 살고 있었던 사람들의 삶이 나빠진 것은 아니다. 이들은 주변에 소작농과 용작민 그리고 노비들이 일하고 있는 대농장을 가지고 있었으며, 국가에 세금을 납부할 필요가 없는 가운데 수확물이 왕경으로 운반되어 창고를 가득 채웠다. 국가는 빈사상태에 있었으나 기득권층과 사원, 부자 그리고 지방의 대농장주들은 여전히 좋은 시절을 보내고 있었다.

19시기부터는 가뭄도 매우 드물게 발생하여 농사짓기에 좋은 날씨가 계속되었으므로 흉년이나 기근도 거의 발생하지 않았다(그림 86). 껍데기만 남았지만 왕경의 기득권층들은 국가란 간판 아래에서 여전히 태평성대를 누리고 있었다. 실제로 이들에게는 국가가 존재할 필요도 없었으며 국가의 기능이 작동하고 있지도 않았다.[217] 지방의 호족들이 이들을 공격하지 않은 것은 아마도 서로 도와주는 관계 즉, 왕경인이나 사원들은 호족들에게 물질적인 보답을 하고 무력을 가진 지방 호족들은 기득권을 인정하고 보호해주는 관계에 있었는지도 모른다. 무력을 가진 신흥세력들이 국가의 보호를 받지 못하고 있는 기득권을 가진 부자들을 아무런 댓가없이 우호적으로 대하지는 않았을 것이다.

지방의 유력한 호족인 견훤은 경애왕을 죽였으나 자신이 경주에서 왕으로 즉위하지 않았다. 왜냐하면 신라 왕실은 아무런 권위도 권한도 없었으므로 그냥 두어도 스스로 때가 되면 사라지거나 또는 언제든지 군사를 동원하여 멸망시킬 수 있다는 것을 알고 있었다. 그리고 견훤은 경애왕을 죽이고 왕의 집안 동생인 김부를 왕위에 앉히고 왕비를 능욕하였으며 국가의 창고를 털었고 귀족의 자녀들과 솜씨 좋은 장인들을 납치하였으나, 왕경에 사는 부자들

---

217) 이 시기 고대사 문헌에 기록된 신라에 대한 기사는 거의 없다. 신라는 더 이상 관심의 대상이 아니었으며, 새로운 질서를 만드는 과정에 거의 참여하지 못하고 있었다. 신라에 대한 내용은 왕의 교체, 이상 기후와 자연재해 등이 대부분이다. 역사의 주역은 궁예, 견훤, 왕건과 같은 지방 호족들이었다.

을 공격하거나 귀족이나 왕족을 학살하지는 않았다. 목재로 지은 건물로 가득찬 왕경에 불을 지르거나 파괴하지도 않았다. 곧 자신들의 재산이 될 도시를 파괴하는 것은 자신들의 자산을 파괴하는 것이기 때문이다. 지방 호족들은 신라라는 생선을 도마 위에 두고 칼자루를 잡기 위해 자기들끼리 전쟁을 하고 있었을 따름이다. 이런 시간이 20시기 50년이었는데, 농민을 비롯한 지방민들에게는 이 기간만큼 고통의 시간이 더 길어졌다. 신라라는 국가는 깔끔하게 멸망하지도 못하고 도마 위에서 죽음을 기다렸던 것이다.

통일신라의 붕괴는 서로마의 그것보다 더 확실한 붕괴였다. 로마는 시민의 생명을 빼앗지 않는 조건으로 기간을 정해 집집마다 문을 활짝 열어서 게르만들이 자유롭게 도시를 약탈하게 하였고 그들에 의해 황제가 제거되었지만,[218] 신라는 그런 절차도 거치지 않았다.

왕건은 인내심을 가지고 기다렸다. 심지어 경순왕은 왕건의 체면을 구기지 않게 그를 왕경으로 초대하여 더 이상 국가를 운영할 능력과 수단이 없다는 이야기를 하여 은연중 신라라는 국가를 인수해 가도록 기회를 만들기도 하였으나 왕건은 짐짓 모르는 채 집으로 돌아간다. 그래서 경순왕은 체면과 명분을 모두 버리고 직접 송악으로 찾아가서 신라를 인수해 달라고 부탁하는 것이다. 사람들은 길에 나와 화려하게 치장한 마차를 타고 나라를 바치러 가는 자신들의 왕을 구경하였다. 세계사에서 가장 완벽한 붕괴의 전형이 된 것이다. 이것보다 어찌 더 완벽할 수 있겠는가. 이런 완벽한 과정을 거쳤으므로 붕괴가 꺼져가는 불씨에 물을 붓듯이 갑자기 일어난 것이 아니라 저절로 모든 불씨가 하얀 재가 되어 꺼질 때까지 상당히 오랜 시간이 걸린 것이다.

이 기간 동안 신라는 외부세력에게 부탁하여 구원을 얻기 위한 어떤 노력도 할 수 없었고 하지도 않았다. 마의태자 외에 아무도 슬퍼하거나 노여워하지 않았다. 장수를 누린 노인이 세상을 떠났을 때 가족들이 담담하게 받아들이는 그런 풍경 아니었을까.

---

218) 시오노 나나미는 이것을 로마의 겁탈이라고 제목을 뽑았다.

4) 복잡성 증대와 통일신라 붕괴

신라의 복잡성은 16시기까지 증가하지만 17시기부터는 그다지 증가하지 않고 유지되거나 서서히 감소한다. 복잡성이 증대되면 복잡성이 주는 이익과 이것이 유발하는 불이익 그리고 복잡성을 유지하는 비용에 대하여 평가하여야 한다.

한계생산성(한계수익)은 676년 당과 국경을 확정하면서 절정에 이르지만 AD 689년 천도가 좌절되면서 한계수익 증가폭이 감소하기 시작했다고 볼 수 있다. 17시기(736~785년) 초까지는 감소하는 곡선의 기울기가 그리 크지 않았으나, 17시기 후반에 들어가면 이 기울기는 제법 커졌으며 국가의 활력도 이전에 비해 상당히 떨어졌을 것이다. 왜냐하면 676년 실질적인 통일이 되면서 영토가 확장되고 인구가 크게 증가하였으나, 이후 100여 년 동안 영토는 더 이상 확장되지 않았으며 인구의 추가적인 유입도 많지 않았다. 고대에는 농민을 비롯한 대부분의 주민들이 영양이나 위생 상태가 열악한 환경에 노출되며 과도한 육체적 노동을 하여야 했다. 그러므로 평균수명이 짧고 자연적 인구증가율이 낮아서 외부에서 인구가 유입되지 않으면 자연적인 인구증가 속도가 대단히 느리다. 아울러 17시기 후반부터 시작된 왕위계승을 둘러싼 갈등도 국가의 활력을 떨어트리는데 기여하였다.

한계생산성의 하락에 기폭제가 된 것은 18시기의 가뭄이다. 농업생산물은 고대사회에서 가장 중요한 자원이다. 50년 동안 발생한 10번의 가뭄 가운데 7번은 흉년과 기근을 유발하였고, 가뭄이나 기근이 2년 또는 3년 연속하여 발생한 시기가 네 차례 있었다. 이 시기의 가뭄은 대책을 세워서 극복할 수 있는 것이 아니었다.

화폐가 없었던 신라에서 곡물은 가치의 척도가 되며 교환 수단 가운데 하나였을 정도로 중요한 자원이다. 농업생산량이 일시적으로 감소한다면 중앙정부가 비축한 곡물을 적절하게 배분하여 극복할 수 있다. 이와 같은 사례는 18시기(786~835년) 초반 흉년이나 기근이 발생한 786년, 789년, 790년, 796년 그리고 817년에 있었는데, 농민들에게 기근을 면할 수 있게 곡물을 나누어 주었다. 그러나 18시기 중반에 해당하는 9세기 초반부터 흉년이나 기근이 발생하여도 이와 같은 조치가 이루어지지 않았다.[219] 이것은 지방에서 기근으로 죽어가는 사람들에게 나누어줄 곡물이 국가의 창고에 남아있지 않았음을 의미한다. 다시 말하면 국가가 존재하는 이유 가운데 가장 중요한 국민의 생존 문제를 해결하지 못하게 된 것이다.[220] 흉년과 기근이 빈번하게 일어나고 그리고 여러 차례 연속으로 발생하여 통일신라의 농업 기반이 붕괴되면서 농민들은 유민이 되어 세원이 축소되었고, 남은 농민들도 세금을 낼 능력이 없으므로 국가의 창고가 비어버린 것이다.

농민들은 생존을 위하여 귀족, 부자, 사찰 등에 식량을 빌리고 이를 갚지 못하면 자신들의 토지를 넘기고 소작농이나 스스로 용작민이 되거나 또는 노비로 전락하거나 유민이 되었다. 유민들은 도적이 되기도 하고, 지방에서 새롭게 세력을 키우고 있던 지방 호족에게 귀속되거나 또는 인적이 드문 산속으로 도망가서 공조직의 간섭 즉, 세금이나 군역과 부역과 같은 부담을 받지 않고 살았다.

18시기 동안 가뭄으로 발생하는 문제들을 해결하지 못하는 상황에서도 체제를 유지하기 위한 비용은 여전히 투입되고 있었으나 한계생산량이 급격하게 하락하였으므로 외부침략이 있었다면 체제를 유지하기 어려웠을 것이다.

18시기가 끝났을 때 통일신라의 농업기반은 거의 붕괴되었을 것이다. 세금을 납부하는 농민은 크게 감소하여 세수가 크게 줄었다. 이와는 대조적으로 국가 부의 근간을 이루는 토

---

219) 18시기 중반 경을 경계로 나타나는 이와 같은 변화는 농업생산을 증대하기 위하여 저수지 제방을 증축하거나 무너진 제방을 수리하는 것에서도 확인된다. 790년 벽골제 제방 증축과 798년 영천 청제 제방 수리는 많은 인력을 동원하여 실행하지만, 9세기에 들어와 810년과 859년에는 지방에 사신을 보내거나 교지를 내리는 것으로 그친다. 농업의 기반 유지에 필요한 최소한의 토목공사를 하기 위한 재정을 지원할 여력이 없을 정도로 국고가 고갈되었음을 시사한다.

220) 북한에서는 경제가 붕괴된 1996년 경부터 배급이 중단되면서 소위 '고난의 행군'이 시작되었다. 국가가 국민의 생존 문제를 해결할 수 없게 된 것이다. 1998년까지 우리나라에 도착한 북한이탈주민은 매년 수십 명 정도에 그쳤지만 2000년부터 급격하게 증가한다. 고난의 행군 시기와 북한이탈주민이 우리나라에 대규모로 온 시기에 시간적인 간격이 있는 것은 이들이 대한민국을 이해하고 그리고 중국에서 제3국을 통해 우리나라까지 도착하는데 도와줄 중계자(브로커)를 찾는데 시간이 걸렸기 때문이다. 실제로 고난의 행군이 시작되면서 중국으로 대규모 탈북이 이미 시작되었다. 국가가 곡물을 공급하지 못하여 국민들이 생존에 위협을 느끼면 주민들은 이탈하게 되는 것이다.

지는 세금을 내지 않는 귀족이나 부자 그리고 불교사원 및 지방의 유력자들이 차지하여 이들 기득권층의 경제적 부는 이전보다 더 커졌다. 19시기 중앙정부는 세수 부족으로 체제를 유지하는데 필요한 투자를 줄여 나갔으며, 국가체제의 복잡성도 점차 낮아지기 시작하였을 것이다. 따라서 한계생산성은 이전보다 더 크게 낮아졌다. 20시기에 들어와 이와 같은 경향이 가속화되어 실질적으로 통일신라는 거의 붕괴되어 국가의 형태만 유지하고 있었다.

18시기에 가뭄으로 인한 농업생산량의 급격한 감소로 발생한 흉년과 기근은 통치의 정당성을 하락시켰다. 농업생산량은 물질적인 해석뿐 아니라 정치적인 해석의 대상이 된다. 통치자가 재난을 예측하여 대비하거나 재난에 대한 대책을 세워 극복하는 것이 불가능했을지라도, 이와 관계없이 농업생산량이 기대에 미치지 못하면 통치의 정당성을 인정받기 어렵다.[221] 통치의 정당성을 획득하고 국가를 유지하려면 만족할 만한 수준으로 곡물이 생산되고 배분되어야 한다. 이것은 복잡한 사회가 반드시 치러야 할 비용이다. 다만 통일신라가 18시기 말에 붕괴되지 않은 것은 왕경에 거주하는 사람들이 지방의 농민들이 직면한 비극적인 상황과는 다르게 이러한 재해의 영향을 거의 받지 않거나 일부만 영향권에 있었기 때문일 것이다.

왕경은 모든 권력기관이 집중하여 있고 기득권들이 거주하여 국가 질서의 원천이면서 동시에 도덕적 권위와 체제연속성의 상징이며 동시에 성스러운 장소이다. 다시 말하면 왕경을 비롯한 경주는 복잡한 사회인 신라의 중심부였다. 따라서 통일신라 지배층은 왕경에 거주하는 사람들이 기존의 삶을 유지하는 한 국가가 유지될 수 있을 것으로 생각한 것이다.[222]

---

221) 전제군주정치에서 가뭄 등 자연재해로 인해 기근이 연속하여 발생하면 군주가 덕(德)이 없어서 일어난 재해로 생각하였다.

222) 현재 북한에서도 이런 현상이 확인된다. 지방의 주민들은 배급을 받지 못하고 식량이 부족하여 생존의 위협을 받고 있지만, 농민들이 생산한 곡물은 평양으로 공급되고 평양 주민들은 충분하지는 않으나 배급을 받는다. 왜냐하면 평양이 고대의 왕경과 같은 의미를 가지기 때문이다. 평양 주민들에게는 이 도시에서 추방당할 수 있다는 채찍과 함께 평양시민이라는 선민의식과 배급을 비롯한 다양한 혜택을 주는 정책을 펼치지만, 지방 주민들에게는 임금없는 노동과 부역을 요구하고 있다. 북한은 체제를 유지하기 위하여 이 기조를 계속 유지해 갈 것으로 예상된다.

3. 자연환경 변화와 통일신라 붕괴

백제와 고구려는 한반도 남동부에서 꾸준하게 힘을 축적해 온 신라와 당시 동아시아 강대국이었던 당나라의 동맹에 의해 전쟁을 통해 멸망하였다. 이와는 대조적으로 통일신라는 견훤의 공격 등 외부 세력의 침입도 있었으나, 마치 인간이 태어나 천수를 다하고 노년에 죽음을 맞이하듯이, 통일 이후 전성기를 누리다가 어느 시기에 급격하게 쇠퇴하여 AD 935년 경순왕이 스스로 국가를 고려에 넘겼다. 이런 관점에서 본다면 신라의 멸망은 재레드 다이아몬드와 조지프 테인터가 정의하는 붕괴의 전형이라 할 수 있다.

신라가 정치적으로 쇠퇴하기 시작한 시기에 대한 내용은 삼국사기 신라본기에 기록된 시기 구분에서 어느 정도 짐작할 수 있다. 즉, 발생에서 멸망까지 상대(BC 57~AD 654년), 중대(654~780년), 하대(780~935년)로 시기를 구분하였는데, 이 구분은 경제적, 사회적 관점의 구분이 아니라 왕통의 변화에 기반을 둔 것이다. 실제로 중대가 시작된 것은 왕통이 성골에서 진골로 넘어가는 시기이며, 하대는 태종무열왕 직계에서 범내물왕계로 교체된 시기에 각각 해당한다. 780년 혜공왕이 김지정 반란 와중에 살해되어 등장한 새로운 체제[223]는 중대와 달리 유력 귀족들 사이에 갈등과 분쟁의 가능성이 많았으므로 상호견제와 균형이 이루어져야 원만하게 작동되었다.

19시기가 시작되는 836년을 기점으로 모반과 반란이 지속적으로 발생한다. 모반과 반란은 중대 126년 동안 673년, 681년, 684년, 700년, 740년, 768년, 770년에 각각 한 차례 그리고 775년과 780년 각각 두 차례 도합 11차례 일어나 11.5년에 한번 발생하였다. 이와는 대조적으로 하대 155년 동안에는 791년, 809년, 822년, 825년, 836년, 838년 두 차례, 839년, 841년, 846년, 847년, 849년, 866년, 868년, 874년, 879년, 887년, 889년, 918년 모두 19번 발생하여 평균

---

223) 하대의 국왕은 일종의 진골귀족 연합세력의 대표자로서 자신을 지원한 귀족들을 의식하면서 정치하는 것이 관례이며, 이것을 귀족연립체제라고 부른다. 이 체제에서 유력 귀족은 비록 왕위에 오르지 못하더라도 세력 연합을 통해 어느 정도 영향력을 행사할 수 있었으며, 국왕과 사적 지배기반을 가진 귀족이 서로 제휴 또는 연합 혹은 상호 간의 합의를 기초로 정국이 운영되었다(전덕재, 2016).

8.2년에 한번 일어났다.

　모반과 반란의 측면에서 보면, 혜공왕 치세(AD 765~780년) 동안 일시적으로 정치가 쇠퇴하였으나 하대 초반 18시기(AD 786~835년) 50년은 모반이나 반란이 네 번밖에 없었으므로 정치적으로는 상대적으로 안정되었다고 평가할 수 있다. 그러나 19시기가 시작된 836년을 기점으로 본격적으로 왕들의 평균 재임기간이 짧아지고 모반과 반란이 빈번하게 일어나 정치적 쇠퇴가 시작된 것으로 평가된다. 그러므로 하대부터 통일신라가 쇠퇴하기 시작했다고 보는 것은 오로지 왕위계승 방식의 변화를 기준으로 판단한 것이다.

　실제로 통일신라는 하대 초기인 18시기부터 급격하게 쇠퇴한다. 이 시기는 정치적으로는 상대적으로 안정되었으나, 빈번한 가뭄으로 흉년이나 기근이 50년 동안 11번 발생하여 국가의 근간인 농업이 붕괴된다. 이 시기 신라는 외국과 전쟁을 한다거나 강대국인 당과 외교적으로 중대한 문제가 생기지도 않았고, 폭정으로 인해 정치적 상황이 더 나빠진 것도 아니었으며, 조세 정책을 변경하여 무거운 세금으로 농민을 착취하지도 않았다.

　676년 당과 국경을 확정하는 전쟁을 치른 이후 100년 이상 평화가 이어지는 시기였으므로 왕을 비롯한 지배층들은 당나라에 사신과 공물을 보내는 외교적인 업무 외에 할 일이 별로 없었을 것이다. 이들은 국민을 위하여 정책을 개발하고 영토를 확장하기 위한 전쟁을 준비하는 등의 개혁이나 혁신에는 아무 관심이 없었고, 오로지 현재 상황을 유지하는데 방점을 두고 권력을 잡는데 온 힘을 다하였다. 왕을 포함하는 권력자들은 진골귀족들과 함께 왕경을 관리하는데 집중하였을 것이다.[224] 그러므로 왕경에서 벌어지는 왕권쟁탈전이 지방에 사는 농민들의 삶에 미치는 영향은 그다지 크지 않았다. 왕권을 둘러싸고 최상위 계층에서 자기들끼리 정치게임을 하고 있었다. 누가 왕이 되어도 농민들의 삶은 달라질게 없었을 것이다.

　한편, 한 국가가 성립하여 흥망성쇠를 거듭하는 데는 다양한 요인이 작동하는데 특히 멸망 과정은 문헌에 비교적 자세하게 기록되어 있으므로 상세한 논의가 가능하다. 국제정치적

---

224) 현재 이와 유사한 현상은 북한에서 찾아 볼 수 있는데, 모든 자원들은 평양으로 집중되고, 이들 가운데 대부분은 핵심세력에게 분배된다.

역학관계 속에서 전쟁 등 외부 요인으로 가야, 백제, 고구려가 멸망한 과정과 거의 1,000년 동안 지속된 신라가 AD 935년 역사의 무대에서 사라지는 원인과 과정에 대한 역사학계 연구성과는 많이 축적되어 있다.

특히 신라 멸망에 영향을 미친 요인에 대하여 고대사학자들은 신라 하대 골품제의 폐해(신석호, 1996; 이종욱, 2002), 토지제도의 문란(손진태, 1948), 귀족과 사찰의 대토지 경영과 이로 인한 생산력 감퇴(이기동, 1981), 농민의 몰락(최근영, 1999), 인적자원의 고갈(이종욱, 2002), 불교의 타락(손진태, 1948), 왕권 쟁탈전으로 인한 지도층 분열(최근영, 1999), 사회경제적 모순의 심화(전덕재, 2006), 왕도의 편재(신석호, 1996), 역대 왕들이 불교를 숭상하여 멸망함(동국통감), 빈부의 격차(이병도, 1959), 국고의 고갈(이병도, 1959), 동아시아 국제관계의 변화(이기동, 1981), 말세사상의 확산이 농민반란의 배경이 됨(조인성, 1994), 귀족의 대토지 사유에 따른 공전의 사전화(이병도, 1959), 중앙과 지방의 대립(신호철, 2008), 국가 내부의 반란, 귀족들의 사치와 향락, 지배계급의 도덕적 해이, 왕권의 약화, 경제적 쇠퇴, 농민반란, 지방 호족의 대두와 후삼국의 경쟁 등 마흔 여덟 가지를 제시하고 있다(신호철, 2008).

신라의 멸망을 가져온 마흔 여덟 가지 요인들은 세계사에 등장한 거의 대부분 국가들에서 제기된 멸망 요인들과 겹치는데 대부분 정치, 경제, 사회, 문화적인 관점에서 추출한 것이다. 이 요인들은 인간활동과 관계되고 각각 역사적 증거와 자료를 갖추고 있어서 나름대로 근거를 가지지만, 이와 같은 정치적, 경제적, 사회적 모순이 발생한 근본적인 원인에 대한 논의는 추상적인 설명으로 그친다. 이런 현상은 문헌이나 고고학적 자료에 의거하여 연구하는 역사학자와 역사고고학자들이 문자로 기록되지 않거나 물질 증거가 뒷받침되지 않는 내용을 추정하는데 대단히 신중하기 때문이다.

한편, 인간과 자연환경 사이의 상호관계에 관심이 있는 지리학의 입장으로는 소략하게 작성된 고대사 문헌에 기록되지 않은 부분들에도 관심을 가진다. 즉, 신라사 연구의 가장 중요한 사료인 삼국사기와 삼국유사는 당시에 일어난 모든 사실을 기록할 수 없으며, 고고학 발굴도 지표면을 모두 발굴할 수 없고, 유물도 석재를 비롯한 몇 가지 물질로 만든 것들을 제외하면 남아있지 않다. 그럼에도 불구하고 발굴을 통해 새로운 자료를 생산하여 문헌에 없는 내용들을 어느 정도 보완하고 있다. 그러나 인간활동이 이루어진 시기의 자연환경은 한 두 세대 정도의 기간에는 변화가 감지되지 않는 경우도 많고, 고대에는 관측할 계기가 없으므로 문헌에 남길 수 없으며 고고학 발굴에서도 확인되지 않기 때문에 고대 인간생활을 논의하는데 거의 반영되지 않았다. 다만 특이한 기상현상이나 이상기후 현상은 정치적 선입견 없이 문헌에 기록되므로 중요한 정보가 된다.

자연환경을 극복하는 기술이나 과학지식의 수준이 낮았으며 오히려 자연환경에 의존적이었던 고대의 인간활동은 자연환경의 영향을 크게 받았다. 플라이스토세(Pleistocene) 후기부터 한반도에 살기 시작한 인간들은 신석기 말기까지 어로, 수렵, 채취를 통해 먹을 것을 해결하였고, 농업은 신석기 말기부터 시작되어 청동기시대에 들어와 본격적으로 이루어졌다. 그러므로 신석기인들은 자연환경을 훼손하지 않고 보전하였으므로 식생파괴가 거의 없었다. 생업이 농업으로 바뀌면서 인구가 크게 증가하기 시작한 청동기시대에는 농경지를 만들 수 있는 곳에 사람들이 거주하였으나 인간에 의한 자연환경의 훼손은 자연환경 복원력의 임계치를 크게 넘지 않았다고 생각된다. 그럼에도 불구하고 인간의 영향에 의한 식생변화가 청동기시대부터 화분분석 결과에서 확인된다. 즉 자연환경에서 식량을 얻었던 신석기시대까지 인간에 의한 자연환경 변화는 자체 복원력으로 균형을 유지할 수 있는 수준이었으나, 청동기시대에는 경작지를 확보하기 위하여 식생 파괴[225]가 이루어졌다.

한반도는 청동기시대 이래 정착농경사회가 시작되었으며, 초기철기시대 후기에 들어와 철기가 소개되고 곧 제작되었다. 철기가 보급되면서 농기구가 크게 개량되고 농업기술과 생산력에도 획기적인 발전이 일어났다. 국가가 성립되면서 국가 부(富)의 원천인 토지는 체계적으로 관리되었다. 토지소유권과 경작권은 고대국가 주민의 삶을 유지하는데 가장 중요한 기반이 되므로 국가 내의 한 지역에 정착한 사람이 이주하고자 하는 곳에 새로운 토지를 확보

---

225) 청동기시대 식생 파괴는 도구로 벌채하는 것보다 불을 질렀을 것으로 생각된다. 목본의 굵은 줄기를 석재도구로 벌채하는 데는 많은 에너지가 소요된다. 산불로 생성된 재는 거름이 되어 농경에 도움이 된다.

할 수 없다면 다른 곳으로의 이주는 원천적으로 불가능하였다(전덕재, 2006).

청동기시대에는 경주 지역 인구수와 인구밀도가 영남지방의 다른 지역에 비해 높았다. 특히 BC 2세기 말부터 중국 만주지방의 정치적인 변화에 의해 많은 고조선 유이민들이 유입되면서 경주 지역 인구증가율과 인구밀도가 영남지방의 다른 지역에 비해 상대적으로 높았다. 사로국 시기부터 인구가 빠르게 증가하기 시작하여 5세기 중엽에는 방리제로 도시계획을 할 정도로 인구가 많았다. 더욱이 통일신라 전성기에는 17萬 八千戶가 경주에 거주하였으며, 신라 말기 헌강왕(875~886)대에도 경주 지역만 178,936戶[226]가 거주하였다. 경주는 거의 천년 동안 수도로서 기능하였으므로 인구수와 인구밀도의 증가로 다양한 도시문제 및 환경문제가 발생하였고 자연환경에 심각한 영향을 주었을 가능성에는 의문의 여지가 없다.

이 절(節)에서는 삼국사기에 기록된 기후 및 자연재해 자료들과 기근 및 반란과 같은 사회적, 정치적 현상들의 연관성을 검토하여 식생파괴와 자연재해에 의한 통일신라 붕괴 과정을 논의하였다.

1) 고대 경주 지역의 자연재해

고대 동안 경주 지역의 기온과 강수량 등 기후 요소들을 계량화하는 것은 자료에 한계가 있으므로 불가능하다. 그러나 삼국사기에는 가뭄과 홍수와 같은 이상기상과 지진, 메뚜기 출현, 흉년, 기근과 같은 자연재해가 기록되어 있다. 표 9에서는 사로국부터 통일신라까지 992년을 총 20시기로 나누고 한 시기를 50년으로 하여 이상기후와 자연재해 내용 그리고 모반 및 반란의 빈도를 정리하였다.

---

226) 三國遺事 卷第一 紀異第一 辰韓條; 三國遺事 卷第五 避隱 第八 念佛師

표 9. 고대 경주 및 주변 지역 자연재해와 모반(반란) 빈도

시기	연대	가뭄		흉년(기근)		역질		홍수		메뚜기		지진		모반(반란)	
		횟수	%	횟수	%	횟수	%	횟수	%	횟수	%	횟수	%	횟수	%
1	BC 57~15	1	2	0	0	0	0	0	0	0	0	0	0	0	0
2	BC 14~AD 36	1	2	1	3	1	6	1	3	1	5	1	2	0	0
3	AD 36~85	1	2	1	3	0	0	0	0	0	0	1	2	0	0
4	AD 86~135	3	5	2	5	1	6	3	10	1	5	4	7	0	0
5	AD 136~185	3	5	2	5	2	11	1	3	1	5	1	2	1	3
6	AD 186~235	4	6	1	3	1	6	3	10	0	0	1	2	0	0
7	AD 236~285	4	6	2	6	0	0	1	3	1	5	1	2	0	0
8	AD 286~335	6	9	1	3	0	0	1	3	2	10	2	4	0	0
9	AD 336~385	2	3	2	5	0	0	2	7	0	0	0	0	0	0
10	AD 386~435	3	5	4	10	1	6	0	0	4	20	3	5	0	0
11	AD 436~485	2	3	1	3	2	11	5	17	0	0	3	5	0	0
12	AD 486~535	3	5	1	3	0	0	2	7	1	5	1	2	0	0
13	AD 536~585	2	3	0	0	0	0	0	0	0	0	1	2	0	0
14	AD 586~635	2	3	0	0	0	0	1	3	0	0	2	4	1	3
15	AD 636~685	0	0	1	3	1	6	1	3	0	0	3	5	4	12
16	AD 686~735	6	9	3	8	1	6	3	10	1	5	10	18	1	3
17	AD 736~785	4	6	2	5	1	6	1	3	2	10	11	19	7	21
18	AD 786~835	10	15	11	28	2	11	2	7	3	15	6	11	4	12
19	AD 836~885	3	5	3	8	5	28	3	10	2	10	3	5	12	36
20	AD 886~935	5	8	1	3	0	0	0	0	1	5	3	5	3	9
합계		65	100	40	100	18	100	30	100	20	100	57	100	33	100

자료: 윤순옥·황상일(2009)에서 수정

지진은 국지적으로 영향을 미치므로 피해의 규모가 상대적으로 적다. 홍수는 범람원에서 농경을 하거나 거주하는 사람들만 재해를 입지만 고대에는 자연제방을 제외한 범람원은 적극적으로 이용하지 않았으므로 피해 규모가 상대적으로 크지 않다.

분변 처리가 위생적이지 못하였던 고대에는 언제든지 수인성 전염병이 발생할 수 있다. 그리고 가뭄으로 흉년이나 기근이 들면 사람들은 면역력이 약해지고 역질 발생의 가능성이 높아진다. 가뭄으로 하천의 유수가 줄어들고 우물의 수위가 낮아지면 용수 공급이 원활하지 못하므로 오염된 물도 용수로 사용될 수 있다. 오염된 용수는 이질, 장티푸스, 파라티푸스, 콜레라 등 수인성 전염병을 발생시키고, 면역력이 낮은 사람들의 사망률이 높아진다. 이것으로 인구는 감소하고 평균수명이 단축되었으며,[227] 노동력 부족으로 농경지가 황폐해지고 토양의 비옥도도 낮아진다.

이와는 대조적으로 가뭄과 메뚜기 떼의 내습은 상대적으로 광역적으로 발생하며 곡물 생산에 피해를 가져올 수 있다. 강수에 의존적이었던 고대에 한반도에서 강수량이 가장 적은 영남지방에는 가뭄이 오면 대체로 흉년이 되어 곡물생산량이 감소한다. 흉년이 들면 농민들은 수확한 곡물 대부분을 세금으로 내거나 또는 세금조차도 납부하지 못하는 경우가 발생한다. 중앙정부가 창고에 곡물을 충분히 비축하여 두었다면 세금을 면제하거나 곡식을 나누어 주는 조치를 하여 기근을 피할 수 있으나 그렇지 않으면 기근이 발생한다.

삼국사기 재해 기록 가운데 가장 빈도가 높은 것은 가뭄이다. 한반도의 경우 곡물생산량은 홍수가 발생한 해에는 증가하는 경향이 있으나 가뭄이 들면 감소한다. 파종기와 발아기인 봄철과 성장기인 여름철에 강수량이 적으면 한발의 피해를 입기 쉽다. 대규모로 관개시설을 조성할 수 없었던 고대에는 가뭄에 대응할 수단이 거의 없는 형편이었다. AD 810년과 859년 왕은 교지를 내어 제방을 수리하도록 지시한다.

가뭄 빈도가 높았던 시기는 7시기(AD 236~285년), 8시기(AD 286~335년), 16시기(AD 686~735년)와 18시기(AD 786~835년)였으며, 대략 500년의 간격을 두고 가뭄이 빈번하게 발생하는 시기가 나타났다. 7시기와 8시기는 사로국이 낙동강 좌안의 소국들은 대부분 병합하여 영역을 크

---

227) 조선시대 왕의 평균수명은 46세, 조선시대 일반 백성의 경우 35세인데, 영유아사망율을 제하면 40세 정도였을 것으로 추정한다. 이런 사실을 바탕으로 통일신라시대 평균수명을 추론하면 영유아사망율을 제하면 40세 이하였을 것이다.

게 확장하고 국호를 신라로 고쳐 낙동강 하류부를 경계로 가야연맹과 대립하던 시기이다. 특히 8시기에는 50년 동안 가뭄이 여섯 차례 있었으므로 평균 8년에 한번 재해가 발생하였으나 기근이나 흉년은 한 차례 기록되어 있다. 이때는 영토가 팽창하던 시기이므로 정복지에서 약탈적으로 곡물을 확보할 수 있었으므로 중앙정부가 여분의 곡물을 보유하고 있었고, 그리고 구황작물을 재배할 수 있는 공간이 많았으므로 가뭄으로 인한 어려움을 극복할 수 있었을 것으로 생각된다.

사로국 말기의 가뭄 빈발 시기로부터 500년이 지난 16시기와 18시기에 다시 가뭄 빈도가 높아진다. 신라가 삼국을 통일한 직후인 16시기에는 가뭄이 6번, 흉년이나 기근은 세 차례 발생하였다. 이 시기는 통일 직후의 신라 최전성기이고 그리고 한반도의 대부분이 경주의 배후지역이었으므로 영토 내 모든 지역의 곡물을 경주로 공급하여 기근이 발생하지 않게 할 수 있었다. 18시기가 시작되는 786년은 당과 국경을 확정한지 110년이 경과하여 전성기가 어느 정도 유지되고 있어서[228] 여전히 국력이 강한 때였으며[229] 신라가 붕괴되기 150년 전이었다. 18시기는 고대 전 시기 가운데 가뭄이 가장 빈번하게 발생하였다.

16과 18시기의 가뭄은 인간의 영향이 개입되지 않은 자연현상이지만, 여기에 가뭄의 규모를 증폭시키는 요인이 있었는데, 그것은 인간에 의한 식생파괴이다.

2) 고대 경주 지역의 식생파괴

(1) 고대 경주 및 주변 지역 식생환경

고대 동안 경주를 포함한 동해안 지역의 식생에 대한 문헌기록은 거의 없다. 그러므로 인구가 지속적으로 증가하는 가운데 나무를 벌채하여 에너지를 얻는 사회가 약 1,000년 동안

---

228) 서로마제국의 최전성기는 기원전 27년 아우구스투스 황제부터 오현제 시대(AD 96~180년)까지 계속된 평화의 시대인데, 이것을 팍스로마나로 부른다. 따라서 로마제국 전성기는 200년 정도 지속되었다.

229) 17시기 말 혜공왕 재임 동안 768년과 770년에 각각 1회, 775년 2회, 780년 2회 도합 여섯 차례 모반이나 반란이 있었으므로 왕권이 어느 정도 흔들렸으나 국력의 약화로 보는 것은 무리가 있다고 생각한다.

유지된 사실로부터 추론하는 것이 거의 유일한 방법으로 생각된다. 이것을 실증할 수 있는 자료는 경주 및 주변 지역에서 보고된 화분분석 결과이다.

경주 지역에서 역사시대 동안 퇴적된 층준에서 이루어진 화분분석 결과에 의하면 초본화분의 비율이 목본화분보다 훨씬 더 높다.

초본화분 비율이 목본화분보다 높은 것은 인간의 영향에 의한 식생변화를 반영한 것이다. 자연상태에 가까웠던 신석기시대 한반도 화분조성은 대부분 목본화분으로 이루어진다. 그러나 농경이 본격화되어 식생에 인간의 영향이 미치기 시작한 청동기시대가 되면 화분조성에 변화가 나타나는데 목본의 비율은 감소하고 초본의 비율은 증가한다. 목본화분의 변화 가운데 가장 대표적인 현상은 참나무속(Quercus) 비율은 감소하고 소나무속(Pinus) 비율이 증가하는 것이다.

신석기시대 말기부터 삼국통일이 이루어진 7세기 말까지 경주 지역의 식생변화는 경주 성건동 지역의 화분분석 결과(그림 83)를 통해 논의할 수 있다.

두께 2.2m인 유기물이 많은 모래질 실트(organic sandy silt)층[230]의 21개 층준에서 화분분석이 이루어졌다. 표층에서 깊이 30cm, 110cm, 220cm에서 얻은 연대값은 각각 2,200년 BP, 2,020년 BP와 3,930년 BP이다. 이들 가운데 지표면 아래 30cm 층준의 연대값은 깊이 110cm 연대값과 조화되지 않는다. 이 층준의 탄소연대측정에 쓰인 시료는 주변으로부터 재이동하여 온 유기물일 가능성이 대단히 높다. 그 근거는 다음과 같다. 첫째, 고대에는 인구밀도가 높은 도시가 입지하여 인간활동이 대단히 왕성하였던 왕경에서 자연상태로 퇴적된 지표면 30cm 층준이 2,200년 동안 온전하게 유지될 수 없다. 둘째, 목본화분 비율과 초본화분 비율이 이 층준에서는 39 : 61이었으나, 바로 윗 층준에서는 크게 역전되어 65 : 35가 되었다. 2,200년 BP는 초기철기시대 초기인데 경작지 면적이 빠르게 확장되던 시기임에도 불구하고

---

230) 화분분석 시료 채취할 당시에는 뢰스층에 대한 인식이 없었으므로 입도조성을 세밀하게 파악하지 않아 organic sandy silt로 기재하였으나, 시료 채취 지점이 선상지 선단부 말단에 해당하므로 이 지점의 입도조성은 organic fine sandy silt로 보아야 할 것이다. 이 퇴적층은 주변 선상지 위에 퇴적되었던 뢰스 물질이 재이동하여 습지 환경에서 퇴적되었다.

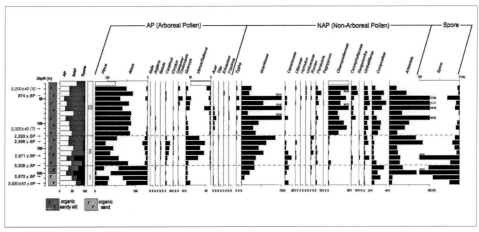

그림 83. 홀로세 후기 경주시 성건동 화분분석 결과(윤순옥 · 황상일, 2011)

목본이 초본을 압도하는 것은 시대적 상황과 조화되지 않는다. 셋째, 시료 채취 지점이 선상지 말단부이므로 포상류(sheetflow) 또는 용천천(spring stream)을 통해 유기물이 운반되어와 퇴적될 수 있다.

이렇게 볼 때, 성건동 화분분석 결과에서 깊이 110cm와 깊이 220cm 층준의 연대값은 신뢰할 수 있으나, 깊이 30cm 층준의 탄소연대측정 시료는 인간의 교란을 받는 환경에서 재이동된 유기물인 것으로 추정된다. 그러면 어느 층준까지 신뢰할 수 있는지에 대해 검토하여야 고대 경주 지역의 식생환경에 대해 논의할 수 있을 것이다. 후술할 울산 방어진 지역은 고대동안 해안 습지환경이 유지되었으므로 인간의 간섭을 받지 않았다. 이 화분분석 결과(그림 85)에 의하면 목본화분 비율이 최소가 되고 초본화분 비율이 최대가 되는 시기는 삼국통일 즈음이고 이후에는 목본화분 비율이 증가한다. 경주 성건동에서 목본화분 비율이 최소가 되고 초본화분 비율이 최대가 되는 층준은 깊이 50cm 층준으로 볼 수 있다.

그림 83에서 깊이 220cm와 210cm 층준은 인간이 경작을 위하여 식생에 미친 영향이 거의 없는 환경에서 퇴적된 것으로 목본이 초본보다 훨씬 더 높은 비율을 차지한다. 이것은 경주 지역 신석기시대 말기의 식생 상태로 볼 수 있다. 오리나무속(Alnus)이 우점하였으며, 참

나무속(*Quercus*)보다 소나무속(*Pinus*)의 비율이 더 높았다. 오리나무속(*Alnus*)은 지하수위가 높은 습지에 서식한다. 이런 환경에서는 참나무속(*Quercus*)과 소나무속(*Pinus*)에게 불리한 환경이므로, 오리나무속(*Alnus*)이 우점하는 것은 습지가 분포하고 있는 지역이었음을 시사한다. 성건동의 화분분석이 이루어진 곳은 경주선상지 선단부이며 용천에서 발원한 소하천들이 형산강으로 유입하며 습지를 형성하였다. 소나무속(*Pinus*)의 비율이 상대적으로 높은 것은 식생이 제거된 열린 공간(open space)이 어느 정도 조성되었음을 의미한다. 초본에서 벼과와 경작지 잡초와 같은 문화지표식물의 비율이 매우 낮은 것으로 볼 때, 이 열린 공간이 경작지는 아니었고 화재 등으로 식생이 제거된 후 극양수이며 개척종인 소나무가 자리잡은 것으로 추정된다.

깊이 110cm 층준과 깊이 220cm 층준 사이의 퇴적속도가 거의 같다고 전제하고 연대값을 내삽하면, 경주 지역에서 식생파괴가 시작된 시기는 깊이 200cm 층준이 퇴적된 3,580년 BP이며 신석기시대 말기이다. 이 시기 이전에는 목본화분 비율이 전체 화분의 75% 내외였으나 이후에는 50%로 낮아진다. 성건동의 신석기시대 말기 자연상태 식생 조성은 오리나무속이 우점하고 소나무속이 25~30% 차지한다. 다만 이 시기부터 초본화분 가운데 벼과(Gramineae)가 증가하기 시작하고 경작지 잡초인 쑥속(*Artemisia*)은 크게 증가한다. 이와 같은 식생 조성 변화는 오리나무속이 분포하는 구역 일부를 습지로 전환하여 벼과 식물들이 서식하도록 관리하였을 가능성이 있다. 본격적인 농경으로 보기에는 한계가 있지만 자연 상태에서 서식하는 야생 벼과 식물을 선택적으로 관리하고 식량으로 채취하였을 것이다.

화분대 II는 청동기시대에 해당한다.[231] 깊이 1.7~1.8m 층준에서는 습지에 서식하며 자연상태에서 우점종인 오리나무속(*Alnus*)이 거의 완전히 제거된다. 깊이 1.7m 층준이 형성된 시기는 3,072년 BP이다. 오리나무속이 서식하는 공간은 토양의 수분 수지가 양호하므로 농

---

231) 퇴적속도가 일정하다고 전제하고 내삽하여 퇴적층의 형성시기를 추정하였으므로 화분조성에 따른 경작 가능성으로 본 청동기시대와 추정연대가 정확하게 일치하지 않는다. 일반적으로 3,000년 BP를 청동기시대 시작으로 간주하므로 약간의 차이가 있으나, 절대연대 자료의 보정 등을 고려하면 화분대 II를 청동기시대로 보아도 좋다.

경에 적합하다. 2,916년 BP 경에 해당하는 깊이 1.6m 층준에서는 벼과 식물 비율이 한 단계 더 증가한다. 이것은 습지에서 야생벼를 채취하는 방식에서 경작으로 전환되었을 가능성이 있다. 특히 포자(spore) 비율의 변화에서 깊이 1.7m와 1.6m 사이에 차이가 크다. 아마 습지에서 수분을 제거하고 경작지를 조성하였을 것이다. 그리고 청동기시대 말기에 해당하는 깊이 1.4m 층준부터 목본화분 비율이 초본화분 비율보다 작아지는데, 2,604년 BP 경에 해당하는 이 시기부터 경작지가 확대되면서 삼림이 더 많이 제거되었다.

초기철기시대가 시작되는 화분대 III에서는 목본화분보다 초본화분 비율이 더 높다. 또한 청동기시대에 30~40%에 달했던 참나무속이 격감하고 소나무속은 크게 증가한다. 이것은 경작지가 조성되면서 개척종이며 극양수인 소나무속 서식지가 상대적으로 넓어진 것이다. 초본화분들 가운데 벼과 외에 경작지 잡초인 쑥속, 명아주과(Chenopodiaceae), 국화과(Compositae)가 다량 출현하고, 산형과(Umbelliferae)가 뚜렷이 증가한다.

이후 목본화분의 비율은 꾸준히 감소하고 초본화분 비율은 증가하여 깊이 50cm 층준에서는 목본화분 18%, 초본화분이 82% 출현하였다. 이 시기는 통일신라시대 말기에 해당하며, 경주 지역 삼림은 거의 다 제거되었을 것이다.

한편 삼국통일 전후 7세기 경주 지역의 식생은 고해상도로 화분분석이 이루어진 경주시 구황동 320-1번지 황룡사지 남쪽 가장자리 발굴지의 배수로를 메운 두께 55cm 시료의 화분분석 결과(그림 84)를 통해 논의할 수 있다.

가장 하부의 깊이 45~55cm는 분해되지 않은 토탄층이며, 깊이 25~45cm는 유기물이 많이 포함된 실트층이고, 깊이 5~25cm는 1~3cm 크기의 각력과 기와편, 목탄, 목재가 포함된 실트질 토탄층이다. 가장 상부의 5cm는 1~5cm 크기의 세력급 각력을 포함하는 갈색 모래층이다.

5cm 간격으로 12개 층준에서 화분분석이 이루어졌으며, 지표하 0cm에서 1,480±30년 BP(AD 550~620년), 표층에서 깊이 60cm 층준에서 1,340±30년 BP(AD 650~690년)의 연대 자료를 얻었다. 이 가운데 지표면 아래 60cm 층준은 어두운 회색의 세립질 모래인데, 배

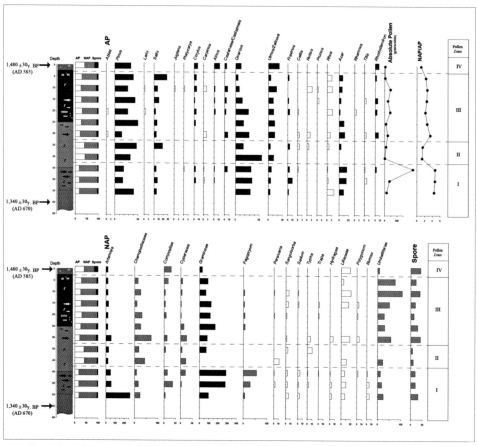

그림 84. 경주시 구황동 320-1번지 황룡사지 남쪽 배수로 화분분석 결과

수로를 만든 시기에 바닥을 형성한 층준으로 생각된다. 그러나 배수로 상부에 퇴적된 두께 25cm 실트질 토탄층과 갈색 모래층은 배수로 기능이 정지된 시기에 재이동하여 퇴적된 것으로 판단되며, 깊이 60cm 층준의 연대가 지표면 층준의 값보다 더 젊다. 발굴 지점이 황룡사 남쪽 가장자리이고 왕경 내부에 위치하므로 통일신라 마지막까지 배수로가 막히지 않게 관리하였다고 본다면 표층부터 깊이 25cm까지 층준은 배수로를 폐기한 이후에 퇴적된 것이다. 깊이 60cm 층준의 연대값은 신뢰할 수 있으며, 이 층준의 중심연대는 AD 670년이므

로 이 지점의 화분분석결과는 삼국통일부터 길지 않는 기간 지속된 왕경 지역 식생환경을 보여준다.

경주시 구황동 320-1번지 화분대 I은 초본화분 비율 77~88%, 목본화분 비율 17% 내외를 차지한다. 목본화분 가운데 소나무속은 깊이 55cm 층준에서 40%로 우점하지만 전체적으로 참나무속이 우세하다. 초본화분 가운데 벼과는 98~288% 출현하여 전 화분대에서 가장 높은 비율을 차지한다. 메밀속(*Fagopyrum*)도 꾸준히 출현한다. 경작지 잡초로 경작활동의 지표가 되는 쑥속(*Artemisia*), 명아주과(Chenopodiaceae), 사초과(Cyperaceae), 국화과(Compositae)도 5~20% 확인되었다.

화분대 II는 목본 화분 39~41%, 초본화분 55~58% 차지하여 목본화분 비율이 다소 증가하였다. 느릅/느티나무속(*Ulmus/Zelkova*)이 4~11%, 버드나무속(*Salix*)이 18% 출현하는 것이 특징적이다. 초본화분 가운데 벼과는 급격하게 감소되었고 메밀속은 출현하지 않았으며 쑥속과 국화과도 크게 감소하였다. 명아주과, 사초과는 여전히 출현하였다.

화분대 III의 최하부 층준은 초본화분 비율 71%, 목본화분 비율 20% 내외를 차지하며, 목본화분 가운데 소나무속은 크게 감소하여 최소치를 보인다. 느릅/느티나무속(*Ulmus/Zelkova*)이 다소 증가하였다. 초본화분 가운데 벼과는 여전히 출현율이 낮지만 경작지 잡초로 경작활동의 지표가 되는 쑥속(*Artemisia*), 사초과(Cyperaceae), 국화과(Compositae)는 화분대 II시기에 비해 다소 증가하였다. 특히 명아주과의 출현율이 크게 높아졌다.

화분대 III의 상부에 퇴적된 두께 25cm 실트질 토탄층과 갈색 모래층은 주변에서 재이동되어 교란되었으나 화분조성은 최하부 층준과 유사하다. 이것은 AD 7세기 말 이후에도 통일신라가 붕괴될 때까지 왕경을 포함하는 경주 지역의 식생 경관이 유지되었음을 시사한다. 이것은 후술할 울산 방어진 지역(그림 85)과는 차이가 있다.

AD 7세기 이후 경주 지역은 통일 이전에 비해 도시화가 한 단계 더 진행되었으며, 산지에는 목본들이 거의 다 제거되었을 것으로 생각된다. 다만 도시 내에서 조경수로 심는 버드나무속(*Salix*), 개암나무속(*Corylus*), 단풍나무속(*Acer*), 느릅/느티나무속(*Ulmus/Zelkova*), 진달

래속(*Rhododendron*), 옻나무속(*Rhus*), 나무딸기속(*Rubus*) 등이 꾸준히 출현한다. 특히 버드나무속, 단풍나무속, 느릅/느티나무속 나무들은 도시 내에 광범위하게 식재되었던 것으로 생각된다.

신석기시대 이래 경주 주변의 울산 지역 식생변화는 비교적 고해상도의 정보를 제공하는 울산 방어진 지역의 화분분석 결과(그림 85)를 통해 논의할 수 있다.

깊이 4.9m에서 4,060년 BP, 깊이 2.8m에서 2,350년 BP 연대값을 얻었다. 깊이 3.05m의 연대값은 2,500년 BP 경으로 추정된다.

울산 지역 홀로세 중기에는 목본 70~90%, 초본이 10~30% 차지하는데, 대략 화분대 IIb의 대부분 시기에 해당한다. 특히 깊이 4.20~3.05m에서는 목본 90%, 초본 10%이므로 삼림으로 가득 찬 경관을 하고 있었다. 토탄층의 퇴적속도를 균일하다고 가정하면, 깊이 4.20~3.05m 층준은 신석기시대 말부터 청동기시대 말(2,500년 BP 경)까지에 걸쳐 퇴적된 것으

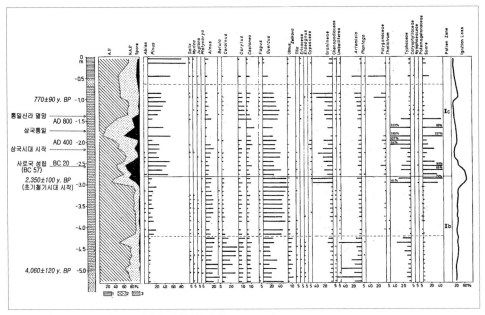

그림 85. 홀로세 중기 이후 울산 방어진 화분분석 결과(조화룡, 1987)

로 추정된다. 목본화분 비율로 볼 때, 이 층준의 화분조성은 인간의 영향이 미치지 않은 자연 상태의 식생환경을 반영하는 것으로 생각된다. 한반도 남동부 지역에는 대체로 참나무속(Quercus)를 중심으로 낙엽활엽수가 지표면을 피복하고 있었는데, 방어진의 해안 부근 저습지에는 오리나무속(Alnus)이 광범위하게 분포하고 있었으며, 그 밖에는 참나무속(Quercus), 서어나무속(Carpinus), 밤나무속(Castanea/Castanopsis)을 주종으로 하는 낙엽활엽수로 이루어져 있었다.

깊이 4.2m보다 아래의 층준은 기후최적기에 높아진 해면에 대응하여 일어난 해진극상기의 해안선이 매적에 의해 바다쪽으로 후퇴하면서 육화가 진행되는 과정의 습지환경에서 퇴적되었다. 습지의 지하수위가 높아서 소나무속(Pinus)은 거의 분포하지 않고 참나무속(Quercus)의 비율도 낮지만 오리나무속(Alnus) 비율은 높다.

지표면으로부터 깊이 2.8m에서 2,350년 BP, 깊이 0.9m에서 770년 BP 연대값을 얻었다. 퇴적층의 퇴적속도를 동일하다고 가정하고 이 두 연대값을 기초로 내삽법으로 계산한 연대값은 깊이 2.5m가 BC 20년, 깊이 2m가 AD 400년, 깊이 1.5m는 AD 800년이다.

울산 지역에서는 청동기시대 말에 해당하는 2,500 BP 경으로 추정되는 깊이 3.05m 층준부터 목본은 감소하고 초본은 증가한다. 이것은 경작을 위해 식생이 제거되기 시작하였음을 의미한다. 2,350년 BP 경에 퇴적된 것으로 추정되는 깊이 2.8m보다 상부 토탄층의 목본과 초본 비율은 이전에 비해 크게 달라진다. 2,300년 BP 경에 시작되는 초기철기시대에도 목본은 감소하고 초본이 증가하는 경향은 이어지는데, 특히 이전까지 우점하던 참나무속(Quercus)이 뚜렷하게 감소하고 2차림에 해당하는 소나무속(Pinus)이 크게 증가하여 우점한다. 이것은 경작지가 조성되면서 개척종이며 극양수인 소나무속 서식지가 상대적으로 넓어진 것이다.

초기철기시대가 시작된 이후 사로국 성립 시기까지 목본은 60% 내외를 차지하므로 경작지 면적은 급격하게 확장되지 않고 비교적 일정하게 유지되었다. 이와는 대조적으로 사로국이 성립되는 시기부터 삼국시대가 정립된 AD 300년 경까지 목본 비율에 대한 초본 비율이 상당히 빠르게 증가한다. 이후 삼국통일 즈음에는 초본화분 비율이 목본화분의 4배 정도 출현하는데 이것은 삼림이 거의 대부분 제거되고 농경지 확장이 절정에 이르렀음을 보여준다. 그리고 AD 800년 경에는 초본화분과 목본화분이 거의 같은 정도로 출현하는데, 특히 벼과 (Gramineae) 비율이 감소한다. 이러한 변화는 상당히 많은 경작지가 폐기되었음을 의미한다. 이후 이러한 경향이 지속적으로 강화되어 통일신라가 붕괴된 AD 935년 경에는 초본 30%, 목본은 70% 내외까지 증가한다. 참나무속(Quercus), 개암나무속(Corylus), 구실잣밤나무속(Castanea/Castanopsis)와 같은 낙엽활엽수의 비율이 증가하고 벼과의 비율이 감소하였다. 이것은 경주 주변에서는 사람들이 농사를 짓지 않아 경작지가 대부분 폐기되었음을 시사한다. 그리고 신라가 붕괴될 즈음 경주 주변 식생은 신석기시대 수준으로 돌아간 것은 아니지만 삼국시대와 초기철기시대 정도까지 회복되었다. 이와 같이 식생이 회복된 현상은 통일신라가 붕괴되기 전 상당한 기간 동안 경주의 주변 지역에는 주민 즉, 농민들의 수가 크게 감소하였으며 경작지가 삼림으로 변하였음을 의미한다. 가뭄과 같은 기후재해가 없었다면 목본의 비율은 지속적으로 감소하였을 것이다.

(2) 식생파괴를 유발한 인간 활동

경주 지역은 청동기시대 초기부터 식생이 파괴되기 시작하고 초기철기시대에는 식생파괴가 심화되었다. 경주 및 울산 지역의 식생 파괴는 대부분 인간에 의해 농경지 확보, 건축 재료, 난방과 조리의 연료, 제철 산업과 기와 제조 및 제염에 필요한 연료를 공급하기 위하여 벌채된 것이다.

가. 농업

인간활동 가운데 식생파괴에 가장 크게 영향을 미친 것은 농업과 관련된다. '봄 2월에 슘을 내리기를 "농사는 정치의 근본이고 …… (중략) …… 여러 주와 군에 제방을 수리, 보완하고 밭과 들을 널리 개간하라"라고 하였다(삼국사기 신라본기 제1 일성이사금 11년(AD 144년))'는 기사는 경작지 조성을 위한 개간이 대단히 일찍부터 시작되었음을 시사한다. 농업 기술수준이 낮아 생산성이 높지 않았던 고대국가가 많은 인구를 부양하여야 하는 입장에서는 경작지 확대에 주력할 수밖에 없으므로 경작이 가능한 모든 공간에서 삼림을 제거하고 농경지를 개발하였을 것이다. 이와 같은 사실은 경주 성건동(그림 83)과 울산 지역의 화분분석 결과(그림 85)에서도 확인할 수 있는데, 사로국 건국 이후 초본화분의 비율이 지속적으로 증가한다.

삼국 통일 이후 백제와 고구려 지역에서 이주민들이 유입하여 경주와 주변 지역에도 인구가 증가하였다. 이에 따라 식량 수요가 늘어나고 경작지가 확대된다. 따라서 경주분지를 중심으로 양산단층선과 울산단층선을 비롯한 여러 단층선을 따라 분포하는 선상지 지형면은 대부분 취락과 경작지로 개발되었다. 그리고 사면경사가 완만한 구릉지까지도 경작지로 전환되었을 가능성이 높다. 이와 같은 현상은 영남분지에서도 동일하게 진행되었을 것이다.

한편 토지제도의 변화도 식생파괴에 기여했다. 신문왕 7년(687년) '교를 내려 문무관료들에게 전(田)을 지급하되 차등있게 하였다(삼국사기 8 신라본기 8)'. 그리고 약 2년 후(689년) '교를 내려 내외관들의 녹읍을 혁파하고 해마다 조(租)를 지급하되 차등이 있게 하여 이를 항식(恒式)으로 삼았다(삼국사기 8 신라본기 8)'.

녹읍을 받아오던 신라 골품귀족들이 689년부터 해마다 지급되는 조를 받게된 것이다. 세조(歲租)는 곡물로 받는 녹봉이다. 녹읍이 혁파되기 이전 녹읍주들은 녹읍으로 지급된 지역 내의 토지 면적을 기준으로 하지 않고 인구를 기준으로 하여 인두세적 조세를 거두었으며 이를 매개로 녹읍을 지배하고 있었다. 이밖에 역역(力役). 공부(貢賦)의 수취권이나 징병권 등은 국가의 권한이며, 녹읍은 국가에도 귀속되므로 녹읍은 국가와 녹읍주의 이원적 지배 아래 있었다(이희관, 1999). 그러나 실제로는 녹읍주들이 국가가 가지고 있던 녹읍에 대한 여러 가지 권리를 넘어선 경우가 적지 않았던 것으로 보이며 이것이 녹읍을 혁파하게 된 중요한 이유가 되었다(이희관, 1999).

성덕왕 21년(722년) 처음으로 백성들에게 정전(丁田)을 지급하였다. 정전은 신라촌락장적에 기재된 연수유전답(烟受有田畓)과 마찬가지로 백성들의 사유지로 보는 것이 타당하다(이희관,

1999). 성덕왕 21년에 정남(丁男)에게 정전(丁田)을 주는 토지제도를 도입하는 조치가 취해지기 전 전국 대부분의 토지는 국유지였으나 실제로 그러했을 가능성이 희박하다. 이 시기에 이미 개인의 토지소유가 상당한 정도로 진행되어 있었다. 연수유전답으로 지급한 토지의 대부분은 본래부터 백성들의 사유지였을 것이다.

경덕왕 10년(757년)에 녹읍이 다시 부활하였다. 녹읍의 부활은 경덕왕과 관료적 진골귀족 세력 사이의 정치적 타협의 결과였으며, 녹읍이 부활된 이후 진골귀족들은 녹읍에 대한 실제적인 지배력을 더욱 확대하여 나갔다.[232] 녹읍농민들은 녹읍주에 의해서 노동(奴僮)처럼 부림을 당하기 일쑤였으며, 녹읍주에 의한 고리대는 그들을 전호(소작농)나 용작민(용작인, 머슴) 심지어 노비의 위치로 떨어뜨리기까지 하였다(이희관, 1999).

고대에 유민은 기근과 같은 재난 그리고 국가 또는 개인의 수탈이 가혹하여 생계를 유지할 수 없을 때 경작지를 떠나서 유리걸식하는 사람들이다. 이들 가운데 일부는 초적이 되기도 하고 일부는 황무지나 산지를 개간하여[233] 생계 터전을 마련한다. 여기에서 주목할 것은 황무지나 산지를 개간하는 것이다. 토지에 대한 국가의 통제가 느슨해지고 가뭄으로 흉년과 기근이 빈발하면서 녹읍주들과 대토지를 소유한 호민들은 고리대와 같은 수단을 활용하여 농민들의 연수유전답이나 정전을 매수하여 토지를 확대하였으며, 사원도 시주 등을 통해 토지를 확대하고[234] 자연재해가 발생한 시기에는 토지를 매수하여 대장원을 만들었을 것이다 (莊園化). 이런 과정을 통해 농민들은 녹읍주들에게 토지를 헐값에 넘기고 유민이 되었다. 이

---

232) (전략) ······ 나라의 봉록을 받는 공경이나 장상들은 내가 백성을 자식처럼 사랑하는 마음을 알아 자신들의 녹읍에 있는 백성들을 불쌍히 여겨야 할 것이다. 만약 무지한 가신들을 녹읍에 보낸다면 오직 거두어들이는 데만 혈안이 되어 마음대로 마구 긁어모을 것이니 그대인들 어찌 알 수 있겠는가. 비록 안다고 하더라도 금지시키거나 제어하지 못할 것이다 ······ (후략)(고려사 2 세가 2 태조 2). 이 기사는 고려 태조의 지시이지만, 8세기 중엽 통일신라의 녹읍주와 녹읍농민들 사이의 관계를 짐작할 수 있게 하는 기록이다.

233) 지난날 신라의 정치가 쇠퇴하게 되자 ······ (중략) ······ 남자들은 모조리 종군하게 되고 부녀자는 여전히 부역에 동원되었으니 그 수고로움과 고통을 참지 못해 깊은 산속으로 도망쳐 숨거나 ······ (후략)(고려사 2 세가 2 태조 2).

234) (전략) ······ 부처의 법을 받들어 그 폐단을 알지 못하였다. 마을에 탑과 절이 즐비하고 백성들이 승려가 되어 달아나 병사와 농민이 점차 줄어들어 나라가 날로 쇠약해지니 어찌 어지러워지고 멸망하지 않겠는가 ······ (후략) (삼국사기 12 심라본기 12).

와 같은 토지 소유의 불평등은 농민들로 하여금 개간지를 확대하게 하고 토지를 집약적으로 경작하게 하여 지력을 고갈시켰다. 18시기 이후 농민들의 삶이 불안정해지면서 남의 경작지를 임차하는 소작농이 늘어나고 이들은 토지의 지력을 관리하지 않으므로 장기적으로 경작지는 황폐하게 된다.

나. 생활연료

신라시대 사람들은 취사와 난방 등에 나무를 연료로 사용하였으며, 5세기 중엽 도시재개발을 할 만큼 인구가 증가하였고 도시가 무질서하게 팽창하였다. 특히 통일 이후 많은 인구가 경주 지역으로 유입되어 당시에 세계적인 도시 규모로 성장하였다. 사로국 성립 이후 수백 년 동안 소모한 땔나무 공급지는 처음에는 경주 주변이었으나 시간이 경과하면서 점차 거리가 멀어졌다.

신라시대 사람들의 식생활이 어떠하였는가에 대하여 구체적으로 연구된 바 없다. 다만 식사를 익혀서 준비하였으며 거기에 연료가 소모된 것은 분명하다. 평민들은 점심을 거르고 아침과 저녁을 먹었는데, 하루에 한번 조리를 하여 나누어 먹었을 것으로 추정된다.[235] 한편 경주 지역은 단층선에 의해 북쪽, 북서쪽, 남남서쪽, 남남동쪽이 열려 있어서 겨울철 풍속이 매우 강하다. 겨울에도 온도가 낮은 환경에서 바람으로 인하여 체온이 낮아지는 풍랭효과(windchill effect)가 나타나므로 한랭하고 강한 바람은 체온 유지에 큰 스트레스를 유발한다. 그러므로 고대 경주 지역에는 난방을 위한 나무의 수요가 많았던 것으로 추정된다. 이 시기 아직 목화[236]가 도입되지 않았으며, 다른 지역에서 수입한 면사[237]가 있었으나 대단한 고급

---

235) 고대 경주 사람들이 하루에 한번 음식을 만들어 아침과 저녁으로 두 번 나누어 먹는다면, 4인 가족이 필요한 밥과 찌개를 한번 만드는데 약 200g의 숯이 필요하다. 9세기 경주에 약 18만호가 거주하였다면 매일 숯 36t이 필요하다. 최종산물인 숯을 생산하려면 숯의 10배인 참나무 360t과 이것을 굽는데 필요한 연료 36t이 요구되므로 경주 지역 주민들의 하루 식사를 만들기 위하여 목재 400t이 벌채되어야 한다.

236) 고려 공민왕 12년(1363년) 원나라에 사절로 갔던 문익점이 목화씨를 가져와 이듬해 진주 강성에서 식재에 성공하여 널리 전파되었으나, 이전에는 크기가 봄철 버드나무의 버들가지 정도로 작은 백첩포(白氎布)가 고려시대까지 재배되고 채취되었다. 이것으로 실을 뽑아 면직물을 만든 것이 백첩포이다. 경문왕 7년(869년) 왕은 김윤 등은 통해 40승 백첩포 등을 당에 보냈다(삼국사기 11 신라본기 11).

품으로 유통되었다. 그러나 솜은 없었다. 골품귀족이나 부자들은 이불의 재료로 양털과 비단을 사용하였으며 바닥은 양탄자[238]를 깔았으므로 실내를 따뜻하게 유지할 수 있었다. 그러나 대부분의 백성들은 마른풀과 같은 재료를 이용하였으므로 겨울철 체온 유지에 상당한 어려움을 겪었을 것이다. 그리고 의복도 상류층은 모직이나 비단 그리고 가죽으로 만들었지만 평민들은 삼베로 된 옷감이 일반적이었으므로 체온을 유지하는데 어려움이 컸을 것이다. 그리고 아직 본격적으로 온돌이 보급되지 않고 부엌에서 아궁이와 굴뚝을 연결하는 짧은 굴관 정도만 있었으므로 화로나 다른 방법으로 실내 온도를 일정하게 유지하였을 것이다. 아마도 평민과 그보다 형편이 더 어려운 계층은 체온을 유지하기 위하여 수혈식 가옥을 만들거나 천정이 낮고 벽체가 두꺼운 가옥을 건축하였을 것이다. 그리고 추수가 끝나면 겨울 동안 소요되는 화목을 채취하였으므로 경주 주변 지역에는 왕경에 나무를 팔아서 생계를 꾸리는 사람들도 많았을 것이다.

신라가 삼국을 통일하고 인구가 크게 증가한 시기 왕경 지역에서는 음식 만드는데 연료로 숯을 사용하였다(삼국사기 신라본기 11, 헌강왕 6년(880년)). 이것은 도시의 공기오염을 줄이려는 정책에서 나온 것이 아니다. 만약 대기오염을 막기 위한 정책이라면 신하가 왕에게 누구나 아는 사실을 설명할 필요가 없었을 것이다.

인구가 그리 많지 않았던 시기 경주 사람들은 난방을 하거나 조리를 할 때 장작을 사용했을 것이다. 그러나 경주는 이미 수 백년 동안 한 국가의 수도이고 인구가 지속적으로 증가하여 도시화가 진행되었으므로 어느 시기에 경주와 인근 지역 식생이 대부분 제거되었으며, 더 이상 장작을 채취할 수 없었다.

그러므로 비교적 경주와 가깝고 도로 사정이 양호하여 마차를 운행할 수 있는 천북, 연일, 안강, 영천, 언양, 울산 등 주변 지역으로부터 장작이 경주로 공급되어야 하는 상황이 발생하

---

237) 신라와 교역하였던 인도나 동남아시아 지역에서 면사를 수입하여 제직하였을 가능성이 있다.

238) 일본 정창원의 신라 모전(毛氈; 양탄자)은 신라에서 제작하였는데, 내성 산하 모전이라는 관부에서 제작한 것으로 당나라에도 공물로 보냈다.

였다. 그리고 통일 이후 전성기에는 경주 주변에도 벌채가 상당한 정도로 진행되어 장작을 충분히 공급할 수 없었으며, 이에 따라 경주에서 거리가 먼 의성, 군위, 대구, 경산, 영천, 신광, 흥해, 청하, 영덕, 울산, 언양, 양산 등지에서 숯을 운반하여 왔을 것이다. 그리고 이 지역보다 더 멀리 떨어진 낙동강 주변 지역에서는 수상교통로를 통해 금호강 유역의 하양이나 영천까지 숯을 운반하고 다시 육상교통로를 통해 경주로 공급하였을 것이다. 해안 지역에서 생산한 숯은 선박으로 형산강을 통해 경주까지 운반되었고, 울산의 동천 하구부까지 선박을 이용하고 다시 육상으로 경주까지 운송하였을 것이다. 이와 같은 방식은 운송비를 최소화하기 위한 것이다.

장작이나 숯과 같은 연료의 생산, 운반과 공급은 국가 공적 조직을 통해 세금의 형식으로 이루어졌을 가능성도 있겠지만 아마도 상업적인 유통으로 이루어졌을 것이다. 생산자, 지방의 중간 상인, 경주 상인과 같은 체계를 통해 생산, 운송되고 매매를 통해 배분되었다고 보는 것이 합리적이다. 에너지 거래는 도시 자체가 에너지원을 가지고 있지 못하거나 도시 주변에서 에너지원을 상실한 거대한 도시를 대상으로 높은 수익을 얻을 수 있는 산업이다. 수도가 곧 국가였던 고대에 많은 인구와 산업시설이 집중된 경주 지역에 에너지 공급이 원활하지 못하면 국가의 기능이 제대로 작동되기 어렵다.[239]

숯을 사용한 것은 경주와 인근 지역에서는 땔나무 공급이 불가능할 정도로 이미 삼림이 거의 대부분 제거되었음을 의미한다. 따라서 거리가 어느 정도 떨어진 지역과 원거리 지역으로부터 연료를 공급받아야 하는 상황에 이르렀으므로 무겁고 부피가 큰 장작을 경주까지 운송하는데 드는 비용이 너무 높았다. 숯은 원료의 부피를 1/3, 무게는 1/10로 감소시키므로 운송비를 줄일 수 있지만, 숯을 만들기 위해서는 추가적으로 연료가 소요되므로 단위 체적의

---

239) 이런 사례는 현재 고대 왕조 국가에 가장 근접한 국가들 가운데 하나인 북한에서 어느 정도 유사한 현상을 확인할 수 있다. 북한 전역에서 전기가 부족하지만 수도인 평양은 상대적으로 전기 공급이 양호하다. 이것은 체제를 유지하기 위하여 에너지 공급을 가장 효율적으로 하려는 정책이다. 북한 체제에서는 국가 전체 에너지(전기)와 자원(식량, 주거시설, 교육, 문화, 산업 등)의 대부분이 평양에 집중되고 있다. 신라시대에도 현재 북한의 체제와 크게 다르지 않았을 것이다. 즉 당시에는 경주 지역이 곧 국가였다.

단가가 훨씬 높다.[240]

숯 공급은 경주 지역뿐 아니라 경주와 교통로로 연결되는 지역의 삼림을 황폐화시켰을 가능성이 매우 높다. 이와 같은 사실은 근대 서양인들에 의해 촬영된 우리나라 경관 사진에 식생이 대부분 제거되어 있는 것에서 확인할 수 있다(그림 43에서 배경 산지의 식생 경관). 고려시대와 조선시대를 거치면서 산지에 있었던 거의 모든 나무들이 연료림으로 제거되었기 때문이다. BC 57년 이후 수 백년에 걸쳐 지속적으로 인구가 증가한 한반도 남동부 역시 통일신라 전성기에는 이러한 경관이었을 것으로 추정된다.

현재까지 한반도에서 발굴된 숯가마는 대부분 경주 지역에 집중되어 있다. 이것은 이 지역의 숯 수요가 대단히 많았음을 의미한다. 경주 지역에는 숯의 재료가 될 수 있는 나무들이 벌채로 거의 제거될 때까지 지속적으로 숯이 생산되었을 것이다. 경주시 손곡동, 천북면 물천리, 내남면 월산리에서 숯가마 유적이 발굴되었다(김호상, 2000). 이보다 약간 더 먼 지역에서도 숯을 구웠을 것이므로, 경주를 비롯하여 주변 지역으로 발굴이 진행되면 숯가마 유구는 지속적으로 확인될 것이다.

다. 토기 및 목기 제작

고대에는 음식물을 담는 용기, 식량을 저장하는 용기, 제사에 사용한 용기, 무덤에 함께 넣은 의례용 용기, 장식용 용기로 토기와 목기를 사용하였다. 토기가 목기보다 제작비가 높았으므로 목기도 대단히 많이 생산되었고 토기 역시 생산량이 많았을 것이다. 토기에 비해 목기는 각 개인들이 만들 수 있어서 생산비가 적게 들고 내구성이 높아서 신분이 낮은 평민들이 사용하는 생활용기의 대부분은 목기였다. 이들은 농기구도 철제품을 제외하면 대부분 나무로 제작하였다.

신라시대에 일상생활과 무덤부장용으로 사용된 토기는 소위 와질토기로서 약 1,000℃에서 구워낸 것이다. 그런데 이 토기는 두께가 얇아서 충격에 약할 뿐 아니라, 수리가 어려워 지

---

240) 숯 원료인 나무 10t을 숯가마에 넣고 숯 1t을 만드는데 연료로 소요되는 나무의 양은 약 1t이다.

속적으로 수요가 발생하였을 것이다. 고대에 생산된 토기의 양에 대한 기록은 없으나, 인구 수와 토기의 내구성을 고려하면 많은 양이 제작되었던 것으로 추정된다. 토기는 운반에 어려움이 있어 제조공장이 시장에 접근하여 입지하는 것이 유리하므로 경주 인근에 많은 토기 제조 공장이 있었을 것이다. 한편 원료인 태토가 풍부한 곳에서도 토기를 생산하였는데 이것들은 현지에서 소비되었을 뿐 아니라 판매나 공납을 위해 경주까지 운반되었을 것이다. 대량의 토기를 만들기 위하여 많은 흙과 연료로서 장작이 소요되었다. 사람들은 토기 제작에 소요되는 좋은 흙을 얻거나 연료로 쓰기 위하여 삼림을 제거하였다.

라. 제철

영남지방에서 철기가 제작되기 시작한 것은 2,100년 BP 경부터인데, 한반도 남동부에서는 울산 농소의 달천철광이 노천광으로 일찍부터 개발되었고 물금 등지에서도 철광석이 산출된다. 석탈해의 야장설화는 AD 1세기 전반기에 경주 지역에서 철을 생산하고 있었음을 시사한다. 삼국지 위지동이전 변진조의 철 생산 및 교역 기사에 의하면 AD 3세기대 신라의 제철 산업이 중국과 일본에 알려질 정도로 활발하였으며 생산량도 많았음을 알 수 있다. 철광석을 노천에서 채취할 수 있어서 충분한 공급이 가능한 환경에서 기술이 뒷받침된다면 비록 품질이 우수하지 않더라도 철을 적게 생산할 이유가 없다.[241] 특히 AD 1세기부터 3세기까지 사로제국은 영토를 지속적으로 확장하고 있어서 무기생산을 늘리고 곡물생산도 증대시켜야 하는 국면이었다.

고대 동안 제철산업은 부가가치가 대단히 높은 첨단기술(high technology) 산업이었으며 철은 화폐로도 사용되었다. 특히 무기와 농기구를 철로 만들면 군사적 우위를 점할 수 있을

---

241) 이러한 주장은 고고학적 발굴에서 실물 자료로 뒷받침되어야 신뢰를 얻을 수 있다. 사로국이 영남지역을 정복하면서 전장에서 사용된 철제 무기는 어디에서도 발굴되지 않았다. 마찬가지로 농업용구로 사용된 철제 농기구도 경작지에서 발굴된 적 없다. 오로지 무덤의 부장품으로만 철제품이 확인되었을 따름이다. 철을 생산하기 시작하였을 때 철제품의 가격은 대단히 높았으며 파손된 철제품은 녹여서 다른 제품으로 만들어 재사용하였으므로 무덤에 부장하지 않았을 가능성도 있다.

뿐 아니라 농업생산력도 크게 높일 수 있다. 그리고 철광석을 채광하여 여러 공정을 거쳐 만든 철과 철제품은 시간이 지남에 따라 경주 지역뿐 아니라 영남 내륙지방 그리고 왜 등에서 수요가 크게 증가하였다. 이때 완제품으로 공급되는 것과 함께 철정의 형태로 교역이 이루어졌다. 특히 철제품은 무기, 농기구, 생활 도구로서 대단히 유용하기 때문에 수요가 폭발적으로 증가하였을 것이다. 수많은 전쟁과 많은 인구, 넓은 경작지로 인해 수요가 많았으며, 이에 맞게 공급하기 위하여 울산 농소 및 경주 지역에 제철소와 철기제작 공장들이 입지하였다. 다만 경주 황성동에서 발굴된 철 및 철기생산 유구는 철광석을 녹이는 노(爐)가 확인되지 않았다. 그러나 고대 철 수요를 감안하면 수많은 야철 시설들이 경주와 울산 지역에 있었을 것이다.

철광석에서 철을 추출하거나, 사용 목적에 맞게 철의 조성 및 조직을 필요한 형태로 만드는 제철공업에는 석회석과 코크스 그리고 많은 연료가 필요하다. 철광석을 녹이기 위해서는 1,200℃ 이상의 화력이 필요하다. 이것을 위해서는 특수한 숯 즉, 백탄을 공급하여야 한다. 삼국지 위지동이전의 염사착기사(廉斯鑡記事) 중 한인(漢人) 포로의 벌목 사실을 야철용 목탄제조와 연관시키는 견해(김세기, 2006)도 있다. 경주 지역의 제철 유구는 경주시 황성동, 경주시 계림 남쪽, 경주시 동천동, 경주시 황남동, 분황사 지역 등에서 확인되었다(김세기, 2006).

마. 건축

고대 동안 경주 지역 건축물의 규모와 수량에 대한 정확한 자료는 없다. 다만 AD 3세기 동아시아에 관하여 기록한 서진(西晉)의 정사(正史)인 삼국지 위지동이전 한전(韓傳)에 마한의 소국들 가운데 대국은 만 여가(家)라는 기록으로 추정하면, 사로국은 마한에 속한 것은 아니지만 동일한 시기에 해당하고 규모가 가장 큰 편이었으므로 경주 지역에는 AD 3세기에 1만여 호 이상이 있었을 것이다. 한편 신라(新羅) 전성기(全盛期)에는 서울에 17만 8,936호(戶)가 있었는데 모두 기와집이었고(三國遺事 第1卷 紀異 第1 辰韓) 여러 왕궁과 39채의 금입택이 있었다. 그리고 중대(654~780년) 말 경주 지역에 200여개의 사찰(진성규·이인철, 2003)과 수많은 탑이 있었다. 6세기 중엽 이미 '절은 하늘의 별만큼 많고 탑은 기러기가 줄지어 서있는 듯하다(寺寺星張 塔塔雁行)'고 도시경관을 기술하고 있다.

왕경 지역에는 AD 469년 방리제 실시 이전 5세기 중엽에 이미 도시 경관을 하고 있었으며(그림 32), 7세기 중엽에는 일반 주민 가옥 외에 왕궁, 사원, 탑, 저택 등으로 가득 채워져 있었다. 삼국사기에는 지마니사금 21년(132년), 일성니사금 20년(153년), 미추니사금 1년(262년), 유례니사금 4년(287년), 소지마립간 4년(482년), 문무왕 2년(662년), 6년(666년), 8년(668년), 원성왕 14년(789년), 문성왕 14년(852년), 17년(855년)에 왕경 지역의 왕궁, 정부 관공서, 사찰에서 발생한 11번의 화재를 기록하고 있다. 아마 민간에 있었던 소규모 화재는 기록하지 않았을 것이다. 다만 도시 전체가 목조 건축물이었음에도 불구하고 대화재에 대한 기록이 없는 것으로 볼 때, 화재에 대한 경계를 철저하게 하였으며 겨울에도 주민 대부분은 따뜻하지 않은 가옥에서 살았던 것으로 추정된다. 아울러 이것은 원활하지 못한 난방용 연료 공급과도 관련이 있을 것이다.[242]

경주 지역 건축물을 만드는 데 소요된 석재와 목재의 양은 상당히 많았다. 왕궁과 사원 그리고 금입택과 같은 거대한 건축물을 짓기 위해 수령이 오래된 나무들이 벌목되었다. 그리고 경주 지역 석탑, 사원 기단부, 왕궁 건축에 사용된 석재는 대부분 화강암인데 왕경의 도심과 인접한 남산 지역을 비롯하여 토함산지 등 경주 인근 여러 곳의 채석장에서 공급되었으며 채석과 운반 과정에 넓은 숲을 파괴하였다.

아울러 주민들의 주거지 건축에도 대단히 많은 목재가 사용되었다. 삼국통일 이후 경주 지역에는 초가집보다 기와집이 더 많았던 것 같다. 지붕 재료인 기와와 이것을 고정시키는데 사용된 토양의 하중을 견딜 수 있는 기둥으로 쓰는 굵은 목재의 수요가 대단히 많았을 것이다. 주택 건축이 수 백년 동안 지속되었으므로 건축용 목재는 경주 주변뿐 아니라 원거리에

---

242) 가정에 연탄이 보급되지 않았고 삼림공무원들이 장작으로 쓸 나무를 벌채하지 못하도록 감시하던 1960년대에는 연료로 쓰였던 장작 가격은 부담이 될 정도로 비쌌다. 현재 산지의 식생이 제거된 북한에서도 주민들이 느끼는 장작 가격의 부담은 식량 가격의 부담과 거의 같은 수준이다.

서도 운송되었으며, 특히 건축 재료로는 가공하기 쉬운 소나무가 선호되었을 것이다.

당시 사람들은 용재로 유용한 소나무를 보호했을 것이다. 이러한 특성으로 소나무는 한반도 대부분 지역에서 인간의 영향이 본격적으로 미친 시기부터 우점종이 된다(윤순옥·황상일, 2011). 이런 현상은 화분분석 결과에서 확인할 수 있다. 즉, 사로국 성립 이후 삼림벌채에 의해 목본이 제거되어 숲이 사라지는 과정에서 초본화분 비율이 증가하였다. 그리고 벌채된 공간에 소나무가 성장하면서 소나무속(*Pinus*) 화분이 급격하게 증가하여, 그 비율은 참나무속(*Quercus*) 화분의 비율보다 훨씬 많거나(그림 83) 비슷하게 된다(그림 85).

바. 기와 생산

9세기 후반 경주에는 왕궁, 사찰 및 관공서가 있었으며, 무려 17만 8천 여호의 주택이 있었는데 지붕을 기와로 덮었다. 왕경부터 변두리 지역까지 건물들로 가득찬 도시경관을 형성하였다.[243] 실제로 경주를 비롯한 인근 발굴지에서는 대단히 많은 양의 기와가 발굴되고 있다. 경주 시내에서 확인된 연못 유구는 대부분 파손된 기와로 메워져 있다. 기와집의 지붕은 기와의 하중에 의하여 기와가 흘러내리므로 지속적으로 수리하여야 한다. 기와는 제때 수리하지 않으면 빗물이 기와 아래로 스며들어 지붕을 지지하는 목재가 썩어 지붕 자체가 붕괴되고, 또한 기와를 수 백년 사용할 수는 없으므로 교체하여야 한다.

특히 목조건물이 밀집하고 인구밀도가 높아서 화재의 위험이 있는 대도시이며[244] 왜와 후백제 등 외부 세력이 진입한 적이 있었던 경주와 왜구가 침범하던 통로였던 울산, 농소, 외동 그리고 불국사 지역에서는 침입자들의 방화로 인한 화재가 종종 있었을 것이다. 아울러 경주는 태풍이 상륙하는 남해안에서 떨어져 있으나 규모가 큰 태풍이 접근하는 경우 가옥은 피해를 입었을 것이다.[245]

---

243) 헌강왕 때는 경사에서 해내에 이르기까지 집과 담장이 연이어 있었으며 초가집은 하나도 없었다(삼국유사 2 기이 2 처용랑 망해사).

244) 문헌에는 대규모 화재에 대한 기록이 없다.

245) 1957년 사라, 2003년 매미가 내습하였을 때 집중호우로 인한 피해가 발생하였다.

이렇게 볼 때, 사로국부터 통일된 이후에도 기와 수요는 꾸준하였으며 도시 규모로 볼 때 기와공급량도 대단히 많았을 것이다. 기와는 무겁고 부피가 크며 부서질 수 있으므로 원거리 운송에 부담이 많다. 그러므로 경주 인근에는 기와를 공급하기 위한 기와 가마가 여러 곳에 있었을 것이다. 대량의 기와를 제작하기 위하여 많은 흙과 연료가 소요되는데, 이것은 식생 파괴를 유발한다.

사. 제염

소금은 인간생활에서 반드시 필요한 물품들 중 하나이지만, 생산지가 제한되므로 생산 기술과 운송수단이 빈약했던 고대에는 수요량에 비해 생산량이 부족하여 부가가치가 매우 높았을 것이다. 그러므로 사로국 시기부터 소금은 정부에 의해 유통이 통제되었을 가능성 이 크고, 해안 지역에서 노예노동을 통해 지속적으로 생산되었을 것이다. 다만 동해안에서 소금을 만들기 시작한 시기는 아직 정확하게 알 수 없으며, 고고학적 자료가 발굴되지 않 아 소금 생산방법에 대해서는 충분하게 파악되지 않았다. 다만 고대에 비해 생산기술이 발 달하였을 것으로 생각되는 조선시대 생산방법[246]을 통하여 고대의 소금 생산체계를 유추할 수 있다.

조선시대 주요 제염법은 전오제염법(煎熬製鹽法)이었는데, 이것은 염전조성단계, 채함단 계, 전오단계를 거치는 것이다(김일기, 1991). 동해안에서 염전은 스워시(swash) 때 바닷물이 도 달하지 못하는 버엄(berm)의 상단부에 논 모양으로 만들었다. 조차가 거의 없으므로 물통으 로 바닷물을 퍼올렸으며, 채함 과정을 거쳐 간수를 만들고 간수를 가마에 넣고 끓여서 소금 을 얻었다. 고대 초기에는 바닷물을 직접 토기나 쇠로 만든 솥에 넣고 끓이는 해수직자법(海 水直煮法)으로 소금을 생산하였을 가능성도 크다. 이 방법은 전오제염법보다 훨씬 연료가 많 이 든다.

조선시대에는 울진 부구리와 울진 평해도 중요한 소금 생산지였으며(김일기, 1991), 1915년

---

246) 김일기(1991)의 논문에서 정리하였음.

에 조선총독부에서 발행한 지형도에는 영해, 포항, 울산의 해안 충적평야에 전오염전이 있었는데, 염전에서 간수를 만들어 이것을 가마에 넣고 끓였다. 충적평야에서 소금 생산지의 입지조건 가운데 하나는 연료인데, 염도가 높은 기수환경에서도 생존 가능하며 해안습지에 주로 서식하는 갈대의 공급량과 관계있는 것으로 추정된다. 즉, 고대 동안 소금 생산량에 영향을 주는 요소는 노동력과 연료 공급이다. 태백산맥의 삼림과 노예노동력 공급을 고려하면 동해안에서 소금의 대량생산이 이루어졌을 가능성은 낮으나 해마다 상당히 많은 소금이 생산되었을 것이다. 그리고 해안까지 산지가 임박하여 연료를 용이하게 구득할 수 있으므로 동해안에서 광범위하게 소금생산이 이루어졌을 것으로 생각된다. 따라서 소금생산을 위하여 삼림이 지속적으로 제거되었을 것이다.

3) 식생파괴가 경주 지역 자연환경에 미친 영향

이상에서 논의된 인간활동들은 고대 동안 경주 및 주변 지역 그리고 경주의 영향권에 있었던 지역의 식생파괴를 이끌었다. 이러한 식생파괴로 나타날 수 있는 자연현상은 발굴을 통해 확인할 수 있는 내용이 아니므로 지형학에서 통설로서 제시되는 내용을 기술하였다.

(1) 토양침식

식생이 양호한 곳에는 토양층 가장 윗부분에 Ao층이 두껍게 형성된다. 부식층인 이 층준은 표토층을 토양침식으로부터 보호한다. 그리고 교목과 관목으로 구성된 목본들은 대단히 많은 뿌리를 깊고 넓게 내어 표토층을 덮는다.[247] 식물 뿌리도 표토층을 토양침식으로부터 보호한다. 식생피복이 양호하고 두꺼운 Ao층이 있는 토양에는 다양한 크기의 미생물, 곤충, 지렁이, 두더지 등이 서식하면서 토양의 공극율을 높인다. 그러므로 집중호우시 강우의 많은

---

247) 식생이 잘 발달된 산지 사면의 두꺼운 Ao층 아래, 토양층 상부인 표토에는 토양이 보이지 않을 정도로 식물 뿌리가 높은 밀도로 분포한다.

양이 지표 아래로 침투하여 수많은 공극에 저장되며 이들 중 일부는 식물에 의해 흡수된다. 수분흡수력이 좋은 Ao층에도 많은 양의 수분이 저장된다. 식생이 잘 발달된 곳에서는 강우 시 일부만 지표 위로 흘러 토양침식의 가능성이 낮아진다.

그러나 식생이 파괴되면 Ao층이 제거되고 식물뿌리도 대부분 사라지므로 지표면은 바람이나 유수에 의한 토양침식이 발생한다. 동시에 토양 유기물과 영양분의 손실이 발생하고 토양층이 얇아지며 수분보유능이 감소되어 극심한 토양퇴화가 나타난다. 식생이 없는 토양은 토양 내 미생물과 이를 먹이로 하는 지렁이와 같은 환형동물의 개체수가 적으므로 토양에 공극을 만들지 못하여 지표수가 토양으로 침투하지 못하고 지표면으로 유출된다.

토양침식에 의한 자연재해의 위험에 대해서는 자료와 정보가 많은 현대에도 미리 파악하기 어렵다. 이것은 식생파괴에 의한 토양침식의 위험에도 불구하고 농부들은 숲 대신 농경지를 무리하게 확장하여 농업생산량을 증대시키고 이익을 극대화하려고 하기 때문이다.

(2) 경작지 황폐화

선상지를 형성하는 하천의 유역분지에서 식생파괴가 발생하면, 식생의 감소는 유역분지의 사면퇴적물 가운데 일부를 하천이 아니라 선상지 지형면으로 직접 운반하여 경작지를 황폐화할 수 있다. 선상지에서 경작지는 자갈들을 제거하여 정리된 상태이지만 거력을 포함한 사면퇴적물이 운반되어 퇴적되면 경작지로 사용하기 어렵다. 특히 한반도 남동부에는 단층이 많으므로 식생이 제거된 단층의 삼각말단면에서 제거된 토양은 사면퇴적물 형태로 직접 선상지로 이동하였을 것이다.

(3) 하상의 매적과 범람가능성 증대

홀로세에 들어와 기온이 상승하고 강수량이 대단히 많아지면서 북천 유로에 유량은 크게 늘어났고, 산지사면의 식생이 양호해지고 두꺼운 Ao층이 형성되어 기계적 풍화작용이 미약하여 사면에서부터 하도로 퇴적물 공급량이 감소하였다. 경주선상지에서 북천은 유로를 단일화하여 하방침식과 두부침식을 통해 선상지 지형면과 비고차가 있는 하상을 형성하였다. 그리고 홀로세에 들어와 해면상승의 영향이 경주 지역에 미치고 형산강 하상이 매적되면서 북천 하류부는 하방침식을 측방침식으로 전환하였으며 이에 따라 북천 하류부 하상은 그 폭이 상당히 넓어졌다. 경주선상지를 흐르는 북천 하류부 하상의 이와 같은 특징은 집중호우가 있어도 북천의 유량을 하도가 감당할 수 있는 정도까지 확장된 결과이며 유수가 측방침식을 통해 하도의 깊이와 폭을 만든 것이다. 이와 같은 과정은 인간의 영향이 없는 환경에서 진행된 것이다.

한편 경주 지역에 인구가 증가함에 따라 산지의 식생은 파괴되고, 따라서 산지사면에서 북천의 하곡으로 많은 퇴적물들이 공급되기 시작하였다. 세립 물질들은 하류부로 운반되어 제거되었으나, 조립질은 멀리까지 운반되지 못하고 하상에 퇴적되어 하상고도를 점차 높여 나갔다. 즉, 북천이 자연상태에서 이룬 하천의 평형상태가 인간의 영향에 의해 균형이 무너진 것이다. 아울러 형산강과 남천의 유역분지에서도 유사한 현상이 발생하였다. 특히 북천의 침식기준면인 형산강의 하상이 높아지면서 북천 하류부 하상고도도 형산강 합류점부터 상류 방향으로 가면서 높아졌다. 이에 따라 하상과 하도 양안의 선상지 지형면과의 비고차가 줄어들었다. 하상고도가 시간이 갈수록 높아졌는데 이러한 과정은 북천 하상 퇴적층에 남아 있다. 한편 고대 동안 북천의 하상에 조성되었던 주거지를 비롯한 인간활동 공간들도 하상고도가 상승한 북천이 운반한 퇴적물로 덮여 폐기되었으며 그 흔적도 역시 북천 하상 퇴적층에 남아있다. 황룡사지 동쪽 왕경 발굴 유물전시관을 건립하기 위해 발굴한 구역에서 확인된 퇴적층(그림 16)에서 이러한 내용을 확인할 수 있다(황상일, 2007). 고대에 북천 하상은 퇴적물에 의해 매적되었지만 유수가 하도를 넘어 왕경이 입지한 선상지 지형면에 홍수의 피해를 입히지는 않았다. 그러나 형산강과 남천 범람원은 범람의 빈도가 점차 빈번해지고 홍수의 강도가 커졌다.

북천 하상이 유역분지 식생파괴의 영향으로 하상고도가 높아져도 고대에는 범람이 일어나지 않았지만 고려시대와 조선시대에는 북천 유수가 하도를 벗어나 선상지 지형면 위를 넘쳐 흘렀다. 홍수의 증거는 황룡사지 동쪽에서 이루어진 왕경 발굴 유물전시관 발굴지 트렌치 단면(그림 16)에서 확인된다. 고대 동안 인간활동에 의한 식생파괴와 이로 인해 발생한 하천의 평형상태 파괴는 고려시대와 조선시대에 홍수를 발생시킨 것이다. 이때 범람수는 분황사 동쪽에서 하도를 벗어나 황룡사지 동쪽을 통과하고 안압지 북쪽과 월성 북쪽의 소하천을 따라 계림 동쪽으로 흘러 남천으로 유입하였다. 그리고 또 다른 범람수는 분황사 서쪽에서 남서 방향으로 흘렀다. 고려시대에는 이 홍수로부터 도심을 보호하기 위하여 남고루를 조성하였 다고 생각된다. 남고루는 현재 극히 일부 구간만 남아있으나 고려시대에는 현재 대릉원 입구 부근부터 북동쪽으로 북천 유로까지 연장되어 있었다(그림 45). 북천의 북쪽에는 동고루를 조 성하여 범람수를 막았다.

(4) 용수 부족과 지하수위 하강

경주 지역은 우리나라에서 과우지에 속하며 하천들의 유역분지 규모가 작고, 유로 길이 가 짧아 우기인 여름을 제외하면 유량이 적어 덕동호와 보문호에서부터 시작하는 관개시설 이 만들어지기 이전에는 만성적인 용수 부족에 시달렸다. 그러나 식생이 양호했던 시기에는 토양에 저장되었던 물이 지하수로 유출되어 하천으로 공급되므로 북천, 남천 및 형산강의 하 도에는 상당 기간 동안 유지수가 있었을 것이다. 양호한 식생으로 피복되어 있고 두꺼운 Ao 층으로 덮인 표토층으로부터 소모되는 증발산량은 있으나 잘 발달한 토양에 포함된 토양 저 장수는 이를 상쇄하고도 남아 지하수위가 충분히 유지될 수 있다.

한편 인간의 영향이 커짐에 따라 산지 사면에 식생이 파괴되면서 이와 같은 양상에 큰 변 화가 발생한다. 특히 유역분지 기반암이 화강암으로 되어 있으며 산지 사면 경사가 대단히 급한 북천과 남천의 경우, 조립질 사면퇴적물이 급격히 제거되면서 산지 사면에 기반암이 노 출되었다. 집중호우 때 강수는 지표수로 단시간에 유출되어 버리고 지표면 아래로 침투하는 지하수의 양도 그리 많지 않다. 그리고 강수가 그치면 하천 수위는 곧 하강한다. 이에 따라 낮 아진 하상의 수위에 대응하여 지하수가 하도로 빠르게 유출되고 지하수 수위도 저하된다.

이와 같은 수문학적 변화는 경작지 용수공급에 부정적으로 작용하며, 우물 수위를 낮추어 용수 부족을 초래한다. 특히 경주선상지에서는 인구가 많고 인구밀도가 매우 높아서 용수의 수요가 많음에도 불구하고 지하수가 부족해진다면 심각한 결과를 초래할 수 있다. 용수의 부족은 용수의 질을 낮춘다. 즉, 지하수가 모자라면 사람들은 오염된 물도 음용수로 이용할 수밖에 없다.

(5) 가뭄 효과 강화

식생이 파괴되면 토양층의 투수력이 낮아져 토양의 수분보유능이 감소되므로 지표유출은 늘어난다. 따라서 강수는 대부분 지표수로 유출되므로 지하수를 함양하지 못한다. 또한 하천의 수위에 영향을 받는 지하수의 유출 속도가 매우 빨라서 지하수위가 낮아지면 토양 수분이 감소하므로 토양의 비옥도에도 영향을 미친다. 식생이 파괴된 지역에서는 토양층의 저수 기능과 투수 기능이 저하되므로 토양의 식물생산 기능과 정수 기능도 상실한다(김희종, 1985). 유역분지 관리가 양호하고 식생으로 피복되어 있다면 왠만한 가뭄이 와도 토양층에 저수된 수분이 지속적으로 공급되므로 적은 유량이지만 하천수가 유지되고 이에 따라 지하수의 수위도 크게 낮아지지 않는다. 그러나 유역분지에 식생이 대부분 제거되었다면 강우시 지표유출이 급격하게 일어나므로 하천의 수위가 빠르게 상승하고 강우가 그치면 하천의 수위는 즉각 하강한다. 이것은 유역분지의 산지 사면에 저수 기능이 거의 상실된 결과이다.

가뭄이 발생하면 하천과 지하수에 의존하여 살아가는 주민들은 용수 부족에 시달린다. 더욱이 산지에 이미 식생이 거의 제거된 경우에는 강수가 알맞게 발생하더라도 가뭄의 피해가 나타날 수 있다. 왜냐하면 식생이 제거된 유역분지에서는 토양 공극이 충분히 발달하지 못하고 지표유출이 빠르게 일어나고, 강수 이후 하천의 수위가 급격하게 낮아지므로 자유지하수대의 기저유출도 더욱 빨라지며, 지하수위가 낮아져서 토양의 수분도 빠르게 제거되기 때문이다.

4) 자연재해와 인간활동에 기인한 통일신라의 붕괴 과정

그림 86은 삼국사기에 기록된 8세기 이후 경주 지역 가뭄, 역질, 홍수, 메뚜기, 지진과 같은 자연재해와 모반 또는 반란, 역질, 기근 및 흉년과 같은 사회현상을 나타낸 것이다. 삼국사기 기록이 대단히 소략한 것은 자연재해와 사회현상의 정도가 심한 것만 기록한 데 기인하는 것으로 생각된다. 아울러 서로 관련되는 것으로 추정되는 것은 화살표로 연결하여 당시의 상황을 검토하였다.

흉년과 기근의 발생에 가장 크게 영향을 미치는 것은 가뭄이다. 영남지방은 특히 강수량이 부족하다. 가뭄은 대단히 넓은 지역에 동시에 발생하는데, 관개시설과 저수지 축조가 원활하지 못한 고대에는 이에 대처할 기술적 방도가 마땅치 않아 비가 내리기를 기다리는 수밖에 없다. 다만, 농업 생산이 감소하면 기근이나 흉년을 초래하므로 가뭄이 발생하면 법회를 연다든가 기우제를 지내는 등 당시 수준에서 할 수 있는 다양한 노력을 하였을 것이다.

18시기(786~835년)는 자연재해가 가장 극심했던 시기였다. 이 시기 동안 열 번의 가뭄 가운데 일곱 번의 가뭄이 아홉 번의 기근 또는 흉년과 관계있으며, 두 번의 역질 발생에 영향을 미친 것으로 생각된다. 이 시기는 정치적으로는 모반이나 반란이 네 번 있었고 이 가운데 809년에는 애장왕이 반란 세력에 의해 살해된다. 삼국통일기인 15시기(636~685년) 동안 네 번, 통일 직후인 16시기(686~735년) 한번, 17시기(736~785년) 일곱 번의 모반이나 반란이 있었던 데 비해 18시기의 네 번은 그리 많은 것은 아니다.

봄과 여름에 가물면 가을에 추수할 곡물이 없어서 흉년이 든다. 이전 해의 가뭄이 다음 해 춘궁기에는 기근이나 흉년을 초래한다. 흉년이 되면 곡물 생산량이 감소하므로 가격이 폭등하고, 농민들은 세금을 낼 여유가 없어서 어려움에 직면한다. 사람들은 식량부족으로 면역력이 급격하게 저하되어 질병에 걸리거나 전염병에 취약해진다. 두 해 연속하여 가뭄이 발생한 경우 어려움은 크게 가중된다. 농부들은 아무리 어려워도 다음해에 파종할 씨앗은 보관한다. 그러나 흉년이 연속하여 발생하면 종자마저 먹어버린다.

시기	자연재해	사회현상	시기	자연재해	사회현상
16	696(●) 698(□) 703(□) 705(●) 709(●) 714(●) 715(●) 716(●) 720(◎,□)	700(X) 705(☆) 706(☆) 707(☆) 714(△)	19	840(●) 848(●) 853(□,◎) 858(●) 867(□) 870(□) 872(◎)	836(X) 838(X,X) 839(X) 840(☆) 841(X,△) 846(X) 847(X) 849(X) 857(△) 859(☆) 866(X) 867(△) 868(X) 870(△) 873(☆,△) 874(X) 879(X)
17	745(●) 747(●) 754(●,◎) 769(●,◎)	740(X) 747(☆,△) 755(☆) 768(X) 770(X) 775(X,X) 780(X,X)	20	886(●) 888(●) 906(●) 907(●) 921(●,◎)	886(☆) 887(X) 889(X) 918(X)
18	785(□) 786(●) 787(◎) 788(●,◎) 790(●) 795(●) 797(□,◎) 798(●) 809(●) 814(□) 817(●) 820(●) 827(●) 832(●)	786(☆) 789(☆) 790(☆) 791(X) 796(☆,△) 809(X) 815(☆) 816(☆) 817(☆) 820(☆) 821(☆) 822(X) 825(X) 832(☆) 833(☆,△)		< 범 례 > ⟶ 영향을 미쳤을 가능성이 있음 숫자는 연대를 나타냄 □ 홍수 X 모반 또는 난 ● 가뭄 △ 역질 ◎ 메뚜기 ☆ 기근, 흉년	

그림 86. 삼국사기에 기록된 8세기 이후 경주 지역 자연재해와 사회현상

18시기가 시작되던 해인 786년에는 가뭄이 들었고 경주 지역에 기근이 발생하였다. 이에 국가에서 조 6만6천석을 내어 굶주리는 백성을 구제하였다. 이듬해 787년에는 메뚜기떼가 창궐하여 곡물에 피해를 주었으며, 788년 가을에는 나라 서쪽에 가뭄과 메뚜기떼가 함께 피해를 주었고 이의 영향으로 AD 789년 봄에 한산주에 기근이 들었다. 790년에는 봄에 큰 가뭄이 있었고, 나라 서쪽 한산주는 2년 연속 기근이 들었다. 18시기 초반 5년 동안 가뭄과 메뚜기떼로 인해 농업에 큰 타격을 입었으며 연속하여 기근으로 고통받았다. 원성왕은 786년과 789년 그리고 790년에 조(粟)를 내어 백성을 진휼하였다. 아직 중앙정부의 창고에 여분의 곡물이 남아 있었다. 그리고 790년 전주 등 7주 사람을 징발하여 벽골제를 증축하였다.

AD 815년에는 서쪽 변경의 주군에 기근이 들어 도적이 일어나니 군대를 내어 도적을 평정하였다. 816년에는 기근이 들어 백성 170명이 당나라 절동(浙東, 절강성 동쪽) 지역으로 가서 식량을 구하였다. 817년에는 5월에 가물어서 겨울에 많은 사람들이 굶어 죽었다. 3년 연속 기근이 들었다. 817년에는 가뭄과 기근이 동시에 발생하였다. 왕은 주군에 교시를 내려 창고의 곡식으로 구휼하게 하였다. 굶고 있는 백성들을 위하여 국가나 지방 주군이 창고를 열어 곡식을 나누어주는 구휼조치는 이것이 마지막이었다. 이 다음부터는 실질적인 구휼조치는 없고 사신을 보내 백성들을 위문하거나 구제하도록 지시하는 것으로 그친다. 그러나 왕이 주군에 내린 교시대로 굶고있는 백성들에게 곡식이 실제로 배분되었는가에 대해서는 논의가 더 필요하다. AD 815년과 816년에 연속하여 흉년이 들어 식량이 모자랐으므로 농민들이 세금을 제대로 낼 수 없어 주군의 창고가 거의 비었을 것이다. 중앙정부의 창고가 비어 구휼미를 낼 수 없는데 지방의 형편은 더 어려웠으며, 왕의 교시는 실효성이 거의 없었을 것이다.

3년 연속 기근이 닥치면 농민들은 굶으면서도 종자를 보관하였을 가능성이 거의 없었을 것이다. 그들은 마지막까지 가지고 있었던 종자를 816년이나 817년에는 먹어버렸다고 보는 것이 합리적이다. 16시기인 705년과 706년 그리고 707년에 걸쳐 흉년과 기근이 들었을 때 창고를 열어 곡물을 나누어주고 707년에는 국가에서 백성들에게 종자를 나누어 주었다. 이때는 삼국통일이 완성된 지 30년이 경과하여 중앙정부의 재정이 그나마 여유가 있었으므로 종자를 나누어준 것이다. 그러나 817년에는 나누어줄 종자는 고사하고 기근을 면하게 해줄 곡식도 나누어 줄 형편이 되지 못하였을 것이다. 대부분의 농민들은 818년에 날씨가 순조로워도 경작을 할 수 없었을 것이다. 통일신라는 18시기 중반 AD 9세기가 시작되는 즈음 중앙정부의 재정이 크게 나빠졌다. 국력이 약해졌으며 국가의 복잡성은 크게 떨어졌다.

AD 820년에는 봄과 여름에 가물어서 겨울에 기근이 들었고, 821년 봄까지 기근이 계속되어 자손을 팔아 생활하는 사람까지 생길 정도로 상황이 어려웠다. 822년 김헌창이 반란을 일으킨다. AD 832년에는 봄과 여름이 가물어 농작물을 거둘 수 없게 되었고 기근으로 곳곳에 도적들이 일어났다. 처음으로 기근으로 도적이 출현한 것으로 삼국사기에 기록하였다. 이 기근은 이듬해 833년 봄까지 계속되었고 가을에는 역병이 돌아 많은 사람들이 죽었다.

18시기에는 가뭄이나 메뚜기떼에 의한 기근이 여러해 연속하여 발생하는 특징을 보인다. 820년과 832년 가뭄은 봄과 여름 내내 가물어서 그 정도가 매우 심하여 당해 가을부터 이듬해 봄까지 기근이 계속된다. 특히 815년부터 821년까지 7년 동안 818년과 819년을 제외하고 기근이 5년 동안 발생하는데, 820년의 가뭄은 규모가 대단히 컸다. 이럴 경우 종자를 보관할 수 없으므로 경작을 포기하지 않을 수 없는 문제가 나타난다.

18시기를 지나며 농민을 포함한 평민이나 하층민들의 삶은 거의 붕괴되었다. 농민들은 어려운 시기를 넘기기 위하여 촌주[248]나 녹읍주들에게 고리의 이자를 주기로 약속하고 식량을 빌렸으며, 이듬해 농사를 지어 세금을 납부하고 빌린 곡물을 이자와 함께 갚았다. 이럴 경우 농민들은 그 다음해 추수 때까지 먹을 식량을 확보하기 어려웠을 것이다. 그러면 다시 고리대를 쓸 수밖에 없다. 그럼에도 불구하고 다음 몇 년 동안 농사가 제대로 된다면 원래의 삶을 회복할 수 있다. 그러나 가뭄이 연속하여 발생하거나 메뚜기떼가 나타나면 상황은 매우 어려워진다. 이런 경우에는 식량을 빌려준 이들에게 경작지를 헐값에 팔거나 또는 이자 대신 뺏긴다. 세금을 납부하던 토지를 차지한 촌주, 녹읍주, 부자 그리고 사찰은 세금을 내지 않는다.

---

248) 촌주들은 일반 촌민들과 비교가 되지 않을 정도로 많은 소를 보유하고 아울러 비옥한 전답을 소유하고 있었는데, 신라촌락장적의 사해점촌(沙害漸村) 촌주는 촌주위답 19결 70부를 가지고 있었다(이희관, 1999).

이와 같은 과정을 통해 농업의 기반인 농민들의 삶이 무너졌다. 18시기 후반 AD 822년에 발생한 김헌창의 반란에 지방의 약 반 정도가 호응하였으며 이것을 계기로 통일신라 중앙정부는 지방에 대한 통제력이 약화되었다(전덕재, 2002). 이 반란이 일어나기 전인 820년과 821년에 연달아 흉년 또는 기근이 있었다. 지방에 대한 통제력의 약화는 김헌창의 반란이 일어나지 않아도 피할 수 없었을 것이다. 이제 세금을 납부할 농민도 크게 줄었으며 그나마 남아 있는 사람들도 세금낼 능력이 없었을 것이다. 지방에서 세금 징수가 어렵고 따라서 국고로 들어오던 곡물량은 감소한다.[249] 그리고 시장에 공급되는 곡물량도 감소하므로 왕경에서 곡물 가격은 천정부지로 뛰었다. 인플레이션이 발생한 것이다. 인플레이션은 국가나 부자가 가난한 사람들을 털어먹는 가장 효과적인 방법이다.[250]

사로국이 영역을 확장하던 시기에는 정복한 지역의 곡물을 전리품으로 노획할 수 있으나, 통일 이후에는 신라 영토 내 모든 백성들이 거의 동등한 위치에 있으므로 세금 징수 외 다른 지역의 곡물을 수탈하는 것이 불가능하다. 따라서 18시기의 빈번한 가뭄과 기근으로 인한 민심의 이반은 19시기 동안 대단히 빈번하게 발생한 모반이나 반란[251]이 일어나는 데 큰 동력을 제공하였다. 국가의 가장 중요한 책무는 군사력으로 영토내 국민들을 외부의 적으로부터 보호하는 것이고 그 다음은 생존할 수 있게 식량자원을 배분하고 공급하는 것이다. 그리고 국민들은 세금을 납부한다. 그런데 기근으로 농민들이 식량을 구하지 못해 죽음에 직면하였는데도 국가가 주민들에게 식량을 공급하지 못한다면[252] 국민으로서 세금을 내면서 거

---

249) 경주 지역에는 2차 및 3차 산업 종사자들이 많이 거주하고 있었을 것이다. 이들 가운데 농장을 가지지 못한 주민들은 식량을 시장에서 구입하였으며 식량 수급에 따른 가격 변화에 영향을 받았다. 18시기 동안 국가 전체 곡물 생산량이 크게 감소하였으므로 곡물 가격은 크게 상승하였고, 아마 엄청난 인플레이션이 있었을 것이다. 왕경 주민 대부분이 고통받았을 것이고, 대농장을 가진 지배층을 비롯한 부자들은 오히려 양등한 곡물 가격 덕분에 쉽게 부를 축적하였을 것이다. 인플레이션은 부의 양극화를 더 크게 하여 사회 통합을 해친다. 이러한 사회불안정이 권력자들에 대한 불만을 키우고 모반과 반란을 준비하는 사람들에게는 명분을 준다.

250) 미국 연방준비제도(Federal Reserve System)는 인플레이션을 2% 선에서 막는 것을 가장 중요한 목표로 설정하고 있다. 초인플레이션을 겪었거나 겪고 있는 국가들의 상황을 살펴보면 이와 같은 목표 설정을 이해할 수 있다.

251) 이 시기에는 12회의 모반 또는 반란이 일어났으며, 이들 가운데 836년에는 민애왕이 된 김명이 반란을 일으켜 희강왕을 자살하게 하였고, 839년에는 신무왕이 된 김우징이 반란을 일으키고 민애왕이 반란군에게 살해되었다.

252) 신라도 형편이 좋았던 시기에는 가뭄으로 인하여 기근이 발생하면 중앙정부에서 보관하고 있던 곡물을 내어 생

주할 이유가 없는 것이다.[253]

18시기 기근으로 생존이 불가능해진 백성들은 적극적으로 산적이나 초적이 되거나 또는 해적이나 난민으로 일본에 갔다. 그리고 소극적으로는 소작농(小作民, 佃戶民, 佃戶)이나 용작민(傭作民, 용작인, 머슴)이 된다. 이와 같은 민심 이반 현상이 나타나면 백성을 위한다는 명분을 만들기 용이하므로 권력을 잡으려는 세력은 패거리를 만들어 왕에 대한 모반이나 반란을 일으킬 수 있다. 한편 모반이나 반란은 민심 이반이 없어도 정치적인 입장 차이로 일어날 수 있으나,[254] 이런 경우에도 백성을 위하여 반기를 든다고 명분을 내세운다.

김부식은 17시기 마지막 왕인 혜공왕에 대한 빈번한 모반에 대해 '왕이 어려서 즉위하고 장성함에 따라 성색에 빠지고 무시로 유행하여 기강이 문란하고 재이가 누현하며 인심이 이반하고 사직이 불안하였으므로 이찬 김지정이 반하여 도중을 모아 궁궐을 에웠다'라고 기술하였다(삼국사기 9 신라본기 9). 8세에 왕이 되어 태후가 섭정하고 16년을 재위하여 20대 중반의 청년이 되었으므로 어린 왕은 아니었다. 그리고 혜공왕 시기에는 여섯 차례의 지진과 한차례의 가뭄이 있었으나 기근은 없었으므로 '재이가 누현하며 인심이 이반하였다'는 것은 납득하기 어렵다.

19시기에는 가뭄이 세 번에 그침에도 불구하고 기근 및 흉년은 세 번 있었으며, 세 번의 기근 가운데 두 번은 가뭄과 그리고 한 번의 기근은 메뚜기떼와 관계있는 것으로 생각된다. 그리고 역질(전염병)은 다섯 번 발생한다. 통일 이후 경주의 인구는 빠르게 증가하여 19시기

존할 수 있게 조치하였다. 원성왕 2년(786년) 가뭄과 이로 인한 기근이 발생하자 왕은 9월에 조 33,240석, 10월에 조 33,000석을 내어 나누어 주었다. 17시기 마지막 왕인 혜공왕(765~785년) 때 무려 일곱 번의 모반 또는 반란이 있었으나 국가의 모든 기능은 정상적으로 작동하였고 국고에는 세금으로 받은 곡물이 충분히 비축되어 있었음을 알 수 있다. 즉, 왕권을 두고 죽이고 살리는 것은 진골 귀족들 사이의 문제이며 공조직은 여전히 정상적으로 기능하였다는 것이다. 왜냐하면 농민들이 제대로 세금을 납부하고 관리들은 이것을 왕경으로 보내고 국고는 국가를 운영하는데 충분히 뒷받침하기 때문이다.

253) 21세기에도 북아프리카의 국가들과 중동의 시리아 그리고 남아메리카의 베네주엘라를 비롯한 국가들에서는 유럽과 북아메리카로 가려는 많은 난민들이 있다. 이들이 출발한 국가들은 국가가 해야 하는 가장 기본적인 책무조차 하지 않았으므로 생존을 위해 난민이 된 것이다.

254) 삼국 통일이 진행되던 15시기(636~685년)에도 네 번의 모반이나 반란이 있었다.

에는 삼국사기에서 확인되듯이 경주 일원 수도권 인구가 거의 80만 명에 도달하였다. 빈번한 가뭄과 간헐적으로 발생하는 호우로 인한 큰물(大水)은 인구밀도가 높은 대도시에 수질 문제를 발생시킬 수 있다. 18시기에도 경주의 인구밀도가 높았고 빈번한 가뭄으로 지하수 수질이 나빠졌을 것으로 생각되지만 역질은 그리 많이 발생하지 않았다. 19시기의 빈번한 역질 발생은 지하수 과다 사용으로 지하수위가 낮아지는 등의 요인으로 깨끗한 용수의 공급이 충분하지 못하였으며 그리고 하천수나 지하수가 오염되었음을 시사한다. 잦은 모반과 반란 그리고 국가 재정이 궁핍하여 사회간접자본에 대한 투자를 할 수 없는데다가 인플레이션으로 곡물 가격이 앙등하여 주민들의 면역력이 크게 훼손된 것도 역질 유행에 중요한 요인이 되었을 것이다.

한반도에서는 농경이 본격적으로 시작된 청동기시대 이래 식생파괴는 꾸준하게 이루어졌다. 경주를 포함하는 동해안 지역은 일찍부터 경주에 공급할 연료와 기와, 토기, 제철, 제염 등 수공업에 필요한 연료림을 공급하면서 식생이 제거되었다. 방어진 화분분석 자료(그림 85)에 의하면 사로국이 성립되면서 목본 비율이 다소 빠르게 감소되었고, 5세기 경부터 초본이 목본보다 더 많아지기 시작하였고 통일이 진행된 15시기(AD 636~685년)에 목본 비율이 최소 수준에 도달하였다. 15시기 무렵 경주를 포함하는 동해안 지역의 목본은 대부분 제거되었다. 식생이 파괴된 지역에서 농업 환경은 약간의 기상 악화에도 크게 악화된다.[255] 집중호우 시에는 경작지가 거의 황폐해지고,[256] 며칠 비가 내리지 않으면 하천이 말라서 가뭄에 노출되므로 곡물생산량은 크게 감소한다.

가뭄에 의한 자연환경 변화는 곡물생산량을 감소시키는데, 18시기의 빈번한 가뭄은 농민들에게 재앙적인 피해를 주었다. 농민들은 그들의 거주지를 떠나 유민이 되어 일부는 경주와

---

255) 현재 북한은 경작지 확대와 연료림 채취로 식생이 심하게 파괴되어, 홍수와 가뭄으로 거의 매해 흉년이 들고 곡물생산량이 충분하지 못하여 기근의 위험에 노출된다.

256) 11시기 5번, 12시기 2번, 14시기 1번, 15시기 1번, 16시기 3번, 17시기 1번, 18시기 2번, 19시기 3번 홍수가 발생하였다. 식생이 제거된 유역분지에서 발원한 하천은 산지에서부터 하중(load)을 많이 공급받으므로 하상비고를 지속적으로 높여서 천정천을 형성한다. 그러므로 강수가 약간 증가하여도 범람을 일으켜 농경지를 토사로 덮어버린다. 현재 북한에서는 해마다 여름이면 이런 일이 반복되고 있다.

같은 도시로 이주하고, 일부는 영남지방의 서쪽이나 호남지방 그리고 북쪽 변경 등 보다 먼 지역으로 이주하였을 것이다. 인구가 감소하는 농촌 지역과 인구가 유입하여 인구증가가 나타나는 지방호족 근거지 사이에는 사회적 및 경제적 활력의 차이가 컸으며 이에 의한 파급효과도 상당하였을 것이다. 현재 인구 감소를 겪고 있는 국가들에서 일어나는 국가경쟁력 하락과 활력의 감소가 가져오는 사회적 불안은 고대국가에서도 다를 바 없었다.

19시기에 홍수는 세 차례 발생하였으며 가뭄은 8년 및 10년 간격으로 세 차례 있었다. 가뭄이 있었던 840년과 858년에는 각각 가을이나 이듬해 봄에 기근이 발생하였다. 이것은 경작지 토양의 수분수지가 나쁘고 토양의 비옥도가 불량한데 기인하는 것으로 생각된다. 872년에 메뚜기떼가 내습하여 흉년이 들고 이듬해 기근이 발생하였다. 18시기에 비해 자연재해 발생 빈도가 크게 줄었으나, 이미 지방의 농촌은 인구가 많이 감소하였고 경작지도 축소되어 농업 기반이 거의 붕괴되었다. 중앙정부의 장악력이 심하게 떨어져 지방 호족들의 원심력이 더 커진 상태였으므로 이반된 민심을 되돌리기 어려웠고 떠나간 농민들은 돌아오지 않았다. 중앙정부는 모반과 반란을 관리하기에도 힘이 부칠 지경이었으므로 농민들의 형편을 살피고 농업 기반을 회복하기 위한 정책을 만들 여유가 없었을 것이다. 그리고 실질적인 효과를 얻기 위한 투자를 할 재정적 여유도 없었다.

그러나 귀족, 녹읍주, 부자, 사찰 그리고 촌주는 보유 경작지 면적을 크게 늘렸으며 소작농, 용작민, 노비 등의 노동력을 이용하여 대농장을 경영하였다. 그리고 엄청난 부를 축적하고 있었을 것이다. 어차피 국가가 자신들을 보호해줄 수 없으며 자신들은 국가에 대한 의무도 없었으므로 각자도생의 상황임을 잘 인식하고 있었을 것이다. 지금도 어떤 국가에 전쟁이 벌어지거나 국가의 복잡성이 떨어져 붕괴 조짐이 보이면 그동안 부를 축적한 부자와 기득권층은 국외로 떠난다. 로마가 겁탈을 당할 때도 부자들은 마차에 돈과 금은 등 보석을 가득 싣고 지방의 별장으로 도망갔으며, 아프카니스탄 정부가 붕괴되었을 때 카불공항과 베트남이 붕괴될 때 사이공 미국 대사관의 모습을 상상하면 된다. 그러나 정보가 더 많은 부자들은 이미 훨씬 전에 떠났다.

18시기 및 19시기에 다른 지역으로 이주하는 인구는 주로 생산계층의 젊은 사람들이었을 것이다. 노년 인구는 형편이 나빠져도 새로운 계획을 가지고 다른 지역으로 이주할 가능성이 낮다. 이에 비해 젊은 사람들은 미래에 대한 가능성과 기회를 찾아 떠난다. 19시기 마지막에 해당하는 헌강왕대(재위 875~886년)에 경주 지역의 인구는 17만 8천호로 기록되어 있다. 이것은 가뭄과 기근이 빈번하게 발생하여 경작지를 떠난 유민들 가운데 일부가 수도인 경주 지역으로 유입하여 나타난 결과로 생각된다.

완전한 붕괴가 일어나기 50년 전인 19시기는 왕권을 쟁취하기 위한 반란으로 두 명의 왕이 죽었으며,[257] 4번의 모반 또는 반란이 있었던 문성왕(재위 839~857년)대와 헌안왕(재위 857~861년) 그리고 세 번의 반란이 일어난 경문왕(재위 861~875년)대를 지나 헌강왕으로 이어졌다. 가뭄과 흉년 및 기근으로 농업 기반이 붕괴된 18시기를 거치면서 국력이 약해지고 국가의 경쟁력이나 활력은 크게 낮아졌는데, 19시기에 들어와 무려 11번의 반란과 모반을 겪은 후 헌강왕대에 와서 누린 평화를 태평성대라고 할 수 있을까.

'바람과 비가 철마다 순조로와서 농사가 비교적 잘 되었다'는 왕과 신하의 대화를 토대로 볼 때, 곡물생산량은 이전에 비해 크게 줄었으나 경주로 들어오는 약간의 세금으로 중앙정부 기능은 희미하게 작동하고 있었던 것으로 볼 수 있다. 그리고 녹읍과 장원에서 소작농과 용작민들이 갖다 바치는 곡물로 창고가 가득찬 귀족과 부자들이 사는 왕경에는 사람들이 기와집에서 숯으로 밥을 하고 길에는 노래와 풍류소리가 밤낮 그치지 않으며, 백성들은 태평성대를 누린다고 신하는 왕에게 이야기한다. 이 백성은 왕경의 백성이다. 아마 이 기록은 사실과 상당히 부합할 것이다. 다만 헌강왕대의 태평성대에 대한 기록은 경주 지역의 사정을 묘사한 것으로 통일신라 전체에 대하여 표현한 것은 아니다. 19시기에 발생한 모반이나 반란은 삼국사기에 기록된 열두 번 외에도 통일신라 전역에 수많은 난이 발생하였으므로 사람들은 안전하지 못한 상황에 노출되었을 것이다.

19시기에 발생한 기근에 대한 헌안왕(858년)과 경문왕(873년)의 대책은 창고를 열어 곡물을

---

257) 838년 김명(민애왕)의 반란으로 희강왕이 자살하고, 839년 김우징(신무왕)이 반란을 일으켜 민애왕을 시해하였다.

나누어 주는 것이 아니라 각 지역으로 사자를 보내 구제하도록 지시하는 것으로 그친다.[258] 이것은 국가의 창고에 굶는 농민들을 구제할 여분의 곡물이 없었다는 것을 의미한다. 파견된 사자들도 실제로 기근에 시달리는 농민들을 구제할 수단이 거의 없었을 것이다. 오히려 기득권층인 대농장의 소작농이나 머슴들은 기근의 고통이 상대적으로 더 적었을 것으로 생각된다. 이들을 노동력으로 이용하는 대지주들은 자신들의 노동력을 보존하기 위하여 곡물을 나누어줄 여지가 있기 때문이다. 그러나 농민들은 흉작으로 세금을 납부할 여유가 없음에도 불구하고 정해진 세금을 우선 내어야 한다. 파견된 사자들은 농민들에게 세금을 받아서 이들을 구제하여야 하는데 이것이 가능하겠는가. 그러므로 왕들의 지시는 아무런 결과를 얻지 못하는 공수표였다고 생각된다.

19시기에는 18시기와 달리 기근이 발생하여도 도적이나 초적이 발생하였다는 기록이 보이지 않는다. 지방의 인구구조가 노령화되었거나 인구수가 최소한까지 감소하여 더 이상 유민이 발생하지 않았으므로 인구이동이 적었을 가능성도 있다. 그러나 토지를 떠난 유민들은 도적이 되었는데 지방의 행정조직이 와해되어 보고가 되지 않았을 가능성이 더 크다. 이 시기 울산 지역에서는 초본화분 비율은 감소하고 목본화분 비율은 증가하는데(그림 85), 이것은 경작지가 감소한 데 기인한 것으로 추정된다. 즉, 농민들이 경작지를 버리고 유민이 된 것이다. 그러나 경주 지역에는 여전히 초본화분이 높은 비율을 유지하고 있는데(그림 83), 이것은 식생파괴가 지속되고 있었음을 의미한다.

---

258) 기근이 발생하였을 때 왕이 중앙정부의 창고를 열어 곡물, 주로 조를 나누어 주도록 하는 것은 18시기 초기인 원성왕 12년(796년)이 마지막이었다. 그리고 왕의 교시가 실제로 실행되었을 가능성이 극히 낮지만, 각 주군에 명하여 주군의 창고에 보관된 곡식을 내어 농민들을 구제하게 한 것은 헌덕왕 9년(817년)이 마지막이었다. 그 이후 18시기 말에 네 번의 기근이 있었으나 왕은 실효성있는 지시를 하지 않았다. 헌덕왕 13년(821년)에는 자식을 팔아서 기근을 면해보려는 사람이 있을 정도로 상황이 심각하였으나 아무런 조치가 없었으며, 헌덕왕 12년(820년)과 흥덕왕 8년(833년)에도 아무런 지시가 없었고, 흥덕왕 7년(832년)에는 도처에 도적이 일어날 정도로 기근이 심하였으나 왕은 사자에게 명하여 백성을 위무하도록 지시한다. 그리고 19시기에도 기근이 심하면 왕들은 거의 효과가 없는 지시 즉, 사자를 보내 구제하도록 지시한다. 굶어 죽어가는 사람들을 사자들이 무엇으로 살릴 수 있었겠는가. 고난의 행군 시기 북한 정부는 지방의 굶주리는 사람들에게 아무런 구제 대책을 내놓을 수 없었다. 이런 시기에도 국가로부터 배급을 받은 평양 주민들은 지방의 참상을 들어서 어렴풋이 아는 정도였다. 지방과 평양은 실질적으로 다른 국가이다. 통일신라시대에도 왕경과 지방은 실질적으로 다른 나라였을 것이다. 왕경 사람들은 지방민들이 얼마나 어려운 곤경에 처했는지 관심이 없었을 것이다.

20시기에는 다섯 차례의 가뭄과 한 차례 기근이 있었을 뿐이다. 그리고 모반이나 반란도 네 번에 그친다. 기록으로는 18시기와 19시기에 비해 훨씬 더 평온하고 안정된 것처럼 보인다. 그러나 이미 18시기의 경제적 붕괴와 19시기의 정치적 붕괴를 거치며 20시기에 들어와 국가는 총체적 붕괴 상황에 이르렀다. 국가가 안정적으로 곡물을 공급하지 못하고, 군사적으로도 안전을 보장하지 못하는 것을 인식한 농민들은 이미 대량으로 이탈하였고, 이들은 안전을 보장받기 위해 양길, 궁예,[259] 견훤, 왕건 등 지방 호족의 영역으로 사회적 이동을 하였을 것이다. 그리고 일부는 원래의 거주지에 있으면서 세금을 중앙정부에 내지 않고 자신들을 통제하는 지방 호족에게 납부하면서 보호받는 경우도 있었을 것이다. 생존과 안전을 보장하지 못하는 정부에게 세금을 낼 수는 없는 것이다. 이런 국가가 붕괴되는 가장 일반적인 방식은 사람들이 국가를 떠나는 것이다. 20세기 후반 동독이 대표적 사례[260]이며, 북한은 이러한 사태를 막기 위하여 국경을 철저하게 봉쇄하고 있다.

자연재해 발생의 측면에서 20시기와 대비되는 것은 16시기와 17시기이다(그림 86). 통일 직후인 16시기에는 여섯 번의 가뭄과 세 번의 홍수 그리고 한 번의 메뚜기떼가 있었고 세 번의 기근과 한 번의 모반이 있었으나 삼국통일 직후 경제적으로 가장 풍요로운 시기였다. 중앙정부는 창고를 열어 기근으로 고통받는 사람들을 구휼하며 백성들에게 종자를 나누어줄 수 있을 정도로 여유가 있었다. 모반이나 반란을 제외하면 17시기가 20시기와 가장 유사하다. 17시기에는 가뭄 네 번, 메뚜기떼 두 번, 기근이 두 차례 그리고 모반이나 반란이 일곱 번 발생하였다. 통일 후 70~120년이 지난 17시기는 높은 농업생산력이 유지되고 경주의 도시화와 인구증가가 진행되면서 증강되는 국력을 바탕으로 정치적인 혼란을 극복할 수 있는 여력

---

259) 여기에 예외적인 조치도 있었다. 궁예는 905년 수도를 철원으로 옮긴 후 신라를 멸도로 부르며 신라에서 오는 사람을 모두 죽였다.

260) 1989년 여름 동독 주민들이 남쪽의 체코 국경을 넘어 서독으로 들어오지만 여행자유화가 인정된 것은 아니었다. 그러나 11월 소련 고르바쵸프가 동독의 자율적인 정책결정을 인정하고, 1989년 11월 9일 저녁 동독 정치국 대변인 귄터 샤브보스키가 기자회견에서 실수로 여행자유화에 대한 메시지를 발표하면서 동베를린 주민들이 서베를린으로 넘어오게 되었고 순식간에 베를린 장벽이 무너지며 동독은 붕괴된다. 북한 주민 탈북에 대한 자료는 SNS에서 얻을 수 있다.

이 있었다. 그러므로 20시기(AD 886~935년) 통일신라의 붕괴는 자연재해나 모반 및 반란에 의해 일어난 것이 아니다. 실질적인 붕괴의 시작과 진행은 18시기에 거의 마무리되었다. 탐욕스러운 기득권 세력들은 18시기에 이미 국가를 해체하여 자신들의 주머니로 넣었고 20시기는 단지 정치적으로 마무리하는 단계였다.

진성여왕 3년(889년)에 '국내 여러 주군(州郡)들이 공부(貢賦)를 바치지 않아 창고가 텅텅 비어 (국가의) 용도(用度)가 궁핍해졌으며, 그리고 도처에 도적이 들고 일어났으며 심지어 노비들도 반란을 일으켰'라고 삼국사기는 기록하고 있다. 국가로서 지방에 대한 통제력을 완전히 상실하여 세금 징수가 되지 않아 국가의 재정이 고갈되었으며, 통일신라의 통치력이 크게 축소되어 실질적으로 영남지방의 낙동강 좌안 정도만 통제하고 있었을 것이다.

불과 10년 전 헌강왕 6년(880년) 왕과 신하는 태평성대를 누리고 있는 경주의 상황을 이야기하면서 '상이 즉위하신 이래로 음양이 고르고 풍우가 순조로워 해마다 풍년이 들어 백성들은 먹을 것이 넉넉하고 또 변경이 안온하고 시정이 환락하니 이는 성덕의 소치입니다'라고 신하가 아뢰니 왕은 기뻐하며 '이는 경들이 보좌한 힘일 것이다. 내 무슨 덕이 있으랴.'라고 하였다. 당시 헌강왕은 왕경을 중심으로 경주 주민들은 지방 농민 상황과 관계없이 태평성대를 누리고 있었으므로 지방 상황에 대한 정보가 거의 없는 상태에서 한 대화로 볼 수 있다. 아마 지난 20년 동안 가뭄이 없었고 기근도 7년 전인 873년에 한 번 있어서 자연재해가 거의 없어 농사가 순조로웠다. 따라서 최소한의 세금이 경주로 들어오고 있었으므로 상황을 오판한 것으로 보인다.

그러나 18시기부터 지방 행정 조직을 담당한 촌주와 관료들은 대부분 녹읍이나 장원과 같은 대농장을 가지게 되었으며, 이것은 소작농이나 용작민(머슴) 또는 노비를 이용하여 경작할 수 있었는데, 19시기에는 이와 같은 경향이 더욱 확대되어 그들은 더 이상 공무에 관심이 없었을 것이다. 이와 같은 경향은 군사조직에도 적용될 수 있으며, 이 조직의 우두머리인 장군들도 대농장을 가지고 주둔지를 사실상 지배하였으며, 지역에 따라 19시기 또는 20시기 어느 때부터 운영비와 인건비가 제공되지 않았으므로 군사조직의 본래 기능도 작동이 거의 멈추었을 것이다.

　20시기에 들어와 신라 중앙정부는 간판을 제외하면 거의 아무 것도 없는 빈사상태에 빠진다. 삼국사기에도 통일신라에 대한 내용은 거의 없고 대부분 지방호족인 양길, 궁예, 견훤, 왕건에 대한 기록으로 대체된다. 이들은 신라 영토 내에 자리잡고 자신들의 영향력을 확대하기 위하여 영역 확장을 꾀한다. 지방을 지키던 장군들은 눈치를 보면서 자신에게 가장 이익이 되는 편에 투항한다. 심지어 경애왕 2년(925년) 영천의 장군 능문이 왕건에게 투항하였으나, 왕건은 영천이 경주에 너무 가까웠으므로 능문을 위유하여 돌려보낸다. 이미 자신의 영향권에 있는 경주의 목에 해당하는 지역을 차지하여 왕경의 귀족과 부자들을 불안하게 하고 민심을 잃는 결정은 하지 않겠다는 생각이었다.

　지방호족들은 서로 전투를 벌이기도 한다. 경애왕 4년(927년) 견훤이 영천을 침범하니 경애왕은 왕건에게 도움을 청하고 왕건은 1만 명의 군사를 보내 구원하도록 지시한다. 이 군사가 도착하기 전 견훤은 경주로 침입한다. 견훤의 왕경 공격은 경애왕의 포석정 술자리 놀이로 널리 알려져 있는데, 당시의 상황은 다음과 같다.

　견훤 군대의 습격으로 왕은 왕비와 함께 성 남쪽 별궁으로 달아나서 숨었고, 따르던 관인, 악사, 궁녀들이 모두 사로잡혔다. 종척, 공경, 대부, 시녀들은 사방으로 흩어져 도망가 숨었고, 사로잡힌 자는 귀천을 가리지 않고 노비가 되기를 애걸하였으나 죽음을 면치 못하였다. 견훤이 군사를 풀어 크게 약탈하고 왕궁에 들어가 거처하면서 측근으로 하여금 왕을 찾게 하고 군중을 두고 핍박하여 경애왕의 목숨을 스스로 끊게 하였으며 왕비를 강제로 능욕하고 그 부하들을 풀어놓아 후궁들을 욕보이게 하며,[261] 이에 왕의 이종사촌 동생 김부를 옹립하여

---

261) 이 사건은 문헌에 어느 정도 구체적으로 묘사되어 있어서 전모를 파악할 수 있다. 경애왕을 살해하고 왕비를 능욕한 것으로 미루어 보면, 견훤 군대는 며칠 동안 왕경에 머무르며 금입택을 비롯한 부자들의 저택 전체를 약탈하여 가지고 싶은 모든 것들을 가져갔으며, 귀천을 가리지 않고 여성들을 능욕하였을 것이다. 한편 AD 410년 8월 알라리크가 이끄는 서고트족을 비롯한 게르만족 군대 10만 명에 의해 로마가 점령당하였으며, 게르만 군대는 5일 동안 약탈하고 살인하고 여성들을 능욕하였다. AD 455년 겐세리크가 이끄는 반달족은 로마 주교 레오와 합의하여 보름 동안 체계적으로 로마를 약탈하였다. 저항하지 않는 자는 죽이지 않기로 합의하였으므로 살해당한 사람은 적었다. 로마는 빈털터리가 되었다. 이 두 번의 사건을 '로마의 겁탈'이라고 한다(시오노 나나미, 2007, 15권). AD 927년에 있었던 통일신라의 수치스러운 사건은 '왕경의 능욕'이라고 해도 좋을 것이다. 견훤 군대는 돌

경순왕으로 삼았다.

경순왕 4년(930년) 왕건이 견훤의 군대를 안동에서 크게 이기니 30여 군현이 왕건에게 항복하였는데, 왕건이 이 사실을 경순왕에게 사신을 보내 전달하니 경순왕은 여기에 사의를 표하고 왕건을 만나고 싶다고 사신을 통해 요청하였다.

이듬해 경순왕은 태수 겸용을 보내 만날 것을 청하였는데(고려사 2 세가 2 태조 2), 아마 귀순의 뜻도 전달한 것 같다(고려사절요 1 태조신성대왕). 여기에 응하여 왕건이 경주로 왔는데 경순왕은 견훤에게 유린당한 설움을 눈물로서 왕건에게 호소한다. 왕건은 경주에 수십 일 머물다가 떠났다. 그리고 경순왕은 935년 개성으로 가서 나라를 넘기고 경주를 식읍으로 받고 돌아온다.

통일신라는 통일된 후 120여 년 동안 지속적으로 성장하여 절정기를 맞았으나, 18시기에는 인간의 영향에 의한 식생파괴와 기후적인 요인으로 인하여 발생한 가뭄으로 기근이나 흉년이 빈번하게 발생하여 농업기반이 붕괴되고 농민들은 소작농이나 용작민이 되거나 유민이 되었으며, 통일신라는 심각한 수준까지 붕괴되었다. 19시기에는 가뭄이 거의 없었고 기근이나 흉년도 매우 드물게 발생하였음에도 불구하고 정치적으로 대단히 불안정하여 모반이나 반란이 열두 차례나 있었고 붕괴는 거의 절정에 도달하였다. 19시기의 정치적 불안정 배후에는 수백 년 동안 경주 지역에서 지속된 식생파괴와 이로 인한 경작지 황폐화 그리고 18시기의 빈번한 가뭄으로 인한 농업 기반의 붕괴가 영향을 미친 것으로 생각된다. 20시기에 통일신라는 붕괴를 정치적으로 마무리하는 과정을 거친다. 이제 통일신라라는 국가는 모반이나 반란을 일으켜 권력을 잡을 만큼의 가치도 없었다. AD 886년부터 936년까지 50년 동안 7명의 왕이 재위하였으나 진성왕과 효공왕을 제외하면 모두 재위 기간이 10년 미만이었다. 정치

아갈 때 왕의 동생, 재상, 귀족의 자녀들, 장인, 병장기, 진귀한 보물들을 모두 빼앗아갔다. 이때 왕건이 먼저 1만 명의 병사를 파견하고, 자신은 5천명을 직접 인솔하여 대구의 공산동수에서 전투를 벌였으나 견훤군에게 패퇴한 것으로 미루어 보면, 왕경을 침입한 견훤 군대 수는 2만 명 이상이었을 것으로 추정된다. 2만 명 이상의 군대가 며칠 동안 왕경 전체를 약탈, 살인하고 여성들을 능욕하였다면 로마의 겁탈만큼 참혹하였을 것이지만 삼국사기에는 소략하게 기술하고 있다. 시오노 나나미도 로마의 겁탈에 대한 내용을 그리 상세하게 기술하고 있지 않은 것을 보면 실상은 필설로 다 묘사할 수 없었을 지경이었을 것이다.

    자연환경 그리고 신라(新羅)의 발생과 붕괴

적 불안정성이 절정에 도달한 19시기에도 50년 동안 7명의 왕이 있었는데, 10년 이하 통치한 4명의 재위 기간은 평균 2.5년이었다.

19와 20시기의 빈번한 왕의 교체는 서로마제국이 붕괴되기 전 100년의 경우와 유사하다. 서로마의 경우 재위 기간이 5년 이내인 경우가 많았으며, 1~2년을 황제로 지낸 경우도 빈번하였다. 전제군주가 다스린 고대국가에서 빈번한 통치자의 교체는 국가 붕괴의 모든 현상을 함축적으로 보여주는 것으로 생각된다.

5) 자연환경 변화가 통일신라 붕괴에 미친 영향

재레드 다이아몬드(2005)는 미국의 아나사지와 카호키아, 중앙아메리카 마야의 도시들, 앙코르와트와 인더스 계곡의 하랍파, 남태평양의 이스터섬, 노르웨이령 그린랜드의 몰락을 점진적인 쇠락이 아니라 완전한 붕괴를 경험한 사회로 보았다. 이곳에서 붕괴가 발생하는 요인으로는 자연환경에 가하는 인간의 무모한 활동, 기후변화, 적대적 이웃 국가의 존재, 우호적인 이웃 국가의 지원 중단, 한 사회에 닥친 문제에 대한 주민의 반응을 제시한다. 이와 같은 다섯 가지 요인은 외부의 압력이나 침략에 의한 것이 아니라 국가와 그를 둘러싸고 있는 환경변화와 여기에 대응하는 주민들의 자세에서 나타난 자체 모순에 의해 붕괴가 발생한다는 것이다.

통일이 완성된 이후 120여 년이 지난 때에 인간에 의한 식생파괴와 기후변화가 겹치면서 나타난 환경변화로 인해 통일신라는 국가붕괴의 위기에 직면하였다. 공동체 구성원들이 환경변화가 초래할 문제의 심각성을 인식하고, 인구문제, 식생파괴 문제를 해결하기 위해 혁신적인 방법을 고안하기보다 그대로 방치하였거나 또는 기후가 다시 원래대로 회복되어 문제들이 해결될 때까지 수동적으로 기다렸다. 통일신라 지배층들은 환경변화가 초래할 붕괴 가능성을 심각하게 검토하기는 커녕 제대로 논의도 않았을 것이다. 그들이 이 문제에 대하여 아예 생각조차 하지 않았다고 하는 것이 정확할 것이다. 주변 산지가 헐벗고 황폐화되어 가는 것도 알고 있었을 것이다. 그러나 식생파괴가 가져올 많은 문제에 대해 해결하려는 노력은 어디에도 보이지 않는다. 이러한 행태는 연강수량이 1,000mm 내외이고 작물이 성장하는 시기가 장마철과 겹치는 한반도에서 심각한 가뭄이 있어도 이듬해에는 평균치의 기상으로 회복될 것이라는 기대감이 있기 때문이다.

재레드 다이아몬드(2005)는 붕괴를 회피하고 지속가능하게 유지된 사회의 예를 타코피아와 일본의 도쿠가와 시대를 사례로 분석하였다. 붕괴되지 않는 사회에서는 인구를 조절하는 적극적인 방법을 사용한다. 남서 태평양의 고립된 섬인 타코피아에서는 제로 인구 성장률(Zero Population Growth)을 기원하는 의식을 행하고, 다양한 피임방법을 사용하며, 유아를 살해하거나, 가난한 경우 결혼을 하지 않거나, 가뭄이 들면 자살을 택하는 문화 등이 있었다.

일본에서도 17세기 초부터 다이묘시대를 지나 쇼군이 실질적으로 통치하는 도쿠가와시대가 시작된다. 평화와 번영이 이어지자 인구와 경제가 폭발적으로 성장하여 삼림파괴가 심각해지고 한 세기 동안 인구는 배가 되었다. 이후 200년에 걸쳐 일본은 인구증가를 억제하고 삼림복원을 위한 노력을 통해 국가의 붕괴를 사전에 막았다. 18세기부터 19세기 초에 걸쳐 인구증가가 없었는데, 과거에 비해 늦게 결혼하고, 피임, 낙태, 유아살해, 수유 중 무월경 방법을 통해 다음 출산과의 간격을 더 넓히는 방법을 적용하였다. 그리고 삼림을 보호하기 위하여 도쿠가와 막부는 나무 대신 석탄을 연료로 사용하게 하고, 경작을 위해 숲을 태우지 못하게 하거나 벌목을 제한하였으며, 나중에는 식목을 하는 적극적인 방식을 취하였다.

도쿠가와 막부는 인구를 줄여야 에너지 소비를 감소시키고 그리고 식생을 보전하여 공동체를 지속가능하게 유지할 수 있다고 생각한 것이다. 인구증가를 방치한다면 에너지 소비를 줄이는 것은 불가능하다고 본 것이다. 통일신라 지배층을 비롯한 공동체 구성원들은 환경문제의 심각함에 대하여 어떤 자세를 보였는가 하는 것을 판단하는 핵심은 인구증가가 초래할 문제를 알고 있었는가 하는 것이다.

여기서 우선 경주 지역 인구에 대한 논의를 정리할 필요가 있다. 우선 통일신라시대 왕경을 중심으로 경주선상지 및 주변 지역 인구수가 17만 8천명 정도였는지 또는 80만 명 정도였는지 검토하여야 하지만 이미 여러 차례 논의한 것처럼 후자일 가능성이 훨씬 더 높다. 왜냐하면 전자라면 경주를 중심으로 주변 지역의 식생 파괴는 대단히 심각하게 발생하지 않았을 것이며 식생 파괴에 의한 환경 문제는 발생하지 않았을 것이기 때문이다.

통일신라 전성기 인구 17만 8천 호(戶)의 진위에 대해서는 다른 견해가 제시되고, 거주한 범위에 대해서도 여전히 이견이 있다. 그러나 경주와 인근 지역에 17만호가 거주하였다는 이 구체적인 기록은 특히 경주 주변 지역 선상지 규모와 인구부양력의 관계를 지시하는데, 경주가 통일신라 전성기 한반도의 중심이었음을 감안한다면 오류일 가능성은 매우 낮다. 이 기록으로 신라시대 전체 기간의 통시적인 인구 현황에 대해 구체적으로 논의하는 데는 한계가 있으나, 방리제가 수립되는 5세기 경에는 벌써 상당히 많은 인구가 경주를 중심으로 한 수도권에 거주하였고, 경주선상지는 대부분 도시화되었을 것이며 9세기에는 80만 명에 가까운 사람들이 경주에 살았다.

다음으로 통일신라의 지배층들은 인구증가가 가져올 문제들에 대해서 어떤 생각을 하였는가 하는 점이다. 삼국 통일을 통해 영역이 확대되어 경작지 면적이 늘어나고 노동력을 충분히 공급할 수 있으므로 농업생산력으로 충분히 인구부양력을 유지할 수 있다고 생각하였을 것이다. 통일신라시대는 태백산맥 동쪽 한반도 남동부에서 인구밀도가 가장 높고 도시화가 가장 많이 진행되었다. 당시에도 왕경의 엘리트들은 인구가 과밀한 도시가 가지는 많은 문제점을 인식하고 있었을 것이다. 그리고 주변 산지가 헐벗고 황폐화되어 가는 것도 알고 있었을 것이다.

신문왕 9년(AD 689년) 윤9월에 도읍을 달구벌(達句伐, 대구)로 옮기려고 하였으나 성사시키지 못하였다. 이 천도 계획은 하루아침에 나온 아이디어가 아니고 왕이 신뢰하는 사람들로 충분한 기간에 걸쳐 준비하였으며 왕은 이 계획을 승인하고 천도에 대하여 정부 내에서 토론을 하였을 것이다. 신문왕이 달구벌로 천도하려고 한 목적은 한반도를 통일한 국가의 수도로서 경주의 위치가 한반도 남동쪽으로 너무 치우쳐 국가 경영에 적합하지 않다고 보았을 것이다. 그러나 이것이 천도의 가장 중요한 이유라면 새로운 수도가 달구벌이 아니라 중부지방이어야 했다. 보다 근본적인 목적은 기득권을 독점한 경주 귀족 세력의 힘을 약화시키고 새로운 국가 주도 세력을 키워 국가를 혁신하려는 것이라고 생각된다. 이 계획은 통일신라가 한계수익의 하강을 막고 국력을 한 단계 도약시킬 수 있는 기회였으나 신문왕은 천도를 이루지 못하였다.

여기에서 관심을 끄는 주제는 천도를 계획하는 단계에서 경주 지역의 식생파괴와 이로부터 파생되는 환경문제를 고려했는가 하는 점이다. 천도를 논의한 시점에도 인구수는 9세기 인구수에 거의 육박하였을 것으로 생각된다. 그리고 현상으로 목격되는 수도권 과밀화와 이와 관련된 여러 가지 도시문제도 고려되었을 것이다. 그리고 이런 문제들이 왕경을 포함한 수도권의 인구증가와 관련이 있는 것도 인지하였을 것이다. 그리고 자신들이 거주하는 지역의 식생파괴와 산지의 황폐화도 인식하였으나 이것이 초래할 자연현상에 대해서는 심각한 문제의식을 가졌다고 보기는 힘들다. 이것은 현재 북한에서 진행되고 있는 식생파괴와 이로 인한 환경문제에 대하여 지배계급이 식량증산을 위해서는 불가피하게 감수해야하는 것으로 받아들이고 있는 사실에서 유추할 수 있다.

자연환경은 자체적으로 복원하는 특성이 있다. 그러나 복원력의 임계치를 넘는 경우에는 환경변화와 함께 재해가 발생한다. 특히 형성에 오랜 시간을 요하는 자연적 요인일수록 복원에 더 많은 비용과 대가를 요구한다. 한반도 남부에서 가장 강수량이 적은 곳에 해당하는 영남 지역에서 가뭄이 발생하면 기근과 흉년은 피하기 어려웠다. 그리고 산지에서 숲이 제거된 환경에서 이와 같은 자연재해가 결합되면 어떤 결과를 초래하는지 18세기 어느 시점에는 파악하였을 것으로 생각된다. 그러나 식생을 복원하기 위하여 방안을 찾기에는 인구가 너무 많았고, 나무가 자라서 숲이 복원될 때까지 대체할 토탄과 같은 에너지를 찾을 준비가 되어 있지 않았을 것이다.

나무는 천천히 자라며 식생을 복원하는 데는 시간이 오래 걸린다. 경주 지역에서 에너지를 얻을 수 있는 숲이 사라졌을 때 석탄과 같은 자원이 근처에 있었다면 숲을 복원할 수 있었을지 모른다. 그러나 경주 부근에는 석탄이 매장되어 있지 않았으며 영토 내 다른 지역에서 석탄이나 토탄과 같은 대체에너지를 찾는 노력과 에너지 사용을 줄이기 위한 대책에 대한 기록은 없다. 지방에서 공급하는 숯으로 에너지를 얻을 수 있었던 왕경의 기득권층들은 대체에너지에 대한 개념이 없었을 것이다. 아울러 긴 해안선을 따라 엄청나게 많이 분포하고 있었을 수산물을 채취하면 곡물을 대신하여 생존할 수 있었을 것이나 그들은 자신들의 생활방식을 바꾸지 않았다. 다만 국가의 수도를 옮겨서 인구수가 대폭 축소된 지역에서 정부혁신을 시도했으나 기득권층의 반대로 실패한다. 고대에 있어서 이와 같은 생활방식의 변화는 지도층들이 주도적으로 이끌어야 하는데 통일신라의 지배층은 도쿠가와막부의 지배층들과는 생각이 달랐던 것이다. 이와 같은 실패는 인간에 의한 식생파괴와 18시기에 빈번하게 발생한 가뭄에서 파급된 경제적 붕괴로 인해 이반된 민심을 명분으로 지배 계급의 파벌들은 권력을 잡기 위한 정치투쟁에 전력투구하였으므로 지속가능한 사회를 만들기 위하여 환경문제를 해결하려는 관심이나 노력을 기울이지 못한 것도 영향을 미쳤다.

8세기 후반부터 9세기 초를 중심으로 긴 기간 동안 발생한 가뭄과 흉년 및 기근은 통일신라가 붕괴되는데 가장 큰 영향을 미쳤다. 특히 18시기는 500년 주기의 혹심한 건조기였으며, 가뭄으로 인해 발생한 기근은 국가의 농업 기반뿐 아니라 국가 운영의 바탕이 되는 세수 기반을 무너뜨렸으며, 이후 19시기에 발생한 모반과 반란의 발생에 직접적인 영향을 미쳤던 것으로 평가된다. 9세기 중엽의 19시기 동안 가뭄이 잦아들어 가뭄이 세 번, 흉년이 두 번밖에 발생하지 않았으나 열두 번의 모반이나 반란이 있었고 역질이 다섯 번 발생하였다. 이미 국가 지배계급이 정치적으로 사회를 안정시킬 수 있는 상황이 아니었다.

18시기에 통일신라 사람들은 가뭄을 막을 방법이 없었다. 그러나 가뭄을 극복할 수 있는 방법은 있었다. 그것은 곡물을 나누어 식량부족을 함께 공유하는 것이다. 그러나 기득권층과 부자들은 치솟는 인플레이션을 충분히 활용하여 재산을 더 늘렸다. 그리고 농민들은 토지를 상실하고 살기 위하여 스스로 소작농이나 용작민이 되거나 토지를 떠나 유랑하였다. 부의 양극화가 극단적으로 치닫고 국고는 비고 국가는 붕괴되었다.

에필로그

역사책에 그려진 지도에는 등고선이 없다. 그리고 도시나 성 등을 표현하는 점과 이동한 것을 나타내는 화살표가 있으므로 마치 한반도가 평지인 듯 표현된다. 지도는 글 대신 기호로 쓴 문장인데, 독해가 불가능한 문장으로 쓰인 역사를 읽고 있는 것이다. 등고선을 비롯하여 하천이 그려진 지도로 거의 이천년 전의 상황을 그려 보았다. 당시에 작성한 지도가 아니므로 완전히 정확하지는 않을 것이다. 그래도 글로 쓰는 것보다는 낫다고 생각하였다.

삼국사기는 이 책의 뼈대이다. 필자는 삼국사기에서 다른 연구자들이 그리 신경 써서 보지 않는 자연현상에 대한 기록을 반복하여 검토하였다. 그리고 표와 그림들을 만들었다.

아직 고대 경주 지역 지형에 대하여 밝혀야 할 내용들이 남아있다. 왕경구역을 흐르는 발천과 고대 홍수에 대한 논쟁도 여전히 진행형이다. 이 주제들은 지형학 연구에 해당하므로 이 분야를 전공한 필자는 기존에 발표한 경주 지역 지형에 관한 논문들을 정리하여 생각을 기술하였다. 지형 연구는 증거를 통해 논증해가는 자연과학의 한 분야이다. 여기에서 주장한 내용들이 많은 젊은 연구자들에 의해 앞으로 끊임없이 검증되어지기를 기대한다.

역사에서 인간에 의해 일어난 상황들은 짧은 시간 내에 발생하고 진행되어 종결되므로 인과관계를 비교적 분명하게 설명할 수 있다. 이와는 대조적으로 자연환경 변화와 이에 따라 나타나는 역사적 변화는 계측치와 통계 자료가 없으므로 직접적인 관계를 파악하는 데 어려움이 있다. 실제로 어떤 사건들은 자연환경과 직접적인 관계없이 진행된다. 그러므로 선사 및 고대의 모든 사회현상에서 자연환경의 영향을 주장하는 것은 무리이다. 다만 자연과학 분석기술이 발전하고 그 결과를 인간활동과 결부지워 해석하는 기술이 진보하면서 인간과 환경 간의 관계에 대한 흥미로운 해석들이 점차 증가하고 있다.

이 책에서 처음으로 왕경의 뢰스층과 고대사와의 관계를 소개하였다. 뢰스는 광역적으로 분포하므로, 경주 지역뿐 아니라 한반도의 선사시대와 고대 인간활동을 해석하는 데 새로운 요소가 될 것이다. 고고학 발굴 트렌치에서 문화층을 해석하는데 '뢰스'라는 용어는 사용된 적이 아직 없다. 발굴에 있어서 뢰스층과 같이 예상 가능한 요소들에 대하여 이해하고 시작한다면 더 정확하고 분명한 해석을 할 수 있을 것이다. 이 토양에 대한 자료가 축적되면 선사 및 고대 인간생활과 환경에 대한 많은 새로운 사실들이 드러날 것이다.

불국사 주변에 분포하는 활단층은 찾아낸 것보다 더 많은 것이 여전히 땅속에 있을 것이다. 세상에 둘도 없는 화려하고 아름다운 석축에 숨겨 놓은 내진설계라는 과학적 장치들은 당시 사람들이 후손들에게 낸 퀴즈처럼 생각되었다. 제대로 풀었는지 몹시 궁금하다. 그리고 논문을 쓰면서 기억해낸 'The art without science is nothing.'이라는 표현은 동서고금의 위대한 예술가들에게 관통하는 무거운 부담이라는 것을 알았다. 김대성을 비롯한 많은 사람들이 이 난해한 부담을 해결하기 위하여 긴 세월 동안 밤을 하얗게 지새면서 보낸 시간이 불국사 전면 석축에 남아 있다.

통일신라 지배층들이 달구벌 천도를 시도한 것은 기득권 세력을 바꾸어 한계이익의 급격한 감소를 완화하려는 시도였으나 실패한다. 통일 이후 전성기를 구가하던 시기에 왕은 반대하는 기득권층을 설득하여 관철시킬 만큼 천도가 절실하지는 않았던 것 같다. 그리고 붕괴는 천도를 실패한 250년 뒤에 있었다.

18시기 기후변화는 통일신라 붕괴에 가장 큰 영향을 미쳤으나, 더 근본적인 원인은 에너지를 얻기 위하여 수백 년 동안 식생을 파괴한 인간의 행위였다. 500년 주기의 가뭄과 이에 따라 발생한 기근으로 국가의 기반을 형성하고 있었던 농민들은 소수의 기득권들에게 토지를 헐값에 넘기고 유민이 되었다. 이런 과정을 통해 통일신라에 잠재해 있던 수십 가지의 부정적 요인들이 시너지 효과를 내면서 국가는 붕괴되었다.

복잡한 국제관계에서 많은 국가들을 정복하고 제국의 면모를 갖춘 통일신라가 18시기 이후 붕괴되는 100년은 현대인들의 시간관념으로는 두 번의 세계대전과 무수히 많은 전쟁 등이 일어날 수 있는 긴 시간으로 느끼지만, 사로국이 성립되고 통일할 때까지 700년이 걸린 것을 생각하면 급격한 붕괴라고 할 수 있다.

　통일신라의 붕괴와 자연환경과의 관계를 보며 한편으로는 현재 진행되고 있는 환경변화가 문명과 국가의 붕괴에 어떤 영향을 미칠지 또는 두 가지 현상들이 전혀 관계없이 독립적으로 진행될지 참으로 궁금하다.

참고문헌

강봉원, 1999, 한국 고대 복합사회 연구에 있어서 신진화론의 적용 문제 및 '국가'단계 사회 파악을 위한 고고학적 방법론, 한국 고대국가 형성론(최몽룡·최창락 편저, 서울대학교 출판부).

강봉원, 2004, 신라적석목곽분 출현과 '기마민족 이동' 관련성의 비판적 재검토, 한국상고사학보, 46, 139-178.

강봉원, 2005, 경주 북천의 수리에 관한 역사 및 고고학적 고찰, 신라문화, 25, 337-360.

강인구, 1981, 신라적석봉토분의 구조와 계통, 한국사론, 7, 3-68.

강인구, 2000, 고분연구, 학연문화사, 서울.

강종훈, 1991, 3-4세기 사로국의 진한통합과정에 대한 고찰 -상고기년의 검토와 관련하여-, 서울대학교 대학원 국사학과 석사학위논문.

건설교통부·부산지방국토관리청, 1998, 정령-현곡간 4차선 확장 및 포장공사(2공구)-금장교 실시설계 일반보고서.

건축사사무소 성건축, 1996, 경주 문화우방아파트 신축공사 지질조사 보고서.

고든 차일드(김성태·이경미 역), 2013, 고든 차일드의 신석기혁명과 도시혁명, 주류성, 서울.

경주시, 1987, 경주시 확장공사 종합보고서.

경주시, 1994, 강변도로 북천교 가설지점 종합보고서.

경주시, 1999, 동국대 진입로 확장공사 실시 설계보고서.

경주시, 2002, 강변로(제4공구) 개설공사 종합보고서.

경주시 동천동 6지구, 1990, 동천동 지역조합 주택아파트 신축부지 지질조사보고서.

곽종철, 1994, 선사·고대 벼 자료 출토유적의 토지조건과 도작·생업, 고문화, 42·43 합본호, 3-78.

곽종철·고용수·권순강·이진주·심현철·이보경, 2017, 신라의 토목(중앙문화재연구원 엮음, 신라고고학개론 상, 중앙문화재 연구원 학술총서 16, 진인진).

국립경주문화재연구소, 2002, 경주구황동원지유적 지도위원회의 자료.

국립경주문화재연구소, 2002, 경주 인왕동 고분군 발굴조사 보고서.

국립경주문화재연구소, 2002, 신라왕경 발굴조사보고서 I (본문).

권병탁, 1993, 고대 철산업의 일연구 -황성동 치철유적지를 중심으로-, 국사관논총, 42.

권혁재, 1994, 지형학(제3판), 법문사, 서울.

기상청, 2001, 지진관측보고(1978-2001).

기상청 기상연구소, 2004, 한국의 기후, 두솔, 서울.

김권일, 2013, 울산 지역의 제철 문화, 울산철문화(울산박물관).

김대환, 2001, 영남지방 적석목곽묘의 시공적 변천, 영남고고학, 29, 71-105.

김두철, 2009, 적석목곽묘의 구조에 대한 비판적 검토, 고문화, 73, 57-86.

김명진, 2020, 구석기유적 절대연대측정의 현황과 문제점, 2019년 한국구석기학회 정기학술대회 proceeding(구석기연구와 자연과학분석 2020), 한국구석기학회, 35-48.

김병원, 2010, 토함산 불국사의 입지와 공간구성에 대한 풍수지리적 고찰, 영남대학교 환경보건대학원 석사학위논문.

김상현, 1992, 불국사, 대원사, 서울.

김세기, 2006, 신라왕경의 생산유적과 생산체계의 변화, 신라문화제학술논문집(신라왕경의 구조와 체계), 27, 23-62.

김소구, 1996, 지진과 재해, 기전연구사, 서울.

김순규, 1988, 신국제정치론, 박영사, 서울.

김연옥, 1983, 한국 고대의 기후환경-삼국사기 기후자료의 분석-지리학의 과제와 접근방법, 석천 이찬박사 회갑기념논집, 231-273.

김용부, 1999, 지진은 왜 일어나는가?, 기문당, 서울.

김용성, 1998, 신라의 고총과 지역집단, 춘추각, 서울.

김용성, 2009, 신라 왕도의 고총과 그 주변, 학연문화사, 서울.

김인수, 2015, 경주지역 주요 사찰의 입지에 대한 풍수지리적 연구, 영남대학교 환경보건대학원 석사학위논문.

김일기, 1991, 전오염 제조방법에 관한 연구, 문화역사지리, 3. 1-18.

김재완, 1999, 19세기말 낙동강 유역의 염 유통 연구, 서울대학교 대학원 지리학과 박사학위논문, 서울.

김재홍, 1995, 신라 중고기의 저습지 개발과 촌락구조의 개편, 한국고대사논총, 7.

김재홍, 2001, 신라중고기 촌제의 성립과 지방사회구조, 서울대 박사학위논문.

김종서, 2013, 고조선과 한사군의 실제 위치를 찾아, 중국 역사 기록의 증언 2, 한국학연구원.

김태식·양기석·강종훈·이동희·조효식·송기호·이근우, 2008, 한국 고대 사국의 국경선, 서경문화사, 서울.

김찬삼, 1972, 김찬삼의 세계여행 1(아메리카), 삼중당, 서울.

김창석, 2004, 삼국과 통일신라의 유통체계 연구, 일조각, 서울.

김창환, 1992, 한국 남서 지역의 구릉지에 관한 연구, 동국대학교 대학원 지리학과 박사학위논문.

김철준, 1994, 한국고대사연구, 서울대출판부.

김호상, 2000, 경주 손곡동·물천리유적 조사개보, 경주문화(경주문화원), 6.

대구시사 제1권(통사), 1995, 대구광역시.

김희종, 1985, 하천공학, 동명사, 서울.

남재우, 2003, 안라국사, 혜안.

노중국·권주현·김세기·이명서·이현우·이희준·주보돈, 200 , 진·변한사 연구, 경상북도·계명대 한국학 연구원.

도날드 휴즈(표정훈 옮김), 1998, 고대문명의 환경사, 사이언스북스, 서울.

문안식·이대석, 2004, 한국 고대의 지방사회, 혜안, 서울.

문창조, 2000, 삼한시대의 읍락과 사회, 신서원.

문화공보부 문화재관리국, 1976, 불국사 복원공사 보고서.

문화공보부 문화재관리국, 1978, 안압지 발굴조사보고서.

문화재관리국 문화재연구소, 1984, 황룡사 유적발굴조사보고서.

문화재연구소·경주고적발굴조사단, 1990, 월성해자 발굴조사보고서.

박경석, 1989, 한국의 우곡지형연구, 경북대학교 교육대학원 석사학위논문.

박남수, 1996, 신라수공업사, 신서원, 서울.

박노식, 1959, 한국선상지연구, 경희대학교논문집, 2, 1-28.

박성희, 2015, 남한 청동기시대 주거 연구, 고려대학교대학원 박사학위논문.

박창용·이혜은, 2007, 삼국시대의 가뭄 및 호우에 관한 연구, 기후연구, 2, 94-104.

박홍국·정상수·김지훈, 2003, 사로 6촌의 위치에 대한 시론, 신라문화, 21, 117-138.

변진섭, 1998, 우리가 알아야할 지진, 일공일공일, 서울.

변희룡·이순주·최기선·이상민·김도우·추성호·이지선·이미경·조현정·이보라, 2008, 주기로 본 한반도의 다음대 가뭄, 한국기상학회 학술대회 논문집, 142-143.

복기대 · 임찬경 · 김철웅 · 남의현 · 지배선 · 윤한택 · 남주성 · 양홍진, 2017, 고구려의 평양과 그 여운, 주류성, 서울.

문안식 · 이대석, 2004, 한국 고대의 지방사회, 혜안, 서울.

삼국사기 상 · 하, 1996, 을유문화사(이병도 역주).

서영일, 1999, 신라 육상 교통로 연구, 학영문학사, 서울.

선석렬, 1996, 삼국사기 신라본기 초기기록 문제와 신라국가의 성립, 부산대학교 대학원 역사학과 박사학위논문.

송화섭, 1997, 삼한사회의 종교의례, 삼한의 사회와 문화(한국고대사연구회 편, 신서원, 서울, 55~92).

시오노 나나미(김석희 옮김), 2007, 로마인 이야기 6, 팍스 로마나, 한길사.

시오노 나나미(김석희 옮김), 2007, 로마인 이야기 11, 종말의 시작, 한길사.

시오노 나나미(김석희 옮김), 2007, 로마인 이야기 12, 위기로 치닫는 제국, 한길사.

시오노 나나미(김석희 옮김), 2007, 로마인 이야기 13, 최후의 노력, 한길사.

시오노 나나미(김석희 옮김), 2007, 로마인 이야기 15, 로마세계의 종언, 한길사.

신경철, 1985, 고식등자고, 부대사학, 9, 57-99.

신동조, 2013, 초기철기시대~삼국시대 울산지역 철제품의 유통, 울산철문화(울산박물관).

신영훈, 1998, 석불사 · 불국사, 조선일보사

심현철, 2013, 신라 적석목곽묘의 구조와 축조공법, 한국고고학보, 88, 72-119.

신호철, 2008, 신라의 멸망 원인, 한국고대사학회, 2008, 한국 고대국가 멸망기의 양상과 원인, 제21회 한국고대사학
회 합동토론회 발표집, 150-166.

영남매장문화재연구원 · 경주시, 1998, 경주 황오동 330번지 건물지유적.

우병영, 1984, 양산단층의 지형학적 연구, 경북대학교 대학원 석사학위논문.

유승훈, 2008, 우리나라 제염업과 소금 민속, 민속원, 서울.

유홍준, 1997, 나의 문화유산답사기 3, 창작과 비평사, 서울.

윤내현, 2017, 한국고대사 신론, 만권당.

윤순옥, 1984, 사천 · 삼천포일대의 선상지에 대한 연구, 경희대학교 대학원 석사학위논문.

尹順玉 · 曺華龍, 1996, 第4紀 後期 英陽盆地의 自然環境變化, 대한지리학회지, 31(3), 447-468쪽.

尹順玉 · 黃相一, 1999, 한국 동해안 경주시 불국사단층선 북부의 활단층지형, 대한지리학회지, 34(3), 231-246.

윤순옥 · 황상일, 2000, 한국 남동해안 해안단구의 지형형성 mechanism, 대한지리학회지, 35(1), 17-38.

윤순옥 · 전재범 · 황상일, 2001, 조선시대 이래 한반도 지진발생의 시공간적 특성, 대한지리학회지, 36(2), 93-110.

윤순옥 · 황상일 · 반학균, 2003, 한반도 중부 동해안 정동진, 대진 지역의 해안단구 지형발달, 대한지리학회, 38(2),
156-172.

윤순옥 · 황상일, 2004, 경주 및 천북 지역의 선상지 지형발달, 대한지리학회지, 39(1), 56-69.

윤순옥 · 사이토쿄지 · 황상일 · 다나카 유키야 · 오구치 다카시, 2005, 한국 선상지의 이론적 고찰과 분포 특성, 대한지
리학회지, 40(3), 335-352.

윤순옥 · 황상일, 2009, 삼국사기를 통해 본 한국 고대의 자연재해와 가뭄주기, 대한지리학회지, 44(4), 497-509.

윤순옥 · 황상일, 2011, 경주 성건동 화분분석과 왕경 지역 고환경변화, 지질학회지, 47(5), 513-525.

윤순옥, 2022, 한국의 뢰스 지형학, 경희대학교 출판문화원, 서울.

윤한택 · 복기대 · 남의현 · 이인철 · 남주성 · 박시현, 2017, 압록과 고려의 북계, 주류성.

이근직, 2000, 북천유역의 역사·문화 유적, 경주 북천 문화·환경 생태 보전 자연학습단지 조성사업 기본계획(경주시·서라벌대학), 47-102.

이기봉, 2002, 신라 왕경의 범위와 구역에 대한 지리적 연구, 서울대학교 대학원 박사학위논문.

이문기, 1995, 대가야의 대외관계, 가야사 연구(한국고대사연구회, 도서출판 춘추각, 193-253).

이상길, 1993, 창원 덕천리유적 발굴조사보고(제17회 한국고고학 전국대회 발표요지,한국고고학회)

이성주, 1993c, 신라 가야사회의 분립과 성장에 대한 고고학적 검토, 한국상고사학보, 13.

이성주, 2007, 청동기·철기시대 사회변동론, 학연문화사, 서울.

이수홍, 2021, 영남지역 지석묘 문화의 변화와 사회상, 영남의 지석묘 사회 가야 선주민의 무덤(국립김해박물관, 48-87).

이재현, 2008, 원삼국시대 남해안 해안교류 시스템-늑도유적 발굴 성과와 연구과제를 중심으로-, 대구사학 91.

이재흥, 2009, 경주와 경산지역의 중심지구 유적으로 본 4-5세기 신라의 변모, 한국고고학보, 70, 159-191.

이종욱, 1979, 사로국의 성장과 진한, 한국사연구, 25.

이종욱, 1982, 신라국가형성사연구, 일조각, 서울.

이청규·장순자, 2002, 경주권역의 청동기시대 마을 유적에 대한 일고찰, 인류학연구, 12, 1-22.

이현혜, 1995, 철기보급과 정치권리의 성장-진변한지역 정치집단을 중심으로-, 가야제국의 철(인제대학교 가야문화연구소).

이현혜, 1997(重版), 삼한사회형성과정연구, 일조각, 서울.

이현혜, 1998, 한국 고대의 생산과 교역, 일조각, 서울.

이현혜, 2016, 사로국의 내부구성, 신라천년의 역사와 문화, 6권(신라 천년의 역사와 문화 편찬위원회).

이형우, 2000, 신라초기국가성장사연구, 영남대학교출판사, 경북.

이희관, 1999, 통일신라토지제도연구, 일조각, 서울.

이희연, 1992, 경제지리학, 법문사, 서울.

이희준, 1996, 신라의 성립과 성장과정에 대한 고찰: 고고·역사·지리적 접근, 제20회 한국고고학전국대회 발표문, 한국고고학회, 11-37.

이희준, 1998, 4~5세기 신라의 고고학적 연구, 서울대학교 대학원 박사학위논문.

이희준, 2005, 4~5세기 창녕 지역 정치체의 읍락 구성과 동향, 영남고고학, 37, 1-14.

이희준, 2007, 신라고고학연구, 사회평론, 서울.

이희준, 2017, 대가야고고학연구, 사회평론, 서울.

장경호, 1996, 한국의 전통건축, 문예출판사, 서울.

장기인, 1988, 목조(한국건축대계 V), 보성각, 서울.

장기인, 1997, 석조(한국건축대계 Ⅶ), 보성각, 서울.

전덕재, 2002, 한국 고대사회의 왕경인과 지방민, 태학사.

전덕재, 2006, 한국 고대사회 경제사, 태학사.

전덕재, 2016, 개관, 신라왕권의 쇠퇴와 지배체제의 동요, 신라천년의 역사와 문화, 6권(신라 천년의 역사와 문화 편찬위원회).

정영화·이근직, 2002, 신라 왕경의 형성 과정에 대한 소고-사찰 창건시기와 권역 이동을 중심으로-, 인류학연구, 12, 37-49.

정지성, 1998, 잉카문명의 신비, 도서출판 한백, 서울.

재레드 다이아몬드(강주헌 옮김), 2004, 문명의 붕괴, 김영사, 서울.

조지프 테인터(이희재 옮김), 1999, 문명의 붕괴, 대원사, 서울.

曹華龍, 1987, 한국의 충적평야, 교학연구사, 서울.

조화룡, 1997, "양산단층 주변의 지형분석," 대한지리학회지, 32(1), 1-14.

주보돈, 1995, 신라중고기의 지방통치와 촌락, 계명대학교 대학원 역사학과 박사학위논문.

주보돈, 1998, 신라 지방토치체제의 정비과정과 촌락, 신서원.

주보돈, 2002, 신라국가 형성기 김씨족단의 성장배경, 한국고대사연구, 26, 115-156.

주보돈, 2003, 사로국을 둘러싼 몇 가지 문제, 신라문화, 21, 1-23.

주보돈·황상일·이재환·서경민·이한상, 2010, 한국고대사 속의 소문국(경북 의성군·경북대학교 영남문화연구원, 도서출판 신우).

주보돈, 2016, 신라의 건국과 성장, 개관, 신라천년의 역사와 문화, 6권(신라 천년의 역사와 문화 편찬위원회).

진성규·이인철, 2002, 신라의 불교 사원, 백산자료원.

최동규, 1983, 풍기고분의 성격에 대한 약간의 고찰, 부대사학, 7, 1-45.

최몽룡·최성락, 1999(제2쇄), 한국고대국가형성론, 서울대학교출판부, 서울.

최병현, 2004, 신라고분연구, 일지사, 서울.

최병현, 2012, 경주지역 신라 횡혈식석실분의 계층성과 고분 구조의 변천, 한국고고학보, 83, 80-129.

최영준, 1990, 영남대로 -한국고도로의 역사지리의 연구-, 고려대학교 민족문화연구소.

최정필, 1999, 신진화론과 한국 상고사 해석의 비판에 대한 재검토(최몽룡·최창락 편저, 서울대학교 출판부).

최종규, 1983, 중기 고분의 성격에 대한 약간의 고찰, 부대사학, 7.

최종규, 1999, 삼한고고학 연구, 서경문화사, 서울.

콜린 플린트, 2007, 지정학이란 무엇인가, 도서출판길, 서울

한국고대사 연구회, 1997, 삼한의 사회와 문화, 신서원.

한국문화재보호재단·대구구천주교회유지재단, 2000, 경주시 성동동 성동천주교회 신축 부지 발굴조사 보고서.

한기문, 2007, 사벌국의 성립과 전개, 문화사학, 27, 129-147.

허우긍·도도로키 히로시, 2007, 개항기전후 경상도의 육상교통, 서울대학교출판사, 서울.

홍경희, 1983(重版), 도시지리학, 법문사, 서울.

황상일·윤순옥, 1996, 한국 동해안 영덕, 금곡 지역 해안단구의 퇴적물 특성과 지형발달, 한국지형학회지, 3(2), 99-114.

황상일, 1998, 경주시 하동 주변의 선상지 지형발달과 구조운동, 한국지형학회지, 5(2), 189-200.

황상일·강종훈·이청규·이한상·윤순옥, 2001, 국가형성시기 경주와 주변지역, 학술문화사, 서울.

黃相一·尹順玉, 2001, 한국 남동부 경주 및 울산시 불국사단층선 지역의 선상지 분포와 지형발달, 대한지리학회지, 36(3), 217-232.

황상일, 2001, 지질과 지형으로 본 형산강, 형산강(포항지역사회연구소), 26-31.

황상일·윤순옥·박한산, 2003, 한국 동해안 경주-울산 경계지역 지경리 일대 해안단구 지형발달, 대한지리학회지, 38(4), 490-504.

황상일, 2007, 고대 경주 지역의 홍수 가능성과 인간활동, 대한지리학회지, 42(6), 879-897.

황상일, 2007, 불국사 지역의 지형특성과 불국사의 내진구조, 대한지리학회지, 42(3), 315-331.

황상일·신재열·윤순옥, 2012, 수렴단층과 읍천단층의 제4기 활동 및 지진안정성, 한국지역지리학회지, 18(4), 351-363.

황상일, 2013, 문경의 지형과 옛길, 문경시, 경북.

황상일·윤순옥, 2013. 고대국가 사로국과 신라의 수도 경주의 입지에 미친 자연환경 특성, 한국지형학회지, 20(3), 79-94.

황상일·윤순옥, 2013, 자연재해와 인위적 환경변화가 통일신라 붕괴에 미친 영향, 한국지역지리학회지, 19(4), 580-599.

황상일·윤순옥, 2014, 경주지역 적석목곽분 형성에 미친 자연환경의 영향, 한국지형학회지, 21(3), 15-33.

Fetter, C.W., 지하수학(손호웅 외 옮김), 2003, 시그마프레스,

岡田篤正·渡邊滿久·佐藤比呂志·全明純·曺華龍·金性均·田正秀·池憲哲·尾池和夫, 1994, 梁山斷層 (韓國 南東部) 中央部の活斷層地形とトレンチ調査, 地學雜誌, 103(2), 111-126.

岡田篤正·渡辺滿久·鈴木康弘·慶在福·曺華龍·金性均·尾池和夫·中村俊夫, 1998, 蔚山斷層系(韓國 南東部) 中央部の活斷層地形と斷層露頭, 地學雜誌, 109(5), 644-658.

岡田篤正·竹林惠二·渡邊滿久·鈴木康弘·慶在福·蔡鍾勳·谷口薰·石山達也·川畑大作·金田平太郎·成賴敏郎, 1999, 韓國慶州市葛谷里における蔚山(活)斷層のトレンチ調査, 地學雜誌, 108(3), 276-288.

藤岡謙二郎, 昭和47年(2刷), 都市と交通路の歷史地理學的研究, 大明堂, 東京

朝鮮總督府, 1916, 朝鮮總督府製作 一万分之一朝鮮地圖集成, 경인문화사 영인본(1990).

Abbott, M. B., Nelson, D. L., 2005, A 6000-year record of drought in north-central Washington from laminated lake sediments. Proceedings of the 2005 GSA annual meeting, 37, 120.

Brown, A. G., 1997, Alluvial geoarchaeology: floodplain archaeology and environmental change, Cambridge University Press.

Byun, H. R., Lee, S. J., Morid, S., Choi, K. S., Lee, S. M., Kim, D. W., 2009, Study on the Periodicities of Droughts In Korea, Asia-Pacific Journal of Atmospheric Sciences, 44, in press.

Byun, H. R., Wilhite, D. A., 1999, Objective quantification of drought severity and duration, Journal of Climate, 12, 2747-2756.

Byun, H. R., 1996, On the atmospheric circulation caused the drought in Korea. J. Kor. Met. Soc., 32-3. 454-469.

Cook, E. R., Meko, D. M., Stockton, C. W., 1997, A New Assessment of Possible Solar and Lunar Forcing of the Bidecadal Drought Rhythm in the Western United States, Journal of Climate, 10, 1343-1356.

Jiang T., Zhang, Q., Zhu, D., Wu, Y., 2005, Precipitation: it's influence on Quaternary events in eastern Asia: Yangtze floods and droughts (China) and teleconnections with ENSO activities (1470-2003), Quaternary International, 144, 29-37.

Mitchell, J. M., Jr., Stockton, C. W., Meko, D. M., 1979, Evidence of a 22-year rhythm of drought in the western United States related to the Hale solar cycle since the 17th century, in McCormac, B., Seliga, T. A., Reidal, D.(eds.), Solar-Terrestrial Influences on Weather and Climate, Springer-Verlag, New York.

Scuderi, L. A., 2003, Drought periodicity over the past 2000 years in the American Southwest, Congress of the International Union for Quaternary Research, 16, 203.

Zhaoxia, R., Y. Dayuan and X. Yuebo, 2003, Droughts, flood disasters, and climate change during the last 2000 years in Heihe River basin. XVI INQUA congress, shaping the earth, a Quaternary perspective. Congress of the International Union for Quaternary Research, 16, 179-180.